Commissaire Broussard

avec la collaboration
de son fils Philippe

Mémoires

Stock

À Isabelle et Raymond, mes parents
À mon épouse et mes enfants

« Tout homme qui dirige, qui fait quelque chose, a contre lui ceux qui voudraient faire la même chose, ceux qui font précisément le contraire et surtout la grande armée des gens d'autant plus sévères, qu'ils ne font rien du tout. »

Jules Clarétie.

Avant-propos

Voilà neuf ans que j'ai cessé d'être policier. Neuf ans aussi qu'ont paru mes *Mémoires*. Le premier tome, sorti début 1997, était consacré essentiellement aux années passées à la Brigade antigang. Le second, publié un an plus tard, revenait notamment sur mon expérience de préfet délégué pour la police en Corse et sur la création du Raid (1985).

Ces ouvrages étant depuis longtemps introuvables, ils font aujourd'hui l'objet d'une réédition, en un seul volume cette fois. Le texte comporte néanmoins quelques changements par rapport aux éditions initiales. Par souci d'équilibre, certains chapitres ont été condensés. D'autres ont au contraire été développés, parfois de manière significative. Plusieurs affaires, peu traitées à l'époque, occupent ici une place plus importante. Quant au volet consacré à Jacques Mesrine, il a été complété en réaction aux attaques dont je fais régulièrement l'objet sur ce dossier.

La société française a bien changé depuis cette époque. La police n'a pas échappé à cette évolution. Idem pour la justice, les médias et, bien sûr, le monde du banditisme.

Dès lors, pourquoi revenir, après si longtemps, sur ces vieilles affaires ? Simplement parce que la curiosité du public pour les histoires de flics et de voyous demeure intacte, comme en témoigne le succès des documentaires ou des films consacrées à des dossiers criminels parfois très anciens.

De ce point de vue, les années 1970 ont marqué les esprits avec des enlèvements, des prises d'otages ou encore la traque de malfaiteurs comme Jacques Mesrine, François Besse ou Jean-Charles Willoquet. Ces années, je les ai vécues au Quai des Orfèvres, le « QG » de la police judiciaire parisienne. D'où mon souhait de témoigner à nouveau, dans un ouvrage quelque peu remodelé, sur cette époque qui a marqué à jamais ma vie d'homme et ma carrière de policier.

R. B.

PREMIÈRE PARTIE

I

D'Aulnay-de-Saintonge à El Bayadh

Je n'ai jamais voulu être policier. Du moins jusqu'à vingt-deux ans. Avant cet âge, je ne me souviens pas avoir envisagé un destin de « flic ». Le terme lui-même m'était pour ainsi dire inconnu. Dans les Deux-Sèvres et en Charente-Maritime, les départements de mon enfance, on était à la rigueur garde-champêtre ou gendarme, mais pas « flic ». Ce mot évoquait Paris. Et Paris, c'était loin : quatre cents kilomètres au nord-est, le bout du monde ! Une autre vie, surtout. Chez moi, au plus profond de la France rurale, il n'y avait pas de truands mais des voleurs de poules, pas d'inspecteurs mais des brigadiers à képi. La police, c'était pour les gens de la ville, les gens à soucis, là-haut, tout là-haut. Or j'étais un enfant de la terre et je voulais y prendre racine, dans cette terre, comme mon père et le père de mon père. Ni la capitale ni ses policiers ne m'attiraient et je n'avais pas pour héros des enquêteurs de légende, pas plus Sherlock Holmes qu'Hercule Poirot. Mes héros à moi, fils et petit-fils de cheminot, étaient des champions de muscles et de panache : Bobet, Cerdan, Prat, des coureurs cyclistes, des boxeurs, des rugbymen...

Aussi loin que je puisse me souvenir, c'est l'ébénisterie qui m'attirait. Travailler le bois, ciseler un meuble, sentir l'odeur du chêne ou du châtaignier... Cette vocation m'est venue à l'âge de huit ans alors que j'avais une admiration sans bornes pour un vieil ébéniste, le père Louis. Je passais des heures à l'observer dans le bric-à-brac de son atelier. Avec ses moustaches de poilu de 14, son regard malicieux, il était de ces gaillards qui comptent dans l'existence d'un gamin. Coiffé de son «bounet», aussi mince et robuste que ses planches, il avait des airs de Gepetto, le créateur de Pinocchio. Il parlait peu, c'était un sage.

À l'époque, fin 1943, nous habitions à l'écart de Bois-Renard, un hameau d'une cinquantaine d'habitants situé dans les Deux-Sèvres, en bordure de la Charente-Maritime. Comme mes deux sœurs, j'aimais cet endroit où la famille s'était installée après avoir vécu dans différentes bourgades de Charente-Maritime : Le Maine-Allain, Saint-Bris-des-Bois, Pouzou...

Notre nouvelle maison n'avait que deux chambres et une petite cuisine mais elle suffisait à notre bonheur. Oh, ce n'était pas une simple maisonnette perdue au milieu des bois à champignons et à châtaignes : c'était une gare, «La Chapelle Pouilloux-Lorigné», une gare minuscule, mais une gare tout de même, blottie le long d'une ligne secondaire.

Mon père, issu d'une famille modeste, avait été ouvrier agricole dès l'âge de treize ans, puis il avait intégré les Chemins de fer départementaux. Il posait des traverses et des rails sur des voies aujourd'hui désaffectées.

Ma mère n'avait pas connu ses parents. Elle avait été abandonnée, une nuit de janvier 1912, sur les marches du palais de justice de Saintes, alors qu'elle n'était qu'un nourrisson. Élevée par l'Assistance publique, elle avait par la suite été placée dans une famille d'accueil, des marchands de poisson qui sillonnaient la campagne avec une charrette à bras. Elle était rapidement devenue leur «Cosette», leur bonne à tout faire et leur souffre-douleur. Ses conditions de vie s'étaient améliorées quand elle avait obtenu une place d'employée de maison chez un médecin d'Aulnay-de-Saintonge, le village où je suis né le 24 avril 1936.

À Bois-Renard, les locos à vapeur rythmaient nos journées. Mon père travaillait sur *la* voie, ma mère vendait les billets et agitait le drapeau de signalisation. Les passagers n'étaient pas nombreux, les trains non plus, deux ou trois par jour, et encore, pas tous les jours. Ces tortillards paresseux se traînaient de village en village et je les regardais passer comme on salue de vieux amis.

La région étant située en zone occupée, la guerre ne fit qu'accentuer nos difficultés matérielles et financières. Même si j'étais trop jeune pour tout comprendre, je garde de ces années des souvenirs très précis, des images que d'autres enfants de ma génération n'ont pas oubliées, eux non plus ; celles d'une existence de sacrifices et de restrictions, de vacances sans voyage, de Noël sans jouet, de repas sans viande. Malgré tout cela, nous étions heureux.

Ayant remarqué que mon père s'absentait souvent, en pleine nuit, pour rejoindre d'autres gars du coin, je finis par me convaincre qu'il y avait, dans ce jeu étrange, des bons et des méchants, des héros et des canailles. Mon père étant obligatoirement dans le camp des premiers nommés – puisque c'était mon père –, je décidai d'intégrer à mon tour l'armée des ombres, dans un « régiment » annexe, celui des culottes courtes, des mômes de France égarés entre leurs rêves d'aventure et les réalités du conflit. La Résistance et ses mystères me fascinaient au point de devenir à huit ans, en 1944, un « artiste » de la croix de Lorraine, symbole de la France libre et du gaullisme. J'étais continuellement à la recherche d'un morceau de plomb à fondre pour le transformer en croix, offertes aux copains dignes de confiance.

Quand sonna l'heure de la Libération, après les ultimes bombardements dans la poche de Royan, je ne me fis pas prier pour applaudir les prisonniers de retour au pays et chanter *La Marseillaise*. J'étais patriote, nous étions tous patriotes. N'ayant jamais connu d'autre région, je n'avais qu'une idée assez sommaire de ce qu'était ce pays hexagonal dont nous célébrions la libération. Comme les « bons » avaient gagné et les « méchants » perdu, la chute de l'histoire me comblait.

En 1947, la famille emménagea à Saint-Jean-d'Angély, en Charente-Maritime, à seize kilomètres d'Aulnay-de-Saintonge. Saint-Jean comptait environ dix mille habitants, des cafés, des restaurants et même une foire, le troisième samedi du mois. Une vraie métropole, comparée à Bois-Renard ! Mon père travaillait désormais dans les bureaux de la Compagnie et ma mère restait à la maison. Elle gagnait trois sous en confectionnant des fleurs artificielles pour les couronnes mortuaires.

À la communale puis au collège, j'étais ce qu'il est convenu d'appeler un «bon-élève-peut-mieux-faire». Pour «mieux-faire», il aurait peut-être fallu renoncer à mes loisirs préférés, le sport et le clairon, mais c'était inimaginable. Je m'étais pris de passion pour le football et surtout pour le rugby, un sport qui allait d'ailleurs tenir un rôle déterminant dans ma vie, une dizaine d'années plus tard.

Quand je ne m'activais pas devant les buts ou dans les mêlées, je soufflais dans un clairon au Réveil angérien, la fanfare locale. On faisait appel à moi pour interpréter les sonneries «Au drapeau», «Aux morts»... lors des cérémonies d'anciens combattants. À quatorze ans, je fus même désigné, avec mon copain Jacques, pour jouer devant le général de Gaulle à l'occasion d'une commémoration au monument aux morts de la ville.

Je passais parfois mes vacances chez l'un de mes oncles, cultivateur à Coudiou, un hameau situé entre Aulnay et Saint-Jean. J'adorais la campagne, ses coutumes, ses gens. Le remembrement excessif et le machinisme n'avaient pas encore transformé le paysage ni modifié les rapports humains. La moisson, le battage du grain, les vendanges étaient autant de fêtes. Je crois que je savais tout faire ou presque : atteler les bœufs, labourer, faucher, couper et fendre le bois... Un vrai paysan.

Mais il était temps de penser à mon avenir, de trouver ma voie. Mes projets d'ébéniste n'avaient pas survécu au départ de Bois-Renard. Sans grande conviction, j'envisageais plusieurs pistes, y compris l'enseignement. Après tout, puisque le lycée me réussissait assez bien, pourquoi ne pas devenir instituteur dans un village? Je ne songeais pas encore à la police; pas plus qu'à la gendarmerie. J'appréciais malgré tout – et c'était peut-être un signe – mes séjours chez un autre oncle, Georges, garde-champêtre à Aulnay. Et quel garde-champêtre! Un grognard du terroir comme on n'en voit plus que dans les films en noir et blanc. Aussi large que haut, la bedaine généreuse, le képi sur la tête, la pipe à la bouche, les mains croisées dans le bas du dos, vêtu d'un gilet orné d'une montre à gousset, il arborait sa plaque «la Loi» épinglée sur la poitrine. Car «la Loi», à Aulnay, c'était lui, le Georges! Il allait à pied ou à vélo, chez les uns, chez les autres, levant le coude plus souvent qu'à son tour, toujours prêt à rire ou à rouspéter, à trinquer ou à s'attabler. Je le suivais partout, jusque dans les petits abattoirs où il vérifiait la qualité de la viande. Chaque soir nous grimpions dans le donjon, sur la place du château, pour remonter la grosse horloge. Arrivé là-haut, «champêtre» regardait l'heure sur sa montre, reprenait son souffle, tirait sur sa pipe, pestait contre la mécanique défaillante et repartait en marmonnant des jurons en patois : «*Tarze a queurva o beurdasse!*» «*Fi de garce o queune!*»...

Ces vacances-là ne s'oublient pas.

Mon échec au bac, en 1954, précipita mon entrée dans la vie active. Pour avoir complètement raté l'épreuve d'anglais – une langue qui ne m'a jamais réussi –, j'avais été recalé. Un redoublement était impensable car la Compagnie de chemins de fer, victime du modernisme et de l'automobile, avait fermé ses portes, laissant mon père au chômage. Il restera plusieurs mois sans emploi avant d'être embauché comme ouvrier dans une usine de contreplaqué. Même s'ils ne firent jamais la moindre remarque à ce sujet, je savais que je ne pouvais demeurer plus longtemps à la charge de mes parents. Je renonçai donc à poursuivre mes études et signai un engagement à l'École des sous-officiers de Saint-Maixent dans les Deux-Sèvres, en espérant que cette orientation faciliterait, plus tard, une carrière dans la gendarmerie. Après avoir bien réfléchi, je voulais en effet être gendarme, cela me permettrait de garder un lien avec la vie rurale et de servir la collectivité. Ce choix, qui n'avait rien du coup de foudre, résultait peut-être aussi de mes séjours chez l'oncle «champêtre» et de mes contacts épisodiques avec les anciens combattants et la gendarmerie locale.

Mon père ne s'opposa pas à cette décision. Nous nous entendions très bien. C'était un homme de caractère, un paternel à l'ancienne. Il éprouvait une grande admiration pour le général de Gaulle mais il était communiste. Un communiste des heures de lutte, électeur du parti, syndiqué à la CGT, qui ne renonça jamais à défendre ses idées. Par la suite, il m'est arrivé d'être en désaccord avec lui ; les repas de famille donnaient alors lieu à des discussions assez vives. Je respectais néanmoins ses convictions comme je respecte celles des «vrais» hommes de gauche, têtus mais sincères.

Avant de songer à une carrière de gendarme, je devais être soldat, à l'École des sous-officiers. Au terme d'un stage très éprouvant physiquement, j'obtins mes premiers galons : caporal, caporal-chef, sergent. Il régnait une excellente ambiance au sein de notre section. Aussi, en 1955, lorsque le commandement nous proposa le choix des affectations, nous optâmes comme un seul homme pour les chasseurs alpins de Bourg-Saint-Maurice. «Momo», l'unique Antillais de la bande, rêvait de voir la neige et nous ne voulions pas le priver de ce plaisir! Notre séjour dans les Alpes dura quatre mois, le temps d'apprendre à crapahuter et à skier. Nous savions cependant qu'il faudrait tôt ou tard rejoindre l'Afrique du Nord.

Au début de l'année 1956, on nous conduisit à Marseille, au camp Sainte-Marthe. Cette fois, la guerre n'était plus un parcours du combattant, comme à Saint-Maixent, ni une descente à skis, comme dans les Alpes. Elle était là, et bien là, dans les regards de ces milliers d'appelés, rappelés ou militaires de carrière qui ignoraient ce qu'ils découvriraient de l'autre côté de la Méditerranée. Comme tous les autres, j'appréhendais ce brusque passage de la théorie à la pratique, je craignais de ne jamais revenir.

Le Maroc était sur la voie de l'indépendance mais une extrême confusion régnait dans certaines régions. Le rôle des soldats venus de métropole se limitait essentiellement à la protection des ressortissants et des intérêts français. La situation était plus préoccupante en Algérie, où les morts, européens et musulmans, se comptaient par milliers.

La joyeuse bande de Saint-Maixent se disloqua à Marseille. Les uns partirent pour l'Algérie; certains n'en revinrent pas. Les autres pour le Maroc; ce fut mon cas. Seuls René (un Charentais), Guy (un Stéphanois) et mon ami Momo m'accompagnèrent dans les cales nauséabondes de l'*Athos II*, un cargo affecté au transport de troupes et de matériel. À Casablanca, on nous fit monter dans un train de nuit vers une destination gardée secrète pour des raisons de sécurité. Ce voyage nocturne, dans des wagons à bestiaux, allongés sur la paille, ne fit qu'accroître notre appréhension. Au petit matin, le train s'arrêta en gare de Marrakech. Je fus affecté à la surveillance de la morgue (!), où étaient conduits les cadavres découverts dans les rues et sur les terrains vagues. En mars 1956, notre bataillon de chasseurs à pied, le 16e BCP, prit position dans le Rif, non loin de la frontière algérienne. Cette région montagneuse avait été le théâtre, quatre mois auparavant, d'un drame que tous les soldats du bataillon gardaient en mémoire. À Tizi Ouzli, dix-neuf appelés et rappelés du contingent avaient été tués, voire massacrés, dans une embuscade contre une ambulance et son escorte. Le royaume chérifien ayant obtenu son indépendance le 2 mars 1956, le conflit marocain était en théorie terminé. Mais les troupes françaises devaient demeurer sur place car le pays redoutait des actes de violence isolés, de la part de « bandes incontrôlées » – c'était le terme officiel –, composées d'irréductibles qui n'acceptaient pas la souveraineté du roi. Ces accrochages étaient d'une gravité limitée. Seules nos conditions de vie étaient vraiment pénibles ; des mois sous la tente, dans les djebels, à manger des boîtes de ration.

De temps à autre, je rentrais en métropole, notamment pour essayer de gagner quelques rangs dans la hiérarchie militaire. La réussite à plusieurs examens et concours me permit ainsi d'obtenir mes galons d'officier à l'issue d'un nouveau stage à Saint-Maixent, entre mai et octobre 1957. Puis ce fut l'affectation au 30e BCP, basé au Maroc, le long de la frontière algérienne. À vingt et un ans, j'étais, paraît-il, l'un des plus jeunes sous-lieutenants d'AFN.

Après trois mois dans le Rif et un stage d'instructeur commando, l'état-major me fit descendre avec le 30e BCP dans le Sud marocain. La situation y était assez agitée, en particulier dans la région d'Ifni, une possession espagnole revendiquée par le Maroc. Entre l'armée française, l'armée royale marocaine, l'armée espagnole et les « incontrôlés », il y avait foule entre les dunes !

Dans ce secteur de sable et de rocaille, notre rôle consistait essentiellement à... être présents. Ce qui n'empêchait pas la presse parisienne de dramatiser en parlant de « combats sanglants » alors que les coups de feu étaient rares. Le repérage des « incontrôlés » n'était pas pour autant une opération de tout repos. Je connus ainsi une belle frayeur à bord d'un petit avion de reconnaissance...

Nous étions partis à deux, le pilote et moi, en mission d'observation. Au bout d'une demi-heure de vol, le moteur commença à crachoter. Le pilote fut contraint d'atterrir en catastrophe sur une langue de sable, au fond d'un oued. La nuit allait tomber. Nous savions, pour les avoir repérés avant la panne, que des rebelles vadrouillaient dans les parages. Après avoir lancé un ultime appel radio, nous trouvâmes refuge derrière les rochers qui surplombaient l'oued. Il fallut attendre deux jours avant qu'un détachement vienne nous secourir, contusionnés, frigorifiés, à bout de force mais vivants. Nous avions toujours gardé le moral. Je compris ce jour-là qu'en certaines circonstances l'instinct de survie fait oublier bien des souffrances physiques et morales.

Sur le plan politique, ce séjour au Maroc me conforta dans l'idée que la France se montrait bien ingrate à l'égard des Nord-Africains qui s'étaient battus pour elle et désiraient rester français. Je me souviens à ce propos d'une émouvante cérémonie au cours de laquelle, en tant que chef de poste, je dus descendre pour la dernière fois le drapeau tricolore qui flottait sur Ouarzazate. J'avais invité les anciens combattants de la région, devinant que tous ces tirailleurs, goumiers, zouaves et autres spahis des armées d'antan seraient sensibles à ce geste. Je m'attendais à accueillir une poignée de vieux messieurs. Or ils furent plusieurs centaines à se présenter, certains en guenilles, venus à pied, à dos d'âne ou de chameau, des villages les plus reculés. Ils portaient fièrement leurs médailles, épinglées sur des vêtements élimés, ils pleuraient en saluant le drapeau. L'un d'eux mourut d'émotion.

À la fin de l'année 1958, notre bataillon quitta le Maroc pour l'Algérie et le Sud oranais, plus exactement Géryville, devenue, depuis, El Bayadh. L'Algérie était encore française, nous devions faire en sorte qu'elle le restât.

Dans mon esprit, l'intervention militaire était justifiée. Oh, je n'avais pas l'âme d'un va-t-en-guerre ni celle d'un colonialiste borné. Simplement, comme la plupart des soldats de mon âge, j'étais persuadé que nous luttions pour une noble cause puisque la stabilité de la France était menacée par des mouvements minoritaires (ils l'étaient, du moins au début). Nous devions venir en aide aux milliers de Maghrébins qui avaient combattu sous notre drapeau, comme les anciens de Ouarzazate. Cette vision de l'Histoire peut paraître naïve, cinquante ans après les faits, mais elle était celle d'une majorité de jeunes envoyés en Algérie. Nous n'avions pas traversé la Méditerranée avec l'obsession de « casser du bougnoul », comme le prétendaient quelques intellectuels parisiens, mais pour servir notre pays et secourir des compatriotes, pieds-noirs ou nord-africains.

À la tête de ma section, composée de trente-deux appelés, je participais à toutes sortes d'opérations : patrouilles, embuscades, escortes, ouvertures de routes... Pour la première fois, j'étais au cœur d'une véritable guerre. Les attentats, les fusillades, les actes de sabotage étaient fréquents, les rapports entre les communautés de plus en plus tendus.

Même si j'étais convaincu du bien-fondé de notre présence, l'évolution du conflit m'amenait, comme beaucoup d'autres, à nuancer mon analyse. Je m'interrogeais sur l'attitude de la France et de certains Français. Lorsque je rentrais en métropole, à l'occasion de rares permissions, j'avais le sentiment d'être parachuté en terrain ennemi. À Marseille, des chauffeurs de taxi refusaient de charger les soldats en provenance d'AFN. À Paris, des intellectuels signaient des pétitions outrageantes envers l'armée. Dans les bals de village, les provocateurs cherchaient la bagarre aux permissionnaires. Il se trouvait toujours quelqu'un pour lancer : « Vous commencez à nous les casser avec votre guerre chez les melons, ça coûte cher aux contribuables et vous

vous faites descendre pour rien. Laissez-les se démerder entre eux ! »

J'estimais que si la France voulait renoncer à l'Algérie, elle devait l'annoncer clairement et cesser d'envoyer une partie de sa jeunesse au casse-pipe. Dans le cas contraire, elle nous devait un soutien total.

À cette époque, ma section tenait un poste dans le Sud algérien. Six tentes plantées entre des buttes de terre, à l'abri du vent et des tireurs adverses. Nous devions contrôler le secteur et surveiller la piste tracée dans un paysage désertique. Isolés, loin de tout, nous trouvions souvent le temps long. Notre seule distraction ? Le tiercé du dimanche avec nos trois bourricots !

Nous ne mangions que des rations. Sauf le soir de Noël 1958, car, ce jour-là, les braconniers de la section avaient piégé des perdrix du désert, que l'on fit griller à la braise de racines séchées. Tout le monde se réunit autour d'un arbuste décoré avec des bouts de papier et des boîtes de conserve vides. Ce repas de fête fut troublé par quelques coups de feu, histoire de nous rappeler à la vigilance. Je garde le souvenir d'une soirée gaie et triste à la fois. Un Noël de guerre.

La section fut relevée après un grave accident de la circulation, au retour d'une mission à Géryville, où nous étions partis chercher du ravitaillement. Notre convoi, constitué de véhicules civils et militaires, progressait avec prudence sur les pistes de montagne. Quelques jours auparavant, un convoi du même type était tombé dans une embuscade, une dizaine de soldats avaient été tués. Au détour d'un virage, le camion dans lequel je me trouvais fit une embardée, bascula sur le flanc et s'immobilisa au bord d'un précipice. Éjecté, je dégringolai dans le ravin. Souffrant de diverses contusions, je fus aussitôt évacué vers un hôpital, où j'allais passer près de deux semaines, sans jamais pouvoir effacer l'image obsédante des deux passagers morts à mes côtés.

Peu après ce drame, les autorités me proposèrent de prendre le commandement d'une unité d'intervention dont le responsable venait d'être tué. J'acceptai sans hésiter, autant par respect pour mon prédécesseur que pour oublier l'accident.

Mon commando, compétent sur l'ensemble du district, avait un effectif de soixante soldats dont trente harkis. J'ai toujours éprouvé une sincère admiration pour ces hommes qui avaient fait un choix courageux, celui de la France. Malheureusement, notre pays n'a pas toujours été à la hauteur de leur fidélité. En cas de coup dur, nous pouvions compter sur le renfort d'une section de première intervention composée de légionnaires du 2e régiment étranger d'infanterie. Notre mission consistait en priorité à secourir les postes isolés, attaqués par les fellaghas, mais il nous arrivait aussi de dénicher des caches d'armes, d'intercepter des agents du FLN, des collecteurs de fonds du mouvement.

Ce commandement de plusieurs mois allait s'avérer bénéfique pour la suite de ma vie professionnelle. La rigueur dans la préparation des opérations, le sens des responsabilités, la connaissance des hommes, leurs réactions devant l'imprévu, leur solidarité dans l'adversité... De même, j'ai pu vérifier sur le terrain que le courage physique est un don qui se révèle seulement le moment venu. Avant d'être confronté au danger, on ne sait pas. Je ne pouvais rêver meilleure école que cette équipe d'hommes, issus de tous les milieux sociaux.

Une nuit de février 1959, on nous signala qu'une compagnie implantée en bordure de la médina de Géryville faisait l'objet d'une attaque. Une fois sur place, mon commando réussit à pénétrer dans les bâtiments qui faisaient office de caserne. Les soldats se tenaient à leur poste de combat, à l'exception du commandant de compagnie, que je découvris planqué dans un réduit, dégoulinant de sueur, tremblant de tous ses membres. Je fus d'abord écœuré, choqué qu'un officier abandonne ses troupes, puis le dégoût devint pitié. Ce capitaine n'était qu'un pauvre type, diminué par de multiples blessures, traumatisé par un long séjour dans un camp viêt minh. Le commandement, jamais à court de mauvaises idées, l'avait sorti d'un bureau de recrutement pour qu'il termine sa carrière en Algérie. Quelques semaines plus tard, le capitaine en question reçut tout de même la valeur militaire. À l'issue de la cérémonie, le colonel apprit la vérité sur le comportement de cet officier et me reprocha de n'avoir rien dit. Il s'engagea malgré tout à me décorer « la prochaine fois »... Tout cela n'était pas très sérieux et ne fit qu'accentuer mon désir de ne pas renouveler mon contrat à la fin du mois de mars 1959.

Depuis l'embarquement sur l'*Athos II*, à Marseille, ma vision du conflit avait changé. J'avais compris que l'Algérie deviendrait tôt ou tard indépendante, comme le Maroc et la Tunisie. Au-delà de ce constat, j'éprouvais une sensation de malaise. La confusion qui régnait dans l'armée n'était pas faite pour rassurer le jeune officier que j'étais. Entre une partie du commandement, fidèle à Paris, et une autre, séduite par les appels de l'Organisation de l'armée secrète (OAS), je ne savais que penser. Je n'acceptais pas que des officiers parmi les plus brillants puissent choisir le terrorisme et la dissidence.

Le 31 mars 1959, le départ de Géryville pour la métropole fut pénible. J'éprouvais des sentiments contradictoires, la joie de retrouver les miens, mais aussi l'impression de déserter. Les visages des disparus se superposaient à d'autres, encore vivants, en un troublant chassé-croisé de vie et de mort. Je comprenais la douleur des pieds-noirs contraints de quitter la terre de leurs ancêtres. Je devinais le sentiment d'abandon ressenti par des centaines de milliers de Français musulmans. Comme eux j'avais cru, à tort, que l'Algérie pouvait rester française en toute fraternité avec les Algériens. Mes supérieurs me l'avaient dit, je l'avais répété à mes hommes. Que la France accorde son indépendance à l'Algérie était pourtant, avec le recul, un décision logique. On ne peut résister aux volontés profondes d'un peuple (le FLN avait de plus en plus de partisans), à une évolution historique inéluctable. Seulement, il aurait fallu s'y résoudre plus tôt, adopter une attitude plus claire, trouver une issue moins dramatique, pour les uns comme pour les autres.

J'ai passé quatre ans de ma vie dans l'armée, dont trois en Afrique du Nord. Je ne regrette rien. Comme beaucoup d'anciens d'AFN, j'ai souffert des commentaires, souvent partiaux et scandaleux, qui ont donné de la France et de son armée une image caricaturale, au risque de salir la mémoire de nos morts. Que dire, par exemple, des pseudo-penseurs prêts à voir dans cette guerre une « croisade » de colons racistes, eux qui n'avaient jamais mis les pieds dans ces régions ni côtoyé la population locale, d'origine européenne ou algérienne ? Je ne nie pas l'existence de pratiques révoltantes, imputables à une minorité de soldats, mais elles n'ont pas été aussi systématiques qu'ont voulu le faire croire à l'opinion publique des films et écrits tendancieux. Le contingent français, bras armé d'intérêts qui le dépassaient, n'a pas eu le monopole de la cruauté : certains de ses adversaires se sont comportés comme les tortionnaires les plus abjects. Les anciens d'AFN, dans leur immense majorité, ont la conscience tranquille. Ils n'ont pas à avoir honte de dire « j'y étais ». Je suis de ceux-là.

L'heure du retour avait donc sonné. Qu'allais-je faire ? Devenir gendarme, comme je l'avais prévu en m'engageant sous les drapeaux ? Non. J'avais changé d'avis. Peut-être, d'ailleurs, à cause de mes déceptions militaires. Mon objectif était désormais la police.

Ce métier, plus encore que celui de gendarme, correspondait à ma conception de la vie. Les années passant, je m'étais pris à rêver d'une existence riche en surprises, jalonnée d'obstacles imprévus, de rencontres multiples. J'en avais, je l'admets, une vision un peu idyllique : me lever chaque matin sans savoir de quoi la journée serait faite. D'un crime ? D'un hold-up ? D'une planque ? Fréquenter différents milieux sociaux, travailler en équipe, dans l'adversité... J'avais envie de « servir », au sens noble du terme. Tout cela peut paraître désuet, bien naïf, et même prétentieux, mais c'était l'idée que je me faisais de ce métier. Ni justicier ni redresseur de torts. Policier, simplement policier.

Dater de manière précise la révélation de cette « vocation » m'est impossible. Je n'ai pas le souvenir d'un déclic particulier, plutôt d'une lente évolution. Je crois cependant qu'un incident a contribué à ce glissement de la gendarmerie vers la police. C'était en 1958, en plein hiver, à l'occasion d'une permission en métropole.

Ce soir-là, avant de filer rejoindre ma famille à Saint-Jean-d'Angély, j'avais découvert Paris, du moins le Paris des pauvres : un hôtel minable du XIXe arrondissement ; un sandwich au bistrot du coin; le canal Saint-Martin drapé dans le brouillard de février. J'avais rêvé première rencontre plus joyeuse mais un jeune militaire ne pouvait décemment espérer programme plus réjouissant qu'un camembert-beurre et un décor de grisaille. Dans l'attente de mon train, prévu le lendemain matin, ni ma solde ni mon baluchon ne m'ouvraient les portes du grand Paris, celui des boulevards ou des Champs-Élysées. Débarquer d'Afrique et porter le cheveu court n'offraient aucun avantage. Au contraire, il n'y avait pas meilleur moyen pour s'attirer des reproches...

J'étais accoudé au comptoir quand un gosse déboula en hurlant : « Papa! Papa! Papa se noie! »

À l'endroit où le canal s'engouffre sous la place de Stalingrad, un homme se débattait. Ses bras moulinaient pour rejoindre la berge. Il n'avait même plus la force d'appeler à l'aide. Je plongeai dans l'eau glacée pour le secourir. Il s'agrippa à moi comme à une bouée de sauvetage, jusqu'au muret qui bordait le canal. D'une main, je maintenais sa tête hors de l'eau, de l'autre, je cramponnais un anneau en fer scellé dans le béton. Sans cet anneau providentiel, j'aurais sans doute sombré avec lui.

Des pompiers et des gardiens de la paix nous sortirent de là. Une couverture sur le dos, grelottant de froid, j'étais assis à côté du noyé, un Algérien d'une trentaine d'années. Il tardait à recouvrer ses esprits. Je vis alors que ses pieds étaient attachés avec des cordelettes. Du sang dégoulinait de son poignet droit, profondément tailladé. Au commissariat, j'appris qu'il s'agissait d'un responsable local du Mouvement national algérien (MNA), que des militants du FLN, l'organisation rivale, avaient voulu éliminer.

L'accueil que je reçus au poste ne fut pas des plus chaleureux, bien trop hostile, en tout cas, pour susciter des vocations. Là encore, la faute aux « événements », comme on disait à l'époque. La police parisienne payait un lourd tribut à cette guerre qui n'osait avouer son nom. Si certains gardiens approuvaient mon comportement, d'autres ne comprenaient pas qu'un soldat censé lutter contre les fellaghas dans les djebels ait risqué sa vie en plongeant dans un canal pour sauver un « bicot ».

Leur réaction m'indignait. J'avais secouru cet homme sans savoir qui il était et je ne le regrettais pas. Heureusement, tous n'étaient pas du même avis. Je fis ainsi connaissance d'un vieux brigadier, brave homme et bon flic, qui avait apprécié mon attitude. Je lui confiai mon intention d'entrer dans la gendarmerie, la maison d'en face, ce qui sembla le contrarier. Il me fit promettre de lui rendre visite dès mon retour dans la capitale.

Le lendemain, je pris le train pour Saint-Jean. Je l'ignorais encore mais l'incident du canal Saint-Martin constituerait un événement essentiel dans ma vie : j'avais découvert Paris et sa police.

II

Des djebels au Quai des Orfèvres

Cette fois, c'était décidé, je voulais être policier. Et policier à Paris, nulle part ailleurs. Dès lors, je devais quitter ma campagne charentaise, oublier le Maghreb et «monter» en Région parisienne, avec mes seules richesses de l'époque, à savoir une guitare et une vieille Dauphine, achetée avec mes économies de soldat.

J'avais vingt-trois ans. Je ne connaissais personne dans la capitale. Pas un cousin, pas un oncle, pas un copain. Cette solitude ne me préoccupait pas outre mesure. Si je parvenais à entrer dans la police, j'aurais bien, tôt ou tard, la possibilité de faire des connaissances.

N'ayant pas le bac, je savais qu'il me faudrait débuter au bas de l'échelle : commis de la Sûreté nationale. Un emploi administratif! Mais, après tout, dans l'armée aussi, j'avais commencé deuxième classe pour finir lieutenant, moins de quatre ans plus tard. Suite à différents contretemps, je dus, en fait, patienter quelques mois supplémentaires et consulter les petites annonces pour trouver un emploi en attendant le poste de «commis». C'est ainsi que j'allais troquer la tenue léopard des commandos d'AFN contre une blouse blanche d'employé.

Je fus engagé par une multinationale de l'informatique pour modifier le mécanisme des caisses enregistreuses que les magasins nous confiaient en prévision du passage du franc «léger» au franc «lourd». Nous étions cinq dans un local de trois mètres sur quatre. Ce boulot d'attente ne m'enthousiasmait pas vraiment mais je savais qu'il ne durerait qu'un temps. Une seule chose me dérangeait : l'arrivisme sournois d'un responsable commercial. Une vraie caricature de « petit chef » ! Pour ne plus avoir à le croiser dans les couloirs, j'acceptai une mission temporaire auprès du magasin le Bon Marché. Dans mon réduit du troisième sous-sol, loin de la frénésie des étages, je vis défiler toutes les caissières et leurs caisses enregistreuses !

Neuf semaines plus tard, je retrouvais mes collègues à l'agence. L'un d'eux, Roger, était devenu un copain. Le « petit chef », lui, n'avait pas changé. Un soir, j'en vins même à l'expulser *manu militari* du bureau parce qu'il avait insulté un collègue, un vieil homme qui ne parvenait pas à suivre la cadence. Il n'osa pas donner suite à l'incident. En réalité, je me moquais d'être viré, j'avais l'esprit ailleurs : dans la police.

Enfin, « police », c'est vite dit, car je fis mon entrée dans la « grande maison » par la petite porte, presque un soupirail. Le 1er juillet 1960, je me présentai en effet au commissariat d'Argenteuil, dans la banlieue parisienne, pour un poste de... commis stagiaire !

Je voulais de l'action, j'allais être servi ! Je devins l'homme à tout faire du commissariat. Enregistrer le courrier, classer les fiches, remplacer le standardiste, allumer le poêle à charbon... J'étais malgré tout satisfait dans la mesure où il régnait une bonne entente entre nous, en dépit des difficultés matérielles et de la tension due aux « événements ».

La vie parisienne me plaisait. J'avais trouvé mes marques. Grâce à ce travail, bien sûr, mais aussi grâce au rugby, le roi des sports d'équipe. Si je l'avais découvert dix ans plus tôt, à Saint-Jean-d'Angély, c'est à Paris que je compris tout ce qu'il pouvait offrir. Davantage qu'un sport, le rugby est une alchimie magique, une affaire d'émotion et de beauté, une école de la vie. D'autres sports passionnent, d'autres sports fascinent, aucun ne parvient à associer ainsi le muscle et l'esprit, la violence et le respect. Et la mêlée ! Quoi de plus beau qu'une mêlée ? Le médecin, le flic, le cheminot, l'enseignant, bras dessus, bras dessous, têtes contre fesses, les oreilles en chou-fleur et l'œil poché. Des gros, des grands, des teigneux et des timides, prêts à se chamailler pour un ballon puis à se réconcilier devant un verre, lors de la « troisième mi-temps », la seule qui laisse vraiment des traces. Lutter dans les mauls, échapper aux plaquages, prendre une « pigne », cela vous forme des hommes taillés pour l'aventure et la générosité. J'ai rarement rencontré un rugbyman digne de ce nom qui soit vraiment mauvais bougre, « viril mais correct », comme disait Walter Spanghero de sa voix rocailleuse.

Je jouais à Puteaux, avec une bande de joyeux lurons. À leurs côtés, j'ai vécu des moments extraordinaires. Le club n'ayant pas les moyens d'aider financièrement ses joueurs, nous étions quatre, parfois plus, tous célibataires, à loger dans un pavillon de banlieue habité par deux adorables grands-mères. Rue Pilaudo, à Bécon-les-Bruyères.

Nous formions un sacré groupe de boute-en-train que les autres joueurs surnommaient le « club Pilaudo ». Il y avait là Gardrat, le talonneur, employé à la SNCF, discret mais toujours prêt à festoyer ; le Narbonais Roselle, le pilier qui nous faisait rire avant même d'avoir raconté son histoire. Quant à Rougier, dit « la Callas », c'était le demi de mêlée et le chanteur de la troupe. Ce moustachu biterrois était mécanicien à la SNCF. Pour nous le rappeler, il faisait siffler sa loco lorsqu'il passait, aux aurores, sur les voies situées en contre-bas de notre rue. D'autres coéquipiers se joignaient souvent à nous : le Palois Cazalis, dit « Cazalis de Pau », le prince incontesté de nos festivités ; le Vendéen Castet, prof de gym et trois-quarts aile ; ou encore Jean-Pierre, l'un de mes futurs beau-frères. Je m'étais également lié d'amitié avec Claude Petit, l'entraîneur des juniors, un gaillard tout en rondeurs, aux bacchantes de flibustier.

Comme nous étions souvent fauchés, il nous arrivait d'effectuer des petits travaux au siège du club, en échange, bien sûr, de quelques repas, qui s'achevaient toujours par des chansons que la morale réprouve. Le vendredi soir, nous fréquentions d'autres gargotes, l'une à la porte Brancion, une autre à Asnières. Là non plus, nous n'avions pas toujours les moyens de payer mais les patrons nous offraient le couvert. À condition de mettre de l'ambiance !

Le club de Puteaux, parmi les plus solides de l'Île-de-France à l'époque, était une famille, au sens figuré comme au sens propre, puisque c'est grâce à lui que je fis connaissance de celle qui devint mon épouse en juin 1962. Elle était l'une des trois filles du vice-président et la sœur de certains de mes coéquipiers. Pour tout dire, elle m'avait remarqué dans des circonstances peu glorieuses, après un beau K.-O., en sortant du terrain sur une civière... C'était la première fois qu'elle assistait à un match !

Le dimanche soir et le lundi midi, la table familiale de la rue Pasteur, à Boulogne-Billancourt, était ouverte aux sept ou huit célibataires du club. Escalopes, entrecôtes, cassoulet... Comme tous les autres, je manquais rarement ce rendez-vous de la gastronomie et de la joie de vivre, qui s'achevait par des histoires et des chants de rugby. Ma future belle-famille, des parents aux enfants, vivait pour le ballon ovale et ses troisièmes mi-temps. Quelques années plus tard, lors d'un match à Reims, on se retrouvera à six frères et beaux-frères au sein de la même équipe, la plupart dans le « paquet » d'avants !

Au commissariat d'Argenteuil, je devais en principe me limiter à des tâches administratives. J'avais été recruté pour cela et non pour jouer les apprentis policiers. Certains inspecteurs ne comprenaient pas comment un ancien officier de l'armée française pouvait occuper un poste aussi peu actif. Ils m'invitaient alors à les accompagner discrètement. Juste pour observer, car je n'avais évidemment aucun pouvoir de police.

C'est d'ailleurs au cours d'une mission d'« observation », individuelle celle-là, que j'allais procéder à ma première arrestation.

Depuis plusieurs semaines, les commerçants de la rue principale d'Argenteuil se plaignaient des agissements d'un jeune homme de couleur dont l'identité demeurait inconnue. Chaque samedi après-midi, il s'amusait à foncer entre les étals en criant : « Je suis téléguidé, je suis téléguidé... Cachez-vous ! » Il ne volait rien mais causait pas mal de dégâts. Lorsque la police surgissait, il disparaissait et les agents repartaient sous les quolibets des passants.

Un samedi, je pars donc me promener dans la rue en question. Fidèle au rendez-vous, celui que le quartier surnomme la « tornade noire » commence son slalom. En embuscade, j'attends le moment idéal pour l'intercepter. Ce sera l'un des plus beaux plaquages de ma carrière !

Appelés à la rescousse, les gardiens de la paix le conduisent au poste. C'est un petit bonhomme rigolard et plutôt sympa qui doit néanmoins avoir des moments d'« égarement ». Dans la cour du commissariat, le brigadier lui suggère de faire une démonstration de ses dons soi-disant « surnaturels ». Le voilà qui slalome entre les arbres, coups de reins, changements de pied, avec une prodigieuse aisance. Il court ainsi jusqu'au moment où un tilleul en décide autrement. Le visage tuméfié, les arcades gonflées, il garde le sourire. Lorsque les enquêteurs de la « police des polices » viendront vérifier qu'il ne s'agit pas d'un passage à tabac, il confirmera qu'il s'est blessé tout seul, suite à une erreur de « téléguidage » !

Je suis resté onze mois à Argenteuil. Onze mois d'écritures, de tout et de rien, mais aussi une bonne approche du quotidien d'un commissariat de banlieue. Je côtoyais des gardiens en tenue, des inspecteurs de la Sûreté, ceux de la police judiciaire ou des Renseignements généraux. Tous me racontaient leurs affaires, leurs difficultés, leurs satisfactions. J'écoutais, j'observais, j'enregistrais. Bien sûr, j'étais encore loin de mon but, à des années-lumière des enquêtes et de l'action dont je rêvais, je n'étais qu'un stagiaire zélé, parachuté dans un commissariat, mais c'était la meilleure manière d'aborder le métier, au contact des « flicards » de base. En prise directe avec la détresse ordinaire, ils sont le pouls de la police.

Je brûlais de prouver à la hiérarchie que je n'étais pas juste bon à noircir un registre ou à allumer un poêle à charbon.

L'opportunité se présenta en 1961. La Préfecture de police, confrontée à une pénurie d'inspecteurs en raison de la situation en métropole et en Afrique du Nord, recrutait, sur dossier, des « officiers de police adjoints contractuels ». Mon passé militaire ainsi que mon stage à Argenteuil me permirent d'être retenu. Le 2 mai 1961, je me présentai au siège de la première brigade territoriale (1re BT)[1], rue de la Faisanderie (XVIe). On me remit une carte tricolore, une arme, une paire de menottes...

J'avais vingt-cinq ans. J'étais policier.

La 1re BT, comme les onze autres brigades territoriales, travaillait sur un secteur géographique délimité, en l'occurrence le XVIe arrondissement et la proche banlieue ouest. Elle menait des enquêtes sur la moyenne délinquance et procédait à des arrestations en flagrant délit sur la voie publique. Mon intégration se fit sans problème si ce n'est que mes collègues, là encore, ne comprirent pas comment un ancien officier d'AFN avait pu transiter par les sous-sols du Bon Marché et les coulisses du commissariat d'Argenteuil ! Je les soupçonne même d'avoir cru que je traînais un passé inavouable ou une « casserole » encombrante...

Un inspecteur joua un rôle capital dans ma formation : Roger Stievenart, chef du groupe de voie publique. De vingt-six ans mon aîné, il fut, durant deux ans, un maître merveilleux auquel je dois énormément. Cet homme intelligent, d'une intégrité absolue, m'aida à assimiler les ficelles du métier. « Vous verrez, disait-il, le recours aux indics est un mal nécessaire, un apport essentiel dans beaucoup d'affaires. Mais attention ! La quête de la réussite est un jeu dangereux, parsemé d'embûches. On commence par un pot dans un bar, suivi d'une invitation à déjeuner, puis on en vient aux petits services que l'on se rend réciproquement et le policier imprudent perd l'équilibre, il glisse vers la compromission. Celui qui reste réglo dans ses rapports avec les indics obtient les meilleures informations car il est respecté. »

Le groupe de voie publique comportait neuf inspecteurs. Trois anciens encadraient les plus jeunes, sans rivalité aucune entre Doudou le Breton, Michel le Corse, Étienne le don Juan, Bernard, Daniel et quelques autres.

Nous devions sillonner Paris par équipes de deux ou trois. L'école de la rue ! La meilleure de toutes, pour les flics comme

1. Les brigades territoriales sont devenues, depuis, des divisions de police judiciaire.

pour les voyous. C'est bien là que s'apprend le métier, que se forgent les tempéraments, que s'acquièrent le flair et les réflexes. Il faut sentir l'embrouille, repérer le malfrat, «détroncher» le client, comme on dit en argot. Car le délit de sale gueule existe, qu'on le veuille ou non. Au-delà d'un simple visage, c'est une attitude, une manière de marcher, de s'habiller, d'être sur ses gardes. Un novice débarquant dans les quartiers chauds ne remarquera que des silhouettes anonymes, des camelots, des promeneurs, des commerçants, des ménagères. Le flic, lui, aura l'œil à tout, au toxicomane anxieux guettant son dealer; au julot qui parade; au pickpocket en action; au cambrioleur en phase de repérage...

Tout policier de voie publique, spécialiste des vols à la tire, du trafic de stupéfiants ou d'autres types de délinquance, éprouve, à un moment ou à un autre, cette sensation gratifiante d'avoir enfin cerné l'univers de l'adversaire, ses rites, ses points faibles. Il est dans la situation du chasseur qui connaît les ruses du gibier.

Jour après jour, à force d'arpenter les boulevards et les stations de métro, de surveiller les bars et les grands magasins, je finis par être capable, comme mes collègues, de deviner la spécialité des suspects que nous prenions en «filoche» (filature). Cambrioleurs, proxénètes, voleurs à la tire, «roulottiers» (vols dans les voitures)... Nous en arrêtions plusieurs par semaine. Je ne pouvais espérer formation plus complète, nous étions au contact de la vraie vie. Chaque jour nous réservait une nouvelle surprise, des moments pénibles, des arrestations cocasses : un curé proxénète; un célèbre artiste «casseur» d'appartements; un commissaire détraqué sexuel; un banquier «piqueur» de troncs d'église; un instituteur braqueur de banques; une femme qui obligeait son officier de mari à «tapiner»; un père, un fils et un petit-fils dont les épouses légitimes faisaient le trottoir à Pigalle.

Il y eut aussi le cas d'un cambrioleur hors pair, un Arsène Lupin acrobate. Des bijoux, des chéquiers, de grosses sommes d'argent disparaissaient des luxueux appartements de l'avenue Foch ou de l'avenue Henri-Martin. Cet oiseau de nuit laissait des messages à ses victimes endormies : «Madame, vous êtes bien plus belle maquillée», «Monsieur, il faudrait renouveler votre photo du permis de conduire, vous avez changé», «La dernière fois, j'ai emporté par mégarde vos billets d'avion, je vous les rapporte mais vous comprendrez que je compense mes frais de déplacement»... Plus d'une centaine de plaintes avaient été déposées. Les soupçons se portèrent sur un laveur de carreaux si sympathique que les habitants du quartier se recommandaient ses services. Comme je devais le surveiller, un copain de rugby m'avait prêté sa Mobylette et je filais le suspect à longueur de journée. C'était un employé sérieux, sportif et végétarien qui logeait dans une chambre de bonne à proximité de la place de l'Étoile. Une nuit, il enfourcha son vélomoteur et s'arrêta dans la contre-allée de l'avenue Foch. Je le vis escalader à mains nues les sept étages d'un immeuble! Ce monte-en-l'air d'une agilité stupéfiante pénétrait chez ses victimes par les fenêtres entrouvertes. J'attendis son retour, les poches pleines, pour lui passer les menottes. L'enquête révéla qu'il disposait d'un compte en banque copieusement garni, d'un chalet dans les Alpes – pour l'entraînement? – et d'un appartement sur la Côte d'Azur!

Les affaires se succédaient, parfois rocambolesques, comme l'interpellation d'un julot au cours d'une partie de pétanque, dans le bois de Boulogne. Ce jour-là nous étions trois inspecteurs à le surveiller alors qu'il venait de poster ses deux «protégées» dans une contre-allée voisine. Histoire de décompresser un moment, nous jouions à la pétanque avec des retraités qui ignoraient bien entendu notre profession. Mais l'un de nous dut s'absenter et le proxénète, qui assistait à la partie, proposa de le remplacer. La situation était pour le moins étonnante mais il fallait bien finir la partie! Le problème, c'est que notre nouveau coéquipier, s'il était beau gosse, n'avait aucun don pour ce sport. Il ne plaçait pas une boule! Mauvais perdant, mon collègue Michel lui passa soudain les menottes, sous le regard effaré des retraités :

– Alors toi, tu me fais vraiment trop chier : non seulement t'es julot mais en plus tu me fais perdre!

Nous étions des accros du «flag» (flagrant délit) mobilisés le jour, la nuit, souvent le samedi, parfois le dimanche. Lorsque nos enquêtes semblaient déboucher sur des braqueurs ou des perceurs de coffre chevronnés, nous transmettions nos renseignements aux brigades spécialisées du 36, quai des Orfèvres, le siège de la police judiciaire parisienne. Il y avait notamment la Brigade de recherche et d'intervention (BRI), plus connue sous le nom d'antigang.

Le 36, c'était en quelque sorte le Saint des Saints. Nous en étions loin, nous, les soutiers de la PJ, cantonnés à fond de cale, dans notre brigade territoriale. Il n'empêche que cette vie-là me passionnait. J'adorais la nuit, les quartiers louches, les planques, les enquêtes, les arrestations. J'avais le sentiment d'être devenu un policier parisien à part entière. L'argot n'avait plus de secret pour moi. Quand il fallait «faire un crâne» (arrêter un truand), je n'oubliais jamais mon «calibre» et mes «pinces» (menottes), de peur de tomber sur un «casseur» (cambrioleur), prêt à «défourailler» (sortir son arme).

Un incident faillit pourtant refroidir mon enthousiasme et interrompre ma carrière. Rue Saint-Denis, sur le trottoir le plus fréquenté de Paris, j'attendais un collègue lorsqu'un type m'apostropha :

– Oh, poulet, on se met à trois pour sauter un mec mais une fois seul, on longe les murs!

Il s'agissait d'un proxénète que nous avions interpellé quelques mois plus tôt. Entouré de prostituées et d'une escouade de badauds, il cherchait l'incident. Ses fanfaronnades provoquaient des réactions en chaîne, les insultes pleuvaient. La seule issue honorable était de lui proposer publiquement un rendez-vous afin de régler cela «entre hommes». Les policiers, comme les voyous, ne doivent jamais baisser les yeux s'ils veulent être respectés. J'admets que cela n'entre pas dans les fonctions d'un policier de la République mais l'hypothèse d'une «mise aux poings» sur terrain neutre me séduisait assez.

Deux ou trois jours plus tard, une nuit de samedi à dimanche, je quittai notre modeste studio du XIIIe arrondissement (une pièce, les toilettes sur le palier) en disant à ma femme que j'avais un rendez-vous important, une enquête à boucler. À une heure du matin, j'étais devant l'église Saint-Martin. Mon adversaire était seul, il était un peu plus âgé que moi et d'une corpulence comparable.

La bagarre fut équilibrée. Je rendis coup pour coup, l'abandonnant finalement en piteux état mais conscient. Je regagnai mon domicile, pas bien vaillant non plus. J'eus du mal à trouver le sommeil, j'avais fait une connerie, je le savais. Cette histoire pouvait me valoir les pires ennuis ; je les méritais.

Le lendemain, à la première heure, je décidai de me confesser à mon patron, le commissaire Martha. L'état-major de la PJ, au Quai des Orfèvres, était déjà au courant et l'Inspection générale des services (IGS), la « police des polices », s'apprêtait à étudier mon cas. Peu après mon départ, un car de police secours avait, en effet, repéré le julot devant l'église. Malgré une double fracture de la mâchoire, il avait réussi à expliquer au brigadier qu'il s'était battu avec un flic qui l'avait arrêté dans le passé.

À 11 heures, le jour même, j'étais convoqué dans le bureau du directeur de la PJ, Max Fernet. Un homme intelligent et rusé, féru de rugby. Il n'avait pas son pareil pour peaufiner ses pièges avant de déstabiliser son interlocuteur.

– Alors, monsieur Broussard, racontez-moi votre nuit...

J'étais dans la situation du cancre face au vieil instituteur. Un gamin ! Autant jouer la carte de la franchise, tout raconter, de la rue Saint-Denis à l'église Saint-Martin.

Un long silence suivit ma confession. Puis Fernet, tirant des bouffées de sa pipe, prit enfin la parole, à mots comptés :

– Monsieur Broussard, il y a... deux aspects dans cette affaire. Je comprends le premier, pas le second... Vous m'avez habitué à beaucoup mieux. Vous allez vous rendre à l'IGS. Je suis sûr que vous avez compris le sens de mes propos...

J'avais compris : s'il appréciait ma réaction d'homme, il désapprouvait mon comportement de policier. Je n'avais rien à ajouter, juste à me fendre d'un timide « oui, monsieur le directeur » et à partir affronter les « bœufs-carottes », les policiers ainsi surnommés car, dit-on, ils font mijoter leurs collègues pour mieux savourer leurs aveux... Mais l'IGS, qui avait probablement reçu des consignes d'indulgence, ne se montra pas plus sévère que le directeur. Je me sortis de ce guêpier avec une mise en garde solennelle et une gratitude éternelle pour ce patron indulgent qu'était Max Fernet. J'y gagnai aussi le respect de certains voyous de la rue Saint-Denis. Mon adversaire aurait pu porter l'affaire en justice, inventer je ne sais quelle histoire, il ne l'avait pas fait, nous avions réglé cette affaire entre nous.

À cette époque, des caïds d'un autre genre défiaient aussi la police : ceux de la Sorbonne et de Nanterre, les révoltés de Mai 68. Dans la capitale, presque tous les policiers étaient mobilisés. Chaque BT devait constituer une équipe de neuf inspecteurs en civil, dirigée par un chef de groupe. Tous les soirs, ces équipes se rassemblaient au Quai des Orfèvres puis s'éparpillaient dans Paris pour des opérations «zigzag».

Nous devions repérer les meneurs qui exhortaient la foule à rejoindre le Quartier latin. On se débrouillait pour se glisser incognito entre les spectateurs, apostropher l'orateur et provoquer des incidents sans gravité. Après quelques échauffourées entre les «pour» et les «contre», nous embarquions les véritables agitateurs au poste et nous repartions «animer» d'autres débats... En un mot, c'était de la «provoc» pour détecter les plus déterminés. Il nous arrivait aussi de poursuivre des casseurs de banlieue qui profitaient des événements pour piller les magasins ou agresser des passants. Puis ce fut l'évacuation du théâtre de l'Odéon, de la Sorbonne, de la faculté de Nanterre...

Ces cavalcades paraissent aujourd'hui folkloriques. Tout compte fait, elles rappellent de bons souvenirs aux anciens des deux camps. Le temps et ses effets anesthésiants ne doivent cependant pas faire oublier la gravité de la situation. Mai 68 ne fut pas un aimable chahut de potaches. Il fallut plusieurs mois pour que l'opinion publique mesure le rôle déterminant de la police et comprenne qu'un drame avait sans doute été évité de justesse (pas un seul mort, malgré la violence des affrontements).

Les étudiants étaient à peine plus jeunes que moi mais j'avais le sentiment qu'un monde nous séparait. Je ne comprenais pas leur rébellion, je la percevais comme une guérilla de nantis en mal de sensations fortes. Avaient-ils vraiment des raisons de se plaindre, de lancer des pavés, de dresser des barricades? Ils avaient pour la plupart de l'argent, des loisirs, la chance de suivre des études. J'étais d'une génération qui avait connu les privations en 1945, la guerre en Afrique du Nord, l'obligation de tracer sa route sans diplôme ni aide financière. À mes yeux, il y avait un côté «fils à papa» dans leur remise en cause du pouvoir établi. Au-delà de toute considération politique, leur rejet utopique de la société me choquait, je ne pouvais me reconnaître dans leurs leaders spirituels. J'éprouvais une profonde admiration pour le général de Gaulle et je ne me posais pas de questions. Bien que parisien depuis neuf ans, je restais très provincial dans mon respect des hommes et des institutions. Je le devais à mes parents. Ils m'avaient appris, ainsi qu'à mes deux sœurs, la valeur des choses, le prix du travail, le sens de la pudeur. J'admettais la contestation, mais uniquement lorsqu'elle visait à dénoncer une injustice flagrante, pas quand elle relevait du caprice de privilégiés.

Après ce printemps mouvementé, la vie reprit son cours. J'essayais d'instaurer un équilibre entre mon métier, de plus en plus envahissant, et ma famille. Avec ma femme et mes deux fils (Philippe, né en juin 1963, et Vincent, né en mars 1968), nous avions quitté notre studio du XIIIe pour emménager dans un appartement, à Fontenay-le-Fleury, dans les Yvelines. Je jouais toujours au rugby à Puteaux, le club de ma jeunesse et de ma belle-famille. Seulement, comme j'avais tendance à prendre du poids, je n'étais plus trois-quarts centre mais pilier et, si je courais moins vite, je poussais plus fort!

Sur le plan professionnel, j'avais pris une décision capitale. Après avoir réussi les concours d'inspecteur (1er juillet 1964) et d'officier de police judiciaire (22 janvier 1969), je souhaitais devenir commissairc. Scul Robert Doué, mon équipier, était dans la confidence. L'idée de me présenter au concours m'était venue en sa compagnie, dans le quartier Saint-Paul. En discutant, il m'avait appris que notre nouveau supérieur hiérachique avait profité de nos résultats sans avoir participé à l'enquête que nous venions de conclure.

Nous avions en effet arrêté deux cambrioleurs et récupéré les œuvres d'art qu'ils avaient volées à un couple de personnes âgées. Pour rendre service à ces braves gens, nous avions rapporté le butin à leur domicile avec mon véhicule personnel. En guise de remerciements, ils nous avaient proposé un « pourboire », que nous avions évidemment refusé. Croyant bien faire, ils s'étaient par la suite rendus au siège du service pour remettre l'enveloppe à notre chef de groupe. Celui-ci n'avait pas eu nos scrupules : au passage, il avait gardé une partie de la somme et promis de nous remettre le reste, ce qu'il n'avait pas encore fait.

J'avais refusé cet argent une première fois et je l'aurais refusé de nouveau mais j'avais ressenti cette « récupération » comme une profonde injustice. Nous ne ménagions pas nos efforts, au détriment de notre vie familiale, et il en avait tiré profit, sans même nous en parler. En réaction à cette attitude, alors que je ne l'avais jamais envisagé auparavant, j'avais décidé de tenter le concours de commissaire afin de ne plus dépendre de ce genre de cheffaillon.

J'allais potasser mon droit, enrichir ma culture générale, bachoter tous les jours pendant un an, de 4 heures à 8 heures du matin puis de 20 heures à minuit, en marge de mes activités d'inspecteur. Je voulais relever ce défi seul, sans aide ni facilité extérieure.

Reçu au concours d'entrée, je partis le 1er septembre 1969 pour une année de scolarité à l'École nationale supérieure de police de Saint-Cyr-au-Mont-d'Or, dans la banlieue lyonnaise.

Au cours de la formation, François Le Mouël, patron et créateur de l'antigang, vint tenir une conférence sur sa brigade. Sous des allures plutôt réservées, ce Breton était un meneur d'hommes extraordinaire dont l'autorité et le professionnalisme étaient appréciés de tous. Un « Monsieur ». Je l'avais déjà rencontré lors de trois ou quatre enquêtes de la BRI auxquelles j'avais apporté ma contribution d'inspecteur de brigade territoriale. Après sa conférence, il me prit à l'écart et me proposa de devenir son adjoint au terme de ma scolarité. Il me faudrait effectuer au préalable un stage d'un an dans différents services, comme l'exigeait l'administration de tout jeune commissaire.

Ensuite, je prendrais la succession de son adjoint, le commissaire Lucien Aimé-Blanc, pressenti pour diriger un autre service.

Cette proposition tombait du ciel, je n'osais y croire. Je n'avais jamais fait acte de candidature pour une unité du 36. Le Quai des Orfèvres me semblait inaccessible. Et voilà que le patron de l'une des brigades les plus célèbres m'appelait à ses côtés ! Il fallait toutefois sortir très bien classé du Saint-Cyr de la police, afin de choisir son affectation, en l'occurrence la Préfecture de police de Paris (PP).

En juillet 1970, j'obtins la deuxième place de la promotion sur soixante-cinq stagiaires. J'allais devoir me laisser pousser un collier de barbe, comme je l'avais promis à mon entourage en cas de succès. Je l'ai toujours conservé depuis.

III

Le « 36 »

Le 36, quai des Orfèvres! Au cœur de Paris, face à la Seine, dans l'île de la Cité. Notre-Dame à deux cents mètres, le Palais de justice au coin de la rue. Une cour intérieure, un escalier mythique, cent quarante-huit marches que des générations de flics ont descendues quatre à quatre pour foncer à l'autre bout de la capitale. Le 36! Ses bureaux sous les toits, ses odeurs de tabac froid, ses murs sans âge, ses paliers, ses entresols, ses planchers qui craquent, ses linos usés. Quel policier n'a pas rêvé d'y débarquer au petit matin, avec un truand «serré en flag» ou un assassin cueilli au saut du lit, puis d'aller boire un crème à la brasserie voisine, Le Soleil d'or? Le 36! Temple de la PJ parisienne depuis 1891, décor idéal de Jouvet à Simenon... Quel ancien n'éprouve pas, pour ce lieu, une affection nostalgique? Comme un sportif adore son stade, un toubib son hôpital, un acteur son théâtre, nous, c'est le Quai des Orfèvres. Une maison de famille.

Les plus grandes brigades y avaient leur QG : la Criminelle, la Mondaine (proxénétisme et stupéfiants), la BRB (répression du banditisme) et la BRI, l'antigang de François Le Mouël. Autant de services prestigieux regroupés autour de l'état-major, sorte de tour de contrôle de la criminalité parisienne.

Cette partie policière de l'immense Palais de justice de Paris était une ruche magnifique. Dans le dédale des couloirs, on croisait des flics de tous âges, de tous styles, costume-cravate à la Criminelle, jeans-blouson à la BRI. Nuit et jour, on y rencontrait des voyous, des témoins et des victimes de toutes conditions, des toxicomanes en manque, des travestis défraîchis, des cambrioleurs dépités, des maniaques sexuels, des chauffeurs de taxi agressés... Vécu de l'intérieur, ce désordre n'en était pas un, tout était parfaitement huilé, d'un étage à l'autre, avec un esprit « maison », une mentalité propre à la PJ parisienne.

On n'oublie pas le 36. Ces locaux ont une âme, un vécu, leur histoire se confond avec celle du pays. Les policiers qui y sont passés me comprendront. Peut-être aussi les voyous, les vrais, ceux pour lesquels il vaut mieux échouer Quai des Orfèvres que dans un commissariat. Question de prestige, de réputation.

J'y suis entré officiellement au début de l'année 1971. Hormis une poignée d'inspecteurs, je ne connaissais presque personne. Après plusieurs mois de stages dans divers services de la PP, je fus affecté à la Criminelle, sous les ordres du commissaire Roger Poiblanc et de son adjoint, Jean Sautereau. Il m'était en effet impossible, comme je le souhaitais, d'intégrer directement l'antigang de Le Mouël. Celui-ci n'avait pas changé d'avis à mon égard mais des mutations imprévues au sein de la hiérarchie m'obligèrent à rejoindre la Crim plutôt que la Brigade de recherche et d'intervention.

Débuter ma carrière de commissaire au sein de la Crim, la plus célèbre brigade du 36, était un privilège extraordinaire. Moi qui croyais maîtriser à peu près les techniques d'enquête, j'étais loin du compte. Je n'étais rien ou presque; rien qu'un inspecteur de BT qui avait obtenu ses galons de chef en plongeant dans ses bouquins. Sur le terrain, malgré mes dix ans d'ancienneté, il me restait beaucoup à apprendre. À commencer par l'art et la manière de conduire une enquête criminelle.

Les inspecteurs de la Crim méritaient leur réputation de seigneurs du 36. Il fallait les voir, ces infatigables fouineurs, décortiquer les faits, vérifier les indices, examiner les pistes, analyser les éléments à charge et à décharge. De vrais chirurgiens, méticuleux, précis, qui archivaient toutes leurs trouvailles. Dans le bureau du patron, un coffre-fort protégeait les dossiers « lourds » des années de Gaulle (affaire de l'Observatoire, affaire Ben Barka, attentat du Petit-Clamart...). Cette brigade était une fantastique école de rigueur. Pendant un an, j'allais participer à des enquêtes dignes des polars les plus exaltants, recevoir aussi de mémorables leçons comme dans l'affaire dite des « amants de Montreuil ».

Nous avions reconstitué le scénario du drame. Une femme jalouse avait enrôlé un tueur à gages pour abattre une rivale qui convoitait son amant. Mais le tueur avait complètement raté son coup : il avait tué l'amant et légèrement blessé la rivale ! Malgré de fortes présomptions, le suspect persistait à nier. Je l'interrogeais pourtant depuis près de quarante-huit heures avec l'inspecteur Riou. À l'aube, découragé, je décidai de demander conseil à Roger Poiblanc, mon supérieur.

– Venez avec lui dans mon bureau, me dit-il gentiment, on va voir ça ensemble.

Le suspect prend place dans l'un des deux fauteuils. Je m'assois dans l'autre. Ah, ces fauteuils ! On s'y enfonce comme dans un édredon en plume d'oie, jusqu'à se retrouver en situation d'infériorité, tant physique que psychologique. On comprend aussitôt que le patron aura toujours le dernier mot. Debout derrière son bureau en bois patiné, Poiblanc bourre sa pipe à gestes lents. La scène s'éternise, dans un silence absolu. Il passe derrière nous, allume enfin sa pipe. À chaque pas, le suspect se tasse davantage sur lui-même. Je n'ose prendre la parole mais je commence à m'inquiéter, presque à m'énerver. Le délai légal de garde à vue expire dans moins de trente minutes, nous ne pourrons bientôt plus cuisiner notre homme. Or je suis persuadé qu'il s'agit bien du tueur.

Poiblanc marche lentement en direction de la fenêtre, contemple la Seine. Des volutes de fumée virevoltent autour de lui. Les mains dans les poches, il revient vers le suspect et prononce juste ces quatre mots : « Je ne comprends pas... »

Il repart vers le fond de son bureau, réfléchit un instant, se retourne, réfléchit encore et parle : « J'ai vu votre dossier... je ne comprends pas... je ne comprends pas comment vous en êtes arrivé là ! » Et l'autre, soulagé de pouvoir enfin se libérer après un tel suspens, craque : « Monsieur le commissaire, je vais tout vous expliquer ! »

Sans doute était-ce cela, un grand flic. Poiblanc en imposait, derrière ses lunettes à verres fumés. De taille moyenne, plutôt mince, il n'avait pas besoin de gesticuler, de menacer, juste d'être lui-même, tout de sang-froid et d'autorité. Il s'exprimait calmement, sans impatience aucune. Je n'avais jamais rencontré un homme aussi soucieux du détail.

À cette époque, Roger Poiblanc et ses collègues du 36 – Bouvier, Ducret, Jobard, Chatelain, Le Mouël, Le Taillanter, Ottavioli... – étaient des têtes d'affiche dont les affaires passionnaient le public. La télévision n'avait pas encore supplanté la presse écrite et la radio. Des journaux comme *Le Parisien*, le *France-Soir* de Pierre Lazareff, les stations de radio telles que RTL ou Europe 1 accordaient une large place aux faits divers. Des journalistes traînaient en permanence Quai des Orfèvres, dans l'espoir d'une « info », guettant les fenêtres allumées toute la nuit. Il y en avait toujours au moins une derrière laquelle une enquête se dénouait ou s'enlisait. Les commissaires étaient connus des lecteurs et des auditeurs, avec leurs habitudes, leur façon de s'habiller. Ma présence dans un tel endroit était un bonheur dont je profitais sans retenue, avec des inspecteurs tels que Wicky, un fin psychologue, Boithias, un procédurier scrupuleux, Totor, un opiniâtre qui n'avait pas son pareil pour « faire le voisinage », autrement dit, interroger les habitants du quartier où avait eu lieu le crime...

Les enquêtes ne manquaient pas : l'enlèvement d'une jeune fille de bonne famille, Brigitte Grapin, qui ne fut jamais retrouvée ; le rapt de la fille du président de BP France ; la mort d'un enfant de trois ans, étranglé dans son lit, dont la mère fut un moment soupçonnée ; un corps de femme découvert découpé en morceaux dans une consigne automatique de gare...

Le fait d'évoluer dans le sang et les pires atrocités aurait pu m'inciter à changer de voie mais un besoin primait la répulsion : la quête de la vérité. Pendant une affaire criminelle, le métier se fait plus envahissant encore. Vorace en émotions, il bouffe, il ronge, il use. Insatiable, il exige des sacrifices. La poursuite du coupable vire à l'obsession, elle mobilise corps et âme, au détriment des préoccupations personnelles. Le policier, une fois chez lui, continue à être enquêteur, même quand il souhaite se consacrer enfin à sa famille. Il n'y peut rien, il rêve des suspects, pense aux victimes, doute de ses preuves. S'il gagne la partie, il profitera d'un bref moment de liberté, jusqu'au nouveau meurtre, jusqu'au nouveau mystère.

Les satisfactions que j'avais pu éprouver en interpellant des proxénètes et des cambrioleurs avec la 1re BT étaient peu de chose au regard de l'arrestation d'un meurtrier. Je découvrais ce plaisir délicieusement égoïste de la traque, je laissais libre cours au côté « chasseur » qui est en chacun de nous. Il n'était plus question de vols ou d'arnaques, mais de vie et de mort. J'avais le sentiment d'avoir atteint un domaine réservé, effrayant et fascinant à la fois : le crime.

Les affaires étaient d'une telle diversité que chacune apportait son lot d'anecdotes inoubliables. Ceux qui ont connu la Brigade criminelle de ces années-là se souviennent par exemple du meurtre d'un vagabond dont le corps avait été découvert place Monge. Mon collègue Jacques Mathieu, n'ayant pas le moindre indice, eut l'idée d'associer à l'enquête des proches de la victime, autrement dit, les autres clochards du secteur !

Les gardiens de la paix firent la tournée des stations de métro pour enrôler une vingtaine de types plutôt satisfaits de leur promotion chez les « lardus ». Deux groupes furent ensuite constitués, avec chacun un chef, interlocuteur attitré du commissaire. Quarante-huit heures plus tard, les deux responsables demandèrent quelques litres de rouge afin de motiver leurs troupes qui étaient, d'après eux, sur une bonne piste. Va pour les bouteilles ! Deux jours passèrent et les « chefs de groupe » exigèrent de nouveau du vin. Mon collègue accepta, tout en prévenant nos limiers qu'il n'y aurait pas de troisième tournée. Le soir même, un coup de téléphone anonyme parvenait au 36. Un « paquet » nous attendait place Monge : l'assassin, ficelé sur un banc !

À la fin de l'année 1971, soit environ un an après ma nomination, je quittai la Criminelle pour la Brigade de recherche et d'intervention (BRI). Roger Poiblanc souhaitait me garder à la Crim mais l'antigang m'attirait depuis les propositions que m'avaient faites François Le Mouël à Saint-Cyr-au-Mont-d'Or. Nouvellement chargé de la lutte contre le trafic de stupéfiants, ce dernier n'était plus chef de la BRI mais il venait d'être remplacé par un homme que j'appréciais tout autant, Jean Sautereau.

Quand celui-ci me proposa le poste d'ajoint à la BRI, j'acceptai aussitôt, considérant cette évolution de carrière comme un défi. La Criminelle, c'était un peu l'Académie française de la police, une consécration. À condition de tenir les rênes du service, on pouvait y rester *ad vitam eternam*, devenir un incontournable du 36, un monstre sacré, garant des traditions. La BRI était une brigade plus légère, moins figée, elle avait un côté équipe, presque commando, qui me séduisait. Ses inspecteurs tranchaient dans la famille du Quai des Orfèvres. Ils en étaient les neveux turbulents, logés au dernier étage, sans ascenseur. Était-ce l'influence du rugby ou de mon passé militaire, des années de voie publique à la 1re BT, de tout cela à la fois? Je n'en sais trop rien, mais j'avais envie de les rejoindre, d'être l'adjoint opérationnel de Sautereau, un «chef de terrain», en somme.

La BRI avait beau être un service récent, créé en 1964, elle avait déjà à son actif plusieurs centaines d'arrestations, des braqueurs, des cambrioleurs réputés... La presse l'avait baptisée «Brigade antigang». Sa création résultait en fait d'un constat d'échec. Le grand banditisme étant en plein essor au milieu des années 1960, les méthodes classiques de la police étaient devenues inefficaces. Dans les banques ou les bureaux de poste, les malfaiteurs sévissaient le visage cagoulé, les mains gantées, ils laissaient peu d'indices derrière eux. Lorsque des suspects étaient interpellés, les témoins, apeurés, hésitaient à les identifier. Le Mouël et le directeur de la PJ de l'époque, Max Fernet, avaient donc adopté une démarche différente : ne plus partir des faits pour remonter aux auteurs mais, au contraire, partir des auteurs potentiels pour les surprendre en flagrant délit. Autrement dit, il fallait surveiller les gangs organisés, les «équipes», comme l'on dit dans notre jargon. C'était le rôle assigné à la trentaine d'inspecteurs affectés au service lors de sa création.

La mise en pratique d'une politique si ambitieuse nécessitait des policiers disponibles, libérés des enquêtes classiques, des contraintes et des paperasseries administratives, prêts à se consacrer uniquement à la recherche, à la surveillance, à l'intervention. Ils devaient collecter des renseignements sur les activités des braqueurs supposés, repérer tous les membres d'un gang, noter leurs habitudes, répertorier leurs lieux de rencontre, leurs planques, leurs objectifs éventuels. L'intervention pouvait être déclenchée après des jours, des semaines, parfois des mois d'une patiente filature.

C'est la vie que j'allais mener pendant plus de dix ans, de la fin 1971 à septembre 1982.

IV

Antigang

Les locaux de la BRI ressemblaient aux coulisses d'un music-hall. Toutes les pièces étaient mansardées, tarabiscotées, imprégnées d'histoire. Les inspecteurs s'entassaient à huit par bureau. Le mien, voisin de celui du patron, sur la gauche en arrivant à l'étage, était minuscule. Pour y accéder, je traversais la documentation. Comme la radio de la brigade était branchée à mes côtés, près du lavabo, les gars entraient et sortaient sans arrêt ; ma porte restait toujours ouverte.

J'avais connu mon patron, Jean Sautereau, à la Crim. Ce Nivernais d'une cinquantaine d'années, fumeur de pipe comme Poiblanc, était un homme assez timide, d'une extrême gentillesse. Quoique robuste, il n'avait rien du policier de terrain estampillé BRI. Mais là n'était pas son rôle. Depuis son pigeonnier du 36, il avait pour mission de diriger la manœuvre, d'analyser avec lucidité les pires situations. Ses interventions sur notre fréquence radio, empreintes d'une affection paternaliste, étaient des plus réconfortantes. De même, il s'efforçait toujours de lancer une boutade rassurante en nous voyant partir en opération.

Au-delà de l'appelation un peu réductrice d'« antigang », notre tâche était d'une grande variété. Chaque affaire nécessitant une approche spécifique, j'allais ainsi m'initier aux interventions « sur mesure ». L'expression prête à sourire ? Elle est pourtant appropriée car le policier de l'antigang doit effectivement cerner son adversaire au plus vite. Obéit-il aux règles du milieu? S'agit-il d'un jeune loup enclin à tirer sur tout ce qui bouge? D'un illuminé capable de coups de folie?

Trois affaires, parmi celles que j'eus à traiter à mes débuts à la BRI, contribuèrent à mon apprentissage. Des cas d'école, en quelque sorte.

La première concerne un grand blond au physique de basketteur, un voyou de la banlieue sud, que nous appellerons Franck Bayerne[1]. À la tête d'une bande de jeunes types envoûtés par sa personnalité, il brûlait les étapes habituelles de l'accession à la haute truanderie. D'agressions en braquages, il avançait l'arme au poing, au culot. On le disait fou. Il ne l'était pas. Disons plutôt qu'il était juste cinglé quand cela l'arrangeait, pour conforter sa réputation de dur, sa renommée d'anti-flic et d'anti-tout, ou pour terroriser les commerçants qu'il rackettait.

Une nuit de 1972, Franck Bayerne décide de punir un gérant de bistrot qu'il soupçonne d'être un indic. À visage découvert, afin d'être bien identifié par les témoins, il tire une rafale de mitraillette contre la devanture du café en question puis range son arme dans la musette qu'il porte en bandoulière. Alors qu'il s'apprête à enfourcher sa Mobylette, surgit une patrouille de motards. Il ne s'affole pas : « J'ai tout vu! dit-il. Le gars s'est enfui à vélomoteur! Je sais où il habite, je peux vous y conduire... » L'un des policiers lui propose de monter à l'arrière de sa moto. Une fois sur place, Bayerne leur suggère de l'attendre. « Je vais voir s'il est rentré... » Il s'éloigne et disparaît.

Un autre incident, en plein jour celui-là, a pour théâtre un autre café de banlieue. Bayerne est en train de boire un verre. Deux hommes pénètrent dans le bistrot. Persuadé qu'il s'agit de policiers en civil, il se dirige vers le téléphone. L'un des deux consommateurs a le malheur de se rendre au même moment aux toilettes, près de la cabine. Le truand, qui se croit cerné, tire à travers la porte des toilettes, à hauteur de la tête. Par chance, le client était encore assis!

---

1. Tout au long de ce livre, nous utiliserons fréquemment des pseudonymes pour d'évidentes raisons légales.

Comme la plupart des voyous, Bayerne est orgueilleux. Il ne supporte pas que son autorité soit contestée, qu'un inconnu le regarde dans les yeux. Il est alors recommandé de s'écarter. Un soir de balade à la foire du Trône, il ouvre ainsi le feu sur des étudiants trop chahuteurs à son gré. L'un d'eux sera blessé à la cuisse.

L'épisode suivant a pour cadre un célèbre cabaret parisien. Bayerne s'y trouve un samedi avec des amis, quand une dispute éclate. Bagarre, fusillade... Il s'enfuit, abandonnant quelques blessés derrière lui. Il s'engouffre dans un taxi, menace le chauffeur de son arme et parvient à franchir les barrages, malgré une blessure à l'épaule.

Dorénavant c'est la BRI qui va être chargée de le traquer. Jean Sautereau nous demande donc de surveiller les personnes susceptibles de l'aider, en particulier les médecins spécialisés dans ce type de clientèle. Nos investigations aboutissent à l'un d'entre eux, évincé de l'Ordre, qu'un ami de Bayerne vient justement de solliciter. Coïncidence? On voit ce toubib acheter du plâtre dans une pharmacie, des pansements et des médicaments dans une autre réputée peu scrupuleuse sur l'origine des ordonnances. En dépit de multiples précautions et de nombreux détours pour s'assurer qu'il n'est pas suivi, il nous conduit dans une cité de banlieue. Il faut toute la ruse de mes collègues Bébert Objois et Jean-Charles Cailly pour le filer jusqu'au bas de l'immeuble. Le chronométrage du signal lumineux de l'ascenseur indique qu'il s'est arrêté entre le treizième et le quinzième étage. Une heure plus tard, le médecin redescend et nous l'interceptons plus loin, pour ne pas donner l'éveil. Secret médical oblige, il ne dit pas un mot...

Il importe désormais d'agir rapidement, même si nous ignorons toujours derrière quelle porte se cache Bayerne. D'ailleurs, est-il vraiment là? Plusieurs équipes sont constituées, chacune d'entre elles devra intervenir dans un appartement précis, du treizième au quinzième étage.

Au signal convenu, les inspecteurs investissent divers logements. Mais Bayerne reste introuvable. Un collègue, en observation sur le parking, nous signale alors par radio qu'un homme torse nu, avec une épaule dans le plâtre, tente de s'enfuir par les balcons du quatorzième étage! La main valide accrochée à un barreau, Bayerne est suspendu au-dessus du vide! Nous le hissons jusqu'à la rambarde. Assis devant moi, il semble perdu dans ses pensées et ses souffrances. Comme je lui fais remarquer qu'il ne s'en sort pas si mal, il consent un pâle sourire, ce qui doit être rare face à un flic. Je ne suis pas sûr qu'il regrette quoi que ce soit; si ce n'est, sans doute, de s'être fait pincer en douceur.

Cette affaire, assez classique dans son mode d'intervention, fut pour moi riche en enseignements. Les délinquants de ce type, trop vite présentés par la presse comme des « ennemis publics », étaient de plus en plus nombreux à l'aube des années 1970. J'allais bientôt rencontrer d'autres Bayerne, violents, déterminés, prêts à flinguer à la moindre alerte.

Heureusement, quelques truands de l'ancienne école résistaient à cette nouvelle vague. La deuxième affaire marquante de mes débuts d'antigang concerne ainsi un sexagénaire corse, que nous appellerons Santucci. Cet homme bien en chair faisait équipe avec ses deux neveux et un vieux cheval de retour prénommé Toussaint. Les surveillances de ce gang hors pair allaient nous permettre d'assister à des séquences dignes des meilleurs films comiques.

Si soudée fût-elle, l'équipe manquait de discipline. C'est bien simple, il y en avait toujours un qui oubliait de se réveiller! Les trois autres s'énervaient et engueulaient le retardataire. Au bout du compte, on se dépêchait « lentement » de partir à la recherche d'un bon coup. Mais midi, à Paris comme à Calvi, c'est l'heure du pastis, le moment de reprendre des forces. Le temps passait, nos quatre dilettantes, un tantinet guillerets, sortaient de table pour constater que les banques étaient déjà fermées. Demain, peut-être... Et le lendemain, c'est un autre qui arrivait en retard! Comme les économies commençaient à s'amenuiser, ils jurèrent, croix de bois, croix de fer, d'agir enfin.

Au jour J, les « outils » sont prêts. Les calibres, les cagoules, les gants, la voiture volée. Borsalino sur la tête, Santucci s'affiche comme le boss du groupe. La voiture roule dans les rues de la capitale, l'équipe cherche sa cible. Trop de monde, trop de circulation, une patrouille de police, tous les prétextes sont bons pour reculer devant l'obstacle.

À 13 heures, épuisés, assoiffés, un creux à l'estomac, ils s'attablent dans un restaurant du XVIIIe. De temps à autre, Toussaint écarte les rideaux : il ne faudrait tout de même pas se faire faucher la voiture ! Pensez donc, les rues de Paris sont si mal fréquentées... Ne t'inquiète pas, Toussaint, l'antigang veille au grain !

Le repas s'éternise, plusieurs plans de braquage sont élaborés, la somme est déjà partagée et pour ainsi dire dépensée. Promis juré, on y va ! Malheureusement, ce n'est pas l'avis de la voiture qui refuse de démarrer ! Pour une fois, ils n'y sont pour rien...

La mort dans l'âme, les truands marchent au hasard des rues. L'ami Toussaint, découragé, rentre chez lui en métro. Les autres ont raison d'insister. Place de la Nation, ils volent une Renault 16 dont le propriétaire est allé acheter des cigarettes. Tout y est : les clés, les papiers, un carnet de chèques. Le soir même, leurs femmes font des emplettes dans les boutiques de luxe de l'aéroport d'Orly.

Le lendemain matin, Santucci prend le sac de sport, garni comme il convient, et part chercher ses complices. Las ! Place Saint-Charles, il grille un feu rouge et la R16 s'encastre sous une énorme bétonnière ! Avec soulagement, nous le voyons s'extraire du tas de ferraille. D'autres prendraient la fuite ; lui, il reste. Le borsalino réajusté sur la tête, il fonce sur le conducteur de la bétonnière, le traite de tous les noms, harangue les passants et signe le constat.

Arrive la dépanneuse. Sac de calibres à la main, Santucci s'assied aux côtés du dépanneur. Ayant tous les papiers de la R16, le carnet de chèques – enfin, ce qu'il en reste – et les documents d'identité (déjà falsifiés) de son véritable propriétaire, il va vendre l'épave et acheter une occasion... Témoins de ces péripéties, nous sommes admiratifs devant tant de flegme !

Les neveux, qui s'impatientaient, applaudissent les exploits du tonton lorsqu'il leur raconte ses mésaventures. Pour un peu, ils le porteraient en triomphe! Ils conviennent finalement de rejoindre Toussaint, histoire d'arroser ça. C'est trop tard, le vieux complice n'est plus en état : l'attente a été longue et les anisettes nombreuses! Le braquage est reporté.

Trois jours plus tard, ils passent enfin à l'action. Calmes, bien organisés, sans tirer le moindre coup de feu, ils attaquent une banque du XVIIe. Comme nous ne les avons pas lâchés d'une semelle, nous les serrons aussitôt au carrefour de la rue de Rome et du boulevard des Batignolles. Ils n'opposent aucune résistance. Santucci, imperturbable, assiste à la fouille du coffre. Les calibres, les cagoules, les liasses de billets... Il se tourne vers son neveu.

– Que tu es con, Doumé, mon Dieu que tu es con!

– Oh, tonton, qu'est-ce qui t'arrive?

– Ce qui m'arrive? Il m'arrive que tu as trouvé le moyen d'emprunter une voiture contenant des armes, des cagoules et tout cet argent! On a bonne mine maintenant, ces messieurs de la police vont nous prendre pour des braqueurs!

Santucci était le genre de client que l'on oublie pas. Je dois même admettre que je fus presque content de le rencontrer de nouveau, des années plus tard, après son séjour en prison. Cette fois, il avait dû s'associer à d'autres complices car ses neveux et le vieux Toussaint, à peine libérés, étaient déjà retombés.

La nouvelle équipe braque une banque de l'avenue de Versailles. Deux des agresseurs sont interpellés à la sortie mais Santucci parvient à s'éclipser. L'antigang finit malgré tout par le localiser dans Belleville, flingue à la ceinture. Beau joueur, il accepte la défaite; pas question de tirer sur les policiers, ni sur les passants. En revanche, des loubards du quartier, témoins de l'arrestation, commencent à nous insulter. Santucci, qui n'a rien perdu de sa superbe et de son accent corse, s'adresse alors à eux :

– Oh, les enfants, ne faites pas les imbéciles, laissez ces messieurs de la police faire leur travail!

Conduit au 36, il semble heureux de revoir certains inspecteurs, demande des nouvelles des absents, évoque le pays avec le « Petit Roger », l'un des Corses du service... Et se tourne vers moi :

– Dis-moi, Broussard, quand est-ce que tu pars en retraite ?

– Oh, pas tout de suite, je ne suis pas encore usé !

– Si je te pose cette question, c'est que nous avons à peu près la même ancienneté administrative. Sept ans de Baumettes, huit ans de Fresnes, quatre ans à la Santé...

– Eh oui, on vieillit ensemble ! Au fait, si tu nous parlais du braquage de l'avenue de Versailles ?

Et il se met à chanter : « Le plus beau de tous les tangos du monde, c'est celui que j'ai dansé dans vos bras... »

L'imitation de Tino Rossi provoque l'hilarité générale.

Devant les preuves accablantes, Santucci s'expliquera sobrement sur son rôle, rien que son rôle, pas davantage. Les deux complices ?

– Non, je ne vois pas de qui vous voulez parler... J'ai vu deux types sortir en courant. Il s'agissait peut-être de clients impressionnés en me voyant l'arme à la main ?

– C'est vrai, ils étaient tellement impressionnés qu'ils nous sont tombés dans les bras !

– C'est gentil à vous !

Santucci était l'exception. Pour un peu, j'en parlerais avec nostalgie, tant il avait des « manières ». Les truands de sa trempe n'avaient jamais recours à la prise d'otages, une forme de chantage que j'allais découvrir le 10 avril 1972, au Palais de justice de Paris, avec Christian Jubin. Un dur, celui-là.

Écarté de la marine en 1961 pour « troubles du comportement », Jubin avait connu une ascension fulgurante. En quelques années, avec la complicité d'un couple d'amis, Georges et Évelyne Segard, il avait collectionné les braquages. Le trio, grisé par la publicité que lui accordait la presse, avait alors sombré dans la démesure. Le 5 novembre 1969, Jubin avait étonné le Paris des voyous en défiant Jo Attia, un truand de renom, ancien résistant, ancien déporté, ancien tout... Bref, un caïd ! En proie à une crise de mythomanie – comment expliquer autrement son attitude suicidaire ? –, Jubin s'était rendu à

3 heures du matin au Gavroche, le bar montmartrois de Jo Attia. Il avait abattu la serveuse et son « homme », par ailleurs porte-flingue du boss. Il avait ensuite enlevé et violé la fille du grand Jo. Pareil affront ne pouvait demeurer impuni. Pour coincer le truand en cavale, la course s'était aussitôt engagée entre la BRI et les troupes d'Attia. Les antigangs, dirigés à l'époque par Le Mouël, avaient été les plus prompts, arrêtant les trois fugitifs dans une auberge de Pontchartrain, le 28 décembre 1969.

Le 10 avril 1972, dans le cabinet du juge d'instruction Magnan, au Palais de justice de Paris, une confrontation est organisée en présence d'un greffier, d'une secrétaire stagiaire et de quelques gendarmes. Bien sûr Jubin y assiste, de même que Georges Segard et sa femme, qui a bénéficié d'une mise en liberté provisoire.

Soudain, Évelyne Segard sort de son sac à main une arme qu'elle braque sur le magistrat et distribue des calibres à ses complices. Les gendarmes ne peuvent s'interposer sans mettre en péril la vie des otages.

Le 36 étant tout proche – dans le même bloc de bâtiments –, nous sommes sur place quelques minutes plus tard. Dans le palais, des centaines de magistrats, d'avocats, de policiers se bousculent. Il y a aussi les journalistes, de la radio, de l'ORTF (c'est encore l'ORTF !), de la presse écrite. Une pagaille incongrue dans une enceinte de justice, en des circonstances qui nécessiteraient calme et concertation.

Je n'ai encore jamais travaillé dans de telles conditions, avec la désagréable sensation d'être épié. De plus, comme les « autorités » – judiciaires, policières et administratives – conduisent les négociations, je ne suis qu'un exécutant, prêt à intervenir.

Nos tireurs d'élite ont pris position, les inspecteurs se tiennent dans leurs voitures, en prévision d'une éventuelle poursuite. L'assaut est un moment envisagé mais la Chancellerie y renoncera en nous adressant un message sibyllin : « Aucune intervention à l'intérieur du Palais, fournir le véhicule demandé aux preneurs d'otages, tenter une poursuite, intercepter si possible les fuyards sans dommage pour les otages. » Vaste programme !

À 20 h 45, le départ s'organise par une porte située au 32, Quai des Orfèvres. Jubin prend le volant d'une R16 noire. Évelyne Segard et le greffier sont assis à sa droite, Georges Segard se tient à l'arrière, entre le juge et la secrétaire.

Jubin traverse le pont Saint-Michel en grillant les feux. Nous le poursuivons. Un véritable rallye s'engage dans les rues de Paris. Segard braque son arme sur la première voiture suiveuse mais ne tire pas. Sur le réseau radio, les instructions ne varient guère : « Faites pour le mieux, ne prenez pas de risques inutiles... » Bref, nous ne sommes pas plus avancés.

À me laisser porter de la sorte par les événements, je découvre les limites de mon rôle. Je n'ai pas d'emprise sur la situation, je suis un spectateur impuissant et c'est une nouveauté pour moi. Enquêteur à la Crim, j'avais pour objectif, avec mes collègues, de résoudre une énigme ; tout ou presque dépendait de notre savoir-faire. Là, Jubin et ses complices tiennent les manettes de commande.

À proximité de la place Denfert-Rochereau, il transmet le volant à Évelyne Segard. La jeune femme conduit si bien que seules quelques-unes de nos voitures parviennent à garder le contact. Il faut tout le talent de l'inspecteur Joël Thominet, le meilleur pilote de la BRI, pour ne pas la perdre de vue. Les journalistes, eux, sont hors course, à l'exception de Jean-Pierre Chapelle, un reporter de la télévision, juché sur une moto.

À 21 h 20, nous parvenons enfin à les encercler, près de la porte d'Italie. Segard, assis à l'arrière, nous tient en joue. Après les sommations d'usage, le greffier sort, suivi de Jubin qui menace nos collègues Chaix et Broudin. En position de tir sur le capot, il hurle de ne pas avancer. Le greffier nous supplie de ne rien faire. Chaix, un ancien rodé aux opérations dangereuses, refuse de se laisser impressionner.

Ce face-à-face avec Jubin dure plusieurs minutes. Aucun des deux camps n'ose prendre l'initiative. C'est en fait un appel radio qui va débloquer la situation : la hiérarchie nous ordonne de renoncer à toute intervention. Avant de remonter dans la R16 et de s'enfuir avec les otages, Jubin nous gratifie de gestes provocateurs qui ne font qu'accroître notre sentiment d'impuissance.

Les otages seront rapidement libérés et retrouvés sains et saufs. Quant aux truands, ils seront arrêtés dans les jours suivants, par des gardiens de la paix, à la suite d'un banal vol de voiture. Pour la petite histoire, signalons que l'un des gardiens en question, Christian Lambert, intégrera la BRI des années plus tard et connaîtra une brillante carrière dont j'aurai l'occasion de reparler.

Je venais de vivre ma première prise d'otages. De l'île de la Cité à la porte d'Italie, j'avais pu mesurer la complexité d'une telle affaire. Dans les premières heures, je m'étais égaré dans la pagaille ambiante. J'avais ensuite recouvré mes esprits mais je m'étais senti seul face à la foule des journalistes, des magistrats, des avocats, des badauds, à l'armée des conseillers en tout genre, les « faut qu'on... » et les « y a qu'à... », toujours disposés à ironiser sur un échec, à jalouser une réussite.

La hiérarchie avait préféré céder, afin de préserver la vie des otages, ce qui se justifiait aisément. Mais qu'en serait-il la prochaine fois ? Tôt ou tard, j'aurais, à mon tour, à dire « oui » ou « non » puis à assumer les conséquences de ma décision. Cette perspective ne m'effrayait pas. En acceptant ce poste, je savais ce qui m'attendait. J'avais atteint mon but : j'étais à l'antigang.

V

Baptême brestois

Jean Sautereau était malade. Il luttait contre un cancer. Un combat à sa manière, un défi pudique et courageux. Je savais qu'il souffrait de ne pouvoir diriger la brigade comme il l'entendait. Ses absences répétées m'obligeaient à assurer de plus en plus souvent la direction du service. Je le remplaçais volontiers, tout en suscitant son avis d'ancien. Sous son contrôle presque paternel, je poursuivais ma formation de « chef de l'antigang ». Quand il ne venait pas au bureau, par manque de force ou pour ne pas paraître diminué devant ses hommes, je me rendais chez lui. Nous parlions un moment, il souriait, prenait des nouvelles de tout le monde, donnait des conseils. Je l'écoutais avec respect.

En son absence, je m'appuyais sur les vétérans de la brigade, ceux qui avaient été des temps héroïques avec François Le Mouël. Je pouvais notamment compter sur l'intelligence et la clairvoyance du numéro trois du service, Alfred Vénier, alias « Frédo ». Présent depuis la création du service, c'était un de ces vieux chênes que l'on a parfois la chance de trouver sur sa route au détour d'une vie : solide, indéracinable, digne de confiance et d'amitié. Frédéric Dard aurait pu s'inspirer de ce colosse rablaisien pour façonner le personnage de Bérurier, l'adjoint du commissaire San Antonio. Il en avait les épaules, la gouaille, l'appétit.

Depuis notre quatrième étage du 36, Frédo coordonnait les opérations simultanées. Sa seule présence sur les ondes rassurait les plus jeunes. Amateur de bonnes bouffes, expert en argot, il avait un sens inné de la formule. Il maniait si bien le verbe de Paname que des cinéastes et des romanciers empruntaient ses expressions les plus savoureuses. Il est par exemple à l'origine du mot « sous-marin », pour désigner une camionnette de planque. Parlant d'un noyé, il concluait, volontiers fataliste : « Il y a belle lurette qu'il fait du bouche-à-bouche avec les écrevisses ! » Il fallait le voir partir en virée avec son compère Jim, un ancien de la DST qui allait devenir un de mes amis, ou bien l'entendre chanter *Le Duc de Bordeaux*, celui qui « avait promis trois poils de son cul pour en faire un tapis » ! Quand la maladie l'obligea à passer sur le billard, il nous revint amaigri mais égal à lui-même : « Les vaches ! Ils m'ont chouravé quarante centimètres de boyaux pour les fourguer aux corbacs ! » Alfred Vénier, Frédo pour les intimes, fut un légendaire pilier du 36, le frère aîné de toute une génération d'inspecteurs et pour moi, aujourd'hui encore, un ami d'exception.

J'avais besoin de lui, de sa connaissance du milieu, car nous ne chômions pas, chaque jour sollicités, chaque jour sous pression. La BRI coffrait toutes sortes de « clients » : les agresseurs de plusieurs hôteliers ; des cambrioleurs en pleine action... Sans oublier les braqueurs de banques ou de grandes surfaces : treize équipes au cours des huit premiers mois de 1973 !

Comme Jean Sautereau, j'avais en fait une double casquette : chef adjoint de la BRI et chef adjoint de la Brigade anticommando (BAC), une nouvelle unité, fondée à la suite du drame des Jeux olympiques de Munich[1]. Peu après la tuerie, Raymond Marcellin, le ministre de l'Intérieur, avait en effet interrogé ses collaborateurs :

1. Le 5 septembre 1972, un commando fedayin appartenant à l'organisation Septembre noir pénètre dans le village olympique où sont logés les athlètes israéliens. Il exige la libération de deux cents personnes détenues en Israël. Ce pays refuse de céder au chantage. Mal préparée, l'opération déclenchée par les forces de sécurité allemandes se termine dans le sang. Dix-sept personnes sont tuées : onze athlètes israéliens, un policier allemand et cinq Palestiniens.

– Si cette affaire avait eu lieu en France, lequel de nos services serait intervenu ?

Le préfet de police avait répondu que seule la BRI était habituée aux missions périlleuses telles que les prises d'otages, mais il avait ajouté qu'elle n'était ni suffisamment équipée ni entraînée pour ce type d'opération. La décision avait été prise sur-le-champ : l'antigang constituerait le noyau de la Brigade anticommando, créée le 1er octobre 1972. Jean Sautereau malade, j'avais largement participé à la mise en place de cette brigade, à la sélection des hommes, aux entraînements, à l'élaboration de techniques d'intervention...

Cette unité d'élite, unique en son genre en France – et même en Europe, à cette époque[1] –, regroupait environ quatre-vingts policiers. En temps normal, ils dépendaient essentiellement de l'antigang mais aussi d'autres services, comme les vingt moniteurs de sports de combat de l'École de police de Vincennes. Des spécialistes des gaz et des explosifs de la Direction des services techniques venaient également nous rejoindre si besoin était. La BAC n'existait donc véritablement que le temps des entraînements et de l'intervention puisque chacun retournait ensuite dans son service d'origine.

Entre l'antigang et l'anticommando, nous ne sommes jamais restés bien longtemps inactifs au cours des années 1970. Notre champ d'action s'est vite élargi à toutes les formes de prise d'otage : terrorisme, banditisme, forcenés. À chaque fois, sitôt l'appel diffusé sur les ondes, les événements s'enchaînaient : retour au 36 ; récupération du matériel (armement, gilets pare-balles, moyens radio, équipements divers...), composition de l'équipe en fonction de la nature de l'affaire ; départ vers l'aéroport de Villacoublay (pour les interventions en province) ; déplacement à bord d'un avion du GLAM (Groupement des liaisons aériennes ministérielles). Nous avions tablé sur un délai maximal d'une heure entre l'alerte et le décollage de l'appareil.

1. Les GIPN (Groupes d'intervention de la police nationale), basés dans plusieurs grandes villes (Lyon, Marseille, Bordeaux...), ont été mis en place quelques mois plus tard. Le « GIGN » de la gendarmerie a été officiellement crée le 3 novembre 1973. Il est devenu opérationnel en 1974.

Notre baptême du feu eut lieu à Brest, le 17 août 1973. La BAC n'avait pas encore un an et la seule expérience en matière de prise d'otage datait d'avril 1972, avec la BRI, au Palais de justice de Paris. L'escapade de Jubin et des époux Segard m'avait laissé un arrière-goût d'amertume.

Pour Brest, j'avais désigné une équipe restreinte de seize hommes. Cette affaire ne concernait pas des terroristes internationaux mais deux truands dont le braquage avait mal tourné et qui s'étaient retranchés chez un couple de retraités, M. et Mme Le Moigne. Seule la vieille dame, âgée de soixante et onze ans, se trouvait dans le pavillon à ce moment-là; son mari était sorti faire des courses.

En quittant le Crédit industriel de l'Ouest, vers 9 h 15, les braqueurs avaient abattu un gardien de la paix, le sous-brigadier Albert Le Cann. Ils exigeaient une voiture pour s'enfuir avec leur butin (54 310 francs) et l'otage.

À notre arrivée, il y avait déjà foule dans le quartier Saint-Marc. Les curieux, massés derrière les barrières de sécurité, cherchaient à apercevoir la maison, située au fond d'un jardin potager, à trente mètres de la rue.

Les affaires que nous traitions habituellement à la BRI n'engendraient jamais un tel remue-ménage. Filer des truands, les interpeller à leur sortie de la banque; suivre des perceurs de coffres, les surprendre chalumeau en main; dénicher des casseurs, des flingueurs... tout ce qui constituait notre lot quotidien se préparait dans la discrétion. Journalistes et notables n'affluaient qu'après la bataille, en même temps que les curieux, au moment des félicitations ou, éventuellement, des reproches. Une prise d'otage, elle, mobilise tout de suite acteurs, figurants et spectateurs. J'avais pu m'en rendre compte avec Jubin, j'en avais confirmation en Bretagne.

Une autre difficulté nous guettait. Nous étions, aux yeux de tous, les « spécialistes de Paris », les envoyés de la dernière chance dont tout le monde espérait un miracle. Si nos séances d'entraînement (simulation d'assauts contre des immeubles, des avions...) nous avaient aguerris aux techniques anticommandos, l'approche psychologique n'avait été qu'effleurée. Et pour cause, en ce domaine, seule la pratique a valeur de formation. Nous entrions en scène à nos risques et périls, plus exposés que jamais aux critiques.

Je ressentis d'autant plus cet isolement qu'aucun magistrat n'avait daigné se déplacer. Le procureur de la République était en vacances. Son intérim, un substitut, était à deux jours de la retraite... À propos de ce dernier, un élu me glissa d'emblée :

– Je vous avertis, il ne vous sera pas d'un grand secours... Nous avons le substitut le plus con de France !

Devant mon insistance, ce magistrat finit tout de même par nous rejoindre, vers 16 heures. Le postérieur appuyé sur sa canne, il lisait le journal sans se préoccuper du drame. Comme je lui demandais son avis sur notre affaire, il me répondit sèchement, sans même me regarder : « L'assaut. » Surpris, je réitérai ma question. Même réponse : « L'assaut. » Vaillant, le futur retraité ! Son avis ne m'étant effectivement d'aucune utilité, je l'abandonnai à son journal.

Dans l'immédiat, il était exclu de procéder à une action en force. Je souhaitais temporiser, quitte à refroidir l'élan des nombreux partisans du coup d'éclat, convaincus que nous allions investir le pavillon mitraillette à la main. Je souhaitais, au contraire, m'imprégner de l'affaire, en maîtriser toutes les données, la configuration des lieux, la personnalité des truands, les moyens dont ils disposaient, le profil psychologique de la victime... La BAC n'était pas là pour jouer les paras-commandos. Hormis l'affaire de Munich, deux autres drames avaient en effet conduit le gouvernement à créer cette unité : la prise d'otages de Cestas, en Gironde (un père en état de démence avait tué ses deux enfants et s'était suicidé lors de l'assaut des gendarmes) ; l'affaire Buffet et Bontemps, deux détenus de la centrale de Clairvaux qui avaient tué un gardien et une infirmière juste avant l'intervention des gendarmes et du SRPJ de Reims.

Nous ne voulions pas d'une troisième tuerie.

À dire vrai, j'étais plutôt confiant. Inexpérimenté, impressionné, mais confiant. Débuter avec des truands était un avantage car je commençais à connaître la mentalité des braqueurs. Disons que c'était notre « tout-venant », notre clientèle d'habitués. Je me méfiais davantage du terrorisme. Moins de repères, moins d'humain, plus de fanatisme.

Lorsque notre dispositif fut en place, on me signala qu'un homme d'une cinquantaine d'années souhaitait me rencontrer d'urgence. Il avait des allures de baroudeur, visage buriné et carrure d'athlète. Apparemment sain de corps et d'esprit, il prétendait pouvoir neutraliser les malfaiteurs.

– Un jeu d'enfant ! J'ai dressé mon chien. Il attaque les truands, j'emmène la grand-mère, le tour est joué !

L'animal n'était pas du même avis. C'était un bâtard grassouillet, une sorte de Rantanplan breton qui somnolait, l'œil mi-clos, la langue pendante. Et son maître de l'interroger :

– N'est-ce pas, Anatole, que tu peux sauver la grand-mère ?

J'en doutais, mais je promis d'appeller l'ami Anatole à la rescousse à la moindre alerte.

Voilà. Je venais de découvrir une espèce plus répandue qu'on ne le croit : les « sauveurs », serviables mais illuminés. J'allais en rencontrer des dizaines d'autres dans ma carrière. Des Rambo à la petite semaine, des médiums, des magiciens, des psychologues incompris...

À Brest, mon allié le plus fiable était en fait le père Le Moigne, le mari de l'otage. Âgé de soixante-treize ans, de taille et de corpulence moyennes, coiffé en permanence de sa casquette, cet ancien jardinier arborait une moustache d'honnête homme. Il me confia que son épouse, fragile du cœur, ne supporterait pas un départ précipité, même si les truands devaient la libérer par la suite. D'après lui, il ne fallait pas céder. Sur ce point essentiel, nous étions d'accord. Un climat de confiance s'était instauré entre nous, ce qui est indispensable dans ce genre d'affaire.

Au premier étage, les deux braqueurs avaient de quoi résister à un siège : l'eau, le gaz, l'électricité, des conserves en quantité, le fusil de chasse du grand-père ainsi qu'un lot de munitions. À défaut de téléviseur, ils avaient un poste radio, ce qui leur permettait de savoir qu'ils avaient tué un gardien à la sortie de la banque et de connaître les dispositions prises à l'extérieur.

Je possédais désormais assez d'informations pour m'engager plus avant.

Accompagné de gendarmes et de policiers du Groupe d'intervention de la police nationale (GIPN) de Rennes, je me mis à l'abri derrière un muret, un mégaphone à la main. Des rangées de poireaux nous séparaient du pavillon, bâti en surplomb du jardin.

– Ici le chef de la Brigade anticommando, que voulez-vous exactement ?

Deux balles font sauter un morceau de pierre au-dessus de nos têtes.

Deuxième tentative.

Cette fois, la vieille femme répond d'une voix tremblotante.

– Ils ne veulent pas discuter, ne faites rien... j'ai un pistolet sur la nuque... ne restez pas là... ils veulent partir cette nuit avec une voiture... ils promettent de me relâcher au bout de quelques kilomètres... mais surtout pas de policiers autour de la maison...

Je réitère mes propositions, sans mégaphone cette fois. Je suis prêt à remplacer l'otage, à entrer sans arme... Aucune réponse, en dehors des suppliques de la vieille dame, ponctuées de coups de feu tirés au hasard.

Le grand-père se tient en retrait. Un dialogue avec son épouse ne ferait qu'accentuer la tension émotionnelle, avec de probables conséquences sur la santé de Mme Le Moigne.

Vers 17 heures, les gendarmes nous transmettent un renseignement capital : deux jeunes femmes en vacances dans la région ont signalé la disparition de leurs époux, partis dans la matinée acheter des langoustes. Elles craignent qu'ils n'aient eu un accident. Or ils ne sont pas chez le poissonnier mais ici, retranchés dans le pavillon. L'un, François, est breton. L'autre, Paul, aurait des origines siciliennes. Âgés tous les deux de trente-cinq ans, dotés d'un casier judiciaire chargé, ils se sont connus à la centrale de Muret.

Les journalistes apprennent l'anecdote des langoustes. Comment les truands vont-ils réagir, à l'écoute de la radio, quand leurs identités deviendront publiques ? Nous sommes vite fixés. Ils font hurler le transistor et tirent à travers les volets.

La femme et le frère du Breton nous ont avertis : «François a des réactions imprévisibles mais Paul ne craquera pas. Il est capable de mettre ses menaces à exécution.»

Dans l'hypothèse d'une sortie précipitée, des tireurs d'élite, postés sur les toits, se montrent de temps en temps afin d'intensifier la pression sur les malfaiteurs. Ils doivent savoir qu'ils sont coincés. Bernard Chatillon et Gérard Pire, les deux acrobates de l'équipe, ont réussi à ouvrir un vasistas puis à se faufiler jusqu'au premier étage pour capter des bribes de conversation à l'aide d'un dispositif d'écoute. Ces enregistrements nous confirment que le Breton est tendu et le Sicilien intransigeant.

À l'«assaut» prôné par le substitut, je persiste cependant à préférer le défi psychologique. À ce jeu, toutes les armes de la dialectique sont à mettre en œuvre à un moment précis, dans un contexte choisi avec soin. Je les utilise une à une, avec la conviction que cette patience portera ses fruits. De telles manœuvres sont pourtant nouvelles pour moi. Des journalistes mal informés écriront que j'ai suivi des études de psychologie dans une université parisienne. Or les seuls cours magistraux que j'aie jamais fréquentés sont ceux du commissariat d'Argenteuil, de la 1re BT et du 36 ! Ni les ouvrages théoriques ni les simulations d'intervention ne remplacent le terrain. Et ce terrain, je le découvre ici, à Brest.

– Ils veulent s'en aller, reprend Mme Le Moigne. Ils ont promis de me relâcher un peu plus loin, je vous en supplie, ne faites rien, ils vont me tuer...

– Nous ne devons pas céder. Après vous avoir relâchée, ils prendront quelqu'un d'autre et ainsi de suite. On ne peut pas faire autrement. Votre état de santé nous inquiète... Ce ne sont quand même pas des sauvages. Vous pourriez être leur mère ! Ils vont comprendre que la partie est perdue, qu'ils doivent se rendre.

Vers 2 heures du matin, les truands passent de la chambre de droite à celle de gauche, de l'autre côté du palier. Grâce à nos micros, nous devinons qu'ils poussent des meubles devant la porte. Ils sont donc prêts à résister. Nous aussi. C'est toujours la grand-mère qui répond.

– Ce n'est plus la peine d'insister, monsieur, ils ne changeront pas d'avis !

– Avez-vous besoin de quelque chose ? Avez-vous pris vos médicaments ?

À en juger par sa réponse évasive, la vieille dame supporte mal ce calvaire. Préoccupé par sa santé, le médecin de famille, le Dr Alexis Corre, souhaite entrer dans la maison. Les malfaiteurs, redoutant un piège, refusent. Le praticien, qui conseille à Mme Le Moigne d'augmenter la dose de son traitement, fait preuve d'une disponibilité remarquable. Il restera avec nous toute la nuit.

6 heures. Le jour se lève sur Brest. Les hommes de la BAC se relaient sur les toits. Dans le cas où les truands décideraient une sortie en force ou bien accepteraient d'échanger Mme Le Moigne contre un autre otage – un policier, par exemple –, nous tenterions une intervention devant la maison ou à proximité du véhicule.

Je désigne Henri Clavier, un rescapé de la génération Le Mouël, pour étudier dans le détail cette éventuelle mission. « Riton » Clavier, également surnommé « Grand-père », est une sorte de sage, apte à tempérer l'ardeur de ses jeunes collègues.

Les curieux, qui avaient en partie déserté le quartier dans la nuit, reviennent par centaines derrière les barrières de sécurité, sans trop comprendre pourquoi la police n'a pas encore investi les lieux. Il en est toujours ainsi lorsque les « spectateurs » n'ont aucun lien de parenté avec les otages.

Quelques minutes plus tard, Mme Le Moigne nous transmet un nouveau message.

– Ils ne veulent plus partir, il fait trop jour. L'ultimatum est fixé ce soir à 23 heures. Le ministre de l'Intérieur doit annoncer sur France Inter qu'il assure leur impunité et la sécurité de leur fuite sinon ils me tueront !

Tout en précisant qu'un ministre n'a pas le pouvoir de garantir l'impunité de qui que ce soit, je m'engage à rendre compte à Raymond Marcellin. Depuis le début, je l'ai régulièrement tenu informé de l'évolution de l'affaire. Face à de tels événements, une relation de confiance entre le patron opérationnel et ses supérieurs est indispensable. Les policiers veulent être assurés qu'ils ne seront pas les seuls à porter le chapeau en cas d'échec. Les politiques, si prompts à s'accaparer les succès, doivent assumer leurs responsabilités en toute circonstance. Le parquet général de Rennes, également tenu informé, nous apporte un soutien beaucoup plus efficace que celui du substitut local.

Les dernières exigences des braqueurs, tout comme l'histoire des langoustes, font l'objet de flashes radio. Cette fois, l'effet obtenu est positif. À 8 h 10, le Sicilien sort de son mutisme.

– Oui, on a entendu...

Vingt-quatre heures de patience pour quatre mots ! Ce frémissement nous encourage à persévérer. Le Sicilien sait que j'ai tenu parole en rendant compte au ministre. Un dialogue va enfin s'engager avec cet homme qui a pris l'ascendant sur son complice.

À 15 heures, il demande conseil au docteur pour soigner une blessure au poignet gauche. Il prétend s'être blessé en brisant une vitre. Le médecin propose de venir l'examiner ainsi que Mme Le Moigne. Le Sicilien refuse mais s'engage à faire appel à lui en cas d'urgence. Une concession qui nous rassure car il tient enfin un discours raisonnable et, pour tout dire, humain.

La reddition n'est pas acquise pour autant. Le Breton n'a toujours pas prononcé le moindre mot. Et si c'était lui, le blessé ? Les enregistrements effectués à l'intérieur viendront confirmer cette hypothèse quelques heures plus tard. C'est bien le Breton, et non son ami, qui a été touché à l'épaule – et non au poignet – lors de la fusillade. Comme il fait office de pilote au sein du duo, sa blessure est un handicap sérieux.

Me Kerjean, avocat brestois avec lequel nous entretenons d'excellents rapports, intervient pour lire la lettre d'un capitaine qui a eu le Breton sous ses ordres en Algérie. Aucune réponse. En revanche, le harcèlement commence à produire ses effets sur le Sicilien. Bien qu'il fasse mine de camper sur ses positions, sa flagrante volonté de parler trahit son anxiété.

Selon nos collègues cachés à l'intérieur de la maison, les relations entre les deux complices se détériorent. Il nous faut donc aviver ces frictions. Comme un inspecteur discute en italien avec le Sicilien et un autre en breton avec son comparse, ils se suspectent mutuellement de trahison. Afin d'élargir cette fissure, je m'adresse à celui qui a tiré sur le gardien de la paix. Quel qu'il soit, je le conjure d'assumer son geste, de ne pas entraîner son copain vers une condamnation injuste. Après avoir précisé que je reprendrais contact dans trois heures, je les abandonne délibérément à ce problème de conscience. Le silence affaiblit toujours l'adversaire en proie au doute.

Nous allons profiter de cette trêve pour nous restaurer. Si une nuit sans sommeil ne nous effraie pas, le fait de sauter un repas relève de l'insurmontable ! Heureusement, Loulou Broudin, un collègue du service, est en vacances à Brest avec sa femme. Ils vont nous préparer des crêpes sur la plage arrière de leur vieux break Citroën ! La scène peut paraître déplacée en des circontances dramatiques mais il faut savoir décompresser lorsque l'occasion se présente.

Trois heures après cette pause, vers 21 h 30, j'exhorte une fois encore le meurtrier à se rendre. Or c'est le Sicilien qui réagit aussitôt. J'en déduis que c'est lui qui a tué. Bien sûr, il refuse de capituler mais ce n'est plus, dorénavant, qu'une question de temps. Il vacille, il lâche du lest. Rien ne sert cependant de brusquer les choses. Comme tous les malfaiteurs, il a sa fierté. Humilié, il serait capable des pires initiatives. Mieux vaut lui offrir une issue honorable.

À 22 h 35, il répond.

– François n'y est pour rien. Je suis responsable. Il y a deux solutions : ou vous me laissez partir ou je me tire une balle dans la tête.

– Non, écoute-moi… Accepte de te rendre, c'est ce que tu as de mieux à faire, pour toi et pour ta famille. Tu as su lutter, tu dois savoir perdre.

– Pas question de finir en prison… Dans une demi-heure vous aurez ma réponse. Si vous entendez un coup de feu, ce sera pour moi. On ne fera aucun mal à la grand-mère.

– Non, je viens te chercher seul, sans arme.

– Il n'y a plus à discuter… Allez, terminé.

À 22 h 55, je lance un ultime appel.

– Rendez-vous, tout ira bien...

– Pas question. Assez causé !

Un coup de feu claque, suivi d'un long silence.

– Que se passe-t-il, madame Le Moigne ?

– Il est mort, monsieur ! Il est mort ! François est blessé, François est blessé...

J'ordonne au Breton de lancer les armes dans le jardin et de sortir. Il ne répond pas. C'est Mme Le Moigne elle-même qui, à ma demande, les jette par la fenêtre.

Le piège est envisageable. Le Sicilien aurait-il simulé un suicide pour nous contraindre à agir et déclencher ensuite une fusillade avec d'autres armes ? Je n'y crois guère, les voyous d'envergure sont attachés à certaines « règles du jeu ». L'une d'elles veut que les flics méritent leur victoire et prennent des risques. En clair, il faut aller le chercher.

Un seul inspecteur m'accompagne, Roger Stella, dit « Petit Roger », à la BRI depuis 1964. Devant la porte de la chambre, il m'écarte du bras :

– Non, patron, je passe le premier, je suis célibataire, vous êtes marié et vous avez deux petits garçons.

C'est ainsi qu'est née, dans ce pavillon brestois, une amitié inébranlable qui nous mènera jusqu'aux calanques corses. Petit Roger répétera souvent : « J'obéis parce que vous êtes le patron mais vous me devez le respect, je suis plus vieux de huit jours ! » Ce respect, je le lui accorde volontiers.

D'un coup d'épaule, la porte s'ouvre sur une vision effrayante. Le Sicilien agonise sur le plancher, dans une mare de sang, la tête fracassée. Blessé à l'épaule droite, le Breton est affalé près de la fenêtre. Il réclame une cigarette et murmure :

– Le fric est sur la chaise...

Mme Le Moigne pleure dans les bras du Petit Roger. Nous sommes, l'un et l'autre, entraînés dans un tourbillon de sensations contradictoires : la satisfaction d'avoir sauvé l'otage, la tristesse devant la mort du gardien de la paix tué lors du hold-up, le regret de n'avoir pu obtenir la reddition du Sicilien...

Tenue à l'écart de la cohue qui règne autour du pavillon, Mme Le Moigne reçoit des soins dans une ambulance. Elle n'a pas été maltraitée. Son mari goûte son bonheur avec la délicieuse pudeur des vieilles gens, presque gêné d'être heureux devant nous. De toutes les félicitations que nous recevrons, sa longue poignée de main sera pour moi la plus émouvante. Pas un mot, juste ce geste et un regard, un simple regard.

Cette prise d'otage fut la première d'une longue série pour la Brigade anticommando, structure malléable vouée à intervenir au coup par coup.

Dès le lendemain matin, de retour à Paris, je rencontrai le ministre de l'Intérieur, Raymond Marcellin, l'« homme de Mai 68 » et de la « répression », selon les partis de gauche. Méritait-il ces critiques ? Je n'en savais trop rien. À l'époque des faits, je n'étais qu'un inspecteur de BT, à mille lieues de la place Beauvau et du ministère. Je pouvais en revanche témoigner que, dans l'affaire de Brest, il nous avait accordé un soutien total. La suite de ma carrière m'apprendrait que ce n'est pas toujours le cas avec toutes les autorités politiques et administratives...

Raymond Marcellin m'incita à passer le jour même à la télévision. Or je n'en avais aucune envie. J'avais toujours refusé d'être filmé ou photographié. La médiatisation – le mot n'était pas encore à la mode – me semblait incompatible avec mes fonctions. Je la redoutais pour ma sécurité et, surtout, pour celle de ma famille. Je ne voulais pas que mes deux garçons, l'un en maternelle, l'autre en primaire, aient à en souffrir, qu'ils soient traités de « fils de flic » à l'école ou sur les terrains de jeu de Fontenay-le-Fleury. La lutte contre le terrorisme, plus encore que celle contre le grand banditisme, exigeait prudence et discrétion.

En homme politique désireux de contenter l'opinion et satisfait d'être à l'origine de la création de la BAC, Raymond Marcellin estimait, lui, qu'il fallait évoluer à visage découvert. Vers 12 h 45, alors que je croyais l'avoir convaincu, il regarda sa montre et me fit comprendre que je ne pouvais plus reculer :

– Rendez-nous ce service... La presse nous bassine avec Lip [1] et vous venez de faire un truc formidable. La France entière a

1. Le conflit du fabricant de montres Lip commença le 12 juin 1973, à Besançon. Le 2 août, les ouvriers, fraternisant avec les « cols blancs », tentèrent une expérience autogestionnaire en organisant une vente sauvage à travers le pays.

suivi cette affaire minute après minute. Pendant qu'on parlera de Brest, on ne parlera plus des montres ! Un chauffeur vous attend, vous avez juste le temps d'aller sur le plateau...

J'étais piégé. Un quart d'heure plus tard, j'étais en direct sur la deuxième chaîne.

VI

Les fedayin de la Muette

Juin 1960-août 1973 : treize ans déjà. Treize ans séparaient mon arrivée au commissariat d'Argenteuil de ma première entrevue avec un ministre de l'Intérieur. Tout avait-il été trop vite? Depuis mes débuts à la BRI, fin 1971, je ne contrôlais plus rien. Je n'étais pas trop pressé ni ambitieux, mais porté, entraîné, envoûté par mon métier.

Les cyclistes ont une belle expression pour illustrer cet état de dépendance et de détermination : avoir la « tête dans le guidon ». Oui, comme eux, j'avais la tête dans le guidon, j'avançais droit devant, les épaules rentrées, le pied ferme. J'aurais aimé freiner de temps en temps, m'arrêter, souffler, mais le pédalier s'emballait tout seul, m'obligeant à continuer. Alors, je continuais, toujours plus vite, sans me retourner sur la vie qui passait.

Je ne reniais rien, je me souvenais de tout, mais j'avais une autre priorité : l'instant présent. Au jour le jour, il m'indiquait la route à suivre. Avec son quotidien de sang, sa foule de terroristes, de braqueurs et de fous, l'époque n'offrait point d'autre choix.

Lorsque l'actualité commande, je crois que les sensations du policier, surtout à la BRI et à la BAC, sont celles que peuvent éprouver un chirurgien ou un grand reporter. Immergé dans l'urgence, plongé dans l'instantané, on perd toute notion du passé et de l'avenir. Seul compte le présent, le blessé à sauver, l'article à écrire, l'otage à libérer. Le reste, le durable, on le met de côté, pour plus tard, quand on aura le temps. Mais on n'a jamais le temps, il y a toujours un présent après le présent, une affaire après l'affaire.

La BAC, brigade de l'immédiat, avait été créée pour cela, pour prévenir l'imprévisible. Sa compétence géographique était, en théorie, limitée à Paris et aux départements de la petite couronne. Toutefois, si l'affaire avait une dimension nationale, voire internationale, le ministre de l'Intérieur pouvait décider de la mobiliser, comme à Brest.

Quand nos tâches d'antigang nous concédaient quelque liberté, nous allions aux stands de tir, situés dans Paris et à l'École inter-armes des sports de Fontainebleau. L'entraînement physique avait lieu ailleurs, à l'école de police de Vincennes. Outre les arts martiaux et le tir (armes de poing, carabine, fusil...), nous pratiquions l'escalade, le parcours du combattant, la natation, les sports d'équipe... Des stages de conduite rapide étaient organisés au Mans et à Montlhéry. Évidemment, il y avait aussi les exercices pratiques, les descentes en rappel d'un hélicoptère, les simulations d'intervention dans un avion, un pavillon ou un immeuble. Les hommes de la BAC, suspendus à des filins, pénétraient pieds en avant dans les appartements, brisant les fenêtres pour lancer des grenades «paralysantes»...

À chaque séance, à chaque exercice, je m'étonnais davantage de leurs performances athlétiques, de leur souci du geste précis, de leurs qualités mentales. Tous spécialistes d'une discipline ou d'une autre, ils avaient été sélectionnés en fonction de critères médicaux, psychologiques et techniques. Former des costauds n'était pas notre objectif. Nous voulions une équipe soudée, composée de policiers efficaces et complémentaires.

J'appréhendais notre première confrontation avec le terrorisme. Parce qu'un militant n'est pas un braqueur, parce qu'il vit et meurt pour sa cause, non pour l'argent, parce que banditisme et terrorisme sont radicalement différents. Le plus souvent, un voyou devient preneur d'otage par accident, lorsque son braquage tourne mal et qu'il n'a pas d'autre issue. Il piétine, il improvise, il cherche. Ses tâtonnements sont autant de faiblesses à exploiter, de failles à creuser. Le «politique», lui, a voulu son chantage à la mort. C'est un acte volontaire, prémédité. Tout a été mis en œuvre pour qu'il soit couronné de succès. La démarche est plus redoutable, sans fissure apparente. La fin justifie les moyens, la lutte autorise l'horreur, le rationnel l'emporte sur l'affectif. Voilà pourquoi je craignais notre première affaire du genre.

Le 5 septembre 1973, soit quinze jours après notre retour de Bretagne, nous allions devoir passer des truands aux activistes palestiniens, d'un pavillon de retraités à l'ambassade d'Arabie saoudite à Paris.

Il est 9 h 30, ce mercredi matin, lorsque la radio interne signale à toutes fins utiles un «incident» dans cette ambassade située dans le XVIe arrondissement. Un homme mécontent de ne pas avoir obtenu un visa refuserait de quitter les lieux. Rien de bien alarmant. Mais il faut dire que les messages initiaux sont rarement fiables. Un jour, la gravité des faits est exagérée; un autre, elle est sous-estimée. À la manière des dépêches d'agence de presse, qui se succèdent à mesure que les journalistes glanent des informations, les appels de «radio 36» s'enrichissent de minute en minute.

De fait, qu'apprend-on lors des appels suivants? Que l'individu s'est barricadé dans un bureau avec deux ou trois personnes, qu'il serait armé, qu'il aurait «peut-être» des complices... Les comptes rendus apportent bientôt d'autres éléments : plusieurs individus sont à l'intérieur du bâtiment; les voisins ont entendu deux séries de coups de feu; un employé a été blessé; on ignore le nombre d'otages et leur nationalité; les terroristes seraient palestiniens.

L'«incident» n'en est plus un. Outre la BAC, des centaines de policiers et de gendarmes investissent le quartier de la porte de la Muette, rejoints par des pompiers, des secouristes, des artificiers, des maîtres-chiens, des employés du gaz, des télécommunications, de l'EDF...

C'est la première fois qu'un commando retient des otages à Paris. La France a été épargnée jusque-là en raison de sa neutralité bienveillante à l'égard de la cause palestinienne. Cette opération intrigue également car elle ne vise pas des intérêts israéliens mais un pays arabe. Ce groupe fedayin, inconnu à Beyrouth (il se fait appeler « le Châtiment »), exige la libération du leader palestinien Abou Daoud, détenu en Jordanie, et la mise à disposition d'un avion. Le commando menace d'abattre un otage s'il n'obtient pas satisfaction avant 16 heures.

Les inspecteurs de la Criminelle, chargés de l'enquête, s'informent auprès des services de renseignements. La surveillance des aéroports et des bâtiments diplomatiques est renforcée. Les représentants de plusieurs pays « frères » (Irak, Algérie, Koweït...) viennent aux nouvelles et condamnent – du moins officiellement – cette action. Des cellules de crise se constituent au ministère de l'Intérieur, au Quai d'Orsay, à Matignon. Le président de la République, Georges Pompidou, se tient informé. L'émotion est d'autant plus vive que ce drame intervient un an jour pour jour après le massacre de Munich et à la veille de l'ouverture, à Alger, du quatrième sommet des pays non alignés, en présence de nombreux chefs d'États arabes et du leader de l'OLP, Yasser Arafat.

L'ambassade, rue André-Pascal, est une sorte de gros cube d'un étage, protégé par d'imposantes grilles. Les otages seraient en fait une douzaine, dans un bureau situé au-dessus de l'entrée. Le store est à moitié abaissé; ceux des autres pièces le sont totalement. Des bâtiments de l'Organisation de coopération et de développement économique (OCDE), face à l'ambassade, serviront de poste de commandement pour les négociateurs et les services de secours. Je préfère que la BAC s'isole dans des locaux annexes, à l'écart de l'agitation.

Je passe de longs moments avec mes hommes. Cette fois, il ne s'agit plus d'un exercice d'école ni d'un entraînement à Fontainebleau; la réalité du terrorisme nous rattrape. Chacun y va de son analyse, sans crainte excessive ni fanfaronnade déplacée. L'enjeu nous dépasse, c'est une affaire de gouvernants.

Quelle doit être l'attitude de la France? Accepter le chantage au risque de créer un précédent? Refuser de négocier? Les avis sont partagés, le gouvernement hésite. La présence des caméras de la télévision avive l'inquiétude. Les terroristes savent que l'image est une arme terrible. Que faire, dans ces conditions?

Après le drame de Munich, les autorités israéliennes avaient estimé qu'en intervenant plus tôt la police allemande aurait sauvé plusieurs personnes. Un reproche facile à formuler après coup, dans le confort d'un cabinet ministériel par exemple...

Quoique différente en tous points, l'affaire de Brest m'a appris qu'il ne fallait jamais céder aux pulsions ni aux pressions, qu'elles émanent des risque-tout ou des partisans du renoncement. De même faut-il savoir résister (comme c'est difficile!) aux suppliques, compréhensibles, des proches des otages.

Nous devons gagner du temps, faire preuve de fermeté.

Sur les toits, nos tireurs changent fréquemment de position, de manière à entretenir une impression d'encerclement. Jean Paolini, le préfet de police, s'emploie de son côté à apaiser le commando et à tranquilliser les otages. En liaison constante avec les Palestiniens – à l'aide d'un mégaphone ou par téléphone –, il leur répète qu'il est hors de question d'intervenir dans le bâtiment. L'ambassade est une enclave étrangère et seule l'Arabie saoudite pourrait nous y autoriser. Il les prévient également que nous interviendrions aussitôt s'ils sortaient armés sur la voie publique, donc en territoire français.

Parallèlement à ces tractations, nous étudions les plans de l'ambassade et nous convenons qu'une visite des lieux s'impose, aussi poussée que possible, pour mieux déterminer les dispositions prises par les terroristes.

Je demande à Michel Gratadeix de m'accompagner. À la brigade, ce moustachu passe pour un tacticien hors pair. Doté d'un sens de l'anticipation peu commun, il est capable de s'adapter à toutes les situations avec une aisance rare.

Nous longeons la façade arrière, que nous supposons hors de vue des Palestiniens. Un escalier conduit au premier étage. Nous rampons, marche après marche, jusqu'au palier.

Sur la droite, au fond du couloir, se tient un homme armé d'une mitraillette. Il nous tourne le dos, marche lentement, s'arrête, se retourne, se poste devant l'entrée d'une pièce qui doit être celle où sont les otages. Comme il est impossible d'avancer davantage, nous repartons tout aussi discrètement.

J'informe le préfet de nos observations puis nous téléphonons à Raymond Marcellin, auquel je confirme qu'un coup de force, même avec l'accord des Saoudiens, comporterait des risques énormes.

– Monsieur le commissaire, me répond-il, je vous comprends, mais certains membres du gouvernement sont favorables à une intervention.

– Dans les conditions actuelles, ce serait suicidaire. Les premiers policiers qui se présenteront dans le couloir se feront raffaler. Ensuite, dans une pièce minuscule, plongée dans la pénombre, comment distinguer les otages des fedayin ? Il doit y avoir une vingtaine de personnes là-dedans ! Nous irions droit au massacre. Maintenant, s'il y a des gens qui veulent me montrer le chemin, qu'ils viennent, je les suis !

– Non, non... Ne vous inquiétez pas, je vous fais confiance, c'est à vous d'apprécier la situation. Passez-moi M. Paolini.

Le préfet reprend l'appareil.

– Monsieur le ministre... Broussard a peut-être été un peu direct mais il a raison, on ne peut intervenir. Pour en être tout à fait certain, je vais d'ailleurs y retourner avec lui.

Deuxième voyage. Avec le préfet, cette fois. Un fait assez exceptionnel pour être souligné. L'arrière du bâtiment, l'escalier, le couloir... Paolini comprend qu'il est impératif d'attendre.

Je n'ai pas effectué ces repérages sans ressentir les frissons de la peur. Oui, j'ai eu la trouille. Pour moi, pour ceux qui m'accompagnaient, pour les otages...

Des flics « super-héros » – et j'en ai connu quelques-uns qui se prétendaient tels... – feignent de n'avoir jamais senti une goutte de sueur perler entre leurs omoplates. Leur attitude relève au mieux du mensonge, au pire de l'inconscience, car un policier, quel qu'il soit, doit demeurer conscient du danger, sans pour autant être considéré comme un « peureux », c'est-à-dire manquer de courage devant un risque. Celui qui prétend ne pas connaître la peur ou qui se fait violence pour l'ignorer est un automate dangereux. Sa belle mécanique, à la merci du moindre accroc, peut se dérégler à tout moment. La peur est une guirlande de clignotants rouges. Ils s'allument comme des mises en garde à l'approche du danger. Aussi me suis-je toujours méfié des téméraires incapables de percevoir ces signes salvateurs. Ils devraient méditer ces mots de marin : « Un homme qui n'a pas peur de la mer ne tardera pas à se noyer car il sortira un jour où il ne devrait pas... »

Pour le policier de terrain, dominer l'appréhension est un mécanisme de défense vital. Il va devoir adapter rapidement sa réaction en fonction de la nature du danger et des solutions possibles. L'expérience permet de canaliser l'émotion, tout en dosant la tension nerveuse nécessaire pour passer à l'action. Cette maîtrise de soi s'acquiert avec le temps et par diverses techniques de relaxation. À la manière d'un champion avant une compétition, tout membre d'une unité du type BAC doit savoir contenir ses angoisses, faire le vide en lui, aborder l'obstacle dans les meilleures dispositions psychologiques et physiques. Il y va de sa sécurité, de celle de ses collègues mais aussi de la réussite de sa mission : un preneur d'otage sera plus impressionné par un interlocuteur détendu, en pleine possession de ses moyens, s'exprimant posément, que par un casse-cou au verbe trop vif. Il faut alors éviter deux écueils : l'euphorie lorsque l'on gagne trop aisément, la routine lorsque l'on gagne trop souvent.

À l'ambassade, les négociations se poursuivent. Un acte de terrorisme international ayant des implications considérables, c'est au gouvernement concerné, en l'occurrence celui de Pierre Mesmer, de prendre des décisions et de les assumer. Le policier n'a qu'un rôle de consultant, voire d'exécutant. Pourtant il est préférable qu'il fasse écran entre les terroristes et le pouvoir car un gouvernement n'a jamais intérêt à traiter directement. Sa position s'en trouverait affaiblie, ses adversaires y verraient l'amorce d'une victoire. Le politique doit donner des orientations et laisser au policier une marge de manœuvre. De la sorte, celui-ci s'imposera auprès des preneurs d'otages comme un négociateur crédible, à même d'obtenir des concessions.

Mais quelles concessions ? Je découvre, en ce mercredi de septembre 1973, l'embrouillamini diplomatique que peut dissimuler une telle affaire. Résumons : l'Arabie saoudite, bien embarrassée, estime que c'est à la France d'agir et à la Jordanie d'accorder – ou de ne pas accorder – la libération d'Abou Daoud. Autrement dit, chacun renvoie la balle chez le voisin et tout se joue en coulisses, d'ambassades en cabinets ministériels. En outre, le gouvernement français souhaiterait associer aux négociations des diplomates arabes (Irakiens, Koweïtiens, Algériens...) qui auraient, paraît-il, les moyens de tout débloquer. Nous le devinons lorsque certains d'entre eux nous laissent entendre que tous les otages ne sont pas à mettre sur le même plan et que, après tout, ce problème pourrait être résolu «entre Arabes». En clair, quelques otages saoudiens suivraient le commando de leur plein gré, les trois Françaises ayant été libérées au préalable. Officiellement, Paris refuse ce marchandage sur la qualité des otages. Mais comme tout cela tourne à la querelle de famille, peut-être avons-nous intérêt à taire nos scrupules.

Stratégie de l'ombre, stratégie de coursive... À l'écart de ces palabres, j'ai la conviction qu'en cas de massacre les conseillers intrigants des cabinets ministériels ou d'ailleurs seront nos plus virulents censeurs.

En attendant, les terroristes perdent patience car, dans l'immédiat, la France refuse de leur fournir un avion et un équipage. Ils ont du mal à croire qu'il est impossible d'affréter un appareil avant 16 heures. C'est pourtant vrai : d'autres négociations, tout aussi serrées, se sont engagées pour convaincre un pays arabe de mettre un avion à disposition. Excédés, les terroristes menacent d'exécuter un otage à 19 heures puis de dynamiter l'ambassade. Ils obligent même une femme à venir à la fenêtre crier sa peur de mourir.

– Dans dix minutes, ils vont tout faire sauter!

À 19 heures, le chef du commando recommande l'évacuation de la foule.

– Nous allons passer à l'action!

Ces vociférations ne changent rien. Il n'est pas question de céder. Arrive alors un proche de la famille royale saoudienne, un homme de grande taille au visage autoritaire.

– Qu'est-ce que c'est que cette pagaille ? Quelle est l'autorité de police qui commande, ici ?

Je l'invite à garder son calme tout en faisant le geste, fort peu protocolaire j'en conviens, du pouce qui se referme sur la main pour signifier « fermez-la ». Son Altesse me foudroie du regard, sans répondre. Paolini, qui a fait mine de ne rien entendre, se tourne vers moi.

– Que se passe-t-il ?

– Eh bien, ce monsieur ne semble pas satisfait de...

Paolini m'interrompt. Il se plante devant l'arrogant, beaucoup plus athlétique que lui, et réplique, avec son accent corse :

– L'autorité qui commande ici, c'est moi, Paolini Jean, préfet de police. Si ça ne vous convient pas, vous allez derrière les barrières. Compris ?

Les diplomates, à la fois gênés et décontenancés par cette altercation, savent désormais à quoi s'en tenir : placer les pays « frères » devant leurs responsabilités, les inciter à démêler l'écheveau d'une histoire tortueuse (on ne sait trop si les terroristes espèrent sauver ou punir Abou Daoud !) ne signifie pas abandonner la maîtrise des opérations. Nous sommes, ils sont en France.

Les fedayin, qui n'ont pas connaissance de ces incidents, deviennent très agressifs. À deux reprises, un otage s'approche de la fenêtre et nous supplie d'accepter leur proposition.

– Nous commençons tout de suite les exécutions ! hurle un Palestinien.

Nous apercevons alors un homme aux cheveux gris que quelqu'un semble pousser vers la fenêtre. Son buste dépasse légèrement à l'extérieur. Un coup de feu claque, le corps bascule, s'écrase sur le trottoir. Blessé mais vivant, l'homme se relève, s'enfuit en boitant.

– Vous n'avez donc pas compris ? Ils vont tous nous tuer ! crie la jeune femme que nous avons déjà vue un peu plus tôt.

En fait, l'otage qui vient de tomber n'a pas été blessé par balle. Il a sauté dans le vide pour éviter d'être exécuté. Son témoignage nous sera d'une grande utilité. Selon lui, les cinq terroristes, plutôt jeunes, font preuve d'une discipline impressionnante. Leur chef est âgé d'une quarantaine d'années, il porte des lunettes d'écaille. Tout a été préparé avec minutie. Les boissons et les aliments fournis à leur demande sont testés au préalable par les otages rassemblés dans la même pièce, un groupe de femmes et un groupe d'hommes, pieds et poignets entravés.

D'ultimatum en ultimatum, les négociations s'enlisent. Comme à Brest, une nuit de veille commence, en présence de nombreux curieux.

J'ai connu pareil attroupement en Bretagne, devant le pavillon des époux Le Moigne, mais cette fois la vision du quartier me révolte. Des centaines de badauds suivent le déroulement des événements. Un mélange d'anxiété sincère et de curiosité malsaine. Ils assistent au spectacle, écoutent la radio, interrogent les journalistes, s'impatientent lorsqu'un ultimatum est retardé. Par petits groupes, ils discutent, refont le monde, Israël, la Palestine, ils disent tout et n'importe quoi, propagent des rumeurs, pestent contre les agents qui reculent les barrières. Ils sont de tous les âges, de tous les milieux sociaux. La connerie et le voyeurisme n'ont pas de limites. Dans la soirée, le rassemblement vire même à la kermesse, avec des marchands de sandwiches, de canettes de bière et des crèmes glacées. On voit des fêtards brandir un drapeau tricolore, une jeune femme débuter un strip-tease avant d'être évacuée par les CRS sous les quolibets de la foule. Et la nuit s'écoule ainsi, entre la bêtise des curieux et les menaces du commando.

Les Palestiniens ont compris que la Jordanie ne transigerait pas. Il ne leur reste plus qu'à préparer leur retrait dans les meilleures conditions. Il faut cependant attendre 9 heures du matin pour qu'ils cèdent vraiment du terrain en libérant un otage légèrement blessé la veille. Nous convenons alors d'un accord : les quatre femmes (trois Françaises et une Tunisienne) seront relâchées lorsque le commando sortira. Les neuf otages restants, ainsi que l'ambassadeur d'Irak, Naama el Naama, dont le rôle a été déterminant dans les tractations, partiront dans un minibus, avec les cinq terroristes, en direction du Bourget. Une fois à l'aéroport, seuls cinq volontaires, tous saoudiens, embarqueront à bord d'un appareil de la Syrian Arab Airlines.

À 10 h 40, nous faisons évacuer les environs. Je reste devant l'entrée aux côtés de Jean Paolini. Le minibus s'approche au ralenti, les vitres couvertes de papier sombre. Deux fedayin cagoulés vont l'inspecter de fond en comble, dans un silence absolu.

À 13 h 37, terroristes et otages sont alignés devant le minibus. Certains téléspectateurs s'étonneront du fait que la BAC ne soit pas intervenue à ce moment-là, alors que les membres du commando constituaient des cibles faciles. Une telle opération n'était pourtant pas envisageable puisque chacun d'entre eux tenait une grenade dégoupillée. Et puis, dans cette hypothèse, une question de fond se serait posée : dans une affaire à motivations politiques, impliquant des États, doit-on respecter les accords conclus avec les terroristes? J'en suis convaincu, car la crédibilité de plusieurs gouvernements est alors en jeu. Le non-respect des engagements peut s'avérer payant sur le moment mais certainement pas à moyen ni à long terme.

Les Palestiniens tiennent leurs promesses : les quatre femmes sont libérées et les autres otages conduits au Bourget, où l'avion va décoller en direction de l'Égypte puis du Koweït. Dans un communiqué, le commando saluera bientôt la « sagesse de la France ».

Victoire ou défaite? Le débat s'ouvre, les uns estimant que la position adoptée était la plus sage, les autres regrettant un succès de la terreur sur la démocratie. Le fait qu'ils n'aient pas obtenu la libération d'Abou Daoud passe presque au second plan. Leur action – un avertissement à destination des pays arabes et des diverses factions de l'OLP – a obtenu le retentissement souhaité. Qu'on le veuille ou non, cinq hommes déterminés ont fait plier un État.

Après Brest, l'ambassade d'Arabie saoudite. Nous venions de découvrir le terrorisme, ses mystères, ses intérêts mêlés, ses stratégies souterraines. De notre point de vue, cela s'était plutôt bien passé, malgré un net sentiment d'isolement.

Ces deux événements nous avaient, en l'espace de quinze jours, propulsés sur le devant de la scène, avec tous les excès que cela implique. Notre brigade n'avait pas encore un an d'existence, mais la presse la présentait déjà comme le fleuron de la police française. Je n'en demandais pas tant. Nous étions encore en phase de perfectionnement.

Nous devions aussi gérer les conséquences familiales de la notoriété. À titre personnel, il me fallut ces deux jours, porte de la Muette, pour mesurer l'impact privé d'un drame public. La télévision avait fait son œuvre de révélateur : mes proches, même s'ils n'osaient trop l'avouer, avaient eu peur.

Je touchais là l'une des spécificités des prises d'otages, par rapport aux arrestations de braqueurs ou de cambrioleurs qui ne bénéficiaient pas du même traitement médiatique. Elles étaient certes évoquées, lors des journaux télévisés, mais après les faits, non pendant. Mon épouse et mes deux fils, s'ils étaient parfois informés du travail en cours, n'en mesuraient pas forcément tous les risques. Une filature, une planque, un hold-up, c'était en quelque sorte la «routine» un peu mystérieuse dont ils ne savaient pas grand-chose. Ils ne pouvaient imaginer les lieux, les personnes, visualiser le danger. L'appréhension existait mais elle était atténuée par l'éloignement et, pour tout dire, une relative banalisation.

Avec les prises d'otages, le danger avait fait irruption dans l'appartement familial de Fontenay-le-Fleury, sur l'écran de télévision. Les journalistes avaient joué leur rôle de témoins et contribué à la dramatisation de ces affaires. Ma famille les avait suivies, à partir d'éléments concrets, des images, des personnages, des témoignages, des informations, exactes ou fantaisistes; bref, du «direct».

J'allais devoir compter avec cette nouvelle donne car la BAC, brigade de l'immédiat, serait tôt ou tard appelée ailleurs, face à d'autres preneurs d'otages, devant d'autres caméras.

VII

« Bavures » ?

Les antigangs travaillaient comme les braqueurs, en équipe. La brigade comprenait un service de documentation de onze membres, cinq groupes actifs de huit inspecteurs. Les responsables de ces unités bénéficiaient d'une relative autonomie pour s'organiser à leur guise, quitte à réclamer du renfort en cas de besoin.

En accord avec Jean Sautereau, je cherchais à constituer des équipes équilibrées, en tenant compte des qualités et des faiblesses de chacun, des liens amicaux et des risques de friction. Ce n'était pas facile car la BRI offrait un étonnant panel de fortes personnalités. Il y avait par exemple l'élégant Jacques Chaix, surnommé « Cinq-cinq » du fait de sa disponibilité et de son enthousiasme. L'aisance personnifiée ! Une certaine classe même, avec ses cheveux poivre et sel, coiffés en arrière. Autre chef de groupe : Christian Yéprémian, dit « Yep », du genre râleur mais excellent flic. Cet ancien boxeur, à la condition physique parfaite, était un anxieux, un perfectionniste. Quand il tenait une affaire, il s'y accrochait jusqu'au bout. Il se chamaillait sans arrêt avec son collègue Roland Bernard, tout aussi tenace que lui. Roland, notre coureur de marathon, habitait en banlieue et venait parfois au 36 en courant ! Il avait pour adjoint Gérard Crolais qui lui ressemblait beaucoup par ses qualités de policier et son fichu caractère. Il y avait aussi René Plouy, « Iplou » en verlan, un vétéran d'Indochine. Les truands le redoutaient, il suffisait de voir son visage taillé à coups de serpe et ses yeux clairs pour comprendre qu'il prenait sa tâche au sérieux. Sa loyauté lui valait l'amitié de tous.

Cette répartition en groupes permettait de surveiller plusieurs gangs à la fois. Les inspecteurs devaient repérer les truands, les suivre, les interpeller preuves à l'appui, si possible en flagrant délit, autrement dit « la main dans le sac ». Le moindre indice, le tuyau le plus insignifiant transmis par une brigade territoriale pouvaient déboucher sur une opération, des jours, des semaines, voire des mois après.

À l'époque, la mode était surtout au hold-up. Avec la multiplication des agressions dans les banques, les bureaux de poste, les bijouteries, nous montions souvent en première ligne, affublés d'une injuste réputation de cow-boys. Si nous étions amenés à tirer, c'était avant tout parce que les truands, de leur côté, n'hésitaient pas à déclencher les hostilités.

Le grand banditisme avait changé, la société française aussi. L'époque était violente et nous n'y pouvions rien. Aux malfrats traditionnels, qui respectaient encore certaines règles, succédaient des petites frappes qui avaient en commun la haine du flic. Il y avait aussi des personnages inattendus, issus de tous les milieux sociaux, qui s'aventuraient dans la criminalité du jour au lendemain : un étudiant en médecine agressait des personnes âgées accompagné d'un loubard de seconde zone; un père de famille endetté devenait braqueur... L'affolement devant l'imprévu était alors chose courante. Le 13 mars 1973, on vit même, devant une banque de Suresnes, trois jeunes gens si tendus que l'un d'eux se tira une balle dans la jambe en trébuchant! Pour leur défense, ils expliquèrent qu'ils avaient rendez-vous devant la banque afin de vendre un fusil à un inconnu et qu'ils portaient des cagoules pour ne pas être identifiés par l'acheteur!

Des truands d'une tout autre envergure commençaient aussi à occuper le devant de la scène. Le 20 août 1972, la BRI arrête ainsi une dizaine de braqueurs et de perceurs de coffres qui feront partie, des années plus tard, du fameux gang de la banlieue sud. Le 8 mars 1973, avec nos collègues du Service régional de police judiciaire (SRPJ) de Versailles, nous arrêtons un homme promis à la célébrité: Jacques Mesrine, recherché en France et au Canada pour de multiples affaires criminelles. Une première rencontre, bientôt suivie d'une seconde puisque, après une évasion du palais de justice de Compiègne, la BRI le déniche de nouveau le 28 septembre 1973, dans une planque du XIIIe arrondissement. Mais nous aurons l'occasion de reparler de tout cela...

Avant ma nommination à la BRI, je n'avais jamais été exposé à ce point. Ni les cambrioleurs ni les proxénètes de la 1re BT ne m'avaient habitué aux fusillades, tout au plus à des bagarres dignes des empoignades de rugbymen. Quant aux enquêtes de la Crim, elles m'avaient amené à agir en aval et non en amont, à décortiquer les faits plutôt qu'à les devancer.

La fonction d'antigang, doublée de celle d'anticommando, était tout autre. Sans doute était-ce, d'ailleurs, l'une des raisons de mon attachement à ce service. Le quotidien de la BRI, cette exigence d'un engagement mental et physique de tous les instants, m'offrait le parfait dosage entre réflexion et action.

Attention, je n'étais pas un casse-cou! Je n'éprouvais pas non plus – et c'est toujours le cas – une attirance particulière pour les armes. Si je m'entraînais au tir, c'était davantage par nécessité que par plaisir. Je n'oubliais pas que ce métier pouvait user les plus robustes, tuer les plus malchanceux. Les faits, dans leur froide évidence, se chargeaient de nous le rappeler de temps à autre. Comme ce jour de février 1973 où ma carrière faillit s'achever avant l'heure. Nous procédions à l'interpellation de braqueurs, place de la Nation. J'en avais ceinturé un, quand l'un de ses complices me braqua par-derrière avec une arme chargée de balles «dumdum», des munitions si redoutables qu'elles sont interdites par les conventions internationales (mais pas par celles du milieu)! Heureusement, l'inspecteur Michel Perbet intervint à temps et assomma le malfrat d'un coup de crosse.

Dans la série sans fin des arrestations à risques, il y eut aussi celle de trois truands, à Aubervilliers, le 28 septembre 1973. Le plus dangereux, condamné pour deux assassinats et une quinzaine d'attaques à main armée, s'était évadé de prison quelques semaines plus tôt. Tandis que ses complices montaient à l'avant d'une 504 volée, il prit place à l'arrière avec son colt 11.43. Au cours de la fusillade qui s'ensuivit, la baraka fut encore avec nous puisque l'inspecteur Gérard Marlet fut sauvé *in extremis* par un collègue contraint d'abattre le chef de bande.

Nos vies étaient en suspens, elles tenaient à peu de chose. À la malchance, au hasard, à un bon ou à un mauvais réflexe. J'avais compris qu'il n'y avait jamais loin de la réussite à la « bavure », ce terme qui sonne comme une insulte pour les victimes et pour les policiers.

Je hais ce mot, employé à tort et à travers. Parlons d'accident, d'erreur, de faute s'il y a lieu, au moins c'est clair, c'est juste, mais pas de « bavure », appellation visqueuse, malsaine. J'ai eu à souffrir du procédé hâtif, donc dangereux, qui consiste à réunir sous cette appellation générique des événements recouvrant des réalités fort différentes. Peut-on comparer le cas d'un irresponsable qui blesse ou tue un adolescent un soir de trop boire et celui d'un policier qui dégaine pour se défendre devant des braqueurs ? Oui, l'antigang a commis des fautes et nous les avons assumées. Non, l'antigang n'a pas été une brigade à « bavures » et nous l'avons démontré.

Dans mon esprit, ce mot évoque d'abord l'affaire dite du *Figaro*, le 28 décembre 1973.

En ces années 1970, les fêtes de Noël et du nouvel an inspiraient les voyous. Les magasins faisaient recette, les entreprises octroyaient des primes à leurs employés, les transporteurs de fonds allaient de banque en banque... Et les truands redoublaient d'activité. Décembre 1973 doit d'ailleurs détenir le record en la matière. On nous signalait chaque jour une dizaine de braquages en Région parisienne.

Depuis un mois, le groupe de Roland (le marathonien) pistait un gang dirigé par un type dont le surnom était digne d'un porte-flingue de Bernard Blier dans *Les Tontons flingueurs* : « Lulu le Balafré », condamné deux fois pour braquages, soupçonné d'avoir tiré sur un gardien de la paix. Son lieutenant, un ancien marin de trente et un an, spécialiste des attaques à main armée, était surnommé « Gillet » dans le milieu mais nous préférions l'appeler le « Marin ». Le troisième larron, un champion motocycliste reconverti dans la moto de presse, faisait figure d'amateur égaré parmi les pros. Même s'il n'avait pas l'air méchant, tout indiquait qu'il mettait ses talents de pilote au service des deux autres. Son jeune frère, aux allures d'étudiant, fréquentait aussi les voyous.

La bande semblait repérer divers objectifs, en particulier une agence de la Société générale, place Saint-Philippe-du-Roule, à Paris. Nous devions donc surveiller la banque, ne pas lâcher d'une semelle Lulu et le Marin. Nous pressentions que le 28 décembre, dernier vendredi du mois, serait le jour idéal pour un braquage.

Cet après-midi-là, entre 13 h 15 et 14 h 20, nos quatre compères se réunissent avenue Hoche. Ils nous jouent la comédie habituelle des vieux briscards qui font mine de se rencontrer par hasard. Sait-on jamais, devant un tribunal, l'argument peut s'avérer plausible...

Lulu et le Marin, juchés sur un scooter bleu, se faufilent dans la circulation. Le motard, qui pilote une Norton blanche, assure la liaison avec son frère assis au volant d'une Austin Morris. Cette Mini, garée près du parc Monceau, va probablement servir de relais. Les truands la prendront après avoir utilisé une autre voiture ou le scooter, le temps du hold-up.

Tout devrait partir de la place Saint-Philippe-du-Roule mais nous ignorons encore quel sera l'objectif. La banque ? Le fourgon des transporteurs ? Un autre client de ces mêmes transporteurs ? Nous devons tout envisager, procéder aux ultimes préparatifs, maintenir un contact radio avec Frédo, au 36.

Les visages sont fermés, les regards fébriles. C'est la concentration d'avant-braquage, pour les antigangs comme pour les truands. Trois inspecteurs les surveillent : René Defauverge et Daniel Berton dans une Simca 1100 banalisée ; le troisième, Jean-Pierre Aligon, dit « Ali », sur une moto. Il s'agit d'une simple mission d'observation : ils devront signaler dès que possible le lieu de l'agression, l'itinéraire des truands, le cheminement du sac contenant les armes et le butin.

Le dispositif d'intervention est composé de huit inspecteurs, répartis dans divers véhicules, de manière à coincer l'Austin au retour des malfaiteurs. Laisser faire puis surprendre... Cette option me paraît la plus sage. Une intervention sur le lieu du hold-up comporte toujours des risques pour les victimes de l'agression, les passants et les policiers car les truands sont alors dans un état de tension extrême. Au moindre imprévu, une prise d'otage est à redouter. De même les arrestations au domicile sont-elles souvent vouées à l'échec. Des braqueurs expérimentés rentrent rarement chez eux aussitôt après leur coup. Ou bien s'ils rentrent, c'est sans arme ni argent, autant dire sans preuve de leur culpabilité.

Reste donc l'Austin, la voiture relais. À ce stade de l'opération, une fois leur méfait accompli, leur vigilance se relâchera. Ils seront déjà entrés dans la phase de décompression qui suit un braquage réussi. Alors, nous pourrons les arrêter.

14 h 28. Lulu et le Marin sont signalés au rond-point des Champs-Élysées. Ils pénètrent dans un immeuble cossu, le siège du journal *Le Figaro*, et se dirigent vers le troisième étage par un dédale d'escaliers et de couloirs. Leur magot les attend : deux cadres de la Société générale viennent en effet d'apporter les primes de fin d'année. Lorsqu'ils ressortent de l'immeuble, plusieurs personnes tentent de les intercepter. Le Marin tire deux coups de feu. Une balle file entre les jambes de l'un des poursuivants.

Pour les truands, c'est un succès. Ils remontent les Champs-Élysées sur leur scooter bleu. Comme convenu, nos trois observateurs nous informent par radio. René et Daniel dans leur voiture, ainsi qu'Ali, sur sa moto, suivent le scooter sans difficulté, du moins le supposons-nous car la liaison radio s'interrompt soudainement. C'est le silence total sur les ondes. Aux aguets autour de l'Austin relais, nous ignorons ce qui se passe.

Quelques instants plus tard, nous voyons surgir le Marin d'une 2CV, conduite par une jeune femme que nous ne connaissons pas ! Il descend à la hâte, puis monte dans l'Austin. Nous l'arrêtons aussitôt en compagnie du frère du motard. Notre souricière a fonctionné : les armes et le butin (deux cent quatre-vingts mille francs) sont récupérés. Mais où est Lulu? Que faisait son complice dans la 2CV d'une inconnue? Il faudra attendre l'arrivée de l'inspecteur Aligon pour savoir ce qui s'est passé sur les Champs.

Au feu rouge situé à l'angle de la rue Balzac et de l'avenue des Champs-Élysées, Lulu a donné un coup d'accélérateur trop brutal. Le scooter s'est cabré comme un cheval récalcitrant. Impossible de redémarrer. Son complice, sans s'affoler, est parti à pied avec les armes et l'argent. Il est monté dans la première voiture venue – la 2CV – pour se faire conduire, sous la menace d'un pistolet-mitrailleur, jusqu'à l'Austin. Aligon, dont la radio venait de tomber en panne, ne pouvait avertir personne, ni notre groupe d'intervention ni ses collègues «observateurs», Daniel Berton et René Defauverge. Dans le flot de la circulation, ceux-ci se sont brusquement retrouvés face à Lulu qui traversait l'avenue en poussant son scooter en panne. Ils n'ont pu dissimuler leur surprise. D'instinct, le braqueur a deviné qu'il s'agissait de policiers. La fusillade a éclaté, provoquant des scènes de panique sur les trottoirs. Ces échanges de coups de feu ont fait une victime, un homme de soixante-treize ans, atteint par une balle perdue. Daniel Berton, touché à l'artère fémorale, s'est écroulé près d'un kiosque à journaux et Lulu s'est approché, menaçant :

– Maintenant, c'est en pleine tête que je vais t'en mettre une!

René Defauverge s'est interposé, tirant à plusieurs reprises sur le malfaiteur. Malgré ses blessures, celui-ci s'est traîné jusqu'à un taxi. On l'arrêtera plus tard chez lui, à Bourg-la-Reine, blessé de huit balles. Daniel Berton, le nerf sciatique sectionné, la fémorale déchiquetée, est transporté à l'hôpital Bichat où les membres de la BRI iront donner leur sang. Il s'en sortira avec de graves séquelles.

Cette maudite journée de décembre 1973 n'est pas encore terminée. Un autre drame va se jouer, en fin d'après-midi, au domicile du motard, le dernier membre de la bande encore en liberté.

Les inspecteurs de la 3e brigade territoriale, qui étaient à l'origine du renseignement initial sur l'équipe de braqueurs, se rendent dans un immeuble de Sarcelles pour l'interpeller. Ayant entendu une femme appeler au secours, un voisin se précipite. Il tombe nez à nez avec les policiers. Les prenant pour des malfaiteurs, il dévale les escaliers en criant : « Les salauds, ils sont armés ! » Un homme de la 3e BT, persuadé d'avoir affaire à celui qu'ils sont venus arrêter, tire dans sa direction et le blesse à la tête.

Un mort, trois blessés graves... Pour la presse, il s'agissait d'une série de « bavures » et pour moi de la plus pénible des épreuves. D'abord en raison du terrible bilan humain. Ensuite parce que je découvrais la critique, la vraie, celle qui heurte d'autant plus qu'elle est étalée sur la place publique. Avant de vivre une telle expérience, on se croit blindé. On ne l'est pas, on ne l'est jamais.

Oh, ce n'était pas la première fois que mon nom apparaissait dans la presse. À Brest, par exemple, j'avais connu, un brin méfiant, l'ivresse médiatique, les photographes, les caméras, la célébrité. En l'espace de quelques heures, nous étions paraît-il devenus des « héros ». L'affaire du *Figaro* allait me montrer que le vent de la gloire tourne bien vite et que les éloges font toujours le lit des reproches.

Oubliés les commentaires de Brest sur le courage et la « psychologie » des « superflics », nous étions des « cow-boys », rien que des « cow-boys » ! Voir son nom associé à la mort d'un innocent relève de l'humiliation, pour soi et pour sa famille. Chaque article, chaque image vient rappeler les faits, raviver les remords, attiser les regrets. L'ennemi n'est pas la critique en elle-même – lorsqu'elle est fondée – mais davantage l'inexactitude, voire le mensonge, qui veut lui servir de pilier.

Comment ne pas éprouver un sentiment d'injustice devant les erreurs, les approximations sans cesse rabâchées ? Rien ne sert de réagir puisque vous êtes dans le camp des fautifs, étiqueté « coupable », donc suspecté de partialité. L'opinion publique, prise à témoin par ceux-là mêmes qui la font, verra dans la résistance du policier une manière, forcément maladroite car impulsive, de se justifier. Dans ce pays, les journalistes reconnaissent rarement leurs erreurs, le bulldozer médiatique n'est pas équipé de la marche arrière.

Avec l'âge, le policier visé apprend à se taire, à encaisser. Il se barricade derrière le fragile rempart du «devoir de réserve» imposé aux fonctionnaires. Il s'efforce au moins d'expliquer à ses proches, à sa femme, à ses enfants, que tout n'est pas noir ou blanc, avec des flics flingueurs et des bandits sans défense, comme on le raconte. Il espère les convaincre mais ces mises au point individuelles, si elles réconfortent un moment, ne cicatrisent pas les plaies de la diffamation. Le mal est fait.

Je ne nie pas à la presse le droit de dénoncer, de s'indigner, c'est là son rôle de vigie de la démocratie. La police doit le comprendre, l'accepter. Un pays de liberté est un pays où l'on parle de la police, où l'on juge ses erreurs, où l'on sanctionne ses fautes. Le rôle d'une hiérarchie policière n'est pas d'étouffer les affaires mais, au contraire, d'assumer ses responsabilités.

Je ne prétends pas que la BRI était exempte de reproches dans l'affaire du *Figaro*. Il y avait des victimes, nous avions des comptes à rendre, et moi le premier en tant que patron. Mais il était profondément injuste d'utiliser un événement mal relaté pour nous accabler de tous les maux de la terre. *Libération* s'insurgea contre «les ratés de la répression». *L'Humanité* titra sur «les policiers à la gâchette facile». *Le Nouvel Observateur* stigmatisa les «bavures du 28 décembre». Bref, la BRI fut accusée de tout, même des fautes qu'elle n'avait pas commises.

Certains journalistes, qui nous reprochaient pourtant un manque de discernement, écrivirent n'importe quoi. On put ainsi lire et entendre que les antigangs étaient impliqués dans les deux drames de la journée, sur les Champs et à Sarcelles. Que je sache, nous n'étions pas à Sarcelles avec la 3e BT ! Cette fausse information, à force d'être répétée, finit par devenir une «vérité».

La polémique fit donc rage. Et chacun d'y aller de ses conseils. Fidèle à sa réputation d'ex-flic reconverti dans la littérature, Roger Borniche mena le bal des donneurs de leçon : «Avoir une arme, c'est tenter le diable, j'ai rarement entendu dire qu'un truand ait tiré sur les policiers qui se présentaient à lui les mains vides.» Ainsi donc M. Borniche, qui ne s'était jamais appesanti sur les motifs de son départ de la police après seulement une dizaine d'années de présence, connaissait, en ces années 1973-1974, des truands au cœur d'ange, des gentlemen du braquage qui acceptaient d'être arrêtés en gants blancs, sourire aux lèvres. Semblable ineptie était une insulte à la mémoire des policiers, des gendarmes et des convoyeurs de fonds tués en service, sans avoir eu le temps de se défendre. Rappelons qu'en quittant les locaux du *Figaro* le Marin avait tiré à deux reprises. Questions à Borniche : les personnes présentes étaient-elles armées? Tentaient-elles le diable? Avaient-elles les mains vides? La réalité du grand banditisme n'est pas celle des romans.

L'avocat René Floriot, l'un des plus célèbres pénalistes de l'histoire de la justice française, s'indigna des attaques dont nous faisions l'objet : «Il faut savoir si l'on demande aux policiers d'empêcher de temps à autre quelques bandits de faire un mauvais coup ou si leur devoir est de donner aux magistrats des éléments de preuve qui permettront de mettre hors d'état de nuire et pour longtemps ces mêmes bandits. Pour moi, il n'y a pas de doute, c'est la deuxième solution qui est la bonne.» Me Floriot déclara également : «Même si un de leurs indicateurs les avaient informés du forfait que projetait la bande en leur donnant tous les détails, il n'eût pas été possible de les intercepter immédiatement et de les déférer devant le juge. Alors, que faire? Chercher le flagrant délit, bien sûr, avec tous les risques que cela comporte.»

Lors du procès, Lulu et son défenseur nous accusèrent d'avoir déclenché la fusillade. Defauverge et Berton vinrent à la barre pour le nier. Appelé à témoigner, je déclarai pour ma part : «Le drame, dans cette affaire, est que les policiers ont peut-être mal dissimulé leur surprise et manqué un peu de sang-froid.» Pouvait-on le leur reprocher? Après la panne radio, tout avait basculé en un dixième de seconde, le temps de buter sur le scooter. Ils avaient dû faire un choix : riposter ou se sacrifier? Répondre à un tel dilemme en un délai si bref est à la limite de la capacité humaine. L'instinct commande, le corps agit, ce n'est pas autre chose que de la légitime défense.

Lulu, présenté comme un gentil garçon, malchanceux dans la vie, un type loyal « qui ne tirait pas sans raison » (!), s'employa à disculper ses amis. Selon lui, ils ne méritaient pas d'être dans le box. On apprit même que la détention d'un pistolet-mitrailleur était une précaution « psychologique ». L'avocat général mit en cause la BRI : « Il y a incontestablement un problème de méthodes d'intervention. » À propos de la fusillade, il évoqua une « scène de légitime défense des deux côtés (!), horrible, affreuse »... tout en reconnaissant, du bout des lèvres, que le truand avait tiré le premier. La tentative d'homicide volontaire contre les policiers ne fut pourtant pas retenue par les jurés qui condamnèrent Lulu à vingt ans de réclusion, le Marin à quinze. Pour avoir renseigné les braqueurs, un employé du *Figaro* fut condamné à cinq ans d'emprisonnement dont trois avec sursis. Le motard fut relaxé et son jeune frère s'en tira assez bien (cinq ans avec sursis).

Principale cible des critiques, j'éprouvais le sentiment d'être responsable, indirectement, du destin du vieil homme tué sur les Champs-Élysées et de l'état de mon collaborateur. L'arrestation d'une équipe de braqueurs ne saurait justifier le décès d'un homme ni les souffrances d'un autre. Ce métier, si merveilleux soit-il, réserve aussi des moments de doute, d'accablement, de remords. Un ami l'avait compris mieux que quiconque : Jean Sautereau.

Depuis son lit d'hôpital, il nous avait adressé une poignante lettre de soutien. C'était son rôle, me direz-vous. Je répondrai qu'il avait d'autres priorités et que des lignes si chaleureuses, rédigées par une figure du 36, étaient réconfortantes pour des policiers moins expérimentés. Jean Sautereau savait, lui, que nos missions relevaient souvent de la gageure.

Les remarques de l'avocat général sur nos méthodes, ajoutées à celles de la presse, soulevaient en fait un problème de fond, celui de l'intervention. Pourquoi n'étions-nous pas intervenus plus tôt, tandis que les truands s'apprêtaient à commettre une agression ? Pour une raison fort simple : le crime d'intention n'existe pas dans le droit français. Laisser à chacun la possibilité de revenir jusqu'au dernier moment sur sa décision est prévu par la loi, et c'est très bien ainsi. Autrement dit, pour que la tentative soit punissable, il faut qu'il y ait au moins commencement d'exécution. Et pour obtenir des condamnations dignes de ce nom – des peines qui mettent durablement les braqueurs hors d'état de nuire –, il faut des preuves, ce qui est difficile, les enquêteurs se heurtant vite aux dénégations, aux alibis ficelés par avance. Soutenus par leurs avocats, certains malfaiteurs n'hésiteront pas à invoquer, une « machination policière ».

Bien sûr, la BRI intervenait parfois « avant ». Il fallait pour cela que certaines conditions, tant légales que techniques, soient remplies, ce qui n'était pas souvent le cas. C'est pourquoi je restais intimement persuadé que le moment le plus propice à l'interception des voyous était la période de décompression qui suit le hold-up. Cette stratégie n'était pas une trouvaille personnelle, c'était la ligne défendue par l'antigang depuis sa création.

Je sais que le rôle de la police n'est pas d'attendre des preuves ni d'espérer des condamnations exemplaires, mais d'agir dès que la loi a été enfreinte. Je n'ignore pas non plus que des truands ont été condamnés à des peines de prison ferme pour « commencement d'exécution » (sept hommes arrêtés par l'antigang, lors de l'affaire de la place du Palais-Royal, le 27 décembre 1967). D'expérience, je pense malgré tout qu'il vaut mieux avoir du « solide » si l'on veut expédier les braqueurs en prison et se montrer dissuasif.

Il convient aussi de se replacer dans le contexte du début des années 1970 et de considérer le nombre effarant d'attaques à main armée (cinq cent dix à Paris et sa proche banlieue en 1973). Comme mes collègues, j'avais le sentiment que certains tribunaux et cours d'assises ne condamnaient pas assez sévèrement (on ne leur demandait rien de plus que d'appliquer les peines prévues par le législateur) des truands que nous étions amenés à interpeller puis à retrouver devant une banque, à la suite d'un bref séjour à l'ombre.

Rappelons une évidence : les agressions à main armée se produisent rarement en rase campagne, au milieu de la nuit, mais en ville, à des heures et dans des quartiers où les passants sont nombreux. Dès lors qu'il ne peut exister des zones de non-droit, où tout serait permis sans encourir le risque d'être arrêté, le choix du moment et du lieu de l'intervention est laissé à l'appréciation du chef de service. Quoi qu'il fasse, il ne trouve pas de solution idéale, elle n'existe pas. Il choisit la « moins mauvaise », celle qui semble présenter des risques limités. À partir de là, il n'a plus la maîtrise de la situation, il est à la merci de son instinct, d'une erreur d'appréciation, de la fébrilité des truands et surtout du hasard.

À ce propos, je me souviens d'une affaire de braquage, à La Varenne (Val-de-Marne), qui illustre bien ce qui vient d'être dit...

Tout commence par une longue surveillance. Pendant plusieurs semaines, nos équipes s'intéressent à cinq malfaiteurs soupçonnés de commettre des braquages. Un matin, ils se regroupent. À l'évidence, ils partent en expédition, à bord d'une BMW et d'une 504. Trois de nos voitures les suivent sur l'autoroute du Nord. Comprenant qu'ils se rendent en fait en Belgique, nous décidons d'alerter nos collègues belges et le procureur du roi. Le lendemain matin, à Anvers, les policiers locaux interceptent les truands alors qu'ils s'apprêtent à agresser un important diamantaire. Ils sont déférés au parquet mais les preuves manquent, sauf contre celui qui portait le sac contenant notamment des armes et des perruques. Les autres, tout heureux de s'en tirer à si bon compte, peuvent reprendre la route de Paris. Pour l'antigang, la filature reprend.

Une fois parvenus à La Varenne, leur fief, les braqueurs attaquent une agence bancaire située à trois cents mètres du domicile de l'un d'eux ! Planqués dans les environs, prêts à les cueillir, nous voyons alors un cadre de la banque se lancer à leur poursuite avec sa voiture. Il fonce, grille tous les feux. Un peu plus tôt, il a pris soin de communiquer au commissariat du coin les numéros de véhicules « suspects »... Les nôtres ! Résultat : nous avons vu rappliquer nos collègues l'arme au poing. Cet incident n'a pas eu de graves conséquences mais que serait-il advenu si les truands s'étaient aperçus de ce remue-ménage ou si les policiers du commissariat, convaincus d'avoir affaire à des malfaiteurs armés, avaient manqué de sang-froid ?

Des dizaines de fois, nous nous sommes ainsi retrouvés dans des situations imprévues. Chaque fois, il a fallu choisir, décider, réagir en fonction des événements et des hommes, compter sur notre alliée la plus capricieuse : la chance.

VIII

La confrérie des topazes

Entre deux opérations, une forme de routine s'installait. Au sein des différents groupes de l'antigang, les inspecteurs se relayaient pour surveiller les braqueurs soupçonnés de préparer un coup. Ces périodes d'accalmie relative nous autorisaient à souffler un peu, à étudier de nouveaux objectifs, à participer aux entraînements. Elles nous permettaient aussi de retrouver nos familles. Un bonheur rare car nous menions une existence de fous. Des heures et des heures dans les voitures, parfois des nuits entières. Des moments de doute ou de joie, d'espoir ou d'inquiétude. Certes, nous n'avions pas le monopole de la lutte contre le banditisme mais, du fait de notre double compétence (BRI-BAC), nous étions comme des pompiers appelés à intervenir en extrême urgence.

Adjoint d'un patron que la maladie affaiblissait chaque jour un peu plus, je devais pouvoir être joint en permanence. Je ne sortais jamais avec ma femme et mes enfants sans être branché sur la fréquence PJ, sans écouter les flashes d'information. Toute la famille connaissait la signification du mot « topaze », le nom de code de la brigade, et redoutait son intrusion sur les ondes, en pleine promenade dominicale. Combien de soirées familiales ont été interrompues par une sonnerie de téléphone ou un « appel à tous les topazes » ? Ma femme a dû les détester, ces foutus topazes ! Elle a dû rêver de les faire taire, de tourner le bouton pour écouter enfin les bruits d'une vie normale. Il nous est même arrivé d'être dérangés à l'Olympia, lors d'un spectacle de Gilbert Bécaud. Un inspecteur vint me chercher à l'entracte parce qu'une équipe suspecte préparait un mauvais coup. Mon épouse, contrainte de me suivre, allait rester une partie de la nuit dans une voiture de la BRI, en planque dans une rue glauque de Barbès !

En état d'alerte permanente, à la merci d'un signal d'alarme intime, je n'avais pas d'horaires fixes. Je ne rentrais jamais à la même heure deux soirs de suite. Un jour à 20 heures, un autre à 23 heures, souvent plus tard, parfois aux aurores. Je vivais hors du temps, en complet décalage avec les miens. Je rentrais trop tard pour les voir, je repartais trop tôt pour les réveiller. Je ne fréquentais guère les conseils de classe, les réunions de parents d'élèves, les rayons de supermarché...

Il arrivait heureusement que nos trajectoires se croisent. L'été, quand nous descendions chez mes parents, en Charente-Maritime. L'hiver ou au printemps, à la découverte d'autres régions de France dans la 404 familiale. Le samedi, nous partions en balade en forêt de Marly-le-Roi avec nos deux fils et notre chien Lieutenant – je n'étais pour rien dans le choix de ce nom ! Le dimanche, le petit Vincent m'accompagnait pour voir son frère Philippe sur les terrains de foot – il avait préféré le foot au rugby ! – de la banlieue ouest. Ces moments de détente, s'ils m'étaient indispensables, étaient beaucoup trop rares. Par ma faute et aussi celle de ce métier. Je n'ai jamais su lui résister.

Cette vie m'apportait davantage de satisfactions que d'emmerdements et je me demandais comment j'avais bien pu, des années plus tôt, envisager une autre voie que la police.

Tous, à la BRI, étaient comme moi. L'imprévu était à la fois la cause de nos absences familiales et le piment de notre existence.

« Pour bien faire la police, il faut être sans passion », assurait Napoléon. Ce grand chef de guerre n'aurait pas fait un bon flic. Bien sûr, si l'on entend par « passion » un lien personnel – d'affection ou d'hostilité – avec les malfrats surveillés, il est clair que cela peut nuire. En revanche, si la « passion » est celle de son métier et de la vérité, alors elle me paraît indispensable.

Oui, «pour bien faire la police», il faut être passionné. Nous l'étions tous.

Je m'efforçais cependant de réfréner certains gars car cet allant n'est bénéfique qu'à doses limitées. L'homme qui s'implique trop, en occultant ses problèmes personnels, perd l'indispensable lucidité. Sans pour autant jouer les «papas poules», j'essayais constamment de veiller à la santé physique et morale du groupe. Il m'est par exemple arrivé, au moment d'une opération sensible, d'écarter tel ou tel inspecteur que je sentais préoccupé. Trop de fougue, pas assez de recul, un déséquilibre flagrant entre vie familiale et vie professionnelle. Cette tâche de commandement était délicate, il convenait d'agir avec tact, sans froisser les susceptibilités. Je n'avais pas le choix. Il en allait de la sécurité de tous.

En dehors des sorties avec la BAC, nous n'étions jamais aussi heureux que lorsque les filatures nous entraînaient loin de nos bases, en province. Il y avait toujours un lot de surprises à la clé! Par exemple ce vendredi après-midi où nous avions prévu de suivre un jeune truand banlieusard qui, selon nos renseignements, s'apprêtait à effectuer un important transport de drogue...

Comme il roulait en direction du nord, accompagné d'une jeune femme, nous pensions qu'il se rendait à Amsterdam! En réalité, ils s'arrêtèrent dans la banlieue lilloise. Le lendemain trois antigangs assistèrent de loin à leur... mariage dans une mairie du coin! Peu après la cérémonie, suivie d'un lunch, les jeunes mariés partirent en voyage de noces avec des morceaux de tulle accrochés à la BMW. Alors que les inspecteurs s'attendaient à partir plus au nord, la voiture fila vers Paris, puis Perpignan où le couple passa la nuit. Le lendemain matin, le voyage se poursuivit jusqu'à Malaga, dans le sud de l'Espagne! Vingt-quatre heures plus tard, la voiture reprit la route de Paris. Entre-temps, un contact suspect à Malaga avait intrigué nos collègues. Il fallait redoubler de vigilance. Tenus informés de toutes ces péripéties, la BRI prépara un «comité d'accueil», porte d'Orléans. Le voyage de noces se termina à la prison de Fresnes : il y avait cinquante kilos de cannabis dans la voiture des jeunes mariés !

Une autre expédition en province, ponctuée elle aussi d'anecdotes multiples, eut lieu en mai 1974. Je ne vais pas jouer ici les inspecteurs Columbo et parler de ma femme comme lui de la sienne, au détour d'une enquête, mais il se trouve que, cette fois encore, elle fut victime d'un départ précipité...

À l'époque, elle était pédicure médicale à Fontenay-le-Fleury. Comme son cabinet fonctionnait fort bien, ses visites à Paris étaient exceptionnelles. Ce jour-là, nous fêtions notre douzième anniversaire de mariage au Vert galant, une bonne table proche du 36, lorsque André Bizeul, un commissaire de la Crim, déboula dans le restaurant :

– Viens vite, ça chauffe en bas ! Otta veut que l'on parte tout de suite... Les gars t'attendent...

Dédé Bizeul, d'ordinaire si décontracté, n'avait pas besoin d'en dire davantage : le déjeuner était terminé avant même le plat de résistance et ma femme allait devoir rentrer seule à Fontenay !

Pierre Ottavioli, le patron de la Criminelle, voulait en fait que l'antigang lui prête main-forte dans l'affaire Suarez, le directeur de la banque de Bilbao à Paris, enlevé une dizaine de jours plus tôt. Le rapt avait été revendiqué par les Groupes d'action révolutionnaires internationalistes (GARI) qui exigeaient une rançon de trois millions de francs et la libération de six militants emprisonnés en Espagne.

Même si mes anciens collègues de la Crim disposaient d'informations sur les GARI, Pierre Ottavioli avait le sentiment de ne pas détenir toutes les cartes. Des tractations secrètes se menaient probablement dans son dos, à Madrid, où la famille Suarez et la banque de Bilbao négociaient avec les ravisseurs. La police espagnole s'était contentée de nous prévenir qu'un individu domicilié à Alès jouerait un rôle dans l'acheminement de la rançon. Il s'agissait, en somme, d'un relais des ravisseurs.

Selon les inspecteurs de la BRI et de la Crim présents dans le Gard depuis plusieurs jours, le complice en question commençait à s'agiter, la remise de rançon paraissait imminente. Voilà pourquoi, toutes affaires cessantes, nous devions foncer vers le sud, en renfort de nos collègues.

Devant le 36, nos six voitures étaient prêtes. Des armes, du matériel de transmission, des vêtements de rechange... En route pour Alès ! La BRI disposait de véhicules de modèles courants, ce qui était encore la meilleure manière de passer inaperçu. Nous avions aussi des motos, des Mobylettes et même un taxi bidon... L'essentiel était de s'adapter au décor. Pour planquer dans Belleville ou en banlieue, un triporteur, une estafette ou une vieille 403 bâchée suffisaient. À Neuilly, en revanche, nous ne pouvions utiliser trop longtemps notre 403 : les vieilles dames appelaient police secours pour signaler un véhicule étrange ! Nous devions évidemment tenir compte des moyens de l'adversaire et ne pas poursuivre un bolide avec une 4L ou une Mobylette! Mais les truands, eux aussi, recherchaient la discrétion et ne roulaient pas tous en Mercedes ou en BMW...

Pour descendre dans le Gard, nous avions opté pour une demi-douzaine de voitures assez puissantes et une moto, pilotée par Robert Guitard.

Gratadeix nous attendait avec impatience car le relais se déplaçait beaucoup d'Alès à Bollène, dans le Vaucluse. Nos effectifs étaient répartis en conséquence, dans les deux villes. Pour ma part, je pris mes quartiers à Bollène, avec douze inspecteurs.

Généralement, par souci de discrétion, nous ne signalions pas notre présence aux services locaux de police ou de gendarmerie. Mais comme cette mission provençale était appelée, selon toute vraisemblance, à se prolonger, j'étais bien obligé de le faire afin d'éviter toute méprise en cas d'arrestation. Un soir, je me présente donc à la gendarmerie avec Gratadeix. J'explique à l'adjudant le but de notre séjour. Il s'engage à nous aider, tout en précisant qu'il doit au moins avertir le commandant de compagnie. Sa démarche est compréhensible, mais nous savons pertinemment qu'une confidence partagée à deux ou à trois, surtout dans une bourgade de province, est promise à la fuite. « Grata » profite de notre passage chez les pandores pour changer les plaques de notre voiture, immatriculée 75. Alors que je discute encore avec l'adjudant, un gendarme fait irruption dans le bureau :

– Chef, chef... il faut que je vous parle !

– Vous voyez bien que je suis occupé !

– C'est important, chef.

– Qu'y a-t-il ?

– Un type change les plaques d'une DS dans la cour... Dans la cour de la gendarmerie, chef !

– Ah bon, vous avez vu ça... Vous en êtes sûr ?

– Affirmatif, chef. Et même que le type a une drôle de gueule, chef !

– Bon, écoutez, je suis au courant, je vous expliquerai. Surtout, n'en parlez à personne. D'accord ?

– Oui, oui... chef...

Nous qui souhaitions être discrets, c'était réussi ! Dès le lendemain matin, je décidai de prévenir tous les « képis » de Bollène, charge à eux de garder le secret. On installa ensuite notre poste de commandement dans une pièce attenante au local des motards. Peut-être aurions-nous dû commencer par là, avec des gendarmes qui se montrèrent extrêmement coopératifs...

Une bande de costauds à l'accent « parigot » était d'autant plus repérable sur ces terres provençales que nous déjeunions chaque jour dans une brasserie très fréquentée. Après les gendarmes, on ne pouvait tout de même pas « affranchir » les clients ! On se fit donc passer pour une équipe de cinéma qui filmait des extérieurs dans la garrigue. À table, nos conversations portaient sur le tournage. Chacun commentait les dernières séquences, inventait des problèmes techniques. Un fou rire sans fin nous prenait dès que Dédé Bizeul ou Jean Quemener imitaient une star ou une autre ! Les clients ne se doutaient de rien et les serveuses, quoique déçues de ne pas reconnaître un seul visage célèbre, semblaient nous croire. Les dragueurs, Joseph et Bébert, ne purent s'empêcher de confier à l'une d'elles que le metteur en scène engageait de « jolies figurantes ». La nouvelle fit le tour de la ville. Mais l'heure était venue de changer de cantine...

Les filatures nous menèrent en effet à Bagnols-sur-Cèze. Et là, nouvelle péripétie : le patron de notre hôtel alerta le commissariat pour signaler la présence de « Parisiens un peu louches ». Les élections présidentielles approchant, nous étions selon lui des colleurs d'affiches ou des gros bras au service d'un candidat ! J'appelai aussitôt le chef de circonscription, un inspecteur divisionnaire, afin d'étouffer la rumeur. Il était temps de conclure cette histoire Balthazar Suarez !

Heureusement, tout allait s'accélérer à compter du 20 mai, le troisième dimanche du mois...

Il fait une chaleur torride dans la vallée du Rhône. Nous planquons aux abords de la gare de Valence. Sur le parking, à l'arrêt des bus, à la terrasse des bistrots... Selon des renseignements en provenance de Paris, c'est là, dans cette gare, que le porteur de la rançon devrait être contacté par les ravisseurs. Nous ignorons tout de cet émissaire de la banque de Bilbao. Est-il jeune, vieux, grand, maigre, français, espagnol ?

Plusieurs personnes boivent un verre au buffet de la gare. Bébert Objois remarque un type d'une quarantaine d'années, si anxieux qu'il avale cul sec deux digestifs. L'infaillible flair du vétéran : c'est notre homme ! Après avoir reçu un appel téléphonique, il sort et prend le volant d'une DS. Commence alors le jeu de piste habituel. Il roule, on le suit. Il s'arrête, on attend.

Dans une cabine téléphonique, il trouve un message, puis nous conduit jusqu'à une église, à l'entrée de Bollène. Tandis qu'il s'éloigne un instant de sa voiture, un inconnu s'approche, ouvre le coffre, récupère trois sacs en plastique, contenant probablement la rançon. Postés dans les parages, des inspecteurs commentent tout cela par radio. Pour nous, le plus difficile est à venir. Il va falloir suivre la rançon afin de remonter aux ravisseurs.

Le soir même, l'un des responsables des GARI, caché dans une autre église de Bollène, récupère l'argent désormais réparti dans deux sacs de jute. Il passera la nuit dans le clocher en compagnie, semble-t-il, d'une jeune femme et, peut-être, d'une troisième personne.

La journée du lendemain sera plus éprouvante encore. La filature des suspects nous conduit, en fin d'après-midi, près d'un pont d'Avignon. On n'y a jamais autant dansé ! Des voitures et une moto vont et viennent, ralentissent, repartent, des coffres s'ouvrent, se ferment, des sacs changent de mains. Prudents, les ravisseurs brouillent les pistes. Le type des GARI file en voiture, aussitôt suivi par des inspecteurs. Un autre suspect enfourche une 1000 Kawazaki, une jeune femme blottie derrière lui, assise sur un sac de billets.

Le couple fonce plein sud. 120, 150, 180 kilomètres/heure... Nous nous relayons à trois pour ne pas attirer l'attention : la moto de Guitard et deux voitures, dont la mienne, une DS 23. Je suis au volant. Jean Quemener, le Breton à l'accent de Paname, se cramponne à ma droite. Nous avons peut-être suivi des cours de conduite rapide, à Montlhéry et au Mans, mais j'ai rarement roulé aussi vite ! Ce motard est un as, un champion de la « bécane ». Couché sur son engin, il zigzague entre les voitures.

Quarante kilomètres plus loin, il ralentit, quitte la nationale, s'engage sur une voie secondaire puis dévale un chemin de terre. Seul « Targui », sur sa moto, s'avance un peu, au ralenti. Dans la DS, nous patientons.

La nuit va tomber. Cinq, dix, vingt minutes... Le couple revient ; l'homme à l'avant, la femme à l'arrière. Selon Guitard, qui peut enfin rompre le silence radio, ils se sont juste arrêtés pour se donner du bon temps sur un matelas de billets de banque !

La filature recommence. Robert Guitard a pris du retard après l'épisode des galipettes. Il est hors course, de même que la deuxième voiture. Nous sommes désormais seuls, Quemener et moi, dans la DS. Filer un tel bolide est un exercice redoutable. Le motard, rusé au possible, accélère sur plusieurs kilomètres, ralentit brutalement, s'arrête ailleurs pour surprendre d'éventuels poursuivants. De temps à autre, je suis contraint d'éteindre mes lumières pour éviter qu'il ne voie toujours les mêmes phares dans son rétroviseur. À plus de 160 kilomètres/heure, je me fie uniquement à ses feux arrière.

Minuit. Nous entrons dans Béziers. Le couple s'assied à la terrasse d'une brasserie, sur les allées Paul-Riquet. Nous sommes garés à cinquante mètres, dans une zone mal éclairée. L'angle de vision n'est pas idéal; nous apercevons seulement la moto.

Quelques instants plus tard, je distingue dans mon rétroviseur un type athlétique, vêtu d'un blouson de cuir noir. D'un pas furtif, il longe les véhicules en stationnement. Je crois reconnaître le motard. Nous a-t-il repérés? Ce n'est pas le moment de confirmer ses doutes. Il ne faut pas qu'il nous voie, du moins pas de face. Une seule solution me vient à l'esprit : basculer le siège de «Quem» et lui demander de retrousser ses jambières de pantalon. Mon collègue me regarde, interloqué. Je me penche brusquement sur lui, comme le plus empressé des amants. Quem est plutôt grand, mince, regard vif et cheveux courts. Je tiens toutefois à préciser que nous nous contentons de simuler! L'homme au blouson se tient près de la portière. Quem, qui fait le pitre en toute circonstance, me trifouille les cheveux.

«Je n'ai jamais connu un commissaire qui embrassait comme vous!» Nous éclatons de rire. Je le tiens dans mes bras, il me dit des mots doux. On rigole à en pleurer. Ces «embrassades» durent une éternité. L'homme est toujours là, dans la pénombre; il ne s'est rendu compte de rien. Nous non plus, d'ailleurs, car ce n'est pas le motard mais un voyeur venu se donner des sensations autour des voitures d'amoureux!

Jean Quemener était l'amuseur en chef de la BRI, le clown breton de nos nuits de planque. Il aurait pu faire du music-hall. Il ne pouvait aligner trois phrases sans emprunter un timbre de voix quelconque. Un surdoué de l'imitation! Il fallait aussi l'entendre sur les ondes intervoitures, quand il brisait d'une blague bien venue la monotonie des heures d'attente. Ce policier de qualité savait également être sérieux et courageux.

Constatant que le couple se dirige vers la moto, je m'écarte de Quem et démarre en trombe. Le voyeur se retrouve sur le trottoir, tout penaud, la main à la braguette grande ouverte. Rideau! Le spectacle est terminé!

La filature reprend. Elle s'achèvera en fin de nuit, non loin de Toulouse, à Villefranche-de-Lauragais, où nous cesserons de suivre le couple en apprenant que nos collègues de la Criminelle connaissent déjà son point de chute dans la région.

Au SRPJ de Toulouse, on nous annonce la libération de Balthazar Suarez en Région parisienne. La banquier a été relâché dans des conditions assez rocambolesques. Les ravisseurs ont pris contact avec un journaliste, Claude-Marie Vadrot, pour l'informer que l'otage l'attendait près du Chalet du lac, dans le bois de Vincennes. À l'aube, accompagné d'un confrère photographe, Vadrot a découvert Balthazar Suarez assis sur un banc, les yeux bandés, exténué par dix-neuf jours de détention. Au 36, Pierre Ottavioli a aussitôt lancé son chalut : neuf personnes ont été arrêtées à travers le pays, dont le motard et sa compagne. Une partie de la rançon a été récupérée.

Lors du procès, les inculpés nièrent toute implication dans le rapt. Le responsable des GARI, qui avait joué, selon nous, un rôle déterminant, se posa en victime d'une machination de la police espagnole. Il affirma ignorer que l'argent provenait du rapt. D'après lui, il s'agissait seulement de fonds destinés à la lutte contre le régime franquiste. Il accusa l'homme d'Alès d'avoir tout manigancé avec Madrid. Celui-ci ne put répondre puisqu'il s'était volatilisé après la libération du banquier. La défense nous reprocha de l'avoir laissé déguerpir, ce qui était faux. Après l'épisode du pont d'Avignon, nous avions décidé de suivre ceux qui s'étaient partagé la rançon et de relâcher notre surveillance sur le relais que nous pensions retrouver chez lui, à Alès. Nous avions peut-être eu tort mais on ne pouvait pas être partout et il avait fallu faire des choix.

Tous les inculpés furent acquittés. Selon la cour d'assises, rien ne prouvait qu'ils étaient coupables. Dans cette affaire, je dois l'admettre, des tractations parallèles avaient échappé au contrôle de la police française. Peut-être, aussi, des manipulations orchestrées par nos collègues espagnols, désireux de piéger une poignée d'opposants à la dictature de Franco.

De ce dossier complexe, où se mêlaient la politique et les bricolages des services de renseignements, le droit commun et les magouilles en tout genre, je ne retiendrai que l'expédition d'une dizaine de jours, riche en souvenirs inoubliables. C'était l'un des bons côtés de notre vie : prendre du plaisir, apprécier les péripéties du quotidien, la complicité des copains, la gouaille d'un Frédo, l'humour d'un Quem ou de son équipier Jacques Marheunda, alias « la Voix d'or ».

Les planques, les filatures, les interventions, les coups durs forgent l'amitié. Dans les voitures, la nuit, les hommes discutent, s'écoutent, rigolent, s'engueulent, s'ignorent puis rigolent de nouveau. Aussi, quand nous nous réunissons, des années après, les premières histoires qui reviennent en mémoire ne concernent pas les affaires en elles-mêmes, du moins sous leur aspect « tableau de chasse ». Non, il est d'abord question des petits riens qui nous ont marqués. On se souvient ainsi des découvertes surprenantes : celle d'un braqueur en fuite intercepté sur un chantier par des ouvriers portugais qui l'avaient attaché avec des cordes ; ou encore ces bijoux volés qui mijotaient dans la bassine à couscous d'un restaurant arabe tandis que les flingues étant enfouis dans un sac de semoule ! Toujours chez des Maghrébins, il y eut ces armes, ces perruques et ce magot que l'on chercha un moment avant de les dénicher sous les cuisses de l'énorme grand-mère qui écossait des petits pois assise sur un lit !

Une chose me frappait chez ces hommes de tempérament : leur relative timidité. La remarque peut étonner au regard des souvenirs évoqués ici, mais ils me surprenaient toujours par leur sensibilité, leur humilité. Au sein de l'antigang, ils étaient décontractés, expansifs, volubiles ; beaucoup moins à l'extérieur. Ils ne jouaient ni les fiers-à-bras ni les « grandes gueules ».

Je crois que les hommes d'action, quels qu'ils soient, partagent des instants d'une telle intensité, vivent des moments si forts qu'ils s'épanouissent en vase clos, dans leur monde, en marge. Une fois sortis de ce contexte, ils semblent déstabilisés, voire détachés des autres réalités de la vie. Témoins quotidiens de la violence et des entourloupes en tout genre, ils ont tendance à prendre leurs distances, à se méfier de tout, comme pour se protéger. Attention, ce n'est pas une critique, seulement un constat. D'ailleurs, j'étais comme eux : sitôt éloigné du 36, je n'aimais guère revenir sur mes activités d'antigang. Ma famille, mes amis me posaient des questions, brûlaient de connaître les coulisses de l'événement. Je comprenais leur curiosité : ils ignoraient tout du monde de la pègre et du véritable travail de la police ; ils s'inquiétaient pour moi à l'écoute des médias. Je leur devais bien des détails inconnus, des explications inédites. Pourtant, au risque de les décevoir, je rechignais souvent à raconter les affaires, hormis, parfois, quelques anecdotes. J'étais sur la défensive, en retrait, réticent à toute confidence. La BRI était pour ainsi dire mon jardin secret, comme une vie dans la vie. Je redoutais d'être en deçà de la réalité, de ne pas trouver les mots pour traduire ce que j'avais ressenti avec mes inspecteurs, au cœur du danger, au plus fort de l'amitié.

Je ne parlais vraiment qu'à ma femme. Au soir d'une intervention, quand je rentrais à la maison tard dans la nuit, je racontais parfois ma journée. J'éprouvais le besoin d'évacuer un trop-plein de pression tout en veillant à ne pas importer au sein du foyer mon propre stress alimenté de peur, d'indignation ou de frustration. Alors elle m'écoutait, des heures et des heures, souvent en somnolant. C'était devenu un rituel, à mi-chemin entre le professionnel et le privé, une sorte de rapport de fin d'affaire.

En dehors des périodes d'agitation, la brigade vivait au rythme des planques. Le midi, nous déjeunions à La Cochonaille, un petit restaurant de Saint-Michel ou encore au Trumilou, sur les quais. Mais nous allions, le plus souvent, au mess, à côté de Notre-Dame. Si Yep avait surnommé l'endroit « le rat mort » pour des raisons que l'on imagine aisément, ce surnom était injustifié. Il était pire cantine que celle-là et nos salaires de fonctionnaire ne nous autorisaient pas des repas de gastronome.

En vérité, tout était fonction du travail. Dans la mesure où une affaire en phase de repérage nécessite une présence continue sur le terrain, nous pratiquions une sorte de « 3 × 8 ». Les inspecteurs d'un même groupe se relayaient dans le sillage des voyous : vers 13 heures, l'équipe du matin cédait la place à celle de l'après-midi ; l'équipe de l'après-midi restait jusqu'au soir ; l'équipe de nuit lui succédait dans l'attente du « coucher » des truands. Et ainsi de suite.

Ce mode de fonctionnement variait au moindre imprévu. Tout dépendait bien sûr des malfrats. Dès que leurs projets se précisaient, quand l'affaire semblait sur le point d'éclore, un ou plusieurs groupes venaient en renfort. Nous nous contentions de sandwiches dans les voitures ou de casse-croûtes plus copieux, mangés à l'écart, dans un coin tranquille. Un volontaire se chargeait du ravitaillement. Jambon, fromage, tablettes de chocolat... Et nous «saucissonnions» à tour de rôle, par groupes de trois ou quatre. Il y avait aussi, parmi nous, quelques cas originaux : le Petit Roger et ses châtaignes; Jacques Chaix, l'élégant Cinq-cinq, qui grignotait des raisins et des fruits secs... L'été, nous avions des réserves d'eau minérale et beaucoup de fruits. Ces détails culinaires pourraient paraître dérisoires mais ils avaient leur importance, tant sur le plan physique que pour le moral.

Ces pique-niques improvisés, ces moments priviligiés où l'on partageait le camembert et les rillettes renforçaient les liens qui pouvaient nous unir. Ils nous valaient aussi, auprès de nos collègues du 36, une réputation de gros mangeurs, prêts à planquer n'importe quand et à filer n'importe qui, du moment que nous avions de quoi «survivre».

Au terme d'une opération importante, il arrivait que l'on fête notre réussite dans un restaurant repéré lors des planques. Ces repas contribuaient à maintenir une ambiance particulière. Ils n'étaient pas sans rappeler les «troisièmes mi-temps» de rugby, quand la tension retombe pour faire place aux rires et aux chansons. Le rire était l'affaire des pitres du service : Jean Quemener, bien sûr; Georges Héritier, le spécialiste des histoires de chasse à la Tartarin; Raymond d'Authier, dit le «Comte» (l'était-il vraiment? On ne l'a jamais su!), le roi des galéjades... La chanson, c'était le domaine réservé de Frédo et de son *Duc de Bordeaux*, mais il y avait aussi Jean-Pierre Moreau et son rituel «boudin» des légionnaires. Ces festivités nous emmenaient jusqu'au petit matin, creusant encore davantage notre déficit de sommeil.

Une fois l'an, nous organisions le banquet de la brigade. Une occasion de réunir anciens et nouveaux. Apéro, grillades, souvenirs, tournoi de pétanque, petits excès... Le clou de la journée était l'intervention du Petit Roger, l'athlète de poche, râblé et robuste, aux yeux aussi bleus que le ciel de son île. Le genre d'homme qu'une seule poignée de main, un simple regard suffisent à cerner tant il salue franchement, regarde sans détour. En fin de repas, il montait sur une chaise pour nous parler de *grossu minutu* (prononcer « minoute »), un personnage qui a réponse à tout, autrement dit, une histoire qui ne se termine jamais... Comme tout le monde voulait l'empêcher de continuer, il parlait fort, toujours plus fort, de plus en plus fort. Le récit durait un bon moment et s'achevait dans les cris, les rires et les applaudissements. Pas un seul d'entre nous, même parmi ceux qui n'ont pas manqué un banquet depuis plus de trente ans (la tradition est encore respectée), serait aujourd'hui capable d'expliquer ce qu'a bien pu faire cette fameuse *grossu minutu* dont le Petit Roger, désormais à la retraite dans son Cap, a voulu nous parler pendant tant d'années...

De même, la sortie annuelle cycliste (cent cinquante à deux cents kilomètres !) était l'occasion de vivre des moments mémorables, les « commissaires de course » – en l'occurrence des inspecteurs – se montrant impitoyables à l'égard de la hiérarchie !

Ces périodes de décompression étaient indispensables. La réussite de cette brigade passait par une cohésion sans faille. C'était, en tout cas, ma conception. Peut-être étais-je trop influencé par mon passé de rugbyman ? Quelques journalistes raillaient notre côté « bande de mecs », ils me présentaient comme un baroudeur machiste, enclin à célébrer le culte de l'amitié virile. Ces clichés relevaient de la caricature facile mais je les percevais comme des compliments. Si nous n'étions pas des « baroudeurs » au sens militaire du terme, nous entretenions, c'est vrai, des relations privilégiées. Était-ce critiquable ? Avais-je tendance à les diriger à la manière d'un pilier commandant un pack d'avants ? Quelques-uns me l'ont reproché. Faute de pouvoir s'intégrer, ils n'ont fait que transiter par l'antigang. Tous les autres sont restés des amis.

IX

L'Armée rouge en bout de piste

Un commando, des négociations, des heures d'attente... Le scénario classique de la prise d'otages politique, auquel j'avais été initié à l'ambassade d'Arabie saoudite, se répéta souvent au cours des années 1970. Cette décennie du terrorisme paraît, aujourd'hui, fort lointaine. C'était le temps de l'URSS toute-puissante, des Palestiniens en lutte contre Israël, des extrémistes allemands, italiens, japonais, français...

Plongé dans ces réalités qui n'étaient pas celles de notre quotidien d'antigang, nous pouvions mesurer la complexité de la « raison d'État ». Sournoise, elle se cache toujours entre ombre et lumière, dans les coulisses des ministères et des services diplomatiques, contraignant le policier à naviguer au plus juste, sans connaître toutes les données du problème qui lui est posé. Les intérêts et les enjeux sont tels qu'il éprouve un sentiment d'impuissance, l'impression d'être propulsé sur un échiquier dont les pièces sont manipulées par des mains invisibles. C'est cela et rien d'autre, la « raison d'État », de l'impalpable, du fuyant, de l'éphémère qui va, qui vient au gré des brouilles, des alliances et des rabibochages diplomatiques.

Ce drôle de jeu n'était pas vraiment le mien ni celui des autres membres de la Brigade anticommando. Nous lui préférions la lutte contre le banditisme, plus claire, plus franche à notre goût. Mais la violence politique était d'actualité et nous devions composer avec ces nouveaux paramètres. Il fallait s'adapter, trouver des repères, cela en dépit de l'attitude parfois déroutante de certains gouvernements, comme celui des Pays-Bas lors d'une affaire à La Haye, en 1974.

Le vendredi 13 septembre, à 16 h 45, trois terroristes de l'Armée rouge japonaise, équipés de mitraillettes et de grenades, font irruption à l'ambassade de France. Ils menacent les onze personnes – dont l'ambassadeur, Jacques Senard – qui se trouvent alors dans le bâtiment. Barricadés dans le bureau du diplomate, ils exigent la libération de l'un des leurs, emprisonné à Paris, un certain Yutaka Furuya, trente-cinq ans, arrêté le 26 juillet à Orly en provenance du Liban.

Personne ne doute de la détermination de ces kamikazes d'extrême gauche. En arrivant sur place, ils n'ont pas hésité à ouvrir le feu, blessant grièvement deux policiers. L'organisation entretient de si bonnes relations avec l'OLP que ses militants les plus actifs suivent des entraînements intensifs dans les camps palestiniens. Le 30 mai 1972, ce sont d'ailleurs trois jeunes Japonais qui ont tiré dans la foule à l'aéroport de Tel-Aviv (vingt-huit morts et soixante-seize blessés).

Bien que nos collègues de la Direction de la surveillance du territoire (DST) présentent Furuya comme un terroriste de premier plan, les autorités françaises sont surprises par l'opération de La Haye. Pourquoi prendre de tels risques alors que Furuya doit sortir de prison dans deux ou trois mois ? Aucune charge n'a été retenue contre lui pour son appartenance présumée à une organisation terroriste. Il a juste été « accroché » pour recel de faux documents administratifs (trois passeports) et introduction dans notre pays de fausse monnaie étrangère (dix mille dollars). Rien de bien méchant. Ses camarades craignent-ils qu'il ne se montre bavard ? Le considèrent-ils comme un traître ? L'Armée rouge veut-elle connaître l'étendue des dégâts dans ses réseaux parisiens ?

Paris hésite un moment sur la conduite à tenir. La DST souhaiterait que Furuya prolonge son séjour dans nos prisons mais elle n'obtiendra pas satisfaction. En fin d'après-midi, la décision tombe : la Brigade anticommando devra l'escorter jusqu'à La Haye en prévision d'un éventuel échange avec les otages. Le préfet de police, Jean Paolini, se rend à la maison d'arrêt de la Santé et règle les formalités administratives de sa libération. Encadré par un groupe de la BAC, le Japonais nous rejoint à l'aéroport de Villacoublay, dans la banlieue ouest de Paris. C'est un homme de taille moyenne, aux allures de gymnaste, bien charpenté, au visage carré, aux cheveux courts, vêtu d'un costume sombre et d'une chemise rose.

Yutaka Furuya n'est probablement pas son vrai nom. Sa véritable identité serait Yamada Yoshiaki, né en 1949 à Kyoto. Il est suspecté d'avoir participé à un attentat contre une raffinerie Shell, à Singapour, le 31 janvier 1974. À nos collègues d'Orly qui l'ont interpellé, il a confié : «Je suis marxiste-léniniste. J'agis par idéologie, pour le compte des Palestiniens de l'OLP, en tant que sympathisant, de même que pour l'Armée rouge japonaise. Je suis sans emploi. L'OLP subvient à mes besoins. J'ai été arrêté par la police japonaise à la suite de ma participation à des manifestations. Je crains Israël, la Jordanie, l'Arabie saoudite et les États-Unis, je crains pour ma vie.»

Paolini me donne ses instructions. Outre le transfert de Furuya, je suis mandaté pour participer aux négociations et procéder à une intervention dans l'ambassade. Le Premier ministre, Jacques Chirac, et le ministre de l'Intérieur, Michel Poniatowski, envisagent cette éventualité. En revanche, contrairement à ce qu'affirmeront par la suite quelques journalistes, je n'ai pas reçu l'ordre d'abattre Furuya si les terroristes tuent un otage! En favorisant la fuite d'une telle information, les autorités françaises souhaitaient peut-être impressionner l'adversaire...

Vers 21 heures, peu avant le décollage, Paolini reçoit un appel de Jacques Chirac. Le chef du gouvernement s'inquiète des réactions du prisonnier.

– Que dit-il? Est-il d'accord pour partir, au moins?

– Il ne dit rien, monsieur le Premier ministre, répond le préfet. Il ne parle pas, il rigole!

– Comment ça, il ne dit rien? s'étonne Jacques Chirac.

– Quand je lui annonce qu'il sera fusillé si cela tourne mal, il rigole de plus belle! Ce type m'énerve, je ne veux plus le voir. Que Broussard l'emmène!

Paolini me transmet le combiné. Chirac souhaite me parler.

– C'est incroyable, cette histoire ! Quoi qu'il en soit, restez ferme, nous ne céderons pas. Bonne chance, monsieur le commissaire, je vous dis... plein de choses, enfin vous comprenez...

– Je comprends, monsieur le Premier ministre, je comprends...

Nous sommes seize à prendre place dans les deux Mystère 20 du GLAM. Je monte dans le même avion que Furuya. Les inspecteurs le surveillent à tour de rôle. Michel Gratadeix est présent, de même que le marathonien Roland Bernard et l'élégant Freddy Breut, tireur de talent.

Je profite d'un moment de répit pour examiner la situation à tête reposée. Là-bas, à La Haye, il y a donc onze otages, deux femmes et neuf hommes. Il s'agit de diplomates, d'employés de l'ambassade et de chefs d'entreprise. Dans la mesure où le bâtiment est considéré comme un territoire français, une intervention est possible. Mais les Néerlandais seront-ils disposés à coopérer ? Rien n'est moins sûr. Quelque chose me dit qu'ils laisseront les Français se débrouiller avec leur affaire...

23 heures. Schipol, l'aéroport d'Amsterdam. Seuls le directeur général de la police nationale, Louis Verger, et le directeur de la PJ parisienne, Jean Ducret, se rendent à l'ambassade, à quarante-cinq kilomètres de là. De notre côté, nous ne quittons pas les Mystère 20 immobilisés sur les pistes désertes. La navigation aérienne a été interrompue, l'armée quadrille tout le secteur, une automitrailleuse et des soldats en armes ont été déployés autour de nos deux appareils. À bord, personne ne peut encore imaginer que nous végéterons ainsi plus de quatre jours, à un kilomètre de l'aérogare, dans des conditions dont la presse n'aura jamais connaissance.

Dans l'immédiat, il me faut à tout prix amadouer les Néerlandais. Pressés d'en finir avec cette affaire, ils ne comprennent pas pourquoi nous restons à l'aéroport avec Furuya. Je dois leur faire admettre qu'un échange ne saurait se conclure en quelques heures et que nous voulons obtenir des garanties de la part du commando avant d'aller éventuellement sur place.

Notre principal interlocuteur, du côté néerlandais, est un homme d'une cinquantaine d'années, si antipathique et autoritaire que nous le surnommons d'emblée l'« officiel ». Nos relations vont très vite se détériorer. Les Néerlandais demandent à interroger Furuya en dehors de toute présence française ? Je refuse. Ils exigent que nous laissions nos armes à bord avant de le conduire à l'ambassade ? Je m'y oppose. Vexés, ils se montrent plus avenants avec notre prisonnier qu'avec nous et lui proposent de la lecture, des boissons, de la nourriture, sous le regard envieux des anticommandos affamés. Partis de Paris en catastrophe, nous n'avons emporté aucune provision et nos hôtes ne semblent pas disposés à nous ravitailler. Cette situation amuse le Japonais qui en profite pour se plaindre auprès de l'« officiel » : « Les Français ont trop serré mes menottes » ; « Les Français m'empêchent de lire » ; « Les Français ne veulent pas me donner mes lunettes de soleil ! » ; « Les Français », « les Français », « les Français »...

Vers 1 heure du matin, une voiture radio se gare devant notre avion. En marge des pourparlers engagés à La Haye, d'autres négociations vont être menées depuis cette voiture. Je m'y installe avec Furuya. Comme il n'en finit plus de féliciter ses amis retranchés dans l'ambassade, je recentre la discussion sur les tractations. La conversation se fait tantôt en français, tantôt en anglais. J'abrège néanmoins l'entretien car les Japonais ne doivent pas avoir le temps d'échanger des renseignements en langage codé. Outre la libération de leur camarade et une rançon d'un million de dollars, ils réclament un Boeing piloté par un équipage français. Ils veulent aussi emporter leurs armes et garder l'ambassadeur. Nous les savons capables d'exécuter les otages. Leur réputation d'extrême violence n'est plus à faire. Au mois de février 1972, au Japon, alors que trente d'entre eux s'étaient réunis dans une villa afin d'établir la stratégie du mouvement, des tensions étaient apparues. À l'issue d'un « procès populaire », une moitié des combattants avaient exterminé l'autre, soit quatorze personnes, dont une femme enceinte de huit mois...

L'intransigeance du commando nous oblige à montrer à notre tour notre détermination, sous peine de perdre la partie d'entrée de jeu. Sur mon initiative, et non sur ordre de Paris, nous décidons d'intimider Furuya. Un coup de bluff, en somme.

À l'issue de l'entretien, le Japonais est reconduit sans ménagement dans l'avion. Gratadeix lui entrave le pied gauche et le poignet droit avec deux paires de menottes reliées au siège. Un autre inspecteur s'approche et braque un 357 Magnum sur sa tempe.

– Si tes copains tuent un seul otage, on t'abat. Compris?

Furuya ne réagit pas, stupéfiant de sang-froid.

Ce type d'avertissement ne saurait être efficace avec un terroriste de son rang. Il sait bien que l'exécution d'un homme ne se décide pas de la sorte. En pariant sur sa naïveté, sur sa méconnaissance de l'Occident, nous avons commis une erreur de débutant. C'est un échec. À vouloir progresser trop vite, nous avons entamé notre capital de crédibilité. Il faudra inventer autre chose.

C'est la fin de l'été, mais la nuit est froide et brumeuse, le vent souffle en rafales. Une odeur de kérozène s'infiltre dans les Mystère 20 et imprègne les vêtements. Isolés sur une langue de bitume en rase campagne, nous n'avons qu'une vague idée de la situation à La Haye, où un poste de commandement a été établi dans l'ambassade des États-Unis, voisine du bâtiment français. À Schipol, les journalistes ont investi les salles d'attente de l'aérogare, témoins lointains d'un drame qui se joue à la fois dans la capitale et dans ces avions dont les caméras devinent à peine les fuselages.

Furuya communique à nouveau avec ses amis, pour les informer de nos menaces. Son attitude est de plus en plus déroutante. Silencieux et impassible dans l'avion, il devient soudain prolixe au téléphone. À le voir se métamorphoser ainsi, on devine un homme tourmenté qui joue un rôle dès qu'il parle avec ses camarades. Est-il vraiment si impatient de les voir? Nous commençons à en douter car il prétend maintenant apprécier notre compagnie au point de qualifier la France de «grand pays démocratique»! Notre coup de bluff n'a vraiment eu aucun effet. Je m'approche. Il sourit.

– Tu te fous de ma gueule, hein! On n'est pas ici pour plaisanter! On va aller les chercher, tes copains, et j'espère pour toi que tout va bien se passer!

– Mais je n'ai rien demandé, moi! Ces types-là ne sont pas mes copains. Il n'est pas question que je parte avec eux!

– Comment ça? Tu ne veux pas partir?

– Je ne sais pas pourquoi ils ont fait ça, je ne les connais pas, je veux retourner en prison!

«Retourner en prison»! Il veut «retourner en prison»! Je file appeler Verger, le directeur général, qui est toujours à La Haye avec Jean Ducret.

– Il ne veut pas partir! Je crois qu'il a peur de se faire descendre par les autres.

– Tout s'explique! s'exclame Verger. Ils veulent l'empêcher de parler. Nous devons le convaincre ou bien notre plan sera fichu et le leur avec. Ils sont déchaînés, ils vont nous tuer un otage!

– Si je comprends bien, il faudrait qu'il ait davantage la trouille de nous que de ses copains.

– C'est tout à fait ça!

La stratégie de l'intimidation ayant montré ses limites, j'ignore cependant comment nous allons le convaincre.

De retour aux avions, une nouvelle surprise m'attend. Alain Floquet, l'un des moniteurs de sport de la BAC, s'est placé devant Furuya. Les deux hommes s'observent en silence. Le Japonais a décelé en lui un champion d'arts martiaux, l'un des meilleurs spécialistes mondiaux d'aïkido et de kendo. En apprenant son nom, Furuya se redresse tant bien que mal, gêné qu'il est par ses menottes. Il salue notre collègue à la manière d'un judoka, comme s'il avait enfin rencontré son maître!

– Il ne manquait plus que ça, une raison de plus pour ne pas nous quitter!

– Ne vous inquiétez pas, rétorque Floquet, je vais le persuader de partir, laissez-moi faire...

3 heures et demie du matin. Les hommes du commando exigent que leur compatriote soit conduit à l'ambassade :

– Amenez-le immédiatement ou on exécute un otage toutes les heures !

Notre réponse ne varie pas. Il est hors de question de le livrer avant la libération du dernier otage. Nous avons en fait adopté une position classique : faire le premier pas (venir aux Pays-Bas), de manière à instaurer un dialogue, et enclencher ensuite un processus de concessions réciproques. Autrement dit, lâcher du lest puis résister. Les trois hommes savent que si nous avons sorti leur camarade de prison, c'est pour obtenir un accord. Dans le cas contraire, nos appareils pourraient redécoller pour Paris.

Enfermés au quatrième étage de l'ambassade, ils refusent toute nourriture par crainte de somnifères et demeurent impressionnants de détermination. Convaincus de leur destin de héros, en service commandé, ils sont prêts à mourir pour leur cause. Face à un tel comportement, dicté par des convictions profondes et non par le seul instinct de survie – comme c'est le cas avec des truands –, le négociateur se sent d'abord désarmé. L'expérience aidant, il trouve ensuite des raisons d'espérer ou, tout au moins, de ne plus douter.

Samedi 14 septembre. Les Néerlandais suggèrent que les Japonais et leurs otages embarquent dans un avion à destination de la France ou d'un autre pays. En clair, « allez régler vos problèmes loin de chez nous ». Ce bel exemple de solidarité européenne nous scandalise d'autant plus que cette proposition a été formulée directement au commando sans que nous ayons été consultés auparavant. La réplique du gouvernement Chirac ne se fait pas attendre : l'échange devra avoir lieu aux Pays-Bas, nulle part ailleurs.

Il n'empêche que l'attitude mielleuse des autorités locales fait courir un danger aux otages. Rien n'est plus néfaste, en effet, que des négociations parallèles échappant au contrôle des hommes de terrain. Il est essentiel de garder constamment le contact, d'être au cœur des pourparlers, de s'exprimer d'une même voix, sous peine de perdre toute crédibilité aux yeux des terroristes.

Durant plus de vingt-quatre heures, les négociations ne progressent pas. Nous cherchons pourtant à user Furuya et ses trois complices en ne leur accordant pas le moindre instant de répit. Il faut discuter, parlementer, souffler le chaud et le froid, rassurer puis inquiéter. Notre prisonnier, plus résistant que prévu, se contente de quelques minutes de sommeil, grapillées de-ci, delà, comme si cette attente prolongée le perturbait à peine. Même gêné par ses menottes, il se livre à d'étonnants exercices d'assouplissement : il se contortionne et, du front, vient toucher ses genoux ! Maître Floquet l'imite aussitôt.

Dimanche matin. Voilà trente-six heures que nous sommes à Schipol. Le Mystère 20 n'est guère spacieux. Un passage étroit sépare les rangées de sièges. Le plafond est si bas que le grand Gérard Vervoort, moniteur de sport et deuxième ligne de rugby, doit se déplacer plié en deux. Dans la journée, les gars peuvent se dégourdir les jambes sur la piste mais la nuit, nous n'avons pas le droit de sortir et nous dormons donc à tour de rôle. À l'incertitude de l'attente s'ajoute l'inconfort. Nous n'avons aucun vêtement de rechange, aucune possibilité de prendre une douche.

Il y a au moins un point positif : nos relations avec le Japonais se sont normalisées. C'est un drôle de type, imprévisible, énigmatique. Il a beau méditer des heures durant, il ne peut dissimuler son anxiété, comme s'il préférait bel et bien rentrer en France. Le dimanche matin, il insiste toutefois auprès de ses compatriotes pour qu'ils négocient avec nous comme s'il prenait soudain conscience de notre importance. Personne, ni les trois terroristes ni les autorités néerlandaises, ne nous croit capables de rebrousser chemin. Ils se trompent. Enfin, à moitié... Nous allons en effet tenter un coup de bluff pour faire croire à un départ précipité.

Freddy Breut, de la taille et de la corpulence de Furuya, vêtu à peu près comme lui, descend de l'appareil la tête couverte d'une serviette de toilette. Encadré par deux collègues, il s'engouffre dans le second avion, distant d'une soixantaine de mètres.

Les réacteurs commencent à vrombir. Dans l'aérogare, les journalistes s'agitent : « Furuya va partir ! » Même s'ils ignorent ce qui se passe exactement, certains envoyés spéciaux français commencent à évoquer des frictions entre La Haye et Paris. Sur la piste, c'est l'affolement. Les Néerlandais, qui refusent de nous laisser décoller, placent une auto-mitrailleuse devant l'appareil, canon pointé vers le cockpit !

Bien sûr, Furuya est toujours à mes côtés, dans le premier avion. Il n'a jamais été question qu'il parte, mais il était important d'affoler ses amis et de rappeler les Néerlandais à la plus élémentaire solidarité. Objectif atteint : alors que l'« officiel » (notre interlocuteur néerlandais), furieux, me reproche cette initiative, les terroristes, à l'écoute des radios, comprennent qu'un retour sur Paris, donc un échec de leur opération, est envisageable. Ils garderont néanmoins le silence tout au long de la matinée de dimanche, signe que la partie de poker est entrée dans une nouvelle phase. Le temps de l'observation est révolu.

Ce faux départ n'a pas amélioré nos relations avec l'« officiel ». Furuya n'en a cure, lui qui obtient tout ce qu'il désire ! Comme au restaurant, il compose le menu de son choix tandis que nous devons nous contenter de plats froids, peu appétissants. Floquet lui suggère de « gonfler » un peu sa commande. Bon prince, il réclame plusieurs entrées, du rosbif, du poulet, des frites, du fromage et des fruits en quantité...

Dans l'attente du festin annoncé, une voiture me conduit à l'aérogare où, paraît-il, on me demande au téléphone. Après avoir patienté un quart d'heure, seul dans un bureau vide, je flaire le piège. Nos hôtes bataves voudraient me tenir à l'écart qu'ils n'agiraient pas autrement. Je m'éclipse en empruntant un passage souterrain non gardé par les militaires et je parviens sur la piste. C'est au volant d'un chariot électrique, utilisé pour transporter les bagages, que je regagne les Mystère 20 ! Parvenu devant l'avion, j'aperçois l'« officiel », plus excité que jamais. Avec lui, sur la passerelle, un photographe et un caméraman. Intrigués par l'appétit du Japonais, ils désiraient le filmer en train de déjeuner! Pressentant mon refus, l'« officiel » avait tablé sur l'accord de mes hommes et s'était arrangé pour que je m'absente! Une manœuvre inutile, puisque mes inspecteurs ont refusé de les laisser monter.

Nous avons toujours aussi faim. Lorsque les commandes de Furuya ne suffisent pas, deux inspecteurs parviennent, avec la complicité discrète des militaires, à rejoindre les sous-sols de l'aéroport pour aller chercher du ravitaillement! Un pilote parvient même à préparer une salade de pissenlits (ramassés sur place), dégustée avec un châteauneuf-du-pape déniché dans la réserve de l'avion ministériel!

Notre situation confine au ridicule. L'attitude d'une poignée de hauts fonctionnaires locaux prêterait à rire si, dans le même temps, onze personnes n'étaient pas retenues à La Haye. Cette succession d'incidents contribue à compliquer la situation et à attiser les tensions.

À 17 h 20, une nouvelle en provenance de Paris accentue encore la nervosité ambiante : un attentat au drugstore de Saint-Germain-des-Prés a fait deux morts et trente-quatre blessés. Existe-t-il un lien entre cette action[1] et notre affaire? Nous l'ignorons. De toute façon, le résultat est identique : de tels actes terroristes incitent l'opinion à exiger davantage de fermeté.

Sur l'ensemble du territoire national, la sécurité des lieux publics est renforcée. Les gendarmes du GIGN sont en alerte, de même que les membres de la BAC restés à Paris, soit une quarantaine d'hommes. En mon absence, ils sont sous la direction de Frédo, le grognard du 36.

Les terroristes de La Haye, s'ils ne font pas allusion au drugstore, demeurent d'une agressivité inouïe dans leurs propos. Ils réclament toujours Furuya et un avion. Mais le gouvernement français ne fléchit pas : l'échange devra avoir lieu aux Pays-Bas, avec l'aval du gouvernement néerlandais. Dans un communiqué, Matignon précise que l'équipage de l'avion exigé par le

1. Cet attentat a été revendiqué cinq ans plus tard, le 13 décembre 1979, par le terroriste vénézuélien Illich Ramirez Sanchez, alias Carlos. Il voulait, semble-t-il, aider le commando de La Haye en accentuant la pression sur les autorités françaises.

commando ne sera en aucun cas de nationalité française. Jacques Chirac refuse que de nouveaux otages (les pilotes) se substituent à ceux de l'ambassade.

Lundi matin. Une nuit de plus. Le brouillard se lève sur les pistes, dévoilant les Mystère 20, aussi immobiles que deux vieux coucous offerts aux intempéries et à l'oubli. Nous tentons encore de convaincre Furuya de partir avec ses camarades. Il hésite, tergiverse, tout en sachant qu'un refus équivaudrait, dans leur esprit, à un aveu de mauvaise conscience.

À l'ambassade, la situation a pourtant évolué. Vers 4 heures, deux jeunes femmes ont été libérées en échange de l'arrivée à Schipol, dans le milieu de la nuit, d'un Boeing 707 français en provenance de Paris. L'appareil, qui devra emmener les Japonais hors des Pays-Bas si un accord est trouvé, s'est posé ventre à terre, le train d'atterrissage ayant été endommagé. Cet incident provoque une nouvelle colère de l'« officiel », qui nous accuse d'avoir choisi volontairement un appareil défaillant.

Visiblement, les Pays-Bas sont toujours aussi pressés de se débarrasser des Japonais et... des Français. S'exprimant devant les journalistes, le Premier ministre, Joop Den Uyl, déclare : « Les terroristes sont très nerveux, nous avons en face de nous des personnes qui commencent à donner des signes d'épuisement et dont les réactions peuvent être imprévisibles. Ils veulent partir mais ils ont peur d'être abattus à leur arrivée à l'aéroport. Ils annoncent que l'ultimatum expire mardi matin à 8 h 30. Alors, ils commenceront à exécuter les neuf otages. »

La nuit de lundi à mardi est semblable aux précédentes. Froide, humide, venteuse. Si l'attente est pénible pour nous, elle l'est davantage encore pour les otages, dont on peut imaginer les conditions de vie après trois jours de séquestration. Avouons-le, le temps ne joue pas forcément en notre faveur. L'opinion publique peut, sous l'influence des médias, pousser à une issue rapide, quitte à céder au chantage. Heureusement, Paris saura rester suffisamment ferme pour contraindre La Haye à peser enfin de tout son poids. Comme quoi, avec un peu de bonne volonté...

Le brusque changement de cap des Pays-Bas, résultat direct de discussions serrées entre les deux gouvernements, débloque la situation : la rançon réclamée passe d'un million à trois cent mille dollars ; un équipage composé de volontaires – deux pilotes néerlandais et un mécanicien britannique – est constitué, moyenant une prime de deux cent mille francs chacun ; les modalités du départ, la libération des otages et celle de Furuya, le versement de la rançon, tout est préparé dans les moindres détails. Français et Néerlandais agissent enfin de concert.

Furuya, lui, ne change pas. Au téléphone avec ses amis, il a l'air ravi. Sitôt le combiné raccroché, il ne peut cacher son appréhension. Si il part, ce sera vraiment à contrecœur.

Mardi, en fin de matinée, alors que l'échange est prévu dans la soirée, l'« officiel » nous réserve une ultime surprise. Un cadeau d'adieu pour le Japonais !

– C'est un petit souvenir, prévient-il, une tasse et une soucoupe frappées de l'écusson de la gendarmerie. Je veux voir M. Furuya.

Assis en haut de la passerelle, celui-ci se dit « très honoré ». Nous sommes, pour notre part, scandalisés qu'un terroriste ait droit à tant d'égards ! Mon collègue Roland Bernard ne tient plus en place. « Je vous l'ai déjà dit, cet "officiel" est un vrai con, il m'énerve depuis le début... », répète-t-il à voix basse. Connaissant le tempérament impulsif du marathonien, je lui demande de se calmer et j'entreprends de ranger moi-même le cadeau dans la mallette de Furuya. Malheureusement, la fermeture – un peu trop brutale, j'en conviens – provoque des dégâts. Au bruit, on jurerait de la vaisselle cassée ! Comble de malchance et de maladresse, la clé a disparu ! Impossible d'ouvrir la mallette et de recoller les morceaux. Furuya hurle, trépigne, m'insulte. L'« officiel » m'accuse d'avoir « fait-exprès-faussemanœuvrc », cc quc jc nic cn sccouant la mallcttc sous l'œil goguenard des inspecteurs et des pilotes. Les militaires néerlandais présents nous feront part de leur honte devant l'initiative de leur compatriote.

Vexé, ce dernier se dirige, je ne sais trop pourquoi, vers le deuxième appareil. Mais il revient presque aussitôt, l'arcade sourcilière gonflée d'un magnifique «œuf de pigeon»! Après s'être montré, il claque des talons et fonce vers l'aérogare à bord de sa jeep. Roland, qui s'était éloigné, n'a pas résisté à l'envie de lui offrir un souvenir du Quai des Orfèvres...

Une heure plus tard, Jacques Chirac m'appelle de Matignon.

– Que se passe-t-il? Je veux connaître la vérité, vous m'entendez?

– C'est très simple, monsieur le Premier ministre. Un responsable de la police a remis un souvenir personnel à Furuya, en l'occurrence un service à thé portant l'écusson de la gendarmerie... L'un de mes hommes n'a pas apprécié et je le soupçonne de lui avoir mis un marron. J'admets que le moment est mal choisi, mais une telle démarche à l'égard d'un terroriste, en pleine prise d'otages, c'est vraiment inqualifiable!

– Qu'est-ce que c'est que cette histoire? C'est ahurissant! Vous me dites bien la vérité?

– Vous avez ma parole, monsieur le Premier ministre.

– Je ne peux pas dire qu'il ait eu vraiment raison, mais enfin, je vais voir ça...

Dans l'après-midi, une délégation de la police néerlandaise viendra nous présenter ses excuses. Et l'«officiel» disparaîtra de la circulation...

L'affaire entre maintenant dans une phase décisive.

À 21 heures, les terroristes quittent l'ambassade avec six otages, montent dans un bus mis à leur disposition. Craignant une attaque à l'aide de gaz, ils brisent partiellement deux ou trois vitres à coups de crosse. Les fenêtres étant masquées, personne ne peut savoir ce qui se passe à l'intérieur du véhicule. À l'extérieur, c'est le désert : le secteur a été évacué, la circulation est interdite sur la route de l'aéroport.

Schipol s'impatiente en silence, drapé dans le brume d'une soirée plus lugubre encore que les précédentes. Le trafic aérien a été interrompu, les lumières s'éteignent les unes après les autres. À bord des Mystère 20, nous sommes convaincus que cette affaire est trop folle pour que tout se déroule comme prévu. L'échange nous réserve effectivement des surprises dont la presse n'aura jamais connaissance dans le détail.

Vers 21 h 45, une Estafette s'approche de notre avion. Trois diplomates (un Néerlandais, un Japonais, un Égyptien) ainsi que Jean Ducret, le directeur de la PJ, viennent chercher Furuya. Celui-ci admet qu'il n'a plus le choix. Je m'assieds à ses côtés dans l'Estafette. Nous roulons tous feux éteints vers l'autre extrémité de l'aéroport. De plus en plus anxieux, il ne cesse de compter la rançon, de vérifier l'authenticité des billets, de palper les liasses.

L'Estafette s'immobilise près d'un haut grillage.

L'autobus du commando arrive alors de l'autre côté de la clôture. L'un des preneurs d'otages, la tête cagoulée, se montre par le trou d'une vitre brisée. Il fait un signe de la main, escomptant une réponse de Furuya. Ce dernier ne réagit pas. Pris de panique, il se jette au contraire sous la banquette !

– Non, non, ils vont nous tuer, cachez-vous, ils vont tirer !

Là-bas, le terroriste s'énerve, il hurle en brandissant sa mitraillette. J'agrippe notre prisonnier par les épaules pour le contraindre à répondre mais il est paralysé de terreur. Dans la pénombre, j'ai le réflexe de faire le « V » de la victoire. L'autre paraît s'en satisfaire, tout en maintenant son arme braquée sur nous.

L'autobus du commando repart au ralenti, s'arrête de nouveau cinquante mètres plus loin. Cinq otages sont libérés. Il reste encore cinq personnes à bord : les trois Japonais, le chauffeur néerlandais et le dernier otage, l'ambassadeur de France. Le moment de l'échange approche.

Dans notre estafette, qui n'a pas bougé, chacun s'efforce de convaincre Furuya. Sans résultat : il demeure prostré, aussi imperturbable qu'un bonze en méditation ! Personne ne saurait prévoir sa réaction. Comme prévu, les trois diplomates et Jean Ducret me laissent seul avec lui et le conducteur, qui redémarre lentement, tous feux éteints.

En bout de piste, les terroristes et l'ambassadeur sont déjà dans le Boeing. Contrairement à ce qui a été convenu, notre estafette ne s'arrête pas près de l'avion mais une soixantaine de mètres avant. Là, le chauffeur néerlandais nous dit de descendre.

Nous voilà sur la pelouse, Furuya et moi. Trois militaires, taillés comme des catcheurs, surgissent alors de je ne sais où, peut-être d'une cache creusée dans le sol, pour débarrasser le Japonais de ses menottes et me fouiller! Bien sûr, je n'ai pas d'arme mais ils m'ordonnent de vider mes poches, de leur remettre mon portefeuille, ma carte de police, ma montre... Devant mon étonnement, l'un d'eux me lance, d'un ton sarcastique :

– Maintenant, vous pouvez conduire votre prisonnier à l'avion, monsieur Broussard!

J'ai beau m'insurger contre ce changement de programme, rien n'y fait. Tout a été très vite, ils sont déjà en route pour l'aérogare, à bord de l'estafette.

Furuya ne comprend pas ce contretemps. Que ressent-il? Il se tient à ma droite, l'œil rivé sur le sac posé à ses pieds, comme si l'envie lui venait de courir vers le grillage avec les trois cent mille dollars, de s'enfuir à travers champs. Il sait pourtant qu'il est trop tard. Du haut de la passerelle, l'un de ses camarades nous tient en joue et hurle des propos en japonais à l'intention de son compatriote.

Nous marchons. Furuya porte la rançon. Je cramponne la mallette de vaisselle cassée, prêt à m'en servir en cas de bagarre. À mi-parcours, il ralentit. Or on ne peut se permettre le moindre contretemps.

– Il ne faut pas y aller! Ils vont nous emmener tous les deux et nous tuer! Ils te connaissent!

– Qu'est ce que c'est que cette histoire? Toi, un terroriste, un champion d'arts martiaux, qui as peur? Viens, tu me suis, on y va!

– Tu es un chef...

Je suis peut-être un «chef» à ses yeux mais je n'en mène pas large, persuadé que les Néerlandais vont déclencher une opération commando. Depuis l'irruption et le départ des trois soldats, je m'attends à en voir surgir d'autres. En bout de piste, loin de tout, dans la pénombre, il n'y aura aucun témoin si l'affaire tourne mal.

Nous avançons en regardant droit devant. Seuls, nous sommes seuls! Pour un peu, je me sentirais solidaire. Notre vie ne tient qu'à la volonté de l'homme posté à l'entrée de l'avion, une mitraillette pointée dans notre direction. D'un geste, il nous fait signe de ne plus bouger, à cinq mètres de la passerelle. Un autre terroriste descend alors à notre rencontre, une mitraillette dans la main droite, une grenade dans la gauche.

Ils ont l'air jeunes, ils sont vêtus de sombre. Des bas nylon, noués sur le crâne, déforment leurs visages. Celui de la passerelle dit à Furuya de le rejoindre avec la mallette et le sac d'argent. L'autre passe derrière moi, m'oblige à faire le tour de l'appareil, les bras légèrement écartés. Je fais office de bouclier. Il peut ainsi inspecter l'avion sans craindre des tireurs d'élite. Et s'il décidait de m'emmener ou de m'abattre? Là non plus, les témoins ne seraient pas bien nombreux... Dans l'aérogare, à près d'un kilomètre de là, des centaines de personnes s'impatientent mais ne peuvent rien voir.

Nous revenons devant les marches. Le terroriste qui me suivait remonte à bord. De nouveau seul, j'attends la sortie de l'ambassadeur, Jacques Sémard. Dix, vingt, trente secondes, une éternité, sous la surveillance du Japonais posté à l'entrée... Voilà enfin le diplomate qui descend, d'un pas lent et digne.

Le visage collé au hublot, Furuya me fait un sourire presque amical. Cet ultime regard restera pour moi une énigme. Était-il finalement satisfait de partir, donc d'avoir gagné la partie? Soulagé, comme moi, d'avoir échappé à un massacre? Ou résigné sur son sort?

– J'ai honte de capituler de la sorte, m'avoue Jacques Senard, les larmes aux yeux.

Une voiture s'approche pour nous conduire vers les salons d'honneur de l'aéroport.

À 22 h 29, le Boeing décolle.

La phase finale de l'opération a duré au total trois quarts d'heure. Le diplomate, très éprouvé mais admirable de sérénité, retrouve sa famille dans une pagaille sans nom, au milieu d'une foule de journalistes, de policiers, de soldats et des centaines de passagers en quête de leur avion.

Nos Mystère 20 n'étant pas autorisés à décoller avant 3 heures du matin, nous partons dîner à vingt kilomètres de là, dans un centre de loisirs. Ces quatre jours de camping improvisé nous ont laissés affamés et sales comme des peignes. Par bonheur, un couple de Français en vacances aux Pays-Bas nous laissera utiliser la douche de leur appartement.

Le Boeing des Japonais s'est posé en Syrie. Le lendemain, nous apprendrons que trois heures de pseudo-négociations ont suffi pour que Furuya et ses amis abandonnent la rançon à l'équipage (les billets étaient marqués) et évacuent l'appareil en toute confiance. À Paris, à La Haye, dans les milieux gouvernementaux, c'est donc le soulagement. On se félicite de la libération des onze otages, sains et saufs, en échange d'un homme condamné à quelques mois de prison. Une fois encore, pourtant, il a fallu céder au chantage.

X

L'acrobate et les risque-tout

« La police des filles et des réverbères. » C'est en ces termes dédaigneux que Joseph Fouché qualifiait la PJ au début du XIXe siècle. Ce ministre d'influence privilégiait la « haute police », celle du renseignement et de l'ombre, si prompte à se complaire dans le secret et les manœuvres. À cette définition pour le moins méprisante de la PJ, je préfère celle de Georges Clemenceau, en 1907 : « La seule police qu'une démocratie puisse avouer, la police judiciaire, la police des délits et des crimes, protectrice des citoyens, n'est pas au service de l'arbitraire. Son œuvre est de liberté. »

J'étais au 36 depuis 1971 et j'avais toujours de la PJ une conception si idéaliste qu'elle pourrait paraître candide. Pour reprendre les mots de Clemenceau, j'y voyais une « œuvre de liberté », une mission de service public, menée dans l'intérêt de la démocratie. Oh, je n'avais pas la prétention d'être un chevalier blanc, défenseur des bons contre les méchants. Disons que j'avais de mon pays et de ses lois un respect profond, que je tenais de mes parents, de ma terre, peut-être aussi de mon passé militaire. La PJ demeurait, à mes yeux, ce qui se faisait de mieux en matière de police car elle avait un but concret, la lutte contre la délinquance, pour le bien de la communauté. J'imaginais que j'y ferais toute ma carrière.

Tout aussi naïvement, je croyais qu'humilité et sang-froid étaient des qualités communes à tous les hommes d'autorité. Il me paraissait inconcevable qu'un policier de haut rang, un magistrat ou un préfet puissent avoir parfois un comportement frisant l'inconscience. La police, qu'elle soit des « filles », des « réverbères » ou de l'« ombre », ne saurait pourtant échapper à ce phénomène et aux excès de vanité. En situation de crise, par exemple lors d'une prise d'otage, l'homme peut se montrer déroutant. Il y a ceux qui conservent le sens de la norme et de l'intérêt général et d'autres, beaucoup moins nombreux mais plus dangereux, qui sont incapables de raison garder. Les roitelets se cramponnent à leurs pouvoirs, les barons à leurs privilèges, ils n'admettent pas l'intrusion des spécialistes. Chacun défend sa chapelle, son îlot de fierté.

D'une façon générale, les antigangs étaient bien considérés par leurs collègues. La BRI était devenue, pour beaucoup, la locomotive d'une police moderne, innovatrice dans ses méthodes, courageuse dans ses interventions. Cette image suscitait toutefois quelques jalousies. Quant à la BAC, amenée à se déplacer en province sur ordre du ministère, elle n'était pas toujours la bienvenue sur le territoire de tel ou tel autre service ou chez un préfet soucieux de préserver ses prérogatives. Trop médiatique, trop parisienne au goût de certains, cette Brigade anticommando en ligne directe avec la place Beauvau !

En fait, il y avait souvent un décalage entre l'idée caricaturale que l'on se faisait de nos méthodes et notre comportement au contact de l'événement. Je pus m'en rendre compte à l'aéroport de Nice, en 1974, lors d'une prise d'otage impliquant un Mexicain de trente et un ans, qui avait un nom de chanteur d'opérette, Daniel Rey Caruso, et qui se disait « jongleur-acrobate-équilibriste ».

Son aventure débute peu après minuit, le 25 octobre 1974, lorsqu'il sort du casino de Monaco avec pour uniques richesses un sourire enjôleur et un pistolet Berreta. D'un coup de crosse, il assomme un automobiliste italien qui refuse de le conduire à San Remo, puis vole la voiture et démarre en trombe, sous les coups de feu des policiers monégasques. Renonçant finalement à franchir la frontière, il décide de finir la soirée dans une discothèque locale où il va faire la connaissance d'une jolie rousse, en robe de soirée noire.

Vers 2 heures du matin, le couple se rend à Menton, puis à Cannes et à Nice. Rey Caruso souhaite savoir si l'aéroport est ouvert la nuit. Comme ce n'est pas le cas, il attend 6 heures du matin pour s'y rendre avec la jeune femme, de plus en plus intriguée par le comportement du don Juan de Mexico. Après avoir pris un petit déjeuner dans l'un des bars de l'aérogare, elle réussit à s'éclipser.

Il est 6 h 45. Rey Caruso, dépité, s'approche d'une hôtesse au sol, Danielle Pariat, dont l'unique tort est de se tenir derrière son comptoir Air France. Il la menace de son arme, la conduit derrière le comptoir de la compagnie Alitalia. Blotti contre elle, il tire un coup de feu dans le plafond.

L'alerte est donnée. Le Mexicain prétend avoir été expulsé d'Italie pour usage de faux papiers. Il réclame la libération de son épouse, qui serait incarcérée dans ce pays pour les mêmes motifs.

– Je veux l'emmener avec moi au Mexique. Je veux de ses nouvelles immédiatement. Appelez-moi Giscard d'Estaing au téléphone! J'exige que le gouvernement mexicain s'engage à ne pas me livrer à un autre pays. Vous voyez, je ne demande pas grand-chose!

L'affaire se complique tout de même quand les autorités françaises apprennent par la police italienne que Mme Caruso n'est pas Mme Caruso mais une petite amie, Maricella Chavez Valero. Elle a bien séjourné à Milan, à l'hôtel Missouri, qu'elle a quitté la veille, mais elle n'a pas été arrêtée. Elle n'avait d'ailleurs aucune raison de l'être. En fait, elle ne veut plus entendre parler d'un compagnon aussi perturbé que Rey Caruso!

À propos, est-ce bien sa véritable identité? Il serait né le 17 octobre 1943, à Acapulco, mais serait en réalité de nationalité italienne. Seule certitude dans un curriculum vitae plutôt nébuleux : c'est effectivement un homme de cirque. Jongleur, acrobate, équilibriste. Magicien, aussi, tellement il s'y entend pour escamoter des périodes entières de sa vie de saltimbanque. Tout juste sait-on qu'il a parcouru l'Amérique du Sud avec une troupe avant de s'exiler en Europe. Au début du mois de juin, il aurait quitté l'Italie pour la France. Paris, Marseille, Cannes... Dans sa chambre cannoise, à l'hôtel des Glycines, on découvre des sacs de voyage et deux lettres : l'une de sa mère qui ne veut plus avoir de ses nouvelles; l'autre, rédigée par lui-même mais qu'il n'a pas encore postée, destinée à Maricella, sa petite amie. Il jure de se suicider si elle ne le rejoint pas.

Dans l'aérogare, le poste de commandement est installé à l'étage, en surplomb du comptoir Alitalia. Le seul à pouvoir parlementer avec le Mexicain est le procureur de la République. Caruso est versatile, incapable de formuler des exigences cohérentes, mais lucide quant aux erreurs à ne pas commettre. D'autres interlocuteurs, le consul d'Italie à Nice, un psychiatre et une journaliste, essaient vainement de le raisonner. Assis à côté de cette hôtesse de vingt-neuf ans, il menace sans cesse de l'abattre.

Vers midi, alors que les tentatives de négociations ont échoué, le ministère de l'Intérieur décide de dépêcher sur place huit hommes de la BAC. «À tous les topazes...»

À Villacoublay, nous montons dans un Mystère 20 à destination de Nice. De quoi raviver quelques souvenirs pour les anciens de Brest ou de La Haye...

À 14 heures, sur la Côte d'Azur, nous sommes accueillis par nos collègues du GIPN de Nice. Celui de Marseille, dirigé par Georges N'Guyen Van Loc, aurait pu venir en renfort mais les méthodes du «Chinois» ont été jugées trop expéditives. La polémique qui a suivi l'affaire Cravenne[1] est encore dans tous les esprits. La direction d'Air France est intervenue auprès du

1. Le 18 octobre 1973, l'épouse du célèbre producteur Georges Cravenne détourne un Boeing 727 d'Air France entre Paris et Nice. Dépressive et choquée par la guerre du Kippour, la jeune femme veut attirer l'attention de l'opinion publique sur ce sujet. Armée d'une carabine 22 long rifle, elle oblige le commandant de bord à atterrir à Marseille. Les cent dix passagers descendent mais elle garde en otage un steward. Trois heures plus tard, elle demande des plateaux-repas. Trois policiers du GIPN de Marseille, déguisés en serveurs, pénètrent dans l'avion. Mme Cravenne est tuée de deux balles dans la poitrine et d'une balle dans la tête. Une polémique s'engage aussitôt sur les méthodes expéditives du «Chinois».

ministère pour que le sort de son hôtesse ne dépende pas de Van Loc. Celui-ci en éprouvera une profonde amertume.

Notre présence ne suscite pas un fol enthousiasme, c'est le moins que l'on puisse dire. Les autorités locales, si elles ne sont pas mécontentes de se débarrasser d'un « bébé » encombrant, n'apprécient guère de se voir désavouées. Vexées d'avoir échoué, elles nous prennent de haut. Le plus virulent de nos hôtes semble être le commissaire central de la ville.

– Cette comédie a assez duré, m'explique-t-il, il faut l'abattre avant qu'il ne tue l'hôtesse !

– Je viens d'arriver ! Laissez-moi le temps de réfléchir... J'aimerais discuter un peu avec lui.

– Qu'est-ce que vous croyez ? On ne vous a pas attendus pour discuter ! Tout a été tenté. Il est fou !

– Pas si vite, je voudrais...

– Mais pourquoi êtes-vous venus là, alors ?

– Certainement pas pour jouer le rôle du tueur.

La conversation prenant mauvaise tournure, le procureur s'interpose.

– Monsieur Broussard, je vous assure qu'il ne veut rien savoir. Ses propos sont incohérents, ses exigences varient. Il est vraiment dangereux... L'hôtesse va craquer.

– Qui lui a parlé en dernier ?

– C'est moi, répond le magistrat, mais il menace de me tirer dessus. Il ne veut plus discuter avec quiconque.

– Ah si ! ricane le commissaire central, il veut parler à Giscard et vous n'êtes pas Giscard, que je sache !

– Eh bien, disons que je suis son directeur de cabinet ! Il faut entrer dans son jeu, renouer le dialogue. Alors, qui me présente ? Monsieur le procureur, il suffit de lui dire que le Président a délégué son directeur de cabinet. Disons, M. Perrin ! Oui, c'est cela, Perrin !

– Qu'est-ce que c'est que cette histoire ? Vous me demandez ni plus ni moins de faire la chèvre ! Mais je suis procureur ! Je ne peux pas et ne veux pas me livrer à cette mascarade.

Michel Gratadeix et René Plouy, mes deux adjoints, sont effarés devant la nervosité de nos interlocuteurs. Le magistrat n'est pas hostile à notre présence, mais il hésite à se démarquer des personnes qu'il côtoie chaque jour, le commissaire, impulsif et catégorique, et le préfet des Alpes-Maritimes, plus que réticent à l'idée de cautionner la « nomination » d'un faux émissaire de l'Élysée !

Finalement, vers 14 h 30, le magistrat accepte de « faire la chèvre ». La presse n'en sera jamais informée mais je serai donc, le temps d'une prise d'otage, « M. Perrin, directeur de cabinet du président Giscard d'Estaing ». Nous avançons vers le comptoir Alitalia. Le procureur s'adresse au Mexicain.

– Vous vouliez parler au président Giscard d'Estaing. Il n'a pas pu venir mais il a envoyé son directeur de cabinet, M. Perrin.

S'il n'y avait cette arme braquée sur la tempe de l'otage, le tableau serait presque attendrissant. Danielle Pariat, mère d'un petit garçon de huit ans, est une jeune femme au visage poupin et séduisant. Caruso, lui, est aussi typé qu'un plongeur d'Acapulco, regard noir et cheveux de jais. Seules leurs têtes dépassent un peu du comptoir ; une blonde, une brune. Toute tentative de tir est impossible, même pour les tireurs d'élite de la BAC.

– Perrin, directeur de cabinet du Président...

– Retirez votre veste, écartez les bras, retournez-vous !

Il constate que je ne suis pas armé. Nous commençons à discuter. L'essentiel est d'établir un climat de confiance, de gagner du temps, d'obtenir un maximum d'informations, tant sur lui que sur son otage. Une conversation, même décousue, permet d'apaiser les esprits, d'évacuer un trop-plein d'agressivité.

Au cours de cette phase d'approche, l'adversaire est toujours en position de force. L'objectif du négociateur n'est pas de l'amener à renoncer tout de suite – une telle démarche serait vouée à l'échec – mais plutôt, par son calme, de rassurer l'otage, de le soustraire à l'emprise psychologique de son « gardien ». Il doit passer de la dépendance forcée à la neutralité confiante. Par la suite, quand arrive le temps des concessions, les pourparlers en sont facilités. Et si l'intervention devenait inévitable, les renseignements glanés initialement (disposition des lieux, comportement des individus...) seraient précieux.

Tout homme dans la position de Caruso s'accroche à sa fierté. S'il doit perdre, ce sera de manière honorable. Il faut donc lui proposer une issue qui lui donnera l'illusion de ne pas avoir perdu la face. Il devra éprouver le sentiment qu'il a été valeureux, que l'acte le plus courageux qui soit est de se rendre sans violence.

Je fais la navette entre le PC et le comptoir. Les propos en apparence insignifiants succèdent aux propositions plus sérieuses. Caruso m'appelle le « diplomate ».

Au bout d'une heure, il admet le principe d'une libération de l'hôtesse en échange d'un permis de séjour provisoire afin de régler diverses affaires personnelles avant de quitter la France. Autrement dit, il pense avoir obtenu satisfaction et nous n'avons plus qu'à rédiger une fausse autorisation de séjour, document qui n'aura aucune valeur juridique mais, au moins, Danielle Pariat sera libre. Évidemment, le fait de gruger le Mexicain ne m'enchante pas. Si cet amoureux éconduit a des « absences », il n'est pas antipathique pour autant. D'une certaine manière, je m'apprête à le trahir... Malgré tout, c'est dans son intérêt car les partisans du coup de force sont si pressés d'en finir d'une manière radicale que tout délai supplémentaire joue en leur faveur.

L'idée du permis de séjour choque les autorités locales. Elles se refusent à contourner la loi. Je comprends leur réticence car les représentants de l'État ou de la justice doivent conserver de la hauteur sur l'événement. J'estime que le policier, lui, peut et doit prendre certaines initiatives lorsqu'il s'agit de sauver des vies, en l'occurrence celle de l'hôtesse et celle d'un homme certes dangereux, en proie à des crises d'hystérie, mais qui ne mérite pas la mort.

Étrange bonhomme que ce Caruso ! Un appel téléphonique en provenance de Paris nous apporte des précisions sur sa personnalité. Un hôtelier parisien, qui l'a eu comme client, le dit brutal et complètement loufoque. Un soir, alors qu'il avait oublié sa clé à la réception, il a descendu et remonté quatre étages sur les mains !

Le cabinet de Michel Poniatowski ayant donné son accord pour la rédaction d'un titre de séjour, le préfet nous remet un formulaire vierge, libre à nous de le remplir puisqu'il ne veut pas que sa secrétaire participe à l'élaboration d'un faux.

Je vais soumettre au Mexicain le précieux document, que j'ai moi-même complété et signé « Perrin ». Il plaisante, l'hôtesse esquisse un léger sourire, le climat est plus détendu. Il exige simplement que le magistrat ajoute de sa main « le procureur de la République garantit la vie sauve à Rey Caruso ». Et le « jongleur-accrobate-équilibriste » de préciser : « D'ailleurs, je demanderai qu'il couche dans la même chambre d'hôtel que moi. » Je lui réplique que cela ne posera aucun problème et que, de mon côté, je m'installerai avec l'hôtesse dans la chambre voisine. Cette plaisanterie le fait sourire. Nous sommes sur la bonne voie. Dès que le procureur aura griffonné l'alinéa exigé, tout sera terminé.

Je repars, convaincu que cette formalité sera vite entérinée. Hélas, je me trompe une nouvelle fois puisque le magistrat refuse ! Le préfet, désormais persuadé du bien-fondé de ma manœuvre, ne parviendra pas à le convaincre. Peu importe, après tout. Comme le temps presse, je m'assieds devant une machine à écrire et je frappe moi-même la fameuse phrase. J'improvise ensuite une signature et je retourne vers le comptoir.

Alors que nous sommes en train de négocier les derniers détails de la libération, un appel téléphonique vient ruiner mes efforts. Malgré les consignes données au standard de l'aéroport de ne passer aucune communication dans le bureau d'Alitalia, une journaliste parvient à dialoguer avec Caruso. Le préfet a autorisé cet appel sans me prévenir. Il pensait bien faire... Or la journaliste informe le Mexicain que son imprésario est en ligne depuis l'Italie. Afin de calmer son poulain, ce dernier dit avoir obtenu des Italiens qu'ils libèrent sa compagne. Elle devrait bientôt arriver à Nice.

Caruso raccroche, furieux. Il veut à tout prix attendre Marcella. Surtout, il doute de mon identité. Depuis notre première entrevue, je lui répète que sa femme ne pourra venir puisque nous ne réussissons pas à la localiser. Or l'imprésario, lui, y est parvenu. Le Mexicain en conclut que je ne suis pas aussi influent que je le prétends. En quelques secondes, il s'est métamorphosé. Chacun de mes gestes lui paraît suspect. Je ne peux bouger un doigt sans qu'il serre davantage l'hôtesse contre lui, le canon sur la nuque.

– Ce n'est pas vrai, tu n'es pas un diplomate! D'abord, les diplomates ne sont pas faits comme toi. Ils ont des petites lunettes rondes, des petites épaules, pas beaucoup de cheveux... Toi, tu es un gorille! Mais je suis plus malin que toi! Maintenant, je te garde. Et si tu bouges, je te tue!

J'essaie de me justifier, de bredouiller quelques explications, mais il m'a pratiquement démasqué. Cette victoire nourrit sa démence, il se prend pour l'homme le plus rusé, le plus craint de la planète. Chacune de ses menaces est ponctuée d'un stupéfiant numéro de cow-boy. Il manie son pistolet avec la dextérité de Lucky Luke!

– Puisque je suis votre prisonnier, je peux remplacer Danielle. Son petit garçon l'attend...

– Non, tu ne bouges pas. Et elle non plus! Si tu fais un geste, je tire!

Nous restons ainsi pendant vingt minutes. Caruso contre l'hôtesse, et moi, debout, les bras ballants. J'enrage d'avoir perdu une partie pour ainsi dire gagnée. Toute tentative de dialogue est vaine avec cet homme qui passe sans transition du calme à la furie. Je décide de lui fausser compagnie sous prétexte d'ultimes formalités administratives. Je marche en regardant droit devant moi. Il hurle : «Je vais te descendre, je vais te descendre!» mais ne tire pas.

Je me précipite au poste de commandement. À peine ai-je le temps de m'insurger contre l'appel téléphonique de la journaliste que nous recevons de Paris l'autorisation de l'abattre. Pendant mon absence, le préfet a réussi à persuader le cabinet du ministre qu'il n'y a pas d'autre solution. Il faut bien admettre que la confrontation dure maintenant depuis une dizaine d'heures et que l'état psychique de Caruso se détériore. La vie de l'otage est plus que jamais en danger.

Deux hommes de la BAC ont pris position le long du comptoir, adossés à la paroi. Deux autres, armés de carabines, se tiennent dans un local de la chambre de commerce. Alerté par les déplacements de policiers et de gendarmes, le Mexicain se penche au-dessus du comptoir en criant :

– *Assassino! Assassino!* Il y a des tueurs professionnels partout!

Alain Floquet, l'idole du Japonais de La Haye, pense avoir été repéré. Il tire un coup de feu en l'air afin d'effrayer Caruso. Celui-ci recule brusquement, en pressant le canon de son pistolet contre la nuque de l'hôtesse. Il est fou de rage, complètement affolé.

Nous répugnons à tirer sur un homme qui était disposé à se rendre quelques instants plus tôt mais nous n'avons plus le choix. Je ne veux pas avoir la mort de l'otage sur la conscience.

Notre plan est simple. Je vais d'abord essayer de renouer le dialogue. Pour vérifier que je ne suis pas armé, il se redressera, tournera son arme vers moi. Les tireurs embusqués dans le local voisin ouvriront le feu à mon signal; les deux autres inspecteurs, postés de part et d'autre du comptoir, sauteront aussitôt pardessus pour protéger l'hôtesse.

Tout est prêt, et pourtant, quelque part, j'espère encore un retournement de situation.

Je m'avance vers Caruso qui m'accueille avec une bordée d'injures mais ne se redresse pas pour voir si je suis armé. Cette négligence va lui sauver la vie.

Si certains de nos interlocuteurs niçois regrettent ouvertement qu'il n'ait pas offert son corps aux balles, nous sommes pour notre part soulagés. J'ai en effet la conviction qu'il me fait encore confiance. La preuve : il n'a même pas vérifié si j'étais armé! Afin de gagner du temps, je parle uniquement de l'appel de la journaliste. Plus il crie, plus il se colle contre l'hôtesse.

– N'approche pas! Je te tire une balle dans le cœur! Je te tue! Je te tue!

– Ce n'est pas le moment de vous énerver ! J'ai le papier. Tout ce que vous avez demandé est accepté. Le procureur a rajouté la phrase. Votre femme n'est pas en prison, elle peut venir vous rejoindre mais si elle vous voit enlacé à une jolie fille, elle risque de repartir en courant !

Je viens d'abaisser ma dernière carte, celle de la décontraction et de l'humour. À force de l'observer, j'ai repéré l'un de ses points faibles : les femmes. Ce séducteur aime plaire. Lorsque j'ai évoqué la jalousie de sa fiancée, il n'a pu retenir un sourire.

– Je ne veux plus te voir, tu es un gorille !

– Bon, si vous ne voulez plus me voir, je pars...

– Non, tu restes là. Je te garde en otage. Et si tu bouges, je te tue !

– Ça y est, tu recommences... Oh ! le Mexicain, tu finis par me les gonfler !

– Tiens, tu vois, j'avais raison ! Tu parles comme un gorille, tu n'es pas un diplomate, tu me dis « tu » !

Cette fois, c'est à mon tour de sourire. Je me suis trahi. Nous en plaisantons ensemble. L'hôtesse elle-même se détend. Le dialogue peut reprendre. Un impératif : miser sur son amour des femmes.

– Regarde comme elle est belle, Caruso ! Il faut lui faire confiance.

– Mais j'ai confiance ! Elle est gentille, Danielle !

Il l'embrasse sur le front.

– Écoute, c'est simple : tu lui donnes ton arme, je te donne le papier. Je suis sûr qu'elle sera correcte, tout se passera bien.

– Eh, moi aussi, je sais qu'elle sera correcte !

– Alors, on est d'accord ?

– Non, il faut que tous les journalistes soient là. Je ne veux pas me faire tuer. Après, le procureur restera avec moi à l'hôtel.

– Il y a cent cinquante journalistes, ça va être la bousculade !

– Il a raison, intervient l'hôtesse. Je te promets qu'il ne te sera fait aucun mal.

Caruso réfléchit. Il est sur le point de craquer. J'insiste.

– Voilà comment on va procéder : il y aura le procureur, un journaliste de la presse écrite, un journaliste de la radio, un photographe et moi. O.K. ?

– Je veux la femme de la radio, celle qui m'a appelé. Et puis non, elle m'énerve avec toutes ses questions !

– Non, il faut qu'elle soit là, assure l'otage. Je la connais.

– Bon, d'accord, le gorille... Mais attention, le procureur me garantit la vie sauve, hein ?

– Promis.

De retour au PC, j'expose cette nouvelle donne. La journaliste hésite un moment mais finit par accepter cette « mission ». Le préfet lui promet le scoop de la reddition. Après avoir bu un double cognac – elle est beaucoup moins décontractée qu'elle ne le prétendra par la suite –, elle se joint au groupe composé du procureur, de deux hommes de la BAC déguisés en photographes et de moi-même.

Le préfet et le magistrat demeurent hostiles à l'idée de délivrer un « vrai-faux » permis de séjour. Ils sont si anxieux qu'ils me font promettre d'assumer la responsabilité de cette initiative et me répètent qu'il faudra récupérer le document sitôt l'otage libéré.

Il est 19 h 35. Caruso est détendu mais la méfiance s'impose. « Quand un fou paraît tout à fait raisonnable, il est grand temps, croyez-moi, de lui passer la camisole », conseillait autrefois Edgar Poe.

Nous n'aurons pas besoin de camisole pour notre acrobate. Il tend son Berreta à Danielle Pariat, puis l'embrasse une dernière fois. Encadré par les faux photographes, il traverse le hall d'un pas léger, le permis en main. Au premier étage, le préfet paraît soulagé mais il ne cesse de faire de grands gestes : nous devons ré-cu-pé-rer le document !

Tandis que l'hôtesse vacille, victime d'une légère défaillance, nous arrivons avec le Mexicain devant Aimé Touitou, le patron du GIPN de Nice.

– Monsieur le commissaire, vous pouvez conduire M. Caruso à l'hôtel.

– À l'hôtel ? Quel hôtel ?

– Eh bien, à l'hôtel de police!

Il faudra une garde à vue prolongée et plusieurs sandwiches pour que Caruso réalise qu'il n'est pas hébergé dans un palace...

Lors du procès, quelques mois plus tard, il se présenta en costume de scène, chemise à étoiles, veste bleu électrique, cravate blanche. Son passé demeurait mystérieux, son identité toujours aussi incertaine, mais il brillait de mille feux pour répondre aux questions du président. Des échanges parfois si savoureux que l'on en vint presque à oublier qu'il avait menacé une jeune femme treize heures durant. Bien sûr, comme c'était prévisible, le sujet du «permis de séjour» finit par être évoqué. J'en revendiquai l'entière responsabilité. Entre deux solutions – abattre le Mexicain ou rédiger un faux –, j'avais opté pour la moins sanglante. L'un des défenseurs de Caruso s'en indigna :

– Mais vous êtes officier de police judiciaire et vous avez commis un faux avec la complaisance passive d'un magistrat! C'est absolument inouï d'entendre une telle explication!

– Le procureur était contre et je le comprends. C'est vrai, j'ai commis un faux. Il faut me mettre en prison et remettre votre clown en liberté! Il pourra de nouveau prendre en otage la première hôtesse venue sous prétexte que sa petite amie ne veut pas le suivre au Mexique. J'aurais peut-être mieux fait de le couper en deux d'une rafale de mitraillette, il n'y aurait pas eu de procès!

Les avocats se devaient d'insister sur ce point de droit mais ils savaient que la polémique n'avait pas lieu de s'éterniser tant il est parfois difficile de concilier ses obligations administratives avec les nécessités du moment. Les jurés le comprirent : ils condamnèrent Rey Caruso, bouffon superbe et terrifiant, à dix années de réclusion criminelle.

Cette affaire soulevait en réalité une question de fond sur les méthodes employées dans certaines circonstances. À deux ou trois reprises, c'est vrai, il y a eu, de notre part, mensonge et supercherie vis-à-vis du preneur d'otage. Reste à savoir jusqu'où on peut aller dans ces cas-là... Proposer un marché à un malfaiteur ayant toute sa tête et ne pas tenir parole est condamnable; je ne l'ai jamais fait. C'est une question de crédibilité, non seulement pour l'opération en cours mais aussi pour l'avenir. En revanche, face à un individu échappant à tout raisonnement logique ou bien si la supercherie est la seule possibilité permettant de résoudre le problème au plus vite et en douceur, la méthode peut se justifier.

Je me souviens, par exemple, à peu près à la même époque que l'affaire Caruso, de la réaction, pleine de sang-froid et d'à-propos, de deux inspecteurs de notre brigade confrontés, de manière inattendue, à un preneur d'otage. Il s'agissait en fait d'un peintre en bâtiment qui effectuait des travaux dans un appartement du XIe arrondissement de Paris. Alors que nos collègues du commissariat voisin voulaient l'arrêter pour des bricoles, il avait sauté par la fenêtre et pris une passante en otage. Menaçant de l'étrangler, il s'était ensuite engouffré avec elle dans le premier véhicule venu. Très excité, il criait qu'après avoir déjà passé dix ans en prison il ne voulait pas y retourner. Deux antigangs, présents dans le secteur pour une autre affaire, reçurent l'appel radio. Ils eurent la présence d'esprit de se faire passer pour des artisans plombiers travaillant, eux aussi, dans le quartier... Convaincu qu'ils étaient prêts à l'aider, le peintre les laissa monter à bord et la voiture démarra. À un moment jugé favorable, il fut maîtrisé – non sans difficulté – et la passagère libérée...

Cette affaire, rapidement menée, n'avait pas entraîné la mise en place de tout un dispositif, ni nécessité une concertation avec les autorités ou les services concernés, comme c'était le plus souvent le cas. En règle générale, nous nous efforcions d'établir la meilleure coopération possible dès notre arrivée sur les lieux d'une prise d'otage. Mais tout était fonction des individus en présence, de leurs réactions dans l'adversité. Du préfet au procureur de la République, nous devions agir avec tact, jauger les rapports de forces locaux. Notre principe de base étant d'examiner calmement la situation en procédant à des repérages, nous étions vite fixés sur la fiabilité de nos interlocuteurs. Soit ils nous accordaient une confiance sans faille, ce qui, il faut le souligner, était le cas le plus fréquent, et tout allait pour le mieux. Soit ils fuyaient leurs responsabilités et n'osaient prendre la moindre décision ; alors nous héritions du « bébé », charge à nous d'assumer un éventuel échec. Troisième cas de figure : les impatients qui exigeaient une intervention rapide et violente.

En matière d'hostilité, il nous restait, malheureusement, beaucoup à découvrir. Que dire, par exemple, de la prise d'otages du 5 avril 1975, dans les environs du Mans ?

Après avoir commis une série de hold-up et de prises d'otages dans la région, deux truands s'étaient retranchés dans une fermette isolée, avec un couple de cultivateurs et leurs deux enfants. Ils exigeaient des passeports, une rançon de deux cent mille francs et une Mercedes.

Vers minuit, sur décision du ministère, une demi-douzaine de voitures de la BAC prirent la direction du Mans. Une tempête de neige se levait sur l'ouest du Bassin parisien. Sur place, les négociations, conduites par le préfet de la Sarthe, avaient dû être interrompues en raison de l'extrême nervosité des malfaiteurs.

Sitôt arrivé, je me présentai au préfet, dans son « QG », une estafette de gendarmerie. Vêtu d'une canadienne, coiffé d'une chapka, il avait un côté nounours bourru. Je compris que nous n'étions pas les bienvenus.

– Qui vous a demandé de venir ?

– Le ministre.

Cette mise au point aurait dû le calmer. Au contraire, vexé que Paris ne laisse pas aux « locaux » le soin de gérer leurs affaires, il me mit en garde :

– Personne ne doit savoir que vous êtes là, vous m'entendez, personne ! Ni les preneurs d'otages ni les journalistes, personne ! N'exagérons pas l'importance de cette histoire !

J'eus beau lui rappeler les instructions de la place Beauvau, il ne modifia en rien sa position. Je dus m'incliner, tout comme l'avait fait mon collègue Velly, chef du GIPN de Rennes, présent sur les lieux avec ses hommes. Il faut rappeler qu'un préfet est maître d'œuvre dans son département et, comme il avait choisi de nous écarter, il n'y avait plus qu'à obéir. Nous partîmes dormir dans une grange voisine, à l'abri des regards indiscrets. Mais je comptais bien appeler Paris à l'aube.

Au petit matin, j'appris que le préfet avait l'intention de laisser filer les truands à 7 heures. Il s'apprêtait à leur fournir la Mercedes, les passeports, la rançon... Je me rendis devant la maison pour avoir des explications et lui indiquer que le ministère exigeait au contraire la fermeté.

– Qu'est-ce que vous faites là, vous? me demanda-t-il.

– Monsieur le préfet, nous ne pouvons pas céder aussi facilement, nous...

– C'est mon affaire, je veux la libération des otages!

Il avait pris seul cette décision, sans chercher à repousser l'échéance, sans envisager d'autres solutions. Il n'avait besoin ni de conseils, ni de dispositif d'intervention, ni de filature, il n'avait qu'une obsession en tête : donner satisfation aux truands pour obtenir la libération de trois otages sur quatre. Il n'avait que faire des conséquences à moyen et à long terme, ni de l'exemple que seraient tentés de suivre d'autres braqueurs.

Nous étions devant la fermette, témoins impuissants d'un spectacle surréaliste. Pour braver le froid et la neige qui tombait à gros flocons, le préfet et ses collaborateurs se passaient une fiole de gnole. Les journalistes, en échange de leur promesse de ne pas parler de ma présence, avaient obtenu l'autorisation de circuler à leur guise et de suivre les tractations en direct. À un certain moment, l'un des truands annonça qu'il allait sortir pour inspecter les lieux. Le préfet demanda aux journalistes de s'écarter et il me pria de disparaître!

Le braqueur était seul, l'arme à la main. Très décontracté, il visitait les dépendances, tout étonné de me voir avec un inspecteur derrière un tas de bois :

– Ben, qu'est ce que vous faites là?

– Et toi?

– Moi, j'inspecte... vous n'avez rien à faire ici... allez, allez, faut pas rester là!

Le préfet menait les négociations sur les modalités du départ. Il fallait l'entendre discuter avec les malfrats, leur donner du «vous», du «monsieur, je vous demande».

Je revins à la charge en suggérant à un membre de son cabinet qu'un langage moins prude serait peut-être plus approprié. Il transmit mon conseil à son « patron » qui changea soudain du tout au tout. Tandis que les magnétos des journalistes tournaient, il adopta le parler voyou.

– Tu peux encore saisir ta chance !

– Faites voir le fric ! répliqua l'un des truands.

– Les sous, tiens, les v'là ! (Le procureur lança à l'intérieur de la maison le sac contenant les deux cent mille francs.) Tu peux les compter, compte-les, mais ils te serviront à rien ! Mais bon Dieu, tu comprends rien. Je te donne la bagnole, les passeports, le fric. Nous, on veut la femme et les gosses. Mais avec la bagnole, tu te feras piquer...

– Non.

– Mais t'auras affaire aux flics ! reprit le préfet. Où que tu ailles, tu te feras piquer, eh con !

– Et la carte grise ? insista le truand.

– Et la femme et les gosses ? Tu vas te tailler sur la Côte d'Azur ? Et alors ? Les flics te retrouveront, ils te louperont pas. Bon Dieu, lâche la femme !

L'un de ses collaborateurs, frétillant de fierté, se tourna vers moi.

– Vous avez vu notre préfet ! Il est fort, hein, notre préfet ?

Il était peut-être « fort », cet homme de bonnes manières, mais ses propos, largement diffusés par les stations de radio, firent mauvais effet au château de Rambouillet, où le ministre de l'Intérieur participait à un séminaire du gouvernement.

Le préfet avançait en roue libre. Nous allions tout droit à la catastrophe. « J'arrangerai tout cela avec le ministère », me disait-il. Je commençais à en douter...

Les truands obtinrent ce qu'ils avaient réclamé pour fuir avec un otage, en l'occurrence, le père de famille.

Une fois qu'ils eurent quitté la fermette, une longue course-poursuite s'engagea entre eux et la BAC. Après avoir changé plusieurs fois de voitures et d'otage, ils sillonnèrent toute la journée l'ouest et le sud de la Région parisienne. Toujours poursuivis par nos véhicules et par ceux du SRPJ de Versailles, ils parvinrent dans la capitale. Ils furent finalement arrêtés, peu avant 23 heures, dans une impasse de la porte de la Chapelle.

Le ministère de l'Intérieur annonça par la suite la suspension du préfet, non pas en raison de son étonnant dialogue avec les malfaiteurs – comme le prétendit la presse –, mais pour son comportement général dans cette affaire, sa volonté flagrante de faire sortir les truands de son département sans se soucier des suites.

Heureusement, les situations conflictuelles liées à la présence de la BAC demeuraient exceptionnelles et j'appris à m'en accommoder pour apprécier davantage la disponibilité et le sérieux de la majorité de nos interlocuteurs.

Je me souviens ainsi d'une intervention à Strasbourg, le 18 avril 1975, soit treize jours après l'escapade sarthoise.

Deux truands en cavale, l'oncle et le neveu d'une famille redoutée en Alsace, s'étaient barricadés chez le frère du « tonton », dans un appartement situé au rez-de-chaussée d'une cité HLM. Armés d'une grenade, d'un fusil à canon scié et d'un revolver, ils retenaient en otages l'occupant des lieux, son enfant de deux ans et une voisine. Compte tenu de leur état d'excitation après neuf heures de négociations, il n'y avait rien d'autre à faire que de donner l'assaut. Le Petit Roger m'aida à maîtriser les deux malfaiteurs, au terme d'une belle empoignade, dans la salle de bains, sans un seul coup de feu.

Tout au long de cette affaire, les autorités locales nous avaient soutenus en assumant leurs responsabilités. Le préfet Sicurani et le procureur Pfleger avaient veillé à la logistique : la coordination entre les services de police, de gendarmerie et de secours, un périmètre de sécurité, un PC, une cellule d'information pour les médias, un groupe électrogène... L'avocat des malfaiteurs, Me Rodier, avait accepté de coopérer, avec une conscience professionnelle remarquable. La réussite de notre intervention était le fruit d'un travail collectif.

XI

Chantages à l'enfance

Jean Sautereau est décédé le 29 octobre 1974, cinq jours après la prise d'otage de Nice.

En lui rendant visite, en milieu de journée, j'avais ressenti une peine infinie à le voir sourire tristement, comme pour avouer sa défaite contre le mal.

Jean Sautereau n'était pas seulement un patron, c'était un guide, une sorte de grand frère. Il m'avait fait confiance en me transmettant les rênes de la brigade. Durant des mois, je m'étais rendu chez lui ou à l'hôpital Saint-Antoine, midi et soir, pour solliciter ses conseils, lui témoigner mon amitié. À distance, depuis son lit de souffrances, l'affaire de l'acrobate mexicain fut la dernière de sa carrière.

Il fallait être commissaire principal, voire divisionnaire, pour lui succéder. J'étais « simple » commissaire, le grade inférieur. Un autre patron fut donc nommé à la tête du service : Marcel Leclerc. Cet homme intelligent, d'une intégrité morale absolue, méritait sa promotion. Juriste brillant, auteur d'une thèse de doctorat qui reflétait bien sa personnalité (« Le commissaire de police, fonctionnaire d'autorité »), il avait gravi les échelons : commissariats, Brigade criminelle, 1re BT, où il avait obtenu d'excellents résultats, et enfin la BRI.

Leclerc n'était pas Sautereau, moins bonhomme, moins souple, plus intransigeant, parfois cinglant, d'où quelques frictions avec certains collègues, des syndicalistes ou des magistrats... Une fois l'orage passé, il se demandait, et me demandait, s'il n'avait pas poussé le bouchon un peu loin. Mais il avait aussi des côtés très attachants et d'indéniables qualités de policier. Habile procédurier, enquêteur méthodique, peut-être avait-il davantage le profil d'un chef de la Criminelle que celui d'un patron de l'antigang. Bref, nous étions différents. Je n'avais pas le même tempérament, la même formation. Nous allions néanmoins constituer, pendant trois ans et demi, un duo complémentaire au sein duquel j'allais tenir un rôle essentiellement opérationnel.

Fin 1974, l'« ère Leclerc » commença sous de bons auspices. Ce fut d'abord l'arrestation en flagrant délit d'une équipe de cinq perceurs de coffres dans un centre commercial de la région de Creil (Oise). Ces affaires font partie des plus difficiles qui soient, tant pour les truands que pour les policiers : pour les truands parce qu'ils sont confrontés à des systèmes de sécurité de plus en plus perfectionnés ; pour les policiers parce qu'ils doivent agir dans un contexte où il n'est pas aisé de voir sans être vus (les perceurs de coffres sévissent souvent la nuit, dans des endroits déserts). Le suspense est d'autant plus garanti que le moindre incident prend très vite des proportions énormes. Dans le cas de l'affaire de Creil, l'irruption d'un chien errant, venu renverser quelques poubelles, fit monter le taux d'adrénaline de tout le monde !

Quelques jours plus tard, le 19 décembre 1974, la BRI se distingua de nouveau en interpellant cette fois deux braqueurs multi-récidivistes, surnommés par la presse les « bourgeois du hold-up ». Deux hommes de bonne famille (l'un d'eux était ingénieur) s'étaient spécialisés dans les attaques de banque. Ils avaient, semble-t-il, de gros besoins d'argent pour assouvir leur passion du jeu. Pour l'anecdote, leur interpellation eut lieu au pied d'une tour du XVe arrondissement, alors que des dizaines de badauds et de figurants assistaient au tournage d'un film policier. De faux policiers descendaient d'un hélicoptère pour résoudre une affaire de prise d'otages. Ils ignoraient qu'au sol de vrais flics arrêtaient d'authentiques braqueurs !

L'arrivée d'un nouveau patron allait me permettre de souffler un peu. La maladie de Jean Sautereau m'ayant contraint à assumer l'ensemble des responsabilités du double service BRI-BAC, j'aspirais à une répartition des tâches plus équilibrée. Seule interrogation : je ne savais pas comment Leclerc entendait diriger cette brigade atypique, quels seraient son style, sa méthode. J'ignorais également quelle serait son attitude face aux médias. Depuis plus de deux ans, les journalistes voyaient en moi leur unique interlocuteur. Or la société française évoluait à une telle vitesse dans ce domaine que la police elle-même, institution jalouse de ses traditions, devait intégrer l'idée de « communication ». On pouvait le regretter, s'en indigner, mais c'était ainsi ; et je craignais que Leclerc ne prenne ombrage de ma petite notoriété.

Cette situation était d'autant plus gênante pour nous deux que j'entretenais des relations cordiales avec la plupart des journalistes. J'avais appris à comprendre leur métier, comparable au nôtre sur de nombreux points puisqu'il exige patience, rigueur et discernement. Enquêteurs chacun à leur façon, policiers et journalistes travaillent souvent sur les mêmes affaires, suivent les mêmes pistes, recherchent les mêmes témoignages. Une différence essentielle réside toutefois dans l'urgence du résultat. Pour le policier, la rapidité n'est pas forcément une priorité. Pour le reporter, elle l'est ; ce qui pousse les moins scrupuleux à aller trop vite en besogne ou, pire, à « bidonner ». Ils cessent alors d'être des témoins pour devenir des metteurs en scène.

Chaque journal, chaque station de radio, chaque chaîne de télévision disposait, à l'époque, d'un ou de plusieurs spécialistes des faits divers. Il y avait les « vieux de la vieille » comme Lucien Pichon, de *France-Soir*, qui avait vu grandir plusieurs générations de flics du 36. Il décrochait son téléphone tous les matins pour faire le tour des services ! À sa manière, l'air de ne pas y toucher, ce brigand sans âge grappillait des infos de ci, de-là, soutirait des confidences qui allaient s'étaler sur cinq colonnes dans le quotidien cher à Pierre Lazareff. Il y avait aussi des jeunes, accrocheurs au possible. À force de collectionner les scoops, ils allaient faire carrière dans l'investigation, comme Jean-Marie Pontaut (*Le Point* puis *L'Express*) ou Jean-Charles

Marchand, de RMC. Certains allaient devenir de bons copains, comme le grand reporter Christian Brincourt (RTL puis TF1).

J'accordais beaucoup d'importance à la franchise, au respect de la parole donnée. Nos relations étaient fondées sur une estime réciproque, ce qui n'excluait pas, de leur part, des critiques à mon encontre. Si je leur glissais une information à condition de ne pas la divulguer aussitôt dans l'intérêt de l'enquête, je savais qu'ils tiendraient leurs engagements.

Une relation de cette nature est cependant bâtie sur un sol instable, celui de l'amour-propre et de la susceptibilité. Le journaliste en quête d'informations sollicite le policier, ce qui est légitime. Si ce dernier rechigne à s'exprimer – c'est son droit, souvent son devoir –, il se fera tôt ou tard égratigner. S'il accepte de parler davantage à untel ou untel, il sera critiqué par les autres. Si, troisième cas de figure, il s'exprime plus largement et de manière non sélective, il sera catalogué comme une star avide de notoriété. Bref, quelle que soit l'option retenue, elle fait des mécontents. Et dès qu'un journaliste a le sentiment de ne plus avoir la préférence de son informateur ou que son indépendance est mise en doute par ses confrères, il ne peut s'empêcher de lancer une pique à destination du policier concerné.

Si en règle générale je n'avais pas à me plaindre, j'eus quand même, durant toutes ces années, quelques mauvaises surprises, révélatrices de la véritable personnalité de prétendus amis. Ainsi, un radio-reporter me proposa de venir courir un dimanche matin avec mes enfants dans un bois de la banlieue ouest, ce que je faisais d'ailleurs régulièrement à cet endroit. Sans aucune méfiance, j'acceptai sa proposition. J'appris ensuite qu'il avait vendu la mèche à un hebdomadaire. Un photographe, caché dans une camionnette, avait pris des clichés du « chef de l'antigang en promenade avec ses enfants » ! Cette manœuvre de paparazzi, dangereuse pour la sécurité de mes fils, m'avait écœurée. Elle n'avait pourtant pas égalé dans l'absurdité celle d'un autre photographe lors de la libération d'une fillette de quatre ans séquestrée depuis trois jours par ses ravisseurs : me voyant surgir avec la gamine, il avait suggéré à un confrère de la pincer pour qu'elle pleure dans les bras de son «sauveur»!

Certaines affaires exigeaient, plus que d'autres, d'excellentes relations entre la police et les journalistes. Je veux justement parler des rapts d'enfants, assez fréquents à cette époque[1]. Ils relevaient bien entendu de la Brigade criminelle pour tout ce qui concernait la phase d'enquête. Mais il avait été convenu, du temps de François Le Mouël, que l'antigang apporterait son concours au moment de la remise de rançon et de l'arrestation des ravisseurs.

L'une des premières affaires de Marcel Leclerc à la BRI fut précisément le kidnapping, en plein Paris, du fils d'un directeur de société d'origine égyptienne.

Ce matin-là, mardi 14 janvier 1975, Fabien Fahri était sur le chemin de l'école avec un camarade. Rue du Bac, une Renault 4 blanche ralentit à sa hauteur. Un homme était au volant, une adolescente se tenait à la place du passager. Ils invitèrent Fabien à monter à l'arrière, ce qu'il accepta, laissant son copain repartir seul.

Une heure plus tard, un artisan se présentait au domicile des parents pour poser une hotte de cuisine. En entrant dans l'appartement, il fit remarquer qu'une enveloppe avait été glissée sous la porte. Il s'agissait d'un message des ravisseurs : «Votre fils Fabien a été enlevé. Nous vous le rendrons contre une rançon de six cent mille francs que vous verserez en billets de cinq cents francs usagés. Nous vous donnons jusqu'à jeudi pour réunir cette somme. Vous recevrez des instructions ce jour, vers 17 heures, pour la remise de la rançon. Si tout se passe bien, Fabien vous sera rendu vingt-quatre heures après.»

M. Fahri fit préparer l'argent par sa banque. Il alerta ensuite la police. Comme toujours, nos collègues de la Criminelle, et surtout les organes de presse, allaient être confrontés au dilemme inhérent à ce type de drame : fallait-il ébruiter l'affaire ou l'entourer de discrétion?

1. Dix enlèvements de ce type ont été signalés entre avril 1970 et juin 1975.

C'est à ce moment-là que se pose la question des relations avec les médias. Certains journalistes estiment que le devoir d'information prime, quitte à solliciter les parents et à diffuser la photo de l'enfant. Ils justifient leur choix par le fait que le public, s'il est largement informé, apportera des témoignages susceptibles d'aider la police; ce qui peut effectivement se produire. D'autres journalistes, heureusement plus nombreux, estiment au contraire que rien ne doit être entrepris qui pourrait entraver l'action des policiers et mettre en péril la vie de l'enfant.

Dans le cas du petit Fabien, la presse joua le jeu du silence et de la modération, laissant aux enquêteurs le soin de mener leurs investigations.

En liaison avec la Crim de Pierre Ottavioli, la BRI se vit confier des surveillances autour du domicile des parents, rue de Varenne, dans le quartier de l'hôtel Matignon. Nous devions nous préparer à intervenir.

Deux jours après le rapt, le couple reçut une lettre écrite de la main de l'enfant : « Cher papa, chère maman. Soyez sans crainte, je me porte bien, je vous reverrai bientôt. Je vous embrasse. » Les malfaiteurs en profitaient pour transmettre des instructions : « Pas de truquage. Il n'est pas question de relever les numéros des billets si vous voulez revoir votre fils vivant. »

Nous étions en planque rue de Varenne lorsqu'un chauffeur de taxi se présenta chez les époux Fahri, vers 18 heures.

– J'étais en attente à l'hôpital Ambroise Paré, à Boulogne. Un homme est sorti, la tête bandée. Il m'a dit qu'il était trop mal en point pour se déplacer et m'a demandé de vous apporter ce pli.

Dans l'enveloppe, un message : M. Fahri devait prendre la voiture de son épouse, aller à Neuilly, rue de Longchamp, franchir une grille, pénétrer dans l'enceinte du champ de courses. Un plan assez confus accompagnait ces instructions.

À la nuit tombée, il nous restait à quadriller le bois de Boulogne, bien au-delà de l'endroit où devait être déposée la rançon, près de l'entrée principale de l'hippodrome de Longchamp.

Nous devions être présents sur chaque itinéraire d'accès. Il était convenu de n'intervenir qu'après la libération de Fabien.

Lorsque les planques nécessitaient un dispositif aussi lourd, notre mission s'apparentait à de la mise en scène théâtrale. Les inspecteurs jouaient leurs rôles avec un sens aigu de la comédie, en fonction du quartier et des circonstances. Ce jour-là, dans le bois de Boulogne, nous avions deux ou trois joggeurs qui suaient à grosses gouttes, un promeneur avec son chien, un couple d'amoureux, un « mateur » en imperméable... Rien que des collègues, dont nous observions le manège depuis nos voitures.

D'autres inspecteurs étaient chargés de la protection discrète du père qui pouvait être abordé à tout moment. Le malheureux homme, qui avait insisté pour porter lui-même la sacoche (nous avions proposé de le remplacer par un policier), hésitait sur l'itinéraire à suivre. Le plan était si imprécis qu'il s'égara dans les sous-bois, revint sur ses pas, de plus en plus angoissé à mesure que les minutes défilaient. Un inspecteur-promeneur dut venir à sa rencontre et lui indiquer le chemin. Mais il voulait agir seul, comme l'avaient ordonné les ravisseurs. L'un d'eux commençait d'ailleurs à s'impatienter puisqu'il téléphona à l'épouse de l'homme d'affaires.

– Passez-moi Fahri, lui dit-il.

– Il n'est plus là, répondit la jeune femme. Il vient vers vous pour vous donner l'argent.

– Je n'aime pas attendre si longtemps.

– Oui, mais le taxi est arrivé à 18 heures.

– Vous savez quelle heure il est ?

– Oui, il est 19 h 25.

– Nous n'aimons pas attendre si longtemps.

– Oui, je sais, mais il est parti tout de suite.

– Nous vous donnons une demi-heure, juste une demi-heure et c'est tout. Souvenez-vous-en, c'est tout.

Vers 20 h 30, M. Fahri localisa enfin l'endroit prévu pour la remise de rançon, à proximité du moulin de Longchamp. Il fit semblant d'uriner contre un arbre. Dans l'obscurité, un inconnu s'approcha.

– Mon fils est-il vivant?

– Oui, déposez la valise... Il sera libéré quand les billets auront été testés.

Caché dans un fourré, Gratadeix put apercevoir le ravisseur et diffuser son signalement sur les ondes : la cinquantaine, taille moyenne, assez corpulent, une casquette sur le crâne. Au volant de sa R4, il nous fit mille misères pour déjouer les filatures. Il était préférable, pour la sécurité de l'enfant, de lever notre dispositif. Nous avions suffisamment de précisions à son sujet (photographies, un signalement précis, identification du véhicule...) pour le coincer.

Peu avant 5 heures du matin, gare d'Austerlitz, une adolescente confia Fabien à un chauffeur de taxi qui le conduisit rue de Varenne, chez ses parents.

À 8 h 55, le lendemain, l'instigateur de ce rapt était arrêté à Rueil-Malmaison. Il s'agissait en fait d'un homme de cinquante-quatre ans, marié à une cousine éloignée de Mme Fahri. Pour convaincre le petit garçon de monter dans sa voiture, le mardi matin, il lui avait dit que des terroristes voulaient l'enlever et qu'en accord avec son père il devait le mettre à l'abri dans le Loir-et-Cher.

Le malfaiteur avait été tour à tour le kidnappeur, le poseur de hottes de cuisine, le blessé de l'hôpital Ambroise-Paré et le promeneur du bois de Boulogne! Comble du cynisme : il avait impliqué sa fille de quatorze ans dans sa machination...

Les kidnappings n'avaient décidément rien de comparable avec les autres affaires. La discrétion qui les entourait pour d'évidentes raisons de sécurité s'imposait à nous jusque dans les couloirs du 36. Il régnait alors une ambiance étrange, empreinte de gravité, de pudeur. La décontraction, réelle ou feinte, que nous affichions d'ordinaire cédait la place à une tension contenue, sans aucune comparaison avec la relative excitation d'un départ précipité sur les lieux d'une prise d'otage ou l'envoi de renforts contre un gang de braqueurs. Tout était différent, l'affectif entrait en jeu.

Dans les allées du bois de Boulogne, nous avions ressenti une pression supplémentaire. Cette sensibilité tenait à la nature même de notre métier et des risques privés qu'il impliquait. Sans pour autant vivre dans une angoisse permanente, nous éprouvions nous-mêmes des craintes pour nos enfants. L'idée qu'un terroriste ou un truand choisissent un jour de se venger en kidnappant l'un de nos gosses ne pouvait être totalement écartée. Dans ces moments-là, nous téléphonions à la maison plus souvent qu'à l'accoutumée, juste pour savoir si tout allait bien.

Depuis mes débuts à la BRI, mes deux fils, Vincent (six ans) et Philippe (onze ans), avaient appris à se méfier, sans sombrer dans la paranoïa. À l'école, sur les terrains de foot, en vacances, mon métier s'était imposé à eux jusque dans leur vie de gamins. Il leur arrivait même d'en rire lorsque nos craintes viraient au burlesque. Ainsi, en janvier 1976, deux jours après la libération de Fabien, nous venions de quitter la grand-mère de ma femme, à Vigneux, lorsque j'appris par un flash radio qu'un attentat et une prise d'otages étaient signalés à l'aéroport d'Orly[1], situé à quelques kilomètres de là.

Je devais m'y rendre le plus rapidement possible.

Voilà comment, après avoir franchi divers barrages de police, la vieille 404 familiale fit une arrivée remarquée devant l'aérogare en état de siège. Les CRS en poste ce soir-là à Orly s'en souviennent peut-être encore : les deux garçons étaient sur la banquette arrière, mon épouse à l'avant, et le kart à pédales sur le toit! Tous trois grimpèrent dans un taxi pour rentrer chez nous, à l'autre bout de Paris. Vincent, le benjamin, s'amusait de cette aventure. En désignant le chauffeur qui tardait à trouver son chemin, il demanda discrètement à son frère :

– Dis, tu crois qu'il nous a pris en otages?

J'ignorais que de véritables menaces, liées au banditisme, allaient bientôt peser sur ma famille.

1. Le 19 janvier 1975, trois fedayin déclenchent une opération commando contre un avion de la compagnie israélienne El Al. Un CRS en faction dans l'aéroport s'interpose et une fusillade éclate. Une vingtaine de personnes sont blessées lors de l'explosion d'une grenade. Les terroristes passent la nuit dans les toilettes de l'aérogare avec une dizaine d'otages, dont une fillette de quatre ans. Le lendemain matin, après de pénibles négociations, ils s'envolent à destination de l'Irak.

XII

Le milieu de A à « Z »

J'étais en poste à la BRI depuis près de trois ans. La grande maison du 36 n'avait plus guère de secret pour moi. J'avais mes habitudes dans notre pigeonnier du dernier étage. Les gars y vivaient comme dans un immense appartement de célibataires, un peu fouillis, plutôt désordre, où il faisait bon se réunir.

Notre unique secrétaire, Fernande, surnommée la « Mère tape dur » tellement elle martyrisait sa machine à écrire, avait la voix haut perchée et le look rétro. On racontait qu'elle avait été virée de plusieurs services à cause de son caractère épouvantable. Il est vrai que cette femme de tempérament disait volontiers ce qu'elle avait sur le cœur. Elle se plaisait chez nous. Pour rien au monde elle n'aurait changé de poste et nous de secrétaire... Les antigangs s'amusaient à la taquiner, à piéger sa machine avec des pétards, à lui faire toutes sortes de farces. Elle rouspétait, juste pour la forme. C'était presque devenu un jeu entre elle et nous. Tout le monde l'aimait ainsi, bougonne mais serviable, fidèle au poste, dans les bons moments comme dans les mauvais.

Parmi les autres personnages incontournables, il y avait Pierre Dauphin, dit « Flipper », un homme fidèle en amitié et d'une grande rigueur morale. Il s'occupait à merveille de notre matériel. Les inspecteurs du groupe Documentation étaient, eux aussi, d'une remarquable efficacité. Ils savaient tout des truands : noms, surnoms, relations, antécédents judiciaires...

Aux premiers frétillements d'une affaire, ils fouillaient dans leurs archives pour en extraire *le* renseignement qui allait nous mettre sur la voie d'un complice ou d'une adresse. Ces encyclopédies vivantes jouaient un rôle fondamental dans l'aboutissement des enquêtes.

À mon arrivée à la brigade, les responsables de la Doc étaient Robert Jaouen et Louis Broudin, l'homme des crêpes dans l'affaire de Brest. On l'appelait « P'tit Louis » ou bien « Jésus-Christ », rapport à sa minceur et à sa barbe. C'était la mémoire du service. Depuis son départ, d'autres avaient pris le relais : Cadeau, Durepoix (dit « Poidur »), Collignon, Roman (dit « Raymond la science »)... Le banditisme était si actif, dans les années 1970, que leurs fiches et leurs dossiers, rangés dans un bureau proche du mien, devaient être sans arrêt réactualisés.

Je finissais par bien connaître la pègre. C'était l'aboutissement logique de mes expériences accumulées. Du temps de la 1re BT, quand nous pistions les roulottiers de boulevards et les « julots-casse-croûte », il m'avait fallu des mois et des mois pour assimiler la faune de la rue, avec ses usages et son langage. À la Criminelle, en enquêtant sur des meurtres, j'avais appris la psychologie des assassins. À la BRI, j'avais découvert le grand banditisme.

Dresser un tableau de la situation de l'époque est une entreprise délicate. Comme toute activité humaine, la délinquance évolue, les hommes passent, les techniques changent, rien n'est figé. Une tentative de classification est d'autant plus hasardeuse que, depuis les années 1960, la dérive dénoncée par les anciens s'était accélérée : déclin des « valeurs », extension de la violence, rajeunissement et embourgeoisement des cadres.

D'abord, le milieu n'existait plus vraiment. Disons qu'il était entré dans une phase de mutation. Les bandits de la vieille école, avec leurs lois et usages, se faisaient rares et certains clichés n'avaient plus lieu de perdurer. J'eus confirmation de cette évolution après l'interpellation d'un truand à l'ancienne dans une affaire de recel. Rodé aux mésaventures judiciaires, il avait aisément esquivé l'obstacle mais j'eus, par la suite, l'occasion de discuter avec lui, lors d'une autre rencontre. Nostalgique, il me confia, dans la plus verte des langues :

– Dès qu'ils ont un peu d'oseille, les gars veulent vivre comme Monsieur Tout-le-monde. Tout pour la flambe et l'artiche ! Seulement, en voulant jouer les bourgeois et donner dans la finance, ils sont devenus individualistes. On oublie l'ami en cabane, la famille dans le besoin, le bavard qui attend sa fraîche. Bref, ils se ramolissent, ils se laissent corrompre, c'est un comble ! En s'écartant du milieu, ou de ce qu'il en reste, ils auront du mal à être invités sur un coup, à fourguer leur came, à trouver une planque, des armes, des faux fafs... Les jeunes sont comme ça, solitaires et non solidaires. L'esprit change. Ils refusent de payer pour leurs conneries, défouraillent pour un rien, prennent des otages. Avant, quand il y avait du rififi entre deux mecs ou deux équipes, il y avait un protocole à respecter : demande d'explication, appel à un arbitre ; en cas d'échec, règlement de comptes. C'était clair. Maintenant, il n'y a plus d'arbitre. Certains caïds ne sont que des gonzesses. Les vrais de vrais, tu les croises dans les coups durs et ceux-là, s'ils se retrouvent en taule, je t'assure qu'ils marchent la tête haute. On ne vient pas les faire chier. Une espèce en voie de disparition, pour sûr ! Crois-moi, un mec du milieu est à la fois sourd, aveugle et muet comme une carpe. Or les truands d'aujourd'hui sont prêts à balancer leur mère pour se tirer d'affaire. Ce n'est même plus la peine de leur mettre une tarte dans la gueule, ils racontent leur vie ! Vous autres, les lardus, vous n'avez pas grand mérite ! Bon, d'accord, je pousse un peu ; il reste encore de beaux lascars, des messieurs qui savent se conduire[1]...

Tout n'était donc pas perdu !

Je dois reconnaître que j'éprouvais une forme d'estime pour ceux, certes bien rares, qui se pliaient encore à des règles un brin « vieille France ». Quand ils étaient coincés, ils savaient l'admettre. La lucidité n'excluait pas la violence mais cette violence

1. En argot, l'oseille, le grisbi, le carbure, la fraîche, l'artiche signifient l'argent. Le bavard, c'est un avocat. Les faux fafs, les faux papiers... Lire le dictionnaire d'Auguste Lebreton, *Argotez, argotez. Il en restera toujours quelque chose...*, Éditions Carrère, 1986.

avait des limites, celles des chances de réussite. En cas de pépin, ils renonçaient à faire n'importe quoi. Ne reprenons pas ici le couplet « hommes d'honneur, hommes de parole », mais il y avait un peu de cela. Certains anciens avaient le sens de la sortie. Outre Santucci, le Corse de mes débuts à la BRI, je me souviens notamment d'une équipe de casseurs qui malmenait le coffre du Marignan, un cinéma des Champs-Élysées. Une panne de chalumeau les obligea à quitter les lieux avec leur matériel. Or nous les attendions dehors depuis deux heures ! Aucun des six n'était armé. Fair play, l'un d'eux nous félicita :

– Bravo, messieurs, votre coup a mieux réussi que le nôtre !

Et Marcel S., un pied-noir que j'avais déjà rencontré par le passé, s'adressa à moi, superbe de décontraction :

– Broussard ! Je te reconnais ! Si on allait boire un verre...

Le hasard a voulu que je le rencontre une vingtaine d'années plus tard, porte de la Chapelle. Ma voiture étant tombée en panne, un automobiliste s'arrêta complaisamment pour me proposer son aide : Marcel, l'homme du Marignan, plus gentleman que jamais !

L'antigang s'occupait surtout des braqueurs, cambrioleurs et autres perceurs de coffres, au total plusieurs centaines de malfrats sur la place de Paris. Ils formaient une caste à part, un « milieu dans le milieu », peuplé le plus souvent de malfaiteurs professionnels qui avaient fait le choix du crime et l'assumaient.

« Pour bien connaître les criminels, il faut l'avoir été soi-même », prétendait François Vidocq, l'ancien bagnard devenu chef de la Sûreté. Sans avoir jamais brandi un calibre devant un caissier de banque, sans m'être jamais présenté avec un chalumeau devant un coffre-fort, j'estimais malgré tout bien connaître les stars du braquage ou de la cambriole. Ils partageaient un même besoin de se conformer à l'image traditionnelle, presque caricaturale, du voyou rebelle, libre, fidèle à la parole donnée. Ils formaient une sorte d'élite, dédaigneuse des casseurs à la petite semaine et des « caves », ces besogneux juste bons à être honnêtes !

Ce monde si particulier avait ses personnages en vue : Kiki P., casseur de renom arrêté après une belle bagarre (deux blessés dans nos rangs, dont Quem, mon coéquipier de Béziers) ; le gros D., un as du coffre-fort, si gras (cent cinquante kilos) qu'il s'allongeait au sol pour ne pas être embarqué (on avait dû lui pincer puis lui relever le bout du nez pour l'obliger à se lever !) ; l'Antillais Yacinthe C., braqueur de bijouteries, qui se cognait la tête contre les murs pour nous accuser ensuite de « mauvais traitements » ; Daniel C., un ténor de la fameuse banlieue sud, arrêté après avoir été filé jusqu'à Biarritz... Citons aussi « Jacky le Bordelais », la terreur du moment, recherché pour plusieurs homicides et hold-up. Un coriace, celui-là ! Le jour de son arrestation, dans un immeuble vétuste du XXe arrondissement, il sort dans la cour intérieure en slip de bain style léopard, un manche à balai dans une main et un vase brisé dans l'autre ! Nous ne sommes pas trop de quatre pour le maîtriser. Les locataires, penchés aux fenêtres, encouragent leur Tarzan et nous balancent toutes sortes d'objets !

Dans les années 1970-1980, le milieu n'était donc plus, à quelques exceptions près, la confrérie mythique des polars d'antan. Il n'y avait plus un mais des milieux, des filières, des réseaux au sein desquels on ne faisait confiance qu'aux amis et aux amis des amis. Cette évolution s'est encore accentuée par la suite...

N'exagérons cependant pas ce côté hermétique et cloisonné. S'il existait des bandes, il n'y avait pas une hiérarchie structurée. La pègre française avait toujours fonctionné de la sorte, avec une myriade de groupes indépendants. Rien ne relevait d'une « organisation » centralisée – au sens italien ou américain du terme – ayant une emprise sur les grands secteurs de la vie publique (économie, politique...). Le risque existait néanmoins de voir un jour la pègre française imiter la « pieuvre », investir tous azimuts et gangrener la haute finance. Au dernier étage de la pyramide – celui où il convient d'avoir le pied agile et le souffle long –, certains y songeaient : les frères Zemour, les « Z », comme on les appelait dans le faubourg Montmartre, le quartier des Juifs pieds-noirs de la capitale.

À l'origine, ils étaient cinq : Théodore (dit André ou « Dédé »), Gilbert, William, Roland et Edgar, tous nés à Sétif, petite ville de Kabylie. Fils d'un homme sans histoire, employé à la synagogue locale, ils avaient grandi « là-bas » avant que l'Histoire ne les contraigne à traverser la Méditerranée à la fin des années 1950.

Aucun d'entre eux ne semble avoir laissé trace d'une quelconque activité malhonnête en Algérie. On note bien, dans cette région en proie à de vives tensions entre les communautés, quelques escarmouches avec de jeunes Arabes, mais rien de méchant, du moins à notre connaissance. Ils se rattraperont à Paris, dans ce faubourg Montmartre qu'ils vont conquérir café après café, trottoir après trottoir.

Seul l'aîné, Roland, ne connaîtra pas cette ascension. Arrivé le premier en métropole, ce don Juan large d'épaules y sera abattu à vingt et un ans, le 17 novembre 1947, probablement victime d'un proxénète concurrent, un julot que l'on retrouvera mort sur une route de la Côte d'Azur, en 1961, preuve que les « Z » ont de la mémoire et le sens de la famille.

Roland au cimetière, il reste donc quatre frères. Les plus ambitieux sont William, Gilbert et Edgar, trois monstres d'orgueil – surtout les deux derniers – qui vont gravir les échelons de la pègre. Beaux parleurs, ils passeront des menus larcins aux combines, comme la vente à domicile de trousseaux de mariage ou le commerce du vin. Séducteurs, ils s'essaieront au proxénétisme. Bagarreurs, ils proposeront leurs services à des patrons de boîtes de nuit...

L'objectif avoué demeure Paris. Le Paris des « gagneuses », des boîtes, des bistrots, des trafics. Et Paris, pour un Zemour, c'est d'abord le faubourg Montmartre, ce quartier où ils vont s'aguerrir pour mieux revendiquer ensuite leur place au sein du milieu.

C'est dans le sillage d'une autre entreprise familiale, celle des six frères Atlan, qu'ils vont imposer leur loi. À cette époque, le clan Atlan tient le secteur. Moyennant une dîme régulièrement collectée, il assure la protection des commerçants importunés par les petites frappes. Nul ne se plaint des Atlan, à l'exception des frères Perret, en l'occurrence Marius, Clément et Gilbert, dirigés par leur mère, Léonie Benaïm, dite la « Mère Léo ». Les Perret, ces « demi-Juifs », comme disent les habitants du faubourg, osent, eux, contester la suprématie des Atlan. L'exécution de Sion Atlan, en octobre 1965, et celle de son frère René, en décembre 1966, vont provoquer l'entrée en jeu des Zemour.

Comme les Atlan ne font plus le poids, le faubourg se tourne vers les « Z », ces jeunes qui semblent avoir les épaules assez solides pour se lancer dans la bataille et venger leurs amis. Ils n'ont pas froid aux yeux, les frangins de Sétif! En une seule nuit, celle du 26 au 27 janvier 1967, la carrière des Perret va être brisée : au sortir d'une réunion chez la Mère Léo, l'un des membres de la bande, Jean-Claude Flerschlinger, est grièvement blessé aux testicules ; un peu plus tard, Jacques Ben Loulou, dit « la Volige », sera tué de douze balles.

Le milieu s'agite. Les « demi-Juifs » craignent les Zemour, ils redoutent un massacre.

Les antigangs, dirigés à l'époque par François Le Mouël et Frédo Vénier, mon futur adjoint, comprennent que les hostilités sont ouvertes. Ils arrêtent les Perret avant qu'ils aient eu le temps d'organiser la riposte. Tandis qu'ils investissent un appartement de Fontenay-le-Fleury, un homme de la BRI, resté en attente au rez-de-chaussée, récupère les armes qui dégringolent en quantité dans le vide-ordures !

Les « Z » ont gagné. Débarrassés des Perret, désormais en prison, ils poursuivent leur ascension. Le proxénétisme, avec ses ramifications en Afrique, en Allemagne, en Belgique, leur assure bientôt des revenus considérables. Ils contrôlent aussi divers bars et restaurants. Cette stratégie expansionniste, habilement orchestrée sous couvert d'activités honorables, fait d'eux des businessmen beaucoup plus redoutables que les Atlan. Ils sont également patriotes puisqu'ils récoltent des fonds pour soutenir Israël durant la guerre des Six-Jours, en juin 1967. Edgar et William en profiteront d'ailleurs pour tenter par la suite (période 1970-1972) une percée sur le marché israélien. Ils ouvriront un restaurant à Tel-Aviv et évinceront une autre famille gênante (une habitude !), celle des frères Abitbol.

Dans *M... comme Milieu*, ouvrage de référence en la matière [1], le journaliste James Sarazin s'attarde sur cette montée en puissance : « En quelques années, le petit gang du faubourg Montmartre devient une entreprise aux dimensions gigantesques : au début des années 1970, elle ne comportera pas moins de 257 "collaborateurs", rien que dans la région parisienne et le chiffre d'affaires cumulé de la prostitution, du racket et des investissements honnêtes atteindra un demi-milliard d'anciens francs par mois... »

Ces données chiffrées sont difficiles à confirmer mais l'on peut supposer qu'elles ne sont pas très éloignées de la vérité. Car c'est bien un empire que William, Edgar et Gilbert Zemour ont commencé de bâtir depuis Paris (le quatrième, « Dédé », se tient à l'écart, aux Baléares puis aux Antilles). Seul le secteur du jeu, chasse gardée des Corses, échappe à leur emprise, mais ils ne désespèrent pas d'y faire un jour carrière. Du reste, ils apportent leur soutien armé au clan Francisci, en guerre depuis des années contre le clan Andreani. Quant à la drogue, c'est autre chose, ils refusent d'y toucher.

Mais le milieu est ainsi constitué qu'il existe toujours quelque part, dans l'ombre d'un quartier chaud, un quarteron d'audacieux prêt à contester les hiérarchies. De fait, l'avènement des frères de Sétif n'est pas du goût de tout le monde. Un de leurs anciens collaborateurs, Roger Bacry, se sent même pousser des ailes, au point d'orchestrer la rébellion.

Cet homme de quarante-deux ans, officiellement « commerçant en chemiserie », a constitué une équipe solide. On y recense du beau monde : Jean-Claude Vella, surnommé « Petites Pattes » ; Marcel Gauthier, un braqueur réputé ; Marcel Barokhel, dit le « Coréen » en raison de son passé militaire ; Jean-Pierre Maione-Libaude, un autre braqueur de renom.

Une histoire de femmes et l'ambition démesurée de Bacry vont aboutir à un conflit sans précédent dont sera d'ailleurs tiré le film d'Alexandre Arcady, *Le Grand Pardon*, avec Roger Hanin

1. James Sarazin, *M... comme Milieu*, Alain Moreau, 1977.

dans le rôle du chef de clan Bittoun. Un long métrage inspiré de la saga des « Z ».

Bacry est un paranoïaque, incapable d'assumer la guerre qu'il a provoquée. Il ne tarde pas à se suicider. Un vrai suicide, semble-t-il, le 12 juin 1974. L'armistice n'est pas signé pour autant. Sans entrer dans le labyrinthe des rivalités, des manipulations et des intrigues, l'affaire se résume à l'opposition de deux camps : d'un côté les Zemour et leurs sbires du faubourg Montmartre ; de l'autre le clan du trio Vella-Gauthier-Barokhel, surnommés les « Lyonnais » ou encore les « Siciliens » et originaires, pour la plupart, de la banlieue sud de Paris. Déclenchées en mars 1973, les hostilités ne cesseront qu'en septembre 1976, après la mort de trente et une personnes liées à ces deux bandes[1].

Nous étions donc en 1975. Marcel Leclerc venait de succéder à Jean Sautereau à la BRI. Même si nous n'étions pas directement concernés par les multiples activités des Zemour, la situation était si tendue que nous ne pouvions pas rester inactifs. Le milieu était en ébullition, les porte-flingues en alerte, les caïds sur leurs gardes et nos clients habituels, les braqueurs, pouvaient à tout moment entrer dans la mêlée. Cette guerre des gangs, ajoutée aux braquages, à l'expansion du trafic de drogue et à la renommée naissante de « solitaires » comme Mesrine ou Willoquet, inquiétait l'opinion publique.

La mise hors d'état de nuire des Zemour devint une priorité. Mais il n'est jamais facile d'attraper de si gros poissons ; ils ont toujours d'infaillibles alibis, des amis influents, de brillants avocats.

Leclerc rêvait d'une telle prise pour ses débuts d'antigang. Comme nos collègues d'autres services, nous voulions tous arrê-

1. Raphaël Dadoun, dit « Yeux de velours », le 12 mars 1973 ; Joël Arfouilloux (le « grand Jo ») et Raymond Elbaz le 6 avril 1973 ; Louis Nesmoz (« Pépé »), Henri Simonelli et Daniel Renard le 19 mai 1973 ; Pierre Manlay (« Manluche ») et Ischil Levites (« Riton le Juif ») le 27 mai 1973 ; Jean-Louis Augé (« Petit Jeannot », parrain présumé du milieu lyonnais), le 15 juin 1973... Mais aussi Désiré Dahan, Jean-Claude Leclercq (le « Bedeau »), Claude Ducroc... L'hécatombe, de part et d'autre.

ter les « Z ». Nous devions patienter, attendre le moment propice.

Le 28 février 1975, nous avons cru ce jour arrivé. C'était un vendredi, un triste matin d'hiver. L'ambiance n'était pas au sourire dans nos bureaux. Les locaux étaient déserts, les téléphones sonnaient dans le vide. Seuls quelques inspecteurs assuraient la permanence, sans trop d'enthousiasme.

La veille, place de la République, la brigade avait connu un moment pénible. Après avoir tué le caissier d'une banque, deux braqueurs avaient pris en otages cinq personnes. Au terme de six heures de négociations, ils avaient obtenu de l'argent et une voiture. Nous avions reçu l'ordre de les laisser filer avec deux otages. Ces derniers avaient été récupérés peu après, sains et saufs, et c'était bien l'essentiel. Même si nous avions recueilli des indications permettant une identification rapide des truands, nous nous étions sentis honteux d'avoir été contraints de capituler. Au moment du départ de la voiture, des badauds avaient crié : « Tuez-les ! Tuez-les ! La mort pour les assassins ! » Cette affaire nous avait menés fort tard dans la nuit et chacun cherchait à récupérer, chez lui, des tensions de la soirée.

En fin de matinée, un renseignement nous parvint de la 1re BT, brigade dirigée à l'époque par le commissaire Marcel Morin. L'un de ses inspecteurs avait un indic visiblement bien informé sur le conflit opposant les « Z » aux « Siciliens » puisqu'il prétendait qu'une rencontre entre les deux camps était prévue, le jour même, au bar J'ai du bon tabac, au 12, boulevard Saint-Germain. Une sorte de Yalta du crime se préparait, une ultime tentative de négociations, avec tout ce que cela comporte de sous-entendus en cas d'échec. Mais il pouvait également s'agir d'un guet-apens monté par les Zemour contre la bande rivale et un certain Fernand B., dit « Louis d'Auteuil », un personnage de haut rang. Le choix du Bon Tabac comme lieu de rendez-vous était plausible dans la mesure où Louis d'Auteuil possédait un bar non loin de là, quai de la Tournelle.

Morin et son inspecteur avaient fait de l'excellent travail. Ils avaient obtenu un « tuyau » et l'avaient transmis à la BRI, démontrant une nouvelle fois que les informations proviennent souvent des hommes de terrain avant d'être exploitées par les brigades spécialisées. L'indic était-il crédible? Nous étions plutôt sceptiques. N'était-il pas considéré comme proche des « Siciliens » ? Quel intérêt avait-il à « balancer » les belligérants ? Dès le début de ma carrière, on m'avait mis en garde contre les embûches dans les relations entre le policier et son indicateur[1]. Je me méfiais de ces « auxiliaires » d'un genre un peu particulier qui se confient rarement par amour de la police ou par souci de justice mais plutôt dans l'espoir d'un petit service. Il peut ainsi arriver que l'on ferme les yeux sur tel ou tel larcin pour peu que le jeu en vaille la chandelle et mène à du « gros ». Le meilleur des indics demeure toutefois celui qui trouve sa récompense dans la dénonciation elle-même. Il dénonce par jalousie ou souci de vengeance, sans autre satisfaction que les ennuis de l'adversaire. Bien que la délation soit l'art du lâche, une manière de crapule, elle permet de résoudre certaines énigmes, à condition, évidemment, de connaître les motivations de la « balance », de s'assurer qu'elle ne cherche pas à brouiller les pistes ou à faire accuser un innocent.

Dans un même élan de générosité, l'indic nous offrait les Zemour et leurs rivaux! Un joli cadeau. Certes, nous n'avions pas le temps de vérifier l'emballage ni de réfléchir au contenu, mais il faut toujours prendre ses dispositions même si le doute existe quant à la fiabilité du « tuyau ». Imaginons un instant que la police, pourtant alertée de l'imminence d'un crime ou d'un délit, ne se déplace pas : les critiques seraient justifiées.

Leclerc fit le bon choix. Il rassembla dix-huit inspecteurs aux abords du café J'ai du bon tabac. Nous voulions arrêter un maximum de truands, de façon à les accrocher au moins pour port d'armes et association de malfaiteurs.

Ce 28 février 1975, les premiers à se présenter sont du camp des pieds-noirs. Et non des moindres : Edgar et William Zemour en personnes, ainsi qu'Edmond, un cousin, restaurateur à La Ciotat. Les deux frères sont arrivés séparément ; Edgar

1. En principe, on nomme « indicateur » celui qui « balance » des affaires en désignant le ou les coupables, et « informateur » celui qui se contente de donner des renseignements, par exemple aux Renseignements généraux.

en BMW, William en R16. Leur seule présence confirme l'importance de la réunion et la fiabilité de l'information.

William, dit «Zaoui», né le 17 novembre 1930 à Sétif, est le chef du clan. C'est le plus discret, le plus rusé des «Z». La presse, jamais avare d'exagérations, raconte que cet élégant possède cent cinquante costumes et une cinquantaine de paires de chaussures. Il est aujourd'hui vêtu d'un imperméable mastic, d'une veste Smalto, d'une chemise bleue.

Son frère Edgar, né le 20 septembre 1937 à Sétif, aime l'argent et le jeu. C'est un prétentieux, un bagarreur. Il porte une veste pied-de-poule, un pull beige et des mocassins. Quant à Edmond, le cousin de province, il n'a pas le palmarès de ses parents. Nous ignorons pourquoi il est monté à Paris. Pour le beau temps, peut-être... En ce dernier jour de février, le soleil d'hiver brille sur la capitale.

Les trois hommes ne sont pas entrés au Bon Tabac, mais dans un bar situé de l'autre côté du boulevard, à l'angle de la rue du Cardinal-Lemoine, le Thélème. Excepté eux, aucun individu suspect n'a été repéré. Nous supposons toutefois que les «Z», en caïds précautionneux, se sont fait précéder de quelques fidèles bien équipés.

Et le camp adverse dans tout cela? Où sont les «Siciliens» Vella et Gauthier (Barokhel, le Coréen, n'est plus de ce monde depuis le 11 octobre 1973, tué de trois rafales de pistolet-mitrailleur)? Au Bon Tabac, il y a deux consommateurs non identifiés, installés en terrasse. Derrière leurs lunettes de soleil, ils paraissent attentifs à ce qui se passe au Thélème, chez les pieds-noirs. Notre petit monde se mettrait-il en position pour des «discussions»? Nous en sommes désormais convaincus.

Il va falloir improviser au mieux. Deux groupes sont constitués : l'un, emmené par Leclerc et composé de quatre inspecteurs, interviendra au Bon Tabac, contre les suspects aux lunettes; l'autre, que je dirigerai, s'occupera du Thélème et des «Z».

Ce café tranquille n'a pas la réputation d'accueillir des voyous. On y accède par deux entrées. Une porte vitrée, ouverte sur le pan coupé, à l'angle du boulevard et de la rue du Cardinal-Lemoine, donne devant le comptoir, où sont accoudés notamment les trois « Z ». Une porte latérale, située rue du Cardinal-Lemoine, donne sur l'extrémité droite du comptoir. Il y a une rangée de tables, où sont assis quelques consommateurs. Je divise mon propre groupe en deux équipes afin de surgir dans le bistrot simultanément des deux côtés.

Pour bénéficier de l'effet de surprise, l'opération doit être coordonnée à la seconde près, de part et d'autre du boulevard, au Thélème et au Bon Tabac. D'un signe discret, je donnerai le top départ aux diverses équipes. Puis je rejoindrai les inspecteurs à l'intérieur du Thélème.

Les hommes sont prêts. L'équipe de la porte latérale (rue du Cardinal-Lemoine) sera conduite par René Defauverge. L'autre équipe, celle de l'entrée principale (pan coupé), sera dirigée par l'inspecteur divisionnaire Jacques Chaix.

Jacques est l'homme idéal pour ce type d'opération. Au même titre que Frédo Vénier, mais dans un genre différent, c'est un meneur que les plus jeunes suivent sans hésiter, convaincus de sa parfaite connaissance du milieu et de sa capacité d'improvisation. Un jour, alors qu'il filait des voyous sur les boulevards, nous l'avons vu emprunter le mètre d'un vendeur de costumes pour relever lui-même les mensurations d'un collègue et pouvoir ainsi surveiller les truands qui s'attardaient dans un magasin voisin !

Il est 16 h 10. En traversant le boulevard, je fais, comme convenu, un signe discret de la main. L'intervention est lancée.

Côté Bon Tabac, aucun problème : Leclerc et son groupe interpellent les types aux lunettes.

Côté Thélème, en revanche, nous jouons de malchance. Contre toute attente, la porte latérale est verrouillée, d'où un premier cafouillage. Defauverge et ses équipiers tardent à entrer dans le bistrot. Jacques Chaix fait quant à lui irruption par la porte principale, face au comptoir. Suivi de Bébert Objois et de Jean-Pierre Caillot, il crie : « Police ! Que personne ne bouge ! »

Chaix connaît les Zemour, il pense qu'ils ne riposteront pas mais qu'ils chercheront au contraire à calmer le jeu pour s'en remettre ensuite au talent de leurs avocats. Il n'a même pas sorti son arme, pour éviter qu'ils ne croient à une attaque du gang rival. Il s'avance vers eux, sans remarquer Joseph Elbaz, un porte-flingue attablé près de l'entrée avec un autre homme, Roland Attali.

Elbaz sort son colt, calibre 38. Il ouvre le feu, presque à bout portant. Chaix, bien que touché à l'épaule, dégaine à son tour. Il tire sur Elbaz. D'autres inspecteurs font de même. Le tueur s'écroule, ainsi que les deux frères Zemour. La patronne, le patron, les clients ont plongé sous les tables, sans savoir s'il s'agissait de policiers ou de truands.

La pagaille est telle que nul ne sait trop qui est qui et qui fait quoi. Les inspecteurs ordonnent à tout le monde de rester à terre car ils ignorent quels sont, parmi les clients, les éventuels complices. On crie, on se bouscule, on se piétine, on se bat. Aux premiers coups de feu, je me suis précipité à l'intérieur du café, suivi de Chétard. Les bagarres se poursuivent, un type bascule derrière le comptoir.

– Joseph en a pris une en pleine tête! hurle un inspecteur.

Sous le corps de William Zemour, je crois justement reconnaître Joseph Igounenc, l'un de mes collaborateurs. Mais un autre vient me prévenir qu'il est en fait sain et sauf. C'est Cinq-cinq, notre ami Chaix, qui est salement blessé à l'épaule. Il s'est replié sur le trottoir, soutenu par deux collègues. J'aperçois aussi Robert Guitard, qui se tient le ventre. Il est d'une pâleur alarmante, il a reçu un coup au niveau de la rate. Comme Chaix, il sera bientôt évacué vers l'hôpital.

Je pénètre de nouveau dans le bar. Les chaises et les tables sont renversées. Un homme d'une cinquantaine d'années ne cesse de répéter : « Je me plaindrai à l'ambassade d'Algérie, je me plaindrai à l'ambassade d'Algérie! » Je le conduis jusqu'au car de police, où sont déjà assis trois témoins. Il déclare, pour la première fois à ma connaissance : « Je suis maître Oussedik, du barreau de Paris. » Il ajoute qu'un autre avocat est blessé, dans la salle.

Je retourne au Thélème. Les patrons, tout comme leurs clients (un architecte, un étudiant tunisien, un joueur d'échecs...), sont sous le choc mais ils paraissent plutôt soulagés de s'en sortir à si bon compte. Parmi les blessés, un homme se présente comme étant « maître Benachenou, du barreau de Paris »... J'organise les secours. Il souffre d'un traumatisme crânien et d'une fracture de la face. Son ami, Me Mourad Oussedik, qui a recouvré son calme, me remercie de ma diligence. J'ignore encore que ces deux avocats n'ont rien à voir avec les « Z » et leur supposé Yalta du crime. J'ignore également que leur bureau est situé à proximité du Thélème, où ils ont l'habitude de boire leur café. Oui, j'ignore tout cela mais je sais que cette affaire sent le soufre. Le bilan est lourd, avec deux blessés du côté policier (Chaix et Guitard), un avocat frappé dans la bagarre, et une hécatombe chez les truands :

– Joseph Elbaz est mort sur le coup, à l'âge de vingt-neuf ans. Il avait de faux papiers au nom de Benjamin Attal. Il était armé d'un colt Official Police.

– William Zemour, touché par quatre balles, décédera un peu plus tard. Il portait à la ceinture un revolver Smith et Wesson de calibre 38. Dans sa voiture, une Renault 16 immatriculée à Paris et louée sous un faux nom, nous découvrons un colt Diamond Back, approvisionné comme il se doit. Une perquisition à son domicile permettra de saisir un pistolet automatique Manurhin, calibre 7,65.

– Edgar Zemour est grièvement blessé (quatre balles, dont une qui a atteint la première vertèbre).

– Le cousin Edmond, plus chanceux, a été blessé au genou.

– Le cinquième, Roland Attali, âgé de trente-sept ans, s'en sort sans une égratignure. On a ramassé, près de lui, un pistolet Rohm, calibre 38. Mais peut-être est-ce une coïncidence...

Autre trouvaille confirmant que ces messieurs n'étaient pas là pour plaisanter : un pistolet automatique de marque Browning, calibre 7,65. S'agissait-il de l'arme d'Edgar ? Ce ne sera jamais prouvé. Les inspecteurs présents lors de la fusillade indiqueront cependant que tous les truands, à l'exception de William, avaient dégainé dans la foulée de Jojo Elbaz. Enfin, ultime précision : dans la R16 de William, un document manuscrit nous en dit long sur les intentions des « Z ». Il s'agit d'un rapport complet sur la composition et les activités du gang rival. Il est précisé qu'il se réunit souvent dans un bar situé quai de la Tournelle, c'est-à-dire à proximité.

À propos, qu'en est-il des fameux « Siciliens » ? Les deux consommateurs interpellés au Bon Tabac par l'équipe Leclerc sont mis hors de cause. Rien à voir avec la pègre.

Ainsi donc, les Vella, Gauthier et autre Louis d'Auteuil ne seraient pas venus au rendez-vous ? Une rumeur nous parviendra, après cette affaire, indiquant que les rivaux des « Z » étaient bel et bien présents, à l'heure dite, à l'arrière d'une camionnette, armés d'un fusil-mitrailleur braqué sur l'entrée du Thélème, mais qu'ils auraient préféré renoncer au dernier moment. Une rumeur, rien qu'une rumeur. Aujourd'hui encore, je l'estime peu crédible. Nous avons, en effet, retrouvé certains de ces « Siciliens » quelques heures après la fusillade...

Nous sommes encore boulevard Saint-Germain lorsque des collègues de l'OCRB viennent nous informer que des membres de cette bande seraient réunis dans un pavillon de Paray-Vieille-Poste, dans l'Essonne. Quelques antigangs se rendent aussitôt là-bas, en compagnie d'hommes de l'OCRB et de la Criminelle.

Ils débarquent en pleine fête. Tout ce joli monde sable le champagne. « Nous fêtons nos retrouvailles », jurent-ils en chœur, remerciant le « hasard » qui les a fait se rencontrer, précisément ce jour-là, précisément dans ce pavillon-là. De sympathiques « retrouvailles », avec deux flingues cachés sous les coussins et trois autres armes, dont un fusil à pompe, dissimulées ailleurs dans la maison. De sympathiques « retrouvailles », entre des jeunes gens bien sages : Pierino R. dit « Périgne », Laurent A., Christian B., Christian H. et Jacques R. Comme le veut la bienséance, seul le locataire des lieux, « Périgne », endossera la responsabilité de l'artillerie. Vella et Gauthier sont absents mais l'envie doit les tarauder, où qu'ils soient, d'ouvrir une bouteille le jour de la mort de William Zemour.

Voilà, c'en était fini de cette journée du 28 février 1975. La presse, dans sa majorité, retiendra que le coup de filet tant espéré a débouché sur une « bavure ».

Si nous appréhendions les conséquences de notre opération, nous étions loin d'en imaginer l'ampleur. La controverse dura trois ans! Trois ans d'accusations, de pseudo-révélations, de manipulations, d'intox, de procès, de rumeurs, de menaces. Trois ans et d'autres morts sur le pavé : Rywen Liwer, Jean-Claude Vella, Izi Spighel, Jean-Claude Attali, Marcel Gauthier... Tous tués au «front» de la guerre des gangs.

1975-1978. Une éternité.

Il faut dire que tous les ingrédients d'une polémique étaient réunis : les acteurs principaux (une célèbre brigade contre une célèbre famille); la personnalité des victimes collatérales (les avocats); et surtout l'époque, le contexte, aussi bien politique que social, avec une droite très à droite et une gauche très à gauche.

La tempête fut si violente qu'elle ébranla aussi le monde politique. En réaction aux accusations dont nous faisions l'objet, Jacques Chirac, à l'époque Premier ministre, donna un «coup de chapeau» à la police, «y compris à la Brigade antigang». Quant au futur Président, François Mitterrand, il apporta son soutien à Me Oussedik. Autre réaction : celle du public, de la majorité dite «silencieuse». La BRI reçut des milliers de lettres d'encouragement, de messages de sympathie.

Il est aujourd'hui quasi impossible de décrire ce que furent les années 1970 dans le domaine du fait divers. La virulence des titres et des articles, qu'ils soient favorables ou défavorables à la police, était sans commune mesure avec le traitement médiatique réservé de nos jours aux affaires du même type.

Mais repartons en 1975, afin de mieux mesurer l'excès des réactions, tant dans l'opprobre que dans la louange.

Le Parisien, à droite toute, s'insurgea en gros caractères : «Un comble! La police est critiquée par les démolisseurs de l'ordre public...» Et l'éditorialiste d'affirmer, péremptoire : «Loin d'approuver les détracteurs de nos policiers d'élite, le public applaudira leur intervention directe contre le crime organisé et souhaitera la voir se renouveler chaque fois que nécessaire.» Nous n'en demandions pas tant!

À l'autre bout de l'échiquier politique, *Libération* maintint son cap à gauche. Sous la plume antiflic de Gilles Millet, *Libé* apporta presque son soutien aux «Z», au point de qualifier notre version de «tissu de mensonges». Millet écrivit même que nous avions ouvert le feu. C'était faux, tous les témoignages, toutes les expertises le prouvaient! Il écrivit également qu'il s'agissait d'un « coup de force » monté par l'antigang pour « liquider » les Zemour. Dans la foulée, ce piètre enquêteur accusa ses confrères de « broder sur de soi-disant séries de règlements de comptes ». Il oubliait un peu vite les victimes : Dadoun, Arfouilloux, Nesmoz, Manlay, Levites, Augé, Dahan, Leclercq, Liwer. Tous morts. Des « coups montés » par l'antigang, peut-être?

À l'instar du *Parisien*, *Libération* a bien changé depuis 1975. Mais c'était le ton de l'époque. À droite comme à gauche, on encensait ou l'on dénigrait, mais l'on faisait rarement dans la demi-mesure et l'objectivité.

Tant d'années après l'affaire du Thélème, il reste les faits. Et les faits, eux, ne mentent pas, qu'ils soient ou non à notre avantage.

Oui, c'est vrai, Me Benachenou avait été victime d'une effroyable méprise. Et nous en étions responsables. Il avait reçu des coups de poing, des coups de crosse. Dans l'extrême confusion qui régnait dans la salle, le jeune avocat avait été pris pour un membre de la bande. En ne plongeant pas sous une table, comme son confrère Oussedik, mais en se dirigeant au contraire vers le comptoir – donc vers les « Z » –, il avait eu une attitude que les policiers, dans le feu de l'action, avaient jugée équivoque. Même si cette explication ne vaut pas excuse, elle permet de comprendre la genèse de l'incident.

Nos détracteurs nous accusèrent malgré tout avec une hargne inégalée. Dès le lendemain, la presse dénonça une « ratonnade », une « charge de la brigade du crime ». Elle se demanda même si nous étions des « superflics » ou des « supertruands ». Des associations de défense des droits de l'homme s'indignèrent du « racisme » des « policiers tueurs ».

Me Oussedik, plus expérimenté que son confrère, saisit l'opportunité pour mener campagne contre la police. À en croire cet avocat de renom [1], un antigang avait lancé : « C'est un raton, achève-le! » en parlant de Me Benachenou à un collègue.

1. Me Oussedik était alors connu pour avoir défendu les intérêts du FLN algérien. Plus récemment, en 1994, il a été l'un des défenseurs du terroriste Carlos.

Cette phrase inqualifiable avait-elle été prononcée ? En toute sincérité, je ne le pense pas. Les faits ne furent jamais démontrés. Si l'un des nôtres a dit cela, c'est effectivement intolérable. Dans le cas contraire, c'est l'accusation de Me Oussedik qui est inadmissible.

« C'est un raton, achève-le ! »... J'allais souvent repenser à ces mots de haine, pour me demander à mon tour si nous méritions ce flot de calomnies. À titre personnel, je n'avais pas rapporté d'Algérie une quelconque hostilité à l'égard des Nord-Africains. De mauvais souvenirs, oui. Des regrets, peut-être. Mais pas ce rejet de l'autre, cette phobie du « raton », du « bronzé » qui pousse un Français à devenir un « Dupont la joie ». Non, rien de tout cela. Surtout pas. Et ceux qui me connaissaient bien, y compris des Maghrébins, pouvaient en témoigner. Mais les autres, les militants bornés de l'antiflicaille ? Comment leur faire admettre, à tous ceux-là, qu'ils n'avaient en tête que des clichés périmés, des caricatures de flics matraqueurs ? Comment leur dire que dix-sept ans plus tôt, c'est en sauvant un Algérien des eaux glacées du canal Saint-Martin que j'avais découvert Paris et sa police ? Je ne pouvais espérer les convaincre de l'évidence, les persuader que cette brigade, comme toute autre collectivité humaine, était composée d'hommes de cultures, d'opinions, de confessions différentes. De droite, de gauche, du centre, peu nous importait l'étendard de chacun, nous n'en parlions pour ainsi dire jamais.

Je n'entends pas sombrer ici dans l'angélisme et brosser un portrait idyllique du service. Nous avons eu, comme d'autres brigades, des fonctionnaires qui se sont révélés parfois trop nerveux, mais ils n'ont jamais fait une longue carrière chez nous. Et puis, si notre collectivité avait des défauts, elle ne pouvait être taxée de xénophobie.

Alors oui, répétons-le, nous étions en tort. Nous devions l'admettre, même si la fatigue et le stress consécutifs à la prise d'otages de la place de la République, la veille au soir, pouvaient en partie expliquer la nervosité de certains d'entre nous. Si, comme on a pu le lire, la BRI s'était livrée à une « ratonnade », pourquoi Me Oussedik et l'étudiant tunisien avaient-ils été épargnés par notre prétendue furie ?

Me Benachenou porta plainte pour « tentative d'homicide ». L'inspecteur Bernard Pire, l'un des meilleurs éléments de la brigade, traîna pendant des mois une inculpation pour « coups et blessures volontaires ». L'avocat, confronté à tous les hommes présents au Thélème, avait reconnu en lui l'un de ses « agresseurs ». Cette inculpation suscita une vive émotion dans les rangs policiers, à l'antigang et ailleurs, car Pire était justement celui qui, le premier, avait vérifié l'identité de Me Benachenou après la bagarre. La justice finit par admettre qu'il n'avait rien à se reprocher. Il bénéficia d'un non-lieu, deux ans plus tard !

Parallèlement à l'affaire des deux avocats, l'essentiel de la polémique tourna autour de notre attitude vis-à-vis des Zemour. Et, là encore, la BRI ne fut guère ménagée.

Oubliées Brest, Nice et les prises d'otages ! Oubliées, les dizaines et les dizaines d'équipes de braqueurs et de casseurs démantelées ! Oubliés, les commentaires sur la « psychologie » des « supermen » de la PJ ! Nous étions de nouveau, pour reprendre la formule d'un quotidien, « des hommes entraînés à frapper et à tirer d'abord ».

Leclerc, malgré ses trois mois de présence à la barre du service, résista à la déferlante. Il nous défendit comme il convenait, avec ténacité, en arguant du fait qu'une intervention contre des voyous de cet acabit n'est jamais dépourvue de risques. Il rappela que nous étions à la merci du moindre incident (la porte verrouillée côté Cardinal-Lemoine), d'une réaction imprévue de l'adversaire (Elbaz) ou d'un témoin (Me Benachenou). Le moins que l'on puisse dire est que la justice se montra d'une extrême timidité dans cette affaire puisqu'elle considéra que les armes retrouvées dans l'établissement n'appartenaient à « personne »...

Mais nous n'étions pas au bout de la polémique. Les attaques les plus cinglantes vinrent en effet de Gilbert Zemour, l'homme d'affaires du clan.

« Petit Gilbert », né le 4 mai 1935 à Sétif, se trouvait aux Amériques au moment des faits. Il délaissa d'obscurs projets immobiliers au Canada pour rentrer dare-dare au pays, sauver les fondations de l'empire et orchestrer la riposte. Et quelle riposte ! Les « Z » déposèrent plusieurs plaintes pour « assassinat, tentatives d'assassinats, coups et blessures volontaires ». Ils nous accusèrent même de vol avec violences ! Ils eurent le culot de prétendre qu'ils s'étaient donné rendez-vous à cet endroit pour déposer à la banque une somme de deux cent mille francs. Comme cette somme n'avait pas été retrouvée sur l'une ou l'autre des victimes, on pouvait en déduire qu'elle avait été dérobée par la police !

Gilbert Zemour batailla ferme, à la manière des voyous, au bluff, au mensonge, aidé d'un ancien journaliste, Marc F., devenu l'attaché de presse des « Z », leur très zélé « conseiller en communication ».

En matière d'esbroufe, le sommet allait être atteint le 15 décembre 1976.

Ce jour-là, sous le titre « J'accuse la police », *Le Quotidien de Paris* publie des propos de Gilbert Zemour si calomnieux qu'ils obligent le ministre de l'Intérieur, Michel Poniatowski, à engager des poursuites en diffamation. Gilbert, personnage réputé pour ses rodomontades, retrouve des accents de bonimenteur, comme du temps où il démarchait les gogos avec ses trousseaux. S'érigeant en chef de clan, en défenseur du frère tué (William) et de l'autre blessé (Edgar), il revient sur plusieurs aspects de la fusillade.

Il déclare : « L'histoire d'un règlement de comptes entre deux bandes rivales n'est que pure invention. Mes frères et leurs amis étaient filés depuis la veille par la police, j'en ai la preuve. » Faux. Nous ne les filions pas. La veille, nous avions d'autres soucis en tête, place de la République. L'opération n'a commencé que le vendredi 28 février, après réception du tuyau de la 1re BT.

« Et quand les policiers sont entrés dans le bar, ils ont ouvert le feu comme à un exercice de tir. » Faux. Elbaz a tiré le premier. Pourquoi a-t-il tiré ? Cette question restera sans réponse. Peut-être a-t-il pris les inspecteurs pour de faux policiers ? C'était une ruse fréquemment utilisée par les voyous – y compris par les acolytes des « Z » – lors des règlements de comptes. Toujours est-il qu'il a bien tiré le premier. La preuve ? Une lettre qu'Edgar, Edgar Zemour en personne, a voulu transmettre à sa famille durant son hospitalisation. Dans cette lettre, interceptée et remise au magistrat instructeur, il reconnaissait explicitement que Jojo Elbaz avait déclenché la fusillade.

« Seuls les policiers étaient armés. » Faux. Et le colt Official Police ? Et le Smith et Wesson ? Et le pistolet Rohm, calibre 38 ? Et le Browning 7,65 ?

« L'inspecteur Chaix a été blessé par ses collègues au cours de l'action », affirme encore Petit Gilbert dans *Le Quotidien*. Faux. Les expertises le prouvent. Cinq-cinq a été blessé par l'arme d'Elbaz.

« Tous les blessés ont été atteints dans le dos. » Faux. Là encore, les expertises le démontrent.

« Je n'en peux plus des bruits que la police en général et le commissaire Leclerc en particulier font courir sur notre nom. C'est un mythe, c'est une machination. [...] L'histoire des Zemour est un mythe monté par la police et elle le sait bien. »

L'accumulation de mensonges est si flagrante que le procureur de la République de Paris, Louis Barbaroux, diffuse un communiqué de mise au point s'appuyant sur les éléments du dossier d'instruction. Que rappelle-t-il, dans ce communiqué ? La vérité. À savoir :

« – que quatre armes à feu ont été découvertes dans l'établissement où elles ont été abandonnées par le groupe de cinq personnes formé par les frères Zemour et leurs amis ;

« – que c'est un projectile tiré par l'une de ces armes qui a blessé l'inspecteur Chaix (conclusion de l'expertise balistique aussitôt ordonnée) ;

« – que l'enquête et l'expertise établissent en outre que ce coup de feu a été tiré le premier et par l'un des membres du groupe Zemour d'ailleurs blessé au bras alors qu'il était en position de tir ;

« – que, contrairement aux allégations de M. Gilbert Zemour, tous les blessés ont été atteints de face ou de biais à l'exception d'un seul. »

Après tous ces événements, une question essentielle restait en suspens : avions-nous été manipulés par l'indicateur ? Je crois que oui. Sans pouvoir le prouver, puisque je n'ai jamais eu le moindre contact avec lui, j'ai la conviction qu'il mangeait, comme l'on dit, à tous les râteliers. Il a voulu tromper la confiance de tout le monde afin, semble-t-il, de masquer des entourloupes financières. La BRI était probablement tombée dans un piège. Comme les « Z », d'ailleurs. Le rôle exact de cet indic et la manière dont il a manœuvré pour que la police soit présente au Bon Tabac ont fait l'objet d'une enquête approfondie de mon ancien collègue de la Mondaine, Roger Le Taillanter. Dans un livre remarquable consacré en 1986 aux *Derniers Seigneurs de la pègre* (les Zemour), il a décrypté l'affaire du Thélème avec minutie pour retenir finalement deux hypothèses.

Première hypothèse : celle d'une opération imaginée par les « Siciliens » qui auraient utilisé l'indic à son insu.

La seconde hypothèse me paraît plus plausible : c'est celle d'un coup monté directement par l'indic. Ce petit escroc, qui avait été le comptable des « Siciliens » avant de passer chez les Zemour, aurait essayé de trahir et d'escroquer tout son monde en convoquant aussi la police pour provoquer un coup de filet ou une bataille rangée. Seuls les « Siciliens », méfiants, ne seraient pas tombés dans le traquenard et s'en seraient ensuite réjouis, d'où la fête arrosée au champagne, à Paray-Vieille-Poste.

Selon Roger Le Taillanter, Gilbert Zemour avait eu connaissance de cette dernière version des faits à son retour du Canada. Cela ne l'avait pas empêché de mentir, d'accuser la police dans *Le Quotidien de Paris*. Quoi qu'il en soit, l'affaire du Thélème, dans sa phase préalable, restera un mystère égaré dans un écheveau de manipulations. Je peux simplement certifier qu'il ne s'agissait pas d'une manœuvre de l'antigang.

Je n'en avais pas pour autant fini avec les « Z ». Les deux rescapés, Edgar et surtout Gilbert, devenu chef de clan, se montraient de plus en plus agressifs envers Leclerc et moi. Je dois dire que j'avais même la préférence de ces messieurs. Quelques mois après la fusillade, on m'apprit en effet qu'ils avaient l'obsession de venger William. Des bruits circulaient sur un « contrat » me concernant.

La manière dont j'eus vent de ces informations mérite d'ailleurs d'être racontée. C'est un truand, au passé chargé, connu pour avoir un temps fréquenté Mesrine, qui demanda un jour à me rencontrer de toute urgence. Comme il était détenu à la centrale Sainte-Maure de Châteauroux, je dus me rendre sur place. Il m'informa des bruits circulant dans le « mitan » et me conseilla fortement de changer de domicile... Pourquoi aider un flic ? Je ne l'ai jamais su. Il n'exigea rien en échange.

En fait, suite à d'autres menaces, nous avions déjà déménagé. Aussi, lorsqu'il fit référence à mon ancienne adresse, à Fontenay, je fus vaguement soulagé... Au moment de partir, alors que je le remerciais pour ses conseils, il eut cette ultime remarque, lourde de mise en garde : « À propos, je suis bête, vous n'habitez plus à Fontenay-le-Fleury mais à... »

Les « Z » envisageaient bien de m'abattre ou de me faire abattre. J'en eus confirmation en septembre 1976, quand un homme parfaitement honorable révéla à la police qu'il avait recueilli, au cours d'une réunion familiale, les confidences d'une femme apparentée aux Zemour. D'après elle, ils voulaient désigner des tueurs afin de régler mon cas. Gilbert avait, paraît-il, juré de venger son frère, malgré les consignes de modération de son entourage.

À l'automne 1977, soit près de trois ans après l'affaire du Thélème, allait se jouer un autre épisode du conflit qui m'opposait à la famille. La publication du livre de James Sarazin, *M... comme Milieu*, l'ayant fortement indisposé, Gilbert porta plainte en diffamation contre l'auteur. Il s'indignait, ce cher Petit Gilbert, qu'un journaliste écrive la vérité sur ses activités crapuleuses.

Ayant été convoqué devant le tribunal en tant qu'« expert » en grand banditisme, je me présente au Palais de justice de Paris. La salle est trop exigüe pour accueillir la foule des journalistes, des policiers et des amis du plaignant. Les « Z » contre Sarazin, l'antigang en arbitre : la presse a promis du spectacle. Il y en aura.

Gilbert se fend d'une entrée en scène à la Zemour. Élégamment vêtu, énorme cigare à la main, il avance torse bombé, d'un pas lent et hautain, flanqué du fidèle « attaché de presse » Marc F. et de ses avocats. Derrière, les gardes du corps. On est jamais trop prudent, même dans une enceinte de justice...

Appelé à la barre, je réponds aux questions sur la position des Zemour dans le milieu. À deux mètres sur ma droite, Gilbert s'indigne : il se souvient des premiers pas en métropole, de la vente des trousseaux, il jure de l'honnêteté des siens. Le président Serre n'est pas dupe.

– À vous entendre, vous êtes un petit commerçant sans grandes ressources. Pourtant, il semble que vous prenez plus souvent l'avion pour aller à Miami ou à Montréal que moi le train pour Versailles.

Cette remarque fait bondir Gilbert. Ulcéré, il répète qu'il est le plaignant et non le prévenu. Dans la salle, ses sbires acquiescent. On commente, on discute à voix haute, on prétend que la justice est bien injuste avec le gentil Gilbert. Le chahut est tel que le président ordonne une suspension d'audience.

Tandis que je regagne le fond de la salle, où se tiennent quelques hommes de la BRI venus en spectateurs, Gilbert marche deux ou trois mètres derrière moi. Je l'entends distinctement :

– Il fallait s'y attendre. Les magistrats, les flics, tous ces enculés se sont mis d'accord, ils sont tous de mèche... Mais tu vas voir, ce con de Broussard finira bien par comprendre...

Le piège est de taille mais j'y tombe comme un débutant. Je me retourne. L'attrape par le col. Le soulève du sol.

– Alors, il paraît que tu veux me faire descendre ?

Un adjudant de la garde se précipite pour nous séparer. Gilbert Zemour, furieux, se tourne vers Marc F., debout dans le fond de la salle.

– Oh, Marc, tu as vu cette agression, ce sont des fous, ces mecs !

– Je te l'ai dit, Gilbert, des enfoirés... et le Broussard, tu vas voir.

La police et la justice sont insultées en plein tribunal. Je suis hors de moi, excédé par tant de provocation.

– Toi, le pédé de F., ne t'inquiète pas, on va s'occuper de toi !

La tirade n'est pas bien fine, j'en ai conscience. Mais elle résulte de la tension emmagasinée depuis des mois, des années. Elle est le fruit des mensonges, des rumeurs, des menaces, de tout ce qui a suivi l'épisode du Thélème.

Dans cette ambiance survoltée, toutes les personnes présentes dans la salle d'audience n'ont pas entendu les propos de Gilbert Zemour et se demandent pourquoi je l'ai attrapé de la sorte. Les autres, celles qui ont entendu, comprennent ma réaction et se disent effarées devant le culot du truand et de Marc F.

La sortie sera encore plus mouvementée. Nouvelles bousculades, nouvelles invectives... Entre les antigangs, les avocats, les « amis » et les journalistes, il y aura « bouchon » devant la porte de la dix-septième chambre ! Les gendarmes réussiront tout de même à ramener le calme. Je ne remercierai jamais assez l'adjudant qui m'a dissuadé de frapper Gilbert Zemour ! J'étais parti pour lui donner le plus beau coup de tête de ma vie. Un comportement inadmissible, tout comme les invectives contre Marc F.

Ce dernier n'en resta pas là. Le soir même, il alertait les salles de rédaction pour que les journaux donnent de l'ampleur à l'incident. Des journalistes du *Canard enchaîné*, de *L'Express*, de *France-Soir* et de *L'Humanité* furent contactés. Le clan était passé maître dans l'art de manipuler les médias. Maintes « révélations », ou plutôt pseudo-« révélations », téléguidées par Gilbert, l'avaient prouvé depuis février 1975. Cette fois, cependant, la ficelle était trop grosse ; les journalistes ne la saisirent pas.

Les échauffourées du Palais eurent cependant un écho favorable dans le milieu. Disons que ma réaction fut appréciée par de nombreux voyous. Je n'avais pas à en tirer une quelconque fierté mais je savais que c'était, d'une certaine manière, un atout pour la BRI. Au regard des us et coutumes en vigueur dans la pègre, je ne m'étais pas dégonflé, je ne m'étais pas réfugié derrière le Code pénal pour obtenir réparation... J'avais adopté une attitude conforme à la conception généralement admise des relations flics-truands.

Les menaces et les avertissements en tout genre firent bientôt place à des informations plus inquiétantes encore. Des policiers allemands, qui enquêtaient sur un réseau international de proxénétisme, eurent confirmation d'un projet de « contrat ».

J'avais peur. Non pas pour moi – le danger était, depuis longtemps, un ennemi quotidien –, mais pour les miens. Pour ma femme, pour mes enfants, pour mes proches. Aussi, lorsque j'appris, avec preuves à l'appui, qu'une voiture suspecte avait suivi, à plusieurs reprises, mon fils cadet sur le chemin de l'école, je décidai de dissuader définitivement les Zemour. Il fallait leur envoyer un message clair et, pour cela, « recruter » un intermédiaire efficace.

Mon choix se porta sur une figure respectée du milieu, « François le Grec ».

S'il n'était pour rien dans les menaces proférées à mon encontre, je savais qu'il connaissait suffisamment de monde pour transmettre ma mise en garde à qui de droit. Quelques surveillances et filatures nous suffirent pour savoir où il habitait, dresser une liste de ses amis, le photographier lors de rendez-vous édifiants...

Dès que j'eus complété son dossier, je pris contact avec lui pour qu'il vienne me voir au 36. Bien que surpris par mon appel, il accepta. Précisons qu'il avait essuyé des coups de feu, quelques jours plus tôt, à la sortie d'un restaurant. Il pouvait donc croire que ma démarche avait un lien avec cet « incident ». Je lui avais donné ma parole qu'il ne resterait pas plus d'un quart d'heure au 36, et qu'il ne serait pas fouillé à l'entrée !

Voilà comment François le Grec, cheveux blancs et fière allure, débarque un matin dans mon bureau. Il est accompagné d'un ami, surnommé « Nat », que j'autorise à se joindre à nous.

François ne goûte guère les séjours prolongés dans la « maison Poulaga ». Il en vient tout de suite aux faits.

– Que se passe-t-il, monsieur le commissaire ?

– Il se passe que je voulais d'abord avoir de vos nouvelles après votre sortie un peu mouvementée d'un resto, l'autre jour, sur les Champs...

– Tout va pour le mieux, nous avons seulement eu la malchance de sortir au moment précis où des gens se tiraient dessus... Et vous, comment allez-vous, monsieur le commissaire? Les affaires marchent-elles comme vous le voulez?

– De ce côté-là, pas de problème... En revanche, ce qui va moins bien, ce sont ces bruits laissant entendre que l'on va venger tel ou tel truand tué lors d'une fusillade. Si vous imaginez que je vais baisser les bras, vous vous trompez, les gars. Je voulais donc vous dire plusieurs choses. Un, je suis au courant de ces rumeurs. Deux, on continue notre boulot. Et trois, si les rumeurs persistent, on vous rentre dedans. Compris?

– Oh, Nat! Tu te rends compte de tout ce qui arrive à monsieur le commissaire! Il faut le comprendre, ce n'est pas agréable d'entendre des choses pareilles... Mais que pouvons-nous faire? Pourquoi nous? On n'a aucune relation avec ces gens-là. D'ailleurs, vous savez, moi, monsieur le commissaire, je mène une vie tranquille, je...

– Tiens, regarde ça.

Je lui tends les photos prises lors de ses déplacements. Après l'ironie et les « monsieur le commissaire », le malaise!

– Nous allons... nous allons en parler autour de nous, mais on ne vous garantit pas le résultat.

– Eh bien, voilà! On s'est compris. Vous êtes prévenus. Au revoir, messieurs.

Ils sortent du bureau. Nat, sans doute très ému par ce qu'il vient d'entendre, a oublié sa sacoche sur la chaise. Je le rattrape dans l'escalier.

– Tiens, Nat, t'as oublié ton flingue...

Cette ultime remarque achève de paralyser les deux hommes. Après un instant d'hésitation, le Grec s'en sort par une pirouette savoureuse, digne d'un « beau voyou » :

– Nat! Qu'est-ce que tu peux être distrait, tout de même! Allez, va chercher ta sacoche... Merci, monsieur le commissaire!

Ma stratégie se révéla payante. Deux jours plus tard, dix-sept truands, dont le Grec et les « Z », se présentèrent les uns après les autres chez un célèbre avocat parisien. Une réunion pour calmer les esprits et conseiller à Gilbert de renoncer à ses projets.

Quelques semaines plus tard, j'eus même droit à la visite d'Edgar Zemour en personne ! Il voulait me voir pour « raisons importantes ». Avant cette rencontre historique, il avait été convenu par téléphone qu'un inspecteur l'attendrait devant le 36 et le conduirait discrètement jusqu'à moi.

Il se présenta à l'heure dite, un peu gêné de s'aventurer dans les coursives du Quai des Orfèvres. La discussion dura une dizaine de minutes.

– Vous vouliez me voir ? Je vous écoute...

– Oui... enfin... Juste pour vous dire que ça ne peut plus durer. Il faut que vous sachiez la vérité... On n'en peut plus, ce n'est plus possible de vivre comme ça... Tout le monde s'acharne sur nous alors qu'on n'a rien à nous reprocher !

– Qui ça, « tout le monde » ?

– La police, les gens que notre réussite agace, les journalistes. Nous sommes d'honnêtes commerçants, une famille unie, solidaire. On nous en veut... Il faut nous laisser tranquilles. Aidez-nous !

Sa démarche, apparemment sincère, trahissait en réalité le déclin du clan. J'ignorais si Gilbert, qui avait davantage d'envergure, était au courant de l'initiative de son frère. Elle fut en tout cas sans suite. Non, je ne voulais pas « aider » ces « honnêtes commerçants » déstabilisés par la concurrence.

Quelques années s'écouleront jusqu'à ce que de nouvelles rumeurs me parviennent. Le 8 octobre 1981, des policiers marseillais recueillent un renseignement selon lequel Edgar Zemour aurait l'intention d'abattre deux personnes : Marcel Francisci (l'homme des cercles de jeu) et moi-même. Trois mois plus tard, le 14 janvier 1982, Francisci est abattu dans le parking de son immeuble, dans le XVIe arrondissement de Paris. Le signal est donné pour une nouvelle série de règlements de comptes. Le milieu corse est en ébullition. Les enquêteurs s'intéressent aussitôt à Edgar mais sa culpabilité n'est pas établie. Elle ne le sera jamais : il a été lui-même exécuté de quatre balles de 11.43, le 8 avril 1983, à Miami. Le 28 juillet de la même année, c'est Gilbert qui tombe devant son domicile parisien, en promenant ses caniches. Trois balles anonymes, les dernières, pour entériner la fin des « Z ».

XIII

Le coiffeur de Nevers

L'année 1975 avait mal débuté. L'histoire du Thélème empoisonna la vie de la brigade. La grave blessure de Jacques Chaix, l'inculpation de Bernard Pire pour coups et blessures volontaires, les soupçons de racisme, les confrontations avec les témoins de la fusillade... C'est l'antigang dans son ensemble qui fut fustigée sur la place publique. Une épreuve d'autant plus pénible que le service venait de changer de chef. Après seulement trois mois de présence à ce poste, Marcel Leclerc ne méritait pas toutes les critiques dont il faisait l'objet. Qui pouvait lui reprocher de n'avoir pas flairé le coup de l'indic? Il avait réagi comme il devait réagir, il avait su défendre ses hommes et résister à la tourmente.

Nous devions redonner le moral au groupe car la calomnie laisse des traces. On a beau feindre l'indifférence, la mémoire retient ce qu'elle veut retenir, le plus vil, le plus injuste. Elle agit aussi comme un frein à l'enthousiasme des hommes qui hésitent à risquer leur vie pour être ensuite vilipendés. Ou alors, réaction inverse, ils sont trop impatients de remonter au «feu», animés par un désir urgent de revanche, au risque de perdre l'indispensable lucidité.

Il importait de négocier au mieux ce passage délicat. Nous devions refaire surface progressivement, dans le calme.

Les premiers pas furent hésitants. C'est en effet au Mans, lors de la fameuse prise d'otages qui vit s'illustrer le préfet de la

Sarthe[1], qu'eut lieu notre sortie suivante, avec la Brigade anti-commando cette fois. Je ne sus jamais si le mauvais accueil qui nous fut réservé ce soir-là avait un rapport quelconque avec le tintamarre provoqué par nos mésaventures du Thélème mais je ne suis pas loin de le penser. Il y eut ensuite le déplacement à Strasbourg, pour une autre prise d'otages où magistrats, avocats et représentants de l'État nous accordèrent, eux, une confiance totale. Ce succès contribua largement à nous redonner le moral. Il n'empêche que j'avais été, comme Leclerc, dans l'œil du cyclone. La violence était à son comble, dans tous les secteurs du crime[2], et je n'avais qu'une envie, prendre du repos. Les vacances de juillet seraient les bienvenues.

À l'époque, nous descendions tous les ans en Charente-Maritime, à Aulnay-de-Saintonge, chez mes parents. Ce rituel – départ le 1er juillet, retour le 1er août – était pour moi, pour nous, le meilleur moyen d'échapper aux tensions de la capitale, d'oublier les Zemour et leurs menaces de mort. Là-bas, au cœur du terroir de mon enfance, le Quai des Orfèvres et le faubourg Montmartre devenaient soudain des contrées bien lointaines. Vues des bourgades de Saintonge, les gesticulations parisiennes paraissaient dérisoires.

Ma mère s'inquiétait, bien sûr; toutes les mères s'inquiètent. Mais elle le faisait à sa manière, pudique et affectueuse, sans trop oser m'importuner avec les histoires qu'elle entendait à longueur d'année «au petit poste» ou «à la télé». Elle était attentive à toutes les informations, angoissée par chaque «flash spécial». Elle cachait ses craintes dans son cœur de vieille dame, avec d'autres soucis de mère et de grand-mère. Elle me demandait juste de «faire attention» et de lui «dire la vérité». Et je lui promettais de «faire attention» et de «dire la vérité...».

Mon père, en homme de la terre, connaissait la valeur du silence. Nous parlions rarement du travail, de la police, des truands. Il savait que je préférais discuter avec les paysans du coin, m'enquérir de la santé des uns et des autres, déjeuner en

1. Voir première partie, fin du chapitre X, «L'acrobate et les risque-tout».
2. À cette époque, les actes terroristes se multiplient en France et dans le monde. Le 27 juin 1975, à Paris, Carlos tue deux policiers de la DST venus l'arrêter.

famille, avec mes sœurs et mes beaux-frères, ou jouer à la pétanque avec des amis du village de vacances voisin. Des gens bien, des gens simples, mineurs nordistes ou lorrains, retraités normands, instituteurs bretons ou parisiens, que nous retrouvions tous les ans. Ils avaient leurs idées, parfois de droite, souvent de gauche, mais se gardaient de me poser trop de questions, d'aviver mes préoccupations d'homme public. Cela ne changeait rien à leur comportement. J'appréciais leur discrétion, leur sincérité de gens sans histoires. Nous étions là pour les vacances, rien que pour les vacances.

Cette année-là, elles furent cependant plus courtes qu'à l'accoutumée puisque le 23 juillet, une nouvelle affaire, « là-haut », à Paris, vint gâcher mon séjour et relancer la polémique sur l'antigang.

Les faits, tels qu'ils me sont rapportés lorsque j'arrive au 36, sont plus dramatiques qu'au Thélème. La 4e brigade territoriale a appris qu'une équipe de malfaiteurs projetait de commettre une agression. Elle a fait appel à la BRI pour intervenir à ses côtés. Lors d'une réunion au Quai, un dispositif commun a été établi. Mais rien n'a fonctionné comme prévu... Premier drame : rue de la Brèche-aux-Loups (XIIe), les braqueurs ont tué le commerçant qui essayait de résister. Second drame : à Charenton, alors qu'il tentait d'arrêter les truands en fuite, un inspecteur de la 4e BT, Jacques Pottier, a été tué par des antigangs. Le voyant surgir l'arme à la main, ces derniers l'ont pris pour l'un des braqueurs. Enfin, deux jeunes postiers à moto ont été légèrement blessés. Là encore, il y a eu méprise.

La BRI était fautive. Il semble que Leclerc avait décidé au dernier moment de venir en renfort avec quelques hommes supplémentaires, extérieurs au dispositif intial, d'où la confusion qui s'en était suivie.

Cinq mois après le Thélème, l'antigang était de nouveau sur la sellette. Marcel Leclerc allait devoir essuyer les réactions des autres services, la colère des syndicats, les reproches des collègues de Pottier...

Triste rentrée que celle de 1975. Même si d'autres services de police et de gendarmerie étaient responsables de « bavures », j'en vins à mon tour à me poser des questions. La BRI, à laquelle nous consacrions notre vie, méritait-elle tant de sacrifices ? Les quelques partisans de sa disparition n'avaient-ils pas raison ? Nos inspecteurs étaient-ils suffisamment formés ? Et nous, Leclerc et moi, étions-nous à la hauteur ?

Je comprenais la réaction des hommes de la 4e BT devant la mort de leur ami. À leur place, nous aurions réagi de la même manière. Mais je voulais prouver que ce n'était pas uniquement cela, la BRI. Pas que des « méprises », pas que des « bavures ». Je regardais derrière nous, le bilan indéniablement positif, les centaines d'arrestations, les braqueurs en prison, les otages libérés, la dizaine d'affaires de rapt résolues... Oui, je restais attaché à ce service et convaincu de son utilité dans ces années de violence « multiforme ».

Comment renaître ? En retournant sur le terrain. C'est là, et nulle part ailleurs, que l'on répond à ses détracteurs.

Les occasions ne manquèrent pas.

Ce fut d'abord une prise d'otages dans une agence du CIC, avenue de Breteuil (XVe). Une belle affaire, menée en deux étapes. Les truands ayant obtenu ce qu'ils réclamaient (six millions de francs et la liberté en échange de leurs sept otages), la presse avait titré, dans un premier temps, sur un « échec cuisant » de l'antigang. En dépit de nos conseils de fermeté, la direction de la banque avait cédé au chantage. Une minutieuse enquête et notre parfaite connaissance du milieu nous permirent d'arrêter, quatre jours plus tard, les auteurs de cette prise d'otages préméditée. Dans un revirement très français, les journaux saluèrent alors la revanche des « superflics » de la BRI !

L'automne 1975 fut surtout marqué par la traque d'un couple recherché, selon la formule d'usage, « par toutes les polices de France » : Martine et Jean-Charles Willoquet. En fuite depuis le 8 juillet, ils nous jouaient *Bonnie and Clyde* version française, Martine l'amoureuse et Jean-Charles l'« ennemi public numéro un ».

La presse populaire aimait attribuer ce dossard de premier de la classe aux truands en vogue. Jacques Mesrine, que nous avions interpellé sans dommage deux ans plus tôt, le 28 septembre 1973, à Paris, l'avait un moment endossé. C'était maintenant au tour de Willoquet. Méritait-il tant d'honneurs? J'avoue avoir été longtemps intrigué par le parcours de cet homme né le 31 août 1944 dans l'Allier.

Il débute coiffeur, à Nevers. Coiffeur et rugbyman, ce qui, à mes yeux, le rendrait plutôt sympathique. Mais il a tôt fait de passer des mêlées aux bagarres, des ciseaux à la pince-monseigneur, des stades aux résidences secondaires. Sa passion des antiquités et son goût du risque lui valent ses premiers ennuis avec la justice. Coffres-forts, manteaux de fourrure, meubles et bibelots précieux... La cambriole le transcende, il vit des moments grisants. Un jour de course-poursuite avec les gendarmes, il traverse la Loire à la nage, reprend sa course, fauche un vélo, puis une camionnette, avant de se réfugier chez ses parents, domiciliés dans le vieux Nevers.

Comme la prison – qu'il fréquente de temps à autre – le rend claustrophobe, il utilise toutes les astuces de taulard pour être hospitalisé et tenter ainsi de s'évader. Il essaie de se briser la jambe avec un tabouret, de manger des sardines avariées, de se jeter dans les escaliers, d'ingurgiter un cocktail à base d'urine et de tabac. En vain. Willoquet le costaud a seulement le teint jaune! Sa robustesse fera sa force. Pas de cigarettes, pas d'alcool. Il répétera souvent : «S'il y a du grabuge, la seule chance de m'en tirer, c'est que je sois en forme.»

Une fois libéré, il reprend ses ciseaux. Il ouvre un salon à Paris puis s'établit à la Martinique, avec sa première femme et ses enfants. Seule une rechute – un cambriolage raté lors d'un passage en métropole – l'oblige à renoncer momentanément aux brushings. Espagne, Portugal, Sainte-Lucie, la Barbade, Trinidad... C'est la grande cavale, la première d'une longue série. Le Figaro de Nevers a soif d'horizons nouveaux.

Au Venezuela, il coiffe si bien un général local que celui-ci s'en réjouit publiquement à la télévision. Voilà comment Jean-Charles Willoquet, dit «Jeannot», dit «Charly», dit «Riquette», futur «ennemi public numéro un» de la République française, coupera des cheveux en direct, devant les caméras, lors d'un véritable show! Le Venezuela est un pays hospitalier mais Willoquet, à la suite d'une vilaine bagarre, reprendra son balluchon d'aventurier. Il sera arrêté à Fort-de-France, fin 1972.

Le 15 mars 1973, quelques semaines après son transfert en métropole, il profite d'un séjour dans un établissement psychiatrique pour se faire la belle. On le signale ensuite à Paris, dans des magasins de fourrures, chez des antiquaires, devant des guichets des PTT. Son seul problème est qu'il porte la poisse à ses équipiers.

Le 10 décembre 1973, il entreprend par exemple de s'attaquer au coffre de la société Artmédia, rue Marbeuf. Mais il est beaucoup trop nerveux. Là-bas, au fond du couloir, il voit un type armé. Il tire. Bruit de verre... C'était un miroir! Et l'homme dans le miroir, l'un de ses complices qui se tenait devant lui! Le blessé sera abandonné sur place.

Autre bévue, le 14 janvier 1974. Une patrouille de routine surprend deux hommes et une femme dans une camionnette suspecte, boulevard Victor (XVe). L'un d'eux s'enfuit, malgré une balle reçue dans le bas-ventre : c'est Willoquet le sprinter! Le deuxième, un vieux Toulonnais, n'a plus ses jambes de vingt ans; il est arrêté, ainsi que la femme. Une nouvelle, celle-là, sans passé, sans fiche à la PJ. Elle se prénomme Martine, elle a vingt et un ans, elle est originaire de Châteauroux et s'est amourachée d'un charmant moustachu qu'elle a présenté à ses parents comme un «courtier en cuir»!

Il est désormais bien plus que cela, Jean-Charles Willoquet. Douze ans de carrière ont fait de lui un redoutable flingueur, soupçonné d'au moins une quinzaine d'agressions à main armée et même d'un crime, le 15 décembre 1973, à Cosne-sur-Loire. Sa légende est en marche.

C'est à cette époque, en janvier 1974, que le coiffeur le plus célèbre de France entre, à sa façon, dans la vie de la BRI. Comme Mesrine avant lui, il devient un objectif prioritaire, un homme que nous allons traquer avec les autres services, notamment les brigades territoriales.

Pour l'instant la chance est avec lui. Le 17 janvier, rue Saint-Maur (X[e]), deux de ses compagnons sont arrêtés mais il s'échappe sous nos yeux, en tirant une dizaine de coups de feu et en blessant un gardien de la paix. Nous n'avons pas utilisé nos armes; il y avait trop de passants. Plus loin, rue Parmentier, nous pensons le cerner dans un chantier mais, là encore, il y a beaucoup d'ouvriers et il parvient à fuir, en dépit d'une blessure au bras. L'autre blessure, celle du ventre (la fusillade du boulevard Victor, le 14 janvier) s'est rouverte. Réfugié chez une amie, il désinfecte ses plaies avec une aiguille à tricoter et un morceau de tissu imbibé d'alcool! Quelques jours de repos et il reprend la route. La Belgique, le Brésil, la forêt amazonienne...

De retour à Paris, où Martine est emprisonnée depuis l'épisode de la camionnette, il recrute une équipe et envisage d'enlever un ambassadeur pour obtenir la libération de sa compagne. Ce projet sera abandonné après l'échec d'une tentative de racket au cours de laquelle, une fois encore, son complice sera arrêté mais pas lui, Jean-Charles le chanceux. Il a trente ans, il est de plus en plus dangereux.

Le 29 juin 1974, grâce à la 2e BT, nous retrouvons sa trace au rond-point des Champs-Élysées. Fidèle à ses habitudes, il s'arrange pour ne pas être isolé. La foule du marché aux timbres, sans le savoir, assure sa protection. Son instinct lui ordonne toutefois de rester sur le qui-vive, de se méfier de tout le monde. En fait, il a senti notre présence. Il sort son P. 38 et tire. Nous avons le temps de réagir assez vite. Atteint de six balles, il s'écroule. Dans ses poches, deux chargeurs pleins. Aux alentours, c'est un miracle : seul un passant a été touché à un orteil! Nous avons pris des risques énormes mais nous n'avions pas vraiment le choix.

Trois jours plus tard, lorsque des collègues se présentent à l'hôpital pour l'interroger, il est déjà debout, devant le miroir, en train de se raser!

À la prison de la Santé, il fait connaissance du seigneur des lieux, Jacques Mesrine. Le grand Jacques va prendre en main ce jeune loup courageux mais sans cervelle. Dans son livre *Tout ça pour être libre*[1], Willoquet écrit, fier comme Artaban : « Extrêmement sympa, ce Mesrine. En dehors de la sympathie que

1. Jean-Charles Willoquet, *Tout ça pour être libre*, Robert Laffont, 1981.

nous éprouvons l'un pour l'autre, il est des situations qui rapprochent les hommes et tissent des liens solides. La nôtre est ainsi car nous n'avons qu'un but : nous évader! »

En attendant, il épouse Martine en prison, le 28 février 1975... le jour de la fusillade du Thélème. Six mois plus tard, le 8 juillet, c'est elle qui va organiser l'incroyable évasion du Palais de justice de Paris. Libérée au printemps, elle a pu peaufiner son plan. Déguisée en avocate, perruque rousse et robe noire, elle brandit une grenade :

– Que personne ne bouge ou je fais tout sauter!

Jean-Charles, armé d'un P. 38 et d'un colt 45 remis par sa femme, donne ses instructions.

– Monsieur le président, nous allons sortir d'ici. Faites en sorte que tout se passe bien ou ma première balle sera pour vous.

Avant de filer en voiture, il blesse grièvement deux gendarmes. Belgique, Pays-Bas, Luxembourg... La cavale, toujours la cavale, ponctuée d'agressions, de braquages, de coups de feu. Il faudra attendre le 28 octobre 1975 pour que la BRI croise une nouvelle fois le couple, avenue Kléber, à Paris.

Ce soir-là, nous sommes une vingtaine à planquer à deux pas de la place de l'Étoile. Selon nos renseignements, Willoquet serait susceptible de venir dans le quartier, peut-être chez l'avocate de Mesrine. La nuit d'automne est tombée sur les immeubles bourgeois. Les passants se hâtent de rentrer chez eux. C'est alors que nous remarquons un homme qui avance tête baissée, le col relevé, en serrant une jeune femme contre lui. S'agit-il des Willoquet? L'homme pressé nous livre lui-même la réponse. D'instinct, il a senti la présence policière, comme au marché aux timbres. Il sort une arme, tire tous azimuts et s'abrite derrière un passant, le flingue sur la tempe. Le voilà maintenant qui prend la fuite en menaçant un automobiliste à l'arrêt au feu rouge. Martine, légèrement blessée dans la fusillade, reste à terre, une grenade et une lettre de Mesrine dans le sac à main. L'inspecteur Bernard Pire a été touché à la jambe. Comme d'habitude, Jean-Charles Willoquet a réussi à s'enfuir.

La femme en prison, le mari en cavale. Nous en étions donc là, en cet automne 1975. S'il n'avait eu aucune conséquence dramatique, l'épisode de l'avenue Kléber avait marqué une nouvelle étape dans l'ascension de Willoquet. Les journaux l'avaient consacré tête d'affiche.

Qu'allait-il devenir sans sa compagne? Il ne pouvait se permettre, question d'honneur et d'amour, de ne rien faire pour la délivrer. Elle y était bien parvenue, elle, déguisée en avocate! En aurait-il les moyens? Une cavale coûte cher, une évasion aussi. Vaniteux, il savourait sa renommée mais elle devenait un fardeau. Il devait se sentir seul, pénalisé par sa réputation de porte-poisse. Son parcours connu, sa photo publiée à la une des journaux, il inspirait à la fois crainte et rejet. Nous retrouvions là les caractéristiques des truands élevés, à tort ou à raison, au rang d'« ennemi public ». La publicité dont ils bénéficient flatte leur ego mais les éloigne de leurs semblables. Du coup, ces solitaires occupent une place particulière dans la pègre : ils ont peu d'amis, rien que des relations épisodiques, et ne sont pas forcément appréciés par leurs pairs.

En fait, chacun contribue au processus de starification : le malfaiteur lui-même, qui se forge un palmarès plus ou moins sanglant; la presse, qui accorde ou n'accorde pas de l'importance au personnage; le public, s'il est réceptif à son destin; la police, enfin, puisqu'elle se pique au jeu et met souvent davantage d'ardeur à pister la vedette que l'anonyme.

Un « ennemi public », au sens où je l'entends, est un gangster d'exception, comme il n'en existe qu'un ou deux par génération. Il se différencie d'abord de la masse des malfrats par son courage physique. Il ignore la peur, il trompe la mort. Guidé par un sens inné de l'« instant » doublé d'une stupéfiante faculté d'adaptation aux circonstances, il se sublime dans les situations inextricables. À cette sensibilité presque animale viennent s'ajouter une baraka insolente et une forme de folie. A-t-il toujours conscience de la gravité de ses actes? J'en doute. Il vit ailleurs, dans un monde d'orgueil et de mythomanie. C'est généralement un homme d'ordre, en lutte perpétuelle contre la médiocrité et l'indifférence. Fasciné par sa propre image, il veut être vénéré et redouté. Il ne sait pas se remettre en question, qualité pourtant élémentaire chez un grand truand. Son entourage doit corriger ses écarts. Aussi, un gangster de ce type s'entoure-t-il d'une « cour » : des complices, des lieutenants, des femmes. Ces femmes, souvent déroutantes de dévouement, jouent un rôle essentiel dans la construction du mythe. Sans Martine, Jean-Charles n'aurait jamais été Willoquet.

La légende du « coiffeur-de-Nevers-devenu-flingueur » suivait son chemin, elle s'écrivait au quotidien, chaque jour embellie, chaque jour romancée. On en faisait un « lieutenant » de Mesrine alors qu'il avait juste été un soldat manipulé. On lui prêtait des projets fous pour sauver sa belle : l'enlèvement du frère du président Giscard d'Estaing, d'hommes politiques (le maire de Marseille Gaston Defferre, celui de Nice, Jacques Médecin), de vedettes du spectacle et même d'un policier, chef adjoint de la... BRI !

Willoquet, sans le savoir, nous rendait service. Lancés à ses trousses, nous avions repris goût aux enquêtes, aux filatures, aux nuits de planque. Bien sûr, cela n'allait pas sans angoisses ; il fallait faire vite, l'arrêter dès que possible... Mais pour avoir souffert des situations d'urgence (le Thélème) ou de précipitation (Charenton), nous entendions procéder à notre rythme, pas à pas s'il le fallait.

En collaboration avec l'OCRB, nos inspecteurs vérifiaient méticuleusement chaque renseignement et dressaient la liste des personnes susceptibles de l'aider en cavale. Tous ses amis, et même les amis des amis, pouvaient nous intéresser. Nous savions que cela finirait par payer.

Un homme attira bientôt l'attention de l'OCRB et de la BRI : un certain Moscone, condamné à vingt ans de détention. Il obtenait régulièrement des permissions de sortie. En novembre 1975, les inspecteurs des deux services le virent débarquer à plusieurs reprises gare d'Austerlitz, en provenance de Poitiers, pour se rendre ensuite dans le XVIIIe. Au 15, rue d'Oslo, dans un immeuble cossu, vivait justement un couple connu pour ses relations passées avec Willoquet. Celui-ci se cachait-il derrière les rideaux du quatrième étage ? Rien ne permettait de le dire mais le couple et Moscone prenaient visiblement des précautions pour ne pas attirer l'attention...

Le 28 novembre 1975, un vendredi, une Mercedes sort du parking souterrain. Le locataire de l'appartement, Daniel R., est seul dans le véhicule. À sa manière de sillonner Paris, l'œil dans le rétroviseur pour repérer d'éventuels curieux, on jurerait qu'il est accompagné d'un passager encombrant. Après tout, le coffre d'une Mercedes est assez spacieux pour loger Jeannot...

Nous n'aurons pas besoin d'ouvrir ce coffre. Un peu plus loin, en effet, nous constatons qu'un homme est désormais assis à côté du conducteur. Willoquet ? Probablement. Il a dû sortir de sa cachette dans une petite rue. Et si ce n'était pas lui ? Dans l'incertitude, il est préférable de ne pas intervenir.

Rue d'Oslo, la planque se poursuit, avec des équipes mixtes BRI-OCRB. Samedi, dimanche, rien de nouveau. Ou plutôt si, un détail qui nous a confortés dans nos soupçons : samedi après-midi, un inspecteur en poste dans l'immeuble voisin a vu un moustachu s'approcher prudemment de la fenêtre de l'appartement surveillé. Il a cru reconnaître Willoquet.

Lundi 1er décembre. La Mercedes sort du parking. Cette fois nous décidons d'interpeller le conducteur à bonne distance du quartier pour ne pas donner l'éveil. Charles Pellegrini, le chef adjoint de l'Office central, l'arrête sans difficulté, dans un restaurant du XVIIe, et se fait remettre les clés de l'appartement.

Je n'ai pas bougé de la rue d'Oslo, avec le reste du dispositif. Pour passer à l'action, il me manque le feu vert de Joseph Le Bruchec, le responsable de l'OCRB, et de Marcel Leclerc, qui est encore au 36. Les deux chefs de service, en liaison constante avec le ministère, tardent à prendre leur décision. Cette situation ne peut s'éterniser. Il n'est jamais prudent de tergiverser entre l'interpellation d'un complice et celle du truand recherché. Celui-ci peut se douter de quelque chose, il peut être alerté et prendre d'autres dispositions.

20 h 45. En contact radio avec Le Bruchec et Leclerc, je commence vraiment à m'énerver. Dans quinze minutes, nous n'aurons plus, légalement, le droit d'intervenir.

– Alors ça vient ? On ne va tout de même pas demander la permission au ministre et pourquoi pas à Giscard pour sauter un truand ! Dans cinq minutes, je vous préviens, on y va !

20 h 50. Toujours pas de réponse. Je monte, suivi de plusieurs inspecteurs, dont Jean-Pierre Caillot. Les chefs de service, Le Bruchec et Leclerc, vont bientôt nous rejoindre.

Escalier B, quatrième étage, porte gauche. Nous sommes plaqués contre le mur latéral, à l'abri d'éventuels coups de feu.

– Jean-Charles, ici Broussard. Tu es bloqué. Ne fais pas le con... Tu viens sur le palier, les mains sur la tête...

Silence.

– L'immeuble et l'appartement sont encerclés. Écoute, je te donne ma parole que tout se passera bien. Je veux que tu te rendes compte par toi-même ! Va à la fenêtre, regarde l'immeuble en face. On a des gars tout autour, il y a du monde partout...

Il s'approche de la fenêtre, écarte le rideau. Dehors, nos inspecteurs ont pour consigne de montrer leurs armes, juste ce qu'il faut pour qu'il les aperçoive, sans ouvrir le feu. Il fait un signe de la main, l'air de dire « ça va, j'ai compris », et revient vers la porte d'entrée.

Le dialogue s'engage.

– Alors, qu'en penses-tu ?

– Vous allez faire comme l'autre fois, sur les Champs, vous allez me tirer dessus...

– Je te donne ma parole que non. Si tu veux, comme pour Mesrine[1], je me présente seul devant la porte, sans arme. Fais comme lui, il a su perdre.

– Je sais... Bon, j'accepte de me rendre mais je n'ai pas les clés.

– Comment ça ?

– Je suis enfermé... Attends, je vais démonter la porte.

Pellegrini me tend le trousseau.

– Jean-Charles, ne bouge pas, je les ai ! Tu te places au fond, face à la porte, et j'arrive. On est d'accord.

---

1. Arrestation de Jacques Mesrine, le 28 septembre 1973, à Paris. Voir le chapitre consacré à Mesrine.

– Bon... d'accord...

Que manigance-t-il dans l'appartement ? Je l'ignore mais j'ai confiance en sa parole. Un truand de ce niveau tient ses engagements. Le flic est un adversaire qu'il peut être amené à abattre pour sauvegarder sa liberté, mais il sait aussi admettre sa défaite. Il aura le temps, plus tard, en prison, d'envisager une énième évasion. Les cellules ont des portes, les cimetières n'ont que des tombes.

Dans son livre, il revient en détail sur ces derniers instants de liberté, après cent quarante-six jours de cavale : « Je me retire de la porte et vais m'asseoir sur le bord de la table du salon. Mes deux colts 45 sont près de moi. La clé tourne dans la serrure, la porte s'ouvre, la silhouette de Broussard se découpe dans l'encadrement. Moi, je le vois parfaitement car la lumière du couloir l'éclaire, mais lui ne peut me voir. Je savais qu'il était gonflé, mais quand même pas à ce point... Il me dit : “Dis donc, où est la lumière ?” Ah, ça, pour être gonflé, il est gonflé ! Je pourrais le couper en deux sans qu'il sache d'où ça vient. “Sur la gauche”, je lui réponds. Il allume, me regarde, s'approche de moi en souriant, très décontracté, et me sert la main [1]. »

Willoquet est devant moi, polo gris-bleu, pantalon de flanelle, l'œil souriant, les moustaches tombantes. Comme un comédien au soir de la dernière, il a soigné sa sortie de scène, il lui a donné du panache, à la manière du « maître », Mesrine. Une coïncidence amusante : au moment où nous avons frappé à sa porte, il regardait le film *Brigade antigang* et mangeait des marrons glacés !

J'allais le revoir deux jours plus tard, juste avant qu'il ne soit présenté au juge d'instruction chargé de son dossier. J'avais envie de bavarder un moment avec lui, pour mieux cerner le personnage. La rencontre eut lieu dans sa cellule du 36. Il m'apparut courtois, détendu, presque sympa.

– Rien à dire, me lança-t-il, vous m'avez fait marron à la régulière !

– Tu ne pouvais pas toujours gagner !

1. Jean-Charles Willoquet, *Tout ça pour être libre*, *op. cit.*

– Dans la rue, j'aurais tenté ma chance, mais là... Je t'en veux pas, tu as fais ton boulot. On verra la prochaine fois... Tu penses bien que je vais tout faire pour m'arracher ! C'est ça, oui, tout faire pour m'arracher...

Il se triturait alors les mains d'un geste nerveux. Son regard n'était plus le même, bleu acier, terrifiant de rage contenue. Son visage était moins rond, moins jovial, comme si, passé le « folklore » de l'arrestation, il prenait enfin conscience de sa situation.

Il parvint à se ressaisir, à sourire de nouveau, pour excuser son moment d'égarement. En quelques minutes, j'avais vu deux hommes en un, Docteur Jekyll et Mister Hyde. Un drôle de type, en fait, que ce Jean-Charles Willoquet, casse-cou hors pair mais piètre braqueur, à la fois rusé et stupide, avenant et agressif, orgueilleux et faible, courageux et lâche, bandit de grand chemin et cambrioleur minable.

Son arrestation eut aussi des conséquences inattendues, notamment dans le milieu. Après l'histoire du Thélème, il ne s'était pas trouvé beaucoup de monde, en dehors du faubourg Montmartre, pour pleurer sur le sort de la famille Zemour. De nombreux voyous avaient vu dans cette fusillade une rupture salutaire dans l'ascension des frangins de Sétif. La chute du coiffeur de Nevers fut également bien perçue en raison de la méthode employée. La brigade y gagna le respect de certains caïds attachés aux usages. Ainsi un détenu demanda-t-il à me voir à la prison de Fresnes. Il s'agissait d'un truand fort connu dans le monde de la pègre. Je ne savais pas ce qu'il me voulait. Je me rendis à la maison d'arrêt avec Gérard Marlet, l'un des chefs de groupe du service.

Le truand en question voulait en fait nous confier qu'il avait eu vent d'un projet d'enlèvement d'un enfant. Or les voyous d'envergure répugnent à ce genre de pratique. Il tenait à nous en informer sans rien exiger en retour, ce qui était tout à son honneur. L'entretien eut lieu dans une salle située à l'angle de deux couloirs. Tandis que nous parlions, d'autres détenus commencèrent à s'agglutiner autour de la pièce, le nez collé à la fenêtre. Des gardiens qui ignoraient notre présence les avaient aiguillés par erreur dans ce secteur. Des durs, sept ou huit types condamnés à de longues peines. J'entendis un surveillant leur ordonner :

– Mais qu'est-ce que vous faites ? Avancez, je vous ai dit d'avancer !

Ils ne bougeaient pas. Assis devant nous, notre truand ne pipait mot. Les autres le prenaient-ils pour une « balance » ? Gérard Marlet me glissa : « Chef, on y a droit... »

Oui, nous allions avoir droit à une correction musclée, peut-être à une mutinerie ou à une prise d'otages. Et si tout cela n'était qu'un coup monté par notre informateur d'un jour ? J'avais la sensation d'être bloqué dans une souricière, avec des malfaiteurs qui avaient sans doute des raisons d'en vouloir à la police, voire à l'antigang !

– Avancez, les gars, avancez..., osa un autre gardien.

Les détenus s'avancèrent enfin, mais pour s'arrêter presque aussitôt devant la porte, restée ouverte.

Nous n'avions plus le choix. Je devais aller au-devant d'eux, faire le premier pas. Un Noir immense s'était planté devant ses copains, dans l'encadrement de la porte. Je le regardais, persuadé qu'un coup allait partir. Je ne ferais pas le poids, j'étais mal à l'aise. L'essentiel, dans ces cas-là, est de maîtriser son appréhension. Facile à dire...

– Tu es bien Broussard ?

– Lui-même, qu'est-ce qui se passe ?

– Oh, rien. On voulait savoir. Qu'est-ce que tu lui veux, à notre ami ?

– On avait juste quelques questions à lui poser. Comme tu veux tout savoir, sache qu'il n'est pas très bavard.

Mon interlocuteur, soudain plus souriant, eut alors une phrase inattendue.

– Ce que tu as fait l'autre jour avec Willoquet : chapeau ! En passant, on t'a reconnu, on en profite pour te le dire.

Un brin déstabilisé, je repris mon souffle.

– Eh bien... euh... merci, les gars... Mais puisque nous en sommes aux confidences, je peux vous assurer que votre copain n'est pas une balance.

– Nous le savons.

Des truands respectueux, Willoquet en prison et pour longtemps[1]… L'antigang terminait mieux l'année qu'elle ne l'avait commencée. Nous tenions notre revanche. Les commentaires à notre égard s'étaient même faits dithyrambiques. Par un singulier retournement de tendance, on oubliait maintenant de stigmatiser les « cow-boys » pour féliciter de nouveau les « psychologues ».

Tout cela eût presque prêté à sourire si les traumatismes des mois précédents n'avaient pas laissé de pénibles souvenirs dans nos mémoires.

---

1. Lors de son procès, en mars 1977, il s'emploie à disculper son épouse. Il est condamné à vingt ans de réclusion, Martine à cinq. Le 29 mars 1987, il rate son évasion de la centrale Sainte-Maure, à Châteauroux. Le 27 décembre 1989, il est libéré après quatorze ans de détention. Remarié, il s'exile en Argentine. Le 9 décembre 1990, il est de retour en France et sa carrière s'achève de manière minable. Accompagné d'un complice, il agresse sauvagement une vieille dame de quatre-vingt-un ans dans sa maison d'Alençon (Orne). Lors de la fusillade avec les policiers, l'un d'eux, Jean-Yves Vergne, sera grièvement atteint. Willoquet meurt d'une balle dans la tête et d'une autre dans le cœur.

XIV

Guerre des polices

Le jour de l'arrestation de Willoquet, le 36 avait connu un merveilleux moment d'euphorie collective. Une fois de plus, comme au soir de la plupart des belles affaires de la PJ, le Quai des Orfèvres s'était transformé en ruche toute bourdonnante de vie. Dans le dédale des escaliers et des couloirs, nous avions vu s'agiter des inspecteurs d'autres services, des journalistes pressés, des secrétaires curieuses, des gardiens de la paix et leurs suspects menottés, rêvant tous d'apercevoir, même une seconde, dans l'entrebâillement d'une porte complice, Willoquet en personne, assis sur une chaise, les mains menottées dans le dos. Comme d'autres avant lui, Jeannot s'était prêté au jeu de l'interrogatoire avec une certaine élégance. Il avait souri aux photographes, plaisanté avec les policiers. Un truand à la hauteur de son mythe, conscient qu'un tel lieu ne saurait tolérer la médiocrité.

Dans la mesure où la BRI et l'OCRB avaient travaillé ensemble et dans la meilleure entente possible, l'opération de la rue d'Oslo constituait un succès collectif. La presse, si prompte à relater les escarmouches, réelles ou fictives, de la « guerre des polices », avait salué la réconciliation des deux services.

« Guerre des polices »... L'expression était excessive, comme tous les clichés, mais c'était celle retenue par les journalistes, les écrivains et même les cinéastes puisque Robin Davis en tirerait bientôt un film avec Claude Brasseur (1979). Avions-nous pour autant le sentiment de livrer bataille contre l'OCRB ? Rivaux peut-être, mais pas adversaires.

Même si peu d'affaires étaient prétexte à frictions, cette rivalité était pourtant indéniable. Entre services, entre patrons, entre inspecteurs, il ne s'agissait pas uniquement d'une saine émulation. Force est d'admettre que les limites du raisonnable étaient quelquefois franchies. Le public, friand de prises de bec, ne s'en plaignait pas. Frondeur par habitude, grognon par atavisme, le Français adore railler tout accroc à la réussite et à l'ordre établi. Il aime les cocus célèbres, les politiciens en prison et, convenons-en, les chamailleries de flics.

Querelles de clocher ? Comme un journaliste n'accepte pas de voir un scoop lui échapper, comme un chercheur revendique la primeur d'une découverte, le policier n'admet pas qu'un collègue vienne le doubler sur une affaire. C'est aussi simple que cela. Cette réaction banalement humaine est encore plus marquée chez les policiers de terrain, du type antigang. L'esprit de corps et les risques physiques sont tels que tout incident prend vite une ampleur démesurée. L'acteur Claude Brasseur, avec lequel j'eus un jour l'occasion de discuter de son film, m'avoua avoir été impressionné, dans la phase préparatoire du tournage, par la détermination, voire l'acharnement avec lesquels les policiers s'accrochaient à « leurs » affaires. Il avait vu juste.

L'essentiel du problème réside en fait dans l'organisation de la police française en matière de lutte contre le grand banditisme.

Comme son nom l'indique, l'Office central dépend de la Direction centrale de la police judiciaire. Il a, de ce fait, une vocation nationale, tant en ce qui concerne la documentation (les archives) que l'opérationnel (les interventions). Toutefois, comme le territoire est couvert par les Services régionaux de police judiciaire (SRPJ) et la Préfecture de police de Paris (Paris et les trois départements de la petite couronne), les policiers de l'OCRB, quoi qu'ils fassent, marchent sur les plates-bandes d'autrui. Ses inspecteurs et ses commissaires, dont la compétence n'est évidemment pas en cause, viennent souvent sur une affaire en qualité d'observateurs ou de renforts. Ils peuvent apporter aux unités de province une expérience et des moyens fort utiles. En toute objectivité, ce n'était pas le cas en ce qui nous concerne. En clair, nous avions rarement besoin d'aide.

Cela dit, reconnaissons que la Préfecture de police de Paris constitue un cas à part dans le paysage policier français. C'est une sorte de principauté, jalouse de ses traditions, méfiante à l'égard des Offices centraux, d'une façon générale. Quelles que soient les réformes envisagées, la PP reste la PP. Ses policiers, qu'ils appartiennent aux grandes brigades ou aux brigades territoriales, ont en commun un attachement viscéral à la maison mère, le Quai des Orfèvres !

BRI, BRB, OCRB, SRPJ, Paris, banlieue, province... Le public s'y perd ? Qu'il se rassure : la police aussi, parfois !

Cette répartition approximative des tâches et l'enchevêtrement des zones de compétence expliquent en partie, mais en partie seulement, ce qui a été appelé, dans les années 1970, la « guerre des polices ».

À cette époque, en effet, la BRI était sans cesse sur la brèche, soit directement, soit par l'intermédiaire de sa « filiale » anticommando (BAC). Comme l'essentiel des activités de la grande criminalité et du terrorisme était concentré sur Paris et sa région, on nous demandait d'agir dans des domaines aussi divers que le braquage, la prise d'otage ou le kidnapping. Conséquence : l'antigang était jalousée. Quelques envieux voyaient en elle une brigade de luxe, omniprésente, privilégiée par la Préfecture et le ministère. Ils interprétaient cette intense activité comme une boulimie d'action et de publicité. J'y voyais, moi, le signe d'un savoir-faire acquis au fil des ans.

Qu'on le veuille ou non, la police moderne est une police de spécialistes. Il faut connaître la mentalité du dealer pour être un bon inspecteur des Stups. Il faut avoir de solides notions de comptabilité pour faire carrière à la Brigade financière. La Brigade de recherche et d'intervention, comme son nom l'indique, devait « rechercher » et « intervenir ». C'est pour cela, et uniquement pour cela, que l'on faisait si fréquemment appel à elle, y compris pour des missions à risques dont personne ne voulait.

Les envieux eux-mêmes étaient souvent soulagés de nous confier la garde d'un « bébé » encombrant et d'attendre la fin de l'opération pour revendiquer leur part de la victoire ou, au contraire, nier toute responsabilité dans un éventuel incident.

En matière de coopération, tout dépendait des personnes concernées. Lorsque nous intervenions à la demande d'un service qui n'avait pas la prétention de tout maîtriser, la cohabitation était efficace et chaleureuse. Nos collègues, conscients de leurs limites, étaient aussi satisfaits de travailler à nos côtés que nous l'étions de bénéficier de leur aide. Si, cas rarissime, ces « généralistes » se targuaient de tout vouloir décider, nos relations étaient plus tendues, comme avec le commissaire central de Nice, en 1974 (prise d'otage à l'aéroport).

En règle générale, nos relations avec les brigades territoriales étaient également très cordiales. Les inspecteurs de BT nous mettaient fréquemment sur la piste des équipes de braqueurs. Ils aimaient que leurs renseignements soient exploités, à charge pour nous de renvoyer l'ascenseur en leur laissant le soin de procéder aux interrogatoires, en signalant à la direction la qualité de l'enquête préalable, en insistant aussi auprès de la presse sur le rôle de la BT.

Autre cas de figure : la cohabitation avec des services à vocation spécifique, tels que la Mondaine (proxénétisme, drogue) ou la Crim. Là non plus, il n'y avait pas concurrence. À chacun son domaine, à chacun sa mission. Épauler la Criminelle dans les affaires de rapt ne nous posait évidemment aucun problème.

Les seuls accrochages significatifs, susceptibles d'affoler les gazettes, survenaient lorsqu'un service avait, ou pensait avoir, une compétence comparable à celle de l'antigang dans le domaine de l'intervention. Alors, oui, des conflits pouvaient éclater.

Une affaire fut à cet égard révélatrice des risques encourus quand des collègues extérieurs se montrent trop entreprenants. Elle eut lieu à Paris, le 3 décembre 1975, au surlendemain de l'arrestation de Willoquet. Le service en cause? L'OCRB, celui-là même qui nous avait aidés à serrer le « coiffeur de Nevers »!

Comme quoi les trêves pouvaient être de courte durée sur le front de la « guerre des polices »...

Un braquage venait d'être perpétré contre une agence du Crédit Lyonnais, avenue Bosquet (VIIe). Surpris par l'arrivée d'une équipe de convoyeurs de fonds, les trois truands avaient déclenché une fusillade. L'un d'entre eux avait réussi à s'enfuir, tandis que ses complices s'étaient retranchés dans la banque avec une vingtaine d'otages. Ils exigeaient deux millions de francs, une somme équivalente en dollars, ainsi qu'une voiture.

Depuis le car de commandement, en stationnement à proximité de la banque, nous étions, Marcel Leclerc et moi, en liaison téléphonique avec les truands. L'un, à l'accent maghrébin, paraissait assez calme ; l'autre, incohérent et nerveux, hurlait : « Il faut qu'on en abatte un pour qu'on nous prenne au sérieux ! »

Comme toujours s'ouvrit le bal des conseillers en tout genre. Policiers, gendarmes, magistrats, avocats, politiciens de tout bord, venus proposer leurs services, témoigner leur solidarité. Accordons-leur le bénéfice du doute et de la sincérité. Mais nous n'étions pas dupes : quelques opportunistes de salon rappliquaient seulement pour parader ! Amusant manège que celui de ces « amis » de fraîche date qui tournoyaient dans notre dos dans l'espoir de passer dans le champ des caméras !

De ce point de vue, toutes les prises d'otages se ressemblent. Les journalistes ayant rarement la possibilité d'approcher les policiers et les magistrats en charge des négociations, ils se rabattent, faute de mieux, sur les personnes qui peuvent éventuellement émettre un avis sur la question : anciens flics, psychologues, avocats... Il s'en trouve toujours un, refoulé aux barrières de sécurité, qui a son mot à dire. Entouré d'une foule attentive, avide d'accéder à l'écran magique, il parle, sans forcément savoir, mais il parle... Chaque fois, cette agitation nous agaçait au plus haut point. Nous essayions de l'éviter en restreignant au minimum l'accès à la cellule des responsables. Nous savions qu'en cas de coup dur ce serait à nous, et non aux éphémères « consultants », de rendre des comptes. En cherchant coûte que coûte l'isolement, nous étions parfois un peu rudes avec les visiteurs. On ne se faisait pas que des amis...

Dans le courant de l'après-midi, Charles Pellegrini vint nous rejoindre avenue Bosquet. Il était à l'époque chef adjoint de l'OCRB et je le connaissais depuis des années. Deux jours plus tôt, nous étions ensemble chez Willoquet. Nos relations, généralement cordiales, voire chaleureuses, variaient toutefois au gré des événements.

On me reprocha parfois de rechigner à monter des opérations conjointes avec l'OCRB, un service qui avait trop tendance à vouloir s'immiscer dans les affaires en cours, surtout les plus prometteuses... Je ne le conteste pas. Mes inspecteurs se montraient encore plus intransigeants que moi. Ils voulaient rester entre eux, essentiellement pour des raisons d'efficacité et de sécurité, et ils avaient raison.

Nous étions surtout hostiles à la collaboration dans la phase finale, celle de l'intervention, car nous partions du principe que des hommes n'ayant pas l'habitude de manœuvrer ensemble ne sauraient s'entendre à la perfection, *a fortiori* dans une situation d'extrême tension. Un travail d'équipe ne s'improvise pas, il est le fruit d'une complicité de longue date. Je préférais diriger un groupe soudé et cohérent, composé de policiers capables de comprendre un geste, une attitude, un regard de leurs collègues. Face à des malfaiteurs, on ne peut oser des expériences fantaisistes, des essais de laboratoire sous prétexte de ne froisser personne. L'association précipitée de policiers qui ne se connaissent pas, ou qui se connaissent mal, comporte trop d'incertitudes. La tragique méprise de Charenton l'avait démontré. Sur ce point, au moins, les faits m'ont très souvent donné raison.

Officiellement, Charles Pellegrini et trois de ses collaborateurs nous avaient rejoints avenue Bosquet en qualité d'observateurs pour « renseigner la hiérarchie ». « Tu comprends, s'il devait y avoir des prolongements en province... », m'avait prévenu « Pel ». Au-delà de cette démarche assez logique sur le plan professionnel, je devinais son envie de s'immiscer, une fois encore, dans une affaire qui avait pourtant lieu sur le territoire parisien, dans un domaine, celui des prises d'otages, qui relevait de notre pleine compétence. Il cherchait depuis longtemps à se greffer sur les activités de la BAC. Les succès de cette unité avivaient la frustration de deux ou trois services, dont le sien. Quelque part, sa réaction était compréhensible : comme souvent, dans la police française, on avait donné naissance à une nouvelle brigade sans oser clairement prévenir les services existants qu'ils seraient dorénavant déchargés de certaines missions.

Le 3 décembre 1975, les négociations progressent cahin-caha, alternance d'accalmies et de poussées de fièvre. Aux environs de 20 heures, les truands tirent quelques coups de feu pour faire croire qu'ils ont abattu le fondé de pouvoir de la banque. Plus tard, dans la nuit, l'un d'eux sortira de l'agence avec un otage :

– Donnez-nous l'argent, bande de salopards, on va tous les tuer!

La foule, stupide comme sait l'être une foule, dans certaines circonstances, répondra par des cris contre le « laxisme » des flics, incapables d'abattre le voyou. Et l'otage utilisé comme bouclier humain? Et le complice, retranché à l'intérieur?

Sous la pression des syndicats, le Crédit Lyonnais consent à verser l'argent. Comme le CIC, quelques mois plus tôt, avenue de Breteuil, la banque va payer.

À 1 h 23, les truands sortent, coiffés de cagoules rouges. Abrités derrière un parapluie pour se protéger de nos tireurs d'élite, ils s'engouffrent dans une Fiat bleue. Les deux sacs de billets sont posés sur le siège avant. L'un des malfaiteurs est au volant, son complice à l'arrière avec deux femmes otages.

La Fiat roule vers le pont de l'Alma, puis accélère brutalement en empruntant l'avenue George-V en direction des Champs-Élysées. Nos voitures l'ont prise en chasse, de même qu'un véhicule de l'OCRB. « En renfort, au cas où... », m'a dit Pellegrini. Je n'ai pas vraiment le temps de penser à ces bisbilles interservices. Sur l'avenue presque déserte, nous suivons les truands de près. De trop près, à leur goût. Le chauffeur pile, descend avec son fusil à canons sciés :

– Si vous continuez, on tire!

Il se rassoit au volant, repart à toute allure. À l'arrière, son complice nous braque. Nous continuons tout de même la poursuite : il n'est pas question de perdre leur trace. Nous espérons même profiter d'une fausse manœuvre pour les bloquer.

Rue Pierre-Charron, ils grillent un feu et heurtent une Citroën GS qui remontait la rue François-Ier. Les passagers de la GS, deux députés de retour de l'Assemblée [1], s'extirpent de la carcasse. Le conducteur de la Fiat ouvre sa portière, en tenant son fusil. Les rares témoins de la scène plongent sur les trottoirs. Le truand, à la recherche d'une voiture de rechange, se précipite vers un taxi. Les deux touristes britanniques qui sont assis à l'arrière vont connaître la plus grosse frayeur de leur vie : le malfaiteur leur crie de descendre, tandis que son complice attend dans la Fiat accidentée, avec les otages.

Nous avons déjà bouclé tous les accès du carrefour, sans intervenir car le chauffeur et les touristes sont trop exposés. Les inspecteurs de la BAC se sont réparti les rôles instinctivement. L'habitude de l'action collective...

Cette habitude, nos collègues de l'OCRB ne l'ont pas, du moins, pas avec nous. Ignorant sans doute l'épisode de l'accident, ils surgissent dans leur R16, doublent nos voitures, prennent un virage sur les chapeaux de roues et empruntent la rue François-Ier à contresens, de façon à bloquer le taxi. Ils croient probablement que le truand cherche à fuir alors que, pour l'instant, il veut seulement faire sortir les touristes et changer de voiture.

La fusillade éclate. Elle va durer un long moment, des secondes qui paraîtront des heures. Les deux policiers tirent sur le taxi qui sera transpercé de sept balles ! Aucune n'atteindra le chauffeur ni les deux Britanniques recroquevillés sur le plancher. Le truand ne semble pas avoir été touché. Une arme dans chaque main, il revient sur ses pas et se poste devant l'entrée d'un magasin. Je me trouve à une trentaine de mètres de lui, rue Pierre-Charron, avec Roland Bernard et Loïc Janot. Je tire à deux reprises. Ce seront là deux des trois coups de feu de

1. Pour l'anecdote, signalons que, avant l'accident, Gilbert Gantier, député républicain indépendant du XVIe arrondissement, avait déposé une proposition de loi tendant à aggraver les peines prévues en cas de prise d'otage !

toute ma carrière, alors que j'ai entendu siffler les balles une bonne vingtaine de fois.

Touché à une cuisse, le preneur d'otages tombe à la renverse. Il parvient tout de même à redresser le buste pour continuer à tirer, en position assise, avant de s'écrouler définitivement sous les balles d'un inspecteur. Il s'agit d'un jeune truand marseillais, surnommé « Cox ».

Son complice est descendu de la Fiat, la tête en sang, blessé au cuir chevelu. Un 357 Magnum dans une main, un fusil à canons sciés dans l'autre, il « arrose » dans toutes les directions. Nous essayons de l'encercler à sept ou huit (dont les deux inspecteurs de l'OCRB), mais il se remet à l'abri dans la voiture, les armes à la main, couché sur les otages. Accroupi le long de la portière arrière droite, je l'exhorte à se rendre. L'une des deux femmes ne me facilite pas la tâche. Elle ne cesse de crier : « C'est de votre faute ! C'est de votre faute ! » On a beau connaître ce type de réaction, on ne s'y habitue jamais vraiment...

À l'issue d'une brève empoignade, le truand est finalement maîtrisé et les femmes libérées. Nous récupérons la rançon et l'arsenal des braqueurs, à savoir deux fusils, trois revolvers et une centaine de cartouches.

Compte tenu de l'accident et de la fusillade, nous avons eu de la chance cette nuit de décembre 1975. Il s'agissait d'une réussite pour notre brigade, même si nous aurions évidemment préféré arrêter le truand et non le tuer. Les inspecteurs de l'OCRB, par leur comportement intempestif, avaient failli tout faire échouer. Les journalistes, qui nous avaient suivis depuis l'avenue Bosquet, pouvaient en témoigner. Et ils le firent savoir.

La presse salua le « triomphe » (*France-Soir*) ou le « joli coup double » de l'antigang (*Le Point*), allusion aux deux affaires de la semaine, l'arrestation de Willoquet et l'avenue Bosquet. Mais les médias eurent tendance à trop personnaliser ce succès, à m'attribuer tous les mérites de l'opération. Or je n'avais pas cherché à avoir le beau rôle. J'avais fait mon métier, rien que mon métier à la tête de mes hommes.

Pellegrini n'apprécia pas cette présentation de la presse et le fit savoir : trop pour l'antigang, pas assez pour l'OCRB. Bizarrement, quelques échos parurent çà et là, pour contester ma version des faits. À en croire ces articles, tout le mérite de l'opération revenait à l'OCRB. Des « infos » puisées, on s'en doute, à des sources policières dénuées de toute arrière-pensée boutiquière... On put lire, par exemple, cette explication tendancieuse : « Ce sont deux inspecteurs de l'OCRB qui ouvrent le feu. Ils tuent "Cox", blessent Manuel et délivrent les otages. »

L'un des inspecteurs revendiqua, haut et clair, la mort du truand. L'enquête et les expertises aboutissaient pourtant à d'autres conclusions. Mais s'il le souhaitait, si cela pouvait soulager les échotiers et satisfaire sa gloriole, je lui accordais volontiers le bénéfice de cet « exploit »... Tout comme il m'aurait accordé, je n'en doute pas une seconde, le privilège de porter le chapeau si le chauffeur de taxi ou ses clients avaient été blessés ou tués à cause de sa magistrale entrée en scène.

Ces querelles stupides firent quelque bruit dans la grande maison. La direction finit par s'en émouvoir. Afin d'apaiser les esprits, elle nous conseilla, à Leclerc et à moi, de limiter nos contacts avec les journalistes. Nous avions de toute façon refusé d'entrer dans cette polémique. Il n'empêche que nous touchions là le point sensible de la fameuse « guerre des polices ». Ce conflit, ponctué d'escarmouches épisodiques mais violentes, était avant tout celui de l'accès à la notoriété, comme si la valeur d'un service et le courage des hommes se mesuraient à l'aune de leurs apparitions télévisées.

Si le petit écran n'avait pas encore le pouvoir qu'il allait acquérir par la suite, la dictature de l'image était en marche. Les politiciens l'avaient deviné et la police, comme tous les autres secteurs de la société, commençait à y succomber. Mes détracteurs me reprochaient d'ailleurs parfois d'aller au-devant des caméras, d'être trop « médiatique » comme l'on dit de nos jours.

Oui, j'étais « médiatique ». Peut-être trop, admettons-le, en comparaison de chefs de service moins en vue, moins exposés aussi. Mais avais-je le choix? Passé un certain palier de notoriété, le personnage public ne maîtrise plus rien, son image lui échappe. Était-ce ma faute si les affaires traitées par notre brigade provoquaient un réel émoi dans l'opinion et, par voie de conséquence, une importante mobilisation des médias? Fallait-il que je me cloître dans mon bureau alors que la hiérarchie me demandait de répondre? La BRI et la BAC, par leurs réussites ou leurs déconvenues, me contraignaient à agir ainsi. L'essentiel était d'éviter le piège de la propagande politicienne sur fond de discours sécuritaire. Ce ne fut pas toujours évident. Tout ce qui touche à la sécurité des citoyens a un tel impact que le politique est tenté de l'utiliser à des fins électorales.

Cette présence dans les médias faisait partie de ma fonction. Je l'estimais justifiée, pour le renom de la brigade et de la police en général, pour les inspecteurs qui pouvaient y voir une forme de récompense à leurs efforts. Et puis, je suis persuadé que cette notoriété nous a aidés : elle nous a permis d'être craints, donc respectés des truands et crédibles dans le dénouement d'une affaire ou le recueil de renseignements.

Autre argument : la police étant au service du citoyen, elle doit pouvoir s'expliquer devant lui, en cas de réussite comme en cas d'échec. À la demande de la hiérarchie ou avec son feu vert, je m'expliquais donc, dans les bons jours comme dans les mauvais. Après tout, c'était encore le meilleur moyen d'éviter la divulgation d'informations erronées. J'ai fini par entretenir de bonnes relations avec quelques journalistes mais, contrairement à ce qu'on a pu prétendre, je n'ai jamais recherché à tout prix la célébrité. À y regarder de plus près, elle présentait d'ailleurs beaucoup plus d'inconvénients que d'avantages, notamment en matière de tranquillité et de sécurité familiales.

Alors, avais-je pêché par excès de «gourmandise» avenue Bosquet? Appelé à témoigner lors du procès, je dus me soumettre aux questions des avocats. Pourquoi avoir «tant attendu» et «fait subir ce calvaire aux otages»? Pourquoi avoir «pris des risques inouïs» pour abattre le complice qui était à côté du taxi? C'était à moi, bien à moi, et non à Pel ou à ses inspecteurs, qu'il revint de répondre. C'était normal, après tout, j'étais le patron, et le patron doit rester dehors quand il fait gros temps, quand les vaniteux d'un soir fuient la tempête qu'ils ont déclenchée.

Après cinq ans au 36, je savais sur qui m'appuyer, de qui me méfier. J'avais aussi retenu ces mots de l'ancien directeur de la PJ, Max Fernet : « Vous verrez, m'avait-il averti, lorsque tout se passera bien, vous serez très entouré, on dira que vous avez eu de la chance... Quand cela se passera moins bien, vous serez seul, on vous traitera, dans votre dos, de roi des imbéciles pour n'avoir pas agi comme ci ou comme ça. »

Ma carrière me confirma la justesse de cette analyse. Quand une affaire tourne mal, les concurrents se font soudain plus discrets, ils rentrent dans l'ombre, pour mieux hurler ensuite avec la meute. À l'inverse, lorsqu'une affaire paraît en bonne voie, ils viennent danser à la lumière des flashes, réclamer leur part de flatterie ou, faute de mieux, ironiser sur la facilité de l'intervention.

C'était cela, surtout, la « guerre des polices ». Rien d'autre que des querelles de voisinage, de puérils combats de coqs... J'en ai parfois souffert, surtout au début. Puis, l'expérience aidant, j'ai fait le tri du vrai et du faux, de l'important et du futile, j'ai dressé des barricades autour de la brigade. J'ai compris qu'il n'y avait pas guerre mais guérilla, un jour ici, un jour là, le plus souvent contre de médiocres francs-tireurs.

XV

1976, l'accalmie

Le Thélème, Willoquet, la rue Pierre-Charron... 1975 avait été une année mouvementée. Trop mouvementée, sans doute. En s'aventurant dans les archives de l'époque, on en vient à se demander si l'antigang avait parfois, comme tout service, une vie ordinaire, sans accusations de «bavure», sans publicité excessive, sans guerre des polices. Certes nous agissions souvent sur le fil du rasoir mais c'était pourtant le cas : la quasi-totalité des affaires ne suscitaient aucune remarque, comme ces fameux trains dont nul n'entend parler puisqu'ils partent et arrivent à l'heure.

Les murs du 36 étaient un peu plus jaunes, les marches de l'escalier central un peu plus usées, les hommes avaient pris de l'âge et un peu d'embonpoint, mais le Quai des Orfèvres restait ce lieu magique que j'avais connu à mes débuts à la Criminelle. Il y régnait le plus souvent une excellente ambiance, épicée de plaisanteries de corps de garde. C'était notre côté potache, notre manière de décompresser. Il suffisait d'un rien, d'un pari insensé, d'une boutade inattendue, d'une chanson entonnée par un inspecteur en verve.

Il nous arrivait aussi d'accueillir d'étonnants visiteurs, comme Charly, un retraité qui faisait pour ainsi dire partie des meubles. Il n'était pas policier, personne ne savait au juste dans quelles circonstances il avait jadis connu le 36, lui le marchand des faubourgs à l'accent juif inimitable. Il connaissait tous les bureaux, chaque commissaire, chaque inspecteur. Quand il débarquait à l'improviste, pour nous amuser de ses blagues juives, ce vieux filou se taillait un franc succès. Il aimait bizuter les nouveaux. En les croisant dans les couloirs, il ouvrait subrepticement son portefeuille sur une photo coquine et lançait : « Police, vos papiers ! »

Tous nos visiteurs n'avaient pas sa gentillesse. La plupart d'entre eux ne faisaient que passer, le temps de livrer une information ou un prétendu « secret ». Comme tous les lieux de police, le 36 attirait des personnages plus ou moins sains d'esprit, ce qui pouvait déboucher sur des scènes cocasses.

Un soir, par exemple, Frédo Vénier m'annonça la visite d'un type qui prétendait me connaître. Il avait réussi à franchir les différents contrôles jusqu'au dernier étage. À en croire mon adjoint, il était « monté comme une ablette » et disait s'appeler « Zizi la bagnole ». Il se tenait dans le couloir, une casquette sur le crâne, l'imper à la Columbo, le col relevé, le dos voûté, un mégot aux lèvres. Il ressemblait un peu au comique Sim. Pas plus gros, à peine plus grand.

– Robert ! Tu m'reconnais pas ?

– Non... je ne vois pas...

– Zizi... Zizi la bagnole ! Tu vois pas ? Bon, écoute, je vais faire bref : je veux entrer dans ta brigade. Je suis conducteur de bus. Foncer dans Paris, ça m'connaît ! La bagarre aussi, j'aime ça ! D'ailleurs, regarde, j'en ai plus une !

Et Zizi d'ouvrir la bouche sur un spectacle de désolation. « Plus une ratiche ! », pour reprendre l'expression de Frédo. Je décidai de ne pas donner suite à l'offre de service de ce brave « collègue » qui sympathisa néanmoins avec mon adjoint.

Une poignée de nos anciens, de Riton Clavier à Jean Rennesson, étaient partis à la retraite. Le groupe accueillait de nouveaux phénomènes, comme José Gentilini ou Jack Zirnelt, dit « Zizi » (un de plus !), bon flic, bon vivant, bon copain. On le vit un matin se présenter au bureau vêtu d'un pull-over noir frappé de l'inscription « Brigade antigang », en grosses lettres rouges. La veille, en prévision d'une opération délicate, j'avais recommandé aux inspecteurs de redoubler de discrétion ! Ce

Zizi-là, cheveux longs, jeans et blouson noir, était si intrépide qu'il parvint même à gravir les cent quarante-huit marches du 36 sur sa moto ! Lors des interventions, il n'était jamais le dernier à aller au charbon. Les badauds s'étonnaient de ses allures de loubard. Des années plus tard, c'est Odile Fairise, une jeune femme dynamique, brillant inspecteur à la BRI, qui le fera quelque peu rentrer dans le rang...

Maintenant qu'il y a prescription, je peux l'avouer : il me prenait souvent, à moi aussi, des envies de canulars. Tous n'étaient pas du meilleur goût mais il faut croire que j'avais quelque talent pour lancer des histoires invraisemblables et les propager dans les services. C'était pour moi aussi un moyen de décompresser !

Un jour que je déjeunais avec un collègue des Renseignements généraux (RG) et d'autres commissaires, il me vint l'idée, je ne sais trop pourquoi, de lui confier un « secret » de mon invention, fondé en partie sur des faits authentiques. Je savais qu'il me croirait car nos collègues des RG avaient tendance à sauter sur les informations avec la même naïveté que nous sur les confidences d'un indic... Mon secret était suffisamment crédible et savoureux pour qu'il s'en délecte sans retenue. Nous parlions d'un ami commun, issu de notre promotion de commissaires, à Saint-Cyr-au-Mont-d'Or.

– À propos de Lionel, tu sais qu'il est drôlement emmerdé avec sa dernière histoire.

– Quelle histoire ?

– Tu n'es pas au courant ?

– Non, raconte !

– Tu as entendu parler de l'Ougandaise, ministre d'Amin Dada ?

(Quelques semaines plus tôt, la presse avait évoqué le cas de cette jeune femme qui aurait eu des aventures amoureuses dans les toilettes de l'aéroport d'Orly.)

– Bien sûr, il paraît que c'était bidon.

– Pas du tout ! Je peux t'assurer, moi, que ce n'était pas bidon.

– Tu déconnes ?

– Lionel devait l'accueillir dès son arrivée en France pour organiser sa protection. Il a pris son affaire tellement à cœur qu'une dernière fois, avant qu'elle ne parte, dans les toilettes d'Orly, enfin bref, tu me comprends...

– Le con ! C'est pas croyable ! Je savais qu'il aimait ça mais il est quand même gonflé !

On en resta là.

De retour au 36, je m'empressai de prévenir Lionel que notre copain des RG, en bon flic de renseignements, allait chercher à vérifier son information. Dans le courant de l'après-midi, Lionel reçut effectivement un coup de fil, en apparence anodin, de la part d'un autre collègue. Comme il avait deviné de quoi il retournait, il joua le jeu et parut si préoccupé que le collègue en question s'empressa ensuite de rappeler le copain des RG pour lui confirmer que le « séducteur d'Orly » n'avait pas l'air dans son assiette.

Né entre le fromage et la poire, le secret continuait son chemin, franchissant sans scrupule les échelons de la hiérarchie. Quelques jours plus tard, le préfet de police, alerté par les RG, s'étonna du fait que la PJ ne l'ait pas informé des frasques de l'un de ses commissaires ! Le directeur demanda à Ottavioli s'il était au courant de cette histoire. Otta appela aussitôt le principal intéressé, Lionel. Celui-ci, au comble de l'embarras, expliqua qu'il s'agissait d'un canular lancé par Broussard auprès d'un collègue des RG !

On croyait l'affaire dégonflée. Il n'en était rien. Michel Poniatowski, le ministre de l'Intérieur, téléphona au préfet de police pour s'inquiéter de la prochaine parution d'un article relatant les aventures galantes d'un commissaire parisien ! Le préfet, aussi gêné qu'on peut l'imaginer, admit qu'il s'agissait d'une blague de commissaire. Le petit secret, stoppé dans son élan, n'osa pas s'aventurer plus haut, mais il se permit une ultime facétie.

J'allais cette fois jouer un tour à Lionel. Profitant du passage à la BRI de deux copains antillais, je leur demandai d'aller le trouver en se faisant passer pour des gardes du corps d'Amin Dada. C'étaient deux costauds, le profil de l'emploi, je ne pouvais rêver meilleurs acteurs. Ils firent irruption dans son bureau : «Où est le commissaire Lionel? Où est-il? Nous avons deux mots à lui dire!»

Il était là, devant eux, mais il eut le réflexe de répondre que «monsieur le commissaire» était «absent pour la journée». À peine furent-ils sortis du bureau qu'il me téléphona :

– Robert! Je viens d'être menacé par deux mecs. Tu sais, tes conneries de l'autre jour, la nana dans les toilettes...

– Qu'est-ce que tu me racontes, là?

– Deux Noirs! Des mecs d'Amin Dada, j'en suis sûr! Putain, tu verrais les bêtes!

– Ne bouge pas, j'arrive!

Je lui présentai mes deux complices antillais. Cette fois, plus de doute, le secret avait vécu.

C'était cela, la BRI et le 36, hors période de tension. Sans cette complicité de tous les instants, sans les liens d'amitié qui nous unissaient, sans ces moments de décompression, rien n'aurait été possible au sein de la brigade et en dehors.

Comme dans les premiers temps, à l'époque de l'enlèvement du banquier Balthazar Suarez et de notre escapade dans le sud de la France, j'accordais une importance primordiale à l'entente entre les inspecteurs. Et si des chamailleries éclataient entre les membres de la brigade, comme dans n'importe quelle société humaine, les flammèches s'éteignaient d'elles-mêmes. Tout rentrait rapidement dans l'ordre, y compris avec Pellegrini et les hommes de l'OCRB. Nous vivions, les uns et les autres, des moments si intenses que ces broutilles intestines paraissaient soudain d'une ridicule puérilité.

Malgré mes quatre années d'antigang, je m'étonnais encore de la disponibilité et du dévouement des inspecteurs. Nous pouvions les mobiliser de jour comme de nuit, nouveaux et anciens. J'avais conscience d'être perfectionniste, de réclamer toujours davantage, mais j'estimais qu'en raison des risques encourus il n'y avait pas de place pour l'approximatif et l'improvisation. Rien ne devait être laissé au hasard. J'attendais de mes collaborateurs qu'ils soient irréprochables et solidaires; bref, de bons professionnels. Ils devaient parfois rouspéter lorsque j'intervenais à n'importe quel moment sur les ondes, histoire de savoir où ils en étaient de leur planque ou de leur filature. Ils devaient me maudire de les réveiller aux aurores, de les retenir tard le soir ou de les priver de week-end.

Je les revois encore au lendemain des affaires réussies, flânant dans les couloirs, le front haut et l'œil rieur, persuadés qu'ils auraient au moins droit à une semaine de détente relative, le temps de rédiger leur rapport et de confectionner l'album des photographies prises au cours des surveillances. Mais non, allez, je leur dégottais, ailleurs dans Paris, une équipe à filer, des braqueurs à serrer. Et ils repartaient aussitôt, maugréant sans méchanceté contre le « Bubar » (le barbu) ou « Sarbrou » (Broussard en verlan) comme ils me surnommaient entre eux.

L'imprévu, l'éternel partenaire, demeurait le piment de notre vie de flic. Et nous l'aimions cette vie. Autour d'inspecteurs comme Gérard Marlet, Loïc Janot, Jean-Louis Fiamenghi, Jean-Pierre Moreau et bien d'autres, s'était forgé un noyau d'irréductibles qui partageaient la même passion, doublée d'un impérieux besoin d'action.

De ce point de vue, les affaires les plus marquantes n'étaient pas obligatoirement celles que retenait la presse. Il y en avait d'autres, moins spectaculaires, qui nous comblaient sans pour autant faire les gros titres. Elles renforçaient notre amitié, consolidaient notre cohésion, nous en sortions harassés mais heureux.

Le 24 octobre 1976 fit date au rayon des souvenirs dignes de mémoire. C'était un dimanche d'automne, un jour à encourager ses enfants sur les terrains de foot. J'étais justement au stade lorsque des agents du commissariat voisin vinrent me prévenir en plein match que mes collègues cherchaient à me joindre d'urgence. Rue des Abbesses, à Paris, une équipe d'un autre genre (quatre hommes, deux voitures, du matériel de perceurs de coffres) se préparait à entrer en jeu. Nous les filions depuis plusieurs semaines, sans trop savoir ce qu'ils préparaient et là, devant nous, à la nuit tombante, ils chargeaient les voitures !

Juste avant qu'ils ne quittent Paris vers l'est, un « cortège » fut constitué. Six voitures, dont la mienne, ainsi qu'Ali, sur sa moto, commencèrent à les suivre. Un modèle de filature : à tour de rôle, chacun prenait le relais du copain puis se laissait glisser loin derrière. Sur les ondes, les consignes étaient strictes : motus ! Les truands pouvaient être équipés d'un scanner.

Comme les amuseurs du groupe ne supportaient pas ce silence, il y en avait toujours un pour oser une plaisanterie, le cri du cochon ou quelques paroles d'une chansonnette. Les autres rigolaient comme des « cibistes » branchés sur la même fréquence. Je ronchonnais pour la forme, en rappelant – dans un langage codé – les consignes de discrétion, jusqu'à la prochaine pitrerie, qui me faisait à mon tour éclater de rire.

Nous ne savions pas où cette filature allait nous conduire. À Troyes, dans l'Aube ? Après avoir tourne-viré, les truands quittèrent la ville. Alors à Chaumont, dans la Haute-Marne ? Peut-être, puisqu'ils fonçaient dans cette direction. Ils allaient si vite qu'il devenait difficile de les suivre sans se faire repérer. Six voitures immatriculées en Région parisienne, un dimanche soir, sur une nationale déserte, ça ne passe pas inaperçu ! Un conducteur sur deux ou trois devait éteindre ses feux et se fier à ceux du collègue de devant. La manœuvre était dangereuse : Marcel Galindo perdit un rétroviseur en frôlant un véhicule qui roulait en sens inverse.

À Bar-sur-Aube, les truands bifurquèrent vers Joinville. Nous étions désormais sur une départementale, seuls à seuls, eux et nous, à foncer dans la nuit. Nos plaisantins des ondes ne songeaient même plus à amuser la galerie. Concentration, concentration...

Peu avant le village de Doulevant-le-Château, les truands firent une halte en pleine forêt, nous obligeant à tourner brusquement dans un chemin forestier, tous feux éteints. Seul Christian Lambert poursuivit sa route comme si de rien n'était. En passant à leur hauteur, il remarqua que des sacs transitaient d'un coffre à l'autre. Christian Lambert, un grand brun d'un calme à toute épreuve, était l'une de nos dernières recrues. Arrivé en avril 1975, il s'était intégré sans la moindre difficulté. Il avait le sens de ce métier, un don inné qui allait lui permettre de faire une brillante carrière. Originaire de la région, il connaissait toutes ces routes. Aussi, quand les truands repartirent, il continua de les suivre. À Doulevant, où ils s'arrêtèrent sur un parking pour garer l'une des voitures, ils montèrent à quatre dans la seconde.

Notre affaire se précisait. Nous devions surveiller le véhicule relais, sur le parking. Christian et son coéquipier Joël Kerjean patrouillaient dans le secteur. D'autres inspecteurs avaient suivi les casseurs sur la route de Joinville avant de perdre leur trace. En attendant des nouvelles des uns ou des autres, je décidai d'aller prévenir les gendarmes avec Marlet. Il était temps puisque deux pandores s'apprêtaient à se rendre dans la forêt où un villageois avait remarqué des voitures de « braconniers », des R16, des R12, une DS, immatriculées 75... Bref, nos propres véhicules !

Le capitaine Sallaz comprit rapidement la situation. En un rien de temps, la brigade de Doulevant – soit une demi-douzaine d'hommes – et celles des bourgades alentour furent mobilisées. Lorsqu'il faut ainsi organiser à la hâte un quadrillage, la gendarmerie est une superbe machine, dont la parfaite connaissance du terrain est indispensable.

Un dispositif d'intervention autour de la voiture relais, des barrages en cas de fuite : tout était prêt, il n'y avait plus qu'à attendre le retour des casseurs. Vers 2 heures du matin, ils furent arrêtés alors qu'ils venaient de vider le coffre d'une grande surface de Joinville. Beaux joueurs, ils n'opposèrent aucune résistance et furent conduits à la brigade de Doulevant pour les interrogatoires.

Cette affaire n'avait rien d'extraordinaire en soi mais elle était de celles qui marquent les esprits. Pour les moments vécus lors de la filature. Pour l'intervention en elle-même, sans violence, en parfaite collaboration avec la gendarmerie. Mais aussi pour la suite, les heures passées dans ce village.

Au petit matin, après une nuit blanche, gendarmes et policiers se réunirent dans le bistrot voisin. Nous n'avions rien mangé depuis le dimanche midi. La patronne, qui doit encore se souvenir de notre appétit, sacrifia quelques douzaines d'œufs pour préparer de délicieuses omelettes. Des gens du coin vinrent se joindre à nous. Il y avait, parmi eux, l'homme qui avait cru apercevoir des braconniers dans la forêt. Pour se faire pardonner, il dut offrir sa tournée...

Les interrogatoires se poursuivirent toute la journée car plusieurs SRPJ avaient des questions à poser à nos quatre perceurs de coffres, de vrais professionnels de la cambriole qui avaient sévi dans d'autres régions.

Le soir venu, comme il était trop tard pour reprendre la route de Paris, Christian Lambert nous proposa de dormir dans la maison de campagne de ses parents. François Antona se chargea de préparer le dîner, sous les quolibets des copains. Imperturbable, il se tenait devant les fourneaux, le 357 Magnum dans son holster, l'étui de cartouches et les menottes à la ceinture ! Les chants et les fous rires se prolongèrent fort tard. Faute de mieux, je dormis comme un bébé (dans un lit d'enfant !), malgré les ronflements de Galindo qui résonnaient dans toute la maison ! À l'aube, plusieurs inspecteurs menèrent les vaches au champ avec un paysan, ami de Christian. Quemener se livra à un époustouflant numéro de torero sous les « olé » de ses collègues...

De retour dans la capitale, d'autres gangs de braqueurs allaient nous donner du fil à retordre : à Paris, le 12 novembre 1976, pour l'arrestation du « géant des Batignolles », (deux mètres sous la toise) et de ses complices ; à Villetaneuse, toujours le 12 novembre, pour un braquage ; à Paris, le 15 novembre, pour l'affaire du « camion tire-lire » de la Banque de France, rempli de pièces de dix francs ; à Alfortville, le 16 novembre, pour l'arrestation mouvementée d'une équipe de braqueurs qui avait agressé le comptable des HLM de la ville[1] ; le 11 décembre, au Carreau-du-Temple (X^e^), pour l'arrestation en flag des agresseurs d'un grossiste en jouets...

1. Une violente bagarre nous opposa aux cinq braqueurs dont certains étaient des toxicomanes. C'est à cette occasion que je fis connaissance de Joseph Franceschi, maire d'Alfortville et futur secrétaire d'État à la Sécurité publique de François Mitterrand. Témoin direct de l'agression, il avait tenu à nous offrir le champagne et à chanter *L'Ajaccienne* avec le Petit Roger et Fanfan Santini !

La presse rendait compte de ces réussites. À ses yeux, notre brigade figurait de nouveau sur le podium de l'efficacité. Des particuliers nous faisaient également part de leur satisfaction par lettres ou directement, sur les lieux mêmes des opérations. Ce fut le cas en pleine nuit, dans un quartier chic de Saint-Maurice, en bordure du bois de Vincennes. Ce soir-là, l'arrestation de cinq cambrioleurs fut si mouvementée que la bagarre se prolongea devant le pavillon qu'ils venaient de « visiter ». Vers 3 heures du matin, alors qu'ils étaient allongés sur le trottoir, les mains dans le dos, un vieillard fort élégant, chapeau melon, barbiche blanche et montre à gousset, demanda à parler au « commissaire ». Droit comme un « I », martelant ses mots au rythme de sa canne sur le sol, il me lança alors : « Monsieur, j'ai tout vu et je vous félicite, vous et vos hommes ! Bonne nuit et encore bravo ! » Décidément très vieille France, il se découvrit et tourna les talons...

En dépit de cette cadence soutenue, comparable à celles des années 1973-1974, l'année 1976 se terminait de belle façon pour la BRI et la BAC. Leclerc, en poste depuis deux ans, avait trouvé ses marques, malgré les retombées de l'histoire du Thélème.

Bref, tout allait pour le mieux, mais le vendredi 24 décembre, alors que je m'apprêtais à fêter Noël en famille, une nouvelle retentissante vint secouer notre vieille bâtisse du 36 : peu avant 9 h 30, le prince Jean de Broglie, descendant d'une famille illustre, ancien secrétaire d'État aux Affaires étrangères du général de Gaulle, cousin par alliance du président Giscard d'Estaing, venait d'être descendu comme un vulgaire voyou sur le trottoir de la rue des Dardanelles, près de la porte Maillot. Une affaire aux relents de scandale : le prince était en froid avec son cousin de l'Élysée et, selon les chroniqueurs politiques, il souhaitait rejoindre le camp gaulliste.

Lorsque la crapulerie débordait sur la politique ou l'inverse, le 36 bouillonnait comme une marmite sur le feu. Les chefs de service, toutes opinions confondues, redoutaient les remous. Heureusement, la BRI n'avait pas à traiter ce genre d'enquête.

Ni Leclerc ni moi ne pensions avoir à travailler, d'une manière ou d'une autre, sur ce dossier.

Il devait être à peu près 13 heures, ce vendredi, quand je vis Pierre Ottavioli devant son bureau. En trente ans de maison, le patron de la Criminelle avait eu à traiter plusieurs dizaines d'affaires délicates et il possédait un beau palmarès. L'enquête sur la mort du prince allait lui revenir. Je lui fis remarquer que cela tombait au plus mauvais moment, à la veille de Noël :

– Eh bien, lui dis-je, vous vous préparez de bonnes fêtes de fin d'année!

– Oui, effectivement..., répondit-il. En plus, un inspecteur est mêlé à cette histoire!

– Ah bon? Qui ça?

– Simoné, du commissariat de la Défense.

– Attendez... mais on le connaît! Il est apparu dans des surveillances sur des braqueurs.

– Oui, je sais, Poiblanc[1] m'en a parlé et je vais sans doute avoir besoin de vous.

Pour la BRI, comme pour la Crim, l'affaire de Broglie venait de commencer.

1. Après une longue et très brillante carrière à la tête de la Brigade criminelle, Roger Poiblanc a été nommé sous-directeur des affaires criminelles au Quai des Orfèvres.

XVI

Affaire d'État

L'assassinat d'un prince de la République! La foudre venait de s'abattre sur le 36. L'affaire sentait le soufre, elle mêlait argent et pouvoir, noblesse et truanderie. Tous les éléments d'un scandale politique étaient réunis. Ni la presse ni l'opposition ne pouvaient rester indifférentes.

Je ne développerai pas ici l'intégralité de ce dossier. D'autres, mieux placés que moi, s'en sont chargés[1]. Une mise au point s'impose cependant quant au rôle exact joué par la BRI. Cette clarification passe d'abord par un rappel chronologique.

Le 22 septembre 1976 – soit deux mois avant la mort du prince –, la BRI est alertée par l'Office des stupéfiants au sujet d'un certain Bernard A., susceptible de commettre des agressions à main armée. Nous identifions plusieurs truands en relation avec lui et procédons à deux opérations :

– le 10 novembre, l'arrestation en flagrant délit de cinq hommes sur le point d'attaquer le service comptabilité d'une entreprise de Villetaneuse. Bernard A. ne figure pas parmi eux;

– le 24 novembre, l'arrestation d'une équipe en possession de tableaux volés au musée de Barbizon et à l'église de Ville-d'Avray. Toujours pas de Bernard A. dans le lot.

Toujours le 24 novembre 1976, un autre groupe de la BRI, celui de René Plouy, poursuit ses surveillances sur un bar-restau-

1. Pierre Ottavioli, *Échec au crime*, Grasset, 1985.

rant de la rue de Maubeuge, Chez Simone, un établissement fréquenté par le dénommé Bernard A. et ses amis. Or les inspecteurs s'aperçoivent, en fin d'après-midi, que leurs collègues de la 10e BT sont également présents. Deux services de police convoitent donc, sans le savoir, un objectif identique, en l'occurrence une bande aux ramifications multiples. Les policiers de la « 10 », sans doute déçus d'être privés d'une beau coup de filet, sont contraints de nous laisser le champ libre. Outre la présence de cette brigade territoriale, une seconde surprise nous attend : un inspecteur du commissariat de la Défense, Guy Simoné, semble lié à la bande! Une enquête à son sujet est aussitôt réclamée à l'Inspection générale des services (IGS).

Ce jour-là, nous n'arrêtons cependant aucun des clients du restaurant Chez Simone. À nos yeux, il s'agit juste de suspects que nous espérons intercepter tôt ou tard en flagrant délit de braquage ou de cambriolage.

L'épisode suivant a lieu le 8 décembre. Sur les instructions de Marcel Leclerc, le groupe Plouy se rend à Marly-le-Roi, dans une auberge où Bernard A. et ses acolytes ont leurs habitudes. Les antigangs, en planque aux abords du restaurant, aperçoivent Simoné, le policier de la Défense. Ils comprennent aussi qu'ils sont attendus puisque ce dernier se dirige, sans la moindre hésitation, vers le « sous-marin » pour essayer d'ouvrir les portières.

Qui nous a balancés? Nous ne l'avons jamais su. Toujours est-il que nous décidons de suspendre les surveillances. Persévérer après ce « coup de chaleur » (le fait de se faire repérer, dans le jargon policier) serait stupide. Se sachant dans le colimateur de la BRI, les malfrats ne vont rien faire, du moins le pensons-nous. Mieux vaut disparaître, quitte à revenir ensuite, par touches successives. Pareille mésaventure n'est pas exeptionnelle, elle fait partie des aléas du métier.

Voilà donc comment, quinze jours avant l'assassinat de Jean de Broglie, la BRI cessa de filer Bernard A., Guy Simoné et consorts pour s'intéresser, momentanément, à d'autres équipes. Or le vendredi 24 décembre 1976, quand éclate l'« affaire », Ottavioli m'apprend que le nom de Simoné apparaît dans cette histoire d'assassinat!

À ce stade du récit, la chronologie revêt encore plus d'importance, tant le dossier est complexe.

Pour tout dire, le fait que le nom du prince de Broglie surgisse à la rubrique « faits divers » des journaux ne surprenait qu'à moitié certains de nos collègues de la police judiciaire parisienne.

Le 1er avril précédent, l'inspecteur Michel Roux, de la 10e BT, avait en effet adressé un rapport confidentiel à son chef, Jean Dufour, qui l'avait à son tour transmis au 36. Ce rapport, très succinct, annonçait une diffusion de faux bons du Trésor, une entourloupe financière en quelque sorte. Aucun nom, aucune date ne figurait dans cette note dont nous n'avions évidemment pas été informés puisqu'un tel renseignement relevait de la Brigade financière et non de l'antigang.

Cinq mois plus tard, le 24 septembre 1976, ce même inspecteur Roux avait rédigé une autre note, beaucoup plus détaillée que la première. Les commanditaires des faux bons du Trésor étaient, selon son informateur, « le propriétaire de grands restaurants parisiens » et un homme « exerçant une activité politique »... Et l'inspecteur d'ajouter : « Il est à préciser qu'à la suite d'une indélicatesse commise par l'homme politique lors d'une affaire précédente portant sur plusieurs millions, ce dernier devrait être abattu par des hommes de main dans les jours prochains, certainement avant l'opération "bons du Trésor". » Suivaient trois noms : Pierre de Varga (restaurateur), Jean de Broglie (homme politique), ainsi que celui d'un expert financier. Autre indication contenue dans la note : « Ces individus sont mêlés dans plusieurs affaires : trafic de véhicules Mercedes, trafic d'or avec la Suisse, trafic de dollars, trafic de drogue... » Précisons que la BRI n'avait pas eu, non plus, connaissance de cette deuxième note de l'inspecteur Roux. Pour une évidente question de domaine de compétence, nous n'avions pas à la recevoir, pas plus que la précédente.

« Abattu par des hommes de main dans les jours prochains ». Cette terrible mise en garde allait secouer la République.

Ainsi donc la hiérarchie policière parisienne savait, depuis le 24 septembre (date de la deuxième note), que le « cousin de

Giscard» risquait d'être descendu comme un malfrat! Ainsi donc elle n'avait rien fait pour empêcher l'assassinat!

Le 24 décembre, en début d'après-midi, Roger Poiblanc, le sous-directeur des affaires criminelles, convoqua ses principaux collaborateurs. Chacun mesurait la gravité des quelques lignes transmises trois mois plus tôt au patron de la 10e BT, Jean Dufour, puis aux responsables du 36.

Après diverses vérifications, ce rapport était-il resté dans un tiroir du bureau de Jean Ducret, le directeur de la PJ, sans être transmis au préfet de police, Pierre Somveille? Dans son livre, *Échec au crime*, Ottavioli résume ainsi l'attitude du patron de la PJ : «Il a estimé ne pas posséder d'éléments d'appréciation suffisants pour divulguer une information aussi grave à l'égard d'une personne dont rien ne permettait de douter de l'honorabilité, mais qui, si le renseignement était exact, semblait avoir partie liée avec des malfaiteurs et dans ce cas, connaissait elle-même les risques qu'elle courait.» Quant à Roger Poiblanc, numéro trois dans la hiérarchie du 36, il déclarera devant la cour d'assises de Paris, le 27 novembre 1981 : «Je n'ai pas perdu de vue ces informations. Le contact avec M. Dufour a toujours été maintenu mais je dois dire qu'au fil du temps je n'avais plus le même harcèlement. J'ai pensé que finalement ces informations n'avaient pas de fondement puisque rien n'est venu les concrétiser. Je ne croyais plus à la réalité des trafics. Je reconnais que tout n'a pas été fait.»

En ce 24 décembre 1976, il était trop tard pour avoir des regrets. Le prince était mort, le nom d'un policier apparaissait dans le dossier, le scandale était en marche et les rapports de l'inspecteur Roux, soudain sortis de l'oubli, étaient de toute évidence fort encombrants. Pourtant, contrairement à ce que l'on a pu laisser entendre çà et là, aucune consigne de silence ne fut donnée lors de la réunion du vendredi dans le bureau de Poiblanc. L'objectif prioritaire était l'arrestation du ou des meurtriers.

Même si Jean Dufour, le patron de la 10e B.T., admit que son inspecteur n'avait obtenu aucune indication complémentaire postérieurement au rapport du 24 septembre, Ottavioli exigea de rencontrer Roux et son informateur.

Pourquoi assistais-je à cette réunion dans le bureau de Poiblanc alors que le dossier était géré par la Criminelle ? Tout simplement parce que la BRI avait vu Simoné dans les semaines précédentes, en surveillant les braqueurs de la bande de Bernard A. et qu'elle serait probablement sollicitée en cas d'intervention.

Le lundi après-midi, au surlendemain de Noël, ce fut le branle-bas de combat au 36. Selon l'indic de l'inspecteur Roux, un vent de panique soufflait dans les rangs adverses. Le tueur était furieux de n'avoir perçu qu'une partie de la somme promise pour ce contrat (cinquante mille francs). Les commanditaires souhaitaient le voir au plus vite afin de calmer le jeu.

En l'absence de Leclerc, je dus monter un dispositif de surveillance sur une demi-douzaine de suspects, tous si prudents qu'ils devaient effectivement avoir quelque chose à se reprocher. Ils se livraient sous nos yeux à un curieux manège. Ils se rencontraient dans des cafés, se quittaient, se rejoignaient ailleurs, dans d'autres bars.

Vers 21 heures, une opération était déclenchée dans l'auberge Henri IV, à Marly-le-Roi, où nous avions été repérés une quinzaine de jours plus tôt. À notre arrivée sur les lieux, trois types étaient accoudés au comptoir : deux truands, vieilles connaissances de la BRI, et Guy Simoné, arrogant au possible.

Au moment de quitter le restaurant pour regagner le 36, je fis remarquer à ce dernier qu'il avait oublié son briquet et son paquet de cigarettes sur le comptoir. Il les mit dans sa poche sans rien dire. À plusieurs reprises, lors de l'instruction puis au cours du procès, Simoné prétendra que nous nous connaissions de longue date, avançant comme « preuve » le fait que j'avais reconnu son briquet ! Or j'ignorais tout de cet homme, j'avais appris son existence seulement le 24 novembre, le jour de la « rencontre » BRI-10e BT, rue de Maubeuge ! Mais sa stratégie était claire : en affirmant cela, il renforçait la thèse d'un complot policier orchestré par la BRI.

La soirée de ce dernier lundi de 1976 n'était pas terminée.

Tandis qu'une partie des inspecteurs fonçait vers le Quai des Orfèvres, je me rendis dans le XIVe où nous avions localisé Gérard Frèche, dit «petit Gérard», soupçonné d'être le tueur. Attablé dans un restaurant de la rue Sophie-Germain, il se levait sans arrêt pour venir à la fenêtre ou sur le pas de la porte, comme s'il attendait quelqu'un. Il fut arrêté sans aucune difficulté.

Grâce aux informations obtenues par l'inspecteur Roux, l'enquête avait donc progressé rapidement, nos collègues de la Criminelle avaient foncé droit au but. De retour au 36, je précisai cependant à Ottavioli que deux individus au moins manquaient à l'appel : un certain Simon K. et le fameux Bernard A., deux voyous repérés précédemment dans l'entourage de Simoné.

– Eh bien, il faut aller les chercher! conclut Otta.

Tous deux furent arrêtés dès le lendemain matin, mardi 28 décembre.

À peine arrivé au Quai des Orfèvres, Bernard A. demanda à me voir. Je le connaissais de vue puisque nous l'avions suivi sans pouvoir l'épingler en flagrant délit de hold-up. Nos détracteurs prétendront par la suite qu'il s'agissait d'un informateur de la BRI, ce qui était totalement faux. Pour lui faire comprendre que nous disposions d'un dossier sur lui, j'entrepris d'abord d'évoquer le braquage de Villetaneuse, qui avait eu lieu bien avant l'affaire de Broglie.

– D'accord, me dit-il, mais ce n'est pas pour ça que vous êtes venus me chercher. Ce qui vous intéresse, c'est de Broglie.

Suivit alors un étonnant monologue sur la genèse de cet assassinat :

– J'ai appris, courant juin, que de Broglie devait être assassiné. À l'époque, une somme de trente mille francs était proposée. Une adresse et un numéro de téléphone m'avaient été indiqués. On devait également me fournir l'arme. C'est un ami qui m'a proposé cette affaire. Il la tenait lui-même d'un flic. J'ai refusé tellement j'étais effrayé par un tel projet. J'ai tenté de prévenir de Broglie, je suis même allé chez lui, dans l'Eure. Dans la cour, j'ai rencontré quelqu'un qui m'a dit que le prince était parti. J'ai alors pensé à prévenir Ducret et Ottavioli. Je regrette aujourd'hui de ne pas l'avoir fait. J'ai su par la suite que le flic avait trouvé un jeune pour me remplacer. Je ne sais pas pourquoi ils voulaient tuer de Broglie mais je sais que c'était une histoire de gros intérêts. Une personne, habitant 2, rue des Dardanelles, aurait chargé le flic de recruter un tueur. J'ai eu l'occasion de rencontrer deux ou trois fois le flic. Je servais d'intermédiaire dans une affaire d'objets volés et, lui, il devait me présenter un acheteur. Finalement, l'affaire ne s'est pas faite. C'est dégueulasse ce que l'on a fait à cet homme et je tiens à m'expliquer par procès-verbal[1].

L'affaire de Broglie ne faisait que commencer.

C'est le ministre de l'Intérieur lui-même qui, fort maladroitement, déclencha le dispositif de mise à feu. Dès le mercredi 29 décembre, en effet, Michel Poniatowski se mit en tête d'organiser une conférence de presse.

Quand Jean Ducret me téléphona à mon domicile, ce matin-là, je sentis tout de suite qu'il était gêné. Il m'invita sans grande conviction à participer à cette conférence. Or je n'en avais aucune envie. L'initiative du ministre ne me disait rien qui vaille. Je la jugeais précipitée et j'inventai je ne sais quel prétexte pour ne pas m'y rendre. Ducret n'insista pas.

La conférence eut lieu. Michel Poniatowski, avec une satisfaction prématurée, annonça haut et fort que le tueur et ses complices étaient sous les verrous : « M. de Varga et M. X[2]. sont les instigateurs de l'assassinat, l'organisateur, c'est l'inspecteur Simoné et l'assassin c'est M. Frèche. »

Tout en précisant que la justice était saisie, le ministre s'emballait. Il ne se contentait pas de claironner que « le coup de filet [était] complet », il livrait aussi des informations sur l'enquête

1. Cette déclaration a été reconstituée de mémoire. Il ne s'agit pas d'un extrait de procès-verbal. Toutefois, après cette entrevue, Bernard A. a confirmé ses propos devant un inspecteur de la Brigade criminelle.

2. M. X., dont le nom avait été imprudemment cité dès le 28 décembre 1976 par Michel Poniatowski, a été relâché en mars 1977. Il a obtenu un non-lieu trois ans plus tard. La Cour européenne des droits de l'homme a, d'autre part, condamné la France à lui verser une forte somme d'argent à titre de dommage moral et matériel.

et sur le mobile supposé du meurtre[1], ce qui allait provoquer l'indignation du ministère de la Justice et la colère – justifiée – du magistrat instructeur.

Présents aux côtés de Michel Poniatowski, Ducret et Ottavioli ne pouvaient dissimuler leur embarras d'être ainsi entraînés, à leur corps défendant, sur une pente savonneuse. Le fait d'évoquer sur le ton de la certitude une enquête en cours relevait à la fois de la bourde judiciaire et de la bévue politique. Surtout si l'on précise que le ministre se garda bien de mentionner l'existence du rapport de l'inspecteur Roux informant la PJ d'un projet d'assassinat...

Pour ma part, je n'avais jamais eu à me plaindre de Michel Poniatowski. Lorsque la BRI avait été malmenée, elle avait trouvé en lui un défenseur solide. Plus distant que Christian Bonnet, il compensait sa méconnaissance du terrain et des hommes par une capacité à assumer ses responsabilités. J'en avais eu confirmation à l'occasion d'une prise d'otages, en janvier 1975, à Orly, lorsqu'il m'avait accordé sa confiance et qu'il avait sèchement rabroué les conseillers qui papillonnaient autour de lui.

Avec cette conférence de presse, il venait malgré tout de commettre une erreur dont il ne se remettrait jamais[2].

Trois ans plus tard, lorsque les médias révélèrent l'existence des rapports Roux (*Le Canard enchaîné* du 2 avril 1980), l'affaire prit en effet une tout autre ampleur. Si la première note,

1. Au cours de cette conférence de presse, la version « officielle » du meurtre est longuement détaillée. Il semble que MM. X., de Varga et de Broglie étaient associés dans une entreprise, la rôtisserie La Reine Pédauque. M. de Broglie aurait accepté de servir d'aval pour un emprunt bancaire de quatre millions de francs destiné à financer l'achat du restaurant. Le contrat passé entre les trois hommes prévoyait que, en cas de disparition du député de l'Eure, les dettes seraient couvertes par les assurances.

2. Le 22 avril 1980, une commission de l'Assemblée nationale est constituée pour examiner une demande socialiste de comparution de Michel Poniatowski devant la Haute Cour de justice. Les faits reprochés sont d'une extrême gravité : non-assistance à personne en danger ; détournement de documents et faux témoignages ; violation du secret de l'instruction. Le 20 janvier 1981, la commission présidée par Gérard Longuet rend ses conclusions : M. Poniatowski n'aura pas à comparaître devant la Haute Cour. L'« affaire Ponia » est close.

sur les bons du Trésor, avait donné lieu à des vérifications de la Brigade financière, la seconde avait suivi un itinéraire plus mystérieux. Qu'était-elle devenue sitôt transmise aux responsables du Quai des Orfèvres? Avait-elle poursuivi son chemin vers le ministère, via le préfet de police, ou bien avait-elle atterri dans un tiroir du bureau de Ducret, en attendant davantage de précisions? Jean Ducret, pour lequel j'ai toujours eu la plus sincère estime, endossa toutes les responsabilités. Je ne suis pas loin de penser qu'il s'est sacrifié. Une certitude : s'il pouvait lui arriver de commettre des erreurs d'appréciation, comme tout un chacun, il n'était pas homme à monter des coups tordus. La plupart des policiers du 36 éprouvaient à son égard respect et sympathie. Si quelques inspecteurs le surnommaient le «Marquis» ou «Bien coiffé» – sa mise était parfaite et ses costumes de bonne coupe –, tous reconnaissaient son intégrité, sa compétence et appréciaient son côté chaleureux.

Pour comprendre comment un tel document peut éventuellement rester sans suite, il faut savoir que des informations confidentielles concernant des personnalités du monde politique, des médias, du show-biz ou de... la police, sont quasi quotidiennes. Ces milieux fourmillent de mouchards prêts à propager des ragots, le seul but étant de déstabiliser, de se venger, de faire mal... Tous les policiers du 36 et d'ailleurs, quels que soient leurs grades, ont, un jour ou l'autre, eu vent de rumeurs malsaines sur telle ou telle personne en vue; un ministre pédophile, un philosophe pervers sexuel, un chanteur trafiquant de drogue, un journaliste proxénète... C'est presque toujours dénué de fondement.

En l'occurrence, il s'agissait d'un ancien ministre et d'un projet d'assassinat. Pourquoi l'information n'avait-elle pas été jugée sérieuse par la police judiciaire? Je n'en ai aucune idée. Je sais simplement que, dans un communiqué transmis le 3 avril 1980 à l'Agence France-Presse, l'avocat de la famille de Broglie, Robert Badinter, qualifia d'«allégations absurdes» les informations de l'inspecteur Roux selon lesquelles la victime avait pu être mêlée à un trafic de faux bons du Trésor en 1976. Et l'on aurait voulu que la PJ jugeat ces mêmes allégations crédibles dès le 24 septembre 1976?

J'ignore également quel a été le rôle joué, dans cette tortueuse affaire, par les Renseignements généraux. De deux choses l'une : ou bien les RG étaient au courant des menaces pesant sur le prince, auquel cas ils n'avaient rien fait pour le protéger; ou bien ils n'étaient pas au courant et cette lacune frise la faute professionnelle, l'une de leurs missions consistant justement – surtout à cette époque – à savoir ce qui se tramait dans l'ombre des puissants.

Même si l'antigang n'avait pas eu connaissance des rapports, elle ne put éviter les foudres de la critique. Dix fois, cent fois, nous allions devoir expliquer pourquoi, le 9 décembre, quinze jours avant le meurtre, nous avions cessé de filer Simoné à Marly-le-Roi. Comment avait-il pu continuer à manipuler son monde? Et rester en poste dans un service de police après le 24 novembre, le jour où nous avions découvert qu'il était de mèche avec des truands[1]? L'IGS n'avait pas donné suite – ou alors sans excès de curiosité – à notre demande d'enquête interne.

Paradoxalement, la rapidité avec laquelle la Criminelle avait mené ses investigations le 27 décembre fit de nous des suspects. C'était clair dans l'esprit de nos accusateurs : si la police avait réagi si promptement, si elle avait si vite ciblé sa riposte contre Simoné, Frèche et les autres, c'est qu'elle disposait déjà d'un dossier étoffé. De là à affirmer qu'il avait suffi d'attendre l'assassinat pour passer à l'action et arrêter les divers protagonistes, il y avait un fossé que certains s'empressèrent de franchir. La PJ fut accusée de « non-assistance à ministre en danger », de dissimulation puis de falsification de rapports. Elle devint le punching-ball de la classe politique; un coup à gauche, un coup à droite.

1. Guy Simoné fut condamné à dix ans de réclusion criminelle, le 23 décembre 1981, par la cour d'assises de Paris, pour complicité d'assassinat. Une condamnation qu'il accueillit avec des larmes de joie car l'avocat général Dorwling Carter avait requis à son encontre vingt années d'emprisonnement.

Comme l'appareil judiciaire avait beaucoup de mal à s'y retrouver, avec ses procédures interminables et son goût pour les querelles byzantines, la France s'enlisa dans une affaire d'État. Et chacun d'y aller de ses flèches plus ou moins aiguisées... Michel Jobert s'étonna, à juste titre, de l'attitude de ses collègues politiciens, frappés d'amnésie : « Sur l'affaire de Broglie, je dirai que tous ces gens me surprennent en déclarant qu'ils ne savaient pas que de Broglie allait se faire assassiner. Toute la classe politique le savait. Bien avant les faits, on disait : à force de fréquenter des trucs et des machins, il finira par se faire descendre[1]. »

Pendant cinq ans, de 1976 à 1981, ce dossier nous valut les soupçons les plus infamants. Pendant cinq ans, il nous fallut répondre aux questions des juges puis à celles des parlementaires chargés d'examiner une proposition de mise en accusation de Michel Poniatowski devant la Haute Cour de justice.

Tout policier est comptable de ses actes devant la justice. Il était nécessaire d'établir le rôle de chacun, de savoir pourquoi la BRI avait levé son dispositif le 9 décembre, de déterminer aussi quel avait été le parcours du deuxième rapport Roux. Au-delà de cette démarche parfaitement logique, il y eut néanmoins un acharnement contre la police. Nos témoignages sous serment n'y changèrent rien.

Le 27 juin 1980, par exemple, je reçus une convocation du conseiller Chevalier, de la chambre d'accusation de la cour d'appel de Paris : « Vous voudrez bien, en vue de cette audition, rechercher dans les archives de votre brigade toutes pièces ou documents sur lesquels ont été consignées les observations faites au cours des filatures ayant permis d'établir le rapport d'ensemble du 29 janvier 1977. »

Chaque mot était lourd de sous-entendus. Dans l'esprit du magistrat, je n'avais pas tout inscrit dans mon rapport de filature de l'équipe Bernard A. Il exigeait les brouillons, les bouts de papier, les tickets de métro ou les paquets de cigarettes sur lesquels il arrive que l'on note à la va-vite un numéro d'immatri-

1. Rapport de la commission parlementaire, p. 497.

culation, un horaire ou une adresse. Trois ans et demi s'étaient écoulés depuis les faits et il ne comprenait pas que ces prétendues «pièces à conviction» aient été détruites ou tout simplement jetées après la mise au propre de nos observations.

Autre sujet d'irritation pour nos inquisiteurs : les écoutes téléphoniques, les «constructions» ou les «zonzons» dans le jargon policier. Sur ce point, force est d'admettre l'inconfort de notre position. Non pas en raison du contenu de ces écoutes mais à cause de l'ambiguïté de la loi à l'époque. Bernard A., notre suspect d'origine, avait été placé sur écoute selon la procédure habituelle. Il ne s'agissait pas d'une manœuvre de police politique mais d'une opération assez fréquente et parfaitement admise dans les affaires de grand banditisme et de terrorisme. De tels procédés étaient connus et tolérés par les magistrats, contrôlés par la hiérarchie et sujets à l'approbation du Premier ministre pour éviter les abus. En clair, ces écoutes dites «administratives» étaient acceptées mais illégales. Si nous avions le droit d'y recourir pour débusquer un truand, la loi était ainsi faite qu'il ne fallait rien dire. Tout fonctionnaire révélant des faits de cette nature, estampillés «secret défense», risquait de dix à vingt ans d'emprisonnement!

Dans l'affaire de Broglie, on aboutit ainsi à une situation ridicule. Devant les magistrats, les policiers ne pouvaient parler des écoutes sur Bernard A. sans tomber sous le coup de la loi; ils ne pouvaient non plus nier leur existence sans être accusés de faux témoignage! Conséquence : nous dûmes «harmoniser» nos déclarations et suggérer systématiquement aux magistrats de s'adresser au supérieur hiérarchique. De «supérieur» en «supérieur», la question finit par être posée au Premier ministre en personne, Raymond Barre, qui invoqua le «secret défense»!

De toutes parts, on nous suspecta d'avoir bâillonné la vérité, d'avoir agi sur ordre, comme de vulgaires mercenaires. Des accusations ignobles!

Il faudrait que l'on m'explique comment une brigade comme la BRI, un service de PJ comptant une cinquantaine d'hommes, pourrait mener des missions «spéciales» – en l'occurrence un assassinat par défaut de surveillance – sans que cela se sache. Il se trouvera toujours un commissaire pour refuser, un inspecteur pour se confier à un collègue, à un délégué syndical, à un journaliste.

Cette hypothèse relevait de l'échafaudage de série B. L'époque était propice à ce genre de fantasmes : la classe politique dans son ensemble se complaisait volontiers dans la suspicion et la médisance. La droite n'avait pas encore digéré l'après-de Gaulle et l'après-Pompidou, la gauche avait tendance à voir des complots derrière chaque affaire banalement crapuleuse. La police, elle, restait l'éternelle suspecte de la Nation.

Encore une fois, je ne prétends pas détenir la vérité sur cette affaire, je n'ai jamais disposé de tous les éléments du dossier. Peut-être existe-t-il, dans les brumes de la République, d'obscures manœuvres dont je n'ai pas eu connaissance. En tant que simple chef adjoint de l'antigang, je n'étais pas dans la confidence des chefs de la PJ et encore moins du ministre. Mais s'il est un aspect, un seul, sur lequel je puis me prononcer avec force, c'est celui du rôle de la BRI : nous n'avions pas eu vent d'un projet d'assassinat; nous suivions des braqueurs, pas des assassins en puissance; et nous ne pouvions deviner toutes les intentions de cette bande aux activités variées.

Dans son livre *Seule la vérité blesse*[1], André Giresse, le président de la cour d'assises de Paris qui dirigea le procès du 4 novembre au 23 décembre 1981, nous accuse pourtant de mensonge. Il développe une théorie selon laquelle il aurait existé, dans le sillage des coupables «officiels» arrêtés par nos soins, une deuxième équipe de tueurs chargés, à l'origine, d'abattre le prince : «La seconde équipe aurait frappé de toute manière sur un ordre qui ne venait apparemment pas de Pierre de Varga mais de plus haut.» Autrement dit, Gérard Frèche, voyou sans envergure, ne devait pas, en théorie, passer à l'acte. Il devait uniquement servir d'appât pour la police. Et il aurait en quelque sorte pris les commanditaires de court en honorant son contrat.

1. André Giresse et Philippe Bernert, *Seule la vérité blesse*, Plon, 1987.

Toujours selon le magistrat, la BRI aurait renoncé à interpeller certains protagonistes « protégés ». C'est absurde. Une seule personne a été ménagée : l'informateur. On nous avait demandé de ne pas l'arrêter – et le magistrat instructeur était au courant –, car il s'était engagé à fournir d'autres informations déterminantes. Il s'agissait d'un accord – discutable, j'en conviens – entre le juge et la Brigade criminelle. Pour le reste, l'antigang n'a « protégé » personne.

De même, contrairement à ce qu'avance l'ancien magistrat, les policiers de la brigade appelés à témoigner devant la cour d'assises n'ont pas menti, comme il le prétend, « avec un ensemble remarquable ». Eh bien non, monsieur Giresse, je ne vous ai pas menti lorsque je me suis présenté à la barre, en 1981 ! J'ai trop de respect pour la justice et pour cette vérité que vous prétendez défendre.

L'antigang n'a pas davantage verrouillé des pistes gênantes. L'inspecteur divisionnaire René Plouy a été injustement mis en cause du fait qu'il dirigeait le groupe qui avait un temps surveillé Simoné et ses amis. Or il n'y avait pas plus droit, plus intransigeant que ce nordiste entré à la brigade en 1964.

Alors oui, c'est vrai, un ancien inspecteur de la BRI, Jean-Bernard V. – aujourd'hui journaliste sous un autre nom –, a prétendu que nous étions informés des projets d'assassinat. Mais ces attaques revanchardes, émanant d'un homme écarté de la police à la suite de péripéties privées, étaient trop peu crédibles pour être retenues. Croire Jean-Bernard V. et suspecter Plouy, c'était le monde à l'envers !

Dénonçant un « complot politique, policier et criminel de vaste envergure », le président André Giresse affirme aussi : « La BRI de Marcel Leclerc et Robert Broussard fut choisie par Jean Ducret pour organiser les filatures et, par la même occasion, protéger de Broglie, apparemment sans le prévenir. » Tout cela est ridicule : jamais Ducret ne nous a donné la moindre instruction en ce sens ! M. Giresse, frustré de n'avoir pu imposer « sa » vérité devant la justice, s'est acharné sur la BRI *a posteriori* et plume en main, ce qui est toujours moins périlleux que devant des jurés. Au risque de le décevoir une fois de plus, je ne vais pas livrer ici de tapageuses révélations, dévoiler un quelconque complot. Ma conscience n'est lourde d'aucun remords. L'affaire de Broglie, telle que je l'ai vécue, se résume à ce que nous avons dit et répété, à savoir que les policiers de l'antigang :

– n'ont jamais su avant le 24 décembre 1976 qu'il existait un projet d'assassinat du prince de Broglie;

– n'ont jamais été chargés de surveiller des individus recrutés pour l'abattre;

– n'ont jamais été chargés de le protéger.

Je n'irai pas plus avant dans les confidences. J'en serais d'ailleurs incapable. Je ne suis dépositaire d'aucun mystère, d'aucune conspiration machiavélique, prisonnier d'aucun carcan politique. Ma vérité, celle qui ne blesse pas, est là, noir sur blanc. Elle se limite, et je n'y peux rien, à ce constat en trois points, froid comme un procès-verbal. Aux autres, à tous ceux qui ont peut-être péché par discrétion, incompétence ou dérobade, d'expliquer pourquoi, après le 24 décembre 1976, Jean Ducret s'est retrouvé étrangement seul sur l'autel des sacrifiés.

XVII

Ils n'iront plus au bois

L'homme sortit du bistrot en titubant. Il descendit la rue Caulaincourt d'un pas hésitant. Il tanguait comme un matelot de retour de bordée! À 1 heure du matin, en cette nuit d'avril 1977, il n'y avait guère que les antigangs en planque pour s'amuser de la scène. Nous étions une quinzaine à surveiller ce café fréquenté par des malfrats et la sortie de ce client vint nous soustraire à la somnolence d'une nuit de veille. Jean-Louis Fiamenghi – « Fiam » pour ses collègues – nous alerta par radio :

– La trentaine, corpulence moyenne, cheveux châtain clair, front dégarni, blouson de cuir... Il part vers toi, Christian... Il a l'air rond comme une queue de pelle!

Lambert prit le relais. Lorsque le suspect passa à côté de sa voiture, il eut le temps de le dévisager.

– Bon sang, il en tient une belle!... Attends! Oh putain!... Gégé, regarde, on dirait le pote de Torina!

Pour Gérard Marlet, il s'agissait d'un cadeau inespéré. Quelques jours plus tôt, un informateur lui avait en effet signalé la présence à Paris de François Torina, trente-huit ans, fiché au grand banditisme. Nous avions multiplié les rondes dans le quartier du parc des Princes, où il était censé résider, mais nos recherches pour repérer sa BMW bleue n'avaient rien donné.

Gégé Marlet voulut en avoir le cœur net. Jouant le noctambule en balade, il croisa notre homme sur le trottoir puis revint à sa voiture.

– C'est bien le Belge[1], le copain de Torina! Il monte dans une Audi rouge immatriculée en Belgique. Fiam, tu restes avec le groupe de Roland, Quem, Freddy et Christian, vous m'accompagnez, on le prend en filoche.

Marlet était l'un des meilleurs chefs de groupe de la BRI. Il aimait les affaires de longue haleine. Sa patience et son sens de l'improvisation faisaient alors merveille. Le 24 novembre 1976, tandis que nous filions des voleurs de tableaux qui voulaient cacher leur butin dans un cabanon de pêche, il avait été jusqu'à poursuivre la filature en empruntant la barque d'un pêcheur!

Son groupe s'était fait une spécialité des planques au long cours. Entre mars 1974 et janvier 1976, Gérard et ses hommes avaient, par exemple, travaillé sur une équipe de neuf truands, le «gang de l'ingénieur». L'un de ces malfrats, responsable d'une société spécialisée dans les systèmes d'alarme, menait en fait une double vie. En marge de ses activités de patron, au casier judiciaire vierge, il fréquentait des voyous corses, dont certains allaient ensuite faire carrière dans le «gang des postiches». Pendant des mois, Marlet et ses collègues les avaient vus repérer des objectifs, préparer des véhicules, étudier des itinéraires. À plusieurs reprises, le gang avait failli être pris en flag de braquage à Limoges, Rennes, Clermont-Ferrand, en Région parisienne, mais ses membres, à commencer par l'ingénieur, se montraient toujours d'une extrême prudence, quitte à renoncer à leur projet au dernier moment.

Finalement, la décision fut prise, le 5 janvier 1976, d'arrêter toute l'équipe sans attendre le passage à l'acte. Une arrestation en douceur, sur l'autoroute du Sud, avec un attirail éloquent : des armes, des gants, des perruques...

Cette affaire avait démontré la difficulté d'obtenir des condamnations significatives. Lors du procès, l'avocat général Dorwling Carter s'était félicité de notre intervention préventive, mais les avocats avaient eu beau jeu de prétendre que rien ne pouvait être retenu contre leurs clients en dehors du port

1. Cet homme n'a rien à voir avec Francis Vanverberghe, dit «Francis le Belge», figure de proue du milieu marseillais dans les années 1980.

d'armes pour l'un d'eux. Les multiples rapports de surveillances et les photos prises au cours des repérages étaient pourtant édifiants. Les jurés ne s'étaient pas laissé attendrir : deux des accusés, dont l'« ingénieur », avaient été condamnés à huit ans de réclusion criminelle, quatre autres à des peines de trois à cinq ans.

Mais revenons à la rue Caulaincourt, en avril 1977. En reconnaissant le copain de Torina, un Belge surnommé « Casquette », Gérard Marlet ne savait pas qu'il s'apprêtait à passer de nouveau quelques mois dans l'ombre d'une équipe réputée. Cette affaire serait, comme la précédente, un marathon de patience, digne du *Livre des records* et des manuels de technique policière. Car c'est ainsi, dans la foulée d'un fêtard en goguette, que débuta l'une des plus belles filatures de l'histoire de la police française. Un peu plus de quatre mois de travail pour assister, finalement, au rapt d'un banquier...

Après avoir quitté la rue Caulaincourt, le Belge se rendit au bois de Boulogne. Il ralentit à la hauteur d'une jolie rousse, qui l'accompagna sur un parking de la porte Maillot. Les ébats terminés, la belle retourna au tapin et Casquette, sans doute mal remis de ses émotions, emprunta un sens interdit. Plus loin, il aperçut une patrouille de motards. Leur intervention allait faire capoter notre plan.

– S'il souffle dans le ballon il va le faire exploser! Il sera embarqué aussi sec! s'inquiéta Marlet.

Gérard prit les devants en empruntant lui-même le sens interdit à vive allure pour alerter les motards.

– Nous sommes de la BRI. On suit ce type pour savoir où il crèche. Demandez-lui ses papiers et, comme il est bourré, conseillez-lui d'aller se coucher vite fait. Son nom nous intéresse, même s'il est bidon. Merci les gars!

Le Belge ne remarqua pas notre manège. Trop heureux de s'en tirer à si bon compte, il se dirigea directement vers le quartier du parc des Princes. On le vit pénétrer dans un immeuble de la rue de la Tourelle, à Boulogne.

Le fait que des individus fichés au grand banditisme demeurent dans un quartier huppé n'avait rien d'étonnant. Le truand de haut vol a souvent un train de vie de bourgeois, sans pour autant tomber dans les excès du luxe tape-à-l'œil. Il distribue des pourboires aux gardiens d'immeubles et aux facteurs (ni trop ni trop peu), entretient des relations cordiales avec les autres propriétaires. Comme ses voisins médecins ou ingénieurs, il va au cinéma ou au théâtre, dîne dans les meilleurs restaurants, lit les hebdomadaires pour cadres supérieurs, élève ses enfants dans le respect des bons principes. Il goûte les charmes de la bourgeoisie, les vêtements de marque et le chien de race, la berline allemande pour Monsieur, la petite sportive pour Madame. Bref, une vie d'honnête homme qui pratique le tennis et le jogging, l'hiver dans les Alpes, l'été sur la Côte. En côtoyant tous les milieux sociaux, en s'infiltrant dans les secteurs d'activités les plus divers, certains truands ont opté pour l'anonymat et la respectabilité. De nombreux malfrats, retirés des affaires ou encore en activité, fréquentent aussi les clubs ou les cercles à la mode. Le tout-Paris du show-biz et de la flambe raffole de leur compagnie, s'encanaille à leur contact. La police, elle, s'égare parfois entre les voyous qui jouent les bourgeois et les bourgeois qui jouent les voyous...

Il arrive aussi que cette «cohabitation» se passe mal et vire au drame, comme dans une affaire que la BRI a eu à traiter à Pigalle. Elle concerne deux hommes d'une quarantaine d'années; appelons-les Georges et Jean. Des braves types, cadres moyens, célibataires, qui gagnaient honnêtement leur vie mais s'encanaillaient volontiers dans une boîte parisienne fréquentée par des prostituées et quelques malfrats. Il y avait aussi des clients de passage qui, comme les deux compères, aimaient côtoyer ce milieu interlope, histoire de rompre avec un quotidien jugé sans doute trop monotone.

Un vendredi, vers minuit, Georges et Jean pénètrent dans la boîte. La clientèle est en place, les filles aussi... Les deux hommes connaissent presque tout le monde. Très vite, leurs regards se posent avec un peu trop d'insistance sur deux individus en pleine discussion. Ils ont déjà vu l'un d'eux, un petit proxénète chatouilleux sur les «principes». À ses yeux, il y a des choses interdites à un «cave» : par exemple répondre à un «homme», surtout devant des prostituées. Or Georges a cru devoir répliquer à une réflexion du proxo par une allusion jugée outrageante. La discussion s'envenime. Soudain, les deux truands tirent une trentaine de coups de feu sur Georges et Jean, déjà affalés au pied de leurs tabourets. Sur ordre des tueurs, le patron ferme l'établissement. Les témoins encore présents n'en sortiront qu'à l'aube, une fois que leurs noms et adresses auront été relevés... En attendant, on fera le ménage. Dans cette affaire, les tueurs furent arrêtés quarante-huit heures plus tard par l'antigang. Les corps des deux malheureux étaient emballés dans des sacs-poubelle, sur le trottoir, prêts à être chargés dans la Mercedes du patron.

Mais revenons à notre planque dans le quartier du parc des Princes, à attendre des nouvelles du Belge surnommé «Casquette»...

Gérard Marlet en était convaincu : il dormait chez Torina. Toute la nuit, les antigangs se relayèrent devant l'immeuble, près de l'Audi rouge et des différentes BMW en stationnement dans le quartier. À 8 h 30, un homme d'une quarantaine d'années sortit enfin de la résidence pour monter dans l'une d'elles, immatriculée dans les Hauts-de-Seine : il s'agissait bien de Fernand Torina, né le 24 mai 1939 à Boukanefis, en Algérie. Une figure du milieu, liée à des individus soupçonnés de l'enlèvement, le 4 février 1976, du directeur adjoint de la société Saab France, Guy Thodoroff[1].

Le tuyau de Gégé n'était pas percé, Torina était bien à Paris. Il restait à savoir quels étaient ses projets du moment. Rien ne pressait. Dans ce genre de situation, interroger le gardien n'avance à rien. Un malfaiteur prend souvent soin de mettre le concierge dans la confidence, d'en faire un allié. Il le prévient à voix basse qu'une pénible histoire de divorce pourrait amener la police à se renseigner à son sujet. Auquel cas, le gardien serait «très aimable» de l'en informer «au plus vite». Si le cerbère est

1. Guy Thodoroff avait été libéré au terme de trente-quatre jours de séquestration, à la suite du versement par ses proches d'une rançon de dix millions de francs. Nous y reviendrons dans le chapitre suivant, consacré à l'affaire Empain.

une brave concierge, il ajoutera sûrement « à cause des petits, vous comprenez... ».

À Boulogne, après le Belge et Fernand Torina, nous vîmes débarquer un troisième homme, Robert Torina, trente-quatre ans, le frère cadet.

Pendant une semaine, les filatures ne nous apportèrent rien de déterminant. L'aîné des Torina menait une existence paisible avec son épouse et ses enfants. En homme prudent, il se tenait sur ses gardes et garait sa voiture assez loin de l'immeuble. Le tour du pâté de maisons, quelques coups d'œil discrets, et il poussait enfin la porte.

Que préparaient nos suspects? Comme le PD-G de Fiat France, Luchino Revelli-Beaumont, avait été enlevé en plein Paris le 13 avril, on se demanda un moment s'ils n'étaient pas dans le coup. Or divers recoupements nous permirent d'établir avec certitude qu'ils n'avaient pas participé à ce rapt. Comme quoi les policiers peuvent parfois venir à la rescousse des truands!

Les enlèvements d'hommes d'affaires étaient fréquents à cette époque. Imitant leurs homologues italiens, les voyous français avaient trouvé là un filon des plus rentables. Un an plus tôt, début 1976, nous avions d'ailleurs travaillé avec la Crim sur le rapt de Louis Hazan, PD-G de la société Phonogram. Une belle affaire : au moment de la remise de rançon, deux policiers, Claude Cancès (chef adjoint de la Crim) et Bernard Pire (inspecteur divisionnaire à la BRI), avaient remplacé les employés de Phonogram censés remettre l'argent aux ravisseurs, place de la Bastille. L'arrestation des deux malfaiteurs nous avait permis d'obtenir ensuite la libération de l'otage et l'identification de l'un des organisateurs, qui n'était autre que le directeur financier de la société!

Rien ne nous permettait de dire qu'un rapt était en projet chez les Torina. Nous pensions plutôt qu'ils préparaient des braquages. Toujours est-il que les planques se succédaient, interminables, vingt-quatre heures sur vingt-quatre, sept jours sur sept. Le soir, lorsqu'il fallait lutter contre les assauts conjugués du sommeil et du découragement, un inspecteur affichait un flegme à toute épreuve : René Plouy, l'homme à la casquette de chasseur de canards. Sobre et résistant comme un chameau, il pouvait rester des heures dans une camionnette sans se lamenter. À l'occasion d'une affaire précédente, dans le XIIIe, il avait même passé plusieurs nuits caché dans un local à poubelles !

Le policier en planque est aussi un témoin de son époque. Installé aux premières loges, il assiste au grand spectacle du quotidien : un quartier qui s'éveille, l'ouverture des magasins, les promeneurs, les commerçants, les concierges, l'indifférence, la solitude...

Au plus fort de l'ennui, quand il n'y a rien d'autre à faire qu'à prendre son mal en patience, il s'amuse – ou il s'émeut – des mille péripéties qui font la vie. Un matin, dans l'attente des Torina, Jean Quemener observa ainsi un homme d'une quarantaine d'années bon chic, bon genre, sortant d'un immeuble de grand standing. Il sifflotait, il avait l'air heureux. Si heureux qu'il se mit à uriner en zigzagant ! Il arrosait le trottoir en souriant aux anges !

Au-delà de ces épisodes amusants, nous allions aussi connaître quelques frayeurs. Un soir, par exemple, alors que la filature laissait présager un rendez-vous important, notre première voiture, coincée dans les embouteillages, perdit la trace des Torina.

Quand des truands disparaissent ainsi, les policiers ne peuvent s'empêcher d'envisager le pire : le coup en leur absence. Ils pensent au procès, quand ils devront admettre, devant les juges et les avocats, qu'ils ont perdu les suspects une heure avant le hold-up, le flingage ou le casse. Les avocats auront tôt fait de balayer leurs soupçons pour clamer l'« innocence » et la « parfaite honnêteté » de leurs clients. Dans ce cas, les reproches, les sous-entendus, voire les accusations, comme dans l'affaire de Broglie, ébranlent même les plus solides.

Si sérieuse fût-elle, la surveillance de l'équipe Torina ne nous apportait aucun élément probant sur un coup éventuel. Seules la personnalité de Gérard Marlet et sa conviction d'avoir tiré les bonnes ficelles nous incitaient à persévérer.

Gégé se trompait rarement. S'il s'accrochait de la sorte, depuis la première nuit, rue Caulaincourt, s'il mobilisait tous les inspecteurs de son groupe, c'est qu'il avait le pressentiment que cela mènerait au « gros lot ».

Au moins ces planques et filatures nous permettaient-elles de compléter nos dossiers sur une quinzaine d'hommes, parmi lesquels des ténors aux casiers judiciaires épais comme des Bottin. Nous en avions déjà filé certains lors d'autres enquêtes mais jamais avec une telle assiduité, des semaines durant, au point d'éprouver la sensation de faire partie de la famille ! L'affaire « Totor » (le surnom que nous avions donné à Fernand Torina) devint notre objectif prioritaire.

Nous étions constamment là, dans l'ombre. À suivre Simon Jacobi sur les champs de courses. À manger des sandwiches quand ces messieurs dégustaient des plats raffinés dans les meilleurs restaurants. On imagine le calvaire de Gérard Marlet, pêcheur passionné, espionnant Paul Armando, qui, à chaque partie de pêche, sortait gardon sur gardon ! Un dimanche, à Lamorlaye (Oise), on vit aussi deux d'entre eux, Simon Jacobi et Alain Bitoun, disputer une partie de badminton dans la splendide maison de Bitoun. Christian Lambert, qui se promenait avec son chien pour faire plus naturel, eut des sueurs froides lorsque la femme du truand vint gentiment caresser l'animal. Les renseignements ainsi accumulés nous aidaient à mieux connaître les différents protagonistes. Nous étions persuadés que notre patience serait tôt ou tard récompensée.

Deux adresses retenaient notre attention. À Asnières, quai du Docteur-Dervaux, les truands louaient des boxes. À Paris, rue Guy-Môquet (XVIIe), ils avaient acquis un fonds de commerce au nom de la compagne d'un repris de justice du nord de la France. Une partie de l'équipe procédait à des travaux d'agencement. Du tas de gravats aux pots de peinture, du litre de rouge au lot de pinceaux, tout, dans le décor, suggérait une activité honnête. Nous pouvions en témoigner : nous avions loué une chambre d'hôtel de l'autre côté de la rue ! Le plus actif, Nicolas Carletto, dit « Carlo », fréquentait le café du coin. Il discutait technique avec deux peintres en bâtiment, ignorant simplement qu'il s'agissait d'inspecteurs de la BRI !

Il se passait tout de même des choses bizarres dans ce magasin où les ouvriers s'activaient surtout en sous-sol... Un matin, histoire de montrer ostensiblement aux habitants du quartier qu'un antiquaire s'y installerait bientôt, ils livrèrent une commode, une table rustique, ainsi qu'une grosse huche à pain, achetée dans la Somme, en présence de deux antigangs. D'autres livraisons se firent, au contraire, en toute discrétion : un matelas, un sommier, des boîtes de conserve, des chaînes et des cadenas achetés à la Samaritaine et au BHV. On était déjà loin des antiquités...

Au fil des semaines, nous découvrions de nouvelles adresses, notamment un café-restaurant désaffecté, Chez Sparta, au Plessis-Robinson. L'établissement était fermé depuis la mort du patron. Avec sa façade en bois et ses fenêtres à petits carreaux, il avait des allures de vieux saloon égaré parmi les pavillons de banlieue. Il avait été racheté par une amie de Paul Armando. Cet homme de quarante-cinq ans, séparé de son épouse, rendait souvent visite à ses enfants et petits-enfants. Sans activité officielle, il se prétendait tour à tour ancien bottier ou ancien artisan du textile et menait une existence tranquille, à Issy-les-Moulineaux. Ses voisins le trouvaient fort sympathique, il rentrait chez lui le pain sous le bras et le sac à provisions à la main. Mais il avait, disait-on, la passion du jeu, ce qui nécessitait de l'argent.

Tandis que les ouvriers maniaient le pinceau et la truelle rue Guy-Môquet, qu'Armando s'occupait du Sparta, d'autres membres du gang se chargeaient de la logistique. Ils s'étaient procuré des véhicules, une Peugeot 604 marron, une Renault 16 beige, une Estafette blanche, dont ils avaient maquillé les plaques. Ils les garaient à Boulogne, dans le quartier de l'hôpital Ambroise-Paré, et vérifiaient souvent si la police n'avait pas placé de mouchards électroniques sous le capot. Ce perfectionnisme nous amusait, surtout lorsque que nous prenions la scène en photo...

Les têtes pensantes, Fernand Torina, Simon Jacobi et Alain Bitoun, supervisaient le travail des subalternes : Patrick Zubert, vingt-trois ans, qui demeurait encore chez ses parents; ou bien Jean Porta, trente et un ans, un pied-noir né à Oran, amateur de voitures américaines. L'un et l'autre avaient déjà été impliqués dans diverses affaires.

L'équipe s'activait dans quatre secteurs de l'Ouest parisien : la place de l'Étoile; le XVIe arrondissement (rue de la Tour, rue de la Pompe, villa Guibert); le bois de Boulogne (entre l'hippodrome de Longchamp et les lacs); Neuilly-sur-Seine. À pied, en voiture, à la terrasse d'un café, en survêtement dans les allées du bois, ils semblaient effectuer des repérages, sans imaginer une seconde que nous étions dans les parages, déguisés en clochards ou en joggeurs, au volant d'un taxi ou sur une moto. Ne pas se faire remarquer dans ces quartiers situés en lisière du bois n'est jamais aisé. Il se trouve toujours une vieille dame ou une concierge pour alerter le commissariat sitôt qu'elles voient un véhicule suspect.

Les truands ne se doutaient de rien. Sauf peut-être une fois, où mon passage rue Guy-Môquet sembla les intriguer. L'équipe redoubla de vigilance et chercha à savoir si nous étions effectivement à ses trousses. Faute de confirmation, elle se remit à l'ouvrage, persuadée qu'il s'agissait d'une erreur sur la personne. Un seul malfaiteur sentit que l'affaire était mal engagée et rentra dare-dare dans sa province.

Cette fausse alerte contribua en tout cas à accroître la pression qui pesait sur nos épaules. Nous étions conscients de prendre des risques, de tenter le diable. Nous avions rarement ressenti une telle tension collective, mélange de crainte et de passion.

Chaque matin, à 5 heures, nous étions au bois de Boulogne. Quelques prostituées finissaient par nous connaître. Elles devaient nous prendre pour des voyeurs. Ou des voyous. Ou des flics... allez savoir!

À la fin du mois de juillet, nos «amis» redoublèrent d'activité, plus méfiants que jamais. Qu'attendaient-ils? L'hypothèse des braquages était de moins en moins plausible. Ils semblaient plutôt préparer un enlèvement. La victime serait probablement détenue au Sparta ou rue Guy-Môquet. Mais qui serait enlevé ? Quand ? À quel endroit ? Le mystère demeurait entier. Surtout, à quel moment fallait-il intervenir ?

Comme je l'ai déjà dit, la méthode consistant à ne pas arrêter sur-le-champ des individus recherchés dans le cadre d'une autre affaire, et c'était le cas de l'un des Torina, est contestable. Les avocats et une majorité de juges estiment que les policiers doivent intercepter quiconque a enfreint la loi, quelle que soit la gravité de la faute commise. En droit, cela ne se discute pas. En logique policière, il en est tout autrement, du moins dans certains cas.

Je m'explique. Deux ou trois comparses arrêtés pour des broutilles encourent des peines de courte durée. Pendant ce temps, les « cerveaux », assez habiles pour se faufiler entre les mailles du filet, peuvent se faire oublier jusqu'au jour où ils organiseront un nouveau rapt avec d'autres complices. Et les enquêteurs n'auront pas forcément les preuves pour les « accrocher » !

Dans cette affaire, nous savions qu'en cas d'intervention prématurée notre « intime conviction » ne pèserait pas lourd. Nous ne disposions d'aucune charge sérieuse contre Torina et les siens. Ils s'en tireraient avec des peines dérisoires pour port d'arme ou vol de voiture. Et encore, pas tous. Ce jeu de piste méritait un autre sort.

Je ne me souviens pas d'avoir jamais connu une telle mobilisation au sein de la brigade. Les inspecteurs avaient renoncé d'eux-mêmes aux congés annuels, à toute vie de famille, pour ne pas manquer le jour « J ». Toute la BRI, ou presque, était sur le pont.

Le Petit Roger, l'homme des premières heures à Brest, était toujours volontaire pour participer à la phase finale, celle de l'arrestation. Au moment de la répartition des tâches, ses collègues le taquinaient à ce sujet. Comme il n'avait pas la réputation d'être un as du volant mais d'être plus à l'aise dans la camionnette de planque, ils commençaient, des jours avant le « saute-dessus », un travail de sape :

– Allez, Roger, tu prendras le « sous-marin », c'est toi le meilleur !

Roger savait que le « condamné » à la camionnette avait, en principe, peu de chances d'être présent au moment de la « sauterie ». Il se contentait de répliquer, faussement résigné :

– Eh... si vous voulez !

En fait, à l'arrivée, il se retrouvait souvent aux premières loges ! J'aimais qu'il soit présent dans ces moments-là. Non pas que ses collègues étaient moins courageux ou qu'ils n'avaient pas ma confiance, mais il y a comme ça, dans la vie, des affinités qui ne s'expliquent pas.

Nous allions donc laisser les truands agir. Le pari était risqué. La victime chercherait probablement à résister, des témoins essaieraient peut-être de s'interposer, nous serions alors jugés responsables – à juste titre – de la moindre bévue. Jamais nous n'avions poussé aussi loin notre logique du flagrant délit.

Un dimanche matin, profitant d'un footing dans le bois de Boulogne avec mon chien, j'étudiai une fois encore les itinéraires logiques pour rallier la rue Guy-Môquet ou Le Plessis-Robinson au départ du bois. En cet été 1977, les rues de Paris et de la banlieue ouest étaient loin d'être saturées. Nous avions cependant répertorié et minuté toutes les distances en tenant compte d'éventuels incidents (embouteillages, livraisons...). Il restait à connaître l'essentiel : la date, le lieu, l'objectif.

Le lundi 8 août, tout se précipite. Le gang s'agite, procède à des vérifications qui trahissent l'imminence du gros coup. De notre côté, cinquante inspecteurs sont sur le pied de guerre.

Une si vaste opération étant vouée à l'échec si elle n'est pas peaufinée en équipe, j'invite une vingtaine de gars à manger des brochettes à la maison tandis que les autres se chargent des ultimes préparatifs matériels. J'ai senti que le groupe avait besoin de décompresser, d'évacuer la tension accumulée au cours dernières semaines. Il y a là Zizi, Guy, José, Christian, Loïc, le Petit Roger, Quem, J.-P. Moreau, Gérard Marlet, bien sûr ; mais aussi André Deymie, gentil ronchonneur et bête de travail. Plusieurs fois blessé, il n'a jamais attendu d'être rétabli pour reprendre le boulot! Parmi les absents, le patron, Marcel Leclerc, retenu en province pour des raisons familiales.

Les truands pensent être prêts. Nous aussi. Tout est organisé, planifié. Les rôles sont répartis, dans le bois de Boulogne, rue Guy-Môquet, à Asnières et au Plessis-Robinson, où les deux ouvriers en salopette bleue qui font semblant de creuser une tranchée (déjà ouverte par EDF) près du Sparta sont des nôtres! Nous nous sommes attribué des noms de code inédits pour nos communications radio afin d'échapper aux oreilles indiscrètes des truands ou des journalistes, auditeurs attentifs de « fréquence police ».

Mardi 9 août, 6 heures. J'ai peu dormi. J'ai le sentiment de jouer ma carrière sur un coup de poker. Dix fois, cent fois, je me suis fait le film de l'intervention à venir. J'ai tout vu, tout imaginé, tout redouté, surtout le pire. Il est grand temps d'agir, maintenant, sous peine de trop gamberger et de courir à la catastrophe. Mes collaborateurs sont dans le même état d'esprit, il leur tarde aussi de passer à l'action.

Nous sommes convaincus que l'enlèvement aura lieu aujourd'hui. Mais qui sera enlevé? À quel moment? À quel endroit?

Dès 7 h 30, les truands, sont à pied d'œuvre, dans le quartier de l'hôpital Ambroise-Paré, à Boulogne. Professionnels jusque dans le choix de leurs tenues vestimentaires, ils portent des survêtements aux couleurs dépareillées afin de compliquer la tâche d'éventuels témoins : Bitoun en rouge et bleu, Carletto en bleu et blanc, tout comme Robert Torina...

Deux autres, en tenue de ville, se livrent à un étrange ballet. Après avoir déposé des sacs de sport dans leurs véhicules, Patrick Zubert se met au volant de la 604, Jean Porta s'installe dans l'Estafette. Tous deux roulent en direction du moulin de Longchamp, en lisière de l'hippodrome. Ils laissent l'Estafette dans ce secteur bien connu des cyclistes du dimanche et filent, à bord de la 604, jusqu'à la rue du Transvaal, à Boulogne. Porta monte alors dans la R16 et ils repartent aussitôt. Quelques minutes plus tard, ils se garent dans le bois, près du lac inférieur, et le ballet reprend, à pied cette fois. Ils marchent d'abord avenue de l'Hippodrome puis, méfiants à l'extrême, se séparent, se retrouvent, se séparent de nouveau avant de remonter dans leurs véhicules respectifs.

Un promeneur non averti jurerait que tout est normal. Dans les allées ombragées, des joggeurs travaillent leur foulée. Au bord du lac, un couple de retraités prend le soleil, des cyclistes s'accordent une pause casse-croûte. Mais d'autres personnages complètent ce tableau : entre le moulin et la Grande Cascade, Fernand Torina et Simon Jacobi attendent dans une Ford Taunus marron à toit noir. Plus loin, à proximité d'une maison forestière, quatre ou cinq «sportifs» effectuent des exercices d'assouplissement : Carletto, Bitoun, Robert Torina... Nous les observons à partir d'une camionnette accidentée, immobilisée le long du trottoir.

À 9 h 59, la R16 et la 604, conduites par Porta et Zubert, s'engouffrent dans une allée interdite à la circulation. Au même instant, à quelques dizaines de mètres de là, Jean-Paul Torina et ses complices interrompent leurs exercices physiques. Capuches sur la tête, ils s'approchent d'un homme d'une cinquantaine d'années, accompagné d'un labrador. Un jet de gaz lacrymogène dans les yeux suffit à neutraliser le promeneur. Également aspergé, le chien s'enfuit; il reviendra plus tard vers la voiture de son maître.

Les malfaiteurs entraînent leur otage jusqu'à la 604, l'obligent à s'allonger sur la banquette. Les inspecteurs Raymond D'Authier et Jean-Pierre Moreau, eux-mêmes vêtus de survêtements, ont observé la scène à distance. «J.-P.» intervient sur les ondes :

– Delta terminé, je répète, delta terminé!

– Vous êtes sûr, J.-P., le colis est bien parti?

– Oui, affirmatif... la petite bête, là... le petit animal est tout seul... tout le monde est parti!

Au message codé de J.-P. Moreau, un farceur des ondes répond par un jappement.

Témoins privilégiés de l'enlèvement, nos deux inspecteurs se sont gardés d'intervenir; ils n'ont pu identifier la victime. Mais ce n'est plus, désormais, qu'une question d'opportunité. Après quatre mois d'une longue impatience, nous allons enfin entrer en jeu.

La 604 a emprunté l'allée de la Reine-Marguerite. Suivie de l'Estafette, elle pénètre dans une sorte d'enclos situé sur les berges de la Seine. Les truands enferment l'inconnu dans la huche à pain achetée quelques mois plus tôt et déposent celle-ci à l'arrière de l'Estafette. Le convoi – trois voitures et une Estafette – repart en direction de Boulogne, puis du Plessis-Robinson. Les ravisseurs ne remarquent ni nos voitures qui se relaient prudemment, ni les motos de José et Zizi...

Tout au long du parcours, nos hommes postés à chaque carrefour signalent le passage du « cortège » à l'ensemble du dispositif. Les truands ne peuvent pas nous échapper.

À 10 h 25, ils arrivent au Sparta. Simon Jacobi fait le guet tandis que ses amis livrent la malle dans l'ancien bistrot. Sitôt l'opération terminée, à 10 h 35, ils commencent à ressortir du pavillon attenant au Sparta. Cette sortie au compte-gouttes nous facilite la tâche : ils seront interpellés un peu plus loin, les uns après les autres.

Jacobi et Armando, partis ensemble, tombent les premiers dans la souricière, à Clamart. Le duo Zubert-Porta est arrêté dans un café de Châtenay-Malabry. Carletto, lui, est seul au moment de son arrestation, également à Clamart. En voyant les inspecteurs qui viennent le serrer, il ne peut s'empêcher de lâcher : « Oh non, pas vous ! » Ce n'est pas la première fois qu'il les rencontre... Bitoun, enfin, sera arrêté dans sa propriété de l'Oise.

Selon notre décompte, deux hommes sont encore dans le pavillon : les frères Torina.

Vers 13 heures, Fernand sort du Sparta et se dirige à pied vers la poste. Après une brève bagarre, il est neutralisé. Sans avoir le temps de comprendre ce qui lui arrive, il se retrouve face à moi, dans une fourgonnette.

– Nous vous suivons depuis plus de quatre mois, toi et ton équipe. Ce matin, vous avez enlevé un homme dans le bois de Boulogne. Vous l'avez enfermé dans une malle et transporté au Sparta. On a déjà Jacobi, Armando, Carletto, Zubert, Porta et les autres vont suivre. Ton frère doit sortir. Il vaudrait mieux que cela se passe bien. Réfléchis vite.

Demeurant d'un calme absolu, il me regarde fixement, sans la moindre haine, il accepte la défaite. Depuis la rue, il essaie de convaincre son frère :

– Robert, c'est moi ! Ne fais pas le con, c'est foutu. Les condés sont là.

Robert hésite un instant puis se présente sur le perron, l'air hagard. Prudent, Fernand Torina neutralise le dispositif de mise à feu d'un engin explosif qui, à travers le jardinet, relie la grille d'entrée au pavillon.

Sur leurs indications, nous descendons au sous-sol. L'otage, dont nous ne connaissons toujours pas l'identité, est cloîtré derrière une porte en contreplaqué. En attendant qu'un inspecteur se procure la clé, un surprenant dialogue s'engage.

– N'ayez pas peur, c'est la police. Qui êtes-vous ? Que faites-vous ?

– Je suis Bernard Mallet et… j'attends.

– Oui, d'accord, mais quelle est votre profession ?

– Mais vous, qui êtes-vous d'abord ? Je ne comprends plus rien, moi !

– Je suis de la Brigade antigang et j'attends la clé !

– Qu'est-ce que c'est que cette histoire ? Je suis banquier, j'ai été enlevé dans le bois de Boulogne par des individus en survêtements. Je ne suis pas blessé mais je souffre des yeux. Ils m'ont aspergé de gaz lacrymogène. Comment êtes-vous arrivés là ?

– Un peu de patience, on va tout vous expliquer.

L'inspecteur Freddy Breut a récupéré la clé de cette ancienne soute à charbon de deux mètres sur deux mètres cinquante. Le banquier est assis sur un matelas posé à même le sol, des menottes lui entravent les poignets et les chevilles. De lourdes chaînes, bardées de cadenas, le relient à un anneau scellé dans le mur. Il porte une cagoule aveugle, nouée autour du cou. C'est un homme d'une grande élégance, vêtu d'un complet beige. Ses cheveux grisonnants et sa fine moustache lui donnent des airs de Clarke Gable. Ses ravisseurs ne l'ont pas maltraité.

Quatre mois de planque pour le rapt le plus court! L'affaire, dans sa phase active, s'est terminée sans que les truands aient eu le temps d'exiger une rançon. Bernard Mallet, descendant de l'une des plus anciennes familles de banquiers protestants du pays, président ou administrateur de plusieurs sociétés, ne sera resté prisonnier que trois heures! Dans nos bureaux du 36, je lui raconte la traque qui a permis une libération si rapide. Il comprend notre réticence à intervenir trop tôt et approuve notre choix. Aux journalistes, il confiera ensuite les détails de son enlèvement : «Tous les matins, après le petit déjeuner, je vais promener mon chien Radar au bois de Boulogne. Ce matin, quatre ou cinq individus qui faisaient du jogging m'ont entouré. L'un d'eux, qui avait relevé la capuche de son survêtement, m'a demandé si j'étais bien M. Mallet. J'ai répondu que oui et il m'a aussitôt aveuglé avec du gaz lacrymogène. À peine ces gangsters m'avaient-ils fait monter de force dans leur voiture qu'ils m'ont enfilé la cagoule et mis les menottes. J'ai ensuite réalisé que l'on grimpait dans un autre véhicule et que l'on me fourrait dans une sorte de coffre. Quand je me suis retrouvé dans cette boîte, je me suis dit : "Tu es dans ton cercueil, ta dernière heure est arrivée." Les gangsters ne m'ont dit qu'une seule phrase : "C'est à ton fric qu'on en veut, on est pas des politiques et on prendra tout le temps qu'il faudra."»

Le travail de la BRI avait donc pris fin dans la soute à charbon. Nos collègues de la Crim, chargés de l'enquête, saisirent un arsenal impressionnant, sur place mais aussi dans un local d'Issy-les-Moulineaux : douze grenades défensives, trois pistolets, deux revolvers, deux mitraillettes, plusieurs centaines de cartouches, des gilets pare-balles, des cagoules, des perruques, des faux passeports, des permis de conduire et des cartes d'identité falsifiés portant les photos des truands arrêtés...

Rue Guy-Môquet, dans le sous-sol du magasin d'antiquités, ils avaient creusé une fosse si bien murée qu'elle constituait en fait une minicellule équipée d'un lavabo, d'une échelle et de chaînes fixées aux murs. Tout avait été prévu pour une détention prolongée. Dans l'arrière-boutique, ils avaient aménagé une kitchenette, un lit de camp et des toilettes pour un gardien.

Les interrogatoires ne furent guère fructueux. Les malfaiteurs de cet acabit sont trop au fait des procédures judiciaires pour se laisser aller à des propos qu'ils pourraient regretter. S'ils craquent – cela arrive –, ils reviennent sur leurs déclarations devant le tribunal, prétextant un passage à tabac pour ne pas perdre la face vis-à-vis de leurs complices.

Robert Torina, le seul à avoir été interpellé dans le pavillon, affirma s'y être arrêté pour se « reposer un peu ». Il ignorait qu'un homme se trouvait dans la cave (il nous avait pourtant remis lui-même les clés !). Quant à Porta, responsable d'un bureau de pompes funèbres dans une ville de banlieue, il devint soudain amnésique, déclarant ne plus se souvenir de rien. Entre flics et truands, un dialogue de sourds s'instaura.

– Les faux papiers ?

– On se savait recherchés par la police...

– Les armes ?

– On ne savait pas qu'elles étaient là. Une autre équipe a dû les apporter avant notre arrivée.

Certains jouaient la montre, comme des footballeurs qui défendent un résultat. D'autres, estimant qu'il était inutile de nier tout en bloc, répétaient : « Je ne répondrai qu'au juge d'instruction, en présence de mon avocat. » Ils disposeraient ainsi d'un délai pour s'inventer des alibis plus ou moins convaincants.

Seul Carletto fut plus bavard, sans être pour autant très prolixe. Il reconnut avoir effectué, à la demande d'un « inconnu », des travaux dans une boutique de la rue Guy-Môquet et dans un café du Plessis-Robinson. Et les clés de cadenas retrouvées dans ses poches ? « Je me suis trompé de pantalon », répondit-il.

Dix personnes furent inculpées d'arrestation illégale et de séquestration, autrement dit d'enlèvement sans demande de rançon (ils n'avaient pas encore eu le temps de la réclamer !), ce qui réduisait la lourdeur des peines encourues.

Leur procès devant la cour d'assises de Paris se tint sous la présidence du célèbre magistrat Charles Petit, en présence de l'avocat général Paul Malibert et d'une escouade de ténors du barreau. Des débats passionnants avec des accusés qui avaient eu le temps de préparer leur défense.

Nicolas Carletto habitait sous un faux nom dans un immeuble du XVIe. Les intérêts qu'il détenait dans plusieurs pizzerias le dispensaient de sa spécialité d'origine, la maçonnerie. Il avait pourtant repris du service dans le sous-sol du magasin et au Sparta. Quelques mois après son arrestation, il avait confié au juge d'instruction : «J'en ai marre d'être pris pour un con à cause de ces ordures...» Évoquant ces confessions, le président Petit l'interrogea.

– Vous avez été le seul à reconnaître partiellement les faits. Vous avez, en outre, mis en cause les autres membres de la bande. Nous vous écoutons.

Carlo était visiblement inquiet à l'idée de passer pour une balance.

– Je maintiens mes déclarations pour certaines personnes mais je me suis trompé pour Jacobi et Bitoun. Ils ne sont pas dans le coup. Si j'ai participé à cette affaire, c'est parce que je croyais qu'il s'agissait de donner une leçon au patron d'une maison de passes. Je m'excuse auprès de mes camarades de les avoir traités d'ordures.

Fernand Torina, qui se disait restaurateur et «dans les affaires» (sans préciser lesquelles...), passa sans transition d'un mutisme absolu à une volubilité extrême. Un vrai one-man-show! Modeste, il affirma : «Je suis un âne, monsieur le président, je n'ai pas beaucoup de matière grise.» Bigot, il confessa que la Bible était son «livre de chevet». Entre deux tartuferies, il admit être l'organisateur du rapt et révéla à la cour ce qu'il présentait comme ses «véritables motivations».

– Jusqu'ici, j'ai nié toute participation à l'enlèvement. Je mentais. J'ai été chargé d'enlever Bernard Mallet par un sénateur qui avait eu des déboires électoraux et dont le parti avait du mal à réunir des fonds pour les élections. Une personne dont je tairai le nom... Elle m'a demandé de retenir M. Mallet deux ou trois jours, le temps pour sa banque de détourner quinze millions par un jeu d'écritures. M. Mallet est un parfait honnête homme. Il s'agissait d'approvisionner la caisse noire d'un parti politique.

Torina manquait d'imagination : une fable comparable, à quelques variantes près, avait déjà été avancée lors du procès des ravisseurs du P-DG de Phonogram. Il avait alors été question de trafics d'armes et d'extrême droite. Une escroquerie étant moins sévèrement condamnée qu'un enlèvement, il fallait bien tenter le tout pour le tout !

– Et les armes ? reprit Charles Petit.

– C'était pour faire croire à M. Mallet qu'il s'agissait d'un vrai enlèvement mais elles n'ont jamais servi. Je ne suis pas dangereux, je suis un père de famille, monsieur le président !

Simon Jacobi, né à Casablanca en mai 1945, était un petit bonhomme replet. Avec ses lunettes, sa calvitie précoce et son visage poupin, il était presque attendrissant. Il se présenta comme un « incompris » auquel les autorités marocaines et françaises avaient toujours refusé des documents d'identité, l'obligeant de la sorte à posséder jusqu'à dix jeux de faux papiers. Il indiqua, non sans fierté, avoir travaillé pour des services parapolitiques français et étrangers. Comme son ami Torina, il se proclamait « homme d'affaires ». En fait, il s'intéressait surtout aux combines des courses de chevaux. Il était actionnaire dans plusieurs écuries et propriétaire d'un cheval. En dépit des « persécutions » dont il prétendait être victime, il roulait en Porsche et vivait dans un bel immeuble du front de Seine, dans le XVe. À la barre, devant le président Petit, il bégayait.

– Jacobi, vous vous trouvez toujours là où il ne faut pas !

– C'est vrai, monsieur le président, je ne devrais pas être dans le box des accusés puisque je ne suis pour rien dans cette affaire.

– Qu'est-ce qui vous a amené tous les jours dans ce secteur du bois de Boulogne ?

– C'est un peu gênant à expliquer...

– Mais encore ?

– Je passais dans le bois pour rencontrer des prostituées.

– Tous les jours ?

– Absolument.

– Pourquoi n'alliez-vous pas au bois de Vincennes ?

– Parce qu'elles sont moins jolies, monsieur le président ! Et, puisque vous insistez, je vous avoue qu'on trouve au bois de Boulogne des spécialités qui n'ont pas cours à Vincennes.

– Dites-moi, il semble que ce bégaiement vous soit venu au cours de l'instruction ? Le juge Hanoteau a remarqué qu'à votre premier interrogatoire, vous ne bégayiez pas !

– C'est que, ce jour-là, il n'avait rien à dire, monsieur le président, répliqua l'avocat de Jacobi, Me Joannès Ambre.

Patrick Zubert n'avait que vingt-trois ans. Il habitait à Bagneux, chez ses parents, de braves gens qui ne comprenaient pas comment leur fils avait pu être mêlé à une affaire pareille. Ce grand type aux allures d'adolescent dégingandé déclara avoir été tourneur, peintre en bâtiment, commerçant, chômeur, et surtout malchanceux. Il avait occupé un emploi de frigoriste dans les chambres froides mais il avait été contraint démissionner car il était sujet aux rhumes ! La cour découvrit aussi qu'il souffrait d'amnésie...

– Racontez-nous votre journée du 9 août.

– C'est que, monsieur le président, j'ai pris un coup au moment de mon arrestation. Depuis, mes souvenirs sont particulièrement flous.

Alain Bitoun, trente-six ans, était domicilié à Lamorlaye, dans la demeure que nous avions surveillée. Il niait les faits.

– Bitoun, lui dit le président, vous avez été vu à de multiples reprises avec les autres membres de la bande à proximité du domicile de M. Mallet ainsi que dans le bois de Boulogne. Qu'en pensez-vous ?

– Pur hasard, monsieur le président ! Je connais Fernand Torina depuis très longtemps. Je suis de Bab el-Oued et il est pied-noir, comme moi. Nous avons de grandes affinités. Et si j'allais au bois à cette époque c'est que j'avais des problèmes de poids.

– De quoi ?

– De poids, monsieur le président. J'avais dix à douze kilos à perdre alors j'allais chaque jour au bois faire du footing.

– D'accord... mais, à ce moment-là, il ne faut pas rester des heures assis dans la voiture de votre ami Torina. Croyez-moi, la voiture, il n'y a rien de plus mauvais pour la ligne!

Mon témoignage et ceux des inspecteurs allaient bien sûr balayer ces arguments sans consistance. Les accusés et leurs avocats en avaient conscience. Il ne fut plus question, cette fois, de prostituées ou de kilos superflus, d'amnésie ou de rapt politique.

– Nous sommes convaincus d'avoir eu affaire à une bande parfaitement organisée, spécialisée dans les enlèvements. D'après nous, trois individus, par leur passé, leur envergure, leur façon de travailler sur le terrain, sont très vite apparus comme les têtes pensantes, les organisateurs et les responsables du rapt. Il s'agit de Fernand Torina, Simon Jacobi et Alain Bitoun. Nous les avons laissés faire afin de découvrir toute la bande. Nous nous apercevons, aujourd'hui encore, combien il est difficile de prouver la culpabilité de malfaiteurs aussi chevronnés. Pris en flagrant délit, ils nient l'évidence. On imagine le résultat si toutes ces observations n'avaient pas été effectuées de façon quasi systématique.

– Oui, reprit le président, ils ont dû faire un fameux cirque, si l'on en juge par celui qu'ils font ici!

Cette remarque provoqua un incident d'audience. La défense jugeait «scandaleux» ce dérapage verbal. Me Joannès Ambre, l'avocat de Jacobi, demanda au magistrat de diriger les débats avec «objectivité». Le président Petit, dont l'exceptionnelle carrière s'achevait à l'issue de ce procès, interrompit l'audience. Il exigeait des excuses. Les débats reprirent deux heures plus tard, après bien des palabres, amplifiées à dessein par les avocats.

Finalement, Bitoun, Jacobi et Fernand Torina furent condamnés à quinze ans de réclusion et trois autres (Porta, Zubert et Armando) à dix ans. Carletto et Robert Torina durent passer huit ans de leur vie derrière les barreaux. Un complice, Michel Lorieux, s'en tira pour sa part avec cinq ans de réclusion.

De l'avis de nombreux policiers et magistrats, l'affaire Mallet a marqué les esprits tant en France qu'à l'étranger. En effet, jamais, auparavant, des policiers n'avaient suivi, durant plusieurs mois, les préparatifs d'un enlèvement et procédé, en un temps record, à la libération de l'otage et à l'arrestation de tous les auteurs.

Si je devais retenir une affaire, une seule, de mes dix années d'antigang, ce serait à coup sûr celle-là : la plus complète, la plus passionnante. Un homme y avait joué un rôle essentiel : l'inspecteur divisionnaire Gérard Marlet. C'est lui qui, le premier, nous avait mis sur la piste de cette équipe. C'est encore lui qui, des mois durant, avait assuré, avec son groupe, la surveillance des futurs ravisseurs.

Le 17 juin 1986, lorsque Gégé s'est tué dans un accident de voiture, en rentrant chez lui après une mission, nous avons tous éprouvé une peine immense. Ce n'est pas seulement un collègue que nous avons perdu mais un ami, l'Ami.

Le jour des obsèques, un homme se tenait au fond de l'église. Comme nous, il avait les larmes aux yeux. C'était le banquier Bernard Mallet.

XVIII

L'enlèvement du baron Empain

Céder ou ne pas céder au chantage des ravisseurs ? Dans l'affaire du banquier Bernard Mallet, l'éternelle question ne s'était pas posée puisque les malfaiteurs, pistés depuis des mois, avaient été arrêtés avant même d'avoir demandé une rançon. Mais un tel scénario était exceptionnel. En règle générale, la BRI ne devançait pas l'événement, elle entrait en scène en cours d'enquête.

En liaison avec la Brigade criminelle, nous devions gérer au mieux ces situations délicates, tant vis-à-vis des familles que de l'opinion publique. La charge émotionnelle est telle, dans une affaire de rapt, que le responsable policier doit peser chaque mot, chaque silence. Il se trouve au carrefour de toutes les exigences : celles des proches de l'otage, légitimement impatients ; celles des enquêteurs de terrain, qui réclament au contraire du temps ; celles, enfin, des médias, avides d'informations.

Comme mes collègues, j'étais partisan de la fermeté, j'estimais que le paiement de la rançon était une défaite, un encouragement à de telles pratiques. La police ne pouvait pas, ne devait pas, s'engager dans la voie de la capitulation.

Je sais qu'il est facile de prôner l'intransigeance dès lors que l'on n'a aucun lien de parenté ou d'amitié avec la victime. C'était pourtant, de mon point de vue, la seule ligne de conduite envisageable. La plupart des familles le comprenaient, elles acceptaient nos conseils, même lorsque les ravisseurs essayaient de les impressionner en ordonnant la mise à l'écart totale de la police.

Cette coopération nécessitait une approche psychologique d'une infinie délicatesse car certaines de ces familles avaient tendance à adopter une attitude défensive, empreinte de méfiance. Soudain confrontées à un drame auquel elles n'étaient évidemment pas préparées, elles nous suspectaient d'être indifférents, voire hostiles, à leurs préoccupations affectives. De même, celles qui avaient les moyens de verser la rançon ne comprenaient pas toujours notre refus de les laisser payer. Ce sentiment de rejet, heureusement assez rare, était une réaction compréhensible qu'il fallait contourner en instaurant un climat de solidarité. L'un de nos inspecteurs, Michel Calvet, y parvenait à merveille. Il se portait volontaire pour assurer une présence physique auprès des familles, quitte à loger chez elles. Ce « relais » nous était indispensable.

Il arrivait aussi que les parents ou les amis des personnes enlevées aient des idées préconçues sur la BRI. Certains se fiaient à nous avec un espoir démesuré ; comme si nous étions capables de tout résoudre en un tour de passe-passe. D'autres, en revanche, nous considéraient comme des baroudeurs insensibles, juste bons à surgir tous flingues dehors, au risque de faire échouer la libération de l'otage. Au bout du compte, ils paraissaient surpris de constater combien nous prenions notre tâche à cœur, notamment lors des kidnappings d'enfants. Je me souviendrai toujours des paroles de la mère d'un garçonnet que nous avions raccompagné chez lui : « Vous aviez l'air aussi heureux que nous ! » me confia-t-elle, visiblement surprise.

J'avais la conviction que les policiers devaient conserver, quoi qu'il advienne, la totale maîtrise des opérations, en liaison avec les proches de la victime. Lorsque ceux-ci persistaient dans une démarche solitaire, nous devions persévérer, maintenir nos surveillances, même à leur insu. Du reste, avions-nous le choix ? Que dirait-on si, en notre absence, la personne chargée de la remise de rançon était tuée ou séquestrée à son tour ?

Au cours de l'hiver 1976, bien avant l'épisode Mallet, la Crim et la BRI avaient été confrontées à un conflit de ce type avec la famille de Guy Thodoroff, le jeune P-DG de Saab France. Il avait été enlevé à Paris par quatre hommes cagoulés et son père, Tsatcho Thodoroff, avait aussitôt fait savoir qu'il paierait les dix millions de francs réclamés par les ravisseurs.

Le 17 février, une première tentative de remise de l'argent nous amène à suivre cet homme de soixante-seize ans à travers la capitale. Conformément à une lettre d'instructions signée de son fils, il se rend au Castille, un bar du boulevard Saint-Denis. Vers 13 h 30, il reçoit un appel téléphonique. Son correspondant lui signale qu'un message est caché sous un tabouret du bistrot. Il doit prendre le métro, descendre à Barbès-Rochechouart, trouver un autre bout de papier sous le siège d'un Photomaton.

À 14 h 15, il arrive devant la cabine située à la sortie de la station. Nos inspecteurs sont dans la foule, à observer les faits et gestes des passants. Malheureusement, Tsatcho Thodoroff ne trouve aucun message. Épuisé, il retourne au métro, traînant la rançon sur le quai comme un vulgaire sac de pommes de terre, puis il rentre chez lui, rue Daru (XVIIe), où Pierre Ottavioli le rejoint. En discutant tous les deux, ils s'aperçoivent qu'il s'est probablement trompé de Photomaton et qu'il y en a un autre, à l'intérieur de la station. M. Thodoroff insiste pour retourner à Barbès sur-le-champ.

La seconde cabine est la bonne. Les ravisseurs lui ordonnent de prendre un taxi jusqu'au 40, rue de la Mare (XXe), où l'attend un troisième message, collé cette fois derrière un panneau indicateur. Le sac d'argent en main, Tsatcho Thodoroff se rend donc dans le XXe. Toujours suivant les indications, il monte dans une Autobianchi. Les clés de contact et les instructions suivantes sont dans la boîte à gants.

À la nuit tombante, ce parcours du combattant nous entraîne jusqu'à la porte de la Villette. Il fait froid, le vieil homme paraît exténué. Un énième message est dissimulé derrière un panneau du périphérique. Il le lit, descend un talus abrupt et dépose la rançon à l'angle d'un stade situé entre le canal de l'Ourcq et le périphérique. Mais les truands, dont le plan est d'une minutie diabolique, ne viendront pas la récupérer.

Ottavioli coordonne les opérations depuis son bureau du 36, en collaboration avec mon ami Frédo Vénier. Il me demande de rapporter le sac pour le placer sous scellés. Nous pensons ainsi dissuader Tsatcho Thodoroff d'agir en solitaire, sans nous consulter. C'est son intérêt et celui de son fils. Peine perdue : il rétorque qu'il est assez fortuné pour s'acquitter tout de même de la rançon sans vendre un seul de ses biens! Puissance de l'argent... et méfiance à l'égard de la police. La curiosité des journalistes, qui font le pied de grue devant son domicile pour mieux suivre les policiers dès qu'une voiture démarre, incite M. Thodoroff à mener l'affaire à sa façon, c'est-à-dire sans nous.

Le 23 février, après l'échec d'une autre tentative (et une autre confiscation de l'argent), l'otage adresse un SOS : «Je n'en peux plus, je suis dans un état de délabrement moral et physique complet. Il faut que M. Poniatowski et sa police comprennent qu'on n'a pas le droit de jouer avec la vie des gens... Je supplie qu'on fasse tout pour faciliter la remise de la rançon. Si cette nouvelle tentative échouait, je serais tué...»

Le 9 mars, au trente-quatrième jour de séquestration, le jeu de piste reprend, à l'initiative des ravisseurs. Tsatcho Thodoroff nous a clairement avertis qu'il se passerait de notre aide. Comme nous comptons malgré tout être présents, l'affaire va tourner à une ahurissante partie de cache-cache.

Le vieil homme, entêté mais admirable de courage, se sait suivi par la BRI. En nous baladant une partie de la journée dans le bois de Boulogne, il nous joue un tour de garnement. Pendant ce temps, l'un de ses collaborateurs se charge en effet de livrer l'argent aux ravisseurs! M. Thodoroff obtient de la sorte la libération de son fils, profondément choqué par sa séquestration dans des caves aménagées en cachots.

Cette affaire, cas extrême dans les relations conflictuelles police-famille, connaîtra finalement une issue honorable pour la police française puisque trois personnes seront arrêtées, un an et demi plus tard, dans le cadre de... l'affaire Mallet; trois hommes qui nieront avoir participé au rapt de M. Thodoroff.

De l'écolier Fabien Fahri au P-DG Guy Thodoroff, de Bernard Mallet à Louis Hazan, chaque enlèvement nous contraignait à définir des priorités et une ligne de conduite. À défaut d'être le meilleur, le cap de la fermeté était le « moins mauvais » de tous.

Pour comprendre cette attitude et ne pas y voir la marque d'une quelconque indifférence à l'égard des victimes, il faut mesurer la spécificité technique de ce genre d'affaire. Si une prise d'otages, dans une banque, par exemple, a au moins l'avantage d'offrir, au terme d'une phase initiale d'observation, des données plus ou moins précises (lieu de l'action, profil psychologique des personnes concernées, nombre de malfaiteurs ou de terroristes...), un rapt se résume, lui, à une série de points d'interrogation : les ravisseurs sont-ils nombreux? Où retiennent-ils leur prisonnier? Sont-ils capables de l'exécuter? Comment remonter jusqu'à eux? Pour déceler la faille dans leur plan et les pousser à l'erreur, il est essentiel de leur opposer un front uni police-famille.

Une autre affaire, la plus célèbre de toutes, allait bientôt nous exposer à ce type de difficultés mais, cette fois, en bonne entente avec les proches de la victime. Je veux parler du rapt du baron Édouard-Jean Empain, P-DG du groupe industriel Empain-Schneider, enlevé le 23 janvier 1978 devant son domicile de l'avenue Foch.

Les responsables de la Crim, Pierre Ottavioli et son adjoint Claude Cancès, maîtres d'œuvre de cette enquête suivie de près par le gouvernement, surent gagner la confiance de l'entourage de M. Empain. Michel Calvet, l'inspecteur de la BRI aux dons de psychologue, s'installa même dans l'appartement familial. Nous devions pourtant jouer serré car les ravisseurs avaient envoyé une terrifiante preuve de leur détermination : un morceau de doigt de leur otage. Ils réclamaient vingt millions de francs, vingt millions de deutsche marks et quatre millions de dollars. Une somme colossale.

À la mi-février, après des semaines de tractations et diverses péripéties, ils abaissèrent leurs prétentions pour n'exiger « que » trente-quatre millions de francs. Ils firent savoir que le porteur de la rançon, un collaborateur de M. Empain, devrait se présenter, le mercredi 22 février, à 11 h 30, au Mont d'Arbois, un hôtel de Megève (Haute-Savoie). «Jacques Dupont» serait son nom de code et «Félix Lechat» celui des ravisseurs!

Leclerc, André Bizeul et plusieurs inspecteurs des deux services emménagèrent à Megève, dans un chalet transformé en «poste de commandement». Je me rendis quant à moi à Sallanches, avec une quinzaine d'hommes de la BRI, dont un nouveau, un tout jeune inspecteur, arrivé chez nous quelques mois plus tôt, François Santini. Ce sportif accompli, d'une discrétion confinant à la timidité, allait rapidement devenir un élément clé de la BRI et de la BAC.

Robert Guitard, dit «Targui» ou le «Narvalo», était également du voyage dans les Alpes. C'était un génie du bricolage, capable de réparer les radios, de régler les caméras de surveillance et les micros ultrasensibles, d'inventer toutes sortes de gadgets. Il avait ainsi conçu un attaché-case équipé d'un appareil photo miniature avec déclenchement à la poignée ou sur signal radio, ce qui constituait une prouesse technique à l'époque. Il connut son heure de gloire le jour où des policiers japonais en visite à Paris restèrent pantois d'admiration devant ses trouvailles!

Au même titre que Pierre Dauphin («Flipper»), Guitard veillait sur notre matériel avec une attention de conservateur de musée : des appareils vidéo, des gilets pare-balles, des casques et des boucliers de protection, des combinaisons d'assaut, des explosifs, de l'outillage pour ouvrir ou découper les portes, des fusils et des carabines de précision (lunettes à infrarouge et à laser), des armes de poing de tous calibres (avec ou sans silencieux), des stylos tirant du 22 long rifle... Signalons aussi le «sarcophage», fort utile lors des prises d'otages. Il s'agissait en fait d'une sorte de caisson métallique monté sur roulettes qui permettait à l'un d'entre nous de s'abriter à l'intérieur et de viser par un orifice percé dans le blindage.

Pour cette mission savoyarde, Robert Guitard avait emporté une bonne partie de son attirail. Il fallait en effet envisager les scénarios les plus fous, y compris une opération en haute montagne, dans les pires conditions météo. Nous avions même prévu une intervention par hélicoptère dans l'hypothèse d'une remise de rançon sur un champ de neige!

Un inspecteur de la Crim, Jean-Marc Mazzieri, s'était porté volontaire pour remplacer le collaborateur du baron censé remettre l'argent. De père corse et de mère indochinoise, ce jeune policier n'avait rien d'un colosse mais il passait pour un remarquable spécialiste des sports de combat, un athlète tout en muscles. Une Mercedes avait été louée à son intention en Suisse afin qu'il se déplace au gré des instructions des ravisseurs. Les billets étaient répartis dans deux sacs. Seuls ceux situés sur le dessus du pactole étaient authentiques.

Délaissant le 36, j'avais donc pris mes «quartiers d'hiver» dans un hôtel de Sallanches.

En dépit des paires de skis alignées sur les toits de nos voitures, nous dûmes inventer un prétexte pour justifier le séjour montagnard de ces célibataires parisiens dont les repas étaient pour le moins «animés»... Les hôteliers devaient se poser bien des questions en nous voyant avec de longs étuis en bois qui renfermaient en fait des fusils à lunette! Jean Quemener, jamais à court d'idées, leur confia que nous étions des techniciens spécialisés dans l'étude des coulées de neige. À l'entendre, les fameux étuis contenaient des piquets de jalonnement, pour des mesures de précision. L'idée était plutôt judicieuse mais la nouvelle fit le tour des autres pensionnaires, ce qui nous obligea à les rassurer quant aux risques d'avalanches sur les pistes!

Les jours passaient. Toujours pas de nouvelles des ravisseurs. Roland Linck et Robert Guitard se languissaient déjà du bitume de la capitale. Leurs ronchonnements de Parigots devenaient un sujet de rigolade au sein du groupe. Il ne fallait pas trop pousser Linck pour qu'il se fende d'une tirade sans appel : «Les mecs de la neige, c'est des sales cons!» Et Guitard de répéter à longueur de journée : «Fais chier, la neige!»

Mais il était dit que la paisible cité savoyarde n'assisterait pas à la libération du baron Édouard-Jean Empain. Quelques jours plus tard, la direction de la PJ nous fit savoir que notre escapade aux sports d'hiver n'avait plus de raison d'être et qu'il fallait rentrer. Il est vrai que notre plan était mal engagé à la base : avant même notre installation dans les Alpes, une radio périphérique avait annoncé, sans le moindre scrupule, que les ravisseurs se manifesteraient à l'hôtel du Mont d'Arbois! Nous étions restés dans la région par acquit de conscience, dans l'espoir que les malfaiteurs ne renonceraient pas à leurs projets. En fait, ils avaient choisi de prolonger le calvaire de M. Empain.

Avant de remonter sur Paris, nous devions restituer la Mercedes louée en Suisse pour Mazzieri. L'inspecteur de la Crim franchit la frontière sans encombre. Il avait pourtant de fausses plaques d'immatriculation, deux sacs de sport remplis de billets (vrais et faux) et un 357 Magnum sous le siège conducteur! Ma DS était en règle, sans faux papiers, sans fausse rançon, sans flingue sous le siège, mais c'est elle, la Citroën de la police française, que les douaniers suisses auscultèrent sous toutes les coutures! Accompagné de Michel Gratadeix, je finis par dévoiler mon identité, demandant à joindre notre interlocuteur de la police helvétique, mis dans la confidence de nos préparatifs. Les douaniers refusèrent, intrigués qu'ils étaient par l'attitude de l'homme qui semblait nous attendre, un peu plus loin, au volant d'une Mercedes! Au terme de longues explications, mon vieux copain Gilbert Pannatier, de la police de l'air et des frontières de Genève, réussit à nous tirer de ce mauvais pas.

L'affaire Empain s'éternisait, elle tournait au feuilleton. L'épisode suivant eut lieu le 23 mars, deux mois jour pour jour après l'enlèvement. Cette fois, Jean-Marc Mazzieri, dont le courage mérite d'être souligné, allait devoir suivre les instructions des malfaiteurs qui le prenaient toujours pour un collaborateur de leur otage. L'inspecteur savait ce qu'il lui restait à faire : réunir dix-sept millions de francs suisses en billets usagés non répertoriés, dans deux sacs de sport; avoir de quoi prendre des notes; posséder une montre à l'heure de l'horloge parlante et une voiture avec le plein d'essence.

Fidèles à notre stratégie du flagrant délit, nous voulions pour notre part rester en coulisse, afin d'intervenir dès que possible pour arrêter au moins celui qui viendrait récupérer la rançon.

À 14 h 45, ce 23 mars 1978, Mazzieri se rend d'abord au Fouquet's, sur les Champs-Élysées. C'est là, au cœur de Paris, que le jeu de piste va commencer. Dès qu'il entre dans tel ou tel établissement, désigné par un message ou un autre, il est appelé au téléphone. Les ravisseurs l'ont affublé d'un nom de code inédit : «M. Marat». On l'aura deviné : ils se présentent eux-mêmes comme «Charlotte Corday»! Méfiants, ils lui posent des questions sur le groupe Empain, sur les directeurs, pour s'assurer qu'il ne s'agit pas d'un policier. Mazzieri, qui a parfaitement préparé son coup, finit par gagner leur confiance.

Dirigé vers la porte d'Auteuil, il doit fouiller dans une poubelle pour en sortir une enveloppe en craft et un message, caché dans une bouteille de lait vide. Empruntant l'itinéraire recommandé (plan à l'appui), il aboutit ensuite dans un café de la porte d'Orléans, puis au quatrième sous-sol d'un parking voisin. Cette fois, l'enveloppe est dissimulée derrière une gaine électrique. Il faut qu'il prenne l'autoroute du Sud jusqu'à la borne téléphonique d'urgence A23. Et là, changement de voiture : il doit abandonner son véhicule de location et prendre le volant d'une R12 break que les ravisseurs ont garée à son intention sur un parking d'Antony.

Mazzieri roule maintenant en direction des Trois Obus, une brasserie proche du parc des Princes. Cette filature constitue pour nous une épreuve épuisante. Nous avons la sensation d'être entourés de suspects. C'est un peu comme si l'ennemi était là, tout proche, partout et nulle part à la fois. Ces deux jeunes sur une moto? Fausse alerte. Ce type dans une camionnette? Ces promeneurs? Cet ambulancier? Ce livreur? Cette femme trop curieuse? Peut-être... et puis non, finalement, non...

Des Trois Obus, Mazzieri est aiguillé vers l'hôtel Hilton de l'aéroport d'Orly. C'est à croire que le jeu de piste ne finira jamais!

À la réception du Hilton, il reçoit un appel de «Charlotte Corday» lui enjoignant de laisser la R12 sur le parking, de rentrer chez lui en taxi avec les deux sacs et de revenir le lendemain vendredi, au même endroit, à 18 h 30. Selon les ravisseurs, il est «trop tard pour se rencontrer ce soir».

Vendredi 24 mars 1978, à l'heure dite, Mazzieri se présente au bar de l'hôtel.

– Monsieur Marat est demandé au téléphone ! Monsieur Marat, s'il vous plaît !

Mazzieri prend le combiné. Son correspondant s'inquiète d'abord de savoir s'il a bien dormi. Parfait dans son rôle de collaborateur craintif, l'inspecteur affirme avoir passé une nuit blanche. Le ravisseur, rassurant, lui dit de faire le plein d'essence à la station voisine puis de revenir au bar. Il lui conseille même de boire un whisky pour se décontracter.

Mazzieri se rend à la station, revient à l'hôtel, commande une eau minérale. Service, service !

Peu avant 20 heures, c'est un autre homme qui rappelle, plus tendu, plus pressé que le précédent. Il invite « Marat » à rentrer sur Paris. Un message l'attend sous une pierre, à la borne B16.

Le parking du Hilton... L'autoroute A6, direction Paris... La borne B16... Nos véhicules sont en liaison radio permanente mais il devient presque impossible de tout contrôler tant le flux de la circulation nous pousse à avancer. Certains sont donc contraints de doubler Mazzieri, de quitter l'autoroute à la sortie suivante pour revenir en sens inverse.

20 h 10. L'inspecteur gare la R12 sur la bande d'arrêt d'urgence et se dirige à pied vers la fameuse borne B16. Au même moment, une dépanneuse s'arrête. S'agit-il des ravisseurs ? Nous sommes sur le point d'intervenir mais l'inspecteur de la Crim, d'un calme stupéfiant, invite le dépanneur à poursuivre sa route.

Cet incident va-t-il tout faire échouer ? Nous n'avons même pas le temps de le craindre. Sous les yeux de l'inspecteur et du dépanneur – qui n'a rien à voir avec notre affaire –, deux individus cagoulés dévalent le talus, s'engouffrent dans la R12 de Mazzieri et foncent sur la bande d'arrêt d'urgence. L'un d'eux est armé d'un pistolet-mitrailleur. Comme les sacs de billets sont dans le coffre, ils pensent sans doute avoir gagné la partie mais notre dispositif est tel qu'ils ne peuvent nous échapper.

Mazzieri, aussi surpris que nous par cette brusque accélération des événements, saute dans la première voiture suiveuse, celle d'André Deymie (BRI) et de Jacques Vedel (Crim). La course-poursuite s'engage.

Quelques centaines de mètres plus loin, les truands ralentissent devant le mur antibruit qui borde l'A6. D'autres hommes cagoulés surgissent par une porte ouverte dans ce mur et déclenchent la fusillade sur l'autoroute, en pleins départs pour le week-end de Pâques ! Deux des nôtres seront blessés : René Berrux, atteint à l'épaule, et David Lailheugue, touché au cou.

David montait souvent en première ligne dans ce type d'opération. Rien ne semblait pouvoir l'impressionner; ni les coups de feu ni le plus fou des gymkhanas. Ce Landais pure souche était un homme au caractère bien trempé, solide en toute circonstance, fidèle en amitié. Berrux, d'un naturel moins fougueux mais tout aussi sympathique, était un costaud dont l'accent parisien n'avait rien à envier à celui de Frédo.

Si leurs complices du mur antibruit avaient pu s'échapper dans L'Haÿ-les-Roses, les deux occupants de la R12 étaient blessés. L'un d'eux allait décéder sur place. Le second, légèrement atteint au bras gauche, fut conduit à l'hôpital. Tout reposait désormais sur son interrogatoire.

Je le revois encore, deux jours plus tard, dans le bureau de Pierre Ottavioli. Il savait que son cas était indéfendable. Il venait d'être arrêté en flagrant délit, la rançon n'avait pas été versée, l'otage devenait encombrant pour ses complices, il subirait seul, devant la justice, toutes les conséquences d'une éventuelle exécution. Utilisant le poste d'Otta, il téléphona à ses amis.

– J'ai conclu un accord correct avec la police. Ils ne savent pas où j'appelle. Abandonnez de suite ou bien vous irez de carnage en carnage sans avoir un sou. Libérez le baron.

Le soir même, Édouard-Jean Empain était libéré, près de la porte d'Ivry, au sud de Paris, avec dix francs en poche pour prendre le métro. Il retrouva son épouse vers 22 h 30, à la station Opéra.

Cet homme de belle allure, présenté à juste titre comme un « gagneur », venait de vivre deux mois d'horreur. Il avait surmonté les pires souffrances, subi les pires humiliations. Il avait d'abord vécu sous une tente, dans des conditions d'hygiène déplorables, enchaîné, la tête couverte d'une cagoule, dans l'impossibilité de se lever, avec un simple seau pour tout sanitaire. Amputé d'une phalange, il s'était soigné lui-même, avec de l'alcool et des pansements. Par la suite, il avait changé à deux reprises de lieu de détention, ses conditions de vie s'étaient un peu améliorées.

La fermeté avait donc payé. En refusant le chantage des ravisseurs, nous avions choisi la bonne option. Les arrestations qui suivirent complétèrent ce succès de la PJ parisienne.

Pour célébrer la libération de M. Empain, une réception eut lieu dans une salle du quai de l'Horloge. D'ordinaire, les hommes de l'antigang n'aimaient pas vraiment ce genre de cocktails officiels, un peu trop guindés à leur goût. Cette fois, cependant, ils avaient tenu à venir. Nous étions tous sincèrement heureux de le rencontrer, ce fameux baron. Nous voulions faire sa connaissance, lui raconter Megève, la porte d'Orléans, Orly, «Charlotte Corday», la borne B 16...

C'était un homme sympathique, de contact chaleureux. Nous étions si heureux de discuter avec lui que je ne prêtai pas attention à l'information que Poiblanc, l'ancien patron de la Crim devenu sous-directeur des affaires criminelles, vint me glisser à l'oreille :

– Vous devez partir à Montmorency, il y a une prise d'otages!

Je me contentai de lui répondre par un sourire entendu, du style «elle est drôle, celle-là, chef», et je repris ma conversation avec Empain.

Quelques minutes plus tard, Poiblanc revint à la charge, étonné que je sois encore là :

– Et Montmorency? Non, mais c'est sérieux! Dépêchez-vous[1]!

1. Le 31 mars 1978, un homme en liberté conditionnelle, déjà condamné pour divers braquages, attaque un bureau de poste dans le Val-d'Oise. Pris en chasse par la police, il se réfugie dans un pavillon de Montmorency. À l'arrivée de la BAC, vers 19 h 45, il retient un couple en otages. Il réclame une BMW ainsi que deux millions et demi de francs mais nous comprenons vite qu'il n'a pas le tempérament d'un desperado. Il se rendra finalement vers minuit, au terme de plusieurs heures de négociations.

En un coup de vent, l'assistance se dépeupla d'une trentaine de convives. Le baron, éberlué, eut juste le temps de me lancer au passage : « Eh bien, quel métier vous faites ! Bonne chance... »

Dans les mois qui suivirent, Édouard-Jean Empain essaya de reprendre goût à la vie, d'oublier ce qu'il avait enduré. Mais le traumatisme était tel qu'il éprouva des difficultés à sortir du gouffre. Cette épreuve avait fait de lui un autre homme. Il eut ainsi, vis-à-vis de ses geôliers, une attitude étonnante de prime abord mais en définitive assez classique du point de vue psychologique. Il passa de la haine à la compassion, aidant même certains d'entre eux à leur sortie de prison.

Pareille réaction relève de ce qu'il est convenu d'appeler le « syndrome de Stockholm », en référence à une affaire de prise d'otage au cours de laquelle une jeune femme avait pris fait et cause pour un braqueur au point d'en tomber amoureuse. Ce phénomène, dont j'ai pu constater les effets néfastes tout au long de ma carrière, s'explique assez aisément. Lorsque l'otage a le sentiment d'être abandonné par le monde extérieur, il en vient à s'autopersuader que personne ne se soucie de son sort, et finit par trouver des qualités à son geôlier. Pour peu que celui-ci sache le manœuvrer psychologiquement, il ira jusqu'à la compréhension, voire la solidarité. Dès lors, la tâche du policier se complique : il doit rester intransigeant vis-à-vis des truands tout en essayant de prouver à l'otage qu'il veut le sauver.

M. Empain montra moins d'indulgence à l'égard de ses proches, notamment ses collaborateurs. Comme nombre de personnes confrontées un jour à pareil drame, il se sentit délaissé après sa détention, ce qui le conduisit à faire le point sur son existence, à réviser quelques valeurs personnelles.

Des années plus tard, j'eus l'occasion de le croiser, incidemment, à l'aéroport de Casablanca, au Maroc. Il avait l'air triste et terriblement seul.

Comme les deux inspecteurs qui se trouvaient avec moi ce jour-là, j'étais content de le voir mais je ne savais trop quelle serait sa réaction car on disait, à l'époque, qu'il en voulait à la police d'avoir décortiqué tous les aspects de sa vie. Il avait été choqué par ce déballage sur la place publique, sans toutefois formuler le moindre reproche à la BRI, chargée de la phase opérationnelle. Or c'est presque en ami, réjoui par cette rencontre fortuite, qu'il nous salua et demanda des nouvelles de Lailheugue et Berrux, bien remis de leurs blessures. Il nous était reconnaissant d'avoir tout fait pour le libérer. Dans un entretien accordé à *VSD* six mois après le rapt, il avait d'ailleurs déclaré : « Les seules personnes qui ont été bien avec moi après ma libération, ce sont les hommes de l'antigang. Visiblement, ils étaient heureux que je m'en sorte. Et puis, ils avaient risqué leur vie pour moi [...]. L'un des rares moments agréables après ma libération, je l'ai passé au cocktail, avec les gars de l'antigang. »

À ce propos, on nous demande souvent si, une fois une affaire terminée, nous restons en relation avec la famille et les otages. La réponse est plutôt négative dans la mesure où les personnes touchées par un tel cauchemar souhaitent autant que possible tourner la page. Il y a toutefois des exceptions. Je me souviens en particulier du cas d'une fillette enlevée à Paris et délivrée après deux jours de séquestration.

Des années plus tard, alors que je déjeunais avec un collègue près du ministère de l'Intérieur, la serveuse m'informa qu'un couple installé à l'étage désirait me voir. L'homme paraissait crispé. D'un ton sec, il me demanda :

– Vous connaissez madame ?

– Non, je ne vois pas...

– Et pourtant, elle, elle vous connaît ! Je peux même dire que vous l'avez tenue dans vos bras !

– Ah ?... Où vous voulez-vous en venir ?

La jeune femme éclata de rire et me montra une vieille photo de presse : c'était la fillette kidnappée et je la tenais dans mes bras ! L'homme qui déjeunait avec elle et qui avait imaginé la scène du mari jaloux était en réalité son frère. Peu de temps après, elle m'invita à son mariage.

XIX

Le traquenard

Dernier jour de vacances, premier jour de pluie. Ce lundi 31 juillet 1978 ne pouvait mieux commencer ! Toute la nuit, un orage avait arrosé la région d'Aulnay-de-Saintonge, mon village natal. Nous devions prendre la route de Paris dans la matinée mais je ne pus résister à la tentation de partir à l'aube chercher des escargots – des « cagouilles », comme on dit chez nous –, un plaisir du terroir que je partageais avec mon père et mes fils. Au moment de remonter vers la capitale, deux mille petits-gris s'entassaient dans deux caisses en bois, arrimées sur le toit de la 404 familiale !

Peu après notre départ, un flash radio vint me rappeler aux réalités parisiennes. Une prise d'otages était en cours à l'ambassade d'Irak, rue de la Faisanderie, dans le XVIe arrondissement.

À 10 heures, une employée de l'ambassade avait alerté police secours. Selon elle, « plusieurs individus » s'étaient introduits dans les locaux par l'annexe des services culturels, 9, rue du Général-Appert. Ils auraient fait usage de pistolets-mitrailleurs.

Notre vieille Peugeot n'est jamais rentrée si vite de vacances ! Comme elle n'était évidemment pas équipée d'une radio de service, je devais me contenter des informations diffusées, au compte-gouttes et au conditionnel, par les stations périphériques.

10 h 20. Il s'agirait d'un commando de trois ou quatre hommes. L'un d'eux s'est enfui, les autres seraient retranchés à

l'intérieur avec plusieurs otages. La Brigade anticommando est mobilisée.

11 h 15. Les terroristes semblent être palestiniens. Ils s'expriment en arabe ou en anglais. Sur les sept ou huit otages, un, au moins, serait gravement blessé. Une dizaine d'employés auraient par ailleurs trouvé refuge au troisième étage. L'ambassadeur, Mundhir Tawfik, est à l'Élysée pour une visite protocolaire prévue de longue date car il s'apprête à quitter son poste en France.

13 heures. Un doute subsiste quant au nombre exact de terroristes. En fait, un seul homme serait encore dans l'immeuble. Il exige un avion pour aller à Londres, où une militante de son organisation (Al Thair, « la vengeance ») est détenue. L'un de ses complices, qui s'est enfui dès le début de l'opération, a été poursuivi par des gardiens de la paix. Il a tiré, sans l'atteindre, sur un passant qui cherchait à s'interposer.

15 h 20. Libération de l'otage gravement blessé. Il est atteint de six balles à l'abdomen, aux cuisses et aux mains.

Telle était la situation à mon arrivée à Paris.

Pierre Ottavioli et Marcel Leclerc tenaient une réunion avec les membres du service de sécurité de l'ambassade. Des gendarmes du GIGN étaient là en renfort, sur l'insistance d'Ottavioli. Parmi eux, leur chef, Christian Prouteau, que je connaissais déjà, et son adjoint, Paul Barril, que j'allais apprendre à connaître. À dire vrai, la présence du GIGN me paraissait superflue. Par expérience, je me méfiais de ces opérations conjointes. Pour ne vexer personne, on sollicite la collaboration de tous...

Selon le blessé libéré un peu plus tôt, le terroriste était seul avec sept otages, il disposait d'une mitraillette, de deux armes de poing et de grenades quadrillées. Il avait fixé un ultimatum à 17 heures. Les négociations étaient menées au téléphone par le truchement de l'inspecteur François Antona, qui s'exprimait tantôt en anglais, tantôt en arabe.

Dans l'éventualité d'une intervention, il fallait repérer les lieux, donc pénétrer dans l'immeuble. À en croire le blessé, le Palestinien se tenait au premier étage, dans un bureau situé sur le côté gauche du couloir, mais nous préférions vérifier par nous-mêmes. Pour ce genre d'infiltration, j'aimais être accompagné du Petit Roger, mon complice du cap Corse, ou de François Santini, le jeune inspecteur qui avait intégré la brigade au moment de l'affaire Mallet. Cette fois, c'est justement avec lui, Fanfan, que j'entrepris de monter au premier étage par l'entrée située rue du Général-Appert.

Grâce à une technique d'observation qu'il serait imprudent de révéler ici, je vis un homme debout dans l'encadrement de la porte d'un bureau. Il nous tournait le dos, comme s'il surveillait l'intérieur de la pièce. Devinant notre présence, il se retourna brusquement pour tirer une rafale dans notre direction. Les balles firent voler des éclats de plâtre, dans une pétarade assourdissante. L'arme au poing, nous étions prêts à riposter mais il s'était aussitôt réfugié dans le bureau. Il était 17 heures, l'heure de l'ultimatum. À l'extérieur, ces coups de feu avaient laissé craindre le pire. Planqué dans l'escalier avec Fanfan, j'indiquai brièvement, par radio, que personne n'était touché. Quelques minutes plus tard, nous étions de nouveau à l'étage : le terroriste était de retour dans le couloir. Il était assis, la mitraillette sur les genoux, ses jambes dépassaient légèrement dans l'embrasure de la porte.

Sitôt revenu au poste de commandement, j'appris que le dialogue commençait à porter ses fruits. Le Palestinien prenait conscience de son isolement. Antona lui répétait qu'il ne risquerait rien s'il se rendait à la police française. Après un moment d'hésitation, il finit par céder, à condition qu'un représentant de la Ligue arabe assiste à son arrestation. En revanche, il insistait pour que les Irakiens soient tenus à l'écart.

Policiers et diplomates, réunis dans les locaux du centre culturel, acceptèrent ses exigences. Une seule chose me gênait : le comportement de l'ambassadeur, Mundhir Tawfik, qui avait abrégé sa visite à l'Élysée pour mieux superviser les négociations. J'éprouvais un sentiment de malaise en le voyant s'entretenir à voix basse avec ses collaborateurs, dont le premier secrétaire, Ibrahim Al Sigab. Comme les règles du jeu devaient être clairement définies avant la phase finale, je m'adressai à lui devant témoins :

– Monsieur l'ambassadeur, nous sommes bien d'accord, il n'y a que deux possibilités : soit il se rend sans difficulté et il est mis à la disposition de la justice française, soit il commet le moindre geste équivoque et il est abattu sur-le-champ, même si les faits ont lieu à l'intérieur de votre ambassade et en présence d'un membre de la Ligue arabe. Il faut que celui-ci le sache.

– Cela va de soi ! répondit-il d'un ton agacé.

Si cette mise au point était outrageante à ses yeux, elle ébranla davantage encore le représentant de la Ligue, Ahmed Abdoun, qui n'avait pas envisagé une issue sanglante ! Mais il était trop tard pour faire marche arrière. L'ambassadeur avait donné son accord, il nous laissait toute liberté d'action.

18 heures. Je m'enferme dans un bureau avec Plouy, Antona et Santini. L'inspecteur René Plouy, qui part à la retraite le soir même, a tenu à être à mes côtés une dernière fois. Alors qu'il enfile son gilet pare-balles, nous échangeons quelques plaisanteries sur les frissons de l'action qui vont à coup sûr lui manquer.

Des membres du service de sécurité et le premier secrétaire nous rejoignent. Ils sourient, admiratifs devant nos équipements. Pensent-ils que le destin du terroriste est scellé, que nous allons l'abattre sous un prétexte quelconque ? Je crois deviner qu'un règlement expéditif du problème leur conviendrait parfaitement. Il est pourtant hors de question de l'exécuter ! S'il tient ses engagements, nous tiendrons les nôtres.

En attendant, nos hôtes irakiens sont aux petits soins. Ils nous apportent des jus de fruits, des petits-fours. Au moment où nous sortons de la pièce, le premier secrétaire, Al Sigab, me gratifie même d'une tape amicale sur l'épaule.

– Bonne chance, monsieur le commissaire, je suis sûr que cela va bien se passer.

C'est alors qu'un inspecteur vient m'avertir des mouvements suspects de quelques hommes du service de sécurité dont certains sont armés. Leurs déplacements d'un bâtiment à l'autre nous intriguent depuis un moment ; nous avons dû leur demander à plusieurs reprises de cesser leur manège. J'en informe aussitôt Marcel Leclerc qui décide de se positionner avec un groupe de policiers dans un garage situé au rez-de-chaussé de l'ambassade. Ils surveilleront les Irakiens afin qu'il n'y ait aucune confusion.

Il n'empêche que cette agitation ne me dit rien qui vaille. Trop de monde, trop de gesticulations, trop de palabres. Sur l'insistance du directeur de la PJ, Jean Ducret, l'ambassadeur ordonne à ses collaborateurs de laisser le champ libre à la police française. Tout paraît d'ailleurs rentrer dans l'ordre puisque deux ou trois Irakiens qui se trouvaient dans le garage traversent la rue et rejoignent leur ambassadeur, au centre culturel, avec les autorités françaises.

Les rideaux du bâtiment sont fermés, les volets clos, toutes les conditions sont réunies pour aborder la phase finale.

Nous approchons de l'immeuble, côté rue du Général-Appert. Antona, Plouy et Fanfan Santini sont avec moi, de même qu'Ahmed Abdoun, de la Ligue arabe. L'un des otages, une jeune femme, vient nous ouvrir la porte. Elle réclame une pièce d'identité au diplomate, pour la montrer au Palestinien, lequel nous autorise ensuite à monter.

Il est debout sur le palier, en retrait de l'escalier. Âgé d'environ vingt-cinq ans, il n'est pas très grand, plutôt mince. Il pointe sa mitraillette vers nous, mais sans agressivité excessive. Nous lui demandons de lever les bras, l'arme au-dessus de la tête. Il retire le chargeur, nous le remet. Plouy et Antona lui confisquent ses revolvers et sa grenade, sous la protection de Fanfan. Ottavioli nous a rejoints et tout se déroule comme prévu. Nous sommes même relativement détendus. La suite de l'opération ne devrait pas poser de problème. Dans la rue, Ottavioli va rapprocher sa voiture ; il nous restera alors à sortir avec le fedayin puis à foncer vers le 36. Le scénario idéal.

Nous attendons dans le couloir, devant la porte entrouverte. Le Palestinien ne comprend pas cette attente, il s'en inquiète.

– Que fait-on là ? demande-t-il à Santini. Qui attend-on ? J'aimerais avoir un gilet pare-balles comme toi.

Je le rassure en lui répétant qu'il n'a rien à craindre, que personne ne lui tirera dessus, pas plus les Irakiens que les Français.

– Je serai devant toi, nous irons jusqu'à la voiture.

Il est en confiance, il sourit.

Cette fois, ça y est, la R16 d'Ottavioli est stationnée au milieu de la chaussée, à sept ou huit mètres sur notre droite. Nous sortons avec le Palestinien. Il va monter à l'arrière. Deux hommes de la Criminelle, Jacques Capela et Roland Segear, s'apprêtent à monter également pour l'encadrer sur la banquette arrière. Ottavioli est déjà au volant.

C'est à ce moment que claque un coup de feu.

L'un des nôtres a-t-il tiré accidentellement ? Je me tourne vers Fanfan.

– Merde ! Qui a fait le con ?

– Je n'en sais rien !

Aussitôt après, la fusillade fait rage, avec la R16 pour cible. On se fait allumer de partout ! Des immeubles, du trottoir opposé, de la rue... Mes « cessez-le-feu ! » n'y changent rien. Sur la droite, j'aperçois le Petit Roger en position de tir, et Christian Lambert, et Georges Héritier, et bien d'autres encore, inspecteurs de la Crim ou de la BRI. Je ne comprends plus rien !

Cherchant à m'abriter, je rebrousse chemin vers l'entrée du bâtiment, suivi de Plouy. Les Irakiens, flingue en main, n'ont pas l'air de vouloir nous aider ; ils nous claquent la porte au nez ! Je ne parviens pas à saisir mon 357 Magnum, coincé dans la poche droite de ma veste d'été. De retour de vacances, je n'ai pas pris le temps de m'habiller comme il convenait. Ces manipulations provoquent l'ouverture du barillet. Les cartouches tombent sur le trottoir et me voilà accroupi, en pleine fusillade, ramassant mes munitions dans le caniveau !

Je me poste maintenant derrière une Mercedes en stationnement.

Une balle percute le pare-chocs.

Je baisse la tête, je recharge mon arme.

Tout va si vite que je n'ai toujours pas compris qui tire sur qui. S'agit-il d'un commando venu libérer son complice ? Sans doute pas car ils ont surtout visé la voiture où se trouvait le Palestinien. Il semble d'ailleurs que celui-ci soit blessé.

Sur le trottoir opposé, je reconnais un grand moustachu à lunettes qui tire sur la R16 tout en se repliant rue de la Faisanderie. C'est Ibrahim Al Sigab, le diplomate irakien, celui-là même qui m'avait donné une tape amicale sur l'épaule ! Deux autres types armés détalent dans la même direction. L'un d'eux a le visage en sang. Ce sont eux, nos agresseurs : les Irakiens ! Nous sommes tombés dans un traquenard fomenté avec la complicité des plus hauts diplomates, à commencer par l'ambassadeur ! L'explication devient évidente : comme nous n'avons pas tué le terroriste, ils ont voulu l'exécuter sans se soucier de la présence des Français. Il ne s'agit ni d'une méprise ni d'un cafouillage mais d'une trahison, d'un acte de guerre en territoire étranger.

Plouy et moi poursuivons sur une dizaine de mètres les trois hommes de la rue de la Faisanderie. Ils protègent leur fuite en tirant à l'aveuglette. Journalistes et badauds doivent s'allonger au sol ou se cacher derrière les voitures. Autour de l'ambassade, les hommes de la BAC ont obtenu un arrêt de la fusillade en braquant leurs armes sur les fenêtres d'où venaient la plupart des tirs. Husni Haj Eid Walid, le jeune preneur d'otages palestinien, a été blessé à une jambe. Il va être évacué vers l'hôpital Beaujon[1].

Ottavioli est resté debout devant sa voiture. Deux de ses inspecteurs ont été touchés : Roland Segear, grièvement blessé au cou, et Jacques Capela, mortellement atteint de plusieurs balles. L'un des nôtres, François Antona, a été touché à une main. À quelques mètres à peine, un Irakien baigne dans son sang. Il a été tué par un homme de la BAC au moment où il visait Leclerc. Nous avons été tellement surpris que c'est le seul coup de feu parti de notre côté, contre plusieurs dizaines du camp adverse.

Dans le hall de l'annexe culturelle, les représentants des deux pays s'interrogent, s'accusent, chacun cherchant à se décharger de ses responsabilités. Les Irakiens jurent qu'ils n'y sont pour rien, que des amis du terroriste ont voulu le libérer... Dans

1. Nous apprendrons par la suite que sa mission d'origine était d'abattre plusieurs agents des services irakiens, accusés de soutenir les « durs » du mouvement palestinien. Cette mission ayant échoué, il avait préféré s'en remettre à la police et à la justice françaises plutôt que d'être exécuté par les agents de Saddam Hussein.

l'attroupement ainsi formé, je reconnais le type aux lunettes, Ibrahim Al Sigab, le premier secrétaire. Je lui saute dessus.

– Lui, il a tiré, je l'ai vu, il a tiré!

Je l'agrippe sans ménagement. Jean Ducret, le directeur, intervient. Stupéfait, il redoute une erreur de ma part.

– Vous êtes sûr, vous êtes bien sûr?

J'entends à peine ses appels à la prudence tant je suis hors de moi. Oui, je l'ai vu tirer sur la voiture, puis courir vers la rue de la Faisanderie! Il s'est débarrassé de son arme dans les locaux diplomatiques et il ose venir nous narguer! D'un geste violent, il parvient à se dégager. Il me menace :

– Monsieur, vous êtes ici dans les locaux de l'ambassade d'Irak, sortez!

En théorie, je devrais effectivement quitter ces lieux, protégés par l'immunité diplomatique. Mais trois mètres tout au plus séparent le sol irakien du trottoir français. Plié en deux par un uppercut au foie, le diplomate est immédiatement pris en charge *manu militari* par des hommes de la BAC. Deux de ses compatriotes, arrêtés les armes à la main, le suivront bientôt : Khalil Al Windawi, trente-trois ans, et Aboul Natik, trente-sept ans.

Cette journée du 31 juillet 1978 restera celle de la lâcheté et de la sauvagerie. Les pseudo-diplomates avaient voulu rendre la justice à leur manière, façon flingueurs.

Dans les couloirs du 36, l'indignation se transforma en écœurement quand on nous indiqua qu'aucune charge ne serait retenue contre les trois Irakiens arrêtés en flagrant délit, Al Sigab et les deux autres. Dans la mesure où ils étaient couverts par l'immunité diplomatique, la seule sanction possible était l'expulsion; en formant le vœu de les voir inculpés par la justice de leur pays. Inutile de dire qu'ils accepteraient volontiers cette expulsion et qu'en fait d'inculpation ils auraient droit à une médaille sitôt rentrés en Irak!

Nous n'avions pas l'intention de contester le principe de l'immunité. Mais devait-elle s'étendre aux crimes de sang commis sur la voie publique? Seules cinq autorisations de port d'armes avaient été délivrées aux Irakiens, dont une pour l'ambassadeur.

Or des dizaines de personnes pouvaient certifier qu'ils avaient été beaucoup plus nombreux que cela à tirer. Il s'agissait à mes yeux d'une injustice insupportable, doublée d'une insulte à la mémoire de Jacques Capela, l'inspecteur de la Crim. La protection dont bénéficiaient ces tueurs nous révoltait d'autant plus qu'elle s'expliquait avant tout par des intérêts économiques et géopolitiques. Il était clair que la France ne voulait surtout pas froisser un pays « ami » auquel elle venait de fournir une centrale nucléaire.

Je n'avais jamais connu une telle fronde au Quai des Orfèvres. Comme l'ensemble de la profession, le 36 grondait contre cette diplomatie du dos rond et du silence méprisant à l'égard de la police. Les inspecteurs occupaient l'escalier central, discutaient dans les couloirs, les délégués syndicaux allaient de réunion en réunion, les patrons s'efforçaient de calmer les esprits tout en partageant la peine de leurs « troupes ». L'agitation paralysait toute la PJ parisienne. Cinq cents personnes, avec leur brassard « police », se réunirent bientôt dans la cour du 36. Les anciens avaient du mal à contenir les jeunes, ceux pour lesquels Capela, marié et père d'un petit garçon, était un ami avant d'être un collègue. C'était décidé, ils allaient se rendre place Beauvau, au ministère de l'Intérieur. Une manifestation sans précédent. De jeunes commissaires, dont Claude Cancès, André Bizeul et Ange Mancini, décidèrent de s'associer au mouvement.

Que devais-je faire ? Certains chefs de service me déconseillèrent de franchir le pas. À les entendre, j'étais trop médiatique, je pourrais par la suite regretter cette marche silencieuse. Or je n'avais pas le cœur à m'enfermer dans mon bureau, soumis et muet, je voulais être parmi ceux que je côtoyais chaque jour. Poussé par l'indignation mais aussi le souci d'éviter les débordements, j'allais donc défiler, malgré les appels à la prudence de Marcel Leclerc, mon supérieur hiérarchique direct, et de Pierre Ottavioli, le patron de la Criminelle.

La manif eut lieu le mardi 1er août, en fin d'après-midi, avec des flics de tous âges, de tous grades, de toutes tendances politiques. Elle devait être digne et silencieuse ; elle le fut. J'avais craint, un moment, que certains syndicalistes ne profitent de l'occasion pour aiguiller le débat sur des revendications corporatistes, voire politiques. Mais ils restèrent dignes comme ils l'avaient promis.

Le cortège parvint place Beauvau. Depuis le départ du 36, je n'avais pas quitté les avant-postes. Un contrôleur général de l'IGPN – la « police des polices » – me fit appeler au poste situé à droite en entrant dans la cour du ministère. Il avait été désigné par la direction de la police nationale pour désamorcer le mouvement et comptait sur moi pour l'y aider. Je le connaissais, je l'appréciais. Il essaya de me dissuader d'aller plus loin dans ce qui était perçu, en haut lieu, comme une épreuve de force avec le gouvernement :

– Je vous aime bien, vous le savez, me dit-il, vous êtes promis à une belle carrière. Il est encore temps de renoncer. Cette affaire va mal se terminer pour tout le monde.

Je n'avais pas l'intention de faire marche arrière, je voulais voir le ministre, Christian Bonnet. J'étais là pour ça, comme les autres, et je finis par le rencontrer, avec une dizaine de collègues, commissaires et inspecteurs.

Il nous reçut longuement, posa beaucoup de questions, écouta nos explications. Par expérience, je savais que les hommes de pouvoir sont souvent peu attentifs aux tourments de la base. J'avais appris, depuis mes débuts, à déceler les traces d'ennui ou d'irritation chez un puissant, comptable de son temps. En homme responsable et sensible, Christian Bonnet ne se montra ni indifférent ni pressé. Je crois qu'il prit la pleine mesure de notre douleur.

– Votre démarche est légitime et respectable. Je suis totalement avec vous.

En notre présence, il téléphona au Premier ministre, Raymond Barre, pour que le gouvernement sorte de son silence en nous adressant un message de soutien. Nous avions soif d'explications et c'est tout ce que nous réclamions, un témoignage de sympathie et de considération. De retour devant la grille du ministère, un représentant des inspecteurs fit un compte rendu de la réunion et chacun regagna le 36 dans le calme.

Le lendemain, en fin de matinée, alors que j'étais encore sous le choc des événements des deux derniers jours, Marcel Leclerc me demanda d'assurer, avec des hommes de la BRI, la protection des Irakiens expulsés ! Nous devions les escorter jusqu'à Orly, où les attendait un avion à destination de leur pays ! Un affront de plus : la BRI chargée de la protection des flingueurs de l'ambassade ! Je n'ai jamais su qui, en haut lieu, était à l'origine de cette provocation. L'idée même d'une telle mission était une injure à notre amour-propre. Sans chercher à savoir de qui émanait cet ordre, je refusai d'obéir. Je reçus aussitôt le soutien des inspecteurs. Finalement, la hiérarchie fit appel au GIGN...

Les obsèques de Capela eurent lieu le jeudi matin, à l'heure où un nouvel acte terroriste était commis dans Paris [1]. Après la levée du corps, dans la cour de la Préfecture de police, un cortège de trois à cinq mille personnes partit en direction des Invalides. Dans la lignée de notre marche vers Beauvau, nous tenions à observer une minute de silence devant le ministère des Affaires étrangères, Quai d'Orsay. Juste pour le symbole, pour faire comprendre qu'en dépit de la compassion exprimée par le Premier ministre et Christian Bonnet, nous n'étions pas dupes et que, au-delà de l'immunité diplomatique, ces tripatouillages, que nul n'avait d'ailleurs daigné nous expliquer, relevaient bien de la capitulation.

Je n'ai jamais regretté d'avoir participé aux marches silencieuses vers la place Beauvau et le Quai d'Orsay. Dans la police et au-delà, il s'est pourtant trouvé une poignée de personnes pour me reprocher d'être descendu dans la rue, en tête de cortège. Ce n'était pas, à les entendre, la place d'un responsable policier. Ce type de remarque avait le don de me mettre hors de moi, je ne pouvais supporter qu'on me donne des leçons de dignité. Pouvait-on imaginer pire injustice que la liberté offerte

1. Le 3 août au matin, deux Jordaniens font irruption au siège de la Ligue arabe à Paris, 138, boulevard Haussmann. Ezzedine Kalak, le chef de mission de l'OLP en France, est abattu. Son adjoint, Adnan Hamad, succombera à ses blessures. Trois autres personnes sont blessées. Cette opération s'inscrit dans le cadre de la lutte que se livrent les différentes factions palestiniennes, les modérés de Yasser Arafat, soutenus par la Syrie, et les extrémistes d'Abou Nidal, soutenus par l'Irak.

aux assassins de Jacques Capela ? En voyant les Irakiens s'évader « légalement », j'avais éprouvé un sentiment de dégoût, j'avais eu honte. Honte pour notre pays, honte pour la démocratie. L'Histoire allait prouver, quelques années plus tard, que la France, si soucieuse de préserver ses peu glorieuses amitiés irakiennes, serait mal récompensée de sa faiblesse.

XX

Au centre des choses

Le scandale de l'ambassade d'Irak avait profondément choqué l'ensemble de la police française, tous services confondus. Qu'on le veuille ou non, « raison d'État » ou pas, la France avait déployé un tapis rouge devant les barbouzes de Bagdad. Dans ces conditions, je devais surmonter mes propres interrogations pour motiver les hommes de la BRI. Que dire ? Que faire ? Comme moi, ils venaient de traverser l'une des périodes les plus pénibles de leur carrière. Le souvenir des obsèques de Jacques Capela, dans la cour de la Préfecture de police, en présence de sa femme et de son petit garçon, resterait à jamais gravé en nous. L'idée de justice, celle-là même qui présidait à nos destinées de flics, était sortie souillée de cette affaire.

Je me suis souvent demandé si certains de nos gouvernants, en capitulant ainsi, qui plus est sans donner le moindre début d'explication, ont conscience des répercussions de leurs décisions. J'en doute. Il y a loin du Quai d'Orsay au Quai des Orfèvres, encore plus loin de l'Élysée aux commissariats de quartier, et ils ne peuvent imaginer ce qu'est la police au sortir d'une telle déflagration. L'onde de choc se propage, laissant chacun aux prises avec son indignation, confronté à la terrible question qu'un policier ne devrait jamais se poser : « À quoi bon ? »

Dans ces moments-là, je me sentais prisonnier de mes responsabilités, tiraillé entre mes doutes et l'obligation d'aller de l'avant, de réagir, de « positiver », comme l'on dit. Mais positiver quoi ? La mort d'un jeune policier ? La défaite de la justice ? Quelque part, j'avais l'impression de me mentir à moi-même. Peut-être était-ce, après tout, une manière comme une autre d'échapper à la spirale négative, une forme d'autopersuasion, la méthode Coué appliquée à la police...

C'est à cette époque, au cours de l'été 1978, que je pris la tête de la brigade.

Marcel Leclerc venait d'être nommé à la Criminelle, en remplacement d'Ottavioli. Comme j'avais obtenu, quelques mois auparavant, le grade de commissaire principal, j'allais pouvoir diriger la BRI et la BAC. Dans les faits, cette promotion ne changeait pas grand-chose : mêmes hommes, mêmes locaux, même bureau. Je ne voulais surtout pas de bouleversements, j'entendais demeurer un patron de terrain. À quarante-deux ans, je m'imaginais mal cloîtré au 36, orchestrant la manœuvre assis dans un fauteuil. Il restait à désigner un adjoint, un numéro deux.

Mon choix se porta sur René-Georges Querry, un commissaire en poste à la Mondaine. Intelligent, d'une disponibilité totale, ce Belfortain avait un sens inné de l'organisation d'un dispositif sur le terrain. En dépit de ses allures de cadre un peu trop sérieux (ses lunettes, sans doute), « Jo » Querry était le meilleur des camarades, spirituel et courageux. Il ne cherchait jamais à parader, à se mettre en valeur. Comme tout un chacun, il avait des défauts, objets de plaisanteries entre nous ; son bureau par exemple. Un modèle de pagaille ! Des notes éparses, des gribouillis, des dossiers, des feuilles volantes, des numéros de téléphone... Par miracle, il finissait toujours par s'y retrouver. Enfin, c'est ce qu'il prétendait ! Et puis, autre sujet de plaisanterie, il avait une fâcheuse tendance à cabosser les voitures !

Le numéro trois du service était désormais Gaston Pautot, un authentique professionnel de PJ. En 1976, il avait succédé à Frédo Vénier, notre manitou des ondes, admis à faire valoir ses droits à la retraite. Gaston accomplissait sa tâche avec beaucoup de sérieux, de tact et de loyauté. Il était, lui aussi, un ami fidèle.

La brigade profita d'une accalmie sur le front du terrorisme pour vivre un second semestre 1978 entièrement placé sous le signe du banditisme avec l'arrestation, entre septembre et décembre, d'une dizaine d'équipes spécialisées dans les attaques de banques et de supermarchés. En adeptes du flag, nous préférions toujours attendre qu'elles franchissent le pas, au risque de déboucher, parfois, sur des situations cocasses...

Le 24 décembre au soir, nous apprenons que la caisse centrale d'une grande surface de la banlieue sud doit être attaquée à la fermeture, vers 22 heures. Tandis que les derniers clients quittent le magasin, nous voyons un homme déposer un sac de sport dans une haie de fusains, à l'arrière du bâtiment, puis s'asseoir sur un banc, à une centaine de mètres de l'entrée principale. Nous sommes persuadés qu'il s'agit d'un complice venu apporter les armes, les cagoules, les perruques... Mais voilà qu'à 22 h 15 il se lève, récupère son bagage et s'en va. Pressés d'en finir pour aller réveillonner en famille, nous l'arrêtons un peu plus loin.

Hélas pour nous, ce n'est pas le casse du siècle, juste une entourloupe de fin d'année : son beau-frère, employé dans les entrepôts de marchandises, a fauché de quoi améliorer leur réveillon, à savoir quatre queues de langouste et une bouteille de champagne! Le pauvre bougre, complètement désespéré, s'imagine déjà en prison. Pensez donc, si l'antigang est là, avec ses flingues et ses gilets pare-balles, c'est qu'il risque gros! Mais non, allez, c'est notre jour d'indulgence, un cadeau avant l'heure : nous le laissons partir...

Un soir de Noël gâché pour deux Pieds Nickelés! Rassemblés autour de nos voitures, nous rions de ce piètre coup de filet.

– Bon, qu'est-ce qu'on fait des bestioles? s'interroge un inspecteur, avec d'évidentes arrière-pensées gastronomiques. On pourrait... Enfin, patron... c'est la fête, non?

– Avec le champ', ça doit pas être mauvais..., suggère un autre.

J'interviens. Il faut restituer les queues de langouste et la bouteille! Question de principe. On en profitera pour conseiller à la direction de veiller à la caisse. Deux antigangs tambourinent aux portes vitrées de l'hypermarché. Les rares employés encore présents refusent d'ouvrir. Sans doute effrayés par nos mines patibulaires, ils appellent les gendarmes ! Le directeur, confus de cette méprise, récupérera finalement sa marchandise. À notre demande, il ne cherchera pas à connaître le nom de l'employé fautif. Voilà en tout cas comment le redoutable « gang de la langouste » fut démantelé par l'antigang un soir de Noël !

D'autres équipes, professionnelles celles-là, nous donnaient du fil à retordre. Je veux parler des vraies bandes de casseurs, les as de la cambriole. Avec ces malfrats, nous étions dans notre élément, loin du terrorisme et de ses imbrications diplomatiques. Le 15 décembre 1978, neuf jours avant cette fameuse nuit de Noël, nous avions par exemple coincé les auteurs d'un casse bien plus spectaculaire puisqu'il portait sur douze mille montres Younger et Bresson !

Autre affaire : celle de Creil (Oise). Début 1979, nos collègues locaux nous alertent au sujet d'un truand fiché à Interpol, Bruno F., remarqué à maintes reprises aux abords d'un hypermarché de la région. Inutile de l'interpeller : l'homme a du métier, il ne dira rien. Autant le filer, lui faire un « brin de conduite », comme on dit entre nous, pour remonter jusqu'à d'éventuels complices. Une dizaine de personnes seront ainsi localisées. Localisées, pas arrêtées : flag oblige, nous attendrons le jour « J ».

Et ce jour arrive. Mais sans nous...

Un lundi matin, on nous signale un casse, rue Saint-Denis à Paris, dans une entreprise d'affinage de métaux précieux. Un vrai trésor, évalué à six millions de francs : cent trente kilos d'or, dix kilos d'argent, huit kilos de platine, des bijoux... Les malfaiteurs se sont introduits dans les locaux par les sous-sols, ils ont abandonné sur le coffre une bouteille de champagne vide. De la belle ouvrage, digne d'Arsène Lupin ! Dans cette rue chaude de la capitale, où l'on mesure le danger des mots, personne n'a rien vu, rien entendu.

Est-ce l'œuvre des truands de Creil ? Probablement. Divers indices le confirment. Le temps d'un week-end, nous les avons délaissés pour nous consacrer à un objectif plus urgent. Ils en ont profité. Le pied de nez, volontaire ou pas, est magistral. Nous pensions suivre des braqueurs de grandes surfaces, nous avons loupé des passe-murailles ! Il est temps de reprendre les surveillances.

Le mardi, au sortir d'une nuit de réjouissances, Max le rugbyman, le colosse de la bande, prend l'avion pour Toulon. Sitôt arrivé, il monte dans une voiture immatriculée en Suisse. Nos collègues de la BRI de Nice s'empressent de le suivre jusqu'à Méoune, un village de l'arrière-pays varois. Entre-temps, Jo Querry et une dizaine d'antigangs parisiens ont quitté la capitale par l'autoroute du Sud. Sur place, ils pourront compter sur l'aide des gendarmes locaux, commandés par le propre frère de Querry !

À 20 h 10, l'ensemble du dispositif est prêt, à Paris et dans le Var. Neuf personnes vont être arrêtées en même temps ; sans trop de dommages à Paris, mais au prix d'une furieuse bagarre à Méoune. Les antigangs niçois et parisiens auront toutes les peines du monde à maîtriser Max et ses comparses qui se défendront comme des avants dans une mêlée houleuse.

De tels pugilats étaient fréquents. En ce début d'année 1979, par exemple, une rixe nous avait opposés à quatre braqueurs, dans un square de la porte de la Muette. L'un d'eux, surnommé le « Gros Michel » ou « Michel le Dingue », enrageait tellement de se faire serrer par Gérard Marlet, Robert François et Gérard Paes qu'il avait donné des coups de tête contre un lampadaire. Le visage en sang, il avait apostrophé les rares passants en se plaignant des « violences policières »... Les accusations de ce genre étaient exceptionnelles. Les coups échangés lors des interpellations n'entraînaient généralement aucune poursuite judiciaire, d'un côté comme de l'autre. Disons qu'ils faisaient partie des règles du jeu...

En sept années de BRI, j'avais appris à gérer les situations d'affrontement physique, à contrer les effets secondaires de la violence : la nervosité, l'agressivité, la panique. Bien sûr, lors d'une bagarre ou d'une fusillade, nous n'étions jamais à l'abri d'un drame ; c'était une question de chance, de hasard aussi. Mais l'expérience nous permettait généralement de conserver une grande lucidité. J'étais moi-même admiratif devant le sang-froid, voire le flegme, dont faisaient preuve les inspecteurs au plus fort de l'action. J'allais d'ailleurs en avoir une nouvelle fois la démonstration au printemps 1979...

Nous sommes à la fin du mois de mai. Voilà quelques jours que nous surveillons une équipe de trois braqueurs. L'un d'eux est inconnu de nos services mais les deux autres sont fichés au grand banditisme. Un matin, vers 8 heures, tout se précipite. Venus séparément, ils se retrouvent près du marché Saint-Pierre, à Montmartre. À 9 heures, ils attaquent deux femmes qui transportent une forte somme d'argent entre le magasin de tissus où elles travaillent et le service comptabilité, situé dans un immeuble voisin.

La densité de la circulation gêne leur fuite. Leur Fiat est coincée derrière un camion de livraison. Ils partent alors à pied puis s'emparent d'une voiture conduite par une femme. À nouveau piégés par les embouteillages, ils décident de se séparer.

Notre ami Mocquot, alias «Pépé», est sur la trace d'un homme qu'il croit seul. Alors qu'il est sur le point de lui passer les menottes, les deux autres, arrivés par-derrière, le braquent, lui prennent son 357 Magnum. L'un d'eux pointe le canon sur sa tempe. Pépé entend le «clic» mais le coup ne part pas : par mesure de précaution, il avait laissé le premier emplacement du barillet dépourvu de cartouche!

Les trois braqueurs s'engouffrent ensuite dans une voiture dont ils ont éjecté le conducteur. La poursuite s'engage. Cent mètres plus loin, le véhicule est à nouveau bloqué. Les truands tirent à tout va. Dans la fusillade, l'un d'eux est tué, un autre blessé. Deux policiers sont touchés, mais aucun passant, et c'est un miracle. Dans la voiture, on retrouve l'argent du braquage et cinq armes, dont une mitraillette!

Un témoin de la fusillade a eu le réflexe de prendre des photos, bientôt revendues à des journaux spécialisés. Il faut dire que ces «spectateurs» involontaires – et il y en a presque toujours – ont des réactions très variées. Je me souviens d'une fusillade déclenchée par cinq truands à la sortie d'une perception. Certains passants couraient dans tous les sens, d'autres se plaquaient au sol, d'autres encore restaient comme figés sur place. Tel ce cycliste qui, en plein milieu du champ de tir, regardait la scène appuyé sur son vélo! On dit généralement de ces gens-là qu'ils ont du sang-froid ou bien qu'ils sont courageux. En réalité, ils sont tétanisés par la peur ou tout simplement inconscients des dangers encourus...

En ce qui nous concerne, on ne peut s'empêcher, après coup, de revenir sur les circonstances d'une intervention aussi mouvementée. Car le frisson rétrospectif est bien présent. Et heureusement, car il permet de prendre conscience de la réalité des risques que nous sommes amenés à prendre. Quelques jours après l'affaire du marché Saint-Pierre, une autre opération allait d'ailleurs nous le rappeler...

Le 14 juin 1979, nous parvint en effet de Belgique une information selon laquelle, à Schaerbeek (Bruxelles), un fourgon postal avait été attaqué par quatre malfaiteurs. L'un des convoyeurs, père d'un bébé de dix mois, avait juste eu le temps de crier « Non, pas ça ! » avant d'être abattu. Les braqueurs n'avaient pas tiré par accident, mais délibérément, et pour tuer. Lorsque je téléphonai à mon homologue de la PJ bruxelloise, le commissaire Franz Reyniers, j'ignorais qu'il était déjà sur une piste internationale. Je voulais non seulement avoir des précisions sur cette agression mais aussi lui faire part d'un important travail de recherche effectué par le groupe Documentation concernant des malfaiteurs qui se rendaient parfois en Belgique. Certains de ces truands ayant disparu depuis plusieurs jours, je souhaitais lui demander s'il n'avait pas quelques informations à leur sujet. Il fit tout de suite le rapprochement avec l'affaire de Schaerbeek.

Grâce à divers témoignages, les enquêteurs bruxellois avaient relevé des similitudes entre cette agression et une précédente, survenue un an plus tôt, à Saint-Josse. À l'époque, deux policiers avaient été blessés. Selon la police belge, le gang était probablement composé de malfaiteurs français, italiens et belges. L'enquête s'avérait néanmoins difficile et tous les truands n'étaient pas encore identifiés.

Reyniers décida de venir à Paris avec son adjoint Marnette. Je les avais déjà côtoyés tous les deux dans le cadre d'autres affaires, sans jamais avoir à me plaindre de leur collaboration, bien au contraire. Il faut d'ailleurs souligner que les policiers belges sont souvent de remarquables professionnels. En outre, comme ce sont de bons vivants, avec un accent et des réflexions savoureux, j'ai toujours apprécié leur compagnie, dans le travail et en dehors.

L'ensemble de l'antigang était à pied d'œuvre. Nous avions répertorié les planques et les lieux de rendez-vous de l'équipe. Reyniers et Marnette, qui participaient à nos filatures, avaient identifié plusieurs compatriotes parmi nos suspects, dont un certain « Monsieur Léon ». Trois jeunes femmes, liées à la bande, avaient également été filées dans les grands magasins où elles dépensaient sans compter. Visiblement ces coquettes n'avaient aucun souci d'argent ! Nous avions prévu avec Reyniers une action simultanée dans nos pays respectifs, samedi 16 juin 1979, afin d'interpeller le plus grand nombre de personnes.

Ce jour-là, il régnait une ambiance de fête sur les Champs-Élysées. Dans l'attente de la finale de la Coupe de France de football, supporters nantais et auxerrois commençaient à boire et à chanter. Mais si nous restions en planque, c'était pour une tout autre rencontre. Quelques-uns de nos malfrats étaient en effet attablés au drugstore Étoile. Nous assistions depuis près de deux heures à des allées et venues entre les quartiers de l'Étoile et de l'Opéra.

Tout ce beau monde semblait en fait sur le point de se séparer. Vers 12 h 20, après bien des embrassades, « Monsieur Léon » s'installa au volant de sa BMW blanche. Sa compagne italienne (une des coquettes) le suivit en Austin, sur l'autoroute du Nord. Leur voyage prit fin à 13 heures, à la hauteur du péage de Survilliers. Ils n'opposèrent aucune résistance aux antigangs qui les conduisirent au Quai des Orfèvres.

Pour le moment, tout fonctionnait comme prévu, dans une parfaite coordination. Nous devions cependant faire vite afin d'éviter que la nouvelle des arrestations ne vienne aux oreilles des comparses encore en liberté.

Peu après le départ de «Monsieur Léon» et de sa compagne, nos voitures avaient pris en filature une BMW grise, immatriculée en Belgique. Elle se dirigeait vers le pont de Neuilly avec quatre personnes à bord, quatre Corses déjà identifiés, trois hommes et une femme. Le conducteur roulait prudemment, en lorgnant sans arrêt dans le rétroviseur.

Il s'engagea dans la rue Soljenitsyne, à Puteaux. Une artère déserte, coincée entre les gratte-ciel de la Défense et des pavillons condamnés à la destruction.

C'était le moment de les bloquer.

La voiture de Jean-Pierre Caillot pila devant la BMW, à l'angle de l'avenue Jean-Jaurès. Georges Besançon surgit sur le côté gauche, Pierrot Degand à l'arrière. Un instant gêné par la circulation, j'arrivai avec un léger temps de retard. Pépé m'accompagnait.

Les truands, pris en tenaille par nos voitures, nous mitraillèrent depuis leur BMW. Une pétarade comme j'en avais rarement vue, une vingtaine de coups de feu en quelques secondes! Les pare-brise volaient en éclats, les vitres tombaient une à une...

Puis le silence revint.

C'était fini.

Côté braqueurs, le bilan était lourd : l'un d'eux était mort, tué d'une balle dans la tête; un autre était blessé au ventre; le troisième ainsi que la jeune femme étaient indemnes.

La chance avait été avec nous. Surtout avec «Jojo» Besançon : sept balles avaient perforé le tableau de bord de sa voiture. Les bras écartés, il s'adressa à moi, le plus calmement du monde :

– Vous croyez que la maison va me rembourser mon blouson?

Une balle s'était faufilée entre son bras gauche et son corps, déchiquetant tout un pan du vêtement!

Il s'en étonnait à peine. Question d'habitude, pour ce récidiviste surnommé «Jojo trompe-la-mort». Dans l'affaire des braqueurs du Club Méditerranée de Corfou [1], du temps où il était

1. Le 17 juillet 1977, dans l'île grecque de Corfou, trois hommes masqués commettent un hold-up au Club Méditerranée Ipsos. Le caissier est tué, un employé blessé. L'enquête sera confiée à l'OCRB (voir Charles Pellegrini et Étienne de Monpezat, *À chacun sa mort*, Éditions n° 1, 1990).

à l'OCRB, une balle avait perforé son portefeuille avant d'être stoppée par sa plaque de police! Sans parler du jour où il avait été renversé par une semi-remorque. Le camion avait broyé la moto mais Jojo s'était glissé entre les roues par un roulé-boulé de cascadeur!

Notre opération franco-belge n'était pas terminée pour autant. Lorsque les truands s'étaient séparés, à l'heure du repas, un autre groupe de la BRI, dirigé par Jo Querry, avait suivi deux hommes et une femme dans Paris.

Ils furent interpellés à 14 h 05, rue du Faubourg-du-Temple, à la sortie d'un magasin de vêtements. Encore un trio de haute volée! «Pierrot un œil» passait pour un dur dans le cénacle des braqueurs; il était marié avec la sœur d'un malfrat arrêté en 1975 lors de la prise d'otages de l'avenue de Breteuil[1]. Le troisième était tout aussi coriace. En pleine bagarre, Christian et Fiam comprirent enfin ce qui lui valait le sobriquet de «Chevelu» : ils se retrouvèrent avec une moumoute dans les mains!

Un complice, que nous pensions interpeller chez lui, renonça à rentrer en apprenant par la radio les événements de Puteaux. Les perquisitions nous permirent néanmoins de récupérer une quinzaine d'armes, des faux papiers, des véhicules volés... En Belgique, les collègues de Reyniers arrêtèrent quatre personnes. Ils purent ainsi établir – ce qui était déterminant – le rôle de chacun dans les braquages et savoir que les truands avaient eu vent d'un «beau coup» à Schaerbeek par l'intermédiaire d'un postier, collègue de travail du jeune père de famille tué dans l'agression.

La fusillade de Puteaux avait donc fait un mort, Tino Di Marzo. Âgé d'une quarantaine d'années, originaire d'un village corse, il avait un casier judiciaire bien rempli. Il était notamment recherché pour le meurtre d'un commerçant et d'un policier, en mai 1974, dans l'Hérault. Il avait pu échapper à la police en se réfugiant dans son village, un nid d'aigle d'où il voyait venir l'adversaire. Nous savions qu'il appartenait au gang mais nous ne l'avions encore jamais vu lors des filatures.

1. Voir première partie, chapitre XIII, «Le coiffeur de Nevers».

L'un de ses complices était recherché pour un casse (une centaine de coffres bancaires). L'autre, que nous avions déjà alpagué dans une autre affaire, sortait de prison. Sitôt après la fusillade, c'est lui qui m'adressa la parole :

– Oh, Broussard... Il faut nous comprendre, on vous avait pris pour des gangsters !

– C'est marrant, nous aussi !

On ne put s'empêcher de sourire tous les deux.

Des dialogues de ce genre, dans des circonstances aussi sanglantes, peuvent choquer, j'en ai conscience. Pour les juger, il faut cependant avoir connu pareille situation. Nous venions de vivre des moments d'une rare violence ; les balles avaient giclé de tous côtés. Après une telle tension, toute personne normalement constituée traverse une période de décompression, ressent le besoin de libérer un trop-plein émotionnel. D'où ces mots, ces sourires, malvenus, peut-être, mais impossibles à juguler. Les nerfs commandent, c'est humain.

Quiconque a frôlé la mort, quiconque est sorti indemne d'une mission ou d'une catastrophe, comprendra ces réactions. Que l'on ne s'y trompe pas : elles masquent en général une tempête intérieure, une sorte de peur à retardement.

Les hommes de la BRI avaient, eux, l'avantage de l'habitude, un self-control de chirurgien. Dans les minutes suivant une intervention, ils affichaient une décontraction parfois déroutante, au point de surprendre les personnes présentes sur les lieux. En février 1977, à la suite d'un échange de coups de feu avec des braqueurs, dont l'un était recherché pour meurtre, sur le boulevard Pereire, un dirigeant national de Force ouvrière, témoin de la scène, s'était étonné en public du sang-froid des policiers et du geste, pourtant anodin, d'un inspecteur qui avait offert une cigarette au voyou couché sur le ventre, les poignets menottés, blessé à une jambe.

J'éprouvais toujours autant de plaisir à mener cette lutte contre le grand banditisme. J'avais craint que la multiplication des prises d'otages ne me détourne du « tout-venant », des braquages et des casses, et qu'avec l'âge la lassitude ne me gagne. Mais non, il m'arrivait encore, comme aux premiers temps, de passer des nuits dans une voiture, de manger des sandwiches à l'arrière d'un « sous-marin », de m'amuser des pitreries d'un Jojo Thalmann ou d'un Zirnelt.

Décrire ce que l'on éprouve par exemple en surveillant une équipe de casseurs sur le point d'« opérer » un coffre est pratiquement impossible. Dans l'ombre de ces aristocrates de la cambriole, il est des sensations que les mots ne sauraient traduire avec fidélité. Disons que l'on se laisse porter, mi-inquiet, mi-impatient, par la vague de l'événement. L'essentiel est de rester vigilant, de garder la tête hors de l'eau, d'éviter les rouleaux. Or certaines vagues s'éternisent. Des heures, des jours, des semaines d'une interminable attente, jusqu'à l'intervention. Le plaisir, car c'en est un, ne réside pas dans la « performance », dans le fait d'épingler deux, trois ou dix truands et de nourrir les statistiques ; encore moins dans un quelconque sentiment de haine ou de vengeance à l'égard des malfaiteurs. Non, la satisfaction naît du travail collectif, de l'aboutissement d'une longue traque, sans avoir été repéré, au plus près du danger.

C'est avec une gourmandise de débutants que nous suivîmes ainsi, tout au long de l'été 1979, un gang de casseurs qui rêvaient d'imiter Albert Spaggiari et ses complices, auteurs du « casse du siècle » le 16 juillet 1976 à Nice (trois cent dix-sept coffres, soixante millions de francs). Comme « Bert » Spaggiari, nos dix à douze malfrats voulaient passer par les égouts et creuser un tunnel jusqu'à la salle des coffres d'une banque parisienne. Cette information, transmise par nos collègues de la BRI de Nice et recoupée avec un tuyau de la 8e brigade territoriale, allait déboucher sur une belle prise.

Début juillet, les inspecteurs niçois et parisiens qui travaillaient ensemble sur cette affaire comprirent que l'objectif des truands était une agence de la Société générale, rue de Sèvres (Ve). Ils voulaient y accéder en passant par le 85, rue des Saint-Pères, un bâtiment contigu à la banque. Dès lors, vingt-quatre heures sur vingt-quatre, nous allions filer et photographier ces hommes sur lesquels Bernard Collignon, l'infaillible mémoire de la Doc, possédait déjà quelques fiches bien remplies.

Vêtus de bleus de travail, les casseurs se faisaient passer pour des employés de l'EDF installant un réseau électrique dans les sous-sols.

– Nous en aurons pour plusieurs semaines, avaient-ils dit à la concierge.

Ils venaient tous les jours à heure fixe, avec un matériel perfectionné : des lances thermiques, un vérin hydraulique, quatre bouteilles d'oxygène, deux barres à mines, vingt kilos de mastic, quatre bouteilles de gaz, un moteur électrique, des gants, des tabliers en amiante, des casques et des lunettes de protection, six chalumeaux, des câbles électriques...

Pour les observer dans de bonnes conditions, il nous fallait également jouer la comédie, à charge pour chacun de s'imprégner de son personnage. Après nos collègues niçois, qui s'étaient déguisés en cyclistes grimpant le col de Tende pour assister à un rendez-vous important de la bande, nous allions à notre tour sortir l'attirail de nos amis Guitard et Dauphin. Les « ouvriers » José Gentilini, Pierre Degand ou Jean-Louis Fiamenghi chargeaient de pleines brouettées de sable ou des pavés près d'une fausse cabane de chantier ! Il y avait aussi de faux égoutiers, de faux livreurs et même de faux agents de la RATP qui descendaient fréquemment dans la station désaffectée Croix-Rouge... En face, l'équipe de casseurs avait fière allure avec son authentique ingénieur, ses conducteurs de travaux, ses manœuvres, sans oublier, bien sûr, les spécialistes italiens, sans lesquels un casse ne serait pas un casse. Des phénomènes, ceux-là : comme dans les belles histoires de voyous, on les avait vus débarquer tous les cinq à Paris, valises à la main et costumes noirs, puis attendre sagement leurs correspondants parisiens sous l'Arc de triomphe !

Ignorant à quel stade des travaux ils en étaient, nous devions assurer une présence continue, même les samedis et les dimanches. Nous pensions en effet qu'ils entreraient en action lors d'un week-end prolongé. Et pourquoi pas le 14 Juillet ? L'hypothèse paraissait plausible. Voilà comment, invité avec mon épouse à la traditionnelle garden-party de l'Élysée, je dus partir à la hâte et enfiler un bleu de chauffe pour passer le reste de la journée dans les égouts!

Ce petit jeu dura plusieurs semaines, jusqu'au 10 août. À dater de ce jour, les truands cessèrent de venir rue des Saints-Pères. Avaient-ils repéré notre manège? Rencontraient-ils des problèmes techniques? S'étaient-ils inquiétés, comme nous, de la venue, un beau matin, de vrais égoutiers? Comme leur matériel était toujours sur place, nous devions maintenir nos planques.

Le 28 août, cinq d'entre eux revinrent enfin dans le quartier. En accord avec mon collègue Georges Moréas, chef de la BRI de Nice, je décidai de les arrêter. Ils s'inclinèrent en gentlemen du casse; pas un coup de feu, pas une bousculade, pas un cri. Ils avaient rêvé de milliards et probablement envisagé de laisser un message à la Spaggiari – « Sans arme, sans haine, sans violence » –, mais ils avouèrent que ce fric-frac était, tout compte fait, au-dessus de leurs forces et qu'ils étaient venus récupérer leurs outils. Un système de défense comme un autre...

À l'image du rapt du banquier Bernard Mallet, en 1977, cette affaire nous avait permis de vivre des moments d'une extraordinaire intensité. J'avais moi-même savouré ces semaines de vie commune avec un enthousiasme de débutant, tout heureux d'enfiler un bleu de chauffe ou de casser la croûte dans la cabane de chantier avec J.-P. Moreau ou Lionel Guerry. Dans les égouts, dans la camionnette, à mettre en scène notre comédie, j'avais eu le sentiment d'être plus que jamais au contact des réalités de la délinquance. Je ne voulais surtout pas m'en éloigner. M'enfermer dans un bureau et prendre vraiment du recul était impossible, sous peine de ne plus côtoyer suffisamment les hommes avec lesquels je travaillais. Sous peine, aussi, de sacrifier l'essentiel : le plaisir.

J'avais l'impression de n'avoir pas encore épuisé toutes les richesses émotionnelles que recèle ce métier, je voulais vivre à fond ces années qui resteraient, je le savais, les plus marquantes de ma carrière. Et puis, patron ou pas, j'avais soif de filatures, d'interventions. C'était, depuis mes débuts en brigade territoriale, ma raison d'être flic, comme un besoin d'évoluer au cœur de la vie.

Dans *Les Justes*, Albert Camus a merveilleusement défini cette nécessité du terrain. L'un des personnages, le directeur de la police Skouratov, affirme en effet : « Là, nous sommes au centre. C'est pour cela, d'ailleurs, que je me suis fait policier. Pour être au centre des choses. »

XXI

Mesrine

1. Le champagne du grand Jacques

Vendredi 2 novembre 1979.

S'il est une date, une seule, qui a marqué à jamais ma carrière, c'est bien celle-là. Date charnière, avec un « avant » et un « après », épicentre de ma vie de policier.

Vendredi 2 novembre 1979, jour de la mort de Jacques Mesrine.

De sa folle cavale, les amnésiques n'ont voulu retenir que l'épilogue : un homme tué par l'antigang, au volant de sa voiture, le corps criblé de balles. En parfaits architectes du mensonge, ils ont ensuite consolidé les fondations du mythe, inversé les rôles jusqu'à faire du truand un héros et du flic un salaud.

Si nos détracteurs avaient pris la peine d'étudier vraiment les faits et d'analyser le personnage – ne serait-ce qu'en parcourant son livre[1] –, ils auraient compris qu'une telle issue était inévitable. Le « Grand », comme nous le surnommions à la BRI, devait mourir sous les balles de la police, c'était son destin de tueur. Il l'avait annoncé, il l'avait écrit, et me l'avait même dit de vive voix.

Tout au long de son existence, cet homme intelligent mais mégalomane s'était évertué à éviter les issues de secours que la

1. Jacques Mesrine, *L'Instinct de mort*, Jean-Claude Lattès, 1977.

société ouvrait devant lui. Emporté par la spirale de l'orgueil, il était devenu boulimique, insatiable. Toujours plus d'argent, de célébrité, de mort... Mais il n'avait jamais perdu sa lucidité et connaissait les dangers de cette fuite en avant.

Alors oui, c'est vrai, le vendredi 2 novembre 1979, Mesrine a été tué par la Brigade antigang au volant de sa BMW. Notre camion s'est arrêté, quatre de mes inspecteurs ont épaulé leurs armes, il a refusé de se rendre, il a fait un geste, il est mort. J'avais espéré une fin moins sanglante mais je ne regrette rien.

Avant d'en arriver à cet après-midi d'automne, nous avons suivi, au cours des années 1970, des trajectoires parallèles, marquées par deux arrestations, un procès et de nombreux défis. À sa manière, Jacques Mesrine a joué un rôle crucial dans la vie de la brigade. Dans la mienne, aussi. Un rôle qu'il convient de décrypter ici pour comprendre l'essentiel : l'épilogue de la porte de Clignancourt.

Mesrine voit le jour le 28 décembre 1936 à Clichy (Hauts-de-Seine) dans une famille d'honnêtes gens, dessinateurs dans une entreprise de broderie de luxe. Ni lui ni sa sœur cadette ne manquent de quoi que ce soit. Lorsque la guerre éclate, son père est fait prisonnier, la mère et ses deux enfants se réfugient chez des cousins, dans une ferme du Poitou. À la fin des hostilités, en 1945, la famille se regroupe à Clichy.

Jacques Mesrine mène une existence paisible. À douze ans, il fréquente le collège des Oratoriens de Juilly (Seine-et-Marne). L'indiscipline étant sa matière de prédilection, il est renvoyé de cet établissement, puis de quelques autres. Adolescent, il a déjà l'étoffe d'un meneur autoritaire, attiré par les virées nocturnes, les films de gangsters. C'est le temps des larcins initiatiques, vols de voitures, fauche dans les magasins. Sans trop de conviction, il s'essaie à des petits boulots : manutentionnaire chez un fabriquant de tissus, vendeur de journaux à la criée (il n'a jamais été étudiant en architecture, comme on l'a souvent prétendu). À dix-huit ans, alors qu'il n'a pas encore trouvé sa voie professionnelle, il pense avoir rencontré la femme de sa vie, une Sénégalaise qu'il épouse en 1955. Le couple divorcera deux ans plus tard, pendant la guerre d'Algérie. En Afrique du Nord, Jacques Mesrine découvre l'action, la souffrance, une «scène» aux dimensions de son tempérament de baroudeur.

En avril 1959, quand il revient à Paris décoré de la valeur militaire, ses parents sont fiers de lui. Il se lance quand même dans la carrière de malfrat : «J'allais faire du crime une profession. Je le savais, pour l'avoir décidé [...]. Cette détermination allait me conduire au sommet et faire de moi un ennemi public de deux pays, la France et le Canada. J'allais devenir un tueur. Un de ces fauves criminels qui suppriment de sang-froid un être de chair et de sang, sans en ressentir le moindre sentiment de culpabilité. Ces hommes que j'allais tuer le seraient pour des raisons d'honneur, d'intérêt ou, tout simplement, pour défendre ma vie[1].»

Mesrine se révolte contre son avenir, trop banal à ses yeux, de jeune banlieusard. Son second mariage, avec une Espagnole parfaitement honnête, n'y change rien, ni la naissance d'une petite Sabrina.

Cambriolages et hold-up se succèdent. Des coups qui portent sa griffe. Un jour, il pénètre dans un immeuble les bras chargés d'un bouquet de fleurs. En cas de problème, il se fera passer pour un livreur. N'ayant pas été dérangé, il abandonnera finalement le bouquet sur la table du salon, pour s'excuser du dérangement. Ces manières de gentleman s'accompagnent d'une inébranlable confiance en lui. À la fois metteur en scène et acteur de ses propres aventures, le truand en apprentissage se pique au jeu, dangereux mais grisant, de la provocation. Il suit sa route de rebelle, volant les bourgeois et narguant les flics.

Interpellé en décembre 1961, Jacques Mesrine passe dix-huit mois en prison, à Évreux puis à Fresnes. Son premier séjour à l'ombre. À sa libération, en juillet 1963, il se consacre à sa femme et à sa fille. Durant près de seize mois, il travaille chez un maquettiste. Il donne entière satisfaction à son employeur et apprécie la vie de famille (son épouse accouche d'un deuxième enfant, un garçon), mais cela ne l'empêche pas de

1. Jacques Mesrine, *L'Instinct de mort*, *op. cit.*

rechuter en décembre 1964, après un licenciement économique : « Dans le fond de moi-même, j'étais un professionnel du crime [...], je me sentais encore plus dangereux et je l'étais réellement[1]. »

France, Espagne, Suisse... Mesrine ignore les frontières. Son champ d'action s'étend, ses méthodes évoluent. Il ne s'encombre pas de fleurs pour exécuter un proxénète en lui enfonçant une lame de cran d'arrêt dans le genou puis dans le foie.

Des épisodes nébuleux jalonnent cette période de sa vie. Ainsi, pourquoi s'introduit-il, le 2 décembre 1965, dans la résidence du gouverneur militaire de Majorque ? « Un simple cambriolage », prétend-il. « Faux », rétorquent les enquêteurs espagnols, qui le soupçonnent d'être un « agent » venu dérober des documents secrets. Dans son livre, il affirme être entré dans la villa à la demande d'un mystérieux commanditaire, afin de relever des numéros sur un carnet d'adresses. Autre aspect énigmatique du personnage : l'hypothèse, souvent avancée, selon laquelle il aurait rendu des services à l'OAS, favorable à l'Algérie française. Une hypothèse plausible mais jamais étayée de preuves tangibles.

À son retour d'Espagne (la justice espagnole lui a épargné la prison ferme), son épouse lui donne un troisième enfant. Il ne s'assagit pas pour autant : cambriolages à Paris, règlements de comptes dans le sud de la France, braquages en Suisse... C'est définitivement la vie qu'il entend mener.

En 1967, séparé de sa femme espagnole, il s'éprend de Jeanne Schneider, alias « Janou », rencontrée à Pigalle. Avec elle, il devient gérant d'une auberge en forêt de Compiègne, un endroit qui se transforme vite en repaire de malfrats. Mesrine n'étant pas homme à prospérer dans la limonade, il s'imagine ailleurs, à l'étranger, dans un pays à sa mesure, le Canada, par exemple. Il voit en Janou la partenaire idéale pour ses projets nord-américains. En 1969, on les retrouve tous les deux dans la région de Montréal où un milliardaire les a embauchés comme domestiques. Janou est gouvernante, Jacques, cuisinier-chauf-

1. *Ibid.*

feur. Mais le rêve canadien tourne court : ils sont congédiés quatre mois plus tard, à la suite de divers incidents. Ils décident alors de revenir avec un complice pour enlever et brutaliser le milliardaire impotent, qui se déplace à l'aide de béquilles. Terrorisé, celui-ci accepte de payer l'« amende » de deux cent mille dollars exigée par Mesrine. Il parviendra toutefois à donner l'alerte et l'affaire échouera *in extremis*.

Les deux Français en fuite vivent un moment dans un motel à Percé, à six cents kilomètres au nord-est de Montréal. Après leur départ du motel des Trois Sœurs, fin juin 1969, l'hôtelière est découverte mortellement blessée. Mesrine et sa compagne nieront toujours être coupables, jurant qu'ils avaient déjà quitté la ville au moment du meurtre.

Recherchés au Canada, ils réussissent à pénétrer sur le territoire américain. Un autre pays, d'autres projets, une autre police aussi : interpellés au cours d'un contrôle d'identité sur une autoroute texane, ces Bonnie and Clyde à la française vont fréquenter les prisons américaines avant d'être renvoyés au Canada.

C'est le retour à Percé ; derrière les barreaux, cette fois. Outre l'agression du milliardaire de Montréal, ils sont soupçonnés du meurtre de l'hôtelière. Autant d'excellentes raisons de se soustraire à la justice canadienne. Aussi, le 17 août 1969, celui que les Canadiens surnomment « Mister Jack » parvient à neutraliser un surveillant et à délivrer sa compagne. Ils filent ensemble sous la pluie, en pleine forêt. Leur cavale sera brève : de nouveau arrêtés, ils ne peuvent échapper au procès. Pour l'agression de leur employeur et l'évasion, Jacques Mesrine est condamné à dix ans de prison ; Janou, l'équipière modèle, à cinq ans et demi. Les jurés estiment insuffisantes les charges retenues contre eux dans l'affaire du motel.

À la suite d'une tentative d'évasion du pénitencier de Sainte-Anne-des-Plaines, Mesrine est transféré à Saint-Vincent-de-Paul, dans une unité réservée aux criminels endurcis. La réputation de l'endroit ne l'impressionne pas le moins du monde puisqu'il s'en évade, le 21 août 1972, avec cinq autres détenus. Quatre d'entre eux sont rapidement rattrapés ; le cinquième, Jean-Paul Mercier, suit Mister Jack. Ensemble, ils agressent deux automobilistes et se font conduire à Montréal, où des complices vont les accueilllir et leur fournir des armes pour commettre des braquages. Mais les deux hommes ont de la suite dans les idées. Le dimanche 3 septembre, ils reviennent devant l'unité spéciale de Saint-Vincent-de-Paul pour libérer leurs amis. Au cours de la fusillade avec les surveillants, Mercier est touché à une jambe et à un bras. Ils doivent repartir en catastrophe. Leur assaut était voué à l'échec mais le Français avait promis de tenter le coup, il a tenu parole.

Toute marche arrière est désormais impossible. Empêtré dans son personnage de tueur, Jacques Mesrine va au contraire franchir une étape supplémentaire dans l'ultraviolence, le 10 septembre 1972, toujours avec Mercier.

Les deux hommes s'entraînent au tir dans une forêt, près de Saint-Louis-de-Blandford, lorsque deux gardes forestiers les surprennent sans savoir à qui ils ont affaire. Le coffre du véhicule des truands est rempli d'armes. Sans hésiter un seul instant, ils tirent sur les gardes.

Mesrine pourrait leur laisser une chance, les ligoter dans un coin et s'enfuir. Il préfère les achever de deux balles dans la tête : « Moins rapides qu'eux, nous aurions pu être étendus à leur place... Nos crimes n'avaient pas été prémédités, ils n'étaient rien d'autre que de la légitime défense. Nous étions en guerre, toutes les polices voulaient notre peau depuis l'attaque du pénitencier. Nous venions de donner notre réponse. Ni pitié ni remords... »

Associé à une jeune Canadienne prénommée Jocelyne (Janou est encore en prison), Mesrine voyage aux États-Unis, au Venezuela, en Espagne. Le gamin de Clichy est devenu l'un de ces passe-frontières dont on affirme dans les journaux qu'ils sont « recherchés par toutes les polices ».

De retour en Région parisienne, il emménage avec sa nouvelle compagne à Mantes-la-Jolie puis à Boulogne-Billancourt. Coïncidence ? Les agences bancaires de la banlieue ouest sont visitées une à une. L'argent afflue, le couple mène la vie de château. Vêtements de marque, restaurants renommés, boîtes de nuit à la mode, voitures de luxe... Rien n'est trop beau.

Ces manières de prince du crime n'empêchent pas Jacques Mesrine de se comporter en sinistre flingueur. Il débarque un jour dans un bar à filles du quartier de la Madeleine, à Paris. Il veut punir le patron qu'il soupçonne d'être un indic. Le taulier ayant eu l'heureuse idée de s'absenter, Mesrine entre dans une rage folle, jette le contenu de son verre au visage de la serveuse, renverse les tables, brise des bouteilles et brandit son colt 45. Un gardien de la paix qui se présente à la porte reçoit une balle dans le cou. Terrassé par la douleur, le policier tombe à genoux. Mesrine s'approche, le braque à bout portant, menace de dégrafer les épaulettes de l'uniforme « à coups de calibre ». Il n'en aura pas le temps, l'arrivée de renforts le contraignant à fuir.

La baraka est avec lui, il peut remercier sa bonne étoile. Ne s'est-il pas tiré des pires guêpiers ? Maquillé, perruqué, muni de faux papiers, il s'est joué de ses poursuivants avec une insolente facilité. Cette veine nourrit son ego de voyou. Il est ce qu'il rêvait d'être, un tueur sans pitié, riche et dominateur. Jacques Mesrine est fier de Jacques Mesrine. À force de modeler son personnage, de parader quand il devrait se faire oublier, il finit malgré tout par commettre des erreurs.

Le 8 mars 1973, au terme d'une remarquable enquête, les hommes du Service régional de police judiciaire (SRPJ) de Versailles l'arrêtent à Boulogne-Billancourt avec l'aide de la BRI. Je suis présent, avec les inspecteurs de l'antigang, mais je ne participe pas directement à l'arrestation menée par mon ami Alain Tourre, du SRPJ. Jocelyne, l'amie canadienne, est également interpellée. Les bras chargés de provisions, Mesrine n'a pu utiliser ses armes. Comble de la provocation, il habite un appartement loué sous un faux nom (Bruno Dansereau) à un juge ! À cette adresse, au 1, avenue Pierre-Grenier, nous saisissons une quinzaine d'armes, des jeux de faux papiers, des carnets de chèques, des liasses de billets...

– Combien d'hommes as-tu tués dans ta carrière ? Dix ? Vingt ? lui demande Tourre.

– Pourquoi pas trente-neuf ! réplique Mesrine, sans sourire.

Nul ne saura s'il s'agissait d'un aveu ou d'une boutade. Le nombre exact de ses victimes n'a jamais pu être établi. Les preuves ont manqué dans certaines affaires. Seule certitude : il a tué et blessé au Canada et en France. En conclusion de sa conversation avec Tourre, il promet de ne pas végéter plus de trois mois à la prison de la Santé.

Je l'ignore encore mais Jacques Mesrine, le Grand, vient d'entrer dans la vie de la BRI. Il y restera six ans et demi.

Bien qu'il jouisse déjà d'une solide réputation dans le milieu, il n'est pas encore, en cette année 1973, une tête d'affiche comme Christian Jubin[1] et, maintenant qu'il est derrière les barreaux, nous l'oublions quelque peu pour passer à d'autres malfrats. 1973 est d'ailleurs une année d'intense activité pour la brigade. La récente création de la filiale anticommando (2 octobre 1972) nous apporte un surcroît de travail, avec de fréquentes interventions et des séances d'entraînement.

Quatre-vingt-dix jours plus tard, le 6 juin 1973, Jacques Mesrine, voyou globe-trotter, comparaît devant le tribunal correctionnel de Compiègne pour une banale histoire d'abus de confiance datant de l'époque où il tenait une auberge. Soudain, il se dresse dans le box, pointe une arme vers le président.

– Lâchez-moi ou je tue le juge! crie-t-il aux gendarmes qui l'encadrent.

Ceux-ci s'écartent. Mesrine se précipite sur le magistrat, l'agrippe par le cou, plaque le revolver contre sa nuque.

– Tous par terre! hurle-t-il en tirant un coup de feu d'intimidation.

Il traverse la salle d'audience serré contre son otage, le doigt sur la détente. Dans la cour, le chef d'escorte essaie de s'interposer. Une balle lui frôle la tête.

Parvenu dans la rue, Mesrine libère le magistrat et court vers la voiture d'un complice. D'autres coups de feu claquent. Il blesse un gendarme mais reçoit lui-même une balle dans le bras. Le complice démarre, l'évasion est réussie.

Comment a-t-il pu se procurer une arme? Un jeu d'enfant pour ce comédien-né. Sitôt parti de la Santé à bord d'un fourgon cellulaire, il a fait croire aux gardiens qu'il souffrait de

1. Voir première partie, chapitre IV, « Antigang ».

dysenterie. Au palais, il a demandé à se rendre d'urgence aux toilettes. Prétextant l'absence de papier hygiénique (une main amie avait fait le vide), il a obtenu de changer de « petit coin ». Le second n'étant pas mieux équipé, il s'est énervé, exigeant cette fois de monter au premier étage où se trouvaient les toilettes en principe réservés aux avocats. Le rouleau rose était en place, de même qu'un Luger 9 mm posé sur le coffret de la chasse d'eau. On connaît la suite...

Mesrine est homme de parole : il n'est pas resté en prison. Sa cavale va durer un peu moins de quatre mois, le temps d'un été. Un été 1973 chargé pour notre service, avec la prise d'otage de Brest puis celle de l'ambassade d'Arabie saoudite[1].

À cette époque, je n'en suis encore qu'à mes débuts d'antigang, je profite de l'expérience des vétérans comme Clavier, Frédo, Chaix ou Yeprémian. Pour moi, tout s'est accéléré depuis une douzaine d'années : l'Algérie, le Bon Marché, le commissariat d'Argenteuil, la 1re BT, et maintenant le 36, la double casquette BRI-BAC. Pour Mesrine aussi, la vie s'est emballée depuis 1960 : la cambriole, les mariages, les crimes, les cavales, l'Espagne, le Canada, les États-Unis, les pénitenciers, les maisons d'arrêt. Son évasion de Compiègne a fait grand bruit, il a pris du galon dans la pègre, acquis une certaine renommée.

Nous allons de nouveau entendre parler de lui le 27 septembre 1973.

En fin de matinée, trois malfaiteurs attaquent une agence de la BNP, avenue de Villiers (XVIIe). Un costaud à moustaches rousses braque le directeur avec une arme de gros calibre. À l'entrée, un complice fait le guet. Le troisième, un colosse de près de deux mètres, rassure clients et employés :

– Pleurez pas, mes petites chattes, c'est pas votre fric qu'on vient piquer ! On ne vous fera pas de mal.

Les trois hommes s'échappent dans une R16 blanche conduite par un complice. Le numéro de cette voiture est diffusé sur les ondes. Un brigadier en tournée avec ses collègues la

1. Sur la prise d'otage de Brest, le 18 août 1973, voir première partie, chapitre V, « Baptême brestois ». Sur celle de l'ambassade d'Arabie saoudite à Paris, le 5 septembre 1973, voir première partie, chapitre VI, « Les fedayin de la Muette ».

signale bientôt boulevard Barbès, garée en double file devant une banque! À l'intérieur, le même trio : le moustachu, le colosse, le guetteur.

– Les képis sont là! On sort tranquilles...

Devant l'agence, une fusillade éclate. Sans se préoccuper des passants, les truands tirent sur les gardiens qui parviennent malgré tout à interpeller le chauffeur. Les trois autres stoppent une Fiat, éjectent le conducteur et disparaissent dans Paris.

Chargé des enquêtes sur ces deux braquages, le chef de la 1re BT, Marcel Leclerc (futur patron de l'antigang car nous ne sommes qu'en 1973), recueille les témoignages. Il découvre ainsi que le colosse n'est autre que Michel Ardouin, surnommé le «Porte-avions», rapport à son artillerie et à sa carrure (un mètre quatre-vingt-dix, cent dix kilos). Le moustachu, c'est Jacques Mesrine, l'évadé de Compiègne, qui ne se cache pas à l'autre bout du monde, comme on l'a supposé un moment, mais rue Vergniaud (XIIIe), où l'enquête va nous conduire dès le lendemain, 28 septembre.

Avec son hall de marbre et ses pelouses à l'anglaise, la résidence «La Fontaine aux clercs» n'a rien d'une tanière de voyous. Personne, dans l'immeuble, n'a prêté attention à un locataire du deuxième étage, un certain M. Lefèvre. C'est Mesrine.

En prévision de l'arrestation, l'antigang a été appelée en renfort de la 1re BT.

À 20 heures, notre dispositif est déployé dans l'ensemble du quartier. Je monte au deuxième étage, avec Bébert Objois, le Petit Roger et quelques autres.

Les escaliers... Le couloir... La porte de M. Lefèvre, sur la gauche...

– Police, rendez-vous, l'immeuble est cerné!

Aucune réponse. Seul le ronronnement de la minuterie perturbe un silence pesant.

Deuxième tentative.

– On sait que vous êtes là... Vous êtes bloqué!

Toujours pas de réponse.

Apprenant l'arrestation de ses complices, il n'est peut-être pas revenu dans cet appartement. Certains inspecteurs, estimant qu'il n'y remettra plus jamais les pieds, préconisent de partir en laissant une équipe en planque, par acquit de conscience. D'autres, sans trop savoir pourquoi, restent persuadés qu'il est là. Il faut juste faire semblant de redescendre, histoire de le pousser à la faute.

Nous percevons alors un léger bruit à l'intérieur de l'appartement. Trois fois rien, juste un bruit de vie, une chaise que l'on bouge, un placard qui se ferme. Une porte, seulement une porte, nous sépare de Jacques Mesrine! Je l'imagine en embuscade, armé d'un quatorze coups et d'une mitraillette. Je crains ses réactions, sa violence, mais il ne faut rien laisser paraître, faire comme si nous avions la maîtrise de la situation.

– C'est raté, vous êtes-là!

Silence.

– Sortez ou je fais sauter la porte!

Un homme vocifère en allemand :

– Parle français, on se comprendra!

– Je suis un citoyen allemand en compagnie de la fille d'un ambassadeur, crie-t-il avec un fort accent germanique. Je téléphone immédiatement à mon ambassade. Ah, il est beau le pays des droits de l'homme!

– Arrête tes conneries, tu en fais trop!

– Ah, vous allez tout de suite comprendre qui je suis. J'ai assez d'explosifs pour tout faire sauter. Ça va être un carnage! Je suis un terroriste de la bande à Baader, petits Français de merde, vous voulez du sang, vous allez en avoir!

– Terroriste ou pas, tu sors les mains sur la tête.

– Bordel, vous n'avez rien compris! Vous ne savez pas qui je suis!

– Oh si, je le sais, tu es Jacques Mesrine et on se connaît!

– Ah, voilà autre chose! Qui es-tu, toi, petit flic de merde, pour me parler comme ça?

– Broussard.

– Broussard? Le gars au collier... C'est toi qui étais à Brest, l'autre jour?

– C'est ça, oui.

– Eh bien, avec moi, ta psychologie, tu peux te la foutre où je pense, ça ne prendra pas. Je n'ai rien à perdre. Tu comprends? Rien à perdre! Je vais vous faire sauter la cervelle, bande d'enculés!

Mesrine tel qu'en lui-même, violent, sûr de lui, courageux physiquement. Il s'agite, il hurle, déplace des meubles, fait claquer la culasse de ses armes. Depuis le couloir, nous percevons une voix de femme.

– On va tous sauter! Je ne retournerai jamais en prison! Tu m'entends, Broussard? Jamais! Des innocents vont payer, des voisins, des locataires que je vois de ma fenêtre, la fille qui est avec moi. Tu seras responsable de leur mort, je le gueule très fort pour qu'ils le sachent tous. Tu seras responsable du carnage. Je vais tout faire exploser!

– Tu n'as aucune chance de t'en tirer.

– Non, je n'ai pas encore perdu. D'abord, je vais commencer par allumer deux ou trois locataires de l'immeuble en face. Bande de cons, on va rigoler un peu! Après, je veux un feu d'artifice, oui, c'est ça, un vrai feu d'artifice!

– Arrête, c'est pas ton genre. On est pas du même côté de la porte mais on a certains traits de caractère en commun, tu crois pas?

– Arrête avec tes leçons et ta psychologie. Tu m'énerves! Tu entends?

– Allons, pas de panique, tu vois, je garde mon calme.

– Écoute-moi, poulet, ça ne prend pas, ton baratin. Non, non, ne crois pas, je ne m'énerve pas. Tu vois, c'est peut-être vrai que, dans d'autres circonstances, on aurait pu se parler. Je reconnais que tu es courageux. Je suis au courant de ce que tu fais avec tes gars mais, aujourd'hui, il n'y a pas à discuter. Au fait, tu es bien Broussard? Passe-moi ta carte sous la porte! À propos, comment es-tu arrivé là?

– L'enquête, mon vieux, l'enquête!

– Passe ta carte!

– Oui, tu parles, tu vas m'envoyer un pruneau à travers la porte!

– Eh, je pourrais en dire autant quand je vais me baisser pour la ramasser!

– Oui, c'est vrai. Bon, je la passe sous la porte et on ne tire pas. D'accord?

– Parole.

J'ai confiance. Sa parole est une garantie. Je glisse une pièce d'identité – dont l'adresse n'est plus valable – sous la porte. Elle me revient quelques minutes plus tard, enveloppée dans un article de *France-Soir* relatant une affaire de l'antigang. Griffonnés sur le papier journal, ces mots : «C'est bien toi, félicitations»; signé : «Mesrine».

J'ai le sentiment d'avoir marqué un point. Nous venons de nous tester mutuellement. Il en découle une forme de respect. Le duel est loyal, les coups bas sont interdits.

– Bon, alors, Mesrine, qu'en penses-tu?

– Tu te rends compte, on a exactement le même âge!

– Je sais, on est de la classe 36, on aurait pu être ensemble en Algérie.

– Oui, mais là, on est face à face!

– Et la fille, qui est-ce?

– Elle n'est pas dans le coup. Ne l'emmerde pas. Donne-moi ta parole qu'il ne lui arrivera rien.

– Si elle n'a rien fait, il n'y aura aucun problème.

– Laisse-moi vingt minutes, après, j'ouvre!

– Vingt minutes? Pour quoi faire?

– Pas ce que tu crois! Il faut que je fasse un peu le ménage. Ranger mes affaires, nettoyer mes armes, ça prend du temps!

– Tu te fous de moi? Maintenant, ça commence à bien faire!

– Oh, calme-toi! Tu ne vas quand même pas croire que je vais me rendre comme un charlot. Mon petit Broussard, on va s'expliquer les armes à la main. Tu rigoles ou quoi?

– Je te donne dix minutes, si tu ne sors pas je fais sauter la porte et on vous enfume comme des rats!

– C'est ce qu'on verra.

– C'est tout vu. Dix minutes, pas une de plus!

Il se rebiffe, il annonce un «carnage». Dans le couloir, Jacques Chaix est à mes côtés, Bernard Pire, Jean-Pierre Caillot,

René Plouy, Bébert Objois nous font face, le Petit Roger n'a pas bougé. Ce type est un phénomène : il pourrait rester des heures comme ça, flingue en main, l'œil fixe, comme s'il guettait le sanglier dans son maquis du cap Corse !

Une fumée âcre filtre sous la porte. Avec Mesrine, tout peut arriver, y compris une explosion...

– Cassez-vous, ça va sauter ! Jamais je ne retournerai en prison, je préfère crever les armes à la main ! Jamais !

– On se calme.

– Mais tu es con, Broussard, ou quoi ?

– Non, je ne suis pas con et toi non plus. Tu sais ce que tu peux faire et ne pas faire.

– Ça y est, tu recommences avec ta psychologie ! Mais tu me fais chier ! Je ne sortirai pas, on va sauter ensemble, tu l'auras cherché. Terminé.

– Qu'est-ce que tu fais brûler ?

– Comment ? Cette odeur ne te rappelle rien ?

– Non, je ne vois pas, des plans de braquage, peut-être...

– Entre autres, oui, quelques souvenirs personnels... Quand on part en voyage, on fait le ménage derrière soi !

Le ton amusé de ma remarque sur les plans de braquage l'a décontenancé. Contraint de se placer sur un pied d'égalité avec moi, dans son comportement comme dans ses propos, il devient plus calme, plus conciliant, presque sympa. Mais la conversation a assez duré, je hausse le ton.

– Maintenant, fini de jouer, je t'avais accordé dix minutes. Ça fait trois quarts d'heure que je suis devant la porte, ma patience a des limites. Je croyais que tu étais courageux. Tu t'es foutu de ma gueule, je me suis trompé. Alors, tu te décides ?

– Oui, flic, j'arrive... Eh, Broussard ?

– Oui ?

– On dit que t'es un dur de dur.

– Tu n'es pas mal non plus dans ton genre !

– Tu sais que ça m'emmerde de me rendre ?

– Je m'en doute.

– Dis-moi, j'aimerais vérifier que tu es bien aussi gonflé qu'on le dit. Serais-tu capable de te présenter seul, sans arme et sans gilet pare-balles ?

– Quand tu veux ! Et toi, tu es capable de sortir sans arme ?

– Je suis tout aussi courageux que toi ! Je voudrais que tu gagnes cette arrestation en prenant un risque personnel.

– D'accord, je me présente sans arme, sans gilet pare-balles, tu as ma parole. Et toi, où seront tes armes ? Quelles garanties tu me donnes ?

– Ma parole. On va voir celui qui va se dégonfler.

– Il n'y en aura aucun.

Cette fois, la partie est bien engagée, je ne risque rien à relever le défi. Un truand de sa stature est attaché à certaines valeurs, à des règles que les jeunes voyous ne respectent plus. Il sait qu'il a devant lui des policiers qui évoluent en permanence au cœur de la pègre, qui en connaissent les usages, il ne peut se dégonfler sans compromettre sa réputation.

Le Petit Roger, Chaix, Bébert et les autres inspecteurs présents reculent de plusieurs mètres. Me voilà seul, le blouson ouvert, les bras écartés, pour montrer que je ne suis pas armé.

La porte s'ouvre.

Mesrine est là, devant moi, pour la première fois, chemise sombre, manches retroussées. Il bombe le torse en fumant un cigare de nabab. Il sourit, les poignets tendus, offerts aux menottes. Théâtral. « Mesrinien ».

On se sert la main.

– Chapeau, Broussard, tu ne trouves pas que c'est une arrestation qui a de la gueule ? On va arroser ça ! Fifille, du champagne pour ces messieurs ! Ce sont des flics, des vrais !

Je n'aime pas particulièrement le champagne mais je dois concéder qu'en de telles circonstances une petite coupe ne se refuse pas, elle fait partie du « cérémonial ».

Mesrine évoque aussi cette arrestation dans son livre : « C'est là que l'on voit les grands flics... Face à face, il n'y a plus l'ennemi public face au patron des antigangs mais deux hommes, deux durs qui savent la valeur de la parole donnée. Broussard prenait un risque énorme mais c'était un homme qui avait calculé l'importance que prenait son geste à mes yeux. J'ai toujours respecté un adversaire loyal. Dans la rue, un des deux, le moins rapide, aurait perdu la vie... Mais Broussard avait le geste gratuit de gagner mon arrestation : sa vie contre la parole d'un tueur. Le citoyen ordinaire ne pouvait pas comprendre, lui qui, le cul assis, ne risquait jamais sa peau, qu'aurait-il pu comprendre à une histoire d'hommes ? »

N'en jetez plus ! À l'écrit comme à l'oral, Jacques Mesrine péchait par excès de zèle, il avait tendance à trop en faire dans le style « bandit d'honneur ». Rien ne justifiait cette grandiloquence, j'avais juste fait mon métier de policier avec l'aide des gardiens de la paix et ensuite des inspecteurs de la 1re BT. Sans eux, la BRI n'aurait pas connu ce succès. Il n'empêche que c'est également dans ce genre de situation que l'on reconnaît les « beaux voyous ». Force est d'admettre que nous avions vécu un moment rare, parole de truand contre parole de flic.

Je n'ai jamais éprouvé d'admiration pour Jacques Mesrine mais j'ai toujours respecté les malfaiteurs capables de perdre avec élégance. Il était de ceux-là et cette arrestation reste l'un des meilleurs souvenirs de ma carrière.

Quand le sous-directeur de la PJ, Roger Poiblanc, le patron de la 1re BT, Marcel Leclerc et le procureur de la République nous rejoignent rue Vergniaud, ils s'étonnent de nous voir si décontractés. Il est vrai que les comptes rendus radio parlent d'état de siège !

– Alors, petit proc, tu trinques ?

Le magistrat refuse poliment. Mesrine en profite pour le brocarder sans méchanceté. Pendant que nous trinquons, Gaston Pautot et ses enquêteurs étalent son arsenal sur le lit : mitraillettes, pistolets, revolvers, grenades, fumigènes, masques à gaz...

Le lendemain, le Grand demande à me voir. Je le retrouve dans une cellule de garde à vue, dans les locaux de la 1re BT. Il n'a rien perdu de sa superbe.

– Salut, beau crâne[1] !

– Salut, beau flic !

1. Beau crâne : expression argotique pour désigner un malfaiteur réputé.

– En forme, Jacques ?

– Ça peut aller, me répond-il. Et la petite, vous la relâchez quand ?

– Comme promis, elle va sortir. Tu veux lui parler ?

– Oui, je veux bien. Bon, je voulais te voir... C'est normal de saluer les amis lorsque l'on part en voyage ! Et puis, je voudrais te faire part de mes projets. Je me donne deux ou trois ans maximum pour réussir la belle, sinon je me fous en l'air. Je ne veux pas pourrir en prison. Tu vois, je t'aime bien et je te respecte, mais la prochaine fois il n'y aura pas de champagne et on sera obligés de se tirer sur la gueule ! Réfléchis, on ne pourra pas faire autrement. L'homme de la rue ne peut pas comprendre mais le premier qui tirera aura raison. Qu'est-ce que tu veux, c'est con mais c'est comme ça !

Quelques semaines plus tard, depuis la Santé, il écrira à Jeanne Schneider (Janou) : « Tu vois, chérie, moi qui ai la haine des flics, j'ai de l'estime pour Broussard. C'est lui qui m'a sauté la dernière fois. Si on enlève le flic et le truand, sur le plan homme on est assez proches l'un de l'autre. Dire que le destin nous oblige à nous tirer sur la gueule ! C'est con, non ? Tu sais ce que je crois, mon ange, c'est que je suis fou et c'est cela qui est grave. C'est cela qui fait de moi l'ennemi public numéro un. »

Le truand est en prison, l'homme est à la une. La presse s'est emparée de son destin. Mesrine le tueur, le cambrioleur aux bouquets de fleurs, le prince de l'évasion, passe-frontières et passe-murailles, le seigneur qui offre une coupe aux antigangs... Il s'est façonné un personnage à facettes, inclassable. Séducteur, il fascine les avocates. Elles se bousculent pour assurer sa défense ; elles se jalousent, aussi.

À la Santé, il fait l'objet d'une surveillance renforcée, dans le quartier de haute sécurité (QHS). Il continue malgré tout de revendiquer son statut de caïd. Malheur à celui qui ose le contrarier ! Aucun article n'échappe à sa vigilance de censeur, surtout ceux qui relatent des affaires nuisibles à sa légende. Il poursuit les médias en diffamation pour rétablir sa vérité, et peut-être sortir de prison le temps d'un procès, ce qui lui permettrait de refaire le coup de Compiègne! Les autorités judiciaires ne tombent pas dans le piège. Elles refusent de donner suite à ses plaintes. Il se venge par des écrits de plus en plus provocants, comme cette lettre du 6 novembre 1975 à Jacques Derogy, de *L'Express* : « En plus, vous m'accusez de louer mes services de tueur à gages aux proxénètes... Vous êtes une crapule, Derogy [...]. Ne soyez pas surpris si certains de mes amis viennent vous demander des comptes [...], un bout de papier n'a jamais servi de gilet pare-balles. »

Mesrine met en ébullition les médias, la police, la justice. On ne compte plus les policiers, les gendarmes ou les journalistes, soi-disant menacés, qui sollicitent une protection rapprochée. Pour un peu, ils en tireraient une certaine fierté. Après tout, n'est-ce pas un signe de notoriété que d'être menacé par l'ennemi public numéro un? C'est un peu comme les personnes qui se prétendent sur écoutes téléphoniques pour mieux se convaincre de leur importance...

Chez les voyous, le cas du grand Jacques ne fait pas l'unanimité. Si une majorité d'entre eux admirent son courage, d'autres lui reprochent d'être une star oublieuse de ses origines. À les entendre, il aurait tendance à snober les copains, à jouer les donneurs de leçon, il n'appartiendrait plus tout à fait à ce monde de la pègre qu'il a si souvent sollicité pour des faux papiers, des armes ou des planques.

Mesrine est une star, un sujet « vendeur » à la une de l'actualité. Pour la forme, on prétend « participer au débat », on affiche ses scrupules dans des éditoriaux sinueux sur le devoir d'informer, mais tout cela n'est qu'habillage, le mal est fait. À chaque nouvel article, à chaque nouvelle émission télévisée, l'histoire se déforme, la vérité devient mensonge, les inexactitudes foisonnent. Le droit de réserve imposé à tout fonctionnaire m'oblige à contenir mes indignations de policier et de citoyen. J'assiste, impuissant, à l'échafaudage d'une légende. Je ne comprends pas qu'un tueur puisse jouir d'une si large publicité, profiter d'une telle liberté de parole en dehors de son droit, légitime, à être défendu. J'y vois un problème de fond pour la démocratie, celui des dérives médiatiques. Ce n'est plus de l'information, c'est une opération de propagande au service d'un malfaiteur incarcéré, en attente de jugement. Tous les organes de presse ne sont pas complices mais ceux qui franchissent le pas le font en parfaite connaissance de cause, par appât du gain.

Aujourd'hui, avec le recul des années, je constate que Jacques Mesrine, par ses talents de manipulateur, a été un précurseur. Depuis, d'autres escrocs de l'image, d'autres princes du paraître ont utilisé les médias pour masquer leurs déboires judiciaires.

Son ascension médiatique nous scandalise d'autant plus que la brigade traverse à l'époque une période pénible et n'a pas droit, loin s'en faut, aux mêmes faveurs. L'année 1975 a débuté par la prise d'otages de l'avenue de la République et surtout la fusillade du Thélème, avec les frères Zemour, le 28 février. Il y a eu, ensuite, le drame de Charenton et la mort de l'inspecteur Pottier. En dépit de nos réussites (l'arrestation du ravisseur du petit Fabien Fahri, les prises d'otages de la Sarthe, de Strasbourg...), nous avons été sur la sellette.

De plus, un autre truand nous donne du fil à retordre, et il est en liberté, celui-là : Jean-Charles Willoquet, en cavale depuis son évasion du Palais de justice de Paris[1]. L'ancien coiffeur a connu Mesrine en prison. Il est devenu son ami, du moins le croit-il. Le Grand, plus retors, le manipule à sa guise.

Le 28 octobre 1975, jour où la BRI localise le couple Willoquet avenue Kléber, Jean-Charles parvient à s'enfuir mais sa femme, Martine, est interpellée. Son sac renferme une grenade ainsi qu'une lettre de Mesrine. Depuis sa cellule, ce dernier suggère à Willoquet d'enlever deux personnalités de son choix, un magistrat et un politicien de l'opposition par exemple, pour les échanger ensuite contre lui. Le pouvoir céderait rapidement : « Il sera toujours possible, écrit Mesrine, de tuer l'un (le magistrat en premier) pour prouver votre détermination en gardant le second comme monnaie d'échange... Tu peux aussi demander de l'argent, c'est ton affaire... » Le document est truffé de conseils techniques si astucieux qu'il est préférable de ne pas les

1. Sur Jean-Charles Willoquet et son évasion, le 8 juillet 1975, voir première partie, chapitre XIII, « Le coiffeur de Nevers ».

dévoiler ici. C'est une brillante leçon du maître Jacques à l'élève Jean-Charles.

Quand il apprend l'arrestation de Martine Willoquet avenue Kléber, le Grand est catastrophé. Tous ses projets s'effondrent. Les murs de la Santé ne lui ont jamais paru si épais. Furieux contre ce complice qu'il croyait plus futé, il se montrera dorénavant féroce à son égard.

Comparer Mesrine et Willoquet ? Les deux hommes partageaient un même besoin d'être reconnus, craints, admirés ; bref, une volonté d'exister par la force et la violence. Willoquet était cependant plus instinctif, plus physique que Mesrine. Il compensait les excès de sa fougue par une baraka insolente et une indéniable hardiesse. Le Grand, lui, avait des qualités d'organisateur, il était rusé, pragmatique, calculateur. L'un et l'autre étaient à la merci des caprices de l'orgueil, c'était leur point faible.

1976, 1977. Mesrine programme ses vengeances, rumine sa rancœur contre Willoquet, étudie ses projets de « belle ». Il rédige *L'Instinct de mort*, livre dans lequel il écrit : « Je n'ai que du sang de flics et de truands sur les mains, je ne regrette rien. » Cette autobiographie, si elle permet de mieux cerner le personnage, n'en reste pas moins à sens unique. Il s'attribue le beau rôle face à la « société » et à ses « flics ».

En revendiquant des crimes jusque-là non élucidés, il déclenche également une campagne de presse. L'ouvrage fait scandale, il est qualifié de « tissu de mythomanie » par *L'Express*. Le philosophe Michel Foucault évoque un « rewriting de supermarché ». L'écrivain Gilles Perrault remarque dans *Le Nouvel Observateur* : « Bien naïfs sont ceux qui s'étonnent de voir Mesrine s'accuser dans son livre de crimes ignorés de la justice. Ses deux meurtres “officiels” (les gardes forestiers canadiens) suscitaient l'indignation. À partir de trente ou quarante, on verse dans la perplexité. Il n'était qu'un assassin, le voilà devenu un personnage. On ne guillotine pas un homme qui a fait réfléchir Michel Foucault. » La vérité est là, dans cette excellente analyse de Perrault : le mythe est en route, il est trop tard pour l'arrêter.

Le procès de cet accusé devenu superstar s'ouvre aux assises de Paris, le 3 mai 1977. Il gratifie la cour d'un show digne de sa réputation. Mesrine dans le rôle de Mesrine.

Provocateur : «Moi, je suis d'accord pour travailler avec des armes bidons mais seulement le jour où les policiers de l'antigang auront les mêmes.»

Ironique : «J'ai toujours fait du travail propre. Jamais je n'ai planté une arme dans le dos de quelqu'un ou alors il n'y avait pas de cartouche car j'ai trop peur des accidents.»

Militant : «En haute sécurité, on se pend ou on se révolte. Alors, messieurs les magistrats, à quoi ça sert les barreaux, les chaînes, l'isolement, si on peut acheter les clés qui ouvrent les portes ou les serrures de menottes, si on trouve des employés de prison prêts à des échanges contre de l'argent?»

Sûr de son effet, il triture son nœud de cravate et sort le moulage en plâtre d'une clé de menottes! Il le jette dans la salle.

– Trois mille francs, pas davantage, pour acheter à un maton l'empreinte de cette clé!

Il va trop loin. Personne ne peut oublier ce qu'il est exactement, un professionnel du crime, cynique et orgueilleux.

Toute l'antigang suit l'évolution du procès dans la presse. Dans nos voitures de planque, en pleine surveillance des futurs ravisseurs du banquier Bernard Mallet (9 août), nous ne manquons pas de lecture : les journaux abondent d'articles sur Mesrine.

Arrive le jour de nos retrouvailles devant la cour. «Beau flic contre beau crâne», titre un quotidien. Je me rends au Palais de justice, voisin du 36. Je n'ai pas vu le Grand depuis septembre 1973. L'affaire remonte à près de quatre ans mais j'en garde un souvenir intact. On n'oublie pas une arrestation au champagne.

Appelé à la barre, je raconte brièvement les faits. L'un de ses défenseurs se lève :

– Si vous vous êtes présenté sans arme, c'est que vous étiez convaincu que notre client n'était pas aussi dangereux qu'on veut le dire?

– Ce n'est pas exactement cela. Il m'avait lancé un défi. Je devais répliquer en lui lançant un autre défi, celui de sortir sans arme. Ni l'un ni l'autre, nous ne pouvions reculer et perdre la face.

– Oui, intervient l'avocat général Langlois, mais si Mesrine a accepté, c'est qu'il ne pouvait pas faire autrement, il était acculé.

En fait, sur ce point, tout le monde a plus ou moins raison. Et j'explique pourquoi en revenant dans le détail sur l'intervention proprement dite : la porte, les négociations, les coups de bluff... Interrogé, l'accusé confirme.

– Ça s'est passé de cette façon, monsieur le président. Croyez-moi, c'est une arrestation qui avait de la gueule ! C'était la parole d'un flic contre celle d'un truand. Mais la prochaine fois, monsieur le président, je peux vous dire qu'il n'y aura pas de champagne ! Vous pensez bien que je vais tout faire pour m'évader et si Broussard se trouve une nouvelle fois devant moi, ce sera un combat d'hommes qui se passera dans la rue, sur le pavé, et le premier qui tirera aura raison !

Debout dans le box, impressionnant d'assurance, il se tourne vers moi :

– Nous sommes d'accord, Broussard ?

– D'accord, Mesrine.

Dans cette salle bondée mais silencieuse, nous vivons un de ces moments qui font la magie d'un procès d'assises, quand les mots sont si pesants qu'ils ajoutent à la solennité du lieu.

Le 19 mai 1977, Jacques Mesrine est condamné à vingt ans de réclusion criminelle[1].

---

1. Michel Ardouin, dit « Porte-avions », a été pour sa part condamné à dix ans de réclusion pour braquages. Dans son livre paru au printemps 2005, le complice de Mesrine a reconnu, avec une jubilation certaine, son rôle dans l'évasion du palais de justice de Compiègne. De même, lors de ses nombreuses prestations médiatiques accompagnant la sortie de cet ouvrage, Ardouin a expliqué dans le détail sa vie de malfaiteur. Lui aussi, « pour des raisons d'honneur, d'intérêt ou tout simplement pour défendre sa vie, il était capable de supprimer de sang-froid un être de chair et de sang sans en ressentir le moindre sentiment de culpabilité... ».

2. La cavale

« Vous êtes prisonnier de votre personnage et cela représente l'évasion la plus difficile à réussir. » Derrière les barreaux de la prison de la Santé, Jacques Mesrine peut méditer cette pertinente analyse de Charles Petit. Le président de la cour d'assises de Paris a vu juste : toute sa vie, Mesrine a été l'otage de sa mégalomanie.

Voilà près d'un an qu'il a été condamné, presque cinq qu'il est en prison. Malgré l'échec de ses projets avec les Willoquet, il n'a pas renoncé à sortir avant l'heure.

Au parloir, ce 8 mai 1978 au matin, le détenu le plus célèbre de France reçoit la visite d'une avocate, Me Christiane Giletti. Profitant de l'absence d'un surveillant auquel il a demandé d'aller chercher un dossier dans une cellule voisine, il saute sur une table, passe la main dans la gaine d'aération, sort deux armes et une corde. Au même instant, le surveillant parti récupérer le dossier est agressé par François Besse, un autre spécialiste de l'évasion. Les deux détenus prennent des matons en otages, les enferment dans une cellule et libèrent Carman Rives, un Nantais de vingt-six ans, condamné pour meurtre.

Déguisés en surveillants, ils courent dans les couloirs. Grâce à une échelle empruntée à des ouvriers qui travaillent dans la maison d'arrêt, ils parviennent sur le mur d'enceinte et déroulent leur corde côté rue.

Mesrine et Besse descendent les premiers. Rives est encore sur le mur lorsqu'une fusillade éclate avec des agents en patrouille dans le quartier. Mortellement blessé, le Nantais s'écrase sur le trottoir. Les deux autres tirent sur les policiers – sans les atteindre –, puis s'enfuient à bord d'une R20 dont ils ont éjecté le conducteur.

En quelques minutes, deux des plus dangereux détenus du pays se sont échappés de la Santé, la prison dont, paraît-il, « on ne s'évade pas ».

La nouvelle provoque une secousse sans précédent. L'Élysée exige des explications, la presse évoque une « bavure scandaleuse», le ministre de la Justice, Alain Peyrefitte, est sous le feu des questions. Comment un tueur si redouté, isolé au quartier de haute sécurité, avec pour seuls contacts les surveillants et sa cohorte d'avocats (cinquante-cinq visites de seize défenseurs en trois mois!), a-t-il pu se procurer des armes? Les remous n'épargnent pas le barreau de Paris : Me Christiane Giletti est placée en garde à vue pendant quarante-huit heures. Nul ne saura jamais qui a introduit les armes à la Santé. Les enquêteurs manqueront de preuves pour conforter leur intime conviction.

Mesrine est libre.

Au 36, les inspecteurs sont furieux, surtout ceux qui ont vécu l'arrestation de la rue Vergniaud. Tout cela n'aurait-il donc servi à rien, si ce n'est à contraindre un tueur au «chômage technique» pendant un peu moins de cinq ans? Les complicités dont il a bénéficié nous donnent le sentiment d'avoir été trahis. Comme à l'accoutumée, les services de police vont être envoyés au casse-pipe pour rattraper cette bévue pénitentiaire.

Nous ne sommes pas près de retrouver sa trace. Il a des relations, de l'argent, beaucoup d'argent, même s'il ne peut percevoir les droits d'auteur de son livre. Si ses réserves venaient à s'amenuiser, il ne manquerait pas de s'approvisionner à la source, dans les banques. D'autant plus qu'il peut compter sur son complice du moment, François Besse, qui est, lui aussi, un spécialiste du braquage!

Je n'ai jamais rencontré Besse, mais sa réputation n'est plus à faire et voilà des années que son parcours est connu des services de police.

Le «Petit François», ainsi surnommé en raison de son mètre soixante-trois, est né à Cognac (Charente), en mai 1944. Dès l'âge de quatorze ans, en 1958, il se distingue en puisant dans la caisse d'un marchand de charbon, voisin de ses parents. Son père, un ancien anarchiste espagnol, se montre semble-t-il très sévère avec lui. Le jeune François, apprenti électricien, commence à fuguer, en Alsace notamment où il multiplie les cambriolages... Après le service militaire, il s'installe à Bordeaux et travaille sur les marchés. Mais son employeur ne tarde pas à le renvoyer. Casses, braquages..., Besse enchaîne les coups, dans les environs de la cité girondine. Arrêté en 1969 pour vols qualifiés, il est condamné à sept ans de réclusion. Selon ses proches, cette lourde peine, perçue par l'intéressé comme excessive, a accentué chez lui le sentiment d'injustice qui le mine depuis l'adolescence. À compter de cette condamnation il n'aura de cesse de se soustraire par tous les moyens à la détention.

Dès le 9 mai 1971, il s'évade de la centrale de Gradignan (Gironde) et reprend aussitôt ses activités de malfrat. Un malfrat hors du commun, malin au possible, qui semble avoir toujours un coup d'avance. Ainsi le 7 février 1973, alors qu'il est sur le point d'être arrêté dans le sous-sol d'une maison en ruine près de Bordeaux, il se tire volontairement une balle dans le flanc droit. Son but ? Aller à l'hôpital et non en prison. On s'évade plus facilement d'une chambre d'hôpital que d'une cellule !

François Besse vit au rythme des séjours en prison et des évasions. Il se marie et s'évade de Gradignan en août 1974, avant d'être arrêté le lendemain sur un cambriolage. Condamné à quinze ans de réclusion pour des affaires anciennes, il est transféré à Fresnes (Val-de-Marne) d'où il s'évade... en pyjama en octobre 1975. Il sera repris quatre mois plus tard, après un braquage à Maisons-Alfort et l'agression d'un agent de change, le 4 mars 1976, à Paris.

De retour à Fresnes il fait connaissance de Mesrine. Le grand Jacques, de huit ans son aîné, lui lance simplement : « Mesrine, c'est moi ! » Les deux hommes échangent des messages, notamment au sujet de la lutte contre les quartiers de haute sécurité, une cause chère à Mesrine. L'un et l'autre sont transférés à la Santé, en plein Paris, au printemps 1978. Le 8 mai de la même année, ils s'évadent ensemble, dans les conditions que l'on sait. Pour le Petit François, c'est la quatrième évasion en sept ans. Mesrine pense avoir trouvé un compagnon à la hauteur de ses ambitions.

Une fois libres, ils décident de travailler ensemble. Comme il leur faut des armes, ils commencent par attaquer une armurerie, le 16 mai, près de la gare de l'Est. Leur butin ? Une dizaine de revolvers et de pistolets automatiques. Reste ensuite à trouver de l'argent... En province, s'il le faut. C'est ainsi que le duo réapparaît le 26 mai devant le commissariat de Deauville, en Normandie. Mesrine pousse la provocation jusqu'à se faire passer pour un policier en civil...

– Commissaire Dorner, de la Brigade des jeux. Je voudrais voir l'inspecteur de permanence.

– Il sera là demain, répond le planton.

– Bon, je repasserai.

Les deux hommes se rendent au casino. Le Grand sort une carte tricolore. Cette fois, il se prétend fonctionnaire au ministère de la Justice, à la recherche d'un tricheur. Il demande d'abord à rencontrer un responsable de l'établissement puis change de ton devant le caissier :

– Je suis Mesrine, vous avez sans doute entendu parler de moi!

Il repart avec soixante-dix mille francs mais son plan n'a pas pleinement réussi car il rêvait en fait d'un exploit plus retentissant : voler des armes et des uniformes aux policiers du commissariat avant de s'en prendre au casino et à ses clients. Les gardiens étant plus nombreux que prévu, il a dû renoncer à la première phase, celle des armes et des uniformes. Ce ne sera pas l'unique contretemps de la soirée.

En sortant, les deux braqueurs tombent en effet sur des policiers, alertés par les employés du casino. Les coups de feu claquent, Mesrine est légèrement blessé au poignet et à la hanche, Besse est touché à la jambe. Ils parviennent malgré tout à s'enfuir à bord d'une Simca. Mesrine, l'auteur à succès qui jure n'avoir que du «sang de flics et de truands sur les mains», n'a pas épargné des innocents : une jeune femme a été grièvement blessée à la poitrine, un touriste britannique a été atteint au mollet.

Courses-poursuites, barrages forcés, fusillades... Tout au long de la journée de samedi, la traque bat son plein. Les gendarmes ne parviennent pas à les intercepter.

Le dimanche matin, les fuyards s'approchent d'une ferme, près de Bernay (Eure). Le temps de panser leurs plaies, ils prennent un couple d'éleveurs de chevaux et leurs trois enfants en otages. Mesrine aimerait bien rester quelques jours, le temps de se refaire une santé, mais ils décident finalement de partir le jour même. Toute la famille est alors contrainte de les conduire en voiture – une DS – jusqu'à Bonnières, dans les Yvelines.

– Si vous prévenez les gendarmes avant la nuit, on vous retrouvera! avertit Mesrine.

Reprenant leur cavale, ils traversent la Seine en barque, de façon à semer les chiens policiers. Le Grand connaît parfaitement la région pour y avoir déjà séjourné. Cette connaissance du terrain sur lequel il évolue est d'ailleurs une constante de sa méthode. Il a souvent monté ses coups ou établi ses planques dans des secteurs familiers, le nord de Paris (XVIIe et XVIIIe), Clichy, la Normandie, les Yvelines, l'Oise, la Seine-et-Marne.

Leur présence en Région parisienne est confirmée quelques jours après l'attaque du casino. En tout début de matinée, ils se présentent au domicile d'un cadre d'une agence de la Société générale du Raincy. Les rôles sont bien définis : Mesrine part avec l'homme à la rencontre du responsable de l'agence tandis que Besse garde en otages son épouse et sa famille. L'opération est une réussite totale pour les truands. Comme dans l'affaire précédente, les otages insisteront sur la détermination et la maîtrise de Mesrine. Quant à Besse, il se montre, paraît-il, impressionnant de calme, de sang-froid. Très discret, attentif, calculateur, il parle peu. Plus matois, moins «rouleur», il agit avant tout pour le profit et non pour faire parler de lui, à l'inverse de Mesrine, toujours en guerre avec quelqu'un et animé par un permanent souci de vengeance.

L'enquête sur leur évasion de la Santé est conduite par la Brigade de répression du banditisme (BRB) qui opère en aval de l'événement, lorsque les faits ont été commis, et non en amont, comme l'antigang. Nous ne participons donc à la traque du Grand que de manière épisodique, lorsqu'il s'agit d'exploiter un renseignement ou d'assurer des surveillances. Le reste du temps, notre brigade se consacre à d'autres truands, comme ces braqueurs arrêtés le 3 juin alors qu'ils s'apprêtaient à attaquer un hypermarché, à Neuilly-sur-Marne. Nous saisissons sur eux cinq revolvers, des fusils à canons sciés, des grenades...

Il faut pourtant admettre que, si nous travaillons sur d'autres équipes, nous rêvons surtout de coincer Mesrine. Non pas qu'il soit plus redoutable que tel ou tel autre malfrat, mais c'est Mesrine. Sans le vouloir, je tombe à mon tour dans le piège du mythe. Depuis la rue Vergniaud, notre duel a pris une tournure inhabituelle pour moi. De toute ma carrière, aucun malfaiteur ne m'a imposé un combat si personnalisé. Que ce soit en garde à vue, lors du procès ou dans la presse, il a tout fait pour que nous entrions ensemble dans la spirale du défi. Cette évolution est aussi dangereuse pour moi que pour la brigade, dont je suis désormais le patron puisque Leclerc vient d'être nommé à la Criminelle. Je n'ai rien à gagner à me prendre au jeu d'un conflit personnel.

Les deux hommes sont en fuite depuis plus de deux mois et la France entière croit les avoir vus. On les signale également en Belgique, au Luxembourg, en Angleterre, en Algérie... Les mythomanes, les informateurs suspects, les « chasseurs de primes », les escrocs de tout poil submergent la police d'indiscrétions plus ou moins fantaisistes. Toutes ces informations doivent être vérifiées, quitte à perdre un temps précieux.

Un soir, je reçois un appel au bureau.

– Commissaire Broussard ?

– Lui-même.

– Je suis... Enfin, disons que je m'appelle Paulo. Je peux vous aider à trouver Mesrine et Besse. Ça vous intéresse ?

– Oui, plutôt, je vous écoute.

– Je préfère vous voir. À 23 heures, à l'angle de l'avenue du Trône et de la place de la Nation. Venez seul, je vous reconnaîtrai. Une fois dans votre voiture, je poserai mes conditions. Attention ! C'est du sérieux, et un conseil : pas de turbin ! On est d'accord ?

– D'accord, à ce soir.

Cet appel m'intrigue, je n'ai pas l'impression d'avoir affaire à un illuminé. Comme il m'est déjà arrivé de rencontrer ainsi des informateurs anonymes, j'accepte.

À 23 heures, je suis à la Nation, seul mais armé. Un type s'approche. Athlétique, la quarantaine, visage sévère, une vraie « gueule ». Il monte à mes côtés, m'indique l'itinéraire à suivre, vérifiant sans cesse que nous ne sommes pas suivis. À tour de rôle, nous décidons du trajet, ce qui permet d'éviter les entourloupes. Après avoir tourné et viré dans l'Est parisien et la proche banlieue, nous repartons à l'autre bout de la capitale, sur l'autoroute de l'Ouest.

Enfin, il parle.

– Bon, voilà, j'ai un ami en prison. Vous l'avez arrêté avec Mesrine, la dernière fois. Je vous file la planque du Grand et du Petit François contre la libération de mon ami. Si le tuyau est bon, j'ai votre parole qu'il sera immédiatement libéré. C'est le marché que je propose.

– Holà, ça ne se fait pas comme ça !

– Si vous préférez que ces abrutis continuent leur cinéma, c'est à vous de voir !

– Peu de gens savent où ils sont. Vous allez porter un sacré galure [1], non ?

– C'est notre affaire, nous avons nos raisons. C'est à prendre ou à laisser.

– Je vais réfléchir, lui dis-je. On peut se rappeler demain à 18 heures ?

– O.K. J'espère qu'il ne sera pas trop tard.

Nous rentrons sur Paris. Gare de l'Est, il ouvre la portière et disparaît dans la nuit.

Le lendemain, une rapide enquête nous permet de l'identifier et de le localiser. Il s'agit bien d'une ancienne relation de Mesrine, il peut donc savoir où il se cache. Son attitude m'intrigue de plus en plus.

À 18 heures, le téléphone sonne. J'explique à Paulo que je n'ai pas encore la réponse de la Chancellerie, ce qui est faux puisque je n'ai pas entrepris la moindre démarche. Il est bien évident que le troc proposé n'est pas envisageable une seule

1. Galure : chapeau, en argot. En cas d'arrestation de Mesrine et Besse, Paulo risque en effet de porter le chapeau et de passer pour une « balance ».

seconde ! Je cherche uniquement à gagner du temps. Il me répond :

– Demain matin, à 5 heures, je vous rappelle au bureau et vous verrez que je ne suis pas un bidon. Il sera sans doute trop tard, tant pis pour vous.

Pourquoi me téléphoner aux aurores ? Simplement parce qu'il maîtrise son Code pénal. Il sait que nous ne pouvons intervenir dans un domicile avant 6 heures.

Paulo est ponctuel. À 5 heures, il m'appelle d'une cabine. Nos inspecteurs, qui le suivent depuis la veille au soir, l'interpellent aussitôt et le conduisent au 36. Il nous dévoile alors l'astucieux stratagème que Jacques Mesrine avait imaginé pour faire sortir un ami de prison.

Premier acte : Paulo me propose son « marché ». Si j'accepte, il m'indique l'adresse d'un hôtel où les deux truands séjournent.

Deuxième acte : l'antigang se rend à cet hôtel tenu par un taulier bienveillant. Mesrine et Besse ont effectivement passé la nuit dernière dans une chambre. La preuve ? Un verre et une carafe portent les empreintes du Grand. Manque de chance, ils ont disparu à l'aube !

Troisième acte : comme le tuyau est bon, nous sommes contraints de tenir parole et de libérer l'ami incarcéré car ce n'est tout de même pas la faute de l'informateur si nous sommes arrivés trop tard.

Le rôle de Paulo se limitait donc à me faire une proposition et à déposer dans la chambre le verre et la carafe manipulés par Mesrine pour les besoins de la mise en scène ! Le Grand avait également envisagé l'hypothèse de mon refus d'entrer dans la combine. Dans ce cas, Paulo devait me révéler, tout de même, l'adresse et alerter un hebdomadaire pour vendre au prix fort le scoop et les photos d'une intervention manquée de la BRI. Le journal nous aurait ridiculisés sur le thème : « Prévenue la veille, l'antigang se présente trop tard ! »

Mesrine avait oublié une autre hypothèse, la dernière, celle qui consistait à ne rien promettre au dévoué Paulo trop malin, selon lui, pour se faire arrêter !

Cet épisode rocambolesque prouve que le grand Jacques se sent de plus en plus à l'étroit dans son costume de gangster. Même lorsqu'il est méconnaissable, comme à Deauville, il clame qu'il est « Mesrine ». Dès que les journalistes relâchent leur attention, il écrit, il envoie des cassettes dans les rédactions. Le jeune malfrat qu'il était jadis avait besoin de violence pour apprécier la vie. L'ennemi public qu'il est devenu s'est découvert une nouvelle arme, les médias, et d'autres exigences, celles d'une star capricieuse qui jette l'anathème sur les flics et les surveillants de prison.

En tout cas, il n'est pas en cavale pour tout le monde. Si les policiers peinent à le localiser, une journaliste indépendante a obtenu, elle, un rendez-vous ! « Après une longue enquête », Isabelle de Wengen a pu rencontrer l'« ennemi public numéro un » et monayer son scoop auprès de *Paris Match*. Sur les photos, il porte un calibre et une grenade à la ceinture, une mitraillette à la main. Dans l'entretien, il déclare : « Le coup de recevoir les flics au champagne, c'est un folklore qui est terminé. Maintenant, c'est la guerre. Il faut que la police sache que je ne me rendrai pas [...]. Les flics font leur boulot et on a pas de cadeau à se faire [...]. Je ne risque pas de vieillir. Je sais très bien que cela se terminera mal. Je sais très bien que je vais mourir, que je vais me faire abattre, demain, dans quinze jours, dans un an ou dans huit mois si j'ai de la chance [...], c'est logique. C'est la suite. Suite et fin. Et moi je connais la fin, c'est déjà pas mal [...]. De toute façon, je leur ferai face. Il ne faut pas qu'ils se fassent d'illusion. Où que ce soit, ce sera celui qui tirera le premier qui gagnera. »

N'est-il pas immoral d'ouvrir ses colonnes à un tueur ? L'un des nombreux avocats de Mesrine, Me Jean-Louis Pelletier, ami d'Isabelle de Wengen (elle deviendra Mme Pelletier), ne partage pas notre indignation. Quant à la journaliste, longuement interrogée, elle niera avoir versé une partie de ses gains au truand, comme le laissera pourtant entendre un complice du Grand...

La BRB de Serge Devos, à l'affût du moindre renseignement, effectue un minutieux travail d'enquête sur les rares pistes qui s'offrent à elle. Un jour d'octobre 1978, j'apprends ainsi que nos collègues suivent un homme susceptible d'être en relation avec Mesrine, un certain Nounours, domicilié dans le nord de Paris. La BRB est parvenue jusqu'à lui grâce à un informateur qui paraît crédible puisqu'il a fourni des précisions intéressantes[1] :

– le signalement de ce Nounours ;
– le lieu où il aurait hébergé Mesrine et Besse ;
– l'adresse d'un café fréquenté par Mesrine ;
– l'adresse d'un box abritant une moto et une voiture utilisées par les truands.

Partant de ces indications, les inspecteurs de la BRB ont procédé aux vérifications d'usage. Ils ont d'abord localisé le studio de Nounours, au 12, passage Albert (XVIIIe), puis un local, situé au même endroit, une bâtisse vétuste où Mesrine et Besse auraient séjourné pendant plusieurs semaines. Les hommes de Devos ont également repéré le box, au 153, rue Belliard, ainsi que le bistrot, Le Leibnitz. Il reste que tout cela repose sur les dires d'un seul homme, l'indic. Si fiable soit-il, la BRB n'a trouvé aucune trace tangible des deux évadés. Ces investigations méritent néanmoins quelques filatures complémentaires. Le 23 octobre 1978, dès que nos collègues nous transmettent le dossier, nous commençons donc des surveillances sur Nounours, Jean-Luc C. pour l'état civil.

Le personnage ne cadre pas du tout avec l'idée que l'on peut se faire d'un complice de Mesrine. Il a vingt-quatre ans, des allures pataudes, des pantalons élimés, une Mobylette orange qu'il doit pousser au démarrage. Un marginal plutôt qu'un truand, un paumé plutôt qu'un braqueur. Chaque soir, il boit coup sur coup au Leibnitz. Il côtoie deux malfrats, Daniel H. et Christian K. (dit « Kiki »), qu'il rencontre chez Gysou ou chez Bibiss, d'autres troquets du quartier. Rien n'indique cependant qu'il soit au courant de quoi que ce soit. À plusieurs reprises, il se rend au 7, impasse Saint-François (XVIIIe) mais l'endroit est

1. Telle était la version donnée à l'époque par le chef de la BRB... Dans le chapitre ajouté à cette nouvelle édition du livre, nous verrons qu'il y avait eu des cachotteries sur la véritable origine des informations ! Des cachotteries qui ne furent pas sans conséquence sur le déroulement des surveillances...

difficile à surveiller et il est impossible de savoir qui il y rencontre. À toutes fins utiles, nous prenons des photos, notamment d'une jeune femme aperçue à l'entrée du passage.

Comme Nounours n'a pas le profil de l'emploi, la plupart des inspecteurs ont l'impression de perdre leur temps, d'être à la remorque de la BRB, d'hériter de tous les tuyaux percés ou qui ne sont plus d'actualité. Certains se souviennent en effet d'avoir passé des heures dans des cabanes de chasseurs de canards, sur la baie de Somme, parce que le Grand rôdait, paraît-il, dans la région! Bien sûr, c'était faux. Ils se souviennent aussi d'avoir perdu des dimanches et des dimanches à planquer devant les boucheries du nord de Paris pour voir si ce même Mesrine, friand de viande d'agneau, ne viendrait pas acheter son gigot dominical! Évidemment, ils ne l'ont jamais vu. Alors, à quoi bon filer Nounours... Après tout, si la BRB croyait vraiment à cette piste, elle l'aurait suivie jusqu'au bout!

Le vendredi 10 novembre, en fin d'après-midi, je prends donc la décision de lever provisoirement le dispositif. De toute façon, je suis confronté à des problèmes d'effectifs : la majeure partie de la brigade est au Palais de justice de Paris où se tient le procès du «gang de l'ingénieur», démantelé par le groupe Marlet en janvier 1976. Nous sommes plusieurs à témoigner à l'audience présidée par Charles Petit. D'autres ont été affectés à la protection des magistrats et des jurés, qui ont fait l'objet de menaces. Pour couronner le tout, un vent de fronde souffle sur le service. Quelques inspecteurs, menés par un délégué syndical particulièrement vindicatif, font la grève du zèle. En cette veille de week-end de 11 novembre, ils réclament une revalorisation de leurs frais d'enquête. Toutes ces raisons, ajoutées à ma décision de lever la planque, vont aboutir à l'un des plus retentissants ratages de ma carrière.

Ce même vendredi de novembre 1978, Mesrine va, en effet, se lancer dans une opération retentissante qui, espère-t-il, lui vaudra la une des médias et relancera sa lutte contre les QHS.

À 19 h 30, il pénètre avec un complice dans un immeuble bourgeois du XVIe arrondissement, au domicile du président

Charles Petit, l'homme qui l'a condamné à vingt ans de réclusion en 1977. Un magistrat à sa mesure, pense-t-il.

Mesrine sonne. La fille de M. Petit vient ouvrir.

– Le président est-il là ?

– Non, il est au Palais.

– Bon, on va l'attendre.

Charles Petit est effectivement au Palais avec le « gang de l'ingénieur » et une grande partie de la BRI !

Trois personnes se trouvent à cet instant dans l'appartement : la fille, la petite-fille (âgée de deux ans) et le gendre de M. Petit. Pendant une demi-heure, les agresseurs fouillent les meubles, vident les tiroirs, insultent leurs otages. Mesrine vole trois cents francs et des cartes de visite.

– On veut que le garde des Sceaux supprime les quartiers de haute sécurité. Il y en a marre !

Atteinte par des gaz lacrymogènes, la fillette est prise de nausées. Mesrine, qui se veut un bandit d'honneur, se comporte en loubard.

À 20 heures, le fils de M. Petit se présente à la porte, mais sa sœur parvient à lui dire de prévenir la police. Les agresseurs savent que leur affaire est mal engagée. Ils battent en retraite, dévalent les escaliers. Dans le hall d'entrée, ils se heurtent à des policiers en tenue. Le Grand réussit à désarmer un agent et même à lui passer les menottes avant de s'enfuir ! Son complice sera arrêté un peu plus loin. Dans la rue Alphonse-XIII, le troisième homme, censé attendre les deux autres au volant d'une R16, a déjà filé. Mesrine part à pied, stoppe une voiture, braque le conducteur et s'évanouit dans Paris...

Pour lui, cette opération mal préparée s'est soldée par un échec : son comparse a été interpellé, le débat sur les QHS n'a pas progressé, son image est ternie. Le redresseur de torts s'est mué en voyou minable. Nous l'apprendrons par la suite, à l'écoute d'une cassette qu'il avait lui-même enregistrée avant l'agression, il comptait exécuter le président Petit et les témoins gênants : « S'il y a quatre poulets, je les flingue d'entrée et si le juge n'ouvre pas, je l'allume à travers la porte. » Le 2 janvier 1977, dans une interview à *Libération*, Mesrine confirme : « J'allais chez le président Petit pour l'exécuter... ce sont les événements qui lui ont donné la chance de sa vie... ce n'était pas une exécution politique... »

Côté policier, c'est aussi un fiasco. Pour l'antigang, surtout, car l'homme qui accompagnait Mesrine dans l'appartement du magistrat n'était autre que Jean-Luc C., alias Nounours ! Deux heures de patience supplémentaires, passage Albert, et nous aurions sans doute débouché sur Mesrine ! Quant au chauffeur de la R16, nous découvrons qu'il s'agissait de Christian K., l'une des relations de Nounours.

Pourquoi Jacques Mesrine s'est-il associé, lui, le « beau crâne », à un troisième couteau comme Nounours ? Par intérêt, bien sûr. Dès qu'il a fait sa connaissance dans un bar de la porte de Saint-Ouen, il a deviné tout le parti qu'il pouvait tirer de cet adolescent attardé, naïf et influençable. Subjugué par son mentor en gangstérisme politique, Jean-Luc C. a été entraîné dans l'engrenage des services risqués.

Mesrine vient en fait de franchir une étape décisive dans sa dérive. Il est passé du milieu des voyous à celui des idéalistes, des vrais truands aux pseudo-révolutionnaires. Certes, il a toujours besoin de courtisans, comme jadis, mais il les recrute désormais à la marge, pour ne pas dire dans la zone, et non dans le Paris des braqueurs, au sein d'un milieu perplexe devant tant d'extravagances. François Besse étant trop malin pour le fréquenter davantage, il doit s'entourer de fidèles de cœur et non de fidèles de raison, de militants et non de truands. Il n'empêche qu'il s'est une fois de plus échappé. J'ai moi-même commis des erreurs qui expliquent en partie cette bévue.

Je dois d'abord concéder que nous n'avons pas tout de suite pris au sérieux la nouvelle d'une agression chez le magistrat. « Le président Petit a été pris en otage, il y a eu des coups de feu », indiquait en substance le message reçu au 36. Comme l'intéressé était sous nos yeux, au Palais, nous avons cru à une manœuvre de diversion ou à une confusion avec les menaces qui pesaient sur le procès. Faute de pouvoir réagir assez vite, nous avons perdu beaucoup de temps.

Deuxième point indiscutable : confronté à des problèmes d'effectifs, j'aurais dû demander à la BRB d'assurer la relève complète du dispositif en place aux abords du passage Albert. J'ai eu tort de me contenter de la présence d'une équipe restreinte désignée par mon collègue Devos.

Les perquisitions opérées dans cette planque et dans celle de l'impasse Saint-François attisent nos regrets. Au moins nous permettent-elles d'identifier la nouvelle compagne de Mesrine, Sylvia Jeanjacquot, la jeune femme que nous avions aperçue à l'entrée du passage. Nous découvrons également des armes, des munitions, du matériel radio, des gilets pare-balles, des jeux de faux papiers, ainsi que des photos prouvant que certaines personnes interrogées à propos de l'entretien accordé à Isabelle de Wengen n'ont pas dit toute la vérité...

Les voisins sont stupéfaits d'apprendre la véritable identité du « gentil monsieur », client régulier du café du coin. Il inspirait pourtant confiance, ce brave homme, quand il partait sur sa Mobylette, vêtu d'un bleu de chauffe. Mesrine est décidément un surdoué du camouflage, le Fregoli du banditisme.

La presse glose sur les malheurs des « superflics ». Quelques critiques viennent également de l'intérieur de la BRI. Le délégué syndical de la brigade, métamorphosé en Saint-Just du Quai des Orfèvres, insiste sur l'insuffisance des moyens matériels et surtout financiers... Des tensions se font sentir, des jalousies entre groupes apparaissent. La BRI, pourtant présentée comme le service le plus uni du 36, serait-elle déchirée par des conflits internes ? Oh, ce n'est pas l'empoignade générale, mais les frictions se multiplient. Je ne nie pas le droit des policiers à faire valoir leurs revendications, à clamer leur indignation. J'estime cependant qu'il est des circonstances où il faut faire fi des revendications corporatistes et assumer ses responsabilités. Notre échec est déjà suffisamment humiliant pour ne pas l'exploiter à des fins militantes !

Et Mesrine dans tout cela ? Disparu, comme d'habitude. Christian Bonnet, le ministre de l'Intérieur, est furieux. Et il y a de quoi ! Quelques jours avant ce loupé, lors d'une réunion de travail, il a demandé aux responsables de la police nationale de faire le point sur les affaires en cours mais personne n'a jugé utile de l'informer de la surveillance effectuée dans le XVIIIe. Et voilà qu'aujourd'hui, après l'agression commise chez le président Petit, il apprend l'existence de Nounours! Il en fait le reproche au directeur central de la PJ, Maurice Bouvier, lequel avance une excuse embarrassée : «Nous voulions vous faire une bonne surprise, monsieur le ministre...»

3. Le Grand et l'anguille

Mesrine court toujours... Mais au moins court-il au grand jour! Accaparé par ses ambitions d'«ennemi public numéro un», il profite de sa liberté pour régler quelques comptes. Après avoir envisagé d'enlever son éditeur Jean-Claude Lattès – accusé de garder ses droits d'auteur, bloqués sur une décision de justice –, il se contente de lui envoyer ce message : «Un fusil à lunette, cela porte à deux cents mètres. [...] Personne ne peut se vanter de me devoir quelque chose.» Nous apprendrons par la suite qu'il a également envisagé d'enlever Philippe Bouvard pour ses écrits jugés trop défavorables, ou bien encore d'attaquer la prison de Mende (Lozère), afin de libérer des amis.

Besse le passe-muraille se fait beaucoup plus discret. Il a d'autres priorités. Réfléchi, calculateur, toujours attentif à son hygiène de vie, il n'est pas du genre à se laisser griser par la renommée. Et s'il est prêt à aider Mesrine sur tel ou tel coup, ce n'est pas pour faire n'importe quoi... C'est ainsi qu'il s'est opposé à l'enlèvement du président Petit. Passé le temps de l'évasion et des premières semaines de cavale, ces deux hommes de tempéraments opposés ne se fâchent pas mais ils vont suivre des chemins différents...

Comment s'y prendre pour les retrouver? Simplement en ayant recours aux vieilles ficelles du métier. L'éternelle recette «suivez la femme» va se vérifier une fois encore, du moins en ce qui concerne le Petit François!

À l'issue d'une longue filature commencée à Paris, des inspecteurs de l'OCRB et de la BRI retrouvent la trace, en Belgique, de deux jeunes femmes proches de Besse. N'ayant évidemment pas le droit d'intervenir dans ce pays, ils transmettent le relais aux responsables de la PJ bruxelloise, Reyniers et Marnette.

Après une rapide enquête, François Besse est arrêté le 11 mars 1979, en fin d'après-midi. Il vivait sous une fausse identité, dans un appartement de la rue de la Tulipe. La fin de sa cavale est une belle réussite pour les polices belge et française, mais il reste à savoir s'il acceptera de nous mettre sur la piste de Mesrine. J'en doute fortement, je l'imagine mal jouer les balances. Franz Reyniers, lui, veut y croire. Selon lui, Besse parlera s'il se sent en confiance.

Quelques semaines après l'arrestation, j'assiste à un interrogatoire. Le Petit François est dans le bureau de Reyniers, calé dans un fauteuil, le visage si serein qu'on lui donnerait le bon Dieu sans confession. Il apprécie ces moments de détente. Il faut dire que nos amis bruxellois sont aux petits soins avec lui : plateau-repas, bières, cigarettes... Besse sait comment amadouer son monde, il s'y emploie avec aisance, par son sourire, ses plaisanteries. Lorsque j'en viens à évoquer Mesrine, il esquive mes questions et nous parlons du « pays ». Il est originaire de Cognac, moi de Saint-Jean-d'Angély : entre Charentais... Reyniers reste convaincu que ce climat de confiance va l'inciter à nous donner des informations sur Mesrine. Les deux truands n'ayant pas le même profil psychologique, il pense que Besse a pris ses distances. Admettons... Mais sans doute pas au point de le trahir. Je crois plutôt qu'il nous endort avec ses manières de gendre idéal ! Au terme d'un deuxième séjour à Bruxelles, je préviens Reyniers :

– Ce type est une anguille. Je te parie un repas qu'il se fera la malle avant deux mois !

– O.K., ça tient !

Concernant Mesrine, la traque se poursuit. Il est signalé partout, en France et à l'étranger, des dizaines de suspects sont interpellés, parmi lesquels un inspecteur de police, véritable sosie du grand Jacques ! Profitant de cette frénésie collective, des intermédiaires peu scrupuleux se manifestent pour fournir des renseignements sur l'évadé le plus célèbre de France. Et même pour le « vendre » : un journaliste, sur le point d'obtenir un entretien avec lui, me propose de le « balancer » en échange de deux cent mille francs ! Sa proposition pourrait poser un cas de conscience – jusqu'où aller pour arrêter un malfaiteur aussi dangereux ? –, mais la démarche est répugnante. Elle l'est d'autant plus que la personne qui a servi d'intermédiaire entre le reporter et le truand est parfaitement honorable et étrangère à la magouille. Heureusement pour le journaliste, Mesrine n'a jamais eu vent de l'affaire ! En représailles à mon refus, cet « indic » sera mon plus féroce accusateur au moment de l'épilogue, porte de Clignancourt [1].

Nous sommes donc au printemps 1979. Dans le duel qui nous oppose, Mesrine lance ses banderilles par médias interposés. Sollicite mon avis sur l'efficacité du pistolet tchèque ou les grenades qu'il vient de se procurer. Précise que leurs éclats sont mortels dans un rayon de cinquante à quatre-vingts mètres. Assure m'avoir croisé dans la rue sans que je le reconnaisse. Fair play, comme il sait l'être parfois, il admet qu'il a pu se tromper et le fait savoir toujours par voie de presse !

L'épisode suivant va s'étaler sur trente-sept jours, durée de la séquestration d'un homme de quatre-vingt-deux ans, Henri Lelièvre, surnommé le « Milliardaire de la Sarthe » depuis qu'il a fait fortune dans l'immobilier.

Le 21 juin 1979, M. Lelièvre reçoit la visite de deux hommes dans sa propriété de Maresche. Exhibant des cartes de police, ils veulent le conduire chez le procureur de la République pour des « problèmes d'immigrés » dans l'un de ses immeubles. Le milliardaire les suit. Une fois dans la voiture, il comprend qu'il est victime d'un rapt. Les ravisseurs réclament dix millions de francs. Enfermé dans une pièce exiguë, pieds et mains entravés, le vieil homme ne perdra pas son sens de la négociation : il réussira à abaisser le tarif à six millions ! La famille hésite à collaborer avec la police. Sa réaction nous rappelle celle de Tsat-

1. Ce « journaliste », n'en doutons pas, aurait fait en sorte que l'arrestation soit filmée en exclusivité... Il n'a rien à voir avec Jacques Tillier, cité plus loin.

cho Thodoroff, dont le fils avait été enlevé en 1976[1]. Dans une lettre à ses proches, Henri Lelièvre s'inquiète : « Si, par malheur, j'étais exécuté, la police en porterait l'entière responsabilité. » Les ravisseurs envoient des photos de l'otage à *Paris Match*. Ces méthodes ressemblent fort à celles du Grand. C'est probablement lui.

Du côté policier, rien n'est fait pour rétablir la sérénité. Les maladresses s'accumulent, les services travaillent en ordre dispersé. L'enlèvement ayant eu lieu en province, l'enquête est du ressort des policiers locaux, en liaison, à Paris, avec l'OCRB. La BRI a été tenue à l'écart de l'affaire Lelièvre et le sera jusqu'au bout. Handicap supplémentaire : les différents juges d'instruction saisis des volets successifs du feuilleton Mesrine (l'évasion, le hold-up de Deauville, l'affaire Petit et quelques autres...) refusent de se dessaisir. Cette pagaille bénéficie au truand. Judicieusement conseillé par son entourage, il exploite la complexité du système et la rigidité de l'administration.

Trois ans et demi se sont écoulés depuis l'affaire de l'avenue Bosquet[2], source de tensions entre l'OCRB et la BRI, mais la « guerre des polices » connaît encore des soubresauts. Pas de trêve durable sur ce front-là : querelles d'orgueil, crises de jalousie, chamailleries de flics, rivalités exacerbées entre les baronnies de la PJ, la preuve est faite de la mauvaise organisation de la police française dans sa lutte contre le grand banditisme, avec une répartition des missions pour le moins floue entre les services.

Le 12 juillet 1979, une tentative de remise de rançon a lieu à Dammartin-en-Goële (Seine-et-Marne), en présence de l'OCRB. Une fusillade éclate. Les malfaiteurs parviennent à s'éclipser. Suite à ce cafouillage, la famille ne veut plus entendre parler de la police. Si Henri Lelièvre est finalement libéré le 28 juillet, à proximité du cimetière des Batignolles (XVIIe), c'est parce que son fils a versé la rançon à l'insu des policiers censés

1. Sur l'affaire Thodoroff, voir première partie, chapitre XVIII, « L'enlèvement du baron Empain ».

2. Sur l'affaire de l'avenue Bosquet, voir première partie, chapitre XIV, « Guerre des polices ».

l'« escorter » ! Interrogé aussitôt, le milliardaire confirme que Mesrine est bien le chef de la bande.

Après l'affaire Petit, l'affaire Lelièvre. Le ministre de l'Intérieur, Christian Bonnet, est ulcéré par cette succession de bévues. La pagaille est telle qu'il désigne un coordinateur unique, en l'occurrence Maurice Bouvier, le directeur central de la police judiciaire, qui va devoir mettre tous les problèmes à plat, arbitrer entre les services. Le temps presse car une autre mauvaise nouvelle nous est parvenue le 26 juillet : François Besse s'est évadé !

En fin de matinée, il a été transféré au palais de justice de Bruxelles. Encadré par deux gendarmes, il s'est assis sur un banc, dans l'attente de l'interrogatoire. Comme l'exige la loi, les gendarmes lui ont ôté ses menottes. Il s'est penché légèrement, de manière à s'emparer du revolver qu'un complice avait accroché sous le banc. Dans la cour réservée aux membres du barreau et aux journalistes, une moto l'attendait.

Depuis, il est en cavale et j'ai gagné mon pari : les policiers belges me doivent un repas ! Une consolation toutefois pour mon collègue Reyniers : Besse lui a envoyé par la poste quelques billets pour lui rembourser ses sandwiches [1] !

---

1. François Besse sera arrêté trois ans plus tard, le 19 juillet 1982, à Valence, en Espagne. Il avait commis un hold-up dans une bijouterie, déguisé en prince arabe ! Transféré à Madrid le 16 février 1983, il s'échappe du fourgon cellulaire. Cavale en Espagne puis en France. La presse de l'époque croit connaître son objectif : venger la mort de Mesrine et abattre le patron de l'opération de la porte de Clignancourt ! Il échappe à une arrestation près de Perpignan et se fait conduire à Paris après avoir pris plusieurs personnes en otages. Sa présence est établie dans une opération à Rome devant permettre l'évasion par hélicoptère d'un certain Bellaïche, membre du fameux gang des postiches. Après onze années de cavale et six évasions à son palmarès, Besse est repris au Maroc le 3 novembre 1994 dans une affaire de trafic de stupéfiants. Il déclare aux policiers qu'il veut se convertir à l'islam et changer de vie... Il est néanmoins transféré en France où il sera condamné pour de vieilles affaires. Les multiples évasions et la ruse du bonhomme suscitent une sorte de fascination au point que certains oublient un peu vite le voyou et ses forfaits. Le 6 juin 2002 s'ouvre à Paris le procès concernant notamment le braquage du casino de Deauville avec Mesrine. François Besse, cinquante-huit ans, ne conteste pas les faits, demande pardon aux victimes... Il se présente comme un homme nouveau, enfin assagi, qui a profité de la détention pour prendre du recul sur son passé. Ses avocats sont convaincus de sa sincérité, il a beaucoup changé depuis qu'il est père d'une petite fille. Joue-t-il la comédie ? Jurés et magistrats sont

Cette évasion complique un peu plus la situation mais, dès lors que le ministre de l'Intérieur a renforcé les pouvoirs de Maurice Bouvier, je suis convaincu que l'esprit d'équipe va prévaloir. Je me trompe. À la rentrée de septembre, une autre affaire va venir relancer le feuilleton Mesrine.

Le lundi 10 septembre 1979 au matin, Jacques Tillier, ancien policier reconverti dans le journalisme à l'hebdomadaire d'extrême droite *Minute*, se rend place d'Italie. Comme plusieurs de ses confrères avant lui, il a négocié un entretien avec le truand en cavale.

Mesrine se présente au rendez-vous à l'heure convenue. Avec sa perruque, ses lunettes et sa barbe, il est méconnaissable. Le type qui l'accompagne se fait appeler Paul. Tous trois montent dans une R5. Tillier ignore que la conversation est enregistrée.

La R5 emprunte l'autoroute du Nord, puis des chemins de campagne vers la forêt d'Halatte (Oise), où elle s'arrête à proximité d'une carrière désaffectée.

Les deux truands et le journaliste pénètrent dans une grotte, le lieu idéal pour une entrevue discrète. Utilisant des morceaux de papier enflammés en guise de torches, ils parviennent dans une salle assez spacieuse, éclairée par des bougies que le Grand a allumées. Au fond de la grotte, il y a une table de pierre que Mesrine appelle l'« autel ».

L'endroit est lugubre. Un vrai décor de messe noire.

À partir de là, le ton change. Mesrine avertit Tillier que c'est à son tour de poser les questions. Obligé de se dévêtir, le journaliste est roué de coups, insulté, humilié. Le Grand et son complice rivalisent de sauvagerie. Le reporter, complètement nu, doit se mettre à quatre pattes. Mesrine lui tire une balle dans l'épaule, une autre dans le bras, une dernière dans la mâchoire. Il passe une bougie devant son visage avant d'interrompre enfin la séance de tortures. L'« interview » est terminée.

---

persuadés du contraire. Ce procès, d'une forte intensité, débouche sur un verdict qui semble satisfaire tout le monde. Alors qu'il risquait la perpétuité, François Besse est condamné à huit années de réclusion. Il pourrait recouvrer la liberté entre 2007 et 2009.

Les truands ont pris des photos. Ils croient probablement que leur victime est à l'agonie.

Après leur départ, Tillier parvient à ramper jusqu'à la route. Il sera bientôt secouru par un automobiliste. Coïncidence? Plusieurs véhicules de l'OCRB circulent dans les parages mais ils n'ont pu intercepter la R5! Une fois encore, l'Office central n'a pas eu le temps de prévenir l'antigang... Comme dans l'affaire Lelièvre, il a manœuvré en solo.

La présence de l'OCRB, révélée plusieurs jours plus tard, intrigue les journalistes. Mesrine, avide de publicité, s'exprime sur le sujet. Le 13 septembre, dans une lettre au directeur de *Minute*, il justifie sa barbarie en représailles à divers articles publiés dans l'hebdomadaire : «Me faire traiter de lâche par *Minute* est pour moi un compliment [...]. J'ai tendu une embuscade à votre "cador de la saloperie" et je suis en mesure d'apporter les preuves de tout ce que je vais affirmer : Jacques Tillier voulait faire un scoop avec moi contre la somme de quarante millions d'anciens francs et quitter votre hebdo. En contact permanent avec certains flics et un de mes "faux amis", il me balançait au prochain rendez-vous [...]. Les confidences de Tillier sont abjectes [...]. Tillier pendant plusieurs minutes n'a pas arrêté de salir Broussard et Devos (ce qui pourrait paraître sympathique à certains, pas à moi). Je ne crois pas un mot de ce qu'il m'a dit. [...] Nous sommes passés à l'adresse d'Aimé-Blanc, qu'il m'a donnée avec complaisance. [...] À l'avenir, faites imprimer votre hebdo sur du papier à cul, il retrouvera sa juste place dans la cuvette à merde qui vous sert d'encrier.»

Le 14 septembre, Jacques Mesrine envoie quatre photos du guet-apens au *Matin de Paris*, qui les publie. Sévèrement mis en cause – y compris par ses confrères, qui relèvent des contradictions dans son récit –, Tillier s'embourbe dans des déclarations maladroites. Il nie avoir servi d'appât pour l'OCRB mais ne peut empêcher le mystère de planer sur cette histoire tortueuse.

4. Naissance d'un mythe

Qui mettra un terme à la cavale de Jacques Mesrine? Depuis son évasion, le 8 mai 1978, il s'est activé sans compter, avec plus ou moins de réussite : il a braqué des banques et un casino, sequestré une famille, franchi quelques frontières, enlevé un milliardaire, «puni» un journaliste... Ses activités de truand ne l'ont pas empêché de mener, parallèlement, des opérations de relations publiques. Il a envoyé des lettres aux journaux, accordé des entretiens, clamé son hostilité aux QHS. Il est devenu, pour les Français, un personnage familier. Admiré ou craint, mais familier. L'intrusion dans le quotidien du pays est la meilleure arme qu'il ait découverte depuis la grenade défensive. Quelque part, j'en suis moi-même victime. Il est entré dans ma vie par effraction. Le fric-frac parfait!

Il n'est pas de ces truands ordinaires, sitôt arrêtés, sitôt oubliés. On n'oublie pas Mesrine, sa renommée n'accorde aucun répit. Plus une réunion familiale, plus une soirée entre amis sans que son nom soit cité. Mes proches n'y échappent pas : les copains de mon fils aîné le pressent de questions; les clientes de mon épouse doutent que l'on puisse le pincer un jour. Le soir, au restaurant; le dimanche, au stade; l'été, en vacances... Mesrine! Mesrine! Mesrine!

Si l'on n'y prend pas garde, la psychose menace. On croit le voir partout, à la sortie de l'école, devant le collège, dans une rue voisine, sur le parking du supermarché, faisant le guet dans une voiture... Devant l'afflux des lettres anonymes, je demande à mes fils et à ma femme de redoubler de vigilance. En réalité, je crains davantage l'action d'un détraqué que celle du Grand. À l'inverse de certaines petites frappes, il n'est pas homme à se venger ainsi. Je l'imagine mal renouveler l'erreur de l'affaire Petit. Je suis convaincu qu'il ne tentera rien contre les miens, comme il sait, de son côté, que nous n'utiliserons pas ses enfants ou sa mère. Aux journalistes obséquieux qui lui soufflent que nous sommes prêts à exercer un chantage affectif, il réplique qu'il a confiance en nous, sur ce point tout au moins.

À force d'avancer en ordre dispersé, les services de police et de gendarmerie lui ont facilité la tâche. Tout le monde a péché par défaut d'humilité : les gendarmes n'ont pu l'arrêter après l'affaire de Deauville; nous l'avons manqué passage Albert; l'OCRB n'a pas été plus brillant dans les épisodes Lelièvre et Tillier. À chaque fois, il s'est éclipsé *in extremis* pour réapparaître ailleurs, barbu ou moustachu, déguisé en ouvrier ou en cadre supérieur. Il aime aussi changer de prénom : ses amis l'appellent souvent « Bruno ».

Comment retrouver sa trace? L'affaire Tillier a prouvé que l'heure de la coopération n'avait pas encore sonné. La direction centrale de la PJ avait paraît-il « oublié » de nous prévenir que l'OCRB s'intéressait à un rendez-vous entre le journaliste et le truand! Cet « oubli » aura au moins un mérite puisqu'il va déboucher, enfin, sur une action concertée. Des équipes mixtes (BRB-OCRB-BRI) sont constituées. Dès lors, tout va aller très vite.

Dans la grotte de la forêt d'Halatte, où il avait conduit le journaliste de *Minute*, Mesrine était accompagné d'un certain Paul. Il s'agit vraisemblablement d'un faux prénom, destiné à brouiller les pistes. Âgé de trente-cinq à quarante ans, ce Paul à l'accent marseillais avait les cheveux assez longs, une moustache tombante et une mauvaise dentition. Divers renseignements indiquent qu'il pourrait en fait se prénommer Charles. Il serait sorti d'une centrale depuis peu.

Un seul groupe de la BRI est chargé de l'enquête, celui de Freddy Breut, Christian Lambert, Jean-Louis Fiamenghi, Joël Kerjean, Roland Guinguet... Nous n'avons plus droit à l'erreur. Afin de limiter les risques de fuites, j'exige une discrétion absolue. En dehors de ces cinq inspecteurs, personne, pas même leurs copains de l'antigang, ne devra être au courant de leurs investigations.

Une fois dressée la liste de tous les Charles ayant fréquenté les prisons françaises pour de longues peines, des photos sont présentées à Tillier, qui identifie Charles Bauer, ancien pensionnaire de la centrale de Lisieux[1]. Un minutieux travail d'enquête débute alors, mené par le groupe de l'antigang, en liaison constante avec des collègues de l'OCRB, comme l'a exigé Bouvier.

Pour remonter à Bauer, il faut surveiller ses proches, c'est le b.a.-ba du métier. Nous apprenons qu'en prison il recevait souvent la visite d'une enseignante. Renseignements pris, elle a disparu de son domicile...

C'est bien connu, les profs sont assurés à la MAIF ou à la GMF. À Caen, nos inspecteurs ont l'heureuse idée de consulter les dossiers des mutuelles. Bingo ! L'enseignante possède une Renault 14 bleu marine, immatriculée 566 CS 75. Il se trouve que cette voiture a été verbalisée plusieurs fois à Paris, ces derniers mois. Le service des contraventions est en mesure de délimiter le quartier : l'église de la Trinité, à trois cents mètres de la gare Saint-Lazare.

Il est temps, désormais, de mettre l'ensemble de la BRI dans la confidence, à commencer par Jo Querry, mon adjoint. J'éprouve des remords à ne pas l'avoir informé plus tôt. Peut-être ai-je cédé à une forme d'angoisse du ratage ? J'ai eu tort, il a toute ma confiance et mon amitié. Je lui explique que Bauer et sa compagne résident probablement dans le quartier Saint-Lazare. Effectivement, la fameuse R14 ne va pas tarder à être localisée, en stationnement derrière l'église. Nous ne la quitterons plus.

Deux jours plus tard, les policiers en planque voient enfin Charles Bauer. Il serre un bébé contre sa poitrine, l'installe dans la R14 tout en scrutant les environs, puis il démarre. Par la suite, nous le verrons à plusieurs reprises en compagnie de l'en-

1. Charles Bauer, accusé de complicité dans la tentative d'assassinat du journaliste Jacques Tillier, a été acquitté le 15 février 1982 par la cour d'assises de Paris. Le procès n'a pas permis de faire toute la lumière sur cette affaire. Jacques Tillier n'a pas « chargé » l'accusé. Il a notamment déclaré : « J'ai dit que M. Paul était Bauer. Si Bauer dit aujourd'hui qu'il a un sosie et que quelqu'un qui lui ressemble est monté dans la voiture, pourquoi pas ? Si ce n'est pas Bauer qui était dans la grotte, je voudrais dire que le sosie de Bauer s'est conduit avec moi comme un salaud. »

seignante et du nourrisson, en particulier lors d'une balade au bois de Boulogne.

Nous pourrions l'arrêter dans le cadre de l'affaire Tillier mais il ne parlerait pas, j'en suis convaincu, et Mesrine parviendrait à filer. J'insiste donc auprès de ma hiérarchie pour que le dispositif soit maintenu aussi longtemps que possible. Le couple Bauer, en dépit de ses précautions, peut nous conduire au Grand, à condition de procéder à une surveillance légère, d'une infinie souplesse, par touches successives, venir puis repartir, sans essayer de tout découvrir d'emblée. Cette tactique, dite de la « dentelle » en jargon policier, reçoit un accueil mitigé à la direction de la PJ. Selon Maurice Bouvier, il sera difficile de tenir ainsi plusieurs jours. Même si ce dernier ne m'a jamais fait la moindre remarque à ce sujet, je devine que les autorités politiques, par nature impatientes, souhaiteraient annoncer à l'opinion que l'enquête progresse...

Lucien Aimé-Blanc, le patron de l'OCRB, n'est guère favorable, lui non plus, à la « dentelle ». Il préférerait neutraliser Bauer tout de suite pour aboutir au Grand. Nos relations de confiance me permettent tout de même d'obtenir la participation de quelques-uns de ses inspecteurs aux surveillances. Il n'empêche qu'en m'accrochant à l'option « dentelle », je sais que je me lance dans l'opération à mes risques et périls.

Querry met sur pied un dispositif à même de fonctionner jour et nuit dans l'ensemble du secteur Saint-Lazare. Son sens de l'organisation fait merveille. Bauer ne remarque rien, ni les voitures, ni les camionnettes (les « sous-marins »), ni les piétons qui surveillent le quartier.

Le mercredi 31 octobre, en début d'après-midi, le couple monte dans la R14 et se dirige vers la porte de Clignancourt, au nord de Paris. « La filature la plus facile de ma vie », admettra par la suite Querry.

Ils se garent à proximité du marché aux puces et sortent de la voiture. La femme marche devant, Bauer se tient en retrait, comme s'il ne la connaissait pas. Nous ne l'avons jamais vu si fébrile qu'en cette veille de Toussaint. Il cherche à débusquer toute présence suspecte dans la foule. Quelques instants après sa compagne, il pénètre au 35-37, rue Belliard, un immeuble de construction récente.

Nous ignorons tout de cette adresse, mais nous avons confusément la sensation d'approcher du but. Question d'intuition. Les antigangs partagent avec les truands qu'ils pourchassent une étonnante capacité à détecter la présence de l'adversaire, une sorte d'instinct animal. Et puis, indice convergent, Mesrine s'est souvent réfugié dans ce quartier, c'est son territoire, sa tanière. Il est né à Clichy, à deux kilomètres de là, il connaît chaque rue, chaque impasse, pour y avoir fait les quatre cents coups. Se retranche-t-il derrière l'une de ces fenêtres?

Vers 18 heures, à la nuit tombante, Gégé Marlet intervient sur notre fréquence radio.

– C'est lui! Enfin, je crois... C'est du cinquante-cinquante! Perruque bouclée châtain clair, une barbe, de grosses lunettes. Il arrive boulevard Ornano... La prof marche devant, suivie de la gonzesse du Grand... Il est sur l'autre trottoir. Charly le suit à une dizaine de mètres, en protection. Ils font semblant de ne pas se connaître... Une vraie patrouille! Sûr : ils sont tous enfouraillés... Le Grand a une main dans sa poche de blouson, l'autre dans une sacoche à l'épaule. Putain, les gars... j'ai le palpitant qui explose!

Gégé n'est pas le seul dans ce cas. Nous sommes une trentaine, planqués en divers endroits, à savourer cette récompense espérée depuis près d'un an et demi. Pour éviter d'être repéré, je me suis dissimulé à l'arrière d'une fourgonnette.

À mesure que le suspect avance, passant devant nos voitures avec ses amis, tout le monde y va de son estimation à la radio.

– Oui, oui, c'est lui à soixante pour cent...

– Soixante-dix pour cent!

– Quatre-vingt-dix pour cent!

– Affirmatif! C'est *good*! Cent pour cent, les gars! Cent pour cent!

Marlet a encore un doute.

– On refait un passage!

Il passe à sa hauteur.

– Deux cents pour cent!

Nous vivons tous un moment exceptionnel, le cœur à cent à l'heure. Pour un peu, nous aurions presque peine à croire qu'il est là, à quelques mètres, truand de chair et d'os. Roland Linck et Robert Guitard, nos maîtres en argot, ont une métaphore de poète pour résumer la scène : Jacques Mesrine vient de « fleurir » devant nous.

S'aventurer à l'air libre est un exercice périlleux pour un malfaiteur en cavale. Il ne doit jamais oublier que le quidam le plus anodin peut être un flic. Ce postier sur son vélo, cette élégante en tailleur rouge, ce chauffeur de taxi qui cherche une adresse... Un comportement équivoque, un regard trop insistant et le fugitif se croira démasqué. Ses réactions seront alors imprévisibles.

Devons-nous intervenir ou patienter ? Un inspecteur propose de serrer Mesrine et ses complices quand ils parviendront à la hauteur de sa voiture. Je refuse.

– Patience, les enfants, on laisse couler pour l'instant...

Avec tout autre truand que lui nous profiterions de l'occasion, mais il ne s'agit pas d'un gangster classique. Il est plus rusé, mieux organisé, il dispose probablement de grenades. En outre, l'arrestation simultanée de quatre personnes armées et séparées de quelques mètres est une opération trop aléatoire. Nous devons enfin évacuer l'euphorie qui nous a gagnés. Il convient de peaufiner notre plan, d'étudier le quartier dans ses moindres recoins.

Mesrine et sa compagne, Sylvia Jeanjacquot, pénètrent chez un marchand de meubles, puis dans un magasin de chaussures. Il profite des miroirs dressés devant les tabourets d'essayage pour observer la situation au-dehors. La présence des Bauer, qui montent la garde devant des vitrines voisines, nous dissuade toujours d'intervenir.

Bien sûr, quelques minutes plus tôt, rue du Mont-Cenis, lorsqu'il a longé la camionnette où je me cachais avec Christian Caron et Jean-Yves Toumit, nous aurions pu surgir, mais Charles Bauer était en protection et les femmes, sur l'autre trottoir, n'auraient pas manqué de réagir. Il était impossible d'improviser ces interpellations sans courir au carnage.

Le couple quitte le magasin de chaussures. Mesrine paraît mal à l'aise. Dos au mur, il inspecte les environs. On dirait qu'il a deviné notre présence, comme si son instinct, qui l'a tiré de tant de mauvais pas, venait de l'alerter. Il ne faut surtout pas laisser prise au doute. Allégeons le dispositif en douceur...

Pareille consigne ne se transmet pas de vive voix, par radio, c'est une affaire de feeling. Un geste, une attitude, un regard suffisent à comprendre qu'il faut se replier ou, au contraire, rester en position afin d'éviter un mouvement trop brusque. J'admire cette capacité des hommes de l'antigang à communiquer en silence. Ils sont tous là, dans la foule, mi-policiers, mi-comédiens, capables de sentir la situation. L'un pénètre dans une boulangerie, un autre fait mine d'attendre l'autobus, un troisième demande son chemin à une passante. Tous savent contenir le mélange d'excitation et d'appréhension qui les tenaille. La surveillance d'un truand puissamment armé devient, dans ces cas-là, un exercice de haute voltige, elle exige un self-control et un sens de l'improvisation hors du commun.

En quelques minutes, notre dispositif est allégé. Le Grand et ses amis se sont-ils aperçus de quelque chose ? Mesrine s'est-il enfui ? Est-il rentré chez lui ? A-t-il continué à faire ses courses ? Nous n'en savons rien.

Vers 19 heures, une nouvelle en provenance de Saint-Lazare nous rassure : le couple Bauer est de retour à son appartement. Nous n'avons donc pas été repérés porte de Clignancourt. Si cela avait été le cas, Charles et sa compagne auraient pris le large. Un peu plus tard, c'est au tour de Sylvia Jeanjacquot de rentrer seule rue Belliard après s'être attardée chez un marchand de primeurs. Georges Querry et José Gentilini, clients presque ordinaires, ont pu s'approcher à deux mètres, alors qu'elle choisissait les fruits à l'étal.

Le Grand a disparu mais nous avons cette fois l'assurance de le retrouver tôt ou tard.

En début de soirée, je suis appelé par radio. Je dois me rendre d'abord au Quai des Orfèvres, puis rue des Saussaies, à la Direction centrale de la police judiciaire. Roger Poiblanc, le sous-directeur des affaires criminelles, m'accompagne.

Cet appel me laisse perplexe. Aimé-Blanc, qui est également convié à cette réunion à la DCPJ, pourrait très bien rendre compte de la situation puisqu'il a suivi le trafic radio durant tout l'après-midi dans son bureau en compagnie de sa hiérarchie. Dès lors, ma présence est-elle indispensable ? J'appréhende un peu cette réunion car j'imagine l'impatience des autorités, que ce soit au cabinet du ministre, à Matignon, ou à la présidence... Cette affaire est devenue, depuis longtemps, une affaire « politique ». En réalité, le directeur central veut s'informer en direct, auprès des hommes de terrain, des difficultés rencontrées et aussi nous faire part de ses dernières recommandations.

– Que se passe-t-il ? Vous l'avez vu tout l'après-midi et vous n'avez rien pu faire ?

– Eh bien, oui, dis-je, nous n'avons rien pu faire... Les risques étaient considérables, tant pour les passants que pour nous. Honnêtement, je ne me sentais pas prêt. On n'improvise pas une opération si délicate en quelques minutes. Je connais suffisamment mes gars pour vous dire qu'ils sont de mon avis. Il n'y a pas eu de pépin, rien n'est compromis, c'est l'essentiel... Ça fait dix huit mois que l'on attend !

– Ne prenez pas ça pour un reproche, réplique Bouvier, mais ne cherchez pas à refaire le coup de la dernière fois. Pas de risques insensés. Le champagne, c'est terminé. Personne ne nous pardonnerait, et ne vous pardonnerait, un nouvel échec. Cette affaire n'a que trop duré. Il faut en finir !

Maurice Bouvier me garde ensuite quelques instants en tête à tête. Il me confirme clairement que je suis le responsable de l'opération et me renouvelle sa totale confiance. En sortant de son bureau, je tombe sur quelques-uns de ses conseillers et collaborateurs qui discutent dans le couloir. Les commentaires goguenards et les sourires sarcastiques de ces lapins de corridor me laissent sans voix. À l'évidence, ma désignation comme responsable de cette opération passe mal. Et ils pensent que je suis sur la sellette pour avoir « laissé filer » Mesrine quelques heures plus tôt ! Mon regard croise celui d'Aimé-Blanc. L'un comme l'autre flics de terrain, nous ne pouvons admettre que des « ronds-de-cuir », des hommes de dossiers, puissent commenter notre travail. Bouvier est un directeur au passé trop prestigieux pour ne pas mesurer notre amertume. Il nous réconforte d'une tape amicale sur l'épaule. Quoi qu'il advienne, nous savons qu'il assumera ses responsabilités.

« Il faut en finir », a dit Bouvier.

Cette phrase fera l'objet, quelques jours plus tard, d'une polémique retentissante autour d'une question cruciale : l'ordre nous avait-il été donné d'abattre l'« ennemi public numéro un » ?

J'affirme ici que cela n'a jamais été le cas. Les propos du directeur ont été sortis de leur contexte, livrés en pâture à la presse par l'un des participants à la réunion. Si Bouvier a dit qu'il fallait « en finir », il songeait, j'en suis persuadé, à l'ensemble de l'affaire et non à une exécution pure et simple. En s'exprimant ainsi, il nous laissait libre choix quant à la stratégie à adopter.

Porte de Clignancourt, en cette soirée du mercredi 31 octobre 1979, nous sommes une quarantaine, en majorité de l'antigang, tous conscients qu'une planque exceptionnelle commence. *La* planque.

Nous sommes habitués à de telles situations mais l'apparente solidité psychologique de chacun peut dissimuler une insondable fragilité. Au-delà des rires crispés, d'une sérénité de surface, personne ne saurait deviner l'ampleur des angoisses qui minent le copain. Pense-t-il à ses gosses ? À sa femme ? Au ratage ? Aux prophéties du Grand sur la « fusillade finale » ? Ce soir, l'adversaire n'est pas un voyou anonyme que l'on cueille au saut du lit, sans trop se préoccuper du danger, comme par routine. Il a un nom, un visage, un passé : c'est Jacques Mesrine.

Je revois nos rencontres :

– Rue Vergniaud, en 1973, lorsque nous avions bu le champagne.

– Le lendemain, dans la cellule de la 1re brigade territoriale, quand il m'avait prévenu : « La prochaine fois, on se tirera sur la gueule. Réfléchis, on ne pourra pas faire autrement. C'est con mais c'est comme ça ! »

– Devant la cour d'assises, quand il avait confirmé : « La prochaine fois, ça se passera dans la rue et le premier qui tirera aura raison. »

Pour cette nuit de veille, certains privilégiés sont au chaud, blottis dans leurs voitures, en attente dans les quartiers voisins. D'autres, moins veinards, sont à la belle étoile, comme Roland Linck, le meilleur spécialiste du camouflage que la BRI ait jamais connu. Un surdoué du déguisement ! Livreur, déménageur, chauffeur de taxi, balayeur... Il a enfilé bien des bleus de chauffe, coiffé bien des casquettes au cours de sa carrière. Cette fois, il a revêtu des guenilles de clochard et s'est fait un lit de cartons, sous un arbre de la place Albert-Kahn !

Vers 3 heures du matin, alors qu'il médite sur les affres de la vie à la cloche, Roland nous signale qu'un type se dirige à pied vers la rue Belliard. Ni la coiffure ni la tenue vestimentaire ne sont celles de l'après-midi, mais on dirait le Grand. Il marche d'un pas cafouilleux, il semble ivre. Est-ce lui ? Nous sommes sur le point de le serrer, de bloquer toutes les rues.

– Je n'en suis pas trop sûr..., admet Dominique Quirin qui le voit passer près de son « sous-marin ».

L'inconnu s'approche du 35-37. Le doute nous interdit toute action, une méprise pouvant avoir des conséquences catastrophiques. De toute façon, il est trop tard, il est entré dans l'immeuble.

À cette heure de la nuit, nous pouvons, enfin, alléger notre dispositif. Pour éviter d'être remarqués, nous avons déniché un endroit discret permettant de garer une demi-douzaine de voitures. C'est une sorte de cour, derrière une grille entrouverte. Nous somnolons à deux ou trois par véhicule. Il faut attendre la visite d'un couple, en pleine nuit, pour réaliser que nous sommes en fait dans une école ! Un enseignant, de passage dans le quartier avec son épouse, a remarqué notre présence. Nous prétextons la surveillance d'une équipe de malfaiteurs, sans autres précisions. Il promet de ne rien dire.

Le jour s'est levé, la planque se poursuit. Nous avons peu dormi, trois ou quatre heures d'un sommeil agité, mais personne ne demande à être relevé tant cette affaire nous tient à cœur. Seuls quelques-uns, dont le domicile n'est pas très éloigné, ont pu faire un saut chez eux pour prendre une douche. Une rotation a tout de même été instaurée entre les gars des premières loges et ceux postés en périphérie. À tour de rôle, nous pouvons manger un sandwich et même des parts de pizza : le grand José et «la Truffe» ont inventé un système pour les réchauffer sur le moteur de leur voiture!

Stef, lui, n'a pas droit au repos. Comme il est le plus petit gabarit de la brigade – seul le Petit Roger et Georges Chavanon le concurrencent –, il s'est enfermé dans le coffre de notre triporteur de planque, garé à proximité de l'immeuble de Mesrine. Stef reste des heures et des heures recroquevillé dans sa minuscule maison de tôle! Certes, la malle est conçue pour héberger un pensionnaire et la musette de ravitaillement est mieux garnie que celles des coureurs du Tour de France mais une telle position nécessite une volonté de fer.

La journée de jeudi s'écoule ainsi, de planques statiques en surveillances mobiles, avec Roland en clochard et Stef dans son triporteur, sans que nous apercevions une seule fois Jacques Mesrine ou Sylvia Jeanjacquot. Nous apprenons en revanche, grâce à des écoutes téléphoniques branchées sur la ligne des Bauer, que le Grand a fait la fête dans une boîte de Pigalle avec son copain Charles. Finalement c'est peut-être lui que nous avons vu pénétrer dans l'immeuble au milieu de la nuit...

Ce jeudi de Toussaint nous permet au moins d'améliorer notre plan. Toutes les hypothèses envisagées sont peaufinées. Imaginons, par exemple, qu'il passe près de l'une de nos camionnettes. La porte s'ouvre, deux inspecteurs surgissent, trois autres l'ont déjà pris en tenaille sur le trottoir... Nous avons également prévu un camion : quatre hommes armés seront postés à l'arrière, ils devront braquer leurs armes sur Mesrine afin de protéger leurs collègues au sol qui procéderont à son arrestation. Ils s'entraînent déjà à soulever la bâche arrière le plus rapidement possible.

Vendredi matin. Aucun incident n'est venu troubler la deuxième nuit, rythmée par les tours de garde et les pauses sandwiches. Je suis resté avec Lucien Aimé-Blanc. Notre voiture était garée dans une allée parallèle au boulevard périphérique, à moins de deux cents mètres de l'immeuble. Stef a fini par quitter la caisse de son triporteur. Jojo Chavanon l'a remplacé devant l'immeuble.

À 15 heures, vendredi 2 novembre 1979, c'est lui qui intervient sur les ondes, d'une voix à peine audible.

– Sylvia sort. Elle tient un caniche en laisse. Elle regarde dans toutes les directions... Le Grand sort à son tour... Il regarde... Un temps d'arrêt... Il regarde encore... Il marche derrière elle... Il porte un blouson de cuir marron foncé et sa sacoche en bandoulière... Putain, il est impressionnant ! Il roule sa caisse... C'est dingue ! Il marche devant. Elle est à quelques mètres derrière. Faites gaffe... Je ne les vois plus. Gégé, à toi...

Les hommes de l'antigang et leurs collègues de l'OCRB se transmettent le « témoin » d'un véhicule à l'autre. Je me tiens à l'arrière d'une camionnette aménagée. Gérard Marlet prend le relais.

– Oui, je les vois. Rue Belliard... Ils marchent... Ils regardent... Merde, je ne les vois plus !

– Ça va, c'est bon, ils sont là, assure Fiam. C'est vrai qu'il roule ! Le con, il va se déboîter une épaule ! Ils montent dans une BM gris foncé... 83... 83 CG... 83 CSG 75. Oui, c'est ça, à tous, je répète : 83 CSG 75. Attention, ils reculent vers l'immeuble ! Jojo, c'est pour toi !

– La BM s'arrête près de moi, murmure Jojo. Le Grand ouvre le coffre... Je ne vois pas ce qu'il fait... Sylvia ressort de l'immeuble avec des vêtements dans les bras... Elle les met sur la banquette arrière. Le Grand pénètre dans l'immeuble. Il revient avec une valise... Coffre... Sylvia... Le Grand...

– Jojo ? Jojo ? On ne te reçoit plus... Jojo ?

Ce silence de quelques secondes paraît durer des heures. Notre collègue nous avouera avoir connu, à ce moment-là, une trouille phénoménale. Avant de se mettre au volant, Jacques Mesrine s'est adossé au triporteur. Dans sa cachette, Chavanon n'osait plus respirer ni bouger le moindre orteil !

Mesrine est constamment sur le qui-vive, sa sacoche à portée de main. Il n'est pas possible d'intervenir à pied, comme nous le pensions. Peut-être pourrons-nous le surprendre dans le flot de la circulation ? Assis, ceinture bouclée, sa compagne près de lui, il ne réagira pas aussi vite qu'à pied. Nous devons essayer de le cerner. Pris en étau, sans aucune chance d'éviter l'arrestation, il devrait se rendre. Seul impératif : agir avant qu'il ne s'engage sur le périphérique où notre opération deviendrait trop aléatoire.

Il démarre. Roule lentement. Ralentit à la hauteur de la rue du Mont-Cenis. Nos quinze voitures et camionnettes réparties dans le secteur se relaient pour le suivre ou signaler son passage.

Je donne l'ordre au conducteur du camion bâché de foncer vers la porte de Clignancourt. Comme convenu, les inspecteurs qui se cachent à l'arrière devront protéger leurs collègues au sol.

Une occasion de coincer la BMW se présente rue Belliard, alors qu'elle n'a parcouru que quelques dizaines de mètres. Une de nos voitures se trouve devant, deux autres derrière. Malheureusement, une camionnette qui n'a rien à voir avec notre dispositif s'intercale entre le premier véhicule et la BMW. Le chauffeur s'arrête en double file. Mesrine patiente. Nous aussi.

Ces instants me semblent interminables. En quelques heures, l'histoire s'est accélérée à une telle vitesse que j'ai perdu toute notion de temps. Mesrine est devant moi depuis une poignée de secondes mais j'ai l'impression de le pister depuis des siècles. Il est détendu, comme s'il relâchait son attention. On dirait qu'il part en week-end ou en balade.

Maintenant, tout dépend de nous.

Porte de Clignancourt, la circulation devient plus dense. Concentré sur sa conduite, il ne prête pas attention aux véhicules alentour. Il ne se méfie pas non plus du camion bleu qui s'approche. À l'arrière, les quatre inspecteurs attendent le signal pour se redresser et pointer leurs armes sur la BMW, en protection de leurs collègues « piétons ». La bâche est déjà à moitié enroulée.

Le conducteur fait comprendre à Mesrine qu'il souhaiterait le doubler et tourner à gauche. D'un hochement de la tête, le Grand acquiesce. On m'indique par radio que la situation est propice.

– Allez, les enfants, on y va !

Le camion s'arrête juste devant la BMW.

– Je ne le vois pas ! s'inquiète l'un des quatre.

– Derrière, juste en dessous ! réplique le conducteur, qui surveille la voiture dans son rétroviseur.

Ils se dressent, carabines alignées, Mesrine dans la ligne de mire.

– Police ! Ne bouge plus ! hurle l'un d'eux.

Dans le même temps, des inspecteurs ont giclé des voitures et des Estafette pour se précipiter vers la BMW. Le Grand nous voit, il réalise qu'il est piégé, il est pétrifié sur son siège. Sylvia Jeanjacquot se penche vers lui, elle n'a pas attaché sa ceinture.

J'arrive sur la gauche, de trois quarts face, l'arme à la main. Loïc est près de moi, Georges Querry et Gérard Marlet sont de l'autre côté de la BMW. D'autres encore se précipitent...

Mesrine a compris. D'un geste brusque, il ouvre sa portière tout en se penchant sur sa gauche, comme pour saisir quelque chose sous son siège. La ceinture de sécurité le gêne dans ses mouvements mais il réussit à se baisser. Nous avons tous la même prémonition : depuis son évasion, il n'a cessé d'affirmer qu'il utiliserait des grenades pour sauver sa peau.

Estimant que leurs collègues sont en danger, les quatre du camion ouvrent le feu. Un policier au sol tire également un coup de feu.

Il est 15 h 15, Jacques Mesrine est mort, nous l'avons tué.

La ceinture maintient le corps criblé de balles dans la position où le trouveront les photographes : la tête inclinée sur la droite, les bras ballants.

À ses pieds, côté portière, sa sacoche de cuir laisse entrevoir deux grenades défensives et incendiaires. L'une d'elles est prête à l'emploi, la goupille a été retirée, la cuiller est retenue par un élastique. D'une seule main, en déplaçant l'élastique avec le pouce, selon une technique connue des commandos, il aurait pu utiliser cet engin dont les éclats sont mortels et incendiaires dans un rayon de cinquante à quatre-vingts mètres. C'est pour cette raison qu'il avait entrouvert la portière. À la ceinture, il portait un GP 35, quatorze coups.

Sa compagne, blessée par des éclats de verre à un œil et à un poignet, sort de la BMW avec l'aide de deux policiers. Elle s'affaisse sur le trottoir.

Les armes se sont tues depuis plusieurs secondes. Tous les coups de feu ont été tirés par rafales, dans le même instant, en direction du conducteur et seulement du conducteur.

Je viens de vivre un moment trop intense, une accélération trop brutale de l'histoire, pour définir mon émotion. Ce n'est ni de la peine ni de la satisfaction; on ne peut se réjouir de la mort d'un homme, quel qu'il soit. Seulement, dans un tel mélange de sensations, l'instinct de conservation prime. Mes pensées ne sont pas pour ce cadavre mais pour toute mon équipe, pour les automobilistes ou passants témoins de la scène. Nous sommes en vie. Ils sont en vie. Les grenades nous rappellent qu'un massacre a été évité de justesse.

Un homme, un seul, est mort : Jacques Mesrine. C'est déjà trop, mais nous devions tirer pour épargner d'autres vies.

Sylvia Jeanjacquot est évacuée par le SAMU. Le caniche, touché par un éclat de verre à une patte, est conduit par un inspecteur dans une pharmacie puis chez un vétérinaire.

Déjà, les badauds affluent par centaines, les photographes grimpent aux réverbères, montent sur les Abribus et le toit des voitures. Il règne dans le quartier une pagaille sans nom. Nous-mêmes, nous sommes incapables de résister à une sorte de décompression.

À 16 h 20, Sabrina Mesrine, accompagnée d'un ami, arrive sur les lieux. Deux policiers la protègent de la ruée des photographes. J'ai conscience du drame qu'elle subit, de l'émotion qu'elle peut éprouver en voyant le corps de son père encore dans la BMW. Mais les artificiers doivent s'assurer que les grenades ne vont pas exploser à la première manipulation. Je souhaite aussi que tous les actes judiciaires soient effectués dans le strict respect de la loi. Les polémiques qui suivront me donneront raison d'avoir pris ces précautions. Que n'aurait-on pas insinué, en effet, si le corps avait été évacué aussitôt...

La BRB procède aux constatations sous le contrôle du procureur de la République Christian Le Guhennec. Aidé d'un brigadier, je détache la ceinture et nous déposons le corps sur une civière. Je pense à ce qu'il disait si souvent : « Celui qui tirera le premier aura raison », ou bien encore : « Dans la rue, un des deux, le moins rapide, aura perdu la vie... »

En marge de l'opération de la porte de Clignancourt, d'autres hommes de l'antigang et de l'OCRB, sous la direction de Querry et de Pellegrini, partent interpeller le couple Bauer, rue Saint-Lazare. Quant à la planque de Mesrine, rue Belliard, elle renferme un arsenal de guerre : mitraillettes, revolvers, pistolets, grenades, masques à gaz[1]... Ce n'est plus un appartement, c'est un bunker! Un manteau est accroché dans le couloir, de manière à ce qu'un « curieux », lorgnant par le trou de la serrure, croit qu'un homme se tient debout devant la porte. Au-dessus du lit, un matelas est plaqué au mur, retenu par un système de cordes et de poulies. En cas de fusillade ou d'attaque aux gaz, il aurait basculé sur le lit, protégeant ainsi les personnes allongées. Plus loin, sur le rebord de la fenêtre, un grappin et une corde sont prêts à l'usage. Mesrine disposait en outre de quatorze jeux de faux papiers. Les enquêteurs récupèrent également de nombreux documents, des fiches sur des journalistes, des hommes d'affaires, des policiers qu'il envisageait d'enlever. Ils découvrent enfin une cassette audio, enregistrée quelques jours plus tôt.

D'une voix émue, la musique du film *Midnight Express* en fond sonore, il adresse à Sylvia Jeanjacquot un ultime message d'amour et raconte, par avance, les circonstances de sa mort. À la lumière de ce qui vient de se passer à deux cents mètres de là, c'est une stupéfiante prémonition : « Je suis déjà mort, tombé sous les balles des policiers... Mais ma fin était inévitable, quand un homme vit par les armes, la violence et le vol, c'est très rarement qu'il meurt dans son lit... Que les flics m'aient assassiné ou pas, c'est possible. En réalité, la question ne se pose pas. Face à un type comme moi, il n'y a pas de cadeau à faire. Je n'en ferai pas non plus de mon côté... La mort est rien pour

1. Les complices de Mesrine dans l'affaire Lelièvre seront arrêtés par la suite. Une partie de la rançon sera récupérée. Quant à la part du Grand, celui-ci avait pris des dipositions afin qu'elle ne soit pas trouvée, du moins pas par les policiers!

celui qui a su vivre... À la finale, j'ai assumé ma criminalité jusqu'au bout et je considère que ce n'est pas si mal que ça, d'aller jusqu'au bout. Je n'aime pas les gens qui reculent... Je suis mort les armes à la main même si je n'ai pas eu le temps de m'en servir... Même si les policiers m'ont tué avant de mettre ma main sur mon revolver, il faut te dire une chose, si j'avais eu le temps de mettre la main dessus, je m'en serais servi... peut-être que j'ai mis la main dessus et que je m'en suis servi... Ce qu'il y a de terrible, c'est que certains vont faire de moi un héros et il n'y a pas de héros dans la criminalité! Il n'y a que des hommes qui sont des marginaux et qui n'acceptent pas les lois. »

Vendredi 2 novembre 1979. Le feuilleton Mesrine est terminé, le mythe continue.

5. Droit de réponse

Pour la BRI, pour moi, s'ouvrit alors une période de mises en cause malsaines, de controverses infamantes. Oh, bien sûr, cette hostilité se limita à une infime minorité d'aboyeurs, noyés dans la masse des témoignages de félicitations et de soutien. Mais il s'agissait d'une minorité terriblement influente, habituée à la désinformation, à la critique systématique, aux délires anti-flics... Leurs voix s'élevèrent, au nom des « droits de l'homme », pour dénoncer un « assassinat », une « exécution », pour dire tout et n'importe quoi, faire de nous des bourreaux et de Mesrine une victime. J'allais recevoir des lettres anonymes, des menaces de mort.

Estimant que nous l'avions tué sans lui laisser le temps de se rendre, sa mère et sa fille furent encouragées à porter plainte pour « assassinat et tentative ». L'audition des policiers et des témoins, ainsi que les comptes rendus rédigés avec précision dans les formes de droit emportèrent la conviction des magistrats. Ils estimèrent que les conditions de la légitime défense étaient parfaitement réunies. Malheureusement, cela n'empêchera pas la procédure de s'éterniser, pour des raisons sur lesquelles je reviendrai ultérieurement.

Au-delà du volet judiciaire, l'exploitation médiatique de cette affaire fut d'une rare intensité. Combien d'articles, de livres, de films, de documentaires, imposèrent de cette journée du 2 novembre 1979 une version erronée, injurieuse, diffamatoire? Le « produit » Mesrine était un bon filon pour les journaux, les chaînes de télévision, les producteurs de cinéma. Combien de policiers, fonctionnaires en exercice ou flics de salon, qui n'avaient jamais participé à ce genre d'opération, affirmèrent qu'ils s'y seraient pris « autrement »? Un inspecteur de l'OCRB, présent sur les lieux, caméra au poing, monnaya même son film! Comme quoi il y a des crapules partout, y compris dans la police.

Jacques Mesrine se découvrit bien des avocats, hommes de robe ou d'intérêt. Des intellectuels, des politiciens, des artistes firent son panégyrique posthume. On lui dédia des chansons, une pièce de théâtre; on suggéra de donner son nom à des rues, à des lycées. Auraient-ils hurlé au « massacre », à l'« assassinat », si ses grenades avaient explosé dans ce quartier populaire? Si l'un des nôtres avait été sur la civière? Non. Pour ces gens-là, seuls les policiers peuvent être abattus en faisant leur métier. Pas les gangsters professionnels.

Ces réactions, si choquantes fussent-elles, n'avaient rien de surprenant. Elles étaient la conséquence logique du processus de starification que le Grand avait si bien orchestré. Du temps de sa cavale, il s'était en effet constitué une cour d'adorateurs dévoués, prêts à oublier les crimes du tueur pour s'extasier devant les facéties du Mandrin. Étrangement, qu'ils écrivent dans *Libé* ou ailleurs, ces admirateurs fermaient aussi les yeux sur certains passages de *L'Instinct de mort* lorsqu'il traitait, par exemple, les Maghrébins de « bicots » ou de « bougnouls ». Là encore, c'est bien connu, seule la police est raciste. Un « héros » ne saurait l'être. À mes yeux, Jacques Mesrine n'en était pas un.

En définitive, je crois qu'il a plu parce qu'il savait plaire. Défendre le riche contre le pauvre, encourager l'opprimé face à l'oppresseur, moquer le gendarme et magnifier le voleur sont des arguments qui font tilt dans une partie de l'opinion et qui donnent bonne conscience. Malgré ses excès de mythomane et son amour de l'argent, il avait compris que son discours d'homme libre, de rebelle en fuite, trouverait des échos dans la France de la fin des années 1970. Au-delà d'une lutte sans doute sincère contre les quartiers de sécurité renforcée, il savait tout le bénéfice qu'il pouvait tirer d'une politisation de son propos. Évoquant sa mort, James Sarazin écrivit fort justement dans *Le Monde* : « Bien entendu, il était le dernier à accorder crédit à cette prétendue "politisation" de son "combat", mais il démontrait qu'il possédait à fond toutes les ficelles de la récupération. [...] Jacques Mesrine avait choisi de devenir le prisonnier d'une gloire qui, aujourd'hui, encense tous ceux qui sortent des lots communs mais aussi d'entrer du même coup dans un cycle qui ne pouvait que s'achever, un après-midi de novembre, dans un caniveau du XVIIIe arrondissement. »

Il avait dû lui-même s'étonner du nombre de dévots disposés à le suivre sur cette voie qui, à l'origine, n'était nullement la sienne. Il leur avait répété qu'il n'était qu'un « truand », un « monstre d'orgueil », un « ennemi public numéro un » dont le destin était de mourir sous les balles des policiers et non d'être glorifié, mais rien n'y avait fait. L'opinion publique est ainsi constituée, dans ce pays, qu'il y aura toujours des opportunistes pour se montrer plus royalistes que le roi, des imbéciles pour se faire plus « mesriniens » que Mesrine. Passe encore pour les libertaires en tout genre. Après tout, leur admiration s'inscrivait dans une logique militante, poing levé et drapeau noir. Mais les autres, les moralistes bien-pensants ? Il y avait, chez eux, une part de snobisme à vouloir s'ériger en défenseurs de Mesrine, un besoin de s'encanailler en bouffant du flic dans les dîners en ville et sur les plateaux de télévision. Par un raccourci malhonnête, ils allèrent même jusqu'à occulter ses multiples menaces et le fait qu'il était muni de deux grenades et d'un quatorze coups.

Tout mégalomane qu'il était, je suis persuadé que le Grand n'aurait pas apprécié leurs gesticulations polémistes. Ne déclarait-il pas : « Ce qu'il y a de terrible, c'est que certains vont faire de moi un héros et il n'y a pas de héros dans la criminalité. Il n'y a que des hommes qui sont des marginaux et qui n'acceptent pas les lois» ? N'affirmait-il pas aussi que «l'homme de la rue ne pouvait pas comprendre» la nature du «combat» qui nous opposait ?

Je crois finalement avoir eu davantage de respect pour lui que les flatteurs qui en firent leur Robin des bois. Jacques Mesrine était un truand, rien qu'un truand, pas un bandit d'honneur.

Des années durant, j'ai lu ces articles, regardé ces films, écouté ces débats. J'y étais traité au mieux de «cow-boy», au pire d'«assassin». En raison du devoir de réserve imposé à tout fonctionnaire, mais aussi afin d'éviter le guet-apens de la surenchère médiatique, je n'ai pas pu m'opposer au fait que le réalisateur André Génovès reprenne mon nom dans son film *Mesrine*, un long métrage également contesté par la famille du défunt. Impuissant devant tant de bêtise, j'ai laissé mes supérieurs répondre (timidement) à ma place. Puis, avec le temps, la hiérarchie a changé et ce soutien minimum s'est émoussé, jusqu'à devenir silence, par indifférence ou par faiblesse.

Chaque fois que le sujet Mesrine revenait dans l'actualité, et Dieu sait qu'il revenait souvent, on me conseillait le mutisme, et je me retrouvais seul à encaisser les coups sans avoir la possibilité de me défendre. Alors, aujourd'hui que l'heure du droit de réponse est arrivée, chacune des questions qui ont alimenté la controverse nécessite une mise au point définitive. Non pas pour me justifier, mais plutôt pour revendiquer mon entière responsabilité : oui, nous avons tué Jacques Mesrine le 2 novembre 1979 ; oui, j'aurais préféré une autre issue ; non, nous n'avions pas le choix.

Avais-je reçu l'ordre de l'«exécuter» comme on l'a si souvent prétendu ?

Non. La petite phrase de Maurice Bouvier – «il faut en finir» – a été sortie de son contexte. Le directeur central, en disant cela, voulait parler de l'ensemble de l'affaire et non d'une exécution. Il m'avait seulement fait part de ses craintes les plus vives dans le cas d'une intervention dans l'immeuble de la rue Belliard. L'appartement n'étant pas localisé, les risques de fuite ou de prise d'otage étaient indéniables. Bouvier m'avait donc laissé une totale liberté pour choisir le moment et la méthode d'intervention. Je l'ai fait en mon âme et conscience. Même si je n'ai pas tiré le moindre coup de feu, je suis l'unique responsable de la mort de Jacques Mesrine.

Avions-nous prévu de déclencher notre intervention à cet endroit précis?

Certains ont même parlé d'« embuscade », ce qui sous-entend une préméditation de notre part. Or, pour monter à l'avance une telle opération, il aurait fallu au préalable répondre à un certain nombre de questions : Mesrine va-t-il partir? À pied, en voiture, en taxi? Dans quelle direction?... Nous ne le savions pas. Nous avions prévu plusieurs hypothèses et non un dispositif figé à un endroit précis... Lorsque Mesrine est sorti de l'immeuble nous avons attendu le moment le plus favorable pour intervenir.

La police ne lui a-t-elle laissé aucune chance?

Non, c'est faux. Bien sûr, tout comme Lucien Aimé-Blanc, je souhaitais l'arrêter sans effusion de sang et, pourquoi pas, avec panache, comme la première fois. Je pensais d'ailleurs qu'en me voyant arriver de trois quarts face il aurait admis sa défaite. La mission initiale des inspecteurs du camion était de le tenir en respect pour nous protéger au moment de l'arrestation. L'un des quatre a crié : « Police! Ne bouge plus! » alors que nous nous précipitions vers la BMW. C'est à cet instant qu'il a eu sa chance, lorsque nous lui avons fait comprendre qu'il était piégé. Entre le moment où il a vu les policiers au sol et celui où il s'est baissé vers les grenades, il s'est écoulé deux ou trois secondes. Cela peut paraître extrêmement bref, mais c'est Mesrine qui a décidé qu'il en soit ainsi. Constatant qu'il était coincé, il a entrouvert la portière et essayé de saisir au moins une grenade. Les quatre tireurs ne lui en ont pas laissé le temps. On ne peut pas leur reprocher d'avoir ouvert le feu pour nous protéger. Je maintiens qu'ils ont réagi comme ils devaient le faire. Dès lors que le Grand s'était baissé vers sa sacoche, la menace était évidente.

Aurions-nous pu intervenir plus tôt?

Oui, le premier jour, mais en prenant des risques trop importants pour les passants. Une intervention dans l'appartement – à condition de le localiser dans l'immeuble, ce qui n'était pas encore fait – aurait été tout aussi improbable. Le Grand ne se serait pas rendu, comme rue Vergniaud, en 1973. Cette fois, il aurait tenté le tout pour le tout, ainsi qu'il l'avait clairement annoncé. En matière d'arrestation, l'histoire ne se répète pas.

Avons-nous utilisé des carabines spéciales, interdites en France ?

Trois des quatre policiers du camion étaient équipés de carabines de marque Ruger (calibre 5,56 mm), le quatrième avait un pistolet-mitrailleur Uzi (calibre 9 mm). Ces armes, effectivement très puissantes, et les munitions adéquates (des balles perforantes) étaient utilisées depuis des années par différents services, en France et à l'étranger. Mesrine avait suffisamment prévenu qu'il disposait d'un pare-brise renforcé et de grenades (« autorisées » ?) pour que nous prenions nos dispositions. Autre précision concernant l'équipement : le camion bleu n'était pas celui d'un marchand de primeurs, comme le veut la légende, mais un véhicule des services techniques de la Préfecture de police. L'utilisation d'un véhicule banalisé de ce type n'était pas rare. Il servait à bloquer des voitures dans la circulation, à transporter du matériel lourd (moyens de protection, matériels divers...), à dissimuler des policiers chargés de protéger leurs collègues intervenant au sol...

Fallait-il lui laisser la possibilité de se défendre ?

Cette question, ahurissante en soi, a été posée en public. Alors, puisqu'il faut y répondre, autant le faire clairement : la France n'est pas le Far West et Jacques Mesrine n'a pas eu la possibilité de se défendre, juste celle de se rendre, la seule qui vaille dans un État de droit. Et puis, parler d'« assassinat », c'est n'avoir rien compris ni à sa personnalité, ni à ses principes, ni à ma conception du métier de policier. Nous étions des adversaires, pas des ennemis. Il n'y avait pas de haine entre nous. Les règles étaient définies depuis longtemps, pour l'un comme pour l'autre. Je ne les ai pas enfreintes. Simplement, nous n'avons pas laissé à Mesrine la possibilité de « tirer le premier », comme il l'avait dit à maintes reprises.

Les policiers ont-ils tiré de trop nombreux coups de feu ?

Dix-huit balles ont été tirées au même instant, en rafales, par les occupants du camion, ainsi qu'un coup de feu par un policier au sol. C'est trop, je le concède.

Avons-nous bu le champagne devant le corps ?

De tous les mensonges, c'est l'un de ceux qui m'ont le plus touché. Non, nous n'avons pas sablé de champagne près de la BMW, ni au Quai des Orfèvres. De son côté, Sabrina Mesrine a prétendu par la suite, notamment au cours d'une émission télévisée, que je lui en aurais proposé une coupe lors de son passage au 36. Si quelqu'un a eu ce geste imbécile et répugnant, j'affirme de la manière la plus catégorique que je n'en suis pas l'auteur. Même si la légende doit y perdre de son éclat, je précise que le 2 novembre au soir j'ai simplement dîné avec une vingtaine de mes hommes, sans liesse particulière ni joie indécente, comme nous le faisions à l'issue de chaque affaire. Chacun est rentré chez soi de bonne heure. J'ai moi-même rejoint ma femme et mes fils. J'étais exténué par deux nuits de veille.

Ai-je brandi le corps de Jacques Mesrine comme un chasseur au retour d'un safari ?

C'est une autre attaque ignoble, une de plus, mais reprise en images, celle-là, par André Génovès. Si j'ai extrait le corps de la voiture avec l'aide d'un brigadier c'est, au contraire, pour le soustraire aux caméras et à la meute des photographes, alors que toutes les constatations légales étaient enfin terminées. Mais je n'ai pas levé sa jambe en souriant comme un bienheureux devant les objectifs ! Je signale au contraire que plusieurs journalistes, dont l'Américain Pierre Salinger, ont décelé à ce moment précis une sincère émotion sur mon visage ; ce qui était exact. L'espace d'un instant, je me suis imaginé sur le brancard à la place de Mesrine.

Avons-nous laissé éclater notre joie ?

Ce reproche est justifié, bien que la « joie » en question n'ait pas été aussi démonstrative qu'on a voulu le faire croire. Malgré tout, c'est vrai, dans les minutes qui ont suivi l'intervention, nous avons laissé libre cours à notre soulagement. Il ne s'agissait pas de célébrer la mort d'un homme mais le fait d'être encore en vie à l'issue d'une opération qui avait soumis nos nerfs à rude épreuve.

Comme d'autres, j'ai souri. Des sourires nerveux, incontrôlés, comparables à ceux que connaissent parfois les rescapés d'une catastrophe ou d'un grave accident. À froid, après coup, cette réaction est choquante. Je le reconnais, je le regrette. En toute honnêteté, je serais incapable de dire si, de nouveau placé dans les mêmes conditions, je ne réagirais pas de la même manière.

En revanche, une photo largement reprise dans la presse nécessite une explication plus catégorique. Ce cliché, où j'apparais carrément hilare, a été pris trois heures après l'intervention, alors que le corps avait été évacué depuis longtemps. Je ne riais pas de la mort de mon «adversaire» mais d'un incident dont des dizaines de personnes venaient d'être témoins. Un jeune photographe était juché sur une camionnette malgré l'interdiction de son propriétaire. Le conducteur, un colosse à l'accent parisien, avait démarré, obligeant le jeune homme à des cabrioles qui avaient déclenché l'hilarité générale. Un autre photographe s'était empressé de prendre une photo, diffusée ensuite à mes dépens, dans un autre contexte.

Alors, suis-je l'«assassin» de Jacques Mesrine? Aujourd'hui encore, tant d'années après ce vendredi de novembre 1979 qui a marqué à jamais ma carrière de policier et ma vie d'homme, l'injure me blesse, pour toutes les ignominies qu'elle sous-entend. Ma femme, mes fils, mes parents, mes amis en ont peut-être davantage souffert que moi. Je n'ai pu leur épargner l'affront de films nauséabonds avec un Broussard de caricature, mauvais flic et piètre acteur, ni les débats indignes auxquels je ne pouvais participer. Ils ont toujours su, eux, que j'étais en paix avec ma conscience, comme tous les hommes de la brigade.

Mesrine a simplement eu la vie qu'il avait choisie, la fin qu'il avait imaginée, la mort qu'il avait souhaitée : l'arme à la main.

6. Une affaire sans fin

«La mort qu'il avait souhaitée : l'arme à la main.» C'est sur ces mots que s'achevait la relation de l'affaire Mesrine dans la première édition de ce livre, publiée début 1997. En répondant aussi précisément que possible aux interrogations – légitimes – liées à l'intervention de la porte de Clignancourt, je pensais d'une certaine manière clore le débat, du moins de mon point de vue. Je n'imaginais pas que, neuf ans plus tard, à l'occasion d'une réédition de cet ouvrage, il me faudrait à nouveau compléter le chapitre «Mesrine». Las! cette affaire suscite encore, même après tant d'années, un intérêt déconcertant du public. Quelle chaîne de télévision nationale n'a pas consacré des documentaires ou des émissions spéciales à celui qui s'était autoproclamé, voilà maintenant trente ans, «ennemi public numéro un»? Le sujet reste vendeur. Les téléspectateurs aiment les affaires de flics et de voyous, surtout celles qui font date dans l'histoire du grand banditisme. Et celle-ci est un modèle du genre avec son lot de pseudo-scoops, de déclarations péremptoires, de développements judiciaires interminables.

Commençons justement par le volet judiciaire... Après tout, la durée de la procédure explique sans doute en partie, mais en partie seulement, cette impression, lassante, d'être confronté à un film sans fin.

La plainte pour «assassinat» déposée le 12 novembre 1979 par les proches de Mesrine a suivi son cours au rythme lent de la justice. Ses enfants, Sabrina et Bruno, ont toujours maintenu la pression. Quoi qu'il ait pu faire au cours de sa vie, ils voulaient tout savoir des circonstances de la mort de leur père. Je me doute qu'ils se moquent de mon jugement mais j'estime leur démarche parfaitement légitime. Ils sont en droit de savoir ce qui s'est passé le 2 novembre 1979. Les accusations, souvent très graves, que l'un et l'autre ont pu porter contre moi n'y changent rien : je comprends et respecte leur obstination.

Revenons au volet judiciaire... À y regarder de plus près, ce dossier pourrait figurer dans le *Livre des records*. En vingt-cinq ans, de 1979 à 2004, il a été traité par neuf juges d'instruction successifs !

Pour comprendre comment on a pu en arriver là, il faut revenir, une fois de plus, au 2 novembre 1979.

Ce jour-là, comme nous l'avons déjà dit, le procureur de la République de Paris en personne, Christian Le Guhennec, recueille « à chaud », porte de Clignancourt, les témoignages des policiers présents. Il assiste aux premières constatations effectuées par le service enquêteur, la Brigade de répression du banditisme (BRB). Le procureur prend également la parole devant les journalistes. Après avoir insisté sur la dangerosité de Mesrine et ses multiples déclarations, il assure que, face à lui, la police était en « état de légitime défense permanente ». Rappelons que le truand était recherché pour de multiples affaires : meurtres, tentatives de meurtres sur agents de la force publique, attaques à main armée, évasions, prises d'otages en France et au Canada...

La plainte pour « assassinat » déposée par Sabrina Mesrine et sa grand-mère ne change en rien la position du parquet. Celui-ci indique que « Jacques Mesrine a été tué dans des conditions régulières et aucune faute ne peut être reprochée à la police ». Il souligne, une fois encore, que l'intéressé était « un malfaiteur notoirement dangereux, recherché par tous les services de police et qui avait publiquement proclamé son intention de tirer le premier ». Le juge d'instruction alors en charge du dossier, Roger Lecante, confirme cette position par une ordonnance de refus d'informer (21 juillet 1980). En d'autres termes, il n'y a pas matière, à ses yeux, à ouvrir une enquête pour « assassinat ». Les plaignants font appel de cette décision par l'intermédiaire de leur avocate, Me Martine Malinbaum. Le 20 janvier 1981, la chambre d'accusation de la cour d'appel de Paris confirme la décision du juge Lecante. Mais la partie civile se pourvoit en cassation et obtient gain de cause pour vice de forme... Dès lors, la machine ne s'arrêtera plus !

Pour ma part, je suis totalement à l'écart de ces péripéties judiciaires, tout au moins dans les premiers temps. Ma seule contribution – écrite – se limite à un procès-verbal d'intervention, rédigé aussitôt après les faits et joint à la procédure dressée par la BRB.

Il n'empêche que l'affaire suit son cours. La thèse d'une exécution programmée trouve un écho réel au-delà du cercle familial. Avec le temps, et une exploitation médiatique soutenue, elle prend même de l'ampleur. D'où mes demandes répétées, et celles de certains de mes collaborateurs, d'être entendu par la BRB et la justice. Des demandes restées vaines... Quand je reviens à la charge, par souci de vérité dans une affaire dont le retentissement me concerne au premier chef, la hiérarchie et la BRB me répondent en substance : « Vous étiez en état de légitime défense, tout le monde en convient, y compris le procureur ! Ne compliquez pas les choses, attendez qu'un juge vous le demande ! » Pour attendre, je vais attendre... D'appel en appel, de refus d'informer (ou non-lieu) en querelles de procédure, les juges changent, le dossier s'enlise. Dès que le magistrat saisi est appelé à de nouvelles fonctions, il faut en désigner un nouveau, ce qui a pour effet de rallonger les délais... Il me faudra attendre le sixième d'entre eux, Hervé Stéphan, pour être enfin entendu comme témoin.

Cette audition a lieu le 24 décembre 1996, une semaine avant mon départ à la retraite ! Un peu plus de dix-sept ans se sont écoulés avant que je me retrouve devant un magistrat pour donner, enfin, ma version des faits ! Mais le feuilleton n'est pas pour autant terminé. Toujours en raison des effets conjugués des procédures d'appel et des mutations dans la magistrature, il y aura un septième juge, puis un huitième !

Le 15 novembre 2000, alors que je suis à la retraite depuis près de quatre ans, la juge d'instruction Hélène Sottet me convoque comme témoin au Palais de justice de Paris, à deux pas de « mon » 36. Je vais à nouveau devoir revenir sur l'affaire Mesrine. Cette fois, l'audition va durer six heures !

La juge cherche d'abord, et c'est un préalable indispensable, à se replacer dans le contexte des années 1970. Elle veut tout savoir des missions de la BRI, du recrutement et de la formation de ses membres, de l'armement, des techniques d'intervention... Arrivés au terme de ces explications, nous constatons que l'heure a tourné et qu'il est préférable d'attendre le lendemain pour aborder les faits proprement dits.

Le lendemain, dans le même bureau, l'audition reprend. Cette fois, la juge entre dans le vif du sujet, toujours avec ce souci du détail qui me permet de répondre à toutes les questions, même celles qui pourraient paraître embarrassantes. En cinq heures d'audition, elles seront abordées une à une.

Avais-je reçu l'ordre d'abattre Mesrine? Avais-je moi-même ordonné à mes hommes de tirer? L'intervention était-elle prévue à cet endroit précis? Chaque fois, je réponds par la négative, tout en fournissant des explications aussi complètes que possible. Et puis vient un point plus délicat : la juge me demande le nom des tireurs et du chauffeur du camion. Je les connais, bien sûr, mais il est hors de question de répondre. L'explication est simple : ayant revendiqué la pleine responsabilité de l'opération en tant que chef de service, je ne veux pas donner l'impression de me décharger sur d'autres. J'entends également éviter que les noms de ces policiers ne filtrent dans la presse. Je ne veux pas les exposer, ainsi que leurs familles, à des menaces semblables à celles que j'ai reçues à la suite de cette affaire. Toute la difficulté pour moi consiste à justifier ce refus et à montrer qu'il ne doit rien à une volonté de cacher quoi que ce soit. Je précise d'ailleurs à Mme Sottet que les policiers concernés s'expliqueraient sans doute sans difficulté s'ils devaient être entendus.

De fait, mes anciens collègues apprennent vite par la presse que la juge cherche à connaître leurs noms. Sans attendre d'être convoqués, ils sollicitent les uns après les autres une audition. À leur tour, ils veulent enfin donner leur version de cette affaire. Je ne reprendrai pas ici leurs dépositions dont j'ignore d'ailleurs la teneur précise mais qui figurent bien entendu au dossier. Citons simplement ces extraits, publiés par le journal *Le Monde* dans son édition du 13 juillet 2001. Selon le quotidien, l'un d'eux aurait déclaré : «Après avoir crié "Police!", Mesrine a eu un brusque mouvement, en se penchant vers la gauche et en lançant sa main droite vers le bas de sa portière. Tant à son regard qu'à la soudaineté de ce geste, j'ai instantanément compris qu'il avait l'intention de tenter une résistance. J'ai immédiatement réagi en ouvrant le feu pour protéger mes collègues. [Les autres hommes du camion ont dû] ressentir la même chose au même moment puisque dans la même fraction de seconde, au moment où j'ouvrais le feu, j'ai entendu une brève salve éclater près de moi. » Cette simultanéité a été expliquée, toujours selon *Le Monde*, par un autre tireur : « Je me suis dit qu'il allait prendre un pistolet ou des grenades, flinguer les collègues ou les passants. Ç'a été un flash et j'ai tiré en direction de Mesrine. J'ai tiré une fois. Il n'y a pas eu de commandement de tir. Chacun a réagi individuellement et notre réaction à tous les quatre a été la même. » « Tout est allé très vite, je me suis dit il prend une arme et j'ai tiré... », aurait indiqué un autre policier. D'après *Le Monde*, il ressort de ces auditions que les quatre inspecteurs de la BRI n'avaient pas reçu l'ordre d'abattre Mesrine comme on l'a prétendu çà et là.

Depuis 1979, bien d'autres épisodes ont nourri l'odyssée judiciaire. Je passe sur les plus farfelus : ces personnages sortant de l'ombre avec plus de quinze années de retard (un barman, un gardien de la paix et d'autres encore...) pour être présentés par certains médias sans mémoire comme des « témoins » décisifs. D'où les titres du style « Des éléments nouveaux contredisent la thèse officielle » ou « Le témoignage capital d'un policier relance la polémique ». Chaque fois, ou presque, il a fallu expliquer les invraisemblances, les contradictions, voire démontrer les véritables motivations de leurs auteurs... Certes, il en est souvent ainsi dans les affaires très médiatisées, mais nous avons atteint ici des sommets.

Avouons-le : plus le temps passe, plus cela devient difficile. L'affaire est si ancienne que les jeunes, y compris parmi les journalistes, n'en connaissent pas le détail ; ils n'ont qu'une vague idée du contexte de l'époque et de la personnalité réelle de Jacques Mesrine.

Autre effet pervers du temps : des éléments connus mais oubliés resurgissent soudain, présentés comme autant de scoops. C'est ainsi qu'un jour de 2002 la presse a fait état d'un film tourné porte de Clignancourt par un policier de l'OCRB. Un film paraît-il «inédit»... Mensonge! L'existence de ces images était connue depuis longtemps puisqu'elles figuraient au dossier! À l'époque, cet inspecteur avait même tenté de les monnayer à des fins personnelles! Le 5 septembre 2002, le juge d'instruction a demandé la projection du film. Elle n'a rien apporté de neuf. Bruno Mesrine lui-même en est convenu, en déclarant : «On a fait croire que ce film était de la dynamite et, en fait, rien. On voit exactement les mêmes images que celles diffusées par la télé, sauf qu'elles sont de moins bonne qualité.»

Ceux qui ont entretenu le plus volontiers la polémique restent malgré tout les acteurs, plus ou moins directs, de l'affaire. Là encore, je me suis retrouvé à maintes reprises en première ligne alors que la justice ne cessait de répéter que Mesrine n'avait pas été «assassiné» mais tué lors d'une intervention très dangereuse pour les policiers contraints d'utiliser leurs armes pour préserver des vies humaines.

La dernière compagne du truand, Sylvia Jeanjacquot, a toujours été très active, tant sur le plan judiciaire que du point de vue médiatique, elle qui avait choisi de lier son destin à celui de Mesrine. N'avait-elle pas écrit, dans une lettre adressée à *Paris Match* peu de temps avant l'opération de la porte de Clignancourt : «Je sais ce que je risque. Cela peut aller beaucoup plus loin que la prison. La mort peut-être... Mon crime est de l'aimer car je ne suis mêlée en rien à ses affaires et j'ai accepté ce risque en toute conscience»?

À l'automne 1979, elle avait déposé plainte avec constitution de partie civile pour «coups et blessures volontaires avec préméditation», mais la justice ne l'a pas suivie dans cette voie.

En 1997, à la parution de la première édition de cet ouvrage, Sylvia Jeanjacquot a relancé la machine judiciaire en m'accusant, cette fois, d'avoir minimisé volontairement la gravité de ses blessures. La phrase incriminée, extraite du récit de l'intervention, était la suivante : «Sa compagne, blessée par des éclats de verre à un œil et à un poignet, sort de la BMW avec l'aide de deux policiers. Elle s'affaisse sur le trottoir.»

Contrairement à ce qui a pu être dit ou écrit ici ou là, je n'ai pas cherché à nuire à Sylvia Jeanjacquot ni à faire croire qu'elle n'avait souffert que d'«égratignures» ou de «blessures superficielles». Ces mots n'apparaissent d'ailleurs pas dans la phrase en question. En signalant qu'elle avait été «blessée par des éclats de verre à un œil et à un poignet», je ne dressais pas un bilan médical, je reprenais les termes exacts de mon procès-verbal rédigé immédiatement après les faits. Or le récit complet de l'intervention, dans son style et sa brièveté, démontre à l'évidence que je me plaçais dans l'instant présent d'un événement d'une grande intensité émotionnelle pour tout le monde. Je relatais les faits et les gestes de chacun tels que je les avais perçus instantanément. Le personnage central de l'histoire étant Mesrine, je n'avais pas à évoquer davantage sa compagne. La nature apparente de ses blessures (elle saignait au front et au poignet), ajoutée au fait qu'elle avait parlé avec beaucoup de véhémence en sortant de la BMW, m'avait fait penser, en toute bonne foi, qu'elle avait été blessée par des éclats de verre.

Dans les semaines ayant suivi l'hospitalisation de Sylvia Jeanjacquot, beaucoup de choses, exactes ou erronées, ont été rapportées par la presse, tant sur son état de santé que sur son rôle auprès de son compagnon. Pour ma part, je n'ai pris connaissance du certificat médical établi le 2 novembre 1979 que lorsqu'elle a engagé l'action judiciaire contre mon livre en 1997. Il ne m'appartient pas de révéler le contenu de ce certificat mais il est incontestable que ses blessures, notamment à un œil, étaient plus graves que ne pouvait le laisser entendre ma première relation des faits, rédigée dans les circonstances que l'on sait.

Un autre témoin de l'opération, côté policier cette fois, a fait parler de lui ces dernières années, et de manière pour le moins déroutante : Lucien Aimé-Blanc, l'ancien patron de l'OCRB.

J'ai déjà eu l'occasion d'évoquer ce collègue que je considérais – à tort – comme un ami. Il avait certes une personnalité à part, et une conception de notre métier que je ne partageais pas toujours, mais c'était, à mes yeux, un bon policier. Tout le monde, à l'époque, savait à peu près à quoi s'en tenir avec lui : il aimait puiser ses infos « à la source », chez les truands, les indics ; il avait ses habitudes dans le monde de la nuit, chez les prostituées, les tenanciers de bars ou de boîtes. Il ne cachait pas sa fascination pour les individus retors, les coups tordus, voire les « manips ». Mais je ne pensais pas, et je n'étais pas le seul, que sa conception du métier (« pas de police sans basse police », disait-il) l'entraînerait si loin...

Au printemps 2002, Lucien Aimé-Blanc publie en effet un livre prétendant apporter la « vérité » sur la mort de Mesrine[1]. De fait, ayant participé à la traque puis à la mise en place du dispositif d'intervention, il est bien placé pour témoigner à son tour. Ce qu'il raconte n'en est pas moins ahurissant sur bien des points... Une fois encore, j'apparais comme l'accusé en chef, soucieux de cacher je ne sais quel secret ou de ne pas dire la vérité.

Mon ex-collègue affirme notamment que, contrairement à ce que j'ai écrit, je ne pouvais pas être sur les lieux de la fusillade puisque j'étais avec lui, à une cinquantaine de mètres de l'endroit et « hors de vue de la scène ». Bref, j'aurais menti. À l'entendre, j'aurais agi ainsi pour « couvrir » mes hommes, attitude qu'il juge malgré tout « courageuse et chevaleresque » ! Je maintiens, bien entendu, tout ce que j'ai pu dire et écrire sur ma présence et mon action personnelle, propos par ailleurs confirmés chez le juge par ceux qui étaient à mes côtés. Tantôt flatteur tantôt critique à mon égard, Aimé-Blanc admet implicitement s'être tenu en retrait au moment de l'intervention.

D'une page à l'autre, de compliments en vacheries sur mon compte (et sur d'autres !), son récit est émaillé d'erreurs et de contradictions. Au final, le lecteur retient tout de même quelques phrases importantes. Celle-ci par exemple : « À aucun moment nous n'avons reçu l'ordre direct de nos supérieurs de tuer Mesrine » ; ou encore : « Je ne sais pas ce que Broussard a recommandé à ses hommes, lors de la réunion interne qui s'était

1. Lucien Aimé-Blanc, *La Chasse à l'homme*, Plon, 2002.

déroulée la veille. Mais je sais, en revanche, ce que j'aurais donné comme directives si j'avais été à sa place : tirez les premiers ! »

Les passages les plus surprenants de l'ouvrage d'Aimé-Blanc ne sont pourtant pas ceux consacrés à la journée du vendredi. Il y a plus étonnant : la manière dont il aurait contribué à la traque du Grand entre son évasion de la Santé (2 mai 1978) et sa « localisation », dans le nord de la capitale, près d'un an et demi plus tard. Mon ancien collègue a au moins l'honnêteté de dire que je ne connaissais pas les « tenants et les aboutissants tortueux » de cette traque. J'ignorais en effet à quel point il avait manœuvré en coulisses...

En toute objectivité, je dois d'abord reconnaître que Lucien Aimé-Blanc a obtenu des renseignements importants et que son travail a, en partie, contribué à retrouver la trace de Charly Bauer puis de Mesrine. Mais la manière dont il y est parvenu laisse pantois.

En parcourant ce livre, où le lecteur navigue entre stupéfaction et incrédulité, j'ai enfin l'explication à deux ou trois ratages, et aussi la réponse à des interrogations sur diverses cachotteries au cours de l'enquête. Aimé-Blanc affirme par exemple avoir « utilisé » le journaliste de *Minute* Jacques Tillier avec lequel il entretenait une « amitié loin d'être désintéressée mais basée sur des intérêts partagés [1] ». Il dit avoir été parfaitement informé des manœuvres de ce dernier pour obtenir l'interview de Mesrine. Le chef de l'OCRB aurait ainsi apprécié la « beauté » du « coup tordu » que lui proposait, selon lui, le journaliste pour faire sortir le truand de sa planque. Cette version des faits a été fortement contestée par Jacques Tillier.

Aimé-Blanc était également en relation avec un homme considéré un temps comme proche de Mesrine : le fameux Nounours, le complice arrêté peu après l'agression au domicile du président de la cour d'assises de Paris, Charles Petit. De même, mon ancien collègue affirme avoir rencontré à plusieurs reprises

1. Dans le sous-chapitre « Le Grand et l'anguille », il est également question d'un journaliste ayant proposé, lui aussi, un « marchandage » pour piéger Mesrine. Il ne s'agissait pas de Tillier.

le troisième participant à cette affaire (le chauffeur) alors que ce dernier était recherché par la police! Aimé-Blanc écrit même l'avoir protégé, à l'insu de tous les autres services, en espérant ainsi remonter jusqu'à Mesrine! L'ancien patron de l'OCRB prétend également avoir «utilisé» un autre petit truand de la bande susceptible de le conduire au Grand. Mieux : il dit avoir fourni des armes à ces deux hommes, ainsi qu'à Tillier, parce qu'ils se sentaient en danger face à Mesrine! « J'avais pris dans le coffre de mon bureau, qui en regorgeait, trois armes qui ne voyaient pas le jour... Et c'est ainsi que, armé jusqu'aux dents, notre commando quadrillait les rues, c'est-à-dire moi et mes trois acolytes[1]... » Autrement dit, le groupe ainsi constitué – Aimé-Blanc, le journaliste et les deux malfrats – aurait sillonné le XVIIIe arrondissement à la recherche de l'«ennemi public numéro un»!

Enfin, pour que ce petit monde se refasse une santé financière après l'affaire Mesrine, mon ancien collègue aurait sciemment laissé trois hommes dévaliser durant toute une nuit – sous la protection physique de l'OCRB et de son chef! – un hôtel particulier d'une «jolie petite ville de banlieue» : « Moi Lucien Aimé-Blanc, grand flic, comme on dit, patron d'un des plus célèbres groupes anticriminalité, je "couvre" un casse qui va rapporter à ses auteurs, sans le moindre risque, une quarantaine de plaques... » !

La presse a très peu insisté sur cet aspect du livre. Quand elle en a parlé, c'était pour évoquer, avec plus ou moins de nostalgie, une supposée «police de papa» avec ses méthodes d'un autre âge. Je ne suis pas le seul à réfuter ce genre d'explications qui n'ont d'autre but que d'excuser l'inadmissible. Certes, le travail et les rapports avec les truands étaient différents à l'époque mais ils n'impliquaient pas de telles pratiques.

En prenant connaissance de toutes ces turpitudes, ma réaction a d'abord été celle de bien d'autres personnes mises en cause : je me suis dit que Lucien avait «pété les plombs». Avec le recul, force est toutefois de constater que, si ce livre fourmille

1. Lucien Aimé-Blanc, *La Chasse à l'homme*, *op. cit.*

d'inexactitudes, il comporte aussi des faits avérés, en particulier en ce qui concerne les rapports qu'Aimé-Blanc entretenait avec les indics, ce qu'il appelle des « sordides marchandages ».

Reste à savoir pourquoi l'ancien patron de l'OCRB s'est livré à un tel déballage, au risque de mettre gravement en cause plusieurs personnes et de se fâcher avec beaucoup de monde... La réponse lui appartient. Je constate simplement – mais ce n'est qu'une explication parmi d'autres – qu'on le sent amer, voire blessé, de ne pas avoir été choisi par son directeur central, Maurice Bouvier, pour piloter seul le dossier Mesrine, de ne pas avoir eu la carrière et les décorations espérées après avoir pris tant de risques dans cette affaire...

Me Malinbaum, l'avocate de la famille Mesrine, a logiquement saisi cette occasion inespérée pour relancer une fois encore le dossier. Le 29 avril 2003, nous nous sommes donc retrouvés dans le bureau du neuvième juge d'instruction, Baudoin Thouvenot. L'avocate voulait connaître, entre autres, mes réactions sur cet ouvrage. Elle a posé ses questions avec beaucoup d'adresse et de pugnacité sans pour autant cacher ses doutes sur certains passages et son étonnement quant aux méthodes employées.

Le 14 octobre 2004, soit vingt-cinq ans après les faits, une énième ordonnance de non-lieu a été rendue par le juge Thouvenot et rapportée dans la presse... Rejetant la thèse selon laquelle la mort de Jacques Mesrine avait été programmée par la police, le magistrat constatait au contraire que mes hommes avaient fait les sommations d'usage en criant « Police ! » et qu'ils n'avaient ouvert le feu qu'après avoir « interprété légitimement » le mouvement de Mesrine comme un geste pour se saisir d'une arme. Il rappelait par ailleurs que les policiers avaient découvert dans la BMW un pistolet et deux grenades. Insistant sur le passé de violence de Jacques Mesrine, Baudoin Thouvenot estimait que les policiers avaient riposté de manière proportionnée à un individu qui les exposait à un danger de mort imminent.

Dans le dossier, le juge avait gardé quelques déclarations du Grand, dont celle-ci, faite à *Paris Match* : « Où que je sois, je suis armé, j'ai toujours une grenade sur moi... Face à des flics armés, je n'ai aucune limite, je suis sans pitié, j'allume, je tire et s'il faut les achever, je le ferai. »

XXII

La scoumoune et le sursaut

Les répercussions de l'affaire Mesrine auraient pu ébranler la brigade, entraîner des scissions, provoquer des fractures. Rien de tout cela n'arriva. L'opprobre restant le fait d'une minorité, l'antigang traversa les turbulences sans encombre majeur.

Si j'avais eu des doutes sur la fragilité de l'édifice – en particulier à la suite du loupé du passage Albert, en 1978 –, celui-ci demeurait en fait d'une remarquable stabilité. Il n'était pas question d'ignorer les critiques ou de feindre l'indifférence, mais de faire front avec notre bonne foi, nos arguments, nos résultats. Le Grand avait eu sa chance, il n'avait pas su, ou pas voulu, la saisir. Nous avions la conscience tranquille, ni remords ni regrets.

L'après-Mesrine marqua simplement un retour à ce que l'on pourrait appeler l'« ordinaire » du banditisme, avec des malfaiteurs moins célèbres mais tout aussi dangereux – parfois davantage – que celui de la rue Belliard. Notre « livre des affaires », un registre dans lequel nous notions tout avec une rigueur d'épicier, s'enrichit en deux mois de quelques belles prises.

– 4 décembre 1979 : arrestation de trois braqueurs multirécidivistes qui venaient d'attaquer une agence de la Société générale dans le XVIIe.

– 7 décembre 1979 : arrestation de deux malfrats en flagrant délit de braquage d'une Caisse d'épargne à Saint-Arnoult-en-Yvelines.

– 8 janvier 1980 : arrestation d'un malfaiteur évadé de la centrale de Melun deux ans plus tôt.

– 12 janvier 1980 : arrestation en flag d'un gang auteur d'un hold-up à Ozoir-la-Ferrière et d'une vingtaine d'autres auparavant.

– 30 janvier 1980 : arrestation d'une équipe qui venait d'attaquer une agence du CIC...

Les inspecteurs abordaient ces interventions une à une, avec une motivation intacte, sans céder à la lassitude. Cette constance constituait, à mon sens, la plus efficace des ripostes à nos détracteurs. La brigade, si riche en fortes personnalités, résistait aux maux de son temps, la jalousie, le cynisme, la suffisance. Oh, tout n'était pas lisse : des coups de gueule éclataient parfois, avec leur lot de « mots doux » et de portes claquées, mais chacun s'employait ensuite à soigner les rares blessures d'amour-propre. Notre conception de l'amitié et du métier l'emportait sur ce qui pouvait nous diviser. À tel point, d'ailleurs, que la brigade avait la réputation de fonctionner à la façon d'un clan. Je dois admettre qu'il y avait un peu de cela, comme une inclinaison atavique au corporatisme « BRI », une manière d'esprit de clocher, qui datait de François Le Mouël, le premier patron.

Il ne fallait pas voir dans cette tendance au repli une arrogance de « vedette » ni la marque d'un quelconque élitisme. Nous n'avions pas la prétention, depuis notre dernier étage du 36, de dominer la police française. Non, notre comportement tenait avant tout à la nature même de notre travail.

Un homme évoluant au cœur du danger est par essence difficile d'accès. Sans forcément en être conscient, il se tient sur la défensive, s'entoure de mille barrières intimes, n'accorde pas immédiatement confiance et amitié à « celui-qui-ne-peut-pas-comprendre ». Quelque part, il y va de sa survie, parce que l'action ne souffre pas l'imperfection dans les rapports humains. Au plus près de la mort, quand tout repose sur les petits riens de l'incertitude, il veut pouvoir compter sur son équipier, connaître ses forces, ses faiblesses, deviner ses impulsions, ses défaillances. Cette complicité ne s'acquiert pas du jour au lendemain, elle est le fruit d'une relation durable. Le danger rend prudent en affection. Aussi, nous étions méfiants, nécessairement méfiants. Moi le premier.

Une fois acquise, en revanche, cette amitié est de celles qui durent. Elle s'est forgée au «feu», elle a résisté à la tentation du sauve-qui-peut, il n'y a plus de collègues mais des copains ou d'authentiques amis.

Intégrer la brigade n'était donc pas évident. Le service fonctionnait un peu comme ces clubs très sélects, jaloux de leurs traditions, de leurs valeurs, accessibles par parrainage. Un clan, oui, c'est vrai.

Les candidatures ne manquaient pas; j'en recevais plusieurs dizaines chaque année. Comme nos effectifs étaient limités à une cinquantaine de personnes et que les départs étaient rares, tous ces prétendants ne pouvaient être enrôlés. Certains étaient écartés d'office, soit en raison de leurs états de service, soit à cause de la période choisie pour faire acte de candidature. Les opportunistes qui nous envoyaient leurs CV au lendemain d'une affaire suivie d'importantes retombées médiatiques n'avaient pratiquement aucune chance d'être retenus! Mieux valait se manifester en période normale et avoir quelqu'un dans la place, un «parrain» en quelque sorte. Les recommandations d'un chef de groupe étaient plus fiables que toutes les notes administratives. Ils savaient, eux, quelles étaient les qualités requises pour gagner la confiance des autres : l'humilité, la disponibilité, le courage, le sens du travail en équipe...

Sitôt incorporé, le nouveau venu découvrait les réalités de la BRI, loin des clichés dont elle était affublée. Il s'initiait aux rites qui faisaient probablement notre force : les tours de planque, les pauses casse-croûte, les repas de fin d'affaire, les entraînements... Il comprenait surtout que cette brigade astreignait chacun, commissaire ou inspecteurs, à des servitudes épuisantes. Nul ne pouvait s'y soustraire, c'était le lot commun et j'y tenais par-dessus tout. Pour quelques minutes excitantes, combien de nuits de planques et de filatures fastidieuses?

Tout cela n'était pas sans conséquences sur la vie privée. Aussi, comme il était exclu d'imposer des fonctions à risques à des hommes préoccupés par des problèmes personnels, je posais systématiquement la question aux candidats sur l'accord de leur femme pour un poste si exposé. De mon côté, j'avais la chance, le privilège, d'avoir une épouse qui acceptait ma passion pour cette brigade. Une passion exclusive ; excessive aussi, sans doute.

Le vendredi était un jour particulier dans la vie du service, la dernière marche avant le repos hebdomadaire pour ceux qui n'étaient pas de permanence le week-end. Je me doutais bien qu'ils avaient envie et besoin de souffler. Mais je savais aussi qu'ils ne sauraient résister à l'appel d'une affaire prometteuse. En fin d'après-midi, je descendais à la direction afin de m'informer sur les enquêtes en gestation, à la Criminelle notamment. Je demandais alors aux inspecteurs de patienter un moment avant de partir.

Au fil des semaines, ils prirent l'habitude de m'attendre dans le bureau de Roland Linck, l'un des anciens. Avec son visage un peu rougeaud, ses manières de père tranquille, sa gitane maïs au coin des lèvres, il n'avait pas le profil d'un casse-cou. D'un naturel réservé, il avait le courage modeste des hommes de devoir. S'il aimait se déguiser en chauffeur de taxi, en livreur ou en clochard, pour assurer une planque, comme dans l'affaire Mesrine, sa présence était également appréciée dans les interventions. Un peu moins dans les boîtes de nuit, comme j'avais pu le constater un jour...

À l'issue d'une mission dans les Alpes, nous avions décidé de finir la soirée incognito dans un établissement de Chamonix tenu par des Corses. Tandis que les anciens consommaient dans l'arrière-salle, les jeunes s'activaient sur la piste de danse et repoussaient sans cesse l'heure du départ. Roland, lui, était pressé de rentrer se coucher. En désespoir de cause, sans rien dire à personne, il se joignit aux danseurs, surpris de voir le « chibani » s'initier au disco... En réalité, tout en gesticulant, il vaporisait discrètement du gaz lacrymogène !

L'assistance fut contrainte d'évacuer rapidement les lieux, à l'exception des gars de la BRI, retenus dans l'arrière-salle par le personnel. Nous devions désigner l'auteur de cette plaisanterie qui était, j'en conviens, d'un goût douteux. Tous les Corses de la station s'étant rassemblés à l'extérieur pour nous faire une grosse tête, l'empoignade s'annonçait rude... Voilà comment, rigolant comme larrons en foire, on se mit en colonne un par un, derrière la silhouette de catcheur de notre vaillant Pépé le Moko ! Les bras écartés, dansant d'un pied sur l'autre, nous étions un peu comme les rugbymen néo-zélandais, les fameux All Blacks, qui se livrent au rituel du « haka » avant chaque match. Pépé ouvrait la marche.

– Allez, les enfants, quand faut y aller, faut y aller !

Heureusement, sur le pas de la porte, deux ou trois Corses du « comité d'accueil » reconnurent en Fanfan Santini un copain du village et cette nuit mouvementée s'acheva par une mémorable soupe à l'oignon !

La réunion du vendredi, dans le bureau de Roland, constituait pour tout le monde une occasion de prendre un pot, de procéder à une séance d'autocritique. Dominique Quirin (« Gueule d'amour »), Guy Chétard (« Tarché »), Jean-Pierre Moreau (le « vieux J.-P. ») ou le petit Roger Stella... Chacun en prenait pour son grade de la part des copains. Untel parce qu'il s'était assoupi pendant une surveillance, tel autre pour sa maladresse lors d'une intervention. Roland Linck, connu pour son humour froid de Parigot pure souche, disposait, dans son lexique personnel, d'expressions sur mesure à l'attention de chacun : « Grille d'égout », « Tige de frein », « Motte de beurre »... Il n'y avait aucune méchanceté dans la démarche de ces hommes, juste une volonté de rire un moment, en se charriant gentiment. Lorsque je venais les rejoindre, en sortant du bureau du directeur, ils avaient déjà oublié qu'ils étaient en retard pour le départ en week-end... Pépé le Moko, le philosophe des faubourgs, lâchait sa maxime habituelle : « On est quand même mieux là qu'à l'usine. »

Les inspecteurs du groupe Mougenot étaient toujours en avance d'une plaisanterie, surtout à l'approche des fêtes de fin d'année. Quand venait l'heure des étrennes, chacun recevait son cadeau. Jean-Yves Toumit, alias « Aimable », eut droit à un disque de l'accordéoniste du même nom. Jean-Marc Bloch, dont la voiture était réputée aussi crapoteuse que celle du lieutenant Columbo, reçut une poubelle équipée d'un volant, d'une corne, de rétroviseurs et d'une palque minéralogique!

Nous pouvions rester des heures à écouter Christian Truffinet, dit «la Truffe», ou encore Jojo Thalmann, si doué pour imiter Bourvil. Cet ancien haltérophile était l'un de nos amuseurs, à la fois fantasque et sérieux. Le soir venu, quand tout le monde rêvait d'un bon lit, il soulevait des kilos de fonte pour se maintenir en forme! Il était aussi capable d'initiatives un peu folles. Un soir, tandis que nous sortions en groupe d'un restaurant du Quartier latin, de jeunes musiciens jouaient pour une poignée de touristes. Sans doute n'aimaient-ils guère la «flicaille», mais ils avaient l'air plutôt sympas. Afin de tonifier leur spectacle, Ivanoff et notre Jojo national se livrèrent à un époustouflant numéro de saltimbanque. Marchant sur les mains, ils haranguaient la foule, l'invitaient à venir applaudir les musiciens. Un autre inspecteur fit le tour des spectateurs avec un chapeau en main. Les jeunes furent plutôt étonnés d'apprendre que nous étions policiers. Je pense même qu'ils crurent à une plaisanterie...

J'aurais aimé que nos détracteurs nous surprennent dans ces moments-là, juste pour savoir si, oui ou non, nous ressemblions aux «cow-boys» qu'ils dénigraient parfois. L'antigang était à cent lieues de leurs idées reçues.

Ces liens d'amitié, cette connivence que d'autres brigades nous enviaient étaient en fait à double tranchant. Losque l'un d'entre nous venait à être blessé, notre douleur s'en trouvait amplifiée : Daniel Berton dans l'affaire du *Figaro* (1973), Jacques Chaix au Thélème (1975), René Berrux et David Lailheugue dans l'affaire Empain (1978), François Antona à l'ambassade d'Irak (1978)...

En octobre 1977, nous avions également failli perdre un jeune inspecteur, Gérald Héliès, touché à l'artère fémorale lors d'une fusillade dans la planque du «Dingo», un truand auquel un juge d'application des peines avait eu la généreuse idée d'accorder une permission de cinq jours, ce qui lui avait permis de «remonter» au braquage. Héliès, qui faisait partie de l'équipe chargée de l'arrêter dans sa tanière, avait fait irruption dans le studio. Le Dingo, assis sur un canapé face à la porte, s'était aussitôt emparé d'un flingue sous un coussin, il avait touché l'inspecteur avant d'être abattu. Je revois Gérald, allongé dans le couloir, son regard entre frayeur et résignation, la cuisse ouverte, le sang qui giclait par saccades, les infirmiers du SAMU, son transfert à l'hôpital Tenon, le bloc opératoire... Les gars avaient donné leur sang pour qu'il survive. Et il s'en était sorti, avec de graves séquelles mais vivant.

Plus de trois ans s'étaient écoulés depuis cette affaire et, par bonheur, par chance surtout, nous n'avions pas encore connu la mort. Elle avait épargné la BRI. J'y pensais, bien sûr. On y pense toujours. Mais je me gardais bien de l'avouer. Nous n'en parlions pas non plus entre nous. Le sujet était tabou. En ma qualité de patron, j'avais la hantise de la routine et je songeais aux collègues tombés pour avoir négligé les précautions élémentaires.

Chacun de nous livrait contre le spectre de la mort un duel intime, manière de retarder l'échéance. Il fallait être solide car, si tout être humain en vient tôt tard à imaginer son enterrement, le policier a, lui, le triste privilège d'imaginer aussi le fil des événements : des truands, des armes, la fin. Au cœur de l'action, il n'y pense pas. Après, forcément.

Ce scénario final, Roland Linck devait l'envisager de temps en temps. Il devait y penser avec ce fatalisme désabusé qui le caractérisait. Mais le vendredi soir, quand revenait la réunion rituelle avec les copains, dans son bureau du 36, il l'oubliait. N'étaient-ce pas là, après tout, le charme et le drame de nos vies ? La roue ne cessait jamais de tourner.

Pour Roland Linck, elle s'arrêta tout de même le 3 décembre 1980. Ni une bavure ni une fusillade, juste une sale histoire. Un « accident à la con », aurait-il dit.

C'était en fin de matinée, rue Vercingétorix, dans le XIVe. La BRI et l'OCRB suivaient trois braqueurs qui venaient de commettre un hold-up et repartaient à bord de deux voitures. Si le premier se montra docile, les deux autres essayèrent de se débattre en sortant de leur Austin. L'un d'eux se débarrassa d'une grenade quadrillée que Jean-Yves Toumit, dans un réflexe admirable, jeta par-dessus un mur bordant une voie ferrée. L'engin n'explosa pas mais, dans la bousculade, l'arme d'un inspecteur de l'OCRB s'accrocha dans la parka d'un truand. Le coup partit, la balle traversa le corps de Roland à la hauteur du foie, avant de blesser à la cuisse un inspecteur de l'office, Jean-Marc Maury.

Mercredi 3 décembre 1980. La mort.

Elle s'imposait à nous dans sa cruelle stupidité, au détour d'une intervention presque banale. Un «accident à la con», vraiment.

Je ne savais comment réagir, j'étais coincé entre mes responsabilités et ma peine, entre l'obligation de faire face, d'assumer mon rôle de chef de service et le besoin de pleurer mon ami avec mes proches, avec les gars de la BRI, d'aider l'épouse de Roland et ses deux enfants. Mais n'étais-je pas en train de payer ma conception de ce foutu métier? À trop vouloir m'investir, à trop miser sur l'affectif, j'avais pris le risque d'en souffrir quand le vent de la malchance viendrait à tourner.

Les caméras, voraces en détresses inédites, surent en profiter. En tant que patron, je devais parler, c'était une obligation en mémoire de Roland Linck, pour écarter les soupçons de « bavure » ou de « guerre des polices ». Je n'avais jamais autant souffert devant les journalistes. Ils n'étaient pour moi que des ombres alignées derrière une rangée de micros et d'objectifs. Pensez donc : un antigang à la dérive! Des larmes de flic plein cadre, en gros plan! L'occasion était trop belle, l'image trop tentante. Leurs questions tombaient, toujours les mêmes, les «comment?», les «pourquoi?» et je parlais, je parlais, à mots hésitants, la gorge nouée, l'œil embué.

Au terme de la cérémonie officielle, à Paris, la BRI se rendit à Dammartin-en-Goële, le village de Roland. Nous étions tous présents, l'amitié en rangs serrés. Un homme se tenait debout, au fond de l'église. Il se mêla ensuite aux inspecteurs dans les allées du petit cimetière. C'était Christian Bonnet, le ministre de l'Intérieur, qui nous avait rejoints sans prévenir quiconque, à titre personnel, en ami sincère de la brigade.

La disparition de Roland provoqua un profond traumatisme au sein du service. On ne sort pas indemne d'une rencontre si brutale avec la mort. L'«après» fut une période délicate à gérer, une convalescence psychologique. D'affaire en affaire, nous allions tenter de vaincre le signe indien.

L'arrestation de deux équipes de braqueurs, le 18 décembre, place de la République, et le 24 décembre, à Puteaux, contribua à nous remettre sur le chemin de la confiance. Vint par la suite, le 10 février 1981, le démantèlement d'une partie du «gang de la banlieue sud», parmi lesquels des truands déjà arrêtés en 1973. Rien que du beau monde et du matériel de premier choix : une dizaine de mitraillettes, une quinzaine d'armes de poing, des grenades, des appareils radio... Ces réussites étaient encore le plus bel hommage que nous puissions rendre à Roland. Les inspecteurs de son groupe, désormais dirigé par Roger Stella, étaient plus unis que jamais : Jojo Thalmann, Jean-Yves Toumit, Christian Caron, Loïc Janot, Patrick Le Gall, Jean-Pierre Thouvenot...

Une spectaculaire évasion allait bientôt nous mobiliser. Une «belle» que Mesrine lui-même n'avait pas osé tenter, en son temps : par hélicoptère!

Le 27 février 1981, en milieu de matinée, un industriel se présente à l'héliport d'Issy-les-Moulineaux. Il veut se rendre à Orléans avec son secrétaire. Mais dès que l'appareil a pris un peu d'altitude, les deux passagers contraignent le pilote à mettre le cap sur la prison de Fleury-Mérogis. L'hélico survole le terrain de sport, descend jusqu'à un mètre du sol, sous le regard des détenus. Deux d'entre eux, et non des moindres, se précipitent à bord : Gérard Dupré, trente-quatre ans, est un multirécidiviste du braquage, il connaît beaucoup de monde dans le milieu, en particulier dans la banlieue sud; l'autre, Daniel Beaumont, quarante et un ans, est tout aussi redoutable.

Le SRPJ de Versailles a été chargé de l'enquête. En liaison avec la BRI, le commissaire divisionnaire Richard dresse la liste des relations des deux fugitifs. Nous identifions et retrouvons notamment une jeune femme prénommée Vanessa. Suivie dans tous ces déplacements, elle s'entoure de trop de précautions pour avoir la conscience tranquille. Par son seul comportement, méfiant à l'excès, elle nous incite à persévérer.

Le 6 mars, en fin d'après-midi, nous la voyons quitter son domicile du XVIe arrondissement et se diriger à pied vers la porte Maillot. Elle hésite, tourne en rond, puis monte dans un taxi. Après des détours dans Paris, elle se fait conduire à proximité du cimetière du Père-Lachaise.

Il fait déjà nuit. Elle marche seule dans la rue de la Folie-Régnault. Un homme la dépasse sans lui adresser la parole et revient sur ses pas. Nous reconnaissons Gérard Dupré, l'un des deux évadés de Fleury. Sur le trottoir opposé, dans l'obscurité, un inconnu semble assurer la protection du couple. Dupré et Vanessa sont maintenant ensemble, suivi de l'inconnu, en retrait de quelques mètres. La rue étant presque déserte, j'ai décidé d'intervenir dès que possible, avec une équipe à pied soutenue par des hommes en voiture.

Nos «piétons» sont prêts à ceinturer les truands. Las! ceux-ci se rendent compte de la manœuvre. Ils ouvrent le feu, une fusillade brève mais très dense. Dupré, blessé, profite de la bagarre qui nous oppose au «garde du corps» et à la jeune femme, pour s'enfuir en boitant. En plein pugilat, quelqu'un crie : «Roger est touché!»

Je me retourne. Le Petit Roger est allongé sur le trottoir. Le sang jaillit de sa cuisse. Je me précipite pour lui tenir la tête surélevée et pratiquer un point de compression. Son regard bleu se voile lentement. Je pense à Roland, je l'imagine, lui, le Petit Roger, Roger Stella, l'ami des premières heures, l'homme de Brest, ces dizaines et ces dizaines d'affaires traversées sans pépin, et puis là, un soir de mars, le drame au coin de la rue.

Il veut me parler à voix basse. Je me penche.

– Dites à Edmond comment ça c'est passé, qu'il ne s'inquiète pas.

Edmond, c'est le frère aîné de la famille Stella. Il vit au pays, là-haut, dans son cap Corse.

– Oui, Roger, je lui dirai... Ne t'inquiète pas, ça va aller...

Il faiblit à vue d'œil. Le sang coule en abondance.

– On a la poisse, hein, patron?

Je ne réponds pas, les mots n'auraient aucun sens. Je sais bien qu'il songe à Roland. Ils étaient du même groupe, de la même famille. Il lui a succédé pour rassurer les gars, et voilà qu'à son tour, trois mois plus tard, il est à terre. Cette allusion à Roland me bouleverse. J'ai l'impression qu'il se résigne au même destin, qu'il se laisse aller sur la même voie, qu'il s'incline devant la fatalité. Je suis indifférent à tout ce qui se passe autour de moi. Peu m'importe que le «garde du corps» ait enfin été maîtrisé, qu'il s'agisse de l'un des organisateurs de l'évasion. Peu m'importe aussi que Dupré ait disparu, je ne sais plus que dire, que faire.

Nous ignorons la nature exacte des blessures de Roger mais il n'est pas besoin d'être chirurgien pour comprendre qu'elles nécessitent une intervention immédiate. Les secours s'organisent, un médecin de passage propose son aide. Je suis encore avec Roger lorsque Christian Caron nous rejoint en courant.

– Venez vite, patron, on a localisé Dupré.

Christian est un autre membre du groupe Stella, ex-Linck. Un homme fantastique sur le terrain comme dans la vie de tous les jours. Il était parti à la poursuite du fuyard sans savoir que le Petit Roger avait été touché. En l'apercevant, il blêmit. Sa soudaine affliction me ramène à la réalité. Les gars sont tellement déstabilisés que je dois reprendre la direction des opérations. Le Petit Roger l'a bien compris.

– Patron, mon groupe a la poisse, allez-y, ils ont besoin de vous.

Kiki Caron m'entraîne jusqu'à l'impasse Daunay.

Les autres inspecteurs, postés devant l'entrée d'une serrurerie où Dupré serait retranché, pensent à Roland, à Roger, à la scoumoune qui s'acharne. Ils sont trop énervés pour intervenir tout de suite. Dans leur esprit, il n'est pas question de vengeance, juste d'un besoin impérieux d'aller au-devant du danger pour conjurer le mauvais sort. Or je ne peux les laisser entrer sans leur faire courir d'énormes risques. Je ne peux non plus les écarter : ils ressentiraient cela comme un signe de défiance. Il importe donc de décompresser, de répartir les rôles, sans précipitation. La présence de François Santini, si souvent volontaire pour intervenir avec moi, me sera indispensable.

– Bon, les enfants, je vais entrer avec Fanfan. Vous nous protégerez en restant en retrait et sur les côtés, d'accord ? Attendez, je vous demande une seconde, il faut être à l'aise...

M'éloignant de quelques mètres, je prends tout mon temps pour uriner le long d'un mur. À mon retour, les visages ont changé, la tension est tombée. Par ma décontraction forcée, je me suis moi-même rassuré. Il suffit souvent d'un rien, d'un mot, d'un geste anodin pour apaiser un groupe sous pression excessive.

– Allez, les enfants, on y va tranquilles...

La porte de la serrurerie est demeurée ouverte. Le propriétaire, un moment pris en otage, nous a confirmé que le truand était blessé et que, compte tenu de la configuration des lieux, il ne pourrait s'échapper. Suivi de Fanfan, je pénètre dans l'atelier du rez-de-chaussée. Nous progressons dans la pénombre, par petits bonds, en protection mutuelle. Nous allumons la lumière sur un décor à la Simenon, un bric-à-brac de ferraille et de tôles. Derrière et autour de nous, Loïc, Toutou, Jojo, Patrick, Fiam, Kiki, l'arme à la main, manœuvrent avec beaucoup de professionnalisme.

Dupré étant introuvable, nous montons à l'étage par un escalier de bois. La lumière du rez-de-chaussée éclaire le couloir du haut. Les portes des trois bureaux sont closes.

Nous enfonçons la première porte. Personne.

Nous enfonçons la deuxième porte. Personne.

Nous enfonçons la troisième porte.

– Attention, grenade ! crie Santini.

Dupré est recroquevillé sous un bureau, gravement touché mais conscient. Il tient un 357 Magnum dans une main et, dans l'autre, un objet dont la partie métallique dépasse.

– Ne bouge pas ! lui ordonne Fanfan en le braquant avec sa mitraillette.

Dupré pose son arme.

Je m'approche pour lui bloquer la main. Je presse si fort que j'entends un craquement. Il s'agit en fait d'un briquet en plastique argenté !

Les médecins du SAMU, qui viennent secourir Dupré, nous rassurent sur l'état de santé du Petit Roger. Une balle de gros calibre lui a déchiqueté le haut de la cuisse, il a perdu beaucoup de sang, mais ses jours ne sont pas en danger. Il a été évacué dans de bonnes conditions à l'hôpital Saint-Antoine.

À la suite de cette affaire, on nous félicita pour notre sang-froid. Quelques voix s'élevèrent aussi, au sein de la hiérarchie, pour estimer que nous avions pris trop de risques. C'est vrai, après tout, nous aurions pu abattre l'évadé de Fleury-Mérogis puisque nous étions en situation de légitime défense[1] ! Il avait un 357 Magnum à la main, peut-être une grenade, il venait de blesser l'un des nôtres. Une rafale sous le bureau et c'en était fini, sans témoin pour nous contredire.

Ce n'était pas, heureusement, notre conception de la justice. Le 2 novembre 1979, porte de Clignancourt, nous avions tiré sur Jacques Mesrine dans un réflexe défensif, parce qu'il s'apprêtait à saisir ses grenades avec des intentions maintes fois exprimées, qui plus est dans un quartier très fréquenté. Là, dans la serrurerie, nous avions parié sur la reddition de Dupré, en espérant qu'il renoncerait à un sursaut suicidaire.

Peu après son admission à l'hôpital Saint-Antoine, Roger reçut la visite du ministre de l'Intérieur, Christian Bonnet. Accompagné du directeur de la PJ et de moi-même, il avait insisté pour que cette démarche soit discrète, sans journaliste. Son message de soutien en fut d'autant mieux perçu par toute la brigade.

De notre côté, il restait malgré tout à se remettre au boulot, et sans tarder ; c'était, nous le savions, la meilleure manière d'en finir avec la scoumoune. Comme le disait notre ami Roland,

---

1. La cavale de Dupré a duré une semaine, du 27 février au 7 mars 1981. Celle de Daniel Beaumont, l'autre évadé de Fleury-Mérogis, a duré quatre mois. Il a été grièvement blessé lors d'une fusillade avec les policiers espagnols qui venaient l'arrêter dans une villa du sud de l'Espagne. Il était en compagnie du pseudo-« M. Garnier », l'industriel qui avait loué l'hélicoptère ayant servi à l'évasion.

« après un échec ou un coup dur, il ne faut surtout pas attendre que les pinces [les menottes] se rouillent, il faut remonter au charbon le plus rapidement possible pour reprendre confiance ». Ce fut le cas quinze jours seulement après l'affaire Dupré...

Deux braqueurs recherchés en Belgique et en France – l'un d'eux s'était évadé de la centrale de Saint-Martin-de-Ré – avaient été localisés dans un immeuble récent du quartier Nation. Des hommes dangereux : quelques semaines plus tôt, ils avaient tiré sur des gendarmes belges lors d'un banal contrôle routier. Deux gendarmes avaient été grièvement blessés, un troisième gardé en otage pendant plusieurs heures. L'intervention s'annonçait donc délicate. Et elle le fut...

Si l'un des braqueurs se laissa arrêter sans trop de difficulté, le second tenta de fuir par le balcon. Il enjamba la rampe du cinquième étage pour atterrir dans les bras... des inspecteurs postés à l'étage inférieur !

Dans la foulée de cette réussite, nous allions être confrontés, une fois de plus, à une affaire d'enlèvement.

Tout commence dans la nuit du 17 au 18 avril 1981, à Marnes-la-Coquette, petite ville chic de l'Ouest parisien. Jean Kluger, P-DG d'une célèbre maison d'édition musicale, est absent cette nuit-là ; il est en voyage d'affaires. Seules son épouse Huguette et sa belle-mère sont présentes dans la villa familiale.

Vers 1 h 20, Mme Kluger descend dans la cuisine pour prendre un verre d'eau. Elle actionne l'interrupteur mais la villa reste dans l'obscurité. D'un pas hésitant, la maîtresse de maison se dirige vers le disjoncteur. Deux personnes, le visage masqué par des cagoules, surgissent alors d'un recoin de la pièce et lui ordonnent de se plaquer au sol. Elle tente de résister mais l'un des agresseurs la frappe à coups de crosse. Huguette Kluger s'affaisse lourdement, la tête en sang. Alertée par le bruit, sa mère descend. Elle est ligotée et bâillonnée. Huguette Kluger est poussée dans une voiture et conduite vers une destination inconnue. Laissée dans la villa de Marnes-la-Coquette, sa mère réussit à se défaire de ses liens puis à alerter la police.

Comme toujours dans ce genre d'affaire, l'enquête est confiée à la Brigade criminelle, dirigée par Marcel Leclerc. Très vite, nos collègues relèvent deux éléments importants. Le premier : les ravisseurs sont d'origine antillaise ou africaine. Le deuxième : seuls des habitués de l'endroit ont pu pénétrer sans effraction dans cette villa protégée par une serrure magnétique perfectionnée. Les soupçons se portent sur un couple d'origine guadeloupéenne : une employée de maison et son mari, engagé comme gardien-jardinier. Voilà deux ans qu'ils ont démissionné; l'homme, un certain Roger R., ne s'entendait pas avec Huguette Kluger.

La Criminelle a placé la ligne téléphonique des Kluger sur écoutes. L'antigang, elle, est sollicitée pour retrouver puis surveiller les suspects. Un premier appel, reçu le dimanche après-midi à Marnes-la-Coquette, annonce que la « personne est toujours en vie et que la demande de rançon sera précisée ultérieurement ». Le lundi, un message est découvert, sur les indications des ravisseurs, dans une cabine téléphonique située non loin de la villa. Un nouvel appel confirme que les kidnappeurs utilisent les cabines du secteur. Des planques sont donc organisées autour de toutes les cabines des alentours. Le mardi matin, autre appel : la rançon est fixée à huit millions de francs. Les modalités du versement seront communiquées en fin de matinée... Tout cela trahit une forme d'improvisation. Notre conviction est faite : les ravisseurs sont dépassés par les événements.

Le couple des anciens employés a été localisé à Chanteloup-les-Vignes (Yvelines), à une trentaine de kilomètres de Marnes-la-Coquette. Le mardi, peu avant 18 heures, les inspecteurs chargés de les filer signalent le départ de Roger R. à bord d'une R14 gris métallisé. D'une méfiance extrême, le conducteur, seul à bord du véhicule, multiplie les manœuvres pour déjouer une éventuelle filature. Sa prudence est telle qu'elle renforce notre conviction sur son implication. Après bien des tours et des détours, il laisse sa voiture aux abords de la gare de Courbevoie (Hauts-de-Seine) et pénètre, peu après 20 heures, dans un immeuble situé dans l'impasse Villa-Ghies. Deux antigangs,

Gérard Marlet et Odile Fairise, le suivent. Une nouvelle planque s'organise.

À 20 h 50, un autre homme de type antillais sort de l'immeuble de Courbevoie. Inconnu des policiers présents, il est pris en filature, à toutes fins utiles, par J.-P. Moreau et André Deymie. Ceux-ci le suivent vers la gare toute proche, où il prend le train pour Paris Saint-Lazare. Parallèlement, je demande à Joël Kerjean et Jean-Yves Toumit de filer à Saint-Lazare. La jonction avec le duo Moreau-Deymie s'opère en temps voulu. L'inconnu ne s'aperçoit de rien.

Le voilà maintenant qui pénètre dans une cabine téléphonique. Il est 21 h 40. Nos collègues de la Criminelle, toujours à l'écoute des appels reçus à la villa, nous annoncent par radio, avec comme nom de code celui de la station de métro Duroc[1], le début et la fin de la communication. Compte tenu de la concordance entre cet appel et celui passé par l'inconnu de Saint-Lazare, je demande aux quatre inspecteurs présents dans la gare d'interpeller ce dernier. Rodolphe J. n'est pas armé. Il est en revanche trouvé en possession d'un morceau de papier où sont mentionnés le nom et le numéro de téléphone des Kluger. Après quelques hésitations, il reconnaît sa participation au rapt. Selon lui, la femme serait détenue à Courbevoie dans un appartement situé au rez-de-chaussée. Un seul homme la garderait : Roger R.

Mon adjoint, Jo Querry, m'accompagne pour cette intervention. Suivis des inspecteurs Zirnelt, Degand et Santini, nous pénétrons dans l'appartement. Roger R. est maîtrisé après une brève résistance. Dans une pièce voisine, plongée dans l'obscurité, nous découvrons Huguette Kluger, allongée sur un lit métallique, enfouie sous des couvertures. Après un moment de frayeur provoquée par notre irruption, elle ne cesse de nous remercier et nous confie avoir eu, très vite, la certitude d'être victime de « sinistres imbéciles » ! Elle avait reconnu le coussin lui servant d'oreiller et une tasse ébréchée : il s'agissait d'objets

1. C'est ainsi que des journalistes à l'écoute du trafic radio foncèrent à la station Duroc, persuadés que la remise de la rançon allait avoir lieu à cet endroit !

donnés à son ancienne employée! Deux armes seront découvertes sur place, ainsi qu'un double des clés de la villa de Marnes-la-Coquette.

Une fois encore, après une période noire, notre réponse avait été donnée sur le terrain. Ni cow-boys ni justiciers, nous n'étions animés d'aucune idée de vengeance ou de renoncement, notre seule motivation étant celle de faire notre métier en toute honnêteté.

XXIII

Les évadés

Dupré et Beaumont évadés de Fleury-Mérogis ; Mesrine et Besse évadés de la Santé ; Willoquet évadé du Palais de justice de Paris... En répertoriant nos affaires des années 1970-1980, j'en viens à conclure que nous aurions été beaucoup moins sollicités si ces messieurs étaient restés derrière les barreaux ! Gérald Héliès n'aurait pas été estropié à vie, en 1977, si le Dingo n'avait pas bénéficié d'une permission. Roger Stella n'aurait pas été blessé, en 1981, si des filins d'acier avaient été tendus au-dessus du terrain de sport de Fleury.

Je sais, « avec des si »...

Le couple justice-police, trop souvent miné par la défiance, sortait affaibli de chacune de ces crises. Elles ravivaient les éternelles rancœurs corporatistes. Aux condamnations trop timides de certains tribunaux, à l'interventionnisme excessif de quelques juges d'instruction désireux de « jouer » au flic, s'ajoutaient les aménagements de peine accordées trop généreusement par des magistrats crédules. Attention, je n'entends pas mettre ici en cause l'ensemble de la magistrature, ce serait lui faire, si j'ose dire, un mauvais procès. Tout au long de ma carrière, j'ai connu une grande majorité de femmes et d'hommes compétents, courageux et pugnaces, conscients des difficultés de la police, prêts à l'aider, à la soutenir. Mais j'en ai aussi rencontré quelques-uns qui semblaient tout faire pour réduire à néant le travail des policiers.

Un exemple? En 1981, un juge d'application des peines accorde à une vieille connaissance de la BRI, Patrick Langlois, un régime de semi-liberté qui l'astreint uniquement à dormir en prison. Beau-frère de Willoquet, copain de Mesrine (mort deux ans plus tôt), Langlois a présenté au juge la lettre d'une société disposée à l'engager comme directeur adjoint. À en croire le papier à en-tête, c'est une société de placement de machines à sous dans les bistrots!

Chaque matin, à 6 h 30, ce détenu modèle quitte sa cellule de la maison d'arrêt de Corbeil, monte dans sa voiture de fonction. Chaque soir, à 22 heures, il réintègre la prison.

Les antigangs, qui oublient rarement leurs clients d'antan, procèdent tout de même à des filatures de routine. Comme ça, par curiosité... Ils constatent que Langlois profite de ses heures de liberté pour jouer au tennis. Le reste du temps, il ne place pas des machines à sous dans les bistrots mais fréquente une équipe de braqueurs! C'est d'ailleurs avec eux qu'il va être arrêté par la BRI, au moment d'attaquer un supermarché de Villejuif! Pour un «directeur adjoint» en cours de réinsertion, il dispose d'un matériel de bureau plutôt original : un fusil à pompe, deux 357 Magnum, des cagoules... La fameuse société, si généreuse et persuasive qu'elle a emporté la conviction du gentil juge, est une coquille vide, créée pour l'occasion par deux des braqueurs, avec l'argent des Assédic! Quant à la voiture de fonction, il s'agit d'un véhicule volé et maquillé...

Patrick Langlois et ses complices connaîtront de nouveau les faveurs de la justice quatorze mois plus tard. Suite à l'erreur d'un autre juge – l'oubli de renouveler l'ordonnance de détention provisoire –, ils vont recouvrer la liberté avant leur procès, malgré les protestations des syndicats de policiers et la mise en cause personnelle du garde des Sceaux de l'époque, Robert Badinter.

La fréquence des évasions, «légales» ou pas, contribuait également à accroître les tensions justice-police. Il faut dire qu'à l'époque les prisons françaises perdaient régulièrement des pensionnaires célèbres. La presse, friande d'exploits de monte-en-l'air, ironisait sur les défaillances de l'administration pénitentiaire. De notre point de vue de policiers, il y avait une impression d'éternel recommencement...

Je n'éprouvais aucun sentiment de vengeance envers les évadés, juste une rancœur accrue à l'égard du système et de ses insuffisances. Ils en profitaient, c'était leur droit de détenus.

Chacun de nous, qu'il soit ou non policier, ne peut cacher une admiration voilée pour le prisonnier capable de s'évader sans violence. Notre mémoire collective, si riche en histoires de barreaux sciés à la lime et de tunnels creusés à la timbale, nous porte naturellement à soutenir le fugitif contre son geôlier. Disons que c'est notre côté « Papillon ». Moi-même, il m'est arrivé de me dire, à propos d'un Besse, d'un Mesrine ou d'un Spaggiari, « il est quand même fort ! ». De même, quels que soient les jugements – évidemment sans complaisance – que je puisse porter sur les truands, j'admets une forme de respect pour ceux qui, au nom de la parole donnée et de l'amitié, vont risquer leur propre liberté, voire leur vie, pour aider le copain en difficulté. Mais après ces premières réactions, la gravité des faits nous ramène vite à la réalité de la situation...

En effet la traque d'un homme, qu'il s'appelle Willoquet, Mesrine ou Dupré, n'a rien de comparable avec les autres formes de lutte contre la délinquance, car le policier en vient très vite à se sentir responsable des actes du truand en cavale. Chaque journée perdue engendre un complexe de culpabilité. Il imagine le pire, que le malfaiteur va se protéger en prenant des otages, qu'il va tuer ou blesser des innocents. De tous les hommes recherchés, l'évadé est le plus imprévisible.

Je m'explique. Lorsqu'un braqueur ou un cambrioleur cherchent à se faire oublier après un coup, ils préservent leurs acquis, à savoir leur butin et leur liberté. La police les poursuit, ils se cachent, c'est une attitude défensive, la suite logique d'une opération plus ou moins réussie.

Le cas d'un évadé est fondamentalement différent. Il a joué gros, il a gagné sa liberté, elle est devenue son bien le plus précieux. Il s'y accroche d'autant plus qu'elle a été obtenue de haute lutte. Toute la différence est là, dans cette notion de liberté conquise et pas simplement défendue. Il est prêt à tout pour ne pas retourner en prison. Il garde un souvenir récent, encore chaud pourrait-on dire, de l'univers carcéral. Comme enivré par la soudaine possibilité de maîtriser son destin, il avance à tâtons dans une société qui a changé en son absence. Le danger réside justement dans ce brusque retour à la lumière, dans cette griserie mêlée de nervosité.

Le pire ennemi d'un homme en cavale n'est pas la police, c'est la paranoïa. Sans cesse sur le qui-vive, il se croit épié, le moindre regard l'inquiète, il se méfie de ses amis, la plus insignifiante présence policière lui paraît anormale. Contenir semblable pression n'est pas donné à tout le monde. Seuls les caïds en sont capables, ils ont le sang-froid requis et surtout le « sens du flic », cet instinct qui permet de détecter le « condé », d'anticiper ses initiatives. Mesrine, Willoquet et Besse avaient ce sens du flic, mais ils n'étaient pas les seuls. Les antigangs se souviennent ainsi d'un certain Charles M., qui leur a donné bien du fil à retordre au début des années 1980...

Étonnant itinéraire que celui de ce solide gaillard d'une trentaine d'années, considéré, en son temps, comme l'une des têtes d'affiche du grand banditisme.

À dix-neuf ans, il connait déjà la prison pour vol. Peu après sa sortie, il se lance dans les hold-up. Résultat : onze ans de réclusion. Une fois en prison, il se consacre aux études. Il se plonge dans les bouquins, passe avec succès le BEPC, le baccalauréat et enfin une maîtrise de psychologie. D'où son surnom : le « Psychologue ».

Cette réussite le sort de l'anonymat. Il a les honneurs des médias, on le cite en exemple, c'est une vedette. Sa bonne conduite et sa volonté manifeste de changer de vie lui valent aussi une réduction de peine. Il sort de la prison de Fresnes en 1978. Malhcurcusement, ses bonnes résolutions seront de courte durée. Dès son installation dans le Lot, il entreprend, avec quelques complices, une série d'agressions dont celle d'un antiquaire de Cahors. Conséquence : retour en prison.

Désormais, le Psychologue ne rêve plus de diplômes ni de certificats de bonne conduite : il ne pense plus qu'à s'évader.

Aux yeux des policiers, c'est un truand, un vrai. Il connaît les règles du milieu, la mentalité des voyous. Il sait pouvoir compter en toute circonstance sur quelques amis. Même si les lois qui régissent ce monde à part sont de plus en plus contournées, il existe encore des gens pour lesquels les mots « solidarité », « amitié » ou « reconnaissance » signifient quelque chose.

En ce début d'après-midi de septembre 1980, le palais de justice de Cahors ne connaît pas la foule des grands jours. Personne ne prête attention aux trois hommes qui se dirigent vers la loge du concierge. Celui-ci ne peut rien dire, rien faire : il a compris que ses visiteurs attendent l'arrivée du fourgon cellulaire. Le véhicule arrive comme prévu devant le Palais. Les trois hommes bondissent, neutralisent les membres de l'escorte, libèrent les poignets du Psychologue, s'engouffrent dans le fourgon et filent en gardant un gendarme en otage.

Quelques kilomètres plus loin, celui-ci est laissé sain et sauf dans le fourgon. Le Psychologue et ses trois amis montent dans une 604 placée en voiture relais. De leur point de vue, l'opération est une réussite absolue : aucun coup de feu n'a été tiré, la 604 échappe à tous les barrages. Les enquêteurs du SRPJ de Toulouse sont chargés de la traque... *A priori*, la BRI n'est pas concernée. *A priori* seulement...

Nous sommes depuis plusieurs semaines sur les traces, en Région parisienne, d'une équipe de braqueurs aux ramifications incertaines. Comme toujours, nous nous efforçons de loger et d'identifier les différents protagonistes, de détecter les objectifs visés. Parmi ces braqueurs, une vieille connaissance : le « Chevelu ». C'est une belle pointure dans le grand banditisme : nous l'avions arrêté, voilà quelques années, en flagrant délit de braquage à Courbevoie avec toute une équipe qui, pour déjouer les embarras de circulation, avait « emprunté » une ambulance. Cette fois, il a profité d'une permission pour bonne conduite pour rester à l'air libre.

Assistés de nos collègues d'Argenteuil, nous l'arrêtons avec un complice, le 12 septembre, en banlieue parisienne. Des armes, des perruques, des liasses de billets encore épinglés, quelques indications sur des affaires passées... Le moins que l'on puisse dire est qu'il n'est pas resté inactif durant sa permission de quelques mois! Les SRPJ de Versailles, Orléans, Toulouse, Bordeaux, Marseille, la PJ parisienne et d'autres encore ont des questions à lui poser sur des braquages, des agressions et même l'assassinat d'un mauvais garçon. Plus important : nous comprenons qu'il faisait partie, ainsi que son complice, du commando du palais de justice de Cahors. Dès lors, l'affaire prend une autre dimension : nous allons tenter de remonter jusqu'au Psychologue.

Nous identifions assez vite le troisième acteur du coup de force : « Marc les yeux bleus ». Avant de l'arrêter, à Paris, nous surveillons ses déplacements, ses relations, espérant ainsi qu'il nous conduira vers son ami le Psychologue. Ce ne sera pas le cas, mais notre travail méthodique sera malgré tout payant quelques semaines plus tard...

Le 17 novembre, en me voyant arriver avec mes hommes dans un bistrot de quartier de la rue Taine (XIIe arrondissement), le fugitif comprend vite qu'il va rejoindre ceux qui l'ont aidé à Cahors. Bien qu'étant armé d'un 357 Magnum, il n'oppose aucune résistance et se montre même beau joueur. La carte au nom d'un détective privé qu'il a sur lui ne peut nous tromper : son visage, empreint d'une certaine distinction, nous est devenu trop familier pour qu'il en soit autrement.

Parmi les autres affaires d'évasion auxquelles la BRI a été confrontée, l'une des plus marquantes, tant pour les faits en eux-mêmes que pour la personnalité des individus concernés, restera celle dite des « évadés de Liancourt », en 1982.

À l'époque, deux cents détenus étaient soignés dans cette prison-hôpital du département de l'Oise. Pour d'évidentes raisons humanitaires et techniques, la surveillance y était moins stricte que dans les établissements classiques. Un double grillage de six mètres de haut, surmonté de miradors, ceinturait tout de même les bâtiments.

Le 28 mars, vers 17 heures, les détenus étaient en promenade lorsqu'un sac de sport, lancé de l'extérieur par un ami, atterrit aux pieds de deux candidats à la « belle », Raymond G. et Michel

M. Le sac contenait des armes et une cisaille. Après avoir blessé un surveillant, ils firent une brèche dans le grillage. De l'autre côté, leurs complices avaient tout prévu : une Peugeot 204, les clés sur le Neiman ; de l'argent et des vêtements sur la banquette arrière.

Raymond G., quarante-deux ans, était surnommé le « Grand », comme Mesrine, mais il n'en avait pas le palmarès. À la BRI, nous le connaissions pour l'avoir arrêté chez lui, cinq ans plus tôt, dans une histoire d'assassinat. Devant Lambert et Marlet, il s'était emparé d'une arme pour se suicider. Les deux inspecteurs avaient vainement essayé de l'en dissuader. Il s'était tiré deux balles dans le ventre. De graves séquelles physiques, ajoutées à la tuberculose, justifiaient son incarcération à Liancourt.

Michel M., de trois ans son aîné, était également malade. Il souffrait d'un cancer de la gorge et d'une trachéotomie, d'où son surnom dans le milieu : le « Muet ». Spécialisé dans les braquages, il se présentait aux guichets muni d'un cahier d'écolier où il avait inscrit, d'une écriture appliquée : « Ne criez pas, donnez-moi l'argent ! » Certes, il réprouvait la violence inutile et son revolver n'était qu'un jouet, mais ni les employés ni les clients n'étaient censés le savoir... Depuis sa prison, il n'avait cessé de dénoncer la sévérité des jurés qui l'avaient condamné à la réclusion perpétuelle alors que l'avocat général n'avait requis « que » quinze ans, compte tenu de son état de santé. Les pourvois en cassation ayant été rejetés, les demandes de grâce médicale étant restées lettre morte, il avait choisi de s'évader avec G.

La 204 filait sur les routes de campagne. Les gendarmes, qui survolaient la région en hélicoptère, l'avaient localisée. Les deux truands, contraints de changer de véhicule, s'engouffrèrent alors dans une GS, éjectant le conducteur sur le bas-côté. Pour franchir les barrages, ils prirent en otage une jeune femme qui cueillait des jonquilles avec son mari en forêt de Pont-Sainte-Maxence. Sous la dictée de G., elle dut griffonner des messages jetés à l'intention des poursuivants : « Ne faites rien, ils sont prêts à tout... », « Laissez-nous passer sinon tout va sauter... » Le Muet brandissait une grenade.

Aux abords du village d'Estrées-Saint-Denis, G. fit rédiger une autre mise en garde : « Nous sommes condamnés à perpétuité, nous n'en avons rien à foutre de mourir. Si vous ne nous laissez pas passer d'ici cinq minutes, on fait sauter la voiture. Réponse : cinq appels de phares. » Le colonel de gendarmerie ordonna une manœuvre de repli. Au signal convenu, les évadés de Liancourt comprirent qu'ils avaient remporté cette bataille-là.

Plus loin, la GS s'embourba jusqu'à l'essieu et ils durent poursuivre leur périple à pied, entraînant leur otage à travers bois et champs.

En pleine nuit, ils se réfugièrent dans un cabanon de pêcheur, le long d'une rivière. Un canapé, une couverture, des boîtes de sardines, des fruits, du vin... Ils y restèrent toute la journée de lundi. Le Muet, qui faisait presque pitié tant il était mal en point, montra quelques photos de sa fille à la jeune femme.

Vers minuit, ils quittèrent leur refuge pour traverser le pont le plus proche et pénétrer dans le parc d'un château inhabité. La jeune femme y fut abandonnée, pieds et poings liés, une couverture sur le dos, avec la promesse que les gendarmes seraient prévenus rapidement.

L'otage entreprit alors de dénouer ses liens. À l'aube, elle parvint devant une usine et demanda de l'aide au veilleur de nuit. Son mari vint la chercher dans une voiture de police. Durant ces trente-six heures, elle n'avait pas été maltraitée. G. et M. s'étaient même montrés assez prévenants. Ils n'en demeuraient pas moins dangereux. Et ils l'étaient d'autant plus qu'ils avaient désormais la conviction d'avoir gagné la partie. Ils étaient entrés dans ce que l'on pourrait appeler la « troisième phase » d'une évasion.

La première phase est celle où le détenu fonce sans hésiter un seul instant.

La deuxième est la plus délicate. Une fois dehors, alors que l'alerte a été donnée, la détermination cède la place au doute. Il doit reprendre son souffle.

S'il franchit cette étape – et c'était le cas pour les deux de Liancourt –, vient la troisième phase, celle où, ayant atteint son but, il n'envisage plus l'échec. Son énergie s'en trouve décuplée, sa violence aussi.

Les évadés avaient disparu. Ils avaient probablement réussi à rejoindre leurs complices. L'enquête, menée par les policiers de la PJ de Creil, s'orienta vers les quatre ou cinq personnes qui leur avaient rendu visite à Liancourt. C'est à ce moment, quelques jours après l'évasion, que la BRI se vit confier, en liaison avec la PJ de Creil, une vaste mission de surveillance. Pendant plus d'un mois, nous allions suivre et photographier les proches des deux hommes en cavale, au total une vingtaine de personnes, dont un visiteur de prison.

Le commissaire Jean-Marc Bloch, mon nouvel adjoint, se chargea d'orchestrer cette phase d'approche. Dès qu'il avait remplacé Jo Querry, en juin 1981, il s'était rapidement intégré à la brigade, assimilant du même coup ses usages et son état d'esprit.

Un appartement nous intriguait particulièrement, au douzième étage d'un immeuble de la cité des 3000, à Aulnay-sous-Bois. Nous étions convaincus que les évadés s'y cachaient.

Accueillir deux hommes en cavale ne pose aucune difficulté dans une cité. Les voisins de palier ne se connaissent pas forcément. On peut s'entretuer derrière une porte, mourir de solitude derrière une autre, nul ne s'en aperçoit. Alors, héberger des truands...

Comme nous voulions démanteler l'intégralité de leur réseau de soutien, nous allions déclencher une dizaine d'interventions simultanées dans la Région parisienne.

Il est 6 heures, en ce 4 mai 1982. Sept inspecteurs m'accompagnent pour l'«opération point 12». «12» pour douzième étage.

La mise en place du dispositif doit se faire en douceur. Un déploiement massif serait vite remarqué. À l'inverse, un comportement trop méfiant, avec des hommes qui longent les murs, pourrait paraître suspect. Il ne faut jamais sous-estimer le sens civique et surtout la curiosité des insomniaques, des concierges ou des lève-tôt! Ils alertent police secours et les gardiens rappliquent, toutes sirènes hurlantes! Il suffit d'un rien, d'un cri, d'une poubelle renversée, d'une porte claquée, pour qu'une affaire échoue.

Trois antigangs se positionnent dans le hall, devant l'ascenseur et l'escalier de secours, de façon à contrer une éventuelle fuite des deux truands.

L'irruption dans l'appartement du douzième ne pose aucun problème. Deux inspecteurs se chargent de la locataire en titre et de ses trois enfants, regroupés chez une voisine.

Accompagné de Fanfan Santini, je vais d'une pièce à l'autre. Nous n'avons pas besoin de parler, les mots seraient superflus; ces gestes, cette protection mutuelle, nous les avons accomplis des dizaines de fois ensemble.

Nous ouvrons les portes une à une.

Ils sont dans la chambre du fond.

Le Muet, surpris en plein sommeil, s'assied sur le lit, les mains sur la tête. Raymond G., couché près de lui, a bondi de l'autre côté, il s'est emparé d'une arme, l'a dirigée contre sa poitrine en hurlant : «N'avancez pas ou je me tue!» Il en est capable, il l'a prouvé il y a cinq ans, devant Lambert et Marlet.

Nous ne bougeons pas. Fanfan, d'un flegme déconcertant, braque sa mitraillette sur eux. Je ne peux m'empêcher de repenser à la scène de la serrurerie, quand nous avions débusqué Dupré, l'un des évadés de Fleury-Mérogis, ou encore à une autre affaire de prises d'otages dans un appartement, à Boulogne-Billancourt cette fois[1].

Nous sommes quatre dans la chambre, deux policiers et deux truands, et chacun redoute un geste de l'autre. Le Muet est sur

1. Cette affaire remonte à 1978. Après avoir braqué une banque de Boulogne, trois jeunes truands tombent nez à nez avec les occupants d'une voiture de police. Accident, échange de coups de feu. L'un des gangsters est tué, les deux autres se réfugient dans un immeuble après avoir pris une passante en otage. Au quatrième étage, ils se barricadent dans un appartement occupé par une jeune femme et son petit garçon. La Brigade anticommando est envoyée sur les lieux. Les négociations ne donnant rien, nous pénétrons en force dans l'appartement. C'est alors qu'un coup de feu claque dans la salle de bains où les deux hommes se sont enfermés avec les trois otages. Nous défonçons la porte. Les otages sont libérés sains et saufs. L'un des truands est arrêté. L'autre gît dans la baignoire, l'abdomen perforé. Il s'est suicidé.

le lit, torse nu, les mains sur la tête. L'autre, seulement vêtu d'un slip, nous fait face, un 11.43 sur la poitrine. C'est un grand type au visage osseux, au regard fiévreux. Il est pris de tremblements :

– Je vais me foutre en l'air!

J'essaie d'engager un dialogue, de le tranquilliser en replaçant mon arme à la ceinture. J'invite aussi son ami à prendre une position plus confortable, les mains à plat devant lui. Sage précaution : un fusil à canon scié est dissimulé sous son oreiller...

La tension retombe quelque peu mais Raymond G. ne veut rien savoir. Plus le temps s'écoule, plus je crains le pire. S'il venait à se suicider, là, devant nous, certains parleraient encore de «bavure»! Il faut gagner du temps. Parler, encore parler. G. consent enfin à s'expliquer. Il s'estime trahi.

– On nous avait promis l'impunité si on relâchait l'otage. On l'a fait et vous venez nous arrêter! On a été massacrés par les assises et ça continue! J'en ai marre, je n'en peux plus, je vais me foutre en l'air, tu m'entends, je vais m'en tirer une!

– Qu'est-ce que c'est que cette histoire? Qui t'avait fait cette promesse?

– La Chancellerie! Et au plus haut niveau... Tu m'entends : au plus haut niveau! Demande à mon avocat!

– Ça ne tient pas debout...

– Je te donne ma parole. Appelle mon avocat, tu verras bien. Et puis non, tiens, qu'il vienne s'expliquer ici!

– Bon, je vais essayer de le joindre. En attendant, tu ne fais pas le con, O.K.?

– Vous non plus! Je resterai comme ça. Au premier geste, je tire!

Me Philippe Lemaire, joint par téléphone, promet de venir dès que possible. C'est un remarquable professionnel pour lequel j'ai de l'estime.

Il ne sera pas là avant une heure. Une éternité.

Au bout d'une trentaine de minutes de cet oppressant huis clos, G. me réclame une cigarette. J'accepte, pensant qu'il va se détendre. Peine perdue! Toujours debout, entre le lit et le mur, en slip, une gitane à la bouche, le canon du 11.43 plaqué sur la tempe ou au niveau du cœur, il réitère ses menaces de suicide!

Il y a maintenant plus d'une heure que nous sommes dans l'appartement. Me Lemaire n'est toujours pas là. Cette fois, G. n'exige plus une cigarette mais du café. L'un des inspecteurs restés dans la cuisine apporte quatre tasses sur un plateau. Comme il ne peut entrer, je joue les serveurs.

– Voilà pour ces messieurs, le service est compris; pour le pourboire, c'est à l'appréciation de la clientèle!

Seul le Muet, sur le lit, esquisse un sourire. Son ami, craignant une manœuvre de diversion, hésite un instant, saisit une tasse, tout en gardant son pistolet contre la tempe. Fanfan Santini, toujours aussi calme, plaisante sur cette situation, en pesant chacun de ses mots. Notre travail psychologique se poursuit.

Et les minutes passent...

Raymond grille plusieurs cigarettes.

Me Lemaire arrive enfin, stupéfait de nous découvrir dans la chambre, immobiles. Il s'entretient à voix basse avec son client. J'entends seulement le malfaiteur lui dire : «Ce n'est pas ce qui avait été convenu.» L'avocat semble gêné. La conversation s'éternise. Je m'adresse à Raymond :

– Alors, qu'est-ce qu'on fait? On ne va pas rester comme ça toute la journée! On a joué le jeu jusqu'au bout, tu ne crois pas?

– C'est vrai, vous avez été réglos. Pas les autres.

Il jette son arme sur le lit. Le Muet se lève. Ils s'habillent.

Nous les conduisons au 36, où sont déjà interrogées une quinzaine de personnes qui les ont aidés dans leur cavale. Trois d'entre elles ont été arrêtées juste avant de commettre un braquage!

Je suis convaincu que Raymond G. ne bluffait pas, qu'il voulait se suicider. Je suis également convaincu qu'il disait la vérité à propos des promesses non tenues. Il avait eu, devant nous, le comportement d'un homme désespéré et sincère. On est parfois amené à rencontrer des truands qui ont au moins le mérite de la sincérité. G. était de ceux-là.

Il me fut malgré tout impossible d'en savoir davantage sur ces mystérieuses « promesses » du ministère de la Justice, faites « au plus haut niveau », le 28 mars 1982 ! J'appris juste, mais c'était déjà très étonnant, que les évadés de Liancourt n'étaient pas recherchés officiellement. Aucun mandat d'arrêt n'avait été délivré à leur encontre, et ils le savaient ! Un « oubli » pour le moins étrange...

XXIV

La détresse au quotidien

Le huis clos d'Aulnay-sous-Bois, ces deux heures passées devant Raymond G. m'avaient entraîné jusqu'aux limites du supportable. J'avais beau être habitué à ces situations de crise, je les vivais comme des épreuves morales et physiques. L'image est facile mais c'est encore la plus pertinente : j'étais alors comme un équilibriste sans filet. Plus je progressais sur ce fil d'incertitude, plus j'avais le sentiment que mon destin, et surtout celui des autres tenaient à mes choix, à mes pulsions. Malgré la présence des hommes de la BRI, j'éprouvais une sensation d'infinie solitude, la solitude du décideur, celle qui prend toute sa mesure quand elle se résume à une question de vie ou de mort, comme le 2 novembre 1979, porte de Clignancourt.

Le plus difficile était de ne rien laisser paraître, de masquer ce méli-mélo de confiance et d'appréhension par une décontraction de surface. Je devais le contenir, mener contre lui une guerre secrète, une sorte de bataille des apparences. Voilà pourquoi, dans l'affaire Dupré, j'avais pris le temps d'uriner contre un mur avant de pénétrer dans la serrurerie. Voilà pourquoi, dans l'affaire des évadés de Liancourt, j'avais servi des cafés aux évadés. En jouant la comédie du flegme et du sourire, je m'étais un peu menti à moi-même, j'avais feint d'ignorer tout ce qui me nouait le ventre et occulté les images passées, les obsèques de Roland, les souffrances d'un Gérald ou d'un Roger...

Ce double jeu constituait un extraordinaire défi intime. J'aimais le relever, non pas par attrait du risque, mais davantage parce qu'il me permettait de mieux me connaître. J'y voyais surtout une condition *sine qua non* à la réussite d'une opération. Pour obtenir la reddition d'un preneur d'otage ou convaincre un forcené, il fallait être détendu, au moins en apparence. Bien sûr, je sortais souvent exténué de ces combats intérieurs. Mais, en cas de succès, j'avais au moins la satisfaction du devoir accompli.

Il y a comme ça, dans la vie, des instants privilégiés où l'on se dit « tu l'as fait ». La proximité de la mort renforce cette satisfaction, elle l'amplifie, la décuple.

Depuis mes débuts de « négociateur », en 1973, je n'avais pas changé de méthode pour les prises d'otages : je l'avais juste perfectionnée au fil des interventions. Bien qu'aucune affaire ne ressemble à une autre, il faut garder en mémoire chaque cas, avec son lot d'erreurs, de regrets ou d'idées judicieuses, pour mieux gérer le suivant.

La Brigade anticommando, avec ses dix ans d'existence en marge de la BRI et sa soixantaine d'interventions dans des affaires délicates, était riche d'un vécu sans équivalent en France à l'époque, pas même au GIGN. Elle était intervenue dans des banques, des ambassades, des aéroports, des cités, face à des braqueurs, des terroristes, des forcenés. Je m'étais enrichi, au sens moral du terme, en profitant pleinement de ces expériences. Je m'étais pris au jeu de la psychologie, plus exaltant que celui des armes. Il n'y avait pas, à mes yeux, meilleure récompense qu'une reddition sans violence. L'action armée était l'ultime recours, lorsque nous n'avions plus d'autre choix. Comme aux premiers temps, à Brest ou à Nice, je préférais le dialogue, la force des mots et du bon sens.

Jamais nous ne dérogions à ce principe, même devant des hommes ou des femmes retranchés derrière les barricades de leur démence. Quitte à surprendre ceux de nos interlocuteurs qui avaient encore de nous des idées préconçues, nous cherchions d'abord à analyser le contexte, à obtenir le maximum de renseignements sur le forcené, à dresser de lui un portrait fidèle.

© D.R.

L'heure des comptes, après l'arrestation d'une équipe de braqueurs…

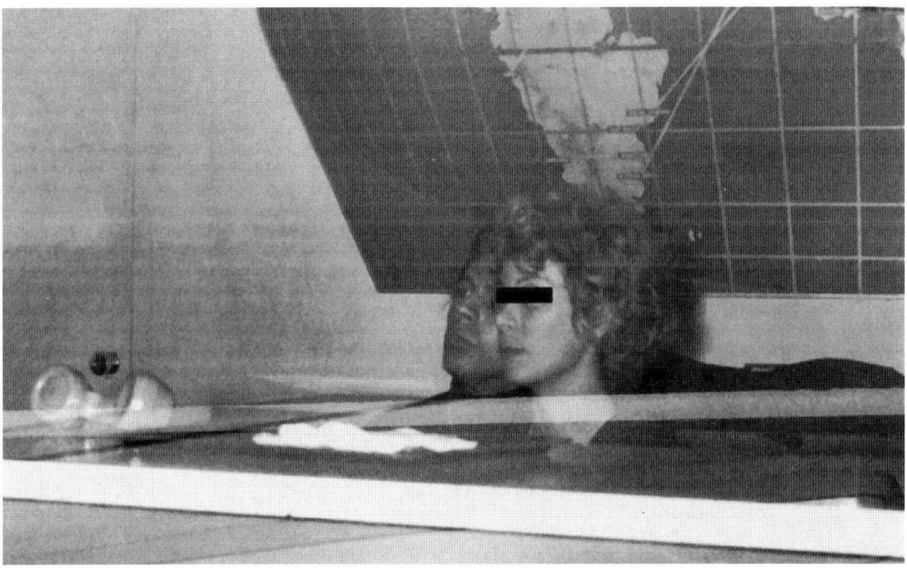

© Daniel Houpline

À l'aéroport de Nice, au comptoir Alitalia,
l'acrobate mexicain Rey Caruso s'abrite derrière son otage (1974).

Les séances d'entraînement de l'antigang nous permettaient de simuler des interventions.

La plupart des braqueurs auxquels nous étions confrontés étaient très bien équipés…

© Sipa Press

Cette fois, Jean-Charles Willoquet s'est rendu sans résistance (1975).

© D.R.

L'expédition de Doulevant-le-Château, en 1976.
Après une longue filature, l'heure de la soupe a sonné !

© D.R.

Dans la soute à charbon d'un café de banlieue, nous découvrons le banquier Bernard Mallet, enlevé un peu plus tôt au bois de Boulogne (1977).

Nous voici sur notre faux chantier, rue des Saints-Pères, à Paris, pour surveiller incognito des égoutiers qui rêvent d'imiter Spaggiari. Je porte une blouse et Jo Querry, au premier plan, un bleu de chauffe (1979).

Le 31 juillet 1978, nous tombons dans un traquenard à l'ambassade d'Irak à Paris. Une fusillade nous oppose aux services de sécurité irakiens.

© Bocon-Gibot

Paris, porte de Clignancourt, 2 novembre 1979. Jacques Mesrine, l'homme aux multiples visages, vient de mourir au volant de sa BMW sans avoir eu le temps d'utiliser ses grenades.

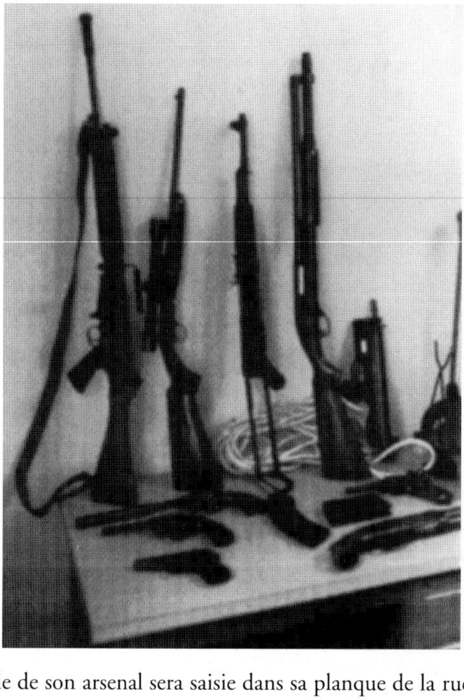

© D.R.

Une partie de son arsenal sera saisie dans sa planque de la rue Belliard.

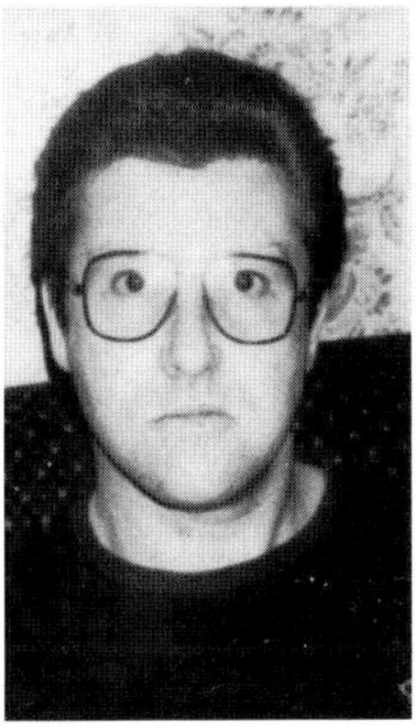

© D.R.

© D.R.

© D.R.

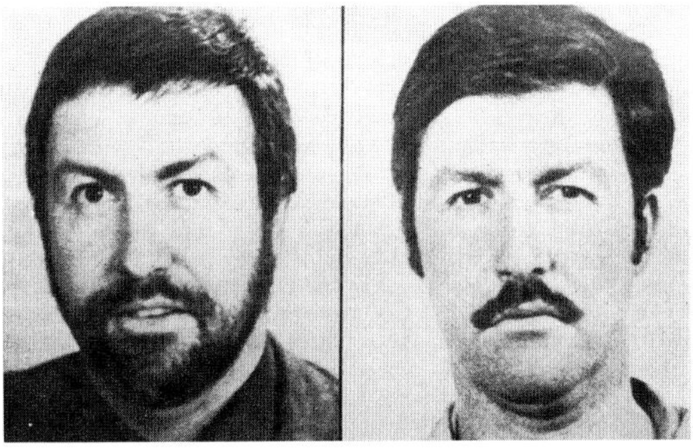

© D.R.

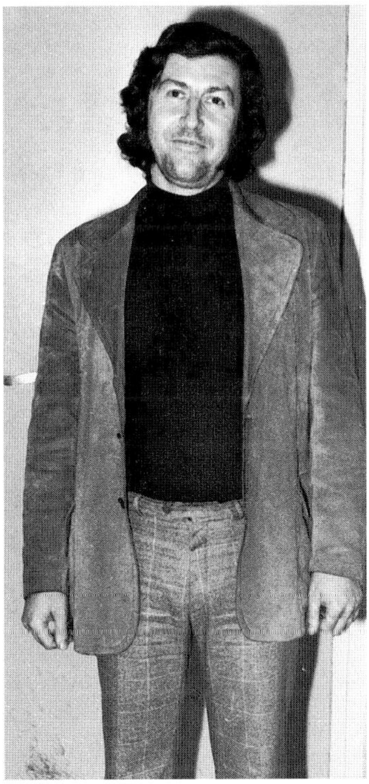

© D.R.

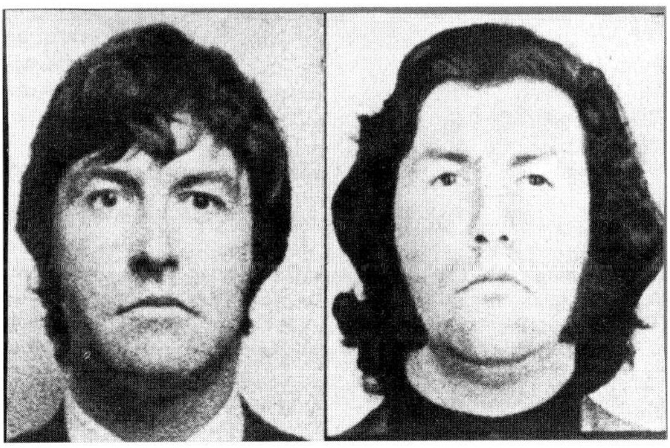

© D.R.

© D.R.

© D.R.

Un beau tableau de chasse, une fois de plus, pour les hommes de la BRI. Au centre, deux amis, tués par la suite en service : Gérard Marlet (avec le blouson) et, à sa gauche, Roland Linck.

© D.R.

L'arrestation en douceur d'un homme retranché dans sa maison, en 1982. Derrière moi, avec une moustache, notre ami Christian Caron, décédé en août 1989 lors d'une intervention du Raid.

En intervention, je portais presque toujours le même blouson. Les inspecteurs ne voulaient surtout pas que je change mes habitudes.

Avec mes amis Ange Mancini (au centre) et Christian Lambert, en janvier 1983, dans l'avion qui nous conduit en Corse.

MALGRÉ NOTRE PREMIER AVERTISSEMENT

VOUS PERSISTEZ A VOULOIR DEMEURER DANS NOTRE PAYS.

OR, VOTRE PRÉSENCE

EST **INDESIRABLE**.

CAR : _VOUS OCCUPEZ LA PLACE D'UN CORSE

_PAR VOTRE ATTITUDE ARROGANTE, VOS PROPOS, VOTRE MENTALITE,

VOUS PARTICIPEZ ACTIVEMENT A LA COLONISATION DE PEUPLEMENT.

SACHEZ QUE VOUS ETES :..

SOUS SURVEILLANCE CONSTANTE.

AUSSI : PRENEZ VOS DISPOSITIONS POUR REJOINDRE VOTRE PAYS D'ORIGINE LA FRANCE.

IL N'Y AURA PAS DE 3e AVERTISSEMENT.

Partez! IL EST PLUS QUE TEMPS.

DES RÉCEPTION DE CETTE LETTRE VOUS ÉTES PROGRAMMÉ SUR LA LISTE DES PROCHAINES

ELIMINATIONS PHYSIQUES.

FLNC

En 1983, alors que je suis en poste à Ajaccio, la Corse est sous tension. L'affaire Orsoni agite les nationalistes. Le FLNC multiplie les menaces contre les continentaux.

AFFAIRE ORSONI...

GUY ORSONI, le militant nationaliste disparu le 17 juin 83

LE VENDREDI 17 JUIN 1983 DISPARAISSAIT LE MILITANT GUY ORSONI

Entre PRUPIA et PORTI VECCHJU, Guy ORSONI fut enlevé, torturé et assassiné par une bande de truands au service du colonialisme et de ses services spéciaux.
C'était le début de l'AFFAIRE ORSONI.
Après la tentative de l'Etat et de sa police, de camoufler cet assassinat politique,
Après les arrestations de la Bande du Valincu,
Après les représailles contre ceux que le Mouvement Clandestin accuse d'avoir participé à l'assassinat de son Militant.

PRISON D'AIACCIU

LE 7 JUIN 1984 SURVIENT L'AFFAIRE DE LA PRISON D'AIACCIU

Un Commando de l'Organisation Clandestine F.L.N.C. pénètre à l'intérieur de la prison et exécute deux des principaux responsables de l'Assassinat de GUY :

- LECCIA : traficant de drogue international,
- CONTINI : repris de justice "repenti" en Sardaigne, réfugié en Corse grace à un certain nombre de complicités, et accusé par un membre de la Bande du Valincu - dans un procès verbal depuis lors disparu - d'être l'homme qui tortura GUY au chalumeau.

En pleine affaire Orsoni, la violence s'inscrivait également sur les murs…

© Desjobert, Sygma

La prise d'otages de la prison d'Ajaccio, en juin 1984, a été courte mais sanglante. Au moment de la reddition du commando nationaliste, nous ne savons pas encore que deux détenus ont été exécutés.

© Kyrnéa Press

Hommage du FLNC à Étienne Cardi, tué par l'explosion de sa propre bombe en janvier 1984. Quelques secondes plus tard, une bataille rangée va éclater, devant l'église, entre les policiers et les nationalistes.

1

© Sygma

2

© AP

3

© AP

4 © AP

5 © Borrel, Gamma

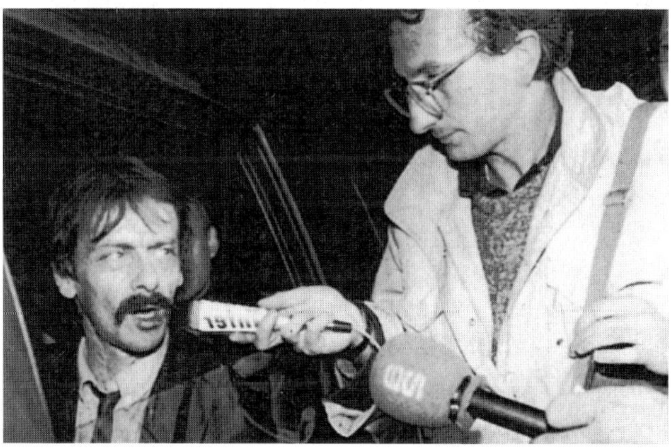

6 © AP

La prise d'otages de Nantes en décembre 1985 s'est d'abord jouée dans la salle des assises (1), puis sur les marches du palais de justice. Georges Courtois, le chef des truands, est sorti avec le président Bailhache (2). Il a alors tiré plusieurs coups de feu en direction de la foule. Le Marocain Karim Kalki les a suivis, enchaîné à deux magistrats (3). Leur complice, Patrick Thiolet, les a rejoints avec un autre otage (4). En fin d'après-midi, les trois hommes se sont rendus à l'aéroport à bord d'un Espace Renault (5). Après sa reddition, Courtois a fait une brève déclaration aux médias (6).

© Gamma

© Gamma

Entre deux affaires, les hommes du Raid, l'unité d'élite de la police nationale, multiplient les séances d'entraînement.

J'avais appris à déceler les fractures psychiques, ces drames intimes d'où naît la folie. Il y a toujours, chez un esprit tourmenté, une faille à exploiter, un événement déclencheur : un licenciement, un affront, une séparation, un deuil... Il faut mettre sa vie à nu, remuer le passé, fouiller le désordre de ses obsessions. Pour compliquer le diagnostic, il arrive que les délires se superposent, qu'ils s'ajoutent à la dépression, à l'alcoolisme, à la toxicomanie. On se doit alors de faire un choix, de tirer une ficelle pour tenter sa chance. La marge de manœuvre est étroite, on ne sait jamais si l'évocation d'un souvenir pénible ne va pas entraîner une réaction inverse, une rupture définitive.

Au printemps 1982, au Perray-en-Yvelines, un ouvrier agricole de trente et un ans s'était réfugié dans sa fermette délabrée, armé d'un fusil de chasse. Depuis la mort de ses parents, il vivait quasiment en ermite, avec ses chèvres et son bouc. Au village, tout le monde connaissait ce pauvre bougre un peu simplet, gras et sale. Ce soir-là, dans une crise plus grave que les précédentes, il avait tiré des décharges de chevrotine contre la véranda des voisins, une 2 CV, des volets clos, dans la rue, comme ça, au hasard... Le maire, les gendarmes, des gens qui le connaissaient bien, n'avaient pu lui faire entendre raison. Il avait continué ses tirs durant une grande partie de la nuit.

Avec une dizaine d'hommes de la BAC, j'avais d'abord discuté avec le maire du Perray, le médecin de famille et une psychologue. À l'évidence, sa vie avait basculé le jour où il avait dû quitter les pompiers de Paris et renoncer à son rêve d'enfance, devenir un «soldat du feu» professionnel. C'était le tournant, la fracture de son existence.

Je m'étais approché de la masure, suivi de Fanfan et de Jean-Yves Toumit.

– Moulard? Moulard? Tu m'entends?

– Qui est là? Qu'est-ce que tu me veux?

– Je viens te voir, c'est Martin, des pompiers de Paris.

– Qu'est-ce que tu me veux? Je ne me souviens pas de toi.

– Comment ça, tu ne te souviens pas? Adjudant Martin, de la caserne Champerret!

Il avait entrouvert un volet, juste pour me voir devant la grille.

– Alors, tu ne viens pas ? Je croyais te faire plaisir en passant chez toi.

– Je voudrais bien descendre mais il y a des types qui veulent me tuer.

– Qu'est-ce que tu racontes, il n'y a personne !

La porte s'était ouverte lentement, je l'avais vu apparaître. Il avait l'air d'un gros nounours, il puait le bouc, il tenait son fusil à hauteur des hanches. Il m'avait regardé, l'air étonné :

– Mais par où t'es passé ? J'avais fermé la grille !

– Non, le cadenas n'y était pas. Qu'est-ce que tu fous avec ton fusil ? C'est pas des manières d'accueillir les copains !

– Ils veulent me tuer, je te dis. Et ceux-là, derrière toi, qui c'est ?

– Euh... C'est le caporal Toumit et le sergent Santini, tu les reconnais maintenant ?

– Oui, tu as raison, oui. Y a que des pompiers, alors ?

– Rien que des pompiers !

Il avait posé son fusil le long du mur, je m'étais approché pour lui serrer la main. Nous n'avions même pas songé à lui mettre les menottes, il était en confiance.

Cette psychologie-là ne s'apprend pas dans les manuels, on ne l'enseigne pas dans les écoles de police. Elle s'acquiert de-ci, de-là, par tranches de vie, grâce à ce métier qui amène à côtoyer toutes sortes de situations. Des commissariats de quartier aux brigades du 36, c'est une plongée permanente dans les entrailles de la société, au-devant de ce qu'elle a de plus irrationnel, de plus violent. De la simple scène de ménage à la prise d'otage, le policier est un spectateur des pulsions de la communauté. Au jour le jour, il constate ses excès, il tient le registre de ses horreurs, il sourit devant l'absurde, s'indigne du sordide, passe du loufoque à l'effrayant. Pour bien faire son travail, il doit comprendre les hommes et leurs folies. Cette confrontation obligée avec la détresse ordinaire est source d'angoisses et de révoltes, mais elle apporte d'indispensables notions de psychologie, une meilleure connaissance de l'« autre ».

Moi aussi, j'ai croisé des « cas », au cours de ma carrière, du commissariat d'Argenteuil au Quai des Orfèvres. J'ai rencontré des dizaines d'originaux, au mieux des doux dingues, au pire des déments. Ma première arrestation ne fut-elle pas celle d'un jeune homme qui se croyait « téléguidé » chaque samedi après-midi, dans le centre-ville d'Argenteuil ? Par la suite, il y eut Caruso, le funambule mexicain de Nice ; Jacques Robert, l'illuminé des studios de RTL et de la Caravelle d'Orly[1] ; Moulard, le pompier refoulé... et bien d'autres encore !

La notoriété aidant, j'étais souvent sollicité par des informateurs spontanés ; qui pour dénoncer un voisin malhonnête, qui pour invoquer un complot des services secrets... À la suite de chaque affaire relatée dans les médias, je recevais un courrier de ministre. Les gens voyaient en cette brigade la solution à toutes leurs obsessions ou la cible de toutes leurs rancœurs. On m'a voulu du mal ou du bien, envoyé en enfer ou au paradis. On m'a même demandé en mariage : j'ai toujours refusé ! Une femme, professeur de philosophie, m'a appelé à la rescousse parce qu'elle avait été violée « à distance » par des Chinois. Des Chinois de Chine, à des milliers de kilomètres de là ! D'autres correspondances m'ont profondément ému, comme cet homme qui m'écrivit des dizaines de fois pour me supplier de sauver sa mère, retenue en otage. Il s'exprimait correctement et paraissait

1. Le 9 février 1974, un homme appelé Jacques Robert fait irruption dans les studios de RTL et prend en otage l'animateur Max Meynier. Ce dernier est relâché après avoir accepté de diffuser sur les ondes un message totalement incohérent de son agresseur. Arrêté par la BAC, Jacques Robert effectue ensuite des séjours en prison et en hôpitaux psychiatriques. Une fois libéré, il fait à nouveau parler de lui le 30 septembre 1977, à bord d'un vol Paris-Lyon. Sous la menace d'un revolver et d'une grenade, il contraint le commandant à revenir sur les pistes d'Orly peu après le décollage. Une centaine de personnes sont prises en otages. Une hôtesse a été blessée par balle à un bras. La BAC est alertée ainsi que le GIGN. Pendant plus de huit heures, nous tentons de ramener le forcené à la raison. Celui-ci exige un passage de dix minutes sur RMC ou Europe 1 mais aussi le plein de carburant afin de partir vers une destination inconnue. Plus le temps passe, plus il semble excité et imprévisible. Nous décidons d'intervenir, en association avec le GIGN. L'assaut se déroule comme prévu. Malheureusement, un passager tente de désarmer Robert au moment de notre irruption dans l'avion. La grenade explose, faisant un mort et deux blessés. Jacques Robert, légèrement blessé, est neutralisé sans difficulté.

sain d'esprit. Renseignements pris, la pauvre femme était décédée en 1944, dans un camp nazi.

De l'émotion au rire, du tragique à l'anecdotique, tout cela m'a servi à approfondir ma connaissance de la nature humaine.

J'ai également beaucoup appris avec ceux qui m'entouraient, les hommes de la BAC. Fanfan à Aulnay-sous-Bois, Jean-Yves Toumit au Perray-en-Yvelines... Ils avaient ce sens de l'humain, indispensable à tout policier de terrain. Ils savaient trouver le mot juste, le geste rassurant pour calmer un forcené.

Un soir, Jojo Thalmann, notre haltérophile-accrobate, passa ainsi des heures contre les volets clos d'une porte-fenêtre, à discuter avec un mari jaloux, claquemuré dans son pavillon de Mainvilliers (Eure-et-Loir). Armé d'une carabine de l'armée américaine, il voulait que sa femme le rejoigne pour qu'il se suicide devant elle, d'une balle dans la tête. Avec son langage de bon copain, Jojo sut gagner sa confiance. Quand le forcené voulut se déplacer dans le pavillon pour aller chercher des canettes de bière, l'inspecteur accepta, tout en lui conseillant à voix basse de ne rien m'en dire : « Je vais me faire engueuler par mon patron, tu comprends, Roger ? » D'heure en heure, une forme de complicité s'établit entre eux. Et c'est à Jojo qu'il remit son arme, tard dans la nuit.

Je craignais les affaires de ce genre, moralement très pénibles. Il n'était plus question, alors, d'ambassades, de « raison d'État » ou de pressions politiques, mais des simples misères humaines, celles dont on ne parle pas car elles sont cachées derrière la porte d'une HLM ou d'un pavillon de banlieue. Nous avions l'impression d'entrer par effraction dans la vie d'un couple, d'une famille, de violer leur intimité en cherchant le secret de leurs violences. Au début de ma carrière, à la 1re BT puis à la Crim, j'avais connu la même sensation. J'avais ressenti un profond malaise au contact des drames privés, à l'écoute de ces dizaines d'histoires de femmes battues, d'enfants martyrisés, de solitudes absolues. Ce malaise, né d'un sentiment d'impuissance, je l'éprouvais toujours, douze ans plus tard, avec la BAC. La présence des médias, des badauds, des élus locaux, l'inévitable grand cirque du voyeurisme qui accompagnait nos sorties, tout cela renforçait notre gêne. C'était un peu comme si le ban et l'arrière-ban de la société assistaient au « spectacle » par-dessus notre épaule, pour assouvir une curiosité malsaine.

Nous-mêmes, en dépit de l'assurance acquise au fil des ans, nous devions lutter pour ne pas craquer devant l'horreur. Je me souviens ainsi de ce dimanche après-midi où la brigade avait été appelée à Sainte-Geneviève-des-Bois pour maîtriser un père de famille d'origine sénégalaise.

Les disputes étaient fréquentes au sein du couple mais, cette fois, ce jeune plombier au chômage avait sombré dans le délire. Armé d'un fusil de chasse, il s'était barricadé dans son appartement, avec son épouse et ses quatre enfants, trois garçons et une fille, âgés de treize mois à sept ans. Il se disait prêt à les abattre si on se mêlait de ses problèmes personnels.

Parti assister à un match de foot de mon fils aîné, j'avais dû laisser le fiston, ses copains et leurs sacs de sport sur la bande d'arrêt d'urgence de l'autoroute, afin qu'un dirigeant du club les prenne au passage! J'avais ensuite foncé vers Saint-Geneviève-des-Bois à l'adresse indiquée par la radio PJ.

Sitôt arrivé, je tombe sur le maire, Jean Ooghe, sénateur (PC) de l'Essonne. Un accueil pour le moins hostile.

– Ah, c'est vous les flingueurs de la police!

L'indifférence étant la meilleure riposte, je ne réponds pas. De toute façon, il y a plus urgent : à travers la porte d'entrée de l'appartement, l'un des petits garçons a dit en pleurant : « Papa a tué maman, il y a du sang partout! »

Ayant recueilli quelques renseignements sur le forcené, j'essaie d'amorcer le dialogue. Le maire préfère sortir de l'immeuble et haranguer les curieux, en critiquant ce « gouvernement de droite » qui utilise la Brigade antigang pour « régler un différend familial, résultat d'une politique sociale désastreuse ». La récupération partisane n'a décidément pas de limites.

Dans son bunker du troisième étage, Laurent Diatta me tient des propos incohérents sur son infortune conjugale, sur le président sénégalais Léopold Sédar Senghor, sur des personnages imaginaires qu'il implore de lui venir en aide... Il passe sans arrêt du calme à l'hystérie, il ne veut rien entendre.

– Si vous entrez, je tue les petits!

Je prends des risques en retardant l'intervention. La vie de sa femme – est-elle morte ou blessée? – et des enfants dépend en partie de mes décisions. Pendant près de trois heures, soutenu par le préfet Jacques Perrilliat, je vais tout de même m'efforcer de régler l'affaire en douceur, avec la patience pour seule arme.

Le choix du dialogue a au moins un aspect positif puisqu'il ramène le maire à plus de raison. Il me confie, l'air gêné :

– Monsieur le commissaire, quand vous êtes arrivés, j'ai été profondément injuste avec vous. J'étais persuadé que vous alliez abattre ce pauvre bougre. J'admire votre patience et votre courage.

Profitant d'une phase positive du forcené, je décide de pénétrer dans l'appartement.

La porte résiste, on peut juste la pousser de quelques centimètres car il a bloqué l'entrée avec une banquette, un frigo et plusieurs fauteuils. Dans l'entrebâillement, je l'aperçois, agenouillé derrière sa barricade. Il pointe son fusil vers moi, une cartouchière au bras, un poignard à la ceinture. Ses gosses sont torse nu, en short ou en slip. Je ne vois pas sa femme. Il me braque sans rien dire, sans tirer non plus. Je recule.

Quelques minutes plus tard, je recommence la même manœuvre d'approche. À la troisième tentative, je pousse davantage la porte. Il me voit mieux, je peux lui parler.

– Laurent, je veux t'aider, je me suis renseigné sur toi, je voudrais te dire quelque chose, entre nous, sans que personne entende. Allez, laisse-moi venir.

– Mais je te connais, toi, je t'ai vu à la télé! Tu ne peux pas entrer ici, il y a tous les meubles, et puis regarde!

Il rigole en me montrant un sac rempli de cartouches. Il se lève doucement, le fusil à hauteur des hanches, il paraît soudain apaisé. Nous commençons à discuter des copains, du football. J'en profite pour repérer les lieux : les meubles; les gosses au regard perdu; les traînées de sang, là-bas, dans le couloir...

Contrairement à ce que l'on pourrait croire, un esprit dérangé n'est pas forcément moins vigilant qu'un esprit présumé « sain ». Le truand s'accroche à son argent et à sa liberté ; il est prudent. Le terroriste vit pour sa cause ; il est pragmatique. Le « fou » (appelons-le ainsi même s'il ne s'agit pas toujours d'une vérité médicale) n'a pas de points d'ancrage dans le domaine du raisonnable ; il est donc capable de tout, de se rendre ou de craquer, de céder ou de résister.

Diatta place deux de ses fils devant le mur, les mains en l'air.

– Plus haut, Isidore, plus haut, je t'ai dit !

Les gamins sont terrorisés. Les deux autres s'agrippent aux jambes du père, debout derrière sa barricade. Il s'exprime de plus en plus vite... Des mots incompréhensibles, comme des incantations... Il chantonne, il danse, il sautille d'un pied sur l'autre... Une fois, deux fois, trois fois, il lance une particule de métal blanc, grosse comme une pièce de cinquante centimes, qu'il regarde virevolter. Ses yeux brillent, il transpire, il bave, agité d'une transe hystérique.

D'un geste fulgurant, il épaule son arme et tire au jugé sur la porte. La décharge de chevrotine atteint l'encadrement, je reçois des éclats de bois et des plombs sur la poitrine. Le gilet pare-balles, renforcé d'une plaque métallique, m'a protégé, mais j'ai reculé sous l'effet du choc. Rien de grave, juste quelques égratignures.

Je reprends mes esprits dans le couloir. Le maire s'approche. Il a définitivement changé d'avis.

– C'est courageux ce que vous faites mais ce type est fou, il faut tirer, il va nous tuer les gosses !

Je retourne vers l'appartement. Armé, cette fois.

Laurent Diatta est assis, la tête entre les mains. Il lève son regard vers moi, comme pour s'excuser, puis saisit son fusil et se met à sautiller en lançant ses particules. Un coup de feu vient ponctuer cette danse macabre. Le maire a sans doute raison, nous ne pouvons plus attendre.

Je fais une brève incursion dans l'encadrement de la porte, pour tirer un coup de feu d'intimidation dans le plafond et permettre ainsi à José Gentilini et à Jean Faye, deux anticommandos, de démonter rapidement les gonds. Une fois la porte enlevée, nous sommes enfin plus libres de nos mouvements. Revolver au poing, je le somme de lâcher son fusil. L'abattre est au-dessus de mes forces. C'est un fou, un malade, je ne peux me résoudre à le tuer devant ses enfants. Il me tire dessus. Le gilet pare-balles me protège encore; seuls des fragments de bourre et des projections de poudre m'atteignent à la main, au poignet droit et au pied.

Diatta fonce dans la salle de séjour en hurlant et en dansant. Nous le poursuivons, avec Christian Caron et Jacques Demarle. Les gosses courent dans tous les sens. Il les regroupe autour de lui, menace de les abattre puis de se suicider. Je profite d'un bref instant où aucun enfant n'est dans l'axe pour lui tirer une balle dans la cuisse. Je veux le blesser, pas le tuer.

Il tombe à la renverse, rampe sur le dos jusqu'à la baie vitrée, qu'il fracasse d'un coup de crosse. Assis sur le balcon, il appelle les deux petits près de lui et aligne les aînés le long du mur, comme des fusillés.

Christian Lambert, posté à l'étage supérieur, parvient à le blesser à l'épaule droite pour l'empêcher de tirer. Il grimace à peine, redresse son fusil, et commence à viser les enfants quand une troisième balle l'atteint à la cuisse et l'oblige à lâcher enfin son arme.

Il souffre mais il n'a pas perdu connaissance.

– Je vous ai fait une sacrée guerre, hein?

Une profonde entaille lui barre l'abdomen.

– Qu'est-ce que tu t'es fait au ventre?

– C'est en traversant la vitre.

Les gosses, confiés aux médecins du SAMU, sont sains et saufs, mais dans quel état psychologique? Dans le couloir conduisant aux chambres, nous avons découvert le corps décapité de leur mère. Des lambeaux de chair sont collés au plafond, les murs sont maculés de sang.

Dans la soirée, nous apprendrons le décès de Laurent Diatta, des suites de ses blessures au ventre. Nous apprendrons également qu'il martyrisait ses fils, surtout le plus grand, qui portait des traces de coups dans le dos. La peau était devenue du cuir, selon l'expression même du médecin...

Dans un *mea culpa* sincère devant les habitants de la cité, le maire de Sainte-Geneviève-des-Bois saluera « la patience, le sang-froid, le courage des policiers »...

Malgré ma double fonction de chef de la BRI et de la BAC, je n'étais pas dispensé de ces interventions chez des anonymes à la dérive. Je ne voulais surtout pas m'en éloigner, faire de mon bureau du 36 une tour d'ivoire. Il n'était pas question de m'enfermer dans une logique élitiste, axée sur la pègre et le terrorisme. Je ne voulais pas perdre le sens des réalités de la société.

Du fait de mes origines, de mon passé, j'avais une autre idée de mon métier et une autre idée de la vie. Je n'avais d'ailleurs pas modifié mes habitudes : nous habitions toujours le même pavillon, sans protection particulière ; nous partions toujours en vacances dans la même région, en Charente-Maritime ; je suivais toujours l'équipe de foot de mon fils ; j'assistais toujours aux matchs du Paris-Saint-Germain, en tribune populaire du parc des Princes...

L'époque, elle, avait changé. Au tournant des années 1980, la France avait viré de la droite à la gauche, de Giscard à Mitterrand.

Depuis mon arrivée au 36, en 1971, je m'étais gardé d'afficher mes convictions politiques, ce n'était ni dans mon tempérament ni dans ma conception du métier. Aux journalistes qui avaient essayé de me coincer au détour d'un entretien, j'avais répondu, avec une constance très républicaine : « Je n'ai qu'une carte en poche, celle de policier. »

Quelque part, j'avais néanmoins une image d'homme de droite, probablement à cause de l'affaire de Broglie, des accusations de « bavures », de la mort de Mesrine, du soutien que nous avaient apporté des ministres de l'Intérieur comme Raymond Marcellin, Jacques Chirac ou Christian Bonnet. Et puis, en ce temps-là, on n'imaginait pas qu'un flic puisse tracer sa route sans pencher vers un bord ou un autre ; à droite, de préférence.

On ne pouvait pas rester chef de service sans se voir soupçonner d'être l'instrument du « pouvoir », le bras armé de la « répression ».

Pour toutes ces raisons, j'avais craint un moment d'être sacrifié sur l'autel de mai 1981. Dans les coulisses du nouveau gouvernement, quelques militants y songeaient sans doute, de même qu'une poignée de syndicalistes policiers à la rancune tenace.

Or nous étions maintenant à l'été 1982, François Mitterrand était à l'Élysée, Pierre Mauroy à Matignon, Gaston Defferre place Beauvau, et moi, toujours au 36, chef de la BRI, chef de la BAC. Mon heure n'avait pas encore sonné. Mieux, en septembre 1981, j'avais même été chargé de traiter une prise d'otages délicate pour le gouvernement puisqu'elle impliquait un commando du mouvement arménien ASALA retranché dans le consulat de Turquie à Paris [1].

Il n'empêche que j'ignorais quelle serait la suite de ma carrière. Au-delà du virage politique de 1981, c'était la société, le pays tout entier qui étaient en mouvement. La police, le milieu, le Quai des Orfèvres... Tout avait changé, y compris l'antigang.

Je serais contraint, tôt ou tard, de tourner la page.

1. Le 25 septembre 1981, à 11 heures, un commando de l'ASALA prend en otages cinquante et une personnes, dont une fillette, dans les locaux consulaires, boulevard Haussmann. Les quatre hommes, armés de revolvers et de grenades, réclament la libération de compatriotes emprisonnés en Turquie, ce que les autorités d'Ankara refusent. Marcel Leclerc, chef de la Criminelle, prend part avec moi aux négociations avec le chef du commando. Celui-ci, abrité derrière un otage, se tient à une fenêtre du premier étage, et je lui parle depuis le trottoir. Grâce aux surveillances et aux moyens techniques mis en place par les hommes de la BAC, nous sommes en mesure de négocier des libérations successives d'otages, jusqu'à la reddition complète, vers 3 heures du matin, du « commando suicide Yeghia Kechichian ».

Seconde partie

I

L'adieu au 36

C'était au mois d'août 1982. Nous étions en vacances en Corse, chez Roger Stella. Le Petit Roger, bien remis des blessures dont il avait été victime un an auparavant, nous avait accueillis à Mute, un hameau situé à l'extrémité nord de l'île. Des maisonnettes au bord de l'eau, quelques bateaux sous le soleil, des rochers à oursins... Le bout du monde à deux heures de Paris ! J'aimais cette partie de l'île, plus sauvage que les environs de Bastia ou d'Ajaccio. J'y avais des amis, corses et continentaux, des *pinzutti*, comme on dit là-bas.

Ce jour-là, donc, j'étais parti à la pêche sur une vieille barque dont le moteur capricieux tombait en panne un jour sur deux. De loin, je vis un ami qui me faisait des signes. Il fallait d'urgence appeler Paris : le secrétaire d'État à la Sécurité publique, Joseph Franceschi, avait cherché à me joindre. En liaison avec le ministre de l'Intérieur, Gaston Defferre, il avait la lourde mission d'assurer l'ordre public dans un pays confronté à une vague d'attentats sans précédent.

Le 19 mars 1982, deux CRS en patrouille à Saint-Étienne-de-Baïgorry (frontière franco-espagnole) avaient été fauchés par des rafales de mitraillette. Une opération des indépendantistes basques.

Le 29 mars, une bombe avait explosé dans le train Le Capitole, faisant cinq morts et vingt-sept blessés. Un attentat attribué au terroriste Carlos.

Le 22 avril, une voiture piégée avait sauté rue Marbeuf, à Paris, faisant un mort et soixante-trois blessés.

La série noire s'était poursuivie dans la capitale avec la mise à feu d'un engin dans une poubelle de Saint-Michel (quinze blessés, le 21 juillet), puis un attentat au Pub Saint-Germain (deux blessés le 24 juillet). Le 9 août, la fusillade de la rue des Rosiers avait fait six morts et vingt-deux blessés dans le restaurant de Jo Goldenberg. Enfin, le 21 août, deux artificiers de la Préfecture de police avaient été tués en essayant de désamorcer une charge placée dans une voiture, rue des Bourdonnais.

J'ignorais la raison de l'appel de Joseph Franceschi, mais j'avais un mauvais pressentiment. Au moment de quitter la capitale, trois semaines plus tôt, j'avais appris que je ne ferais probablement pas long feu à la tête de l'antigang. Depuis l'arrivée des socialistes au pouvoir, en mai 1981, on me prédisait une mise à l'écart.

Des collègues opportunistes et quelques syndicalistes devaient en rêver, trop heureux qu'ils étaient de tenir leur revanche. À les entendre, je faisais figure de symbole, j'étais marqué politiquement pour avoir été, pendant une dizaine d'années, sous les ordres de ministres de droite, de Raymond Marcellin à Christian Bonnet, de Jacques Chirac à Michel Poniatowski. Dès son élection à la tête de la puissante Fédération autonome des syndicats de police (FASP, proche de la gauche), Bernard Deleplace avait prévenu Gaston Defferre : «Nous ne voulons pas mener de chasse aux sorcières, mais comment le ministre de l'Intérieur et le gouvernement pourraient-ils mener une vraie réforme de la police sans changer aux postes dirigeants les hommes promus par l'ancien régime?» Et l'influent Deleplace de poursuivre par une mise en garde : «Que le ministre choisisse : si le gouvernement ne donne pas à l'ensemble du corps de la police les moyens de participer réellement au renouveau, ce sera le conflit entre la fédération et le ministère de l'Intérieur.» Bref, il fallait des têtes. Des têtes connues. La mienne était mise à prix.

Avais-je le profil d'un «suppôt» de l'«ancien régime»? Balivernes! Je n'étais pas un «politique». Je défie quiconque,

Deleplace ou un autre, de dire quelles étaient mes sympathies. J'avais le sentiment d'être toujours resté policier, rien que policier, sans étiquette particulière, n'en déplaise aux coupeurs de têtes. Las ! la chasse aux sorcières – car c'en était une – battait son plein. La police française bourdonnait comme une ruche agressée. L'ambiance était si délétère, entre paranoïa et hystérie revancharde, que je me préparais à être sacrifié sur l'autel du changement. Il restait juste à fixer la date et les modalités du départ.

Joseph Franceschi m'appelait-il pour m'envoyer, comme le disait alors la rumeur, dans un centre de formation de la police, à Clermont-Ferrand ? Le secrétaire d'État était un proche de François Mitterrand, l'un des conseillers les plus écoutés. Il avait un temps dirigé le service d'ordre du PS mais c'est pour une tout autre raison que je l'avais rencontré, en novembre 1976, avec l'antigang. À l'occasion d'une affaire dans sa commune d'Alfortville, il nous avait chaleureusement félicités pour l'arrestation d'une équipe de braqueurs.

De retour au village du Petit Roger, je l'appelai au ministère.

– Bonjour, monsieur le commissaire, me lança-t-il d'abord, je vois que vous aimez la Corse !

– Oui, monsieur le ministre, j'adore la Corse...

– Mes compatriotes qui vivent sur place ne se rendent pas toujours compte de leur bonheur. Mais, dites-moi, je vais aller directement au but : comme vous le savez, je viens d'être nommé secrétaire d'État. Je suis en train de composer mon cabinet et j'aimerais vous avoir à mes côtés comme conseiller technique. J'ai beaucoup d'admiration pour vous et pour votre équipe, j'ai déjà eu l'occasion de vous le dire à la mairie d'Alfortville. Le Président veut que l'on combatte à fond le terrorisme et je compte sur vous pour me conseiller.

– Merci, monsieur le ministre, mais je ne sais pas si...

– Non, non, écoutez-moi, je compte vraiment sur vous ! Vous semblez surpris par ma proposition !

– C'est le moins que l'on puisse dire ! Avant-hier je lisais dans les journaux que j'étais viré à Clermont-Ferrand et aujourd'hui vous me proposez un poste dans un cabinet ministériel !

– Ce n'est pas la presse qui décide des affectations ! Ce que je sais, moi, c'est que le terrorisme frappe tous les jours. Nous devons nous unir pour le combattre. J'ai besoin des meilleurs autour de moi. Écoutez, réfléchissez un moment, on se rappelle dans une demi-heure. Mais je compte sur vous, hein ? À tout à l'heure.

J'avais raccroché. Assis devant la maison du Petit Roger, la tête entre les mains, j'avais peine à croire ce que je venais d'entendre. On me promettait Clermont-Ferrand, Gaston Defferre avait même signé, paraît-il, l'arrêté officialisant ma mutation et voilà que Joseph Franceschi, l'ami du Président, me propulsait aux avant-postes de la lutte antiterroriste ! Je ne comprenais plus rien, ma femme pas davantage.

Durant la demi-heure de réflexion, le téléphone sonna à plusieurs reprises dans cette maison que le Petit Roger appelait le « château ». Divers hauts responsables de la police, curieux de savoir pourquoi le ministre m'avait appelé, vinrent aux nouvelles. L'un me félicita sincèrement et m'encouragea à accepter. Un autre, qui se reconnaîtra, dissimula mal sa déception de ne pas avoir été choisi. Un troisième m'apparut surtout inquiet des répercussions sur la hiérarchie du 36, en cas de refus. Je n'avais pas la tête à les écouter. Je voulais réfléchir, faire le point, peser le pour et le contre, quitte à demander un délai de réflexion supplémentaire.

Quand Joseph Franceschi me rappela, une trentaine de minutes plus tard, je n'eus pas le temps de négocier quoi que ce soit.

– Monsieur Broussard, je voudrais vous rencontrer dès demain, il faut que je vous explique ce que j'ai l'intention de faire...

– Mais je suis ici avec ma femme, mes enfants, mon chien, je dois trouver une place sur le bateau !

– Ne vous inquiétez pas, on va s'occuper de tout. On vous rappelle.

Moins d'une heure après, tout était arrangé : il ne restait plus qu'à charger la voiture et à remonter sur Paris. Les vacances étaient terminées.

Tout au long du voyage, je ne fis que penser à cette proposition. Quelle serait ma réponse? Je doutais fort que l'on me laisse vraiment le choix. Il n'empêche que je voulais avoir des précisions sur mon rôle. «Conseiller technique», c'était bien beau, mais quel genre de «conseiller technique»? Dans quel domaine précis? Avec quelles attributions?

La lutte contre le terrorisme nécessitait un dispositif rigoureux car le pays était en état de choc. François Mitterrand lui-même était monté en première ligne. Le 17 août, il avait confié une mission de «coordination, d'action, de réflexion et d'information sur le terrorisme» à Christian Prouteau, le chef du Groupement d'intervention de la gendarmerie nationale (GIGN).

Je connaissais Prouteau depuis une dizaine d'années. Je l'avais rencontré à plusieurs reprises dans le cadre d'affaires de prises d'otages. Le GIGN était l'équivalent de la Brigade anticommando, côté gendarmerie. Il intervenait le plus souvent en zone rurale et parfois à l'étranger, pour des missions plus secrètes. D'une certaine manière, il s'agissait d'un service concurrent. Mes relations avec Prouteau étaient cependant très bonnes. J'avais de l'estime pour lui, ce qui devait d'ailleurs être réciproque puisqu'il m'avait dédicacé ainsi un livre sur son groupe : «Pour Robert Broussard, dont l'unité est connue dans le monde entier et l'efficacité incontestable... Même but! Mieux se connaître pour mieux s'apprécier! Avec mon amitié.»

Si Christian Prouteau m'était plutôt sympathique, je me méfiais davantage de son adjoint, le capitaine Paul Barril. Pour l'avoir vu à l'œuvre quelquefois, je le jugeais trop impulsif pour être efficace, trop fanfaron pour être crédible, trop sûr de lui pour être fiable. Mais après tout, c'était le problème du GIGN. Moi, j'étais en charge de l'antigang et de la BAC. À chacun ses enfants terribles!

La nomination de Prouteau auprès du Président avait une portée symbolique évidente. Aux yeux de l'opinion, le chef de l'État faisait de la lutte contre le terrorisme un combat personnel, dans l'intérêt supérieur du pays.

Évidemment, la soudaine promotion de l'ancien responsable du GIGN avait été mal accueillie dans les rangs policiers. La création d'une «cellule» élyséenne, composée de gendarmes et de quelques policiers aux fonctions nébuleuses[1], était ressentie comme un désaveu par nos services spécialisés. Des hommes d'expérience travaillaient depuis des années sur le terrorisme, aussi bien à la PJ qu'à la Direction de la surveillance du territoire (DST) ou aux Renseignements généraux (RG), et c'est un gendarme qui avait été désigné pour coordonner l'ensemble du dispositif! Lorsque l'on connaît la concurrence entre gendarmes et policiers, il s'agissait au mieux d'une maladresse... Mes collègues doutaient de l'efficacité de ce plan de bataille. Ils se demandaient quel serait le rôle de Prouteau et de sa garde rapprochée, en ligne directe avec la présidence.

Je n'étais pas dupe : la proposition de Franceschi s'inscrivait dans une logique de rééquilibrage. Pour tenter d'apaiser les tiraillements corporatistes, pour calmer la hiérarchie policière, il fallait nommer un flic connu à un poste important. On m'avait donc choisi. Après le chef du GIGN, le chef de la BAC; après la gendarmerie, la police : la balance des susceptibilités retrouvait l'équilibre, du moins en apparence.

Ma nomination, étonnante au regard des injonctions de la FASP, me laissait perplexe pour une autre raison : je n'avais pas le profil de l'emploi! Pas plus que Prouteau, d'ailleurs. Comme je l'ai déjà dit, la BAC avait de nombreuses interventions à son actif contre des commandos palestiniens, arméniens ou encore Action directe, mais il s'agissait d'opérations ponctuelles, menées en marge de notre lutte contre le grand banditisme. Pour ce qui est des surveillances, des filatures, des arrestations, des prises d'otages, nous pouvions rivaliser avec n'importe qui en France. Il arrivait même que des pays étrangers, tels que le Canada, les États-Unis ou le Japon, sollicitent nos conseils.

1. Jean Orluc venait des Renseignements généraux (RG); Pierre-Yves Gilleron de la Direction de la surveillance du territoire (DST); Charles Pellegrini, qui avait été chef de l'OCRB, était chargé de la liaison avec la DGSE.

Mais j'avais conscience de mes limites : celles du terrain et de l'action. Je n'avais qu'une connaissance restreinte, forcément incomplète, du terrorisme avec ses réseaux et ses imbrications. Il y avait, pour cela, d'authentiques spécialistes, immédiatement opérationnels.

Avais-je vraiment le choix? Un refus serait mal perçu : on y verrait un geste de défiance à l'égard des socialistes; et le pouvoir en place aurait beau jeu de reprocher à la police, au contraire de la gendarmerie, de se dérober devant l'obstacle. À l'inverse, le fait d'intégrer un cabinet ministériel, de quitter l'organigramme de la police nationale, pouvait aussi être interprété comme un acte politique, alors que je tenais à conserver une neutralité absolue.

Ma perplexité avait d'autres raisons, plus personnelles. L'heure était venue, à quarante-six ans, de lâcher les rênes de l'antigang. Au plus profond de moi-même, je craignais cette séparation. Certes, je m'y préparais depuis un moment, mais, cette fois, j'étais placé devant le fait accompli. Le couperet venait de tomber, de façon inattendue, en pleine période de vacances, et j'allais devoir tourner la page sur dix ans de ma vie. Dix années qui valaient un siècle.

On ne quitte pas un tel service comme on change de bureau, avec des dossiers sous le bras et du vague à l'âme. On part avec des monceaux de souvenirs, d'émotions, de joies, de peines, riche des liens d'amitié noués au contact du danger. On se souvient des planques, des filatures, des prises d'otages...

Je songeais à tout cela en remontant sur Paris. J'attendais des précisions, j'espérais des certitudes.

Le mercredi 25 août 1982, je me présentai au ministère de l'Intérieur, déterminé à exposer les problèmes qui me préoccupaient, tout en sachant que mes doutes de simple fonctionnaire ne pèseraient pas lourd face à un ministre.

Je fus vite fixé. Joseph Franceschi était sympathique, un rien débonnaire, mais il n'avait pas le cœur à tergiverser.

– Monsieur Broussard, vous connaissez la situation, la population est inquiète, nous avons besoin de tout le monde. Or chacun travaille de son côté. Le commandant Prouteau est le conseiller de l'Élysée. Le Président, qui s'engage personnellement dans ce combat, m'a chargé de tout organiser en conséquence. Je vous demande d'assurer la coordination de la PJ avec les services de renseignements. Je sais que vous êtes très attaché à la Brigade antigang, vous pouvez en garder le commandement si vous le souhaitez. Il faut se mettre au travail dès aujourd'hui. Nous avons dégagé un bureau à côté du mien. Vous avez carte blanche pour désigner vos collaborateurs immédiats.

J'étais coincé. Pour faire bonne mesure, je risquai une ou deux questions sur mes attributions, vite balayées par des réponses sans appel. J'avais été désigné, je devais accepter.

Joseph Franceschi souhaitait que ma nomination bénéficie d'une importante couverture médiatique, qu'elle s'accompagne d'un « effet d'annonce », comme on dit de nos jours. De ce point de vue, ce fut une réussite complète, susceptible de compenser l'« effet Prouteau » : « Broussard, un superflic dans le terrorisme » (*France-Soir*), « Broussard, le flic des coups durs (*L'Aurore*), « Le superflic en renfort » (*Le Parisien libéré*)...

Là encore, je n'étais pas dupe : on utilisait mon nom, mon passé. Ce n'était pas la première fois, et sans doute pas la dernière. Finalement, je me sentais prêt à relever ce défi. Je voyais aussi dans cette promotion surprise un pied de nez aux coupeurs de têtes.

Au sujet de mes prétendus engagements politiques, Honoré Gévaudan, le directeur central adjoint de la police judiciaire, fit une déclaration qui me toucha beaucoup : « C'est surtout un garçon courageux, un policier digne de ce nom. Lorsqu'il y a un gangster retranché quelque part, lui, il va le chercher... J'ai entendu dire que Broussard était marqué par l'ancien gouvernement mais, enfin, Broussard a été sous l'ancien gouvernement parce que l'ancien gouvernement était là et, sous le nouveau, il fera exactement la même chose. Broussard recherche les malfaiteurs et les malfaiteurs se moquent que le gouvernement soit de droite ou de gauche. »

Le plus difficile fut de quitter le Quai des Orfèvres. Mon 36. J'y étais chez moi, c'était un peu comme une maison de famille où je connaissais tout le monde, des directeurs aux huissiers d'étage.

Je ressentais ce départ comme un déchirement, j'avais l'impression d'abandonner une partie de moi-même, de troquer ma carte de flic contre un titre pompeux de « conseiller technique ». J'avais la sensation de quitter la vraie police pour intégrer la caste des ronds-de-cuir. Pour la première fois, depuis mes débuts, en 1960, j'étais à un tournant de mon existence, un de ces moments où l'on s'interroge en regardant derrière soi. Au moins avais-je la satisfaction d'avoir pleinement vécu ma passion et d'être resté sur la route que je m'étais tracée.

Lors de notre entretien, Joseph Franceschi m'avait proposé de garder le commandement de l'antigang mais ce n'était pas envisageable. On ne dirige pas cette brigade à mi-temps, depuis un bureau. C'est un service exigeant, dont les membres attendent un chef omniprésent. J'allais céder la place à René-Georges Querry, mon ancien adjoint, et à Jean-Marc Bloch, un autre de mes anciens collaborateurs. L'antigang était entre de bonnes mains.

En accord avec le ministère et la direction de la PJ, je décidai cependant de conserver le commandement de la BAC, ce qui me semblait davantage compatible avec mes nouvelles fonctions. Cette « filiale » de l'antigang n'existait que le temps des interventions. En continuant à la diriger, j'avais l'impression de garder un pied au 36. Cela me permettrait aussi de participer aux entraînements, de retrouver les copains. De la sorte, je me ménageais une soupape de sécurité, histoire d'échapper de temps en temps à l'ambiance feutrée du cabinet ministériel.

Joseph Franceschi avait été clair : « Vous avez carte blanche pour désigner vos collaborateurs immédiats. » Il restait à les trouver, ces « collaborateurs ».

Mon choix se porta évidemment sur deux inspecteurs de l'antigang, Raymond Roman et Christian Lambert. Roman était un documentaliste hors pair dont l'aide nous serait précieuse. Quant à Lambert, il faisait partie, avec Roger Stella et quelques autres, des hommes pour lesquels j'éprouvais une profonde amitié. C'était un remarquable policier, promis à une brillante carrière. Comme Raymond Roman, il n'hésita pas à me rejoindre. Je savais ce qui leur en coûtait, à eux aussi, d'abandonner la brigade. J'espérais qu'ils n'auraient pas à le regretter.

Voilà. En quatre jours, tout s'était précipité, ma carrière avait basculé. Le lundi, j'avais reçu l'appel de Franceschi ; le mardi, nous étions repartis sur Paris ; le mercredi, j'étais dans son bureau ; et le vendredi, j'avais pris officiellement mes fonctions de « conseiller technique » auprès du secrétaire d'État à la Sécurité publique !

Le lendemain soir, samedi 28 août 1982, j'avais décidé de m'accorder un moment de détente. Pour la petite histoire, nous étions réunis en famille dans le jardin de notre pavillon de banlicue. Il était 20 heures. Tout en tournant les brochettes sur le barbecue, j'écoutais vaguement le journal télévisé. Sur TF1, Jean-Claude Bourret annonça que « des arrestations importantes dans les milieux du terrorisme international [venaient] d'être opérées à Vincennes par les gendarmes du GIGN ».

J'avais bien entendu. Bourret avait parlé d'« arrestations importantes dans les milieux du terrorisme international ». Et moi, « conseiller technique en matière de terrorisme », j'étais là, en short, avec mes brochettes ! Personne ne m'avait prévenu de cette opération !

J'étais furieux. Quatre jours plus tôt, on m'appelait à la rescousse, on me faisait rentrer de vacances pour me confier une mission de coordination et les médias m'apprenaient la nouvelle ! Je me sentais humilié, ridiculisé.

Bien sûr, il s'agissait apparemment d'une magistrale entrée en matière pour la cellule élyséenne de Prouteau. Ces arrestations ne pouvaient mieux tomber, elles ne manqueraient pas d'avoir un retentissement considérable aux yeux de l'opinion publique. Je m'étonnais néanmoins de la précipitation avec laquelle tout le monde criait victoire, cela me paraissait prématuré et maladroit. D'instinct, sans que je sache dire pourquoi, j'étais sceptique. Cette histoire me semblait bancale. Elle l'était.

Pour l'Élysée, pour le GIGN, pour le pays tout entier commençait la peu glorieuse saga des « Irlandais de Vincennes ». Une affaire de Pieds Nickelés, un scandale d'État.

II

Les Pieds Nickelés de l'Élysée

Le téléphone n'arrêtait pas de sonner. La direction de la PJ, les Renseignements généraux, le patron de la Brigade criminelle... Tout le monde venait aux nouvelles ! N'avais-je pas été nommé « conseiller technique » du secrétaire d'État ? N'étais-je pas « chargé de la coordination » de la lutte antiterroriste ? Bardé de ces titres clinquants, je devais être, personne n'en doutait, dans la confidence de la République ; je devais avoir mes antennes à l'Élysée. Qui avait été arrêté ? Dans le cadre de quelle enquête ? J'étais incapable de fournir la moindre précision ! Comme eux, je venais d'apprendre cela par la télévision. Il n'y a pas d'autre mot : je passais pour un con.

Évidemment, j'avais aussitôt téléphoné à la personne de permanence au cabinet de Joseph Franceschi, mais elle n'était pas au courant. C'est de nouveau par les médias, quelques minutes plus tard, que j'allais obtenir des précisions. À 20 h 40, en effet, l'Agence France-Presse diffusait la dépêche suivante : « Deux arrestations importantes ont été opérées en France dans les milieux du terrorisme international, apprend-on, samedi soir, à la présidence de la République. Des armes et des explosifs ont également été saisis. »

La confirmation provenait directement de l'Élysée. La cellule de Prouteau était bel et bien dans le coup.

Vers 21 heures, je parvins à joindre Frédéric Thiriez, le directeur de cabinet de Franceschi. Il semblait à peine mieux informé que moi. Il savait tout de même qu'il s'agissait d'Irlandais, appréhendés dans un appartement de Vincennes.

Pour ne pas être suspecté de jalousie vis-à-vis de la gendarmerie, je m'efforçai de contenir ma colère. Au diable les blessures d'amour-propre, il fallait po-si-ti-ver! Après tout, ces arrestations étaient une bonne chose, non? Je souhaitais cependant parler d'urgence à Franceschi pour en savoir davantage mais aussi pour lui faire part de mes craintes. Comment pourrais-je demeurer crédible aux yeux de mes collègues policiers si j'étais tenu à l'écart des décisions essentielles? Cette affaire, sur fond d'antagonisme police-gendarmerie, était une bévue psychologique dont il fallait limiter les conséquences.

Il était presque minuit lorsque je pus enfin joindre le « patron ». Il paraissait euphorique :

– Monsieur le commissaire, cette affaire est extrêmement importante! Elle a été conduite dans le plus grand secret et au plus haut niveau! Je vous expliquerai tout et vous comprendrez pourquoi vous n'avez pas été prévenu...

– Monsieur le ministre, ma crédibilité en a pris un coup! Personne ne veut croire que je n'étais pas au courant. Ce n'est pas la meilleure solution pour mobiliser la police. Il faut savoir si je suis vraiment le coordonnateur! Que je ne sois pas informé des détails, je peux le comprendre, mais de là à l'apprendre par la télé!

– Vous êtes amer... Venez me voir demain matin, à la mairie d'Alfortville, nous parlerons de tout cela.

Le dimanche matin, je me rends à Alfortville. Il est 9 heures. La mairie est déserte. Le concierge prévient Franceschi de mon arrivée et m'invite à monter au premier étage. Je l'ignore encore mais je vais assister à des scènes surréalistes, entendre des propos ahurissants. Rapportés ici pour la première fois, ils permettent de mieux comprendre, avec le recul, la genèse d'une affaire d'État.

Franceschi m'accueille dans le bureau de sa secrétaire. L'air guilleret, il me confie à voix basse :

– Nous venons de réaliser une opération fantastique! Nous avons porté un coup terrible au terrorisme! Le commando de

Vincennes est à l'origine de la plupart des attentats de ces derniers mois. Nous avons le fichier, les caches d'armes et d'explosifs, des documents d'une valeur considérable! Ils sont responsables de l'attentat de la rue des Rosiers[1]. Vous vous rendez compte? La rue des Rosiers! Je vous le dis : cette affaire est énorme! Tenez, entrez, le capitaine Barril va vous expliquer...

L'adjoint de Prouteau est en train de discuter avec Frédéric Thiriez. Je les salue et m'assieds face à Joseph Franceschi, qui essaie de me rassurer :

– Cette opération est un succès considérable! Nous avons arrêté des terroristes internationaux, auteurs de nombreux attentats. Et ils sont dans le coup de la rue des Rosiers! Le capitaine va vous répéter ce qu'il nous a dit.

– Monsieur le ministre, explique Barril, ces Irlandais sont recherchés par les services antiterroristes britanniques, ils intéressent aussi les Allemands, les Néerlandais... Ils sont fichés à la DGSE, à la DST, nous avons découvert le fichier du terrorisme international, des documents, des armes, des explosifs, des faux papiers...

– Encore toutes mes félicitations, poursuit le ministre. L'arrestation s'est bien passée?

– Oui, nous avions bien préparé l'opération. Il y a deux hommes, une femme et son gosse d'une dizaine d'années. D'autres arrestations sont prévues.

– Comment êtes-vous arrivés à eux?

– Par un informateur et grâce à des renseignements communiqués par des amis de Scotland Yard et des services secrets.

Je n'ai encore rien dit. Je me contente d'écouter le capitaine. Il affiche le sourire du vainqueur sûr de lui. Je n'ai pas une longue pratique du bonhomme mais je me méfie de ses roulements d'épaules. Il aime jouer les baroudeurs qui ont réponse à tout. Cette réputation de superman est même devenue un sujet de plaisanteries, aussi bien dans la police que dans certaines unités de gendarmerie. J'attends surtout des précisions sur l'opération de Vincennes :

1. Attentat de la rue des Rosiers, le 9 août 1982, au restaurant de Jo Goldenberg : six morts et vingt-deux blessés.

– Tu es sûr qu'ils sont dans le coup de la rue des Rosiers? On ne comprend pas trop la présence d'Irlandais dans une affaire qui fait plutôt penser au Moyen-Orient...

– Ce commando se situe au plus haut niveau du terrorisme international! Il est en contact avec beaucoup d'autres.

– Bon, d'accord, mais sur quels éléments concrets te fondes-tu pour la rue des Rosiers?

– Je n'ai pas dit qu'ils en étaient les auteurs...

Surpris par cette marche arrière, Joseph Franceschi intervient.

– Ah si, mon capitaine, vous m'avez dit hier soir, et ce matin encore, qu'ils étaient les auteurs de la rue des Rosiers!

– Les auteurs, je n'en sais rien, peut-être un ou deux, mais ils ont au moins servi de soutien logistique ou de base arrière! Vous comprenez, dans ces affaires, il y a des ramifications, des complicités... Les terroristes de haut niveau ne travaillent pas de manière isolée, ils constituent une internationale. C'est une certitude, ces Irlandais sont en relation avec les Palestiniens. De toute façon, l'enquête ne fait que commencer, le substitut du procureur de Créteil est au courant de tout.

– Oh, attention! lui fis-je remarquer, ça ne se passe pas comme ça! Rue des Rosiers, un juge d'instruction de Paris a été saisi, il a délivré une commission rogatoire à la Criminelle. Tu dois communiquer tes renseignements à ce juge ainsi qu'à la Crim!

– La gendarmerie est tout aussi compétente que la police pour traiter la procédure de la rue des Rosiers! La brigade de gendarmerie de Vincennes a été chargée de faire les constatations et la Brigade de recherche de Paris-Minimes doit poursuivre l'enquête!

– Bien sûr que la gendarmerie est tout aussi capable que la police, mais il y a des règles à respecter, sinon, on va droit à la nullité de la procédure!

– Moi, mon truc, c'est l'action, pas la procédure! Mais ne t'inquiète pas, le substitut est au courant...

Je commence à bouillir. Je sens bien qu'il est en équilibre sur un échafaudage branlant. Il donne l'impression de jongler avec la vérité en esquivant mes questions.

– Où sont les armes ? Et les explosifs, c'est quoi au juste ?

– On a retrouvé des armes et du plastic.

– Et la cache d'armes ? s'inquiète Franceschi, soudain moins souriant.

– Il y a plusieurs centaines d'armes, monsieur le ministre !

« Plusieurs centaines » ? Barril a dit « plusieurs centaines ». J'insiste :

– Mais où sont-elles ?

– Là encore, tu vas douter de ce que je raconte...

J'en doute, effectivement. Paul Barril se tortille sur sa chaise comme un cancre devant le proviseur. Il sort de ses poches divers bouts de papier, dont une feuille, à peine plus grande qu'un paquet de cigarettes, sur laquelle figurent des inscriptions manuscrites, des chiffres, des signes... Avec un aplomb extraordinaire, digne d'un camelot de boulevard, il nous assure que ces indications « codées » signifient ni plus ni moins que les Irlandais disposaient d'une gigantesque cache d'armes et d'une quantité énorme d'explosifs ! Où ? Il l'ignore. Et les documents saisis ? « On » les a dénichés dans une consigne de gare. Et le fameux « fichier du terrorisme international » ? « On » l'a découvert dans l'appartement de Vincennes. Qui ça, « on » ? Barril n'en sait trop rien... À l'entendre, le procès-verbal sera dressé « plus tard », cela ne presse pas. Selon lui, ces « terroristes » préparaient un attentat dans Paris. La preuve : un plan de la capitale avec une croix, tracée au stylo, place de l'Opéra !

Je suis sidéré. Certes, Barril a la réputation d'être fâché avec le code de procédure pénale, mais je ne l'imaginais pas capable de tant d'inconsistance. Jamais, de toute ma carrière, je n'ai entendu des choses pareilles. Les Irlandais n'ont même pas assisté à la perquisition, comme l'exige le code de procédure pénale !

Je ne suis pourtant pas au bout de mes surprises.

En juriste averti, Frédéric Thiriez a réalisé que nous sommes en plein délire. Quant à Franceschi, il fulmine, il pose des questions pour se rassurer mais son « opération fantastique » se dégonfle à vue d'œil. Barril continue son numéro d'équilibriste. Il persiste à jouer les « tombeurs » du « terrorisme international ».

Cela ne peut plus durer. Il faut que je m'entretienne seul à seul avec Franceschi. Je lui fais signe discrètement. Il s'isole un moment dans un autre bureau, probablement pour téléphoner, puis m'invite à le rejoindre.

– Monsieur Broussard, je vois que vous êtes sceptique. Je le suis aussi... Comment peut-on faire? Vous vous rendez compte, la présidence s'est prononcée, elle a diffusé un communiqué!

Franceschi est désemparé, il cherche des raisons d'espérer. Il s'accroche aux branches, ou plutôt aux brindilles, que lui a tendues Barril.

– Écoutez, me lance-t-il, on ne rêve tout de même pas! Des terroristes ont bien été arrêtés, ils avaient chez eux des explosifs, des documents... Et puis, c'est un officier de gendarmerie qui nous parle! Ce n'est pas n'importe qui, un officier de gendarmerie!

– Oui, des armes ont été découvertes. Mais j'ai du mal à croire l'histoire de la rue des Rosiers. Quant au respect de la procédure, alors là, je suis effaré!

De retour dans le bureau, la conversation reprend, sur un ton plus incisif. Franceschi exige des précisions, allant même jusqu'à ordonner au capitaine de répondre par oui ou par non à certaines questions! De sa voix un tantinet « zézayante », d'un calme déconcertant, Barril s'efforce de faire front et il paraît sincère. Dans son esprit, pas de doute : ce commando s'apprêtait à passer à l'action dans Paris. Je participe à l'« interrogatoire ».

– Quel poids fait la charge explosive? Où se trouvait-elle dans l'appartement?

– C'est du pintrite, répond Barril, il y en avait peut-être cinq cents grammes, caché dans le lit du gosse.

– Qu'est-ce qui te fait dire qu'ils étaient sur le point de commettre un attentat?

– Les détonateurs étaient déjà en place sur la charge.

– Comment ça? Et la charge était dans le lit du gosse? Pour des pros, c'est de l'inconscience!

– Non, euh... je me trompe, la charge était sur une étagère, dans les toilettes. Euh... c'est l'une des armes qui était sous un matelas.

– Qu'est-ce que c'est que cette histoire? Prouteau est au courant?

– Bien entendu, il a été tenu informé et il m'a donné le feu vert.

– Je voudrais le voir! coupe Franceschi.

– Il n'est pas à Paris, monsieur le ministre, il est dans sa famille, en province.

C'est ainsi que notre conversation prit fin. Joseph Franceschi, contrarié d'avoir vu l'affaire se rétrécir de minute en minute, donna congé à Barril. Je lui conseillai alors d'organiser l'après-midi même, au ministère, une réunion avec les quatre ou cinq directeurs centraux de la police nationale concernés par le terrorisme, de manière à évaluer la «prise» de Vincennes. Il fallait également convier le directeur général de la gendarmerie ainsi que le commandant Christian Prouteau.

Devant moi, Franceschi téléphona à Charles Hernu, ministre de la Défense, et à ce titre supérieur hiérarchique des hommes du GIGN. Évoquant les explications alambiquées de Barril, il recommanda à Hernu de faire preuve d'une extrême prudence dans le communiqué qu'il comptait diffuser en fin de matinée. Toujours devant moi, Franceschi invita le «château» (l'Élysée) à se garder de tout triomphalisme...

La réunion mixte police-gendarmerie débuta à 16 heures, dans le bureau du secrétaire d'État. D'entrée, Charles Barbeau, le directeur général de la gendarmerie, fit une déclaration solennelle pour défendre Paul Barril : il n'admettrait pas que l'on mette en doute la parole d'un officier. Christian Prouteau, agacé d'avoir à se justifier, renchérit en affirmant que son adjoint avait toute sa confiance. Il confirma que l'opération était un succès. D'après lui, les trois Irlandais, Michael Plunkett, Stephen King et Mary Reid, étaient de «gros poissons».

Côté police, on se montra plus circonspect. Personne n'osait trop se prononcer. Seul le patron de la DST admit, du bout des lèvres, que les Irlandais étaient connus, sans plus, de ses services. Personne ne souhaitant contrarier le voisin, on se quitta sur un consensus mou, du style « tout le monde il est content », comme si l'essentiel n'était pas de connaître la valeur réelle du coup de filet mais d'éviter les vagues et de raser les rochers devant un Prouteau intouchable à l'Élysée. Avec mes scrupules, je m'inquiétais pour rien...

Le secrétaire d'État puisa dans cette réunion le réconfort souhaité et mes appels à la prudence ne survécurent pas à ce regain d'optimisme. Chacun y alla de son communiqué, de ses déclarations à la télévision, à la radio. Franceschi, toute confiance retrouvée, se félicita de la « centralisation des moyens et des renseignements » qui avait, selon lui, « permis ce premier et important succès ».

Un « succès » ? J'avais en tête les réponses ahurissantes de Barril. Je le revoyais sur sa chaise, avec ses bouts de papier et ses indications « codées ».

Le parquet de Paris avait confié l'enquête à la Brigade criminelle. Les inspecteurs du 36 prirent rapidement connaissance des armes et des documents recueillis par les gendarmes : cinq cents grammes de plastic, trois pistolets, des faux papiers, deux détonateurs... Au ministère, tout le monde attendait surtout le mystérieux « fichier du terrorisme international » saisi dans l'appartement de Vincennes. Joseph Franceschi ayant exigé de le voir au plus vite, les inspecteurs de la Criminelle apportèrent une sorte d'album de famille ! À défaut des coordonnées de Carlos ou d'Abou Nidal, on pouvait admirer des photos d'enfants avec leurs parents, des petits Irlandais en uniforme d'écolier, des gamins en train de jouer, des photos de manifestants découpées dans les journaux ! Franceschi, entre incrédulité et colère, partit à l'Élysée avec cet album sous le bras !

Dans les jours suivants, la presse se fit l'écho des divergences police-gendarmerie sur l'affaire de Vincennes. Les membres de la cellule, coincés dans un engrenage dont ils devinaient les dangers, n'étaient probablement pas les derniers à distiller des pseudo-confidences. Pour des raisons différentes, chacun d'entre eux voulait masquer le fiasco. Il leur fallait coûte que coûte fortifier les fondations de l'édifice, faire de ces artisans de la lutte irlandaise des têtes d'affiche de la terreur internationale.

À cette époque, début septembre 1982, je n'avais pas davantage d'informations sur l'affaire. J'ignorais l'ampleur exacte des dégâts et ne savais rien des manipulations qui seraient par la suite reprochées à Paul Barril. Pour avoir interrogé ce même Barril à Alfortville, je devinais juste que l'« opération fantastique » s'apparentait en fait à un « bide » retentissant. Je savais aussi, pour l'avoir personnellement entendu, que Charles Hernu et François Mitterrand avaient été mis en garde, dès le dimanche matin, par Joseph Franceschi.

Soucieux de rester en dehors de cette histoire, je demandai à être dispensé, une fois pour toutes, du suivi de l'enquête. Franceschi accepta.

Mon expérience de « conseiller technique » fut de courte durée, quatre mois au total.

Le secrétaire d'État était un homme à la fois déroutant et attachant. Il pouvait se montrer simple, chaleureux et d'une sincère gentillesse, mais aussi piquer des colères mémorables. Par exemple, rien ne le révoltait plus que les agressions visant des enfants ou des personnes âgées...

Malgré cette ambiance de travail plutôt sympathique, je mentirais en prétendant que je n'avais aucun regret d'avoir quitté le Quai des Orfèvres. Comme Roman et Lambert, les deux ex-antigangs embarqués dans cette aventure, j'étais nostalgique du 36. Nous n'étions pas vraiment chez nous, rue des Saussaies, à deux pas de l'Élysée. Les couloirs étaient trop calmes, la moquette trop souple, les portes trop épaisses. Nous avions le sentiment d'avoir déserté la vraie police.

Début 1983, je fus nommé en Corse, pour une mission que nous aurons l'occasion d'évoquer longuement. C'est donc à distance, depuis la préfecture d'Ajaccio, que je suivis l'évolution de l'affaire des Irlandais. Au fil des semaines, le doute se transforma en certitude, la polémique vira au scandale, certains supergendarmes devinrent de tristes Pieds Nickelés, dont les péripéties méritent d'être rappelées.

La presse joua un rôle déterminant dans la dénonciation des manipulations de la cellule et du GIGN dirigé par Barril. Dès le 1er février 1983, Edwy Plenel écrivait en effet dans *Le Monde* : « Procédure bâclée, récits confus, témoignages contradictoires, preuves suspectes... Cinq mois après l'arrestation à Vincennes le 28 août 1982 de trois Irlandais par le Groupe d'intervention de la gendarmerie nationale, le dossier judiciaire les concernant, toujours à l'instruction, est l'objet d'une rumeur persistante : non seulement il ne s'agit pas de "superterroristes" internationaux, au contraire de ce que laissa entendre alors un communiqué de l'Élysée, mais de plus, pour justifier ces arrestations intempestives, "on" aurait fait du zèle. En clair : "on" aurait fabriqué des preuves matérielles, des explosifs notamment, de façon à démontrer les liens des trois inculpés avec un attentat en préparation. »

À ce stade de l'instruction, les gendarmes persistaient à serrer les rangs, au nom du secret, de la fidélité, de l'obéissance, face à une justice qui cherchait, timidement, à savoir si les règles de procédure avaient été enfreintes. Charles Hernu, le ministre de la Défense, mit toute sa crédibilité en jeu en déclarant : « Les Irlandais ne sont pas des petits poissons et l'affaire est plus importante qu'on ne le croyait. »

Alors, « petits » ou « gros » poissons? Certes, ils ne cachaient pas leur appartenance à une organisation politique légale dont la branche armée, l'Irish National Liberation Army (INLA), avait été soupçonnée de l'assassinat, en 1979, d'un député conservateur anglais, mais ils étaient loin d'avoir le profil de terroristes recherchés par toutes les polices d'Europe : aucun pays n'avait réclamé leur extradition; aucun service secret n'avait démontré leurs relations avec les Palestiniens; rien ne prouvait qu'un attentat avait été évité de justesse; il n'y avait pas d'élément permettant de faire le lien avec la rue des Rosiers! Bien sûr, la DST les avait surveillés du coin de l'œil, mais nos collègues n'avaient rien à leur reprocher, ni des projets terroristes ni des liens avec le Moyen-Orient. Signalons enfin que les gardiens de la paix de Vincennes les avaient également repérés à plusieurs reprises, jouant de la guitare sur les marchés! Bref, il s'agissait sans doute de sympathisants, prêts à rendre des services, en transportant des armes par exemple, mais sûrement pas de leaders du terrorisme international.

Le 19 mai 1983, presque neuf mois après les faits, la vérité commença à émerger. Confirmant les révélations du *Monde*, Pierre Caudan, un gendarme de la brigade de Vincennes poursuivi pour une petite affaire d'escroquerie, décida de se confier au juge d'instruction Alain Verleene. Sa carrière étant brisée, il n'avait plus rien à perdre, il voulait parler.

Le 28 août 1982, il avait pris part, avec ses collègues, à l'intervention de Vincennes. Arrivé sur place après le GIGN, il avait participé aux constatations. Il déclara notamment au juge : « Je n'ai pas dit toute la vérité, j'avais reçu des ordres afin de dissimuler un certain nombre de points. » Et quels « points » !

– La perquisition avait eu lieu en l'absence des suspects, ce qui confirmait le non-respect des règles de procédure.

– Il n'avait lui-même trouvé qu'une arme, dans la cheminée, la seule dont Plunkett assumait la propriété ; les deux autres, ainsi que l'explosif, avaient été découverts, avant son arrivée, par Barril et ses hommes.

– Il s'était étonné du comportement de Paul Barril. Le capitaine, très agité, avait pris des photos, à titre personnel, des armes et des documents.

– Il avait aperçu un commissaire de police, venu en cours de perquisition, qui leur avait juste lancé : « Vous ne m'avez pas vu, je suis en vacances. » Il s'agissait de Charles Pellegrini, l'un des policiers proches de la cellule.

– Il avait pris des photos des armes pour les dossiers mais ces photos avaient été dérobées à leur retour du laboratoire.

Caudan indiqua surtout au magistrat que ses collègues et lui étaient coincés entre la justice et leur hiérarchie. Une réunion s'était en effet tenue, avant une précédente audition, au cours de laquelle on les avait « briefés » sur ce qu'il fallait dire et ne pas dire. Des ordres venus d'« en haut » !

Avec ces déclarations, le juge Verleene tenait la confirmation du scandale. Certes, on pouvait objecter que le gendarme n'était pas crédible à cent pour cent et qu'il cherchait peut-être à « négocier» la clémence de la justice, mais l'un de ses collègues, qui ne faisait l'objet d'aucune poursuite, confirma ses propos.

Le soir même, dans la nuit du 20 au 21 mai 1983, Michael Plunkett, Stephen King et Mary Reid furent libérés. Quatre mois plus tard, le 5 octobre, la procédure était annulée. Tout semblait indiquer qu'au-delà des irrégularités de forme l'opération de Vincennes relevait du montage et de la mise en scène. Quelqu'un avait apporté des «preuves» – en l'occurrence des armes et de l'explosif – dans l'appartement pour piéger les Irlandais et les faire passer pour des ténors du terrorisme!

Il ne m'appartient pas de détailler ici les rebondissements judiciaires des années suivantes. Encore une fois, j'avais été nommé en Corse, loin des turpitudes parisiennes. Je dois cependant revenir sur un épisode qui me concerne directement. Il date de septembre 1985, soit quelques mois après la fin de ma mission à Ajaccio.

De retour à Paris, j'exerçais de nouvelles fonctions dans la lutte contre le terrorisme. À ce titre, je reçus l'appel d'un parlementaire. Il affirmait avoir été contacté par une personne qui désirait me voir «à propos de terrorisme», sans autres précisions. Rendez-vous fut pris. C'est ainsi que je fis connaissance de Bernard Jégat, trente-six ans, sympathisant des causes tiers-mondistes et admirateur dévoué de François Mitterrand.

Je ne l'avais jamais rencontré auparavant. J'ignorais jusqu'à son existence. Il m'apparut plutôt sympathique mais son comportement était imprévisible. Les nerfs à fleur de peau, il passait sans transition du rire aux larmes, de l'analyse subtile à des propos d'une naïveté déconcertante. Bernard Jégat en avait gros sur le cœur, il éprouvait le besoin de se confier.

– En 1979, me raconta-t-il, j'ai fait connaissance de Michael Plunkett et de ses amis militants de l'INLA. Je leur ai rendu quelques services en les hébergeant, en transportant ou en cachant des armes. Plunkett m'a dit qu'il voulait nouer des relations avec d'autres réseaux terroristes, notamment avec un groupe palestinien qui envisageait des actions contre des objectifs israéliens à Paris. Une rencontre était prévue entre nous le lundi 9 août. J'ai attendu, mais personne ne m'a appelé. C'était le jour de l'attentat de la rue des Rosiers, un massacre qui m'a profondément choqué. À l'époque, j'avais été bouleversé par les propos du président Mitterrand qui avait déclaré : "Les Français doivent savoir que ce terrorisme-là me trouvera devant lui."

Jégat avait les larmes aux yeux. La seule évocation du drame lui était insupportable. Il poursuivit :

– Une dizaine de jours plus tard, j'ai cru reconnaître Plunkett et l'un de ses amis dans les portraits-robots diffusés par la presse. J'ai fait le rapprochement, je me suis dit qu'ils étaient peut-être les auteurs de cet attentat! Alors, j'ai voulu aider François Mitterrand, quitte à trahir mes amis. Par divers intermédiaires, je suis entré en contact avec Paul Barril. Il est venu chez moi et je lui ai remis des armes, de l'explosif, des documents que m'avaient confiés Plunkett. Barril m'a conforté dans mes soupçons en disant que les photographies des Irlandais correspondaient à quatre-vingt-quinze pour cent avec celles des auteurs de l'attentat. Peu avant l'arrestation de Vincennes, Barril et l'un de ses gars sont venus chez moi vers 13 heures car Plunkett devait passer me voir. Barril voulait le piéger à cette occasion. D'un sac de sport, il a sorti deux fusils à pompe, du matériel radio ainsi qu'un dossier sur des personnalités anglaises. Plunkett n'arrivant pas, Barril a décidé de tout remballer et de le coincer à Vincennes. Au moment de fermer le sac, j'ai voulu l'aider en appuyant. Il a crié : « Surtout pas ça! Il y a de l'explosif tout préparé! » Après l'arrestation, j'ai compris qu'il avait lui-même placé des armes dans l'appartement. Plunkett et les autres n'avaient rien à voir avec l'attentat. Je m'étais trompé.

J'écoutais Jégat sans dire un mot. Ce qu'il m'expliquait confirmait les soupçons policiers, les révélations de la presse et les « aveux » des gendarmes de la brigade de Vincennes. Il continua sa « confession » :

– Par la suite, j'ai essayé de voir Barril pour lui demander des explications mais il se défilait toujours. Il m'a menacé ou fait menacer à plusieurs reprises. D'après lui, Plunkett saurait tôt ou tard que je l'avais dénoncé. Barril rentrait parfois dans une rage folle, il me conseillait de partir de Paris car j'allais me faire tuer! J'ai appelé Prouteau, et prévenu Régis Debray, conseiller à l'Élysée. J'ai aussi fait une longue déclaration à la DST. Personne ne me croit! Personne n'ose toucher à Barril, de peur qu'il ne révèle des secrets d'État! Je veux absolument préserver le Président d'un scandale. On m'a mené en bateau et je suis en danger! Il me faut une protection, ainsi qu'une aide financière pour mon déménagement.

Devais-je croire cet homme complexe? Était-ce un mythomane? Un manipulateur? Un repenti sincère? Depuis l'épisode de la mairie d'Alfortville, j'étais bien placé pour savoir que cette affaire avait toutes les apparences d'un coup tordu.

– Le dédommagement n'est pas de mon ressort, lui dis-je. J'ignore et je ne veux pas savoir quels sont les accords que vous avez passés avec Barril mais vos accusations sont graves. J'espère que vous mesurez les conséquences de vos propos si tout cela est faux...

– J'affirme que c'est la pure vérité! Je veux épargner le Président. Je vous laisse une chance d'éviter le scandale... De toute façon, s'il m'arrive quelque chose, j'en ai parlé à mon avocat!

– À vous de régler vos problèmes avec Barril! En revanche, si votre avocat ne vous a pas conseillé d'aller voir le juge, moi, je vous le demande!

– Je veux encore laisser une chance...

– Autrement dit, vous voulez de l'argent!

– Et être protégé!

– Je vous demande d'aller en priorité chez le juge Verleene ou bien je vous y conduis.

– Il a dû recevoir ma déclaration à la DST. S'il avait voulu me convoquer, il pouvait le faire!

– Je ne vous prends pas en traître : je l'informe de notre entretien et vous vous engagez à prendre contact avec lui dans les quarante-huit heures.

– D'accord, si je n'ai pas de réponse sur mon dédommagement dans les deux jours, j'y vais!

Dans le courant de l'après-midi, j'appelai le juge d'instruction Alain Verleene. Il n'avait pas encore reçu, semble-t-il, les procès-verbaux de la DST rédigés huit mois plus tôt! Bernard Jégat, idéaliste pris au piège de ses rébellions, allait bientôt lui confirmer les propos tenus devant moi.

Je me garderai bien de juger l'ensemble de cette affaire. Je sais simplement que des gendarmes, ceux de Vincennes, de Paris-Minimes, ont été abusés par la cellule et le GIGN, son « bras armé ». Il ont cru, sur ordre, que la raison d'État pouvait justifier quelques entorses aux règles de droit et se sont laissé embarquer dans un montage minable, orchestré par des esprits tordus. Les trois Irlandais n'étaient peut-être pas le « menu fretin » décrit par la presse, mais ils n'avaient rien des « terroristes internationaux » revendiqués par l'Élysée ! La gendarmerie, pour laquelle j'ai toujours eu le plus profond respect, est sortie bafouée, ridiculisée, de cette opération bidon. Les mutations, les sanctions, les suspensions, et surtout les inculpations n'ont cessé de frapper des hommes emportés par une tempête qui les dépassait.

Prouteau, lui, s'en est tiré sans trop de dommages. Condamné en septembre 1991 pour complicité de subornation de témoins, il a été relaxé en appel, le 15 janvier 1992. Quant au capitaine Barril, qui a toujours nié les faits reprochés, il a trouvé le moyen de passer entre les gouttes.

Il fallut attendre 1992 et un procès en diffamation pour que le capitaine soit mis en cause devant la justice. En poursuivant le journaliste du *Monde* Edwy Plenel, il commit en effet une grave erreur. Le papier incriminé, titré « Les cachotteries de l'Élysée », le désignait clairement comme l'homme qui avait apporté les soi-disant « pièces à conviction » dans l'appartement de Vincennes. Barril, outragé, porta plainte. Mais cette riposte se retourna contre lui. Dans son jugement du 17 septembre 1992, le tribunal correctionnel de Paris estima – fait rarissime dans un tel procès – que le journaliste avait apporté « la preuve de la vérité ». Autrement dit, en considérant que Plenel avait écrit la vérité, la justice reconnaissait, indirectement, que Barril avait tout manigancé. Un jugement confirmé en appel et en cassation[1].

1. Signalons que la procédure sur l'affaire de Vincennes proprement dite s'est achevée le 26 mars 2003 (plus de vingt ans après les faits !) par un arrêt de la Cour de cassation annulant la totalité du dossier pour vice de procédure (désignation irrégulière du juge d'instruction en charge de l'enquête). L'affaire de Vincennes,

J'admets cependant que Barril n'avait pas tous les torts. Ceux qui lui ont fait confiance y sont pour beaucoup dans son ascension : la gendarmerie nationale n'a pas su l'écarter à temps; certains médias ont donné trop d'importance à ses « témoignages »... Mais le cœur du problème est ailleurs : à l'Élysée. Je me suis toujours demandé comment la présidence avait pu s'acoquiner avec lui et par quel moyen la cellule était devenue un cabinet noir échappant à tout contrôle.

« Les polices parallèles seront dissoutes », promettait pourtant le programme commun de la gauche, dans les années 1970. Et François Mitterrand de déclarer dans *Le Monde* du 5 décembre 1979 : « Je conteste la raison d'État qui, dans une démocratie, ne doit pas exister. On doit toujours tout dire, tout expliquer. [...] Quelle facilité pour les gagne-petits de la politique qui se servent de la raison d'État pour régler leurs comptes ou effacer leurs fautes. Pas question. La raison d'État est le plus souvent invoquée par les complices [...] ou les coupables. » Aujourd'hui, avec ce que l'on sait des incartades de la cellule pour préserver la vie privée du Président, ces déclarations d'intention feraient presque sourire.

Tout au long de ma carrière au Quai des Orfèvres, de 1972 à 1982, j'avais entendu les pires insinuations – rarement justifiées – sur une police aux ordres du pouvoir, prête à toutes les basses besognes du renseignement, de la délation, voire du chantage. Et là, à l'heure du prétendu « changement », nous assistions, dans l'ombre d'un Président de gauche, à l'effarante dérive d'un quarteron de gendarmes et de policiers!

Évidemment, la présidence n'était pour rien dans la mise en scène de Vincennes. De même suis-je convaincu que Franceschi était de bonne foi lorsqu'il m'avait parlé d'une « opération fantastique ». Je pense malgré tout que le secrétaire d'État et ses amis du « château » avaient commis deux graves erreurs.

La première est d'avoir péché par excès de précipitation. Il n'y a rien de surprenant à cela : l'homme politique ignore la

qui fut entachée de plusieurs dysfonctionnements judiciaires, n'a donc jamais été jugée.

marche arrière. Une fois lancé, il s'imagine qu'il doit aller de l'avant, même par temps de brouillard. Le dimanche, après avoir entendu les explications de Barril à Alfortville, on pouvait encore freiner les enthousiasmes, gagner du temps, admettre que la prise était peut-être moins glorieuse que prévue. Au lieu de cela, on avait préféré foncer, tête baissée, sans se préoccuper des dégâts, parce qu'il fallait à tout prix des résultats spectaculaires pour contenter l'opinion publique, donc les électeurs. Par la suite, il avait été impossible de stopper la mécanique du scandale. On s'était employé à préserver la cellule et la présidence en ralentissant la marche de la justice, en sanctionnant quelques seconds rôles dans la gendarmerie.

L'autre erreur est évidemment d'avoir laissé carte blanche à Prouteau et à ses hommes. Des années durant, ils se sont crus hors d'atteinte, abrités derrière les murs du palais présidentiel, trop proches du maître des lieux et de ses secrets intimes pour être accessibles, trop influents pour être vulnérables. Forts de ce sentiment d'impunité, ils se sont comportés en mercenaires, chargés de missions inavouables : écoutes téléphoniques, tractations en tout genre, surveillance de personnalités, de journalistes, de policiers... J'eus moi-même à m'en plaindre au cours de mon séjour en Corse, à partir de janvier 1983. Mais cela, c'est déjà une autre histoire...

III

La nostalgie du terrain

En cette fin d'année 1982, je m'apprêtais à fêter le nouvel an en famille, à Aulnay-de-Saintonge. J'appréciais toujours autant ces séjours dans ma petite ville natale. Ils me permettaient de retrouver les miens, d'oublier un moment les tensions de la capitale.

Avant de passer à table, j'écoutais tout de même les titres du journal télévisé de 13 heures. Le point fort de l'actualité concernait la Corse où la situation ne cessait de se dégrader. La violence allait crescendo. Les « nuits bleues » se multipliaient. À chaque fois, les attentats se comptaient par dizaines. Dans la nuit du 11 au 12 décembre, un gendarme en faction à la centrale du Vazzio, à l'entrée d'Ajaccio, avait été grièvement blessé. Le 31 décembre au soir, le vétérinaire Jean-Paul Lafay, un continental connu pour ses prises de position anti-FLNC, avait été grièvement blessé de trois balles, pour avoir refusé de verser l'« impôt révolutionnaire » – autrement dit, le racket – exigé par les nationalistes.

Depuis sa résidence landaise de Latche, François Mitterrand s'exprima sur le sujet : « La sanction républicaine doit s'appliquer en Corse. La loi républicaine, c'est la sanction du crime dans le respect du droit. Il n'y a pas de compromis possible dès lors que la communauté nationale est en cause. »

La question corse me passionnait. Je n'avais pas la prétention de connaître l'origine du malaise, j'étais incapable d'en décrypter toutes les subtilités, mais j'avais envie de comprendre, de savoir pourquoi une île si belle et attachante pouvait sombrer dans le chaos.

Il était d'autant plus difficile d'y voir clair que les partis de droite et de gauche se rejetaient la responsabilité de cette dérive, chacun reprochant à l'autre d'avoir « abandonné » la Corse. L'élection de François Mitterrand, le 10 mai 1981, avait pourtant marqué une trêve des plasticages. Les socialistes s'étaient alors orientés vers une politique de conciliation, même avec les « durs » du mouvement nationaliste. Conséquence : le 4 août, une quarantaine de militants incarcérés sur le continent avaient bénéficié de la loi d'amnistie. La suppression de la Cour de sûreté de l'État avait confirmé cette volonté de dialogue. Mais cela n'avait pas empêché les clandestins du FLNC de reprendre leurs activités en février 1982. Quelques centaines de séparatistes avaient délibérément choisi la stratégie de la peur. Ils ne laissaient guère de choix aux continentaux : « la valise ou le cercueil ».

Au milieu du repas, entre les « cagouilles » (les escargots) et la dinde, la sonnerie du téléphone retentit dans la pièce voisine. Joseph Franceschi souhaitait me parler. Après les vœux d'usage, il évoqua justement la Corse.

– Êtes-vous au courant de ce qui s'est passé hier soir ?

– Oui, pour le Dr Lafay ? J'ai écouté les informations.

– Je suis avec le Président, dans les Landes. Nous sommes très inquiets et nous réfléchissons aux décisions qu'il faudrait prendre. Terminez votre repas en famille et remontez sur Paris. Je vous rappellerai ce soir chez vous...

Joseph Franceschi m'appela dans la soirée. Il me demanda de passer le voir le lendemain matin, dimanche 2 janvier, à la mairie d'Alfortville. J'avais de plus en plus l'impression de revivre la folle semaine de l'été 1982, quand il m'avait appelé sur mon lieu de vacances, au cap Corse, pour me confier la mission antiterroriste...

L'hôtel de ville était désert. Seul son bureau était ouvert. Il m'accueillit à sa manière, simple et chaleureuse.

– Monsieur le commissaire, la situation est catastrophique en Corse. Les attentats, le racket, les assassinats, le banditisme... Nous sommes au bord de la guerre civile ! Parmi les décisions que le gouvernement compte prendre, le Président a pensé vous confier la coordination de l'action des forces de l'ordre sur l'ensemble de l'île. Qu'en pensez-vous ?

– Je vous remercie de cette confiance, j'accepte.

Il eut un moment d'hésitation.

– Je ne vous demande pas une réponse immédiate...

– Monsieur le ministre, je vous la donne !

– Et vous ne posez aucune condition ?

– Aucune.

Joseph Franceschi me regarda, interloqué. Visiblement, il ne s'attendait pas à un accord aussi rapide.

– Euh... On va vous nommer contrôleur général avant de partir et votre mission ne dépassera pas neuf mois. Vous serez de retour à Paris au maximum à la fin septembre. À ce moment-là, on vous confiera un poste important à la police judiciaire.

– Oui, d'accord pour la durée, mais je ne voudrais pas être récompensé avant. Vous me nommerez contrôleur à mon retour si vous êtes satisfait de mon travail... Je pars quand ?

– Eh bien, vous, alors... je n'en reviens pas !

Voilà. Je venais de prendre mon billet pour Ajaccio. Avec quels moyens ? Quels pouvoirs ? Quels hommes ? Je n'en savais rien. L'affaire s'était décidée en un quart de seconde, le temps de dire « j'accepte ».

En toute honnêteté, je m'attendais un peu à une nomination de ce type. Au détour de quelques entretiens avec Franceschi, j'avais cru deviner qu'il me confierait, à la première occasion, une mission dans une région confrontée à de sérieux problèmes d'ordre public, en Nouvelle-Calédonie, aux Antilles, en Corse ou ailleurs. Il avait compris, en me voyant travailler, que je n'étais pas à ma place dans les bureaux de la place des Saussaies. La fonction de « coordonnateur », si elle était passionnante par bien des aspects, ne correspondait ni à mon tempérament ni, je le crois, à mes aptitudes. Je sortais de dix années d'antigang, j'étais encore imprégné de mon passé. Je me sentais à l'étroit dans mon costume de « technocrate ».

Tout heureux d'avoir obtenu si facilement mon accord, Franceschi se rendit dans le bureau voisin, d'où il téléphona à François Mitterrand. Je restai seul dans la première pièce. Rien qu'à l'idée de reprendre du service, j'avais l'impression de renaître. Je voyais également dans cette promotion une revanche supplémentaire contre les attaques dont j'avais fait l'objet à l'époque de la chasse aux sorcières. Pensez donc, le Président lui-même m'envoyait en Corse !

La porte étant entrouverte, des bribes de conversation me parvenaient. Franceschi jubilait :

– Bon, c'est fait, il a dit oui... Aussitôt... Non, il ne demande rien...

Il raccrocha et revint me voir.

– Le Président est très satisfait. Nous allons faire vite. En attendant, il ne faut rien dire, même pas à votre femme !

– C'est un peu dur ! Je ne l'ai pas consultée avant de donner ma réponse, c'est quand même la moindre des choses que je lui en parle après ! Mais je vous promets que ça ne changera rien, ni à ma décision ni à la discrétion de l'opération.

À midi, j'étais de retour à la maison. Il restait à annoncer la nouvelle à mon épouse et à mes enfants.

En acceptant d'emblée la proposition de Franceschi, je n'avais pas songé aux conséquences familiales qu'elle engendrerait. La passion du métier l'avait emporté sur toute autre considération. Je savais néanmoins que mes proches comprendraient mes motivations. Ils me connaissaient, ils savaient combien j'avais besoin de retrouver mes sensations d'antan. Quelque part, ma démarche était égoïste. En partant seul sur une île où je ne serais pas vraiment le bienvenu, je leur imposais une épreuve plus pénible encore que celles des années 1970. Heureusement, nos deux garçons étaient en âge de supporter ce genre de situation. Je ne pouvais envisager de les faire venir en Corse. J'imaginais mal un fils dans un lycée d'Ajaccio et l'autre à la faculté de Corte, berceau de la jeunesse nationaliste ! Quant à ma femme, elle était pédicure médicale au service du personnel des Galeries

Lafayette. Comme toujours depuis le début de ma carrière, elle accepta mon choix. Ma nomination allait pourtant chambouler notre vie. « Neuf mois, au maximum », avait promis le ministre. Nous avions le pressentiment que ce délai ne serait pas respecté... En attendant, tout se présentait pour le mieux. Je pouvais préparer mes valises.

Le mardi matin, alors que la nouvelle de ma nomination n'avait pas encore été ébruitée, Joseph Franceschi me fit appeler dans son bureau. Il vint au-devant de moi, la mine réjouie :

– Une réunion de travail vient d'avoir lieu à l'Élysée. Le Président a répété combien il avait apprécié la spontanéité de votre réponse. Pour vous remercier et vous donner davantage de pouvoir, il a décidé de vous nommer préfet, demain, en Conseil des ministres. C'est formidable, préfet Broussard !

J'étais abasourdi, K.-O. debout ! Je ne m'attendais nullement à cette promotion sans précédent pour un commissaire divisionnaire. Passé un moment de stupeur, je finis par répondre :

– Je vous remercie... Cette décision me touche... mais je regrette, je ne peux pas l'accepter ! Je suis policier, je ne veux pas être préfet ! Je suis flic, monsieur le ministre, comprenez-moi ! Je suis flic !

Mon refus paraîtra peut-être ridicule. D'aucuns y verront un caprice d'enfant gâté, mais c'est la stricte vérité, je voulais rester policier !

– Oh non ! Ne me faites pas ça ! Le Président a voulu vous faire plaisir et vous donner de larges possibilités de commandement. Je ne peux pas lui annoncer une chose pareille ! Vous me faites marcher, hein ?

– Absolument pas. Franchement, je ne peux pas quitter la police comme ça !...

Jamais, de toute ma carrière, je n'avais éprouvé un tel malaise. J'étais déstabilisé. Bien entendu, je n'étais pas allergique au corps préfectoral, mais j'avais l'impression de renier quelque chose d'essentiel : ma carte tricolore ! Au fil des années, du commissariat d'Argenteuil au Quai des Orfèvres, la police était devenue, pour moi, un véritable sacerdoce. Il m'avait déjà été pénible de quitter le 36 pour la place des Saussaies et voilà maintenant qu'il fallait tout abandonner pour une casquette de préfet. Non, j'étais fier d'être flic et je voulais le rester.

Franceschi était catastrophé. Il croyait tant me faire plaisir! J'avais conscience de le placer dans une situation délicate vis-à-vis de François Mitterrand. Il me conseilla de réfléchir et de revenir plus tard dans la journée.

Je crois que c'est la seule fois de ma vie où je suis rentré chez moi sans appétit! Cette entrevue m'avait coupé toute envie de déjeuner. J'étais bloqué, contrarié parce que mes projets se trouvaient remis en cause. Je ne savais que dire, que faire, je n'avais plus qu'une seule certitude : il était hors de question de rendre ma carte après vingt-trois ans de carrière!

Dans l'après midi, Franceschi me reçut de nouveau. Il pensait que j'avais changé d'avis. Il se trompait. La discussion prit une tournure plus vive, surtout quand il m'expliqua, sur un ton mi-amusé, mi-sérieux :

– Monsieur le commissaire, réfléchissez! Lorsque je viendrai vous voir en Corse, vous m'attendrez en tenue, avec la casquette de préfet sur la tête; ce n'est quand même pas rien une casquette de préfet! Il y en a qui l'attendent toute une vie!

L'argument n'était pas fait pour me convaincre. Au contraire, il était même dissuasif.

– Mais j'en ai rien à faire de votre casquette! D'accord pour la Corse, je n'ai pas hésité une seconde, mais je refuse d'entrer dans la préfectorale!

Je ne voulais pas céder.

Deux heures plus tard, il m'appela de nouveau.

– Je crois que nous avons trouvé la solution : nous vous proposons d'être uniquement détaché en qualité de «commissaire de la République» et non de «préfet, commissaire de la République». Nous nous sommes renseignés, cette disposition vous permettra d'avoir les mêmes pouvoirs et, d'autre part, je vous promets qu'à la fin de votre mission, au mois de septembre, vous réintégrerez votre chère police à un poste très élevé! Est-ce que cette solution vous convient?

– Parfaitement.

J'avais obtenu gain de cause. J'allais garder ma carte et devenir, pour quelques mois, « commissaire de la République délégué pour la police »...

IV

Destination Ajaccio...

Le Conseil des ministres du 5 janvier 1983 fut consacré à la situation sur l'île. Le gouvernement annonça officiellement ma nomination et la dissolution du Front de libération nationale de la Corse. À compter de ce jour, le FLNC serait clairement hors la loi. Une dissolution plutôt symbolique puisqu'il était évident que le Front continuerait d'exister... et que dans les commentaires il serait question de l'ex-FLNC ! Toutefois, le cadre juridique avait évolué : le délit de « reconstitution de ligue dissoute » pourrait être retenu contre ses membres, dans certaines circonstances... Afin d'éviter le pourrissement de la situation, le pouvoir politique laissait aussi une porte ouverte aux personnes de bonne volonté. Il avait décidé de ne pas dissoudre la Consulte des comités nationalistes (CCN) qui était la branche politique, la façade légale, du FLNC.

Sur l'île, ces mesures furent accueillies sans enthousiasme. La population aspirait certes à la tranquillité mais elle doutait de l'efficacité du plan élaboré à Paris. L'appel au dialogue lancé par Gaston Defferre ne suscitait que du scepticisme. Redoutant la riposte des poseurs de bombes, l'opinion préférait attendre pour juger sur pièces. Lassée des discours, elle réclamait des actes. Quant à la dissolution du FLNC, elle était interprétée par les militants comme une déclaration de guerre. Ils y trouvaient un argument supplémentaire pour exciter leurs « troupes ».

Ma nomination provoqua quelques commentaires acerbes sur le thème « on nous prend tous pour des gangsters ! ». Côté nationaliste, la réaction fut d'une extrême virulence. Les militants s'insurgèrent contre la venue d'un flic, qui plus est parisien. Le leader autonomiste Edmond Simeoni, figure historique du mouvement, lança ainsi : « La voie du genre cow-boy, l'homme de la traque et du grand banditisme, d'une police expéditive et violente, n'est pas la bonne, tout au moins pour la Corse. Il aurait été préférable de nommer quelqu'un ayant davantage de doigté. Si la situation du colonialisme s'aggrave, la lutte va se durcir. Les ripostes du peuple corse seront à la hauteur des mesures dont nous serons l'objet. » D'autres « avertissements » me parvinrent concernant, cette fois, ma sécurité et celle de ma famille...

J'avais déjà connu ce genre de pressions, dans les années 1970. J'avais appris à les surmonter. Et puis, ma décision était prise, sans le moindre regret.

Autres mécontents : les membres de la cellule élyséenne, qui considéraient la Corse comme une chasse gardée ! Toutes ces gesticulations étaient largement compensées par les nombreux témoignages de sympathie venus d'élus de toutes tendances, de collègues policiers, de Français anonymes, corses et continentaux... Ils me souhaitaient tous « bonne chance ». J'en aurais besoin.

Le jour de mon départ n'avait pas encore été fixé et il ne le serait qu'au dernier moment pour des raisons de sécurité. Le matin, je venais au ministère avec deux valises dans le coffre de ma voiture, prêt à filer vers l'aéroport ! Je profitai de ce délai pour préparer ma « mission », réfléchir à quelques axes de travail, régler les problèmes matériels, désigner mes collaborateurs...

Mon bras droit serait un Corse, Pierre Quilici, qui était jusqu-là adjoint au commissaire central de Marseille. Dans un premier temps, il avait été pressenti à ma place mais j'avais finalement été nommé. Comme on peut le comprendre, il éprouvait de l'amertume à l'égard du gouvernement, qui lui avait fait miroiter une promotion avant de changer d'avis. Pierre Quilici connaissait bien la mentalité de ses compatriotes. Il entretenait des relations de confiance avec de nombreux élus, y compris des autonomistes modérés. En ce sens, nous étions complémentaires.

Il me fallait également un homme à poigne pour reprendre en main le Service régional de police judiciaire (SRPJ) d'Ajaccio. Un flic de haut niveau, à la compétence reconnue. C'est à la PJ parisienne, la maison mère, que j'allais le recruter. Ange Mancini, de huit ans mon cadet, était chef adjoint de la Brigade de répression du banditisme. Auparavant, il avait dirigé la section antiterroriste de la Brigade criminelle, ce qui faisait de lui l'un des meilleurs experts français en la matière. Pour toutes ces raisons, il connaissait bien la question corse. Au-delà, j'appréciais sa décontraction, sa bonne humeur, sa loyauté. Je savais que cette aventure le séduirait et qu'il n'était pas du genre à redouter les pressions.

Son adjoint ne serait pas non plus un Corse mais un Lyonnais, le commissaire Bernard Trenque, appelé à nous rejoindre quelques semaines plus tard. Un personnage, celui-là : intelligent, volubile, genre franc et direct, excellent professionnel de PJ. Je l'ignorais encore mais j'allais découvrir en lui un homme d'une profonde générosité, sincère en toute circonstance. Un ami.

Le reste de l'équipe devait immédiatement s'installer sur l'île, en prévision de notre arrivée. Pour les Renseignements généraux (RG), Bernard Commandon, Gérard Pupier et Bernard Squarcini, un jeune policier plein d'avenir, un spécialiste de la question corse. Pour les polices urbaines, Claude Laurie en Corse-du-Sud et Christian Lion en Haute-Corse. Pour la Direction de la surveillance du territoire (DST), Dominique Rossi, aussi discret qu'efficace, parfaitement informé sur la situation. Un sous-préfet, François Santucci, assurerait la liaison avec la préfecture de région. La gendarmerie serait dotée, elle aussi, d'un nouveau commandement, sous les ordres du colonel Michel Drouard.

Mon épouse et mes fils s'étaient préparés à l'idée d'un départ, mais cette nouvelle évolution de carrière les obligeait à changer quelque peu leurs habitudes. Compte tenu de la tension extrême et des menaces, je leur avais donné des consignes de vigilance. Des patrouilles de police passaient fréquemment devant notre domicile parisien.

Le 11 janvier 1983, soit presque une semaine après le Conseil des ministres décisif, Joseph Franceschi m'annonça enfin qu'un avion spécial du GLAM nous attendait à l'aéroport militaire de Villacoublay.

Ange Mancini, tout aussi impatient que moi, prit également place à bord. Franceschi, assis à l'écart, fit quelques retouches au discours qu'il devait prononcer à la préfecture. Un inspecteur chargé de sa protection rapprochée devinait mon état d'esprit en quittant Paris : Christian Lambert, ancien de l'antigang et de la Brigade anticommando, fidèle parmi les fidèles. De tous les hommes présents dans ce Mystère 20, c'était celui qui me connaissait le mieux. Comme moi, au cours de ce voyage d'une heure et demie, il pensa sans doute à nos déplacements sur les lieux d'une prise d'otages à Brest, La Haye, Strasbourg ou Nice... Dans le cadre de la BAC, je m'étais d'ailleurs rendu une fois sur l'île de Beauté. C'était au mois d'août 1975, au moment de la fameuse affaire d'Aléria, événement déterminant dans l'essor du mouvement autonomiste. Je gardais un souvenir très précis de cette première expérience corse.

Les faits sont connus, ils appartiennent désormais à l'Histoire. Le 21 août 1975, un commando armé dirigé par le Dr Edmond Simeoni se retranche dans la cave d'une coopérative vinicole appartenant à des pieds-noirs suspectés de se livrer à des magouilles. Les relations entre les rapatriés et les Corses sont alors source de tensions. De nombreux insulaires reprochent à l'État d'avoir accordé des aides financières aux pieds-noirs pour qu'ils s'installent dans la plaine orientale.

Contre le commando d'Aléria, le gouvernement envoie des escadrons de gendarmes mobiles. Cette riposte maladroite et disproportionnée va déboucher sur un drame. Les insurgés résistent à l'assaut. Deux gendarmes sont tués. Edmond Simeoni accepte de se rendre alors que ses camarades prennent le maquis sans être inquiétés. L'île s'embrase. La solidarité avec les « frères » d'Aléria fait tache d'huile...

Cinq jours plus tard, dans la nuit du 27 au 28 août 1975, un CRS est tué et dix-huit autres blessés – presque tous par balles – lors d'une manifestation dans le centre de Bastia. C'est dans ce contexte que le ministre de l'Intérieur de l'époque, Michel Poniatowski, dépêche sur place une quinzaine d'hommes de la BAC, en soutien des forces de l'ordre.

Les autorités locales nous ordonnent aussitôt de nous poster en réserve sur le toit de la sous-préfecture [1], avec des couvertures et des boîtes de ration. Nous avons l'interdiction de sortir du bâtiment. Notre présence n'est pourtant qu'un secret de polichinelle puisque ma photo circule déjà en ville, agrémentée de quelques phrases appelant à la lutte armée contre les « forces répressives de l'État français » !

Tous les soirs, depuis notre toit, nous surveillons la place Saint-Nicolas, lieu de rencontres et d'effervescence. L'attente dure ainsi une huitaine de jours, entre les tours de garde, les parties de cartes et les nuits à la belle étoile. Un soir, en dépit des consignes, nous décidons d'aller prendre un verre à la terrasse d'une brasserie voisine. L'accueil est glacial. Tout le monde nous observe. À une table, un homme et deux femmes discutent à voix basse. De toute évidence, ils parlent de nous. Au moment de payer, le type cherche de la monnaie dans sa poche. Ce geste provoque la chute du pistolet qu'il porte à la ceinture. L'arme tombe. Un coup de feu claque. Les clients sursautent. Par chance, personne n'a été touché !

Il s'ensuit un long silence. Des badauds s'approchent timidement. Le client nous regarde, il n'ose pas ramasser son pistolet, il attend notre réaction. Je lui fais un geste de la main, comme pour lui dire : « Eh bien, dites donc, on a eu du pot ! » Les autres clients se détendent, esquissent même un sourire. Et l'homme s'éloigne, le flingue dans le sac de son amie...

Le lendemain, à la sous-préfecture, je retrouve différents responsables pour notre réunion quotidienne. J'appréhende cette

1. À l'époque, Bastia était encore une sous-préfecture.

soi-disant « séance de travail » où les intervenants se contentent pour la plupart de refaire leur « guerre » de la veille en dramatisant la situation. On se croirait dans le QG de l'armée américaine au Vietnam ! Les discussions sont houleuses, les critiques pleuvent. On me reproche d'avoir enfreint les consignes en sortant de notre camp retranché et de n'avoir pas rendu compte de l'incident du bistrot aux autorités compétentes. Un autre incident me vaut une salve de reproches : j'ai refusé que mes hommes décrochent, d'un immeuble de la place Saint-Nicolas, le drapeau d'une association dissoute, L'Action pour la renaissance de la Corse (ARC). J'estimais en effet que cette intervention pouvait attendre et qu'il fallait au contraire calmer le jeu.

Je méritais certaines de ces critiques, notamment sur le fait d'avoir quitté le toit de la sous-préfecture, mais les autres attaques me paraissaient excessives. Heureusement, le responsable local des RG me sauva la mise en indiquant que la population avait apprécié notre comportement à la terrasse de la brasserie. Nous avions fait preuve de sang-froid, nous n'avions pas réagi comme des « flingueurs »...

Cette première confrontation avec le problème corse m'avait appris à quel point ici, plus que partout ailleurs, il fallait prendre garde aux erreurs psychologiques. L'assaut d'Aléria en était une, le fait de vouloir décrocher un drapeau sous le nez d'émeutiers survoltés en était une autre. Paradoxalement, notre présence durant une quinzaine de jours avait contribué à apaiser les esprits. Et nous avions finalement retiré le drapeau de l'ARC sans difficulté...

1975-1983. Huit années s'étaient écoulées depuis ce séjour et je me retrouvais de nouveau dans un avion spécial à destination de l'île de Beauté...

V

« Broussard *fora* »

De l'aéroport Campo del Oro, le cortège se rendit à la préfecture d'Ajaccio, en plein centre-ville. Devant les grilles, une centaine de curieux, et presque autant de journalistes, nous attendaient. Il y avait même des équipes de télévision étrangères, italiennes notamment. Je ne pensais pas que notre arrivée susciterait un tel intérêt ! J'étais averti : ni l'opinion ni la presse ne nous feraient le moindre cadeau. Nous allions travailler sous haute surveillance.

Le palais Lantivy, qui abrite la préfecture, est situé sur le cours Napoléon. Joseph Franceschi y prononça son discours devant un parterre d'élus, de magistrats, de journalistes, de représentants des forces de l'ordre, policiers et gendarmes. Le décor du salon était si pompeux – lambris, dorures et lustres de cristal – que mon installation avait pris une tournure un peu trop solennelle à mon goût. Cette mise en scène me paraissait exagérée, digne d'une intronisation ! Je me sentais mal à l'aise, j'étais impatient de réunir mon équipe.

Je n'eus pas à attendre bien longtemps pour être confronté aux provocations nationalistes. Sitôt la fin de la cérémonie, on vint me prévenir qu'un certain Arrighi, militant du Parti du peuple corse (PPC), venait d'être appréhendé dans une rue adjacente pour avoir peint « Broussard *fora* » (« Broussard dehors ») sur la porte d'un garage de la préfecture !

« Broussard *fora* »... Ce n'était tout de même pas l'affaire du siècle ! Comme je ne voulais pas débuter sur une note répressive, je décidai d'aller discuter avec cet Arrighi. La conversation fut à la fois courtoise, sérieuse et drôle. Alors que je le remerciais de ce message de bienvenue, il me parut un brin moqueur mais plutôt sympathique. Je finis par trouver un terrain d'entente avec lui : il m'accorderait un « sursis » et je solliciterais l'indulgence du procureur en sa faveur !

Même si la volonté politique de lutter contre la violence avait été clairement affirmée, je savais que les déclarations d'intention ne suffiraient pas. En me plongeant dans ce dossier, en discutant avec des amis originaires de l'île, j'aboutissais immanquablement à la même conclusion : pour avoir des résultats, il nous faudrait d'abord obtenir l'adhésion de la Corse profonde.

Le soir même, vers 22 heures, lors d'une promenade dans le centre d'Ajaccio, je pus constater que les gens n'osaient plus sortir. Nous n'étions que deux, Mancini et moi, les mains dans les poches ! Il régnait une ambiance de couvre-feu sur le cours Napoléon, rue Fesch et le long des quais ! À notre grande surprise, cette simple balade eut un retentissement important. Le lendemain, toute la ville sut que nous nous étions promenés sans escorte !

Le ton était donné. Je ne voulais surtout pas m'entourer de « gardes du corps », comme on me l'avait recommandé. Nous n'étions pas là pour mener une guerre quelconque mais pour rétablir la paix civile sans céder à la précipitation. Il était par exemple hors de question de lancer de vastes opérations de « ratissage » dans la mouvance nationaliste. Ces gesticulations, souvent exigées par le pouvoir politique, ne sont d'aucune utilité. À trop vouloir afficher sa force, on manque la cible. Surtout en Corse. Ici, il ne faut pas frapper fort mais juste. En procédant à des rafles, nous aurions inévitablement interpellé des innocents, ce qui aurait fait naître un sentiment d'injustice et accru la solidarité entre Corses, nationalistes ou non.

Il fallait donc trouver l'équilibre entre répression et dialogue, traquer les séparatistes pour leur violence, non pour leurs idées. Que certains Corses, attachés à cette terre, réclament l'autonomie, d'autres l'indépendance, qu'ils exposent et défendent ces points de vue sur la place publique, c'était, quoi que l'on puisse en penser, une démarche démocratique. Je n'avais pas à les juger. Ma seule préoccupation devait être la Loi. Et la Loi, dans cette région de France, n'était plus respectée.

En attendant de trouver un logement présentant de bonnes conditions de sécurité, je pris mes quartiers à la préfecture, dans une chambre baptisée, excusez du peu, la « chambre du ministre » ! Il s'agissait, en fait, d'un vaste studio. Mancini put donc s'installer avec moi. Nous allions vivre ainsi pendant neuf semaines comme deux célibataires endurcis !

En patois niçois, *mancini* signifie le gaucher, le maladroit, celui qui ne fait rien comme les autres. Loin de manquer d'adresse, Ange possédait toutes les qualités d'un excellent flic. Mais il était vrai, aussi, qu'il se comportait parfois de manière déroutante, ce qui faisait de lui un compagnon attachant, capable de se faire raser le crâne puis de rester six mois sans aller chez le coiffeur, de suivre un régime strict puis de se laisser aller à des agapes gargantuesques. Le profil type du bon vivant, imprévisible et généreux, d'un courage physique rare, toujours partant pour une opération ou une virée.

Les premiers jours, ma priorité fut d'aller au-devant des policiers et des gendarmes. Jamais je n'avais senti une telle impression de laisser-aller ! L'heure était à la démobilisation, à l'absentéisme. La hiérarchie reprochait à une partie des effectifs un manque de détermination et, plus grave, de fiabilité. Certains fonctionnaires péchaient, paraît-il, par excès de tolérance à l'égard des nationalistes ! De leur côté, les gardiens de la paix estimaient que les « chefs » ne donnaient pas toujours le bon exemple ! À y regarder de plus près, la situation était plus nuancée...

Après l'amnistie de 1981, lorsqu'une quarantaine de détenus avaient été libérés sur décision du président Mitterrand, policiers et gendarmes avaient reçu des instructions sans équivoque : il fallait mettre la « pédale douce ». La prétendue trêve n'avait pourtant pas empêché le Front de revendiquer des dizaines et des dizaines d'attentats. Résultat : les fonctionnaires étaient désabusés, démotivés. Ils en avaient assez de croiser les amnistiés, paradant sur le cours Napoléon. Ils s'indignaient de la libération de l'assassin d'un CRS, en 1980. Ils ne supportaient plus d'être nargués par des poseurs de bombes arrêtés la veille et remis en liberté presque aussitôt. Ils ne comprenaient pas qu'après les avoir incités à l'indulgence en 1981, on leur reproche, deux ans plus tard, un manque de résultats. Ils regrettaient la suppression de la Cour de sûreté de l'État et admettaient mal d'avoir à interpeller des terroristes dont les dirigeants étaient reçus, dans le même temps, par les émissaires du pouvoir ! Bref, l'amnistie avait découragé les forces de l'ordre et encouragé les « ultras », sortis de prison en héros.

Les enquêteurs se plaignaient aussi du manque de coopération de la population. Plus que toute autre région, la Corse est un village secret et bavard à la fois. Ainsi, tout le monde connaissait les hommes du FLNC. Mais la loi du silence, les alibis peaufinés à l'avance, les témoignages de complaisance leur permettaient de s'en tirer à bon compte. Il se trouvait toujours, dans les familles, le cousin d'un cousin, l'ami d'un ami, prêt à témoigner ou à intercéder en faveur de telle ou telle personne appréhendée. Les politiques, toutes étiquettes confondues, condamnaient le terrorisme devant les caméras mais ils étaient les premiers à venir au secours d'un « suspect » pour peu qu'il fût du même village.

Sans doute fallait-il voir dans cette attitude ambivalente la persistance du clanisme, pratique ancestrale des Corses d'influence. Les clans, regroupements de familles de même sensibilité, ont l'art et la manière d'utiliser les services publics au profit de leur électorat. Le principe est simple : sans intervention, on n'obtient rien, ou presque. Il importe donc d'avoir des relations bien placées, aptes à agir le moment venu. Par l'intermédiaire des notables qui leur sont attachés, les clans détiennent la clé des mutations, des pensions, des subventions, des décorations... Cette stratégie du service rendu est d'une redoutable efficacité. Après une intervention en sa faveur, le bénéficiaire est attaché au clan pour longtemps, et ses descendants avec lui ! Ce système, dénoncé par les nationalistes, transcende les clivages politiques et donne des résultats infaillibles au moment des élections. Les élus n'achètent pas leur clientèle électorale avec de l'argent mais en lui rendant des services.

Nous étions là au centre des contradictions corses. Il y avait d'un côté la volonté sincère d'un retour à la tranquillité et, de l'autre, une solidarité insulaire qui freinait, voire paralysait, l'action des services de police. On ne pouvait pas arrêter un membre du FLNC sans déclencher un mouvement de soutien ! On exigeait la mobilisation de l'État mais on faisait tout pour l'empêcher d'agir ! Même si une large majorité de Corses jugeait absurde l'idée d'indépendance, la solidarité, enracinée dans les consciences, restait la plus forte. Solidarité de la famille, du village, de l'île tout entière vis-à-vis de l'extérieur. Alors, on se taisait ou l'on trouvait des excuses. Après tout, les victimes d'attentats l'avaient sans doute bien cherché en tenant des propos provocateurs ou anticorses ! Bref, ceux qui défilaient pour obtenir la libération des détenus n'étaient pas tous nationalistes, loin de là.

Certes, les Corses avaient enregistré les décisions gouvernementales avec une satisfaction prudente, mais étaient-ils pour autant décidés à dénoncer les terroristes ? Comme le reconnaissait un élu insulaire rencontré peu après mon arrivée : « En Corse comme ailleurs, il n'y a jamais très loin du silence à la lâcheté »... La population, si exaspérée fût-elle, paraissait prisonnière de ses traditions. À mes yeux, c'était pourtant à elle d'aider la justice. Nous ne voulions pas créer un climat de suspicion et de haine, mais il était trop facile, au nom du « code d'honneur » et de certaines « valeurs », de rejeter systématiquement la faute sur les pouvoirs publics.

La plupart des policiers et des gendarmes se plaignaient également du laxisme de la justice, de l'indulgence des jurés insulaires, devenus des spécialistes de l'acquittement. Il y avait, certes, parmi les magistrats, une majorité de personnes compétentes, dont plusieurs avaient été victimes d'attentats. Mais il y en avait d'autres, fâchés avec l'éthique professionnelle, qui n'encourageaient pas de tels risques ! Ainsi ce magistrat qui passait plus de temps dans la boutique de sa femme que dans son cabinet du tribunal. La langueur conciliante de quelques juges d'instruction, le manque d'empressement des témoins à répondre aux convocations, la disparition « malencontreuse » de documents essentiels, les fuites dans la presse... tout cela ralentissait l'action de la justice. Bien des affaires sombraient dans l'oubli, sans jamais parvenir au procès.

Les policiers corses vivaient mal cette situation. Ils souffraient de ce que l'on appelait déjà le « complexe du harki ». Les sympathisants de la cause indépendantiste leur reprochaient en effet d'être des « traîtres » à leur patrie. Le syndrome algérien gangrenait les esprits. Leurs collègues continentaux, traités de « barbouzes » lorsqu'ils essayaient de faire leur travail, se trouvaient dans une position plus délicate encore. Ceux qui n'avaient aucune attache sur l'île rêvaient de repartir. Leurs épouses avaient du mal à trouver un emploi, surtout dans l'administration où elles prenaient la place des Corses. Même si les séparatistes et les autonomistes n'étaient pas nombreux – un dixième de l'électorat –, ils noyautaient tous les secteurs d'activité et savaient jouer sur la fibre « patriotique » des autres Corses.

Les fonctionnaires chargés de la lutte contre le terrorisme vivaient souvent dans l'angoisse de l'attentat et devaient prendre les précautions d'usage : dormir dans la pièce la plus éloignée de l'entrée de l'appartement, prévoir un seau d'eau à verser sur la mèche lente d'un engin explosif... Les policiers continentaux mariés à des Corses étaient confrontés à d'autres problèmes. En fin de semaine, lorsqu'ils se rendaient au village, on leur faisait parfois comprendre qu'ils devaient éviter de faire du zèle...

Tous ces policiers voulaient aussi être fixés sur leur sort après les mutations de plusieurs chefs de service. Dans son élan, Gaston Defferre avait en effet demandé à la hiérarchie d'établir des listes comportant au minimum cinquante pour cent des fonctionnaires destinés à être transférés dans d'autres régions ! Cette décision, qui n'avait pas encore était appliquée, avait provoqué d'énormes dégâts dans les rangs. L'absentéisme, mal chronique de la police locale, atteignait des taux records. J'appris ainsi qu'un officier ne venait au commissariat d'Ajaccio que l'après-midi. Le matin, il travaillait dans le magasin d'antiquités d'une amie et le soir, il jouait de la guitare dans une boîte à touristes!

Dans ces conditions, les personnes de bonne volonté – plus nombreuses que l'on ne pouvait le croire – estimaient qu'il serait impossible de remettre tout le monde au boulot.

Partant du principe qu'il fallait d'abord rassurer la base, je décidai d'organiser une réunion, dès le 12 janvier, dans la salle des sports du commissariat d'Ajaccio. Je voulais placer les policiers devant leurs responsabilités, sans pour autant éluder leurs difficultés : « Je sais que certains d'entre vous sont menacés, traités de barbouzes ou de harkis. Nous prendrons des dispositions pour les rassurer, eux et leurs familles. Sans vouloir banaliser quoi que ce soit, mais aussi pour éviter de se polariser sur la lutte antiterroriste, je vous demande d'aborder les affaires sans *a priori*. Un crime, un attentat, des tentatives de racket sont signalés : vous en cherchez les auteurs. Peu importe qu'ils aient agi pour leur propre compte ou pour des motivations politiques. La justice verra tout cela après, lors de l'instruction ou du procès... Je sais aussi, et je le comprends, qu'il vous est difficile d'aller dans un village pour arrêter un cousin ou un copain d'enfance. Si c'est le cas, vous venez me voir ou vous le dites à Mancini. Si vous le souhaitez, vous serez dispensés de cette opération et vous irez sur une autre. Mais attention : autant je comprends cette situation qui peut être pénible, autant je ne peux admettre les indiscrétions, le manque de loyauté, en un mot, la trahison. Et puis, quelque chose me préoccupe... J'apprends que plus du quart de l'effectif est absent chaque jour pour cause de maladie. Alors, de deux choses l'une : soit l'air d'ici n'est pas sain et ça m'inquiète, moi qui arrive en pleine forme, soit vous êtes en moins bonne santé que vos compatriotes! À moins que ce ne soit tout simplement une question de mental. Si c'est le cas, je vous donne la possibilité de voir ça ensemble et de trouver une solution... »

Cette intervention eut des effets positifs puisque le taux d'absentéisme redescendit bientôt au-dessous de la moyenne nationale! En chatouillant l'amour-propre et la fierté des Corses, nous avions choisi la bonne méthode. Jamais, tout au long de mon séjour sur l'île, je n'aurai à constater la moindre indiscrétion ou trahison, même de la part des quelques paresseux que nous avions un peu « secoués ».

Après la réunion ajaccienne du 12 janvier, il ne fallait surtout pas tarder à faire la même chose en Haute-Corse. Dès le 14, je montais par la route à Bastia. Au passage, j'avais prévu une halte à Corte.

Alors que nous prenions un petit déjeuner à la sous-préfecture, on vint nous prévenir qu'une bombe allait exploser à l'endroit où j'avais laissé ma voiture, pratiquement devant le commissariat ! L'engin de cinq kilos était dissimulé dans le coffre d'un véhicule appartenant à un nationaliste, commerçant à Corte. La bombe était prête à être utilisée mais ne présentait aucun risque immédiat. Mancini put ôter le détonateur. L'enquête permit d'établir que le commerçant était innocent mais elle ne fit pas toute la lumière sur cette affaire impliquant notamment un indic de deux ou trois gendarmes continentaux. Pour tout dire, le mode opératoire rappelait étrangement l'affaire de Vincennes...

La réunion de Bastia me permit à nouveau de discuter avec des policiers de tous grades. Dans un même souci de dialogue, je rendis également visite aux gendarmes et aux militaires de la garnison, ainsi qu'aux associations d'anciens combattants qui souffraient terriblement du naufrage de leur île. D'autres rencontres, officielles ou informelles, allaient m'amener à affiner mon analyse. Je voulais écouter tout le monde, les responsables associatifs, les personnalités religieuses, consulter des jeunes, des anciens, des Corses, des pieds-noirs, des continentaux... J'avais besoin de tous ces contacts pour découvrir la région autrement qu'en consultant des dossiers. Je fis par exemple une halte à Ghisonaccia, chez l'ancien préfet de police de Paris, Jean Paolini, dont j'appréciais l'intelligence et la simplicité. À son tour, il me parla du caractère complexe des Corses et des problèmes de l'île. Enfin, j'adressai une lettre aux parlementaires ainsi qu'à tous les maires afin d'établir un dialogue direct. Charles Ornano, le maire bonapartiste d'Ajaccio, m'accorda aussitôt un appui total. Je rencontrai également Jean-Paul de

Rocca Serra, dit le « Renard argenté », personnage incontournable de la vie politique locale, ainsi que Dominique Bucchini, le jeune maire communiste de Sartène, un homme sympathique dont l'attitude à l'égard des poseurs de bombes ne souffrait pas d'ambiguïté.

La gauche locale insistait évidemment sur les promesses tenues par François Mitterrand : amnistie et libération des détenus, suppression de la Cour de sûreté de l'État et, surtout, mise en place d'un nouveau statut de l'île avec l'Assemblée régionale élue en août[1]. Certains élus proches du PS s'avouaient toutefois déçus : la réforme n'avait rien résolu; l'île s'enlisait dans la violence...

1. Le mouvement autonomiste d'Edmond Simeoni, considéré comme relativement modéré, avait recueilli 10,61 % des voix aux élections et comptait sept représentants au sein de cette Assemblée.

VI

Le vertige corse

Comme bien des Français du continent, je m'étais souvent posé la question : « Mais que veulent-ils, au juste, ces Corses ? » N'avaient-ils pas un cadre de vie exceptionnel ? L'État ne leur accordait-il pas de généreuses subventions ? Malgré cela, ils n'étaient jamais contents, toujours à se plaindre, à agiter le spectre de l'indépendance.

Je n'ai pas la prétention d'énoncer ici, de manière tranchée et définitive, les causes profondes de cette situation. Il me paraît néanmoins indispensable de rappeler quelques données, recueillies notamment au fil de mes premières « consultations ».

Tout d'abord, une évidence : la Corse est une île. Et cette insularité explique à elle seule beaucoup de choses : la faiblesse de l'économie, la méfiance, voire l'hostilité des habitants à l'égard de l'extérieur. La topographie joue également un rôle important : les difficultés de communication entre les villages et, plus généralement, entre le nord et le sud, ont entraîné un cloisonnement de la société et généré des rivalités internes. Les nordistes ironisent sur le côté superficiel des Ajacciens alors que les sudistes critiquent volontiers le caractère introverti des Bastiais...

Si les Corses se chamaillent entre eux, ils savent aussi se serrer les coudes contre l'ennemi. De ce point de vue, le destin ne les a pas ménagés. N'ont-ils pas été envahis, entre autres, par les Romains, les Byzantins, les Sarrasins, les Pisans, les Génois ?

Sans oublier, plus récemment, les tentatives d'annexion des armées italienne et allemande. Solidaires et courageux comme ils savent l'être dans l'adversité, ils ont lutté pour la libération de leur terre, avec l'aide des troupes françaises d'Afrique du Nord.

Ce passé chaotique explique sans doute l'attachement viscéral à la liberté et la tendance au repli sur soi. Il explique aussi en partie, mais en partie seulement, la passion des armes, la violence endémique. Comme en Sicile et en Sardaigne, un affront se lave d'abord dans le sang. On sort le fusil à la moindre occasion, avec ce sens du jeu et du drame propre aux peuples du bassin méditerranéen. Au-delà des clichés, l'« honneur » est ici une réalité. L'Histoire contemporaine en est la meilleure preuve.

Les Corses se sont battus pour leur terre mais également pour le pays tout entier. Trente mille d'entre eux sont morts lors de la Première Guerre mondiale, soit un dixième de la population de l'époque ! Privés de leurs forces vives, des villages entiers sont sortis exsangues du conflit. Les départs massifs vers le continent et les colonies ont ensuite accentué ces handicaps. Pour échapper à la pauvreté, les jeunes devenaient fonctionnaires, militaires, médecins, avocats, magistrats ou... truands ! L'administration coloniale se transforma ainsi en bastion corse. La diaspora, forte de plusieurs dizaines de milliers de personnes, se répandit dans le monde entier, du Brésil à l'Afrique noire, de l'Indochine au Maghreb. Mais on ne quitte pas la Corse, « on s'absente seulement », dit l'adage populaire. Ces « expatriés » avaient le mal du pays, ils idéalisaient les vertus d'une île où ils voulaient prendre leur retraite. En revanche, ceux qui restaient, par choix ou par obligation, apprirent à vivre en autarcie, au rythme lent de ce que l'on appelait, avec ironie, l'« économie de la châtaigne [1] ». De ce point de vue, les années 1960 ont marqué la fin d'une époque.

À l'heure de la décolonisation, les perspectives d'avenir se trouvent soudain réduites. L'île accuse un tel retard qu'il devient

1. Lire le remarquable ouvrage de Marie Susini, *La Renfermée. La Corse*, Le Seuil, 1981.

difficile d'obtenir du travail. D'où, pour certains jeunes, un ressentiment à l'encontre du continent. Dans le même temps se dessine une évolution des mentalités. Les « exilés » ne s'en rendent pas forcément compte, eux qui ne reviennent qu'au moment des vacances, mais la Corse de leur enfance est en pleine mutation. Les structures de la société, ses valeurs morales, ses coutumes, tout l'édifice qui constitue l'âme insulaire commence à vaciller. Dans les villages les plus reculés, dépositaires de la mémoire, une autre civilisation s'impose : celle de la télévision et des informations extérieures. Bien des jeunes prennent conscience, non sans amertume, du retard de leur région. Les rapports humains en sont profondément modifiés.

Dans les villes côtières, la situation évolue plus vite encore, avec l'essor fulgurant du tourisme. Les Corses, dépassés par l'afflux de visiteurs, sont pris de vitesse par toutes sortes de spéculateurs prêts à bétonner des sites enchanteurs. De nombreux insulaires, et pas uniquement des sympathisants du séparatisme, dénoncent, à juste titre, cette dérive du « tout-tourisme ». Certains de leurs compatriotes, moins scrupuleux, vendent à des « étrangers » des demeures familiales, transmises jusque-là de génération en génération. L'appât du gain l'emporte sur l'amour du sol. Une insulte de plus aux traditions.

Les années 1960 sont également marquées par l'arrivée massive de rapatriés en provenance d'Afrique du Nord. Ils s'établissent surtout dans la plaine orientale, au sud de Bastia, dans un secteur que les habitants estiment impropre à l'agriculture. Jadis, il était d'ailleurs d'usage de léguer ces mauvaises terres aux filles ! Les garçons, eux, héritaient de lopins jugés plus nobles, près des villages, sur les hauteurs. Résultat : la plaine, pourtant assainie par les Américains en 1945, est délaissée. Les pieds-noirs, soutenus financièrement par l'État, s'emploient à la mettre en valeur. Avec beaucoup de ténacité, ils défrichent des immensités qui deviendront bientôt les meilleures terres de l'île. Des exploitations prospères, des fermes modèles voient le jour. Celles et ceux qui pensaient avoir réalisé de bonnes affaires en revendant leurs arpents de plaine envahis par les herbes folles ont soudain l'impression de s'être fait rouler ! D'où un sentiment de frustration, une rancœur accrue à l'égard de l'État, accusé d'avoir accordé aux rapatriés des facilités refusées aux Corses.

Après avoir servi la France des colonies, une partie de la population se sent à son tour colonisée : par les pieds-noirs et les travailleurs maghrébins venus dans leur sillage; par les touristes, peu respectueux de la culture locale; par les continentaux (les *pinzutti*), toujours plus nombreux à construire des villas. Ces amoureux de la Corse ont tort de confondre hospitalité et intégration : un continental reste un continental, même s'il est marié à une insulaire et parfaitement adopté par sa belle-famille.

La Corse n'est certes pas la seule région à souffrir du repli sur soi, de la désertification des campagnes, de la spéculation immobilière, mais aucune autre ne vit tout cela en même temps. Les pouvoirs publics s'imaginent que l'on peut y remédier à grands coups de promesses démagogiques, de subventions gonflées... Sous-estimant l'ampleur du malaise, ils ne voient qu'une agitation folklorique où il faut déceler une crise identitaire. Après tout, elle est loin de la capitale, cette éternelle insatisfaite! Pour bien des continentaux, il s'agit juste d'une région de vacances, peuplée de caractériels un peu frustes! En fait, tout est réuni pour que grandisse l'idée d'autonomie, voire d'indépendance : des jeunes en manque de repères, les maladresses du pouvoir, un développement touristique mal maîtrisé, les atteintes à l'environnement... Les années 1960 voient donc l'émergence du régionalisme puis de l'autonomisme, avec l'Union du peuple corse, l'UPC des frères Simeoni.

Le mouvement prend son essor dans la plaine orientale, la région mise en valeur par les rapatriés d'Algérie. Les premières opérations violentes sont signalées. Le sigle «IFF» (*I Francesi fora*, «les Français dehors») ou le slogan *I Arabi fora* («les Arabes dehors») apparaissent sur les murs. Au sein de la mouvance autonomiste se retrouvent les exclus de la prospérité nouvelle, des femmes et des hommes nostalgiques d'une Corse sur le point de disparaître, des jeunes en quête d'idéal. Tous vénèrent Pascal Paoli, père de l'éphémère «nation corse» (juillet 1755-mai 1769).

Le FLNC voit le jour en 1976. Cette organisation paramilitaire, forte de quelques dizaines d'ultras, ne réclame pas l'autonomie mais carrément l'indépendance. Le 5 mai 1976, vingt et une explosions saluent la première « nuit bleue ». Pour beaucoup d'observateurs, y compris insulaires, ces revendications relèvent encore et toujours du folklore : le nombre des militants reste limité, les thèses séparatistes n'ont guère d'écho dans l'opinion.

Les années passant, le FLNC intensifie ses actions contre les « colons français » : attentats, rackets, agressions... Ses membres tiennent un discours comparable à celui du FLN algérien, vingt ans plus tôt : « Aux Corses désireux de soutenir les Français contre leurs frères, nous disons qu'ils ont le choix entre devenir demain des harkis ou lutter avec nous, car on ne peut être à la fois corse et français. » Le Front avance des arguments xénophobes : « Chaque Français qui s'installe dans l'île participe manifestement à la mort lente du peuple corse. » Et Yves Stella, l'un des leaders nationalistes de la première heure, de préciser : « Pour abattre notre ennemi, le colonialisme français, tous les moyens sont bons. Les attentats constituent une réponse légitime à la violence du colonialisme. »

C'est cette Corse-là que je découvrais en 1983. Une région déstabilisée, où les nationalistes manifestaient contre la « répression », la « déportation dans les prisons françaises », parlant des « martyrs du peuple corse »... En dénonçant les excès du tourisme, la détérioration de l'environnement, l'extension du trafic de drogue, bref, en se faisant l'écho de préoccupations légitimes, ils s'attiraient la sympathie de toute une frange de la population.

Bien sûr, il arrivait que le FLNC décide d'une trêve, en règle générale à l'approche d'une échéance électorale. Les pouvoirs publics mordaient naïvement à l'hameçon en libérant des militants emprisonnés et en donnant des consignes d'indulgence aux services de police. La Corse sortait de l'actualité mais le problème n'était pas résolu pour autant. Au contraire, sitôt les élections passées, la violence reprenait. Le Front revendiquait même des crimes de sang : l'attaque du camp de la Légion étrangère de Sorbo Ocognano (février 1982), les tentatives d'assassinat d'un gendarme puis du vétérinaire Lafay. Les « étrangers» devaient payer l'«impôt révolutionnaire». Les insulaires fortunés étaient également mis à contribution. Résultat : en 1982, la criminalité avait augmenté de quarante pour cent et le record du nombre d'attentats avait été battu avec plus de 800 explosions, dont 595 pour le seul semestre précédant mon arrivée! Dès la tombée de la nuit, les plastiqueurs entraient en action. Les rares passants de la rue Fesch, l'artère commerçante d'Ajaccio, devaient marcher au milieu de la chaussée pour éviter les éclats de verre! L'année 1983 avait débuté sous les mêmes auspices avec le mitraillage d'une gendarmerie proche d'Ajaccio (4 janvier) et le vol de nombreuses armes au... palais de justice de Bastia! La Corse partait à vau-l'eau, elle se plaçait en marge de la République.

Le FLNC représentait à peine une centaine de «durs» et environ six cents sympathisants, mais il bénéficiait du silence de la plupart des habitants. Inutile de préciser, en effet, qu'il n'y avait jamais de témoins des attentats! Seuls quelques badauds venaient constater l'ampleur des dégâts, par curiosité, par solidarité ou, au contraire, pour afficher plus ou moins directement leur satisfaction. Quant aux victimes (le plus souvent continentales), elles se classaient en trois catégories : celles qui cédaient aux menaces, en payant ou en déménageant; celles qui refusaient de craquer, comme le vétérinaire Lafay; celles, enfin, qui voulaient riposter. Certains insulaires, solidaires des victimes, se disaient prêts à prendre les armes contre les séparatistes.

Les cibles du FLNC étaient variables : édifices publics, villas, magasins, banques, voitures... Les enseignants d'origine continentale, qui n'avaient pourtant pas été les derniers à réclamer la libération des détenus de 1981, étaient particulièrement visés. On leur reprochait de diffuser une «culture étrangère» et d'occuper le poste d'un Corse. Le Front frappait qui il voulait, où il voulait, quand il voulait, mais il n'était pas le seul. Bon nombre d'attentats relevaient, en fait, du banditisme classique. Tout était prétexte à plasticage : la concurrence commerciale, une escroquerie à l'assurance, un conflit personnel, le racket, la volonté d'acquérir une affaire à bas prix.

De la même manière, la lutte contre l'« occupant » se concrétisait par la montée en puissance de contre-pouvoirs. Dans le monde du travail, une organisation proche des séparatistes allait bientôt prendre de l'ampleur, le Syndicat des travailleurs corses (STC). En axant son action sur la « corsisation » des emplois, autrement dit, la priorité donnée aux Corses, le STC séduira une partie des salariés.

Les séparatistes s'impliquaient aussi dans les associations culturelles, les foyers ruraux, les groupes folkloriques, les établissements de formation professionnelle, les clubs de tir ou de sport de combat, partout où il était possible de recruter des jeunes. Signalons au passage que certaines de ces associations profitaient des subventions publiques au nom du « développement » de la région ! Comme quoi l'« argent français » avait aussi du bon... Parallèlement, les bénéfices tirés du racket permettaient à certains membres du FLNC d'acquérir des commerces, des hôtels, des restaurants, à des prix évidemment très bas...

Cette stratégie d'enracinement comportait cependant des points faibles : ceux de la nature humaine, portée sur le profit. Le FLNC, conscient des risques, affichait son intention de tout contrôler. Dans un bulletin interne, il recommandait à ses militants de « s'intéresser aux petites affaires commerciales, sources de rentrées d'argent sûres et régulières. Après le départ des Français, elles seront reprises par les sympathisants avec l'aide financière du Front. Il n'y aura plus, ensuite, qu'à partager les bénéfices ».

« Il n'y aura plus qu'à partager les bénéfices. » Si généreuse fût-elle, cette idée recelait les germes d'une évolution mafieuse : la lutte pour l'indépendance avait bon dos, le racket cachait des réalités moins nobles. Mais ce qui n'était encore, à l'époque, qu'une hypothèse « inavouable » devait être démontré aux yeux de tous. Nous voulions prouver à l'opinion qu'il y avait, certes, au sein du FLNC, des « purs », motivés par un idéal, mais aussi d'authentiques voyous agissant par appât du gain. Libre à chacun d'accepter ou de condamner la violence des « purs » mais ils avaient au moins le mérite de se battre pour leurs idées. Les autres, les militants-truands ou les truands tout court, jouaient sur tous les tableaux. Ils avaient parfaitement compris l'enjeu de cette guérilla : racheter des commerces, contrôler l'industrie du tourisme, de l'immobilier, des loisirs, empocher au passage une partie des aides et autres subventions... Et si, par chance pour eux, la Corse devenait un jour indépendante, ils seraient en première ligne au moment du grand partage.

Face à une situation aussi complexe, nous devions procéder par étapes. Il n'était pas question de répression aveugle mais du strict respect de la Loi. L'opinion publique voulait être rassurée, la peur devait changer de camp. Pour ma part, je refusais, malgré les instructions de Paris, une protection rapprochée.

À ce propos, il me revient une anecdote survenue à l'occasion de ma seconde visite à Bastia, fin janvier. Pour la première fois, j'utilisais les services d'un chauffeur, et pas n'importe lequel puisqu'il s'agissait de Jules César en personne ! Un phénomène, ce Jules César Agostini ! Je l'avais connu au Quai des Orfèvres. Dans sa guérite du deuxième étage, il filtrait les entrées, orientait les visiteurs. Flic ou voyou, tout le monde le connaissait au 36. C'était un Corse pure souche, sérieux et loyal, qui rêvait de finir sa carrière au pays. Aussi, lorsqu'il m'avait proposé ses services comme « chauffeur », j'avais accepté qu'il me suive à Ajaccio.

Ce jour-là, donc, nous étions en route pour Bastia. L'ami Jules conduisait. J'occupais la place du mort... Dès les premiers virages du col de Vizzavone, je compris qu'il n'était pas un virtuose du volant. Les roues mordaient les bas-côtés, à l'aplomb du ravin. Je lui demandai gentiment de faire attention mais il conduisait toujours aussi mal.

– Oh ! Jules, ça ne va pas ! Si vous continuez comme ça, on va se retrouver au fond ! Vous ne savez pas conduire, ma parole !

– Eh ! patron, je sais conduire mais c'est que je ne vois pas clair !

Les routes corses sont semées d'embûches. Au détour d'un virage, on croise parfois des cochons ou des vaches en vadrouille. Ainsi, deux kilomètres plus loin, mon chauffeur d'élite eut toutes les peines du monde à se faufiler entre une douzaine de bêtes !

– Attention, Jules ! On ne va tout de même pas écraser une vache, maintenant ?

– Oh ! vous savez, patron, ici, même les vaches cherchent à toucher des pensions !

– En attendant, je vais prendre le volant !

Un peu avant Bastia, je lui demandai de monter à l'arrière : c'était lui le patron et moi le chauffeur !

J'avais donné des consignes au directeur départemental des polices urbaines, Christian Lion, pour banaliser au maximum ma visite mais je redoutais qu'il envoie tout de même une escorte à notre rencontre. En conduisant la voiture, avec une mystérieuse personnalité sur la banquette arrière, je savais que tout le monde serait surpris. J'en riais déjà avec mon complice Jules César !

Deux motards nous attendaient effectivement à l'entrée de Bastia. À tour de rôle, ils vinrent à ma hauteur, étonnés de me voir conduire. Je poursuivis ma route, sans les regarder. Ils se demandaient visiblement qui pouvait bien être la personne assise à l'arrière.

Christian Lion se tenait devant le commissariat, entouré de ses principaux collaborateurs. C'était un homme énergique, passionné par son métier. Nous l'avions surnommé « Gros Loulou », en référence à sa carrure de judoka (poids lourd). Je descendis le saluer.

– Mais qui est-ce ? me demanda-t-il à voix basse alors que j'ouvrais la portière arrière.

– Comment, vous ne l'avez pas reconnu ? C'est Jules César !

Celui-ci fit une sortie triomphale, dans un éclat de rire général.

Cette anecdote me paraît révélatrice de l'état d'esprit qui animait notre équipe. Nous étions heureux de vivre et de travailler ici. Cette île avait des défauts mais ils ne devaient pas occulter ses qualités de cœur, de générosité, de courage. J'aimais la Corse, j'aimais les Corses. Cet attachement ne datait pas de mon arrivée dans l'avion ministériel. Il remontait à plusieurs années, il s'était consolidé au cours de multiples séjours, privés ou professionnels. Cette terre, cette langue, ces traditions méritaient d'être défendues. Mais dans le cadre de la République, une et indivisible.

VII

L'assassinat du coiffeur Schoch

« Commissaire de la République délégué pour la police »... Au-delà du titre, un peu ronflant, je devais donner une consistance à ces nouvelles fonctions, trouver l'équilibre entre mon rôle de représentant de l'État auprès du préfet de région et celui de « coordonnateur » des forces de l'ordre. Ainsi, j'étais partagé entre toutes sortes d'activités : rencontrer les élus, suivre l'évolution politique, économique et sociale de l'île sous l'angle de la sécurité, organiser et superviser les services, assurer le lien entre la police, la gendarmerie, la justice...

Je pouvais m'appuyer sur une équipe de qualité. L'entente était si bonne, entre nous tous, que j'avais l'impression de revivre les grands moments de l'antigang. Nous étions à pied d'œuvre du matin au soir, jamais couchés avant 1 ou 2 heures du matin, parfois plus tard lorsque les attentats l'exigeaient. Nous prenions nos repas au mess de garnison ou bien dans le seul restaurant d'Ajaccio qui acceptait notre présence : une minuscule pizzeria tenue par un jeune continental. Comme son restaurant était situé à deux pas du commissariat, il sc scntait en sécurité. Il n'empêche qu'il avait le courage de nous servir quand d'autres restaurateurs nous repoussaient poliment. Sans être pour autant sympathisants du FLNC, ils craignaient tant les représailles qu'ils rechignaient à nous accueillir. Il fallut attendre des semaines pour que les portes s'ouvrent.

Après avoir remis les policiers au travail, l'heure était venue d'engager vraiment la lutte contre la criminalité et le terrorisme. Dans ce domaine, notre priorité devait être la déstabilisation du FLNC.

C'est dans cette optique que furent mis en place, dans toutes les agglomérations, des dispositifs nocturnes baptisés « plans hiboux » ou « antinuit bleue ». Le principe était d'une simplicité enfantine. Chaque ville était découpée en plusieurs secteurs ; dans chaque secteur il y avait une ou deux patrouilles de police ou de gendarmerie. Au signal convenu, à une heure avancée de la nuit, ces effectifs devaient prendre position de façon très ponctuelle à un endroit puis à un autre afin de procéder à des contrôles d'identité et à des fouilles de véhicules. Voyant que les chefs de service eux-mêmes participaient à ces opérations, les gardiens de la paix redoublaient de motivation. Pour moi, ces escapades constituaient presque des moments de détente. J'avais l'impression d'être encore « flic ».

Cette reprise en main des services nous permit d'interpeller, en un mois, une cinquantaine de personnes, toutes déférées devant la justice. Dès le mois de janvier, le nombre d'attentats chuta à quarante-sept contre une centaine, en moyenne, pour l'ensemble de l'île, lors des mois précédents. Les actes de délinquance étaient également en nette diminution. Plusieurs caches d'armes et d'explosifs avaient été découvertes par les policiers et par les gendarmes.

Une chose perturbait par-dessus tout les leaders du FLNC : notre intention, clairement affichée, de montrer les liens entre certains terroristes et les voyous. Si les « purs » de la lutte pour l'indépendance avaient bonne conscience, les autres redoutaient d'apparaître sous leur vrai visage. De crainte d'être assimilés à des truands, des responsables prirent les devants, le 27 janvier, lors d'une conférence de presse dans le maquis. « L'impôt révolutionnaire ne concerne pas les Corses. Il ne concerne que les Français profitant des bienfaits du colonialisme du fait de leurs activités économiques importantes. »

Ce rappel embarrassé avait un double objectif. D'abord dénoncer d'authentiques malfrats qui, sous couvert du combat politique, se livraient au racket tous azimuts. Ensuite se démarquer d'actions peu glorieuses que le FLNC avait pourtant commanditées et revendiquées. Autrement dit, le Front ne savait plus comment justifier tous ses actes de violence. Il cherchait aussi à nous intimider, plus ou moins directement. C'est ainsi qu'aucun des contacts noués avec des propriétaires d'Ajaccio pour me trouver un logement n'aboutissait. Par crainte du FLNC, personne ne voulait me loger. Nous occupions toujours, Mancini et moi, la « chambre du ministre » !

Les séparatistes, sans doute irrités de nous voir si sereins, décidèrent d'accentuer la pression. Dans la nuit du 3 au 4 février, la préfecture fut frappée par une explosion. L'engin de forte puissance, placé sur le rebord d'une fenêtre située au rez-de-chaussée (côté rue), pulvérisa les vitres de notre chambre. Le souffle renversa quelques meubles.

Peu après, un appel anonyme parvenait au commissariat. Un homme, affirmant s'exprimer au nom des Brigades révolutionnaires corses (BRC), une branche dissidente du FLNC, exigeait ma présence au téléphone dans les cinq minutes.

Je n'avais que la rue à traverser pour me rendre au commissariat. Nouvelle communication téléphonique.

– Broussard ?

– Lui-même.

– Ici les BRC.

– J'écoute.

– C'est un premier avertissement qui vous concerne personnellement. Votre code d'identification est 18-24. On vous rappelle.

Cette technique du code permettait d'authentifier les appels anonymes. Deux heures plus tard, nouvel appel :

– 18 ?

– 24.

– Vous avez quarante-huit heures pour quitter l'île. Dans le cas contraire, vous savez ce qui vous attend !

– Qu'est-ce qui m'attend ?

– Vous verrez bien.

– Je resterai en Corse et je t'emmerde !

– Vous êtes venu seul en Corse et nous le savons.

– Et alors? Où voulez-vous en venir?

– Votre famille est restée à Paris. Nous le savons, nous sommes au courant de tout.

– Bande de lâches, vous n'êtes pas dignes d'être corses!

« Lâches », sans doute, mais aussi bien informés, puisque ma femme et mes deux fils étaient effectivement restés dans la proche banlieue de la capitale. Je demandai que les patrouilles soient renforcées autour de mon domicile.

Le surlendemain, l'attentat de la préfecture fut officiellement revendiqué par les BRC.

En fait, nous étions encore dans une période d'observation. Ces menaces avaient valeur de tests. Il ne fallait surtout pas craquer, changer nos habitudes. Dans une île où tout se sait, nous voulions maintenir le cap de la sérénité, d'autant plus que la population, sensible au moindre signe d'accalmie, commençait à reprendre confiance. Les restaurateurs hésitaient de moins en moins à nous accueillir. Je me souviens ainsi d'un excellent déjeuner dans une auberge des environs d'Ajaccio tenue par une famille corse. C'était un dimanche, Mancini et deux inspecteurs m'accompagnaient. Au milieu du repas, tandis que nous savourions des merles grillés, la sonnerie du téléphone retentit. Le petit-fils, visiblement troublé par cet appel, passa le combiné à sa grand-mère. La vieille femme s'exprimait tantôt en français, tantôt en corse. Elle parlait si fort, sur le ton de la colère, que tous les clients firent silence. « Je reçois qui je veux! » criait-elle à son interlocuteur. Notre présence dans cette auberge indisposait les nationalistes locaux! Dès qu'elle eut fini de les enguirlander en les traitant de « jeunes cons », la vieille dame se tourna vers nous : « Messieurs, vous êtes ici chez moi, vous reviendrez quand vous voudrez, vous serez toujours les bienvenus! » Les autres clients, des Corses pour la plupart, nous adressèrent un regard approbateur. Au moment du dessert, on nous apporta une bouteille de champagne, offerte par l'un des groupes de convives. Nous n'avons jamais su de qui il s'agissait.

Le 9 février au matin, une nouvelle dramatique fit le tour de la ville : non loin d'Ajaccio, des chasseurs venaient de découvrir le corps d'un homme d'environ soixante-dix ans, la tête fracassée par un coup de feu tiré à bout portant, derrière l'oreille droite. Sur sa veste était épinglée une feuille de papier quadrillé avec le message suivant, en lettres bâtons : AFFAIRE M. SCHOCH TERMINÉE.

André Schoch tenait un salon de coiffure sur le cours Napoléon, en plein centre-ville. Installé sur l'île depuis quarante-huit ans, cet Alsacien passait pour un homme sympathique. Il menait une existence paisible, sans aucune activité politique. Tout le monde savait néanmoins qu'il était racketté et qu'il avait toujours refusé de payer.

Le coiffeur était un homme d'habitudes. Chaque soir, à la fermeture, il rejoignait à pied le parking, distant d'une centaine de mètres, récupérait sa voiture, repassait au salon afin de prendre la recette de la journée puis rentrait chez lui, dans la banlieue d'Ajaccio.

Le 9 février, jour de la découverte du corps, les inspecteurs constatèrent que son véhicule était garé sur le parking et que la recette n'avait pas quitté la caisse du salon. Quant aux clés de la voiture, elles se trouvaient dans la main droite de la victime.

Dans le quartier, personne n'avait rien vu, rien entendu. Deux cents personnes furent interrogées. En vain. C'était à se demander si André Schoch, personnage connu de tous, avait bien emprunté son trajet habituel !

En accrochant une feuille sur sa veste, le (ou les) auteur(s) de l'agression avai(en)t néanmoins donné une orientation à l'enquête. AFFAIRE M. SCHOCH TERMINÉE : ce message semblait se rapporter aux menaces dont le coiffeur faisait l'objet. Les racketteurs étaient-ils passés à l'acte ? Probablement. Mais pour comprendre cet aspect de l'affaire, il faut remonter un an plus tôt, à une époque où je n'étais pas encore en poste.

Le 22 janvier 1982, une bombe explose devant le salon de coiffure. Ce n'est qu'une première étape, celle de la mise en condition. Suivent en effet, à partir du mois de mars, des appels anonymes, de jour comme de nuit. André Schoch décroche son combiné mais il n'entend rien, aucune voix, juste le souffle accentué d'une respiration. Bientôt, les menaces se font plus précises, par lettres et au téléphone. Au nom du FLNC, deux hommes et une femme exigent le paiement de l'« impôt ». Leurs appels sont parfois espacés de plusieurs semaines, de manière à redonner un peu d'espoir à leur « proie ». Le coiffeur essaie de résister à ce harcèlement.

– Allô, monsieur Schoch ?

– Oui ?

– C'est pour ce soir.

– Ah, ce soir ? Il m'est impossible... Je suis dans l'impossibilité... Je n'ai pas pu réunir la somme...

– Monsieur Schoch, on ne plaisante pas.

– Moi non plus, je ne plaisante pas. Vous savez, je voulais justement vous dire : il y a quarante-huit ans que j'habite en Corse et j'ai trois enfants qui sont nés en Corse...

– Ça ne nous intéresse pas.

– Alors je suis peut-être aussi corse que vous.

– Dites-nous si vous allez payer ou si vous n'allez pas payer.

– Je veux bien, mais cette somme-là, ce n'est pas possible.

– Monsieur Schoch, il y a une contradiction dans ce que vous dites. Vous dites « je suis plus corse que vous », donc j'ai le droit de ne pas payer, et en même temps, vous me dites « laissez-moi un délai pour que je puisse réunir la somme ». Alors, il faudrait savoir !

– Monsieur, je suis venu en Corse en 1934 et j'ai soixante-sept ans.

– Vous êtes sur la liste de nos objectifs et...

– Je tiens à vous signaler que...

– Vos explications ne nous intéressent pas ! Dites-nous carrément si, oui ou non, vous allez collaborer avec nous. Est-ce que vous êtes d'accord à cinquante [1] ?

– Combien ?

– Cinquante.

– Cinquante ?

1. Cinquante mille francs.

– Oui, c'est notre dernier mot, monsieur Schoch.

– Je comprends bien, mais moi, je... Écoutez, je vous propose trente.

– Non. Ça ne marche pas. En aucune façon. Ou cinquante ou rien du tout. Et maintenant ça suffit parce que, pour des raisons de sécurité, nous allons nous arrêter. Oui ou non ? Ce coup de téléphone sera le dernier si vous acceptez.

– À condition de ne plus vous revoir.

– Ça, bien entendu. Vous serez rayé de la liste de nos objectifs. Alors, ce soir ?

– Ah non, pas ce soir.

– Alors, nous reprendrons contact avec vous. Cinquante !

M. Schoch est obligé de payer s'il veut rester en vie. Le SRPJ d'Ajaccio cherche à coincer les racketteurs mais l'opération échoue, le 20 avril 1982, au moment où le coiffeur doit verser l'« impôt » dans le village d'Ucciani.

Les malfaiteurs ne lâchent pas prise pour autant. Le 23 avril, puis le 20 juillet, deux nouvelles explosions provoquent d'importants dégâts au salon. Étrangement, ces attentats ne figureront pas sur la liste des revendications transmise à la presse locale par le FLNC. Les racketteurs appartiennent-ils vraiment au Front ou à une branche dissidente ? L'organisation séparatiste adresse au coiffeur un message troublant : « Les attentats dont vous avez été l'objet ne sont pas de notre fait bien que cela vous ait été présenté ainsi. Nous avons connaissance de votre intégration dans notre pays. »

Le FLNC ne serait donc pas concerné et tient à le faire savoir ! Mais la pagaille est telle, au sein du mouvement, qu'il devient difficile de dire qui fait quoi. D'autant que le coiffeur continue de recevoir des appels téléphoniques ! Il s'agit toujours des mêmes personnes, deux hommes et une femme, dont il enregistre les voix : « En ce moment même, votre maison est surveillée, votre magasin est surveillé, ce ne seront pas vos biens mais votre famille qui sera atteinte [...]. Dès maintenant, je donne l'ordre de vous faire exécuter. » Ces menaces ne seront pas suivies d'effets. Du moins, pas en 1982...

Les semaines passent et le coiffeur ne sait toujours pas s'il s'agit vraiment du FLNC. Comble de la confusion, il reçoit une lettre signée du Front réclamant cette fois une « contribution à la lutte du peuple corse »! Un numéro de code lui est même attribué, le « 656 ». « Nous vous contacterons », précise ce document. Quelques mois plus tard, le 9 février 1983, son corps sera découvert près du village d'Alata...

André Schoch venait donc de mourir pour avoir refusé le chantage. Les seuls indices en notre possession étaient ces fameux enregistrements. Trois voix sans visages, des personnes sans doute âgées de vingt à trente ans. Selon des policiers locaux, la voix féminine laissait percer une légère intonation ajaccienne.

Un mois à peine après notre installation, cette enquête avait également valeur de test. Nous étions condamnés à réussir. La ville était traumatisée et les journalistes continentaux, qui avaient plus ou moins déserté l'île après l'agitation du début de l'année, revenaient soudain en nombre.

Ange Mancini demanda au juge d'instruction, Hubert Breton, l'autorisation de diffuser les enregistrements sur les ondes régionales afin de solliciter les témoignages, l'objectif étant non seulement d'arrêter des personnes suspectées d'avoir commis un assassinat mais aussi de les empêcher de récidiver. Sans hésiter, le juge délivra une commission rogatoire à cet effet. Tout au long de cette affaire, il accordera au SRPJ une confiance totale. Un modèle d'entente justice-police.

La diffusion des enregistrements était une démarche assez rare. La presse écrite s'en fit largement l'écho. En revanche, les médias directement concernés, en l'occurrence Radio Corse, Radio Corse internationale et France 3 régionale, refusèrent de nous aider. Au nom de la « déontologie », les trois rédactions se prononcèrent contre un tel procédé, jugé « scandaleux ». Assurant qu'ils n'avaient pas à participer à ce qu'ils qualifiaient d'« appel à la délation », les journalistes menaçaient de faire grève.

La controverse était lancée. Était-ce contraire à la déontologie journalistique que de diffuser sur les ondes du service public les voix de personnes suspectées d'assassinat et capables de récidiver à tout moment ? D'autres pays démocratiques tels que la Suisse, les États-Unis, la Grande-Bretagne, l'Allemagne estimaient ce procédé normal. En France aussi, il y avait des précédents, à Lyon, à Grenoble...

L'attitude des médias audiovisuels me révoltait. Ces journalistes étaient tout de même mal placés pour invoquer la déontologie ! Étaient-ils en paix avec leur conscience lorsqu'ils assistaient à des conférences de presse « clandestines » du FLNC ? Avaient-ils des scrupules quand ils se faisaient les relais d'hommes armés, appelant à la guerre contre la République française ? S'entouraient-ils de précautions morales pour reprendre les messages de revendication du FLNC ? Nous ne comprenions pas quelle était la différence entre la diffusion d'un portrait-robot (pratique courante dans la presse) et celle d'une voix. L'enjeu était pourtant déterminant, c'était même une question de vie ou de mort puisque d'autres personnes étaient sans doute en danger.

Dès mon arrivée en Corse, plusieurs de mes interlocuteurs, policiers, élus ou « simples » citoyens, m'avaient alerté sur l'attitude de certains médias insulaires. Avec cette polémique, j'avais la confirmation de leurs critiques : la déontologie avait bon dos et une partie des journalistes, prétendument « neutres », ne cachaient pas leur sympathie pour la cause nationaliste. C'était leur droit. Mais cela devait-il les empêcher de faire leur travail objectivement ? Dans un rapport du 13 juin 1984, une commission parlementaire rendit un rapport très critique au Sénat : « FR3 Corse et Radio Corse sont devenues les porte-parole des mouvements séparatistes et, de façon plus générale, de la cause autonomiste. »

La question des médias et du nationalisme était complexe. Qu'on le veuille ou non, les séparatistes et leurs « frères » autonomistes représentaient un courant d'opinion. À ce titre, ils avaient droit à la parole ; sauf, évidemment, quand ils se revendiquaient du FLNC, organisation dissoute. Ce droit à la libre expression prenait toutefois des proportions stupéfiantes sur FR3. Une vraie propagande aux frais des contribuables ! Les temps d'antenne, le choix des reportages, et parfois le comportement des présentateurs... tout paraissait « orienté » politiquement! Heureusement, tous leurs confrères n'avaient pas la même conception de ce métier. Lorsque la polémique sur les enregistrements prit mauvaise tournure, plusieurs d'entre eux me firent savoir qu'ils désapprouvaient la réaction de certains de leurs confrères de FR3 et des radios.

Devant la gravité de la situation, je demandai à être entendu par la Haute Autorité, l'organisme de contrôle de l'audiovisuel (ancêtre du CSA). J'expliquai mon point de vue, insistant sur le fait que l'on diffusait sans problème des portraits-robots et surtout que d'autres personnes étaient en danger. Rien n'y fit : les « sages » confirmèrent leur position initiale. On ne pouvait organiser un « appel à la délation »! Je crois aussi qu'on ne pouvait se permettre de provoquer un conflit avec les puissants syndicats du service public... Et puis, disons-le clairement, c'est une attitude très parisienne (surtout à cette époque) que de craindre la Corse. Pour être certain d'y retourner en vacances en toute sécurité, on évite de contrarier les poseurs de bombes! Les exemples ne manquent pas : combien d'administrations centrales, combien de fédérations sportives (le football notamment), combien d'organes de presse n'ont pas agi comme ils devaient le faire par crainte de représailles?

Il restait à trouver un autre moyen d'exploiter les bandes audio. En définitive, il fut décidé de brancher, au commissariat d'Ajaccio, un répondeur téléphonique diffusant quelques extraits des conversations entre le coiffeur et ses racketteurs. Un répondeur que le public pourrait interroger librement. La presse accepta de publier le numéro de cette ligne spéciale, le 21 06 18. Résultat : quatre à cinq mille appels!

Les premiers à nous contacter furent d'autres victimes du racket, des commerçants pour la plupart. Jusque-là, ils n'avaient jamais osé se manifester! Chacun y allait de son témoignage, de ses accusations, assurant avoir reconnu les voix. Bien sûr, il fallait effectuer un tri dans ce flot de renseignements, mais le résultat dépassait nos espérances. Nous avions la preuve que la population était prête à aider la police et la justice, à condition d'avoir confiance et d'y mettre les formes.

Deux appels retinrent notre attention. Le premier fut reçu par le général de la division militaire d'Ajaccio. Un correspondant anonyme affirma avoir identifié l'homme qui disait «Je donne l'ordre de vous exécuter» comme étant un certain Christian B., originaire d'Arro, en Corse-du-Sud. Un second correspondant préféra s'adresser au commissariat. Il ne livra aucun nom mais fournit le signalement d'un homme (mince, petite taille, moustache noire), le numéro d'immatriculation de sa voiture et l'adresse de son bar attitré à Ajaccio. Tout correspondait au même Christian B., vingt-sept ans, sans profession, déjà connu des services de police. Si son appartenance au FLNC n'était pas clairement établie, ses liens avec le milieu du banditisme ne faisaient guère de doute. Quelques semaines plus tôt, il avait d'ailleurs été soupçonné d'avoir participé à des vols à main armée, sans que sa culpabilité puisse être confirmée avec certitude.

Ces renseignements ne suffisaient pas à faire de lui un véritable suspect. Il fallait enquêter à son sujet, identifier ses amis, procéder à des vérifications.

D'autres informations nous parvinrent après l'arrestation, le 14 mars, d'un homme de trente ans, employé à la SNCF, recherché par la PJ ajaccienne et les polices urbaines dans le cadre d'enquêtes sur des cambriolages et des attentats. Transféré en Corse, Gérard G. reconnut plusieurs vols par effraction, des agressions à main armée, ainsi que des attentats officiellement revendiqués par le FLNC. Le nommé G. n'avait pourtant rien d'un «politique». Il n'avait rien à voir non plus avec l'assassinat du coiffeur mais il admit avoir confectionné des engins explosifs, remis à un «ami», coauteur de plusieurs attentats. Or l'enquête nous apprit que l'ami en question n'était autre que Christian B., notre premier suspect! Les éléments réunis contre lui étaient désormais assez solides pour l'interroger.

Appréhendé le 15 mars, B. reconnut sa participation à des braquages (un supermarché, une agence bancaire...), ainsi qu'à des attentats revendiqués par le FLNC. Au moment de son arrestation, il avait sur lui le numéro de code attribué à un commerçant ajaccien victime d'une tentative d'extorsion de fonds.

Et l'affaire d'assassinat dans tout cela? B. admit que l'une des voix enregistrées était la sienne. Il raconta qu'à l'occasion d'une réunion du FLNC dans le maquis, il s'était vu confier la mission de faire payer l'«impôt» au coiffeur. On lui avait aussitôt donné le code d'identification de M. Schoch et ses divers numéros de téléphone. S'il revendiquait le rôle principal dans le racket, il refusait obstinément de dénoncer ses deux complices. Quant à la fameuse phrase «Je donne l'ordre de vous exécuter», il indiqua l'avoir prononcée sous l'emprise de la colère. À l'entendre, il n'était pas responsable de la fin tragique du coiffeur. Mieux, il désapprouvait cette exécution!

Dans les jours suivants, les arrestations se succédèrent. Il y eut d'abord celle de Marie-Lucie N., le 17 mars. Cette femme de trente ans, mère de trois enfants, apparaissait tantôt comme l'égérie, tantôt comme la victime de cette équipe. Bien que fort peu loquace, elle reconnut sa voix. C'est par amitié, à la demande d'une personne proche du FLNC, qu'elle avait participé à la tentative d'extorsion de fonds.

La troisième voix était celle d'un instituteur ajaccien de trente-trois ans, Jean-Yves A. Connu des services de renseignements pour avoir assisté à des conférences de presse du Front, il n'était jamais apparu dans des affaires de droit commun. De tous les membres de la bande, c'était sans doute le plus sincère, celui qui agissait pour la «cause» et non pour l'argent.

En fait, l'assassin n'était pas l'une de ces trois personnes mais un homme de vingt-huit ans, arrêté le 17 mars. René T., un type athlétique aux cheveux bruns et bouclés, était électricien de formation. Les inspecteurs découvrirent chez lui une dizaine de carabines de chasse, trois cents grammes de dynamite et deux revolvers. Il admit sa responsabilité dans plusieurs attentats revendiqués par le FLNC et afficha fièrement son appartenance à ce mouvement. Il avait d'ailleurs pris part à la «nuit bleue» du 20 août 1982, organisée par les séparatistes. Dans la soirée, à l'issue d'un long interrogatoire, il avoua être l'unique responsable de l'assassinat du coiffeur. Sans jamais montrer le moindre signe de remords, il déclara avoir braqué André Schoch au moment où celui-ci s'apprêtait à monter dans sa voiture. Sous la menace de son arme, il l'avait emmené sur la route d'Alata, où il l'avait abattu d'une décharge de chevrotines tirée à bout portant. Il avait ensuite épinglé sur sa veste le message AFFAIRE M. SCHOCH TERMINÉE, rédigé à l'avance. L'épingle, d'un modèle peu courant, provenait de la trousse à couture de sa mère.

René T. reprochait au coiffeur non seulement son refus de payer l'« impôt » mais il l'accusait aussi d'avoir tendu un piège aux hommes du FLNC, un an auparavant, lors de la remise de fonds manquée, dans le village d'Ucciani. Un point très important, dans cet interrogatoire, nous laissait sceptiques : il affirmait avoir agi seul, de son propre chef, sans en avoir reçu l'ordre du Front... Tous les membres de la bande, les trois hommes et la femme, se réclamaient pourtant du FLNC. À les entendre, ils étaient des « politiques », prêts à défendre leurs idées. Mais ce militantisme, réel pour l'instituteur, semblait moins évident pour ses complices, animés, à notre avis, par d'autres motivations. Faute de meilleurs arguments, c'est néanmoins la thèse qu'ils défendront, quelques mois plus tard, devant le tribunal correctionnel de Bastia[1].

Appartenaient-ils oui ou non au Front ? Il faut le croire, si l'on en juge par l'embarras du mouvement au moment de ce coup de filet. En arrêtant les racketteurs et l'assassin du coiffeur, nous venions de révéler, pour la première fois, la collusion du politique et du crapuleux au sein de la mouvance indépendantiste. De simples truands, liés à des nationalistes plus ou moins convaincus, avaient agi au nom du séparatisme, de la « corsitude ». L'idéal d'indépendance constituait un parapluie bien pratique pour les besogneux du banditisme. Ils trouvaient ainsi une légitimité à leurs exactions. Et aussi une explication de poids, au moment du procès.

1. T., B. et G. furent condamnés à sept ans d'emprisonnement pour leur participation à divers attentats. Dans l'affaire Schoch, B. et A. (l'instituteur) furent condamnés à cinq ans d'emprisonnement pour la tentative d'extorsion de fonds avec menaces. Marie-Lucie N., la femme de la bande, écopa de la même peine, assortie de deux ans et demi avec sursis. Enfin, pour l'assassinat, René T. fut condamné à vingt ans de réclusion criminelle par la cour d'assises de Paris.

Ce cas me semblait révélateur de l'évolution du FLNC : entre ceux qui prenaient prétexte de la «cause» et les «politiques» disposés à détourner à leur profit les sommes récoltées au nom du Front, il restait peu de place pour les «purs». Il y en avait. Mais de moins en moins...

Après les plasticages d'appartements de fonctionnaires, après les tentatives d'assassinat du vétérinaire Lafay et l'émotion suscitée par la mort d'André Schoch, l'image du FLNC venait en tout cas de subir un nouveau et cinglant revers. La direction du mouvement, soucieuse de n'endosser que des actions «nobles», eut beau tenter de se justifier, rédiger des communiqués alambiqués, fournir des informations contradictoires, et même accuser la police d'avoir «manipulé» certains truands : la crédibilité du Front était entamée.

Pressentant les dangers de ce dossier, la direction politico-militaire du mouvement diffusa, le 26 mars 1983, un communiqué sur la dérive mafieuse de certains compagnons de route : «Durant la trêve, des militants sincères au départ se sont laissé entraîner sur une pente dangereuse et inacceptable pour notre organisation... Ils ont ainsi permis à des amitiés douteuses d'espérer s'abriter sous le parapluie politique pour exercer des activités à des fins personnelles. Depuis avril 1982, une enquête au sein du mouvement a permis progressivement de les démasquer. C'est ainsi que peu à peu et jusqu'à fin octobre 1982, ils ont été les uns et les autres exclus de l'organisation.»

Cette affaire eut un retentissement considérable auprès de la population et des élus locaux. Ajoutée aux bons résultats obtenus depuis notre arrivée (quatre-vingt-quinze personnes mises à la disposition de la justice en janvier et février 1983), elle allait dans le sens voulu dès le mois de janvier. J'avais déclaré qu'en s'attaquant aux auteurs de crimes et délits sans chercher à connaître à l'avance leurs motivations nous serions amenés à pénétrer la mouvance séparatiste. Alors nous pourrions mettre en évidence la collusion des politiques et des truands. En appliquant la Loi, rien que la Loi, sans *a priori*.

La réussite du SRPJ constituait un formidable encouragement. Policiers et gendarmes avaient le sentiment que, avec le soutien d'une population enfin prête à rompre le silence, ils pourraient exercer leur métier dans des conditions normales. Cette satisfaction, renforcée par une large couverture médiatique, me paraissait cependant excessive. Nous n'étions sur l'île que depuis quelques semaines et ce séjour corse nous réservait d'autres épreuves...

VIII

De l'autre côté du miroir

Trois mois s'étaient écoulés depuis mon arrivée à Ajaccio. Il paraît qu'une fois franchi ce cap, tout continental doit être capable de livrer son verdict : soit il ne supporte pas le caractère des Corses et il baisse les bras ; soit, au contraire, il tombe sous le charme de l'île de Beauté, au risque de manquer d'objectivité. Pour ma part, j'estimais qu'un trimestre ne pouvait suffire à analyser les subtilités de l'âme insulaire. Progressivement, de rencontre en rencontre, je commençais seulement à me forger une opinion, sans tenir compte des habituels clichés.

Le Corse est avant tout un être secret, qui s'estime « différent », du fait même de ses origines. Dans son esprit, seuls ses compatriotes peuvent le comprendre, à la limite. Devant un interlocuteur non averti, il s'ingéniera à dresser un écran de fumée, à jouer son rôle d'insulaire ombrageux et fier. Il aura même tendance à en rajouter, à faire du cinéma. Cette attitude vise souvent à masquer une relative timidité, voire une forme de complexe, vis-à-vis de l'extérieur. Il ne faut surtout pas déchirer le voile trop brusquement. Au contraire, il importe d'entrer dans son jeu, mais en lui faisant deviner, de manière subtile, que l'on n'est pas dupe. Ne jamais oublier, non plus, son côté déroutant. Qu'il peut être à la fois traditionaliste et rebelle, courtois et mal élevé, d'un naturel sceptique et volontiers moqueur. Certes, il a le respect des institutions, mais il ne se laisse pas impressionner par la fonction ou le passé de son interlocuteur. Ici, les castes sociales n'existent pas, tout le monde connaît tout le monde et chacun a un médecin, un commissaire ou un diplomate dans sa famille. Il est donc inutile de faire état de ses expériences personnelles, car les Corses sont persuadés que, chez eux, rien n'est comme ailleurs. Ils se méfient de l'image, de la carte de visite ; ils jugent l'homme à ses actes.

On dit que les Corses et les continentaux ont du mal à communiquer. C'est effectivement le cas. Mais les torts sont partagés. Les Corses s'évertuent à brouiller les pistes, les continentaux s'en tiennent aux apparences. Pour ma part, j'aimais de plus en plus cette île, je commençais à me glisser de l'autre côté du miroir.

Grâce à l'intervention du maire d'Ajaccio, Charles Ornano, j'avais enfin obtenu un logement de fonction : une villa située sur la route des îles Sanguinaires.

La terrasse s'ouvrait sur le magnifique golfe d'Ajaccio et il n'y avait qu'une route à traverser pour accéder à la plage... que je ne fréquentais guère ! Un gardien marocain vivait avec sa famille dans un logement annexe. Nous avions très vite sympathisé. Mon arrivée avait pourtant entraîné d'importants changements dans leur vie puisque la villa était désormais protégée par des CRS !

En réalité, je ne rentrais à la maison que pour grignoter un morceau ou dormir. Le matin, je partais avant 8 heures. Le soir, je rejoignais mes collaborateurs afin d'organiser nos « plans hiboux » jusque vers 2 heures du matin. De temps en temps, j'invitais des amis, pour une soirée entre célibataires. Chacun d'entre nous avait sa spécialité. Commandon mijotait des plats de pâtes. Mancini, lui, prétendait faire de la soupe à l'oignon mais le résultat s'avérait pitoyable ! Pour ma part, j'étais devenu le spécialiste des châtaignes grillées ! Tout compte fait, sauf lorsque le cordon bleu Bernard Trenque se mettait aux fourneaux, mieux valait sortir les fromages, le lonzo et la coppa offerts par des paysans lors de nos visites dans les villages ! Des gendarmes, des magistrats et même le recteur d'académie venaient parfois se joindre à nous, ainsi que le directeur du Crédit Lyonnais, Daniel Parmigiani, dont l'agence d'Ajaccio avait été si souvent plastiquée qu'il finissait par connaître tous les policiers ! Je m'étais lié d'amitié avec lui.

Quand les poseurs de bombes avaient décidé de nous narguer, ces moments de détente étaient de courte durée. Ce fut le cas lors du week-end de Pâques, alors que nos épouses étaient venues nous rejoindre pour la première fois à Ajaccio. Peu après minuit, au moment où l'on débouchait une bouteille de champagne, les clandestins firent exploser une trentaine de charges dans le secteur ! D'une certaine manière, ces péripéties renforçaient les liens qui nous unissaient. L'une d'elles mérite d'ailleurs d'être racontée en détail tant elle me paraît significative de l'atmosphère de l'époque.

Je dînais avec Mancini dans notre pizzeria fétiche quand un gardien de la paix vint nous prévenir qu'une voiture suspecte avait été repérée près du restaurant. Les quatre jeunes qui se trouvaient à bord, trois garçons et une fille, semblaient attendre notre sortie. Plus tard, vers 2 heures du matin, alors que j'étais seul sur la route des Sanguinaires, j'aperçus de nouveau leur Simca blanche dans le rétroviseur. D'un geste de la main, je fis signe au conducteur de me dépasser puis de se garer sur le bas-côté, à hauteur du cimetière. La route était déserte. Je me dirigeai vers eux. Ils avaient une vingtaine d'années.

– Alors, les gars, qu'est-ce qui se passe ? Vous avez besoin d'un renseignement ? Vous n'arrêtez pas de me suivre...

– Il n'y a rien de grave, monsieur Broussard ! Tout le monde dit que vous n'êtes jamais armé... Alors, on a fait un pari entre nous, comme ça, pour savoir si c'était vrai !

– Eh bien, c'est vrai ! Tenez, regardez.

J'ouvris ma veste en montrant que je n'avais pas d'arme. Ils avaient l'air surpris. Mais c'était désormais à mon tour de poser des questions, sur un ton mi-sérieux, mi-amusé.

– Bon, à vous maintenant, qui êtes-vous ? Je suppose qu'il n'y a rien de caché sous les sièges ou dans le coffre ?

– Pas de problème, on est en règle !

– On va voir ça ensemble. Vous connaissez la route du commissariat ? Je vous suis. D'accord ?

Ils étaient pris à leur propre jeu, obligés de m'obéir pour ne pas perdre la face.

La fouille de la voiture ne donna rien. Eux non plus n'étaient pas armés. Tandis qu'un gardien de la paix effectuait des recherches au fichier, un brigadier vint m'expliquer que ce comportement provocateur ne pouvait, en aucun cas, être celui de jeunes Corses.

– Je vous le dis, monsieur le préfet, ce sont des Sardes !

Le gardien chargé de vérifier les identités nous annonça discrètement qu'ils étaient originaires de la plaine de Péri (Corse-du-Sud) et qu'ils avaient probablement des liens avec la mouvance nationaliste.

– Ça ne m'étonne pas ! s'exclama le brigadier, et je parie que ce sont des Sardes ?

– Euh, non, chef... ce sont des Corses !

– Regarde bien, ce doit être de faux papiers !

Le lendemain, tout Ajaccio était au courant de cette histoire. C'était ça, la Corse : un jeu d'honneur et de fierté, lourd de sous-entendus, de messages à décrypter. La population était sensible à notre comportement, elle commentait tous nos faits et gestes. Je ne pouvais discuter avec un commerçant, assister à un match du Gazelec d'Ajaccio, prendre un verre à la terrasse d'une brasserie sans que la ville le sache...

J'avais pris mes habitudes à Ajaccio, j'appréciais ce rythme de vie. La Corse n'était tout de même pas en état de guerre et l'extrême tension des premiers jours s'était nettement atténuée. Nos relations avec certains nationalistes modérés, que nous croisions sur le cours Napoléon ou ailleurs, avaient évolué. Une forme de respect s'était instaurée avec les plus tolérants d'entre eux. Certes, ils nous considéraient d'abord comme des adversaires, mais ils sentaient bien que nous aimions profondément cette île, que nous cherchions à en découvrir la culture, les traditions, jusque dans les villages les plus reculés.

Je me souviens d'un dimanche après-midi passé dans une bergerie de montagne... Quelques jours auparavant, une bonne dizaine de bergers avaient envahi les appartements privés du préfet pour protester contre des stages d'initiation à la traite des brebis alors qu'ils avaient presque tous une longue pratique professionnelle ! Plutôt que d'utiliser la force, j'avais choisi d'aller à la rencontre de ces montagnards. L'un d'eux, un autonomiste ouvert au dialogue, m'avait proposé de venir sur son « lieu de travail » pour comprendre sa vie. L'incident s'était conclu sur cette invitation, dans la rigolade et les plaisanteries. Comme promis, je me rendis dans cette bergerie le dimanche suivant. Trois générations étaient représentées : le grand-père, attaché à la « mère patrie » française, me parla des traditions, des coutumes ancestrales ; son fils autonomiste (le berger) s'inquiéta pour le devenir de ce patrimoine socioculturel ; le petit-fils, d'un chauvinisme excessif, admit du bout des lèvres le côté utopique de ses idées nationalistes. Des discussions comme celles-là s'avéraient bien plus instructives que la lecture des dossiers...

Chaque affaire judiciaire enrichissait aussi nos connaissances sur la Corse, son évolution, ses valeurs. C'est ainsi qu'une prise d'otages, à Calvi, fin mars 1983, allait nous montrer l'influence des femmes dans la société insulaire.

Le braquage d'un supermarché avait mal tourné. Deux truands s'étaient retranchés dans une habitation du bord de mer. Après d'âpres négociations, ils avaient fini par relâcher leurs trois otages mais refusaient de se rendre. Arrivé en renfort avec le GIGN, le capitaine Barril espérait diriger notre dispositif mais je connaissais trop ses méthodes pour le laisser faire son numéro. En fait, la personne qui a joué un rôle décisif dans cette histoire ne fut ni un gendarme ni un policier mais la grand-mère d'un truand, une authentique mémé corse !

Le père n'ayant pu lui faire entendre raison, pas plus que le maire et le curé du village, il fallut l'intervention, au téléphone, de cette vieille dame tout de noir vêtue pour débloquer la situation :

– Monsieur Broussard va aller vous chercher et qu'il ne lui arrive rien ! lança-t-elle à son petit-fils.

– Non, Mina, on ne se laissera pas faire, on ne veut pas aller en prison !

– C'est ce qu'on va voir, je vais aller avec lui et tu me tireras dessus, petit con!

La mémé nous accompagna, Mancini et moi, jusque sur le pas de la porte. Elle finit par obtenir la sortie du «petit» et de son complice!

Après cette affaire, des amis corses me firent remarquer combien la société avait changé : l'autorité du père n'était plus ce qu'elle était. En revanche, la femme jouait encore un rôle important. Même si elle devait rester discrète, c'était bien elle qui, de l'intérieur, dirigeait la famille et prenait les décisions importantes. Quant à l'influence des vieilles dames, elle demeurait intacte...

Notre stratégie continuait à porter ses fruits. Le nombre d'attentats avait chuté de cinquante pour cent et celui des actes de délinquance de trente pour cent. Des commandos avaient été démantelés, des caches d'armes découvertes, des plastiqueurs arrêtés en flagrant délit. Les imbrications truands-terroristes choquaient de plus en plus les militants sincères. Des dissensions apparaissaient entre les partisans de la solution politique – fondée sur une reconnaissance du peuple corse – et les maximalistes, prêts à intensifier la lutte armée.

Même si ces querelles constituaient des signes encourageants, il ne fallait pas se leurrer quant à la détermination des plus intransigeants. L'enquête sur l'assassinat du coiffeur nous avait montré à quel point il était possible de manipuler les esprits grâce à certains médias. Une autre affaire allait bientôt nous confirmer l'existence d'une véritable stratégie de propagande. Sur ce point, le malaise corse était beaucoup plus profond que je ne l'imaginais auparavant.

Le début de cette affaire remontait en fait à l'hiver 1982, un an avant mon arrivée.

Le 11 février 1982, en début de soirée, deux légionnaires du camp de Sorbo-Ocagnano regardent la télévision en salle de repos lorsqu'ils aperçoivent, sur la terrasse, un commando du FLNC. L'un des légionnaires sera abattu d'une rafale de mitraillette tirée à bout portant. L'autre, laissé pour mort, survivra à ses blessures. En marge de cette fusillade, la nuit sera marquée par d'autres actions : l'agression d'un adjudant-chef de l'armée de l'air, blessé par balles à son domicile de Ventisari; vingt-quatre attentats en différents endroits de l'île. Des opérations revendiquées par le FLNC.

L'enquête sur l'attaque des légionnaires, relancée un an plus tard par les hommes de Mancini, permit de recueillir des témoignages fiables et, par divers recoupements, d'identifier des suspects. Ainsi, les 22 et 23 mars 1983, trois personnes furent arrêtées : un militant de l'UPC (Union du peuple corse) qui avait fourni la camionnette au commando, et surtout deux autres hommes, Charles Pieri et Félix Tomasi, directement impliqués, selon nous, dans l'opération. Pieri, âgé de trente-trois ans, employé à l'office HLM de Bastia, était secrétaire départemental du syndicat Interco de la CFDT. Il figurait en quatorzième position sur la liste d'Edmond Simeoni aux élections municipales de 1983 à Bastia. Il reconnut avoir pris part à l'attaque du camp mais uniquement en tant que chauffeur et guetteur. Son ami Tomasi, trente et un ans, comptable de profession, était le trésorier de la Consulte des comités nationalistes (CCN, façade légale du FLNC), à Bastia. Il nia toute responsabilité dans cette opération.

À nos yeux, cette affaire prouvait que le FLNC était bel et bien présent au sein d'organisations légales comme la CCN et que certains de ses membres étaient prêts à franchir une étape supplémentaire dans l'escalade de la violence.

Pour ne pas paraître affaiblis, le FLNC et ses sympathisants décidèrent de placer immédiatement le débat sur le terrain des droits de l'homme. Tomasi et Pieri prétendirent avoir été frappés par les policiers au cours des interrogatoires. Une association de soutien aux détenus « politiques » parla de « sévices intolérables » : « Pieri a été frappé au visage et au corps, Tomasi a été totalement dévêtu de force, roué de coups, mis à terre, frappé au visage et au corps. » Il était également fait mention de coups de poing et de pied, de manchettes, de coups de tête contre le mur pendant près de quarante heures, et d'une dent cassée pour Tomasi. Détail essentiel : cette association, A

Riposta, était proche des milieux nationalistes (CCN). Le juge d'instruction, outré par ces accusations, proposa à une équipe de FR3 régionale de filmer les inculpés dans son cabinet pour que les journalistes constatent eux-mêmes leur état de santé. Dans un premier temps, les journalistes refusèrent de venir. Mais comme le juge insista, ils acceptèrent enfin et firent plusieurs gros plans. Malheureusement, les images ne furent jamais diffusées, FR3 jugeant la cassette inutilisable ! Et, les jours passants, les journalistes concernés estimèrent que l'affaire avait perdu de son intérêt...

Devant une si grave mise en cause, la justice se devait de réagir. Le procureur général près la cour d'appel de Bastia remit un communiqué aux médias :

« La durée de ces gardes à vue n'appelle de ma part aucune remarque particulière. Les temps de repos ont été régulièrement respectés et seuls les examens médicaux au moment de la prolongation de garde à vue de Pieri et Tomasi doivent être évoqués, M. [le troisième inculpé] ayant refusé l'intervention d'un médecin. Les deux hommes ont été examinés le 24 mars à 11 heures et, pour les deux, le praticien a porté sur son certificat que la garde à vue pouvait se poursuivre. Le 25 mars 1983, Charles Pieri et Félix Tomasi ont comparu devant le juge d'instruction qui leur a notifié leur inculpation et les a invités à s'expliquer s'ils le désiraient. Ils ont allégué des violences policières. Placés sous mandat de dépôt le 25 mars, Pieri et Tomasi ont été, dès leur arrivée à la maison d'arrêt de Bastia, examinés par le médecin de la prison. À son tour, le juge d'instruction a fait procéder, le 26 mars, soit le lendemain de leur incarcération, à un examen des deux inculpés par un expert. De tous les éléments médicaux versés au dossier [...], il résulte formellement qu'il n'a jamais été constaté par aucun praticien de sévices graves ni de tortures. Indépendamment de cette procédure, une information judiciaire a été ouverte le 28 mars 1983 du chef de dénonciation calomnieuse à la suite des deux télégrammes adressés le 26 mars aux ministres de l'Intérieur et de la Justice, et dénonçant des brutalités policières. »

Diverses expertises médicales, diligentées dans le cadre des poursuites engagées par Tomasi, conclurent à une «véritable inadéquation» entre les violences évoquées et le «caractère minime des traumatismes» effectivement constatés. Mais les séparatistes avaient décidé d'aller plus loin : les enquêteurs et leur hiérarchie firent bientôt l'objet de menaces physiques. Pour ma part, je passais pour le donneur d'ordre du soi-disant «passage à tabac»! Au-delà, c'est l'État français dans son ensemble qui se retrouvait accusé de tortures et de «déportation» (!) des «prisonniers politiques»! Tout cela pour masquer les déboires du FLNC, ses luttes intestines, ses accointances avec le banditisme. L'ensemble de cette campagne abjecte eut pour effet de ressouder les troupes nationalistes autour d'un même objectif.

Félix Tomasi se montra particulièrement pugnace. Des années durant, il continua son combat afin d'obtenir gain de cause. Estimant qu'il n'y avait pas de quoi engager des poursuites contre les policiers, le juge d'instruction rendit une ordonnance de non-lieu en 1987. Ordonnance confirmée par la cour d'appel de Bordeaux en 1988. La Cour de cassation, saisie à son tour, rejeta le pourvoi de Tomasi en 1989. Pour tous ces magistrats, il n'y avait pas eu de «tortures».

Après avoir épuisé toutes les voies de recours, Félix Tomasi se tournera vers la Commission européenne des droits de l'homme. Et celle-ci, à contre-courant de la justice française, lui donnera raison! Le 27 août 1992, la France sera condamnée à verser un million de francs au plaignant pour la durée excessive de sa détention provisoire et les «mauvais traitements» subis lors de sa garde à vue. Je n'ai pas l'intention de polémiquer sur ce dernier point. Je me demande simplement comment la Commission a pu émettre un avis contredisant les certificats médicaux et si radicalement opposé à celui des juridictions françaises!

En marge de cette procédure engagée par Tomasi, l'affaire de Sorbo-Ocagnano connut son épilogue judiciaire à l'automne 1988[1], devant la cour d'assises de la Gironde «spécialement

1. À cette époque, je n'étais plus en Corse.

composée», c'est-à-dire ne comportant que des magistrats professionnels. Quelles que soient les accusations portées contre la police, Tomasi et son ami Pieri devaient en effet répondre de l'agression des légionnaires. N'oublions pas qu'ils étaient accusés d'assassinat !

L'audience s'ouvrit dans un climat détestable. Les dizaines de nationalistes présents au palais n'étaient pas là uniquement par solidarité avec deux «frères» : ils entendaient afficher leur haine anti-française. La diffusion d'un communiqué du FLNC avait donné le ton des débats à venir : «Nous attendons une volonté politique et non de simples discours [...]. Nous pourrons en juger dans le courant de ce mois, lors du verdict du procès de Bordeaux. La teneur de ce verdict politique démontrera, dans les faits et non dans les discours, si cette volonté est réelle ou illusoire.» Ces pressions sur la justice confirmaient à la fois l'importance accordée aux accusés et les tractations en cours avec le pouvoir politique.

Malgré les graves mises en cause et les menaces physiques proférées contre moi à l'époque, je ne fus pas cité comme témoin, pas plus que Mancini, responsable de l'enquête. Le ministre de l'Intérieur, Pierre Joxe, m'avait expliqué sèchement que notre présence serait de nature à «troubler les débats et l'ordre public»! Côté policier, le commissaire Dormier et ses inspecteurs furent donc les seuls à témoigner. Face à eux, dans le box, les trois hommes clamaient leur innocence.

Pieri nia tout en bloc. En 1983, au moment de son arrestation, il avait pourtant admis sa présence à Sorbo-Ocagnano en tant que chauffeur et guetteur! «On m'a forcé à signer un document rédigé par un quarteron d'inspecteurs!» affirma-t-il pour expliquer ses «aveux». Tomasi, lui, ne changea pas de défense : «non coupable»! Le troisième, qui avait reconnu devant les enquêteurs et le juge avoir prêté son fourgon et une arme à Pieri, ne se souvenait plus de rien[1].

Au terme de son réquisitoire, l'avocat général réclama une peine de dix ans de réclusion criminelle à l'encontre des deux

1. Cet individu, qui avait reconnu sa complicité devant les enquêteurs, sera abattu peu de temps après sa sortie de prison.

principaux accusés, Tomasi et Pieri[1]. Ils furent acquittés. «Acquittement de circonstance», titra *Le Figaro*... Ce verdict fut salué comme un triomphe par le camp nationaliste. Quelques jours plus tard, Tomasi déclara : «Je souhaite que le dialogue amorcé cet été puisse se poursuivre le plus loin possible...» On ne pouvait être plus clair sur les négociations menées en coulisse par le pouvoir socialiste! Mais les plastiqueurs n'en restèrent pas là : les maisons de deux des témoins policiers furent la cible d'attentats. Quant à mon ami Roger Dormier, décédé peu après, je peux rapporter ici combien ces différents événements l'avaient profondément affecté.

1. Pieri, qui s'était évadé en janvier 1984 de la prison de Bastia après une nouvelle condamnation, avait été repris, en juin 1987, en possession de plusieurs armes. Grièvement blessé lors de l'explosion de sa voiture, en 1996, à Bastia, il a continué de faire carrière, tant dans les affaires que dans le nationalisme, au risque de mélanger les deux. En mai 2005, le tribunal correctionnel de Paris l'a condamné à dix ans d'emprisonnement pour abus de biens sociaux, recel, complicités, extorsion de fonds en relation avec une entreprise terroriste, association de malfaiteurs en vue de commettre des actes de terrorisme et financement d'une entreprise terroriste. Considéré par l'accusation comme l'un des principaux responsables de l'organisation FLNC-Union des combattants, il est apparu, selon le journal *Le Monde*, comme le symbole des dérives mafieuses de certains nationalistes. Il a interjeté appel de ce jugement.

IX

Quand la « cellule » s'invite en Corse

Nos succès des premiers mois de 1983 eurent d'importantes retombées médiatiques. *Libération* – qui ne pouvait pourtant pas être taxé de complaisance à mon égard – évoqua un « mythe naissant de Broussard superstar » et, plus important, dénonça le « dérapage des clandestins corses » dans l'affaire Schoch. Une agence de presse diffusa même la dépêche suivante : « Broussard a démystifié le FLNC en démontrant ses liens avec le milieu. Il a réussi à isoler les indépendantistes. Le problème corse est réglé, pour le moins en bonne voie de règlement. »

Comment pouvait-on écrire une chose pareille ? Ces félicitations publiques donnaient le sentiment que tout était terminé, que l'on pouvait relâcher la pression. Bien évidemment, c'était faux. Les efforts entrepris devaient s'inscrire dans la durée. En outre, le travail des policiers et des gendarmes ne servirait à rien s'il ne s'accompagnait pas d'un véritable plan de développement pour l'île. Il fallait engager une réflexion sur son avenir, imaginer des mesures politiques, économiques, sociales, culturelles.

J'étais bien naïf en croyant que mes appels à la modération seraient entendus. Les cocoricos du pouvoir se faisaient de plus en plus sonores. J'en venais même à éprouver la sensation de ne plus rien maîtriser, en dehors des services placés sous mon contrôle. À cette sensation s'ajoutait un malaise plus concret, lié aux manœuvres orchestrées à mon insu par divers émissaires venus de Paris. Des intermédiaires politiques, des membres de cabinets ministériels, des enquêteurs parisiens des RG..., toutes sortes de personnes venaient « clandestinement » en Corse pour s'informer ou négocier je ne sais quoi. Bien entendu, il y avait aussi l'inévitable cellule de l'Élysée et ses amis du GIGN !

En acceptant cette mission avec l'appui des plus hautes autorités de l'État, j'avais cru m'éloigner de ce cabinet noir. Je me trompais. Dans la foulée de l'affaire des Irlandais de Vincennes, ces messieurs s'inventaient déjà d'autres « guéguerres ».

La première alerte remontait à la fin du mois de février, soit quelques semaines après mon installation. Barril était venu secrètement sur l'île afin de négocier, paraît-il, une trêve des attentats avec l'un des leaders nationalistes, Alain Orsoni ! J'avais aussitôt demandé des explications au ministère de l'Intérieur, et obtenu une réponse embarrassée : certes, le capitaine était sans doute allé au-delà des consignes, mais il avait bel et bien été chargé de nouer des contacts avec ceux qu'il appelait les nationalistes « honnêtes ».

Persuadé de détenir la clé du problème corse, affirmant agir au nom de la présidence, Barril avançait en roue libre. En traitant directement avec Alain Orsoni, il se prenait pour le James Bond de la République ! Quand on connaît la ruse des deux hommes, on peut se demander lequel des deux manipulait l'autre... L'une de leurs rencontres, rapportée avec force détails par *Le Canard enchaîné*, avait eu lieu à Paris, dans la ligne de mire des téléobjectifs des RG ! Sa date ? Le 12 janvier, soit une semaine après la dissolution du FLNC ! En d'autres termes, un « représentant » de l'État négociait avec un chef nationaliste quelques jours après le Conseil des ministres décisif !

Paul Barril semblait prêt à tout pour convaincre Orsoni de sa bonne volonté, même à faire le voyage en Corse – aux frais de la République (avion spécial) – afin de régler à son avantage une histoire de détention d'armes ! Une intervention d'ailleurs jugée intempestive par les gendarmes locaux, effarés de découvrir les méthodes de l'officier parisien... Malgré tout, Barril était bien mal récompensé de ses efforts : il n'avait toujours pas de réponse à ses propositions de trêve ! Quant aux nationalistes, ils devenaient sceptiques, à force d'attendre le «signe» de la présidence promis par le militaire... Ils se demandaient s'il avait autant d'influence qu'il le prétendait.

Par la suite, j'avais eu vent d'autres visites du capitaine, accompagné cette fois de Charles Pellegrini, l'ancien patron de l'Office central de répression du banditisme (OCRB), désormais chargé des relations entre la cellule et la DGSE. Que venaient-ils faire en Corse? Mystère. À chaque fois, je réagissais auprès de Joseph Franceschi, lequel me répondait qu'il s'agissait sans doute de préparer la venue sur l'île de François Mitterrand, annoncée pour le mois de juin... Mais Franceschi lui-même, pourtant considéré comme un proche du Président, ne savait pas tout ce qui se tramait au sein de la cellule! Gaston Defferre, fidèle parmi les fidèles, devait être dans la même situation. La cellule échappait à tout contrôle; c'était une garde prétorienne au service exclusif de la présidence.

Tout cela n'était cependant qu'un avant-goût des épisodes suivants. Nous allions passer du roman noir à la bouffonnerie!

À chacun de ses séjours, Paul Barril faisait preuve d'une imagination débordante. À l'entendre, toutes les péripéties de la vie insulaire étaient liées au terrorisme. Un paquet de cigarettes hongroises avait été ramassé sur une plage de Balagne? Aucun doute : des agents du KGB venaient de débarquer! L'enquête prouvera en fait que des légionnaires avaient procédé à une manœuvre dans le secteur et qu'il y avait, parmi eux, des fumeurs hongrois... Rien à voir, donc, avec le KGB! Un cargo s'était échoué au large de Porto-Vecchio? Pas de doute non plus : il devait transporter une cargaison d'armes! Vérifications faites, il s'agissait de cartons de cigarettes à destination de l'Italie! Quand ce n'était pas le KGB, Barril et ses amis voyaient partout l'ombre du Libyen Khadafi [1]...

Dans son livre *Guerres secrètes à l'Élysée* [2], le capitaine raconte brièvement ses «missions» sur l'île. Comme d'habitude, il s'attribue le rôle du justicier masqué : «Charles Pellegrini et moi

1. Lire à ce sujet le livre d'Edwy Plenel, *Les Mots volés*, Stock, 1997.
2. Capitaine Paul Barril, *Guerres secrètes à l'Élysée*, Albin Michel, 1996.

avons mobilisé nos hommes des nuits entières, invisibles et muets, à filmer avec nos appareils de vision nocturne les rendez-vous des “clandestins”, dans les environs de Porto-Vecchio. Ils ont fouillé les eaux glauques de plusieurs ports, piégé des caches, et “désossé” petit à petit l'organigramme des commandos de choc du FLNC, finalement peu nombreux à l'époque[1].» Ces quelques lignes, que l'on jurerait extraites d'un *SAS*, ont au moins un mérite inédit : celui d'amuser aussi bien les membres du FLNC que les policiers!

L'épisode suivant me concerne d'un peu plus près. Au mois de mars 1983, un parlementaire local me demanda si j'accepterais d'avoir un entretien privé avec Jacques Chirac qui souhaitait se faire une idée de la situation réelle de l'île. Cette démarche me semblait tout à fait légitime de la part d'un ancien Premier ministre. Pour éviter tout malentendu, M. Chirac demanda expressément que j'obtienne l'autorisation du ministre de l'Intérieur, le socialiste Gaston Defferre. Celui-ci donna aussitôt son accord.

La rencontre eut lieu dans un hôtel des environs d'Ajaccio. Au cours de cette longue discussion, le futur président de la République me posa des questions très concrètes, abordant tous les aspects du problème. Je ne me doutais pas encore des conséquences de notre entrevue.

Quelques semaines plus tard, la presse s'en fit d'abord l'écho. Mais l'incident devint une «affaire» à la suite de la diffusion par Europe 1 de ce qui fut présenté comme «un long résumé des propos privés échangés entre Jacques Chirac et Robert Broussard». L'entretien aurait été enregistré à notre insu, bien entendu, par les supergendarmes de l'Élysée! Aux journées parlementaires du RPR, en Avignon, Bernard Pons, secrétaire général du mouvement gaulliste, apostropha le gouvernement en lui

1. En parlant de la «fouille des eaux glauques», Barril fait sans doute allusion à la découverte, par ses plongeurs, de deux kalachnikovs dans le port de Saint-Florent. Une trouvaille qui restera bien mystérieuse dans la mesure où le bassin avait été inspecté la veille, par les plongeurs de la marine nationale, ce qu'ignorait le capitaine.

demandant s'il était vrai que le commissaire Broussard avait été placé sous surveillance après sa rencontre avec Jacques Chirac! Certains parlementaires du PS me reprochèrent quant à eux d'avoir rencontré l'ancien Premier ministre! C'était tout juste si je ne passais pas pour un traître à la «cause» socialiste! Plutôt que de s'exciter de la sorte, ils devaient comprendre trois choses :

– Je ne représentais pas un parti en Corse, mais la police nationale. J'avais le titre de «commissaire de la République» et non celui de «commissaire politique».

– J'estimais normal de m'entretenir avec un ancien Premier ministre, maire de la capitale.

– J'avais sollicité et obtenu l'accord du ministre de l'Intérieur, Gaston Defferre. Franceschi était également au courant.

Devant les proportions prises par la polémique, je dus leur demander de réagir publiquement. Tous deux confirmèrent avoir donné leur assentiment à cette rencontre. Mais il me restait à connaître le rôle exact de la cellule dans cette affaire. En menant mon enquête, je découvris que la présidence avait été alertée par la cellule! La fine équipe avait pris l'initiative (?) de se renseigner sur ma vie privée et de me surveiller comme un vulgaire malfrat! Une surveillance dont j'ignorais encore l'ampleur : des années plus tard, j'appris que j'avais fait l'objet, ponctuellement, d'écoutes téléphoniques...

Avec le recul, ces méthodes apparaissent grotesques et révoltantes, mais c'étaient bien celles des gendarmes du Président. On le sait aujourd'hui : celui-ci donnait personnellement son accord en vue de certains «branchements». À l'époque, toutefois, rares étaient les personnes qui avaient connaissance de cette espionite aiguë. Moi-même, je n'imaginais pas une seconde que François Mitterrand puisse couvrir de telles bassesses, dignes d'une république bananière. La cellule, sa cellule, prenait un plaisir cynique à épier, à dénoncer, à espionner. Avec son accord ou pas, elle jouait à se faire peur, à intriguer.

La visite de François Mitterrand en Corse, les 13 et 14 juin 1983, connut un franc succès, inimaginable quelques mois plus tôt. Le séjour se déroula dans le calme, à l'exception d'une petite manifestation nationaliste devant la mairie de Bastia. En fait, le FLNC avait décrété une trêve d'une semaine. Entendait-il démontrer ainsi la discipline de ses troupes? Cette trêve n'arrivait-elle pas à point nommé pour redorer une image sérieusement malmenée? Ou devions-nous y voir le résultat de « négociations » secrètes? Une rumeur commençait à circuler : on racontait que le mouvement avait empoché un million de francs pour renoncer temporairement aux actions violentes. Un million offert par Paris – sans que j'en sois informé – pour « acheter » la tranquillité du voyage! Nous aurons l'occasion de revenir sur cette affaire...

Au cours du séjour de François Mitterrand, de nouvelles turpitudes de la cellule me furent rapportées, notamment à propos d'un important dispositif de surveillance, mis en place sur l'île d'Elbe afin de neutraliser le prétendu « poste de commandement » du FLNC! Et puis il y eut l'épisode du mystérieux hélicoptère blanc, sans immatriculation, signalé en différents endroits de l'île. Pour quelles raisons les hommes de Prouteau utilisaient-ils cet appareil? « Top secret ». Ces gens-là étaient décidément d'une discrétion absolue! Discrets mais peu efficaces. La cellule n'a jamais obtenu le moindre résultat en Corse : pas une seule arrestation, pas le moindre renseignement fiable, elle n'a fourni aucun soutien logistique dans des opérations à risques... En revanche, Barril ne manqua jamais une occasion de critiquer mon action, y compris dans la presse...

La situation devenait si délirante que je demandai, une bonne fois pour toutes, des éclaircissements sur un certain nombre de points. De deux choses l'une : ou bien le gouvernement avait confiance en moi et on arrêtait de me mettre des bâtons dans les roues; ou bien il avait choisi une autre stratégie, plus souterraine, que je ne pouvais accepter. Il en allait de ma crédibilité. Je ne pouvais pas répondre aux insinuations qui commençaient à filtrer dans la presse sur les « contacts » ou « négociations » en cours entre le pouvoir et les clandestins. J'exigeais une mise au point du ministère.

J'obtins un rendez-vous avec Joseph Franceschi le lundi 20 juin à Paris. Il m'assura que des instructions seraient données pour mettre fin aux agissements de la cellule. Le lendemain matin, je me présentai dans le bureau de Gaston Defferre, qui prit les mêmes engagements. En fait, l'un et l'autre étaient très gênés pour me fournir des explications plausibles. Et pour cause : ils n'en avaient aucune ! Les ordres venaient de l'Élysée.

En sortant du bureau de Defferre, je fis un détour par la Direction générale de la police, afin de régler quelques problèmes d'intendance avant de reprendre l'avion pour Ajaccio. L'information que j'appris alors m'inquiéta au plus haut point : on était sans nouvelles depuis quatre jours de Guy Orsoni, le jeune frère d'Alain. Une autre affaire, la plus compliquée de toutes, venait de commencer.

X

L'affaire Orsoni

Le mardi 21 juin 1983, Ange Mancini et mon adjoint Pierre Quilici m'attendaient à l'aéroport d'Ajaccio. Sur le chemin de la préfecture, ils m'expliquèrent les raisons de la venue au commissariat, la nuit précédente, d'Alain Orsoni et de son oncle Roger. Les deux hommes cherchaient Guy, le jeune frère d'Alain. Comme il n'avait plus donné signe de vie depuis le vendredi après-midi, ils pensaient qu'il avait peut-être été interpellé. Ce n'était pas le cas. Visiblement inquiet, Alain avait alors fourni une indication importante : dans les jours précédant la disparition, une Citroën Visa rouge les avait suivis à plusieurs reprises, sans qu'ils puissent toutefois identifier les passagers.

Mancini disposait d'un début de piste, tout au moins d'un axe de recherche. Une équipe de truands, surveillée par le SRPJ, s'agitait étrangement depuis quelques jours. Mieux : les conversations téléphoniques interceptées ce mardi trahissaient leur intérêt pour une mystérieuse « disparition » ! Savaient-ils où se trouvait le jeune nationaliste ? Certains de ces malfaiteurs ne se déplaçaient-ils pas, justement, en Visa rouge ?

L'équipe en question, surnommée la « bande du Valinco », bénéficiait d'une solide réputation dans le milieu. Elle régnait sur le sud de l'île, un secteur baptisé le « triangle des Bermudes » tant les disparitions inexpliquées et les « flingages » étaient fréquents. En l'espace de six ans, on y avait dénombré une douzaine d'assassinats et deux tentatives ! Les têtes d'affiche locales étaient Jean-Marc Leccia et Jean Alfonsi, dit « Jeannot le Long ». Cet homme d'une soixantaine d'années passait pour être le « parrain » de Propriano. L'un de ses lieutenants, Paul Andréani, était suspecté d'avoir commis un braquage dans une banque d'Ajaccio. C'est d'ailleurs la raison pour laquelle le juge d'instruction avait autorisé la mise sur écoutes d'un couple ajaccien chez lequel il se rendait fréquemment.

Au cours de leurs filatures, les hommes du SRPJ avaient vu Andréani avec deux autres personnes, dont un Sarde. Ils étaient persuadés d'avoir affaire à une équipe chevronnée, sur le point de commettre un nouveau hold-up. Un soupçon renforcé par l'interception, mercredi 15 juin, d'une conversation téléphonique pour le moins édifiante : « Prépare-moi la perruque et un gros pull, je vais passer la nuit dehors ! » avait lancé Andréani à son amie. Le vendredi 17, en tout début de matinée, les truands avaient même procédé à des repérages d'agences bancaires à Mezzavia ! Malheureusement, les policiers s'étaient sentis repérés. Ils avaient dû alléger leurs filatures, tout en maintenant des surveillances statiques.

Pourquoi ces braqueurs parlaient-ils désormais d'une « disparition » ? En découvrant le contenu des écoutes téléphoniques, Ange Mancini avait aussitôt pensé à Guy Orsoni. Un autre indice l'orientait dans ce sens : les hommes du Valinco semblaient maintenant chercher le propriétaire d'une Jeep noire. Or il se trouve que l'oncle Orsoni possédait un tel véhicule et le prêtait parfois à son neveu Alain ! Mancini s'empressa d'alerter ce dernier, qu'il connaissait depuis quelques années :

– J'ai besoin de te voir d'urgence, lui annonça-t-il.

– Je suis à Porto-Vecchio, répondit le leader nationaliste, je vais remonter sur Bastia, rencontrer des amis susceptibles d'avoir des nouvelles de Guy.

– Non, c'est très urgent, viens tout de suite. Tu changes de voiture, je te dirai pourquoi.

Nous en étions là, ce mardi soir, à mon retour de Paris. Alain et l'oncle Roger devaient revenir au commissariat vers 21 heures. Contrairement à Mancini, je n'avais jamais rencontré Alain Orsoni. À l'époque, cet homme réputé intelligent et rusé appartenait à la commission exécutive de la CCN, la façade légale du FLNC. L'oncle, en revanche, ne m'était pas totalement inconnu. Je l'avais croisé du temps de l'antigang. À ma connaissance, mais je pouvais me tromper, il avait davantage de relations avec le milieu qu'avec la branche politique du FLNC...

Alain nous précisa son emploi du temps du vendredi 17 juin. Ce jour-là, il se trouvait à Sartène, avec Guy. Vers 16 heures, ils s'étaient séparés sur le parking du couvent Saint-Damien. Il était rentré directement à Ajaccio tandis que son frère avait emprunté la Mercedes bleue de l'oncle pour aller à Porto-Vecchio, chez un autre membre de la famille. C'est à ce moment-là, quelque part entre Sartène et Porto-Vecchio, qu'il avait disparu. Alain Orsoni confirma aussi ses premières déclarations sur la présence insistante d'une Visa rouge. Il précisa que le vendredi matin Guy avait une fois encore été « filé » par cette voiture et l'avait semée à Petreto-Bicchisano. Dans les premiers jours, ils avaient l'un et l'autre pensé à des surveillances policières en prévision du voyage présidentiel des 13 et 14 juin. Mais cette hypothèse ne tenait plus puisque le séjour de François Mitterrand en Corse était désormais passé. Il fallait donc chercher une autre explication.

Avec beaucoup de véhémence, voire d'agressivité, l'oncle Roger avança sa propre version des faits : selon lui, son neveu avait été victime d'un assassinat politique commis par des hommes de main, des barbouzes à la solde de l'État français ! Il était catégorique. Presque trop. Il semblait tout faire pour nous aiguiller dans cette voie, à l'exclusion de toute autre. Disposait-il d'informations que nous n'avions pas ? Mancini se garda bien de dévoiler ses soupçons sur les truands du Valinco. Nous avions la sensation – pas la certitude – que Roger Orsoni savait quelque chose mais qu'il essayait de brouiller les cartes. Son insistance à dénoncer – sans preuve – un assassinat politique nous intriguait. N'y avait-il pas, derrière tout cela, un autre motif, peut-être plus banal ? N'était-ce pas lui, l'oncle Roger, propriétaire de la Mercedes et de la Jeep noire, qui était visé ?

Avant de sortir du bureau, je promis aux deux hommes que tout serait mis en œuvre pour établir la vérité. Je le voulais sincèrement : il n'était pas question de négliger cette enquête au prétexte qu'elle concernait un nationaliste.

L'affaire s'annonçait néanmoins épineuse. Compte tenu de la personnalité de ce militant de vingt-quatre ans, membre du FLNC et de la CCN, nul doute que l'émotion serait considérable. Une semaine après le voyage présidentiel, en période d'accalmie apparente, cette énigme tombait au pire moment.

À la suite de sa visite au SRPJ d'Ajaccio, Alain Orsoni pensa que son frère avait été victime d'une confusion. Mais qui était visé ? Lui-même ? Son oncle ? Pour essayer de le savoir, il se montra très coopératif. À notre demande, il effectua des déplacements sous la protection de quelques inspecteurs du SRPJ, afin de vérifier s'il était « filé ». Cette attitude conciliante tranchait avec celle de son oncle qui persistait à désigner l'« État assassin ».

Dès le lendemain, les milieux nationalistes commencèrent à reprendre cette thèse. Au-delà de l'émotion sincère de la base, les responsables séparatistes avaient compris tout le profit qu'ils pourraient tirer de l'affaire. Rien de tel qu'un jeune « martyr » pour susciter la compassion populaire ! Les leaders de la CCN, perturbés par la « gangstérisation » d'une frange de leur mouvement, criaient au crime politique : « L'État français a organisé l'enlèvement par ses services spéciaux ! » Dans ces conditions, Alain Orsoni ne pouvait rester en retrait. Fini le temps de la coopération avec la police, des franches discussions dans le bureau de Mancini... Il bascula dans le camp de ses amis pour dénoncer, à son tour, un « rapt politique ».

De notre point de vue, la seule réponse envisageable était celle des faits. Il fallait lancer le plus vite possible une opération contre les seuls suspects : les hommes du Valinco.

Le coup de filet eut lieu le lendemain, jeudi 23 juin. Une quinzaine de personnes furent arrêtées, parmi lesquelles Jeannot le Long, son fils Jean Simon, Paul Andréani et le Sarde, Salvatore Contini... Deux fugitifs furent aussitôt recherchés par le biais d'Interpol : Jean-Marc Leccia, quarante ans, « gros bonnet » de Porto-Vecchio ; et Henri Rossi, dit « Fernandel ». Avaient-ils, oui ou non, enlevé Guy Orsoni ? Interrogé dans la matinée du

23 juin, Paul Andréani fournit quelques précisions déterminantes.

C'était en fait le «boss», Jeannot le Long en personne, qui lui aurait demandé de se renseigner sur... Roger Orsoni! Les truands soupçonnaient en effet l'oncle de préparer une opération de racket contre eux, menaces de mort à l'appui [1]. Pour les convaincre de sa «puissance de frappe», Roger Orsoni avait, paraît-il, fait allusion au rôle de ses neveux au sein du FLNC. Les caïds du Valinco, convaincus qu'il bénéficiait effectivement du soutien des poseurs de bombes, avaient pris ces menaces au sérieux.

Les deux frères Orsoni étaient-ils informés de cette démarche de leur oncle? Probablement pas. Roger aurait, semble-t-il, agi de sa propre initiative, en s'abritant en quelque sorte derrière le FLNC pour concrétiser d'éventuelles intentions crapuleuses.

Toujours est-il que Paul Andréani aurait aperçu Roger Orsoni et «deux jeunes», peu de temps après, à l'entrée de Propriano. Jeannot le Long, provoqué sur son territoire, avait tout de suite décrété la mobilisation générale. «C'est ce jour-là», raconta son «lieutenant» Andréani, «que la décision a été prise de se débarrasser de Roger et de ses neveux. En effet, après tous les événements qui s'étaient produits dans le Valinco, la mort de l'un des nôtres nous aurait conduits à envisager des "guerres" avec beaucoup de personnes. Nous avons donc décidé de mettre fin aux prétentions des Orsoni et du FLNC. C'est dans cet état d'esprit que nous avons mis en place un système de surveillances afin de profiter d'une "embellie" éventuelle pour nous débarrasser de ces gens-là.»

Andréani nia avoir directement participé à l'enlèvement, mais ajouta : «À mon avis, c'était la Mercedes qui était dans le collimateur de nos amis et non pas le chauffeur du moment. Quoi qu'il en soit, les membres de la famille Orsoni étaient devenus des dangers pour nous et nous devions nous protéger en les devançant. La meilleure façon d'en connaître plus sur leurs

1. Roger Orsoni n'a fait l'objet d'aucune poursuite judiciaire pour cette «tentative» de racket dénoncée par Andréani.

intentions était d'interroger un membre de cette famille. Pour ma part, j'avais envisagé de régler l'affaire Roger Orsoni à la première occasion, sans prendre le temps de l'interroger.»

Le lendemain, lors d'une nouvelle audition, Andréani compléta ses aveux : «C'est le dimanche 19 juin, sur le champ de courses de Propriano, que Salvatore [le Sarde] m'a parlé de l'enlèvement de Guy Orsoni. Il ne m'a pas précisé s'ils avaient opéré à deux ou à trois, il m'a simplement dit que l'affaire s'était "faite à Roccapina" et que la voiture ainsi que le corps avaient été "débarrassés" sur Porto-Vecchio même.»

Les accusations portées contre l'oncle Orsoni étant d'une extrême gravité, il fallait organiser dès que possible une confrontation avec son accusateur. Andréani confirma ses affirmations : «Nous avions appris que M. Orsoni était sur une "grosse affaire" à Porto-Vecchio et qu'il avait envisagé de demander une grosse somme à un de nos amis, Jean-Marc Leccia. Notre source d'information nous avait précisé que Roger Orsoni avait déclaré : "De toute façon, qu'il paie ou qu'il paie pas, nous l'exécuterons." [...] Il nous a parlé de ses neveux qui faisaient partie du FLNC.» Roger Orsoni s'insurgea contre cette version des faits : «C'est sa salade à lui, ça!» dit-il. Les propos d'Andréani cadraient pourtant avec les écoutes téléphoniques. De plus, détail essentiel, la montre de la victime avait été découverte en sa possession!

Malgré tout, les déclarations des autres inculpés restaient incomplètes. Un homme, au rôle sans doute primordial, demeurait totalement muet : le Sarde. Un vrai tueur, celui-là! Je me souviens de l'avoir croisé dans les locaux du SRPJ, lors de sa garde à vue. Un inspecteur l'accompagnait dans l'ascenseur, il avait des menottes aux poignets. Il me regarda droit dans les yeux, sans dire un mot. Lorsque je lui fis remarquer qu'il était recherché pour sept assassinats en Italie, il n'eut aucune réaction, pas le moindre frémissement de paupières; juste son regard de flingueur. Impressionnant!

Les comptes rendus d'écoutes, les déclarations de certains inculpés, tous les éléments réunis par la police sous le contrôle de la juge Françoise Knittel nous orientaient vers une affaire de droit commun. Rien ne permettait de rattacher ce dossier à la politique.

Pris de vitesse par la rapidité de l'enquête, les nationalistes ne savaient plus comment réagir. Comme ils ne pouvaient se déjuger et « lâcher » les Orsoni, ils invoquèrent une « machination policière ». Selon eux, la police avait volontairement interrompu ses filatures de la bande du Valinco le 17 juin, pour laisser les truands agir contre Guy Orsoni ! Certes, les filatures avaient cessé pour les raisons que l'on sait – les policiers pensaient avoir été repérés –, mais des dispositifs statiques avaient tout de même été maintenus. À ce moment-là, on ne savait rien des menaces qui pesaient sur les Orsoni ! Les enquêteurs étaient toujours persuadés que la bande du Valinco préparait un braquage.

Les nationalistes se moquaient bien de nos explications. Pour ne pas perdre la face, ils voulaient tout à la fois dénoncer l'« État colonialiste » et démolir mon image personnelle. J'allais bientôt me retrouver seul en première ligne.

XI

« Broussard assassin ! »

L'île était en ébullition. Par ses répercussions politiques, l'affaire Orsoni menaçait de compromettre l'action entreprise depuis le début de l'année. Nous disposions pourtant d'éléments solides : les écoutes, la dizaine d'arrestations, les «aveux» de Paul Andréani et la montre de la victime découverte en sa possession. Mais nous n'avions aucune trace du jeune nationaliste ni de la Mercedes. Les recherches par hélicoptère n'avaient donné aucun résultat. Si l'on ajoute à cela les points restés obscurs (les circonstances de l'agression, la nature exacte du conflit opposant l'oncle Orsoni à la bande du Valinco), on comprendra pourquoi, dans ces premiers jours de l'été 1983, tous les ingrédients d'une «affaire», au sens large du terme, étaient réunis.

Les responsables nationalistes savaient qu'ils disposaient d'un avantage majeur : l'enquête n'étant qu'à son début, nous ne pouvions répondre à leurs attaques. En outre, n'oublions pas que deux personnages clés de l'équipe du Valinco (Leccia et Rossi) avaient pris la fuite. Il fallait donc prendre garde à ne pas divulguer des informations susceptibles de les aider à peaufiner leur défense.

Les séparatistes, eux, pouvaient dire tout et n'importe quoi. Dans un tel contexte, rien de plus facile que d'exciter la suspicion instinctive de la population à l'égard du pouvoir politique! Il suffit parfois d'une simple rumeur pour qu'une partie de la population imagine une opération des «services secrets», voire de « barbouzes ». Peu importe la vérité, l'essentiel est de diffuser l'idée d'une magouille, de miser sur la paranoïa des militants.

Le samedi suivant, une manifestation eut lieu sur le cours Napoléon, en direction de la préfecture. Il devait y avoir entre mille et mille cinq cents manifestants. Ils brandissaient des photos de Guy Orsoni, proclamé « martyr du peuple corse ». Sur une banderole, on pouvait lire « L'État français doit rendre Guy Orsoni ». Léo Battesti, l'un des leaders de la CCN, désignait les coupables : « Nous sommes en mesure d'affirmer que notre militant a non seulement été enlevé mais torturé et assassiné... » Depuis mon bureau de la préfecture, j'entendais des slogans d'une violence inouïe : « Franceschi, Broussard, assassins ! »

Affaire politique ? Affaire crapuleuse ? L'opinion attendait notre version des faits. Mais la justice, par nature prudente, voire craintive, imposait la discrétion. Elle nous abandonnait face aux attaques.

Après plus de six mois de présence, je commençais à mieux comprendre le fonctionnement de la justice insulaire. Car il fallait bien parler de « justice insulaire ». Rien ne se passait ici comme ailleurs. Il était difficile, pour un magistrat corse, de travailler sur son île tant les pressions étaient incessantes. Comme tout le monde connaissait tout le monde, l'objectivité des témoins et des jurés était sans arrêt mise à l'épreuve. Même si, de fait, les représailles paraissaient peu fréquentes, la peur était palpable. On évitait de sortir du rang, on ne témoignait pas dans le bureau d'un juge d'instruction ou à la barre d'un tribunal. Et s'il arrivait qu'on le fît, dans un moment d'égarement, on venait rarement le confirmer de vive voix, ou bien l'on se rétractait... Certes, il y avait quelques magistrats plus ou moins résignés mais il y avait aussi des professionnels compétents et courageux, comme l'avocat général Mattei, les procureurs Cazenave, Gérimier, Carasco, le juge d'instruction Pancrazi et d'autres encore. Dans ce tableau contrasté, le personnage le plus déroutant était sans doute le procureur général François Garsi. En public, il était toujours prêt à tenir des propos tonitruants, à reprocher à la police et à ses collègues un manque de détermination. Dans les faits, lorsqu'il devait lui-même suivre un dossier, il perdait soudain de son ardeur.

Pour en revenir à l'affaire Orsoni, la justice brillait donc par sa discrétion. Idem du côté des autorités politiques, toutes silencieuses, ou presque. Il n'y avait pas grand monde pour s'insurger contre les atteintes à l'autorité de l'État et les menaces proférées contre nous. Seul Joseph Franceschi déclara : « Le secrétaire d'État à la Sécurité publique condamne fermement toute exploitation politique à laquelle certains éléments de l'île tentent de se livrer par des élucubrations fantaisistes et insensées. Il fait confiance aux magistrats mais aussi à l'intuition et au bon sens élémentaire des Corses pour faire litière des imputations scandaleuses et diffamations que ne saurait excuser la passion. » Ce sera l'une des rares prises de position du pouvoir dans cette affaire.

J'en vins à me demander si c'était bien le même gouvernement qui, quelques mois plus tôt, s'était engagé à faire preuve de « fermeté ». J'essayais d'obtenir une prise de position énergique et, pourquoi pas, des poursuites en diffamation contre certains dirigeants nationalistes. En vain. Paris ne répondait plus ! Les séparatistes eurent beau jeu d'interpréter ce mutisme comme un aveu de culpabilité, d'y voir la confirmation d'un « complot » orchestré par l'État et sa police !

Soyons sérieux : il suffisait de reprendre les déclarations de Paul Andréani pour constater qu'il n'évoquait pas une seule fois un « contrat » passé avec qui que ce fût ! Et pourtant, il eût été bien pratique, pour lui comme pour ses complices, de s'abriter derrière l'argument politique, en affirmant qu'ils avaient agi sur ordre. À aucun moment ils ne l'avaient fait. Autre question de bon sens : pourquoi l'État français aurait-il pris le risque de faire exécuter un nationaliste alors que la situation était sur la voie de l'apaisement, quelques jours après la réussite du voyage présidentiel ? Enfin, pourquoi les truands du Valinco, connus pour leurs idées de droite, se seraient-ils mis au service du pouvoir socialiste ? La CCN, façade du FLNC, n'avait pas de réponses à ces questions. Elle accusait sans preuve. Son argumentation manquait singulièrement de précision quant aux dates, aux lieux, aux noms...

De son côté, mon équipe ne ménageait pas ses efforts pour éclaircir les points obscurs du dossier. Mancini se montrait d'une sérénité inébranlable. Quant à Bernard Trenque, son adjoint, il confirmait ses qualités d'excellent flic. La tempête en cours n'avait aucune influence sur son moral ni sur celui de sa femme, qui était devenue ma secrétaire. Grâce aux RG, j'étais tenu informé au jour le jour de la tendance du moment dans les milieux nationalistes. La DST aussi était à l'œuvre. En réunion, le commissaire Dominique Rossi était d'une discrétion absolue, au point de faire rire ses collègues lorsque venait son tour de s'exprimer. Tout le monde demandait alors en chœur : «Quoi de neuf, Dominique?» Et Dominique, sourire en coin, répondait par un geste de la main signifiant qu'il n'y avait «rien de neuf». En réalité, il connaissait parfaitement son île et nous en parlions souvent en tête à tête.

Outre ces collègues policiers, je pouvais m'appuyer sur le commandant Yvon Herry, un officier estimé de tous, qui assurait la liaison avec la gendarmerie. J'avais enfin un allié de poids en la personne du préfet de région, Paul Bernard. Il me laissait carte blanche dans le domaine de la sécurité, tout en s'intéressant de près à notre travail. Son aide nous était d'autant plus précieuse qu'il entretenait de bonnes relations avec les organisations syndicales et les élus. Homme de contacts, travailleur infatigable, il savait calmer le jeu, désamorcer les conflits sociaux.

Pour l'heure, c'était l'affaire Orsoni qui occupait les esprits. Nous étions tous dans la même nasse, coincés par le secret de l'instruction, le mutisme de la justice et la passivité de notre ministère de tutelle. Il devenait impossible de contrer toutes les absurdités énoncées par le camp adverse. La CCN n'avait pas les mêmes préoccupations avec les organes de presse. Son message était limpide : malheur à ceux qui oseraient mettre en cause la famille Orsoni en évoquant le droit commun!

Tout était bon pour mobiliser l'opinion : communiqués, distributions de tracts, affichages de portraits du «martyr», bombages de graffitis injurieux et menaçants («Broussard = assassin»)... La Corse profonde désapprouvait ces accusations et me le faisait savoir, parfois avec beaucoup de délicatesse. Un jour, alors que je me trouvais dans un village du Niolo, à la recherche d'un cimetière où avait été enterré un camarade tué pendant la guerre d'Algérie, un vieil homme auquel je demandais mon chemin insista pour que j'emprunte un itinéraire plutôt qu'un autre. Je suivis d'abord son conseil puis, par curiosité, je cherchai tout de même à savoir pourquoi il avait tant insisté pour m'écarter de l'autre chemin. La réponse était inscrite en lettres rouges sur le parapet d'un pont : « Broussard = Barbie », « Broussard = assassin »...

Le scénario avancé par les nationalistes pour expliquer la disparition de Guy Orsoni devenait de plus en plus tarabiscoté. Quelque chose du genre : « On a promis aux truands de ne plus les inquiéter en contrepartie d'un enlèvement avec interrogatoire, et non pas d'une simple exécution comme il est de règle dans le milieu... Toute cette affaire devait se terminer par l'arrestation de la bande. La police prouvait ainsi son efficacité. Le FLNC entrait en guerre contre le milieu. La peur changeait de camp en jetant le trouble et le doute dans les milieux nationalistes... »

Lors de mes rares interventions dans les médias, je devais m'entourer d'infinies précautions oratoires : « L'opinion publique comprendra que, respectant le secret de l'instruction, je ne m'engagerai pas dans une polémique déjà déclenchée à des fins politiques et qui s'appuie sur des affirmations dénuées de tout fondement. Lorsque cette affaire sera débattue publiquement devant une juridiction conformément à la Loi, chacun pourra constater que l'action des enquêteurs a été claire et exempte de tout machiavélisme. » Faute d'entrer dans les détails – Paris me l'avait interdit –, je m'en tenais à ce qui était établi : « Si, en l'état actuel de l'enquête, aucun élément nouveau n'est venu contredire, bien au contraire, la thèse des personnes inculpées, à savoir une affaire relevant du droit commun, les enquêteurs renouvellent qu'ils sont prêts à enregistrer tous les témoignages permettant l'entière manifestation de la vérité et notamment ceux découlant des allégations publiques tendant à orienter l'enquête vers une affaire de meurtre politique... Toute information, tout témoignage, d'où qu'ils viennent et sous quelque forme que ce soit, permettant de faire progresser l'enquête est et sera pris en considération sans faiblesse ni complaisance... »

On ne pouvait être plus clair : que les gens bien informés acceptent de témoigner, qu'ils fournissent des preuves concernant un assassinat politique... Nous étions prêts à aller jusqu'au bout, même si cela devait déboucher sur un scandale d'État. Personne ne se manifesta, même sous couvert d'anonymat ! Seul l'omniprésent Léo Battesti vint au commissariat pour annoncer qu'il n'avait rien à dire mais qu'il reviendrait !

Sous une unanimité de façade, les milieux nationalistes étaient divisés. Certains militants, lucides quant aux aspects peu glorieux de l'affaire Orsoni, s'inquiétaient des liens entretenus avec le grand banditisme. Si l'opinion avait du mal à s'y retrouver – et on la comprend – entre les versions des uns et des autres, le réflexe de solidarité corse, que les nationalistes exploitaient sans cesse, l'amenait à suspecter, plus ou moins, un coup tordu.

En dépit de cette confusion, les services de police et de gendarmerie continuaient d'enregistrer de remarquables résultats : l'arrestation des auteurs d'une série d'incendies contre des voitures du Club Méditerranée, l'interpellation de deux plastiqueurs impliqués dans le dynamitage de plusieurs villas et magasins appartenant à des continentaux, etc.

Le FLNC, fragilisé depuis plusieurs mois, riposta violemment. Le 3 juillet, à l'Île-Rousse, huit hommes encagoulés distribuèrent des tracts aux clients des cafés avant de s'éloigner en tirant des rafales de pistolet-mitrailleur. Puis il y eut une soudaine intensification du racket, le dynamitage de plusieurs gendarmeries, le mitraillage d'un cantonnement de CRS à Bastia (un blessé grave), et une vingtaine d'attentats en moins d'une semaine... À Propriano, la famille d'un industriel parisien, ligotée et bâillonnée, assista à la destruction de sa villa ; une opération qui suscita la consternation des insulaires hostiles au FLNC. Cette violence, vivement ressentie en pleine saison touristique, allait encore monter d'un cran le 10 juillet 1983, jour d'une cérémonie organisée à Véro, le village de la famille Orsoni.

En présence d'un groupe armé, une plaque devait être apposée sur le mur d'enceinte de la propriété familiale : « À la mémoire de Orsoni Guy, militant FLNC assassiné par l'État français, disparu le 17 juin 1983. FLNC. »

J'avoue avoir beaucoup hésité sur la conduite à tenir. Certes, je ne voulais pas courir le risque de déclencher des affrontements. Mais fallait-il pour autant tolérer la pose d'une telle plaque ? Ma décision ne manquerait pas d'être interprétée comme un signe politique. Devant la gravité du problème, je décidai de solliciter les instructions de Paris. Le ministère de l'Intérieur me laissa le « choix d'apprécier le bien-fondé de l'intervention ». Autrement dit, « débrouillez-vous » !

Il me restait à prendre le pouls des autorités judiciaires. Le procureur général de Bastia estima que la justice n'était pas concernée, tout en menaçant de sanctionner les officiers de police judiciaire qui participeraient à cette opération !

Mes collaborateurs jugeaient préférable de ne pas intervenir, pour des raisons liées à la mentalité corse. Tout ce qui touche à la mort étant considéré comme sacré, une intervention policière serait vécue comme une insulte à la mémoire du disparu. En outre, malgré les déclarations outrageantes proférées par le clan Orsoni, j'éprouvais une forme de respect pour le père, André Orsoni, ancien sous-officier, bardé de décorations. Personne ne pouvait lui reprocher d'honorer la mémoire de son fils qui était d'abord, ne l'oublions pas, la victime d'une bande de malfaiteurs avant d'être un militant du FLNC.

Le 10 juillet, plus de cinq cents personnes extrêmement déterminées se réunirent à Véro, à vingt-cinq kilomètres d'Ajaccio, sans que la gendarmerie et la police s'y opposent. Sept hommes en armes, le visage dissimulé sous des cagoules, tirèrent une salve en dévoilant la plaque. La télévision diffusa les images de cette cérémonie et des critiques s'élevèrent contre la passivité des autorités. Les mêmes personnes auraient sans doute été les premières à s'insurger contre une intervention ! De mon côté, je restais persuadé que nous avions fait le bon choix : toute initiative de notre part se serait soldée par des morts des deux côtés. N'ayant obtenu aucun soutien du pouvoir politique et de la justice avant, je doute fort que j'en aurais eu un après.

Il n'empêche qu'une fois passé ces heures de recueillement, il fallait reprendre l'initiative. La population, ébranlée par la propagande nationaliste, attendait un signe fort. J'avais prévu une réaction en deux temps : attendre quelques jours pour faire retirer la plaque[1] ; riposter par une opération d'envergure contre les leaders nationalistes coupables de divulgation de fausses nouvelles et de diffamation contre l'État et ses représentants.

En concertation avec mes collaborateurs, je décidai de constituer des dossiers individuels sur les dirigeants nationalistes qui s'étaient exprimés publiquement sur l'« affaire ». L'objectif était de réunir tous les tracts, affiches, coupures de presse, extraits de discours ou d'interviews où l'on relevait des menaces, des propos diffamatoires et mensongers. La matière était abondante ! Ensuite, il conviendrait de les interpeller et d'engager des poursuites. Certes, quelques grincheux nous accuseraient probablement d'atteinte à la liberté d'expression. Mais pouvait-on, au nom de cette liberté, accuser l'État et ses policiers d'« assassinat » ?

Nous avions l'occasion de décapiter la CCN en appliquant simplement la Loi. Parmi les infractions envisageables, il y avait la « propagation de fausses nouvelles de nature à troubler l'ordre public », ainsi que la « reconstitution de ligue dissoute et complicité », et la « participation en armes à une manifestation publique », en l'occurrence la cérémonie de la plaque. Des délits passibles de trois années d'emprisonnement. La seule question qui se posait était de savoir si le gouvernement avait la volonté politique de faire respecter les textes et de faire mettre sous écrou les principaux responsables de la CCN. Avant de tout

1. Dans la soirée du 20 juillet 1983, la plaque est retirée par les forces de l'ordre en présence de la famille Orsoni. Aucun incident à déplorer. Le 6 août, les nationalistes organisent un nouveau rassemblement pour poser une seconde plaque. Nous mettons en place des barrages filtrants autour du village. Cette seconde plaque sera posée mais le père Orsoni acceptera de la retirer aussitôt pour la ranger en lieu sûr.

enclencher, il restait donc à convaincre le ministre de l'Intérieur, Gaston Defferre, et celui de la Justice, Robert Badinter. Le 12 juillet au matin, je pris le premier avion pour Paris.

Les conseillers juridiques de Gaston Defferre étaient formels : les infractions étaient parfaitement démontrées. En ce qui concerne l'opportunité politique d'une telle contre-attaque, les avis étaient partagés : l'Intérieur était résolument favorable, la Chancellerie résolument opposée ! L'Élysée devait arbitrer entre Defferre et Badinter.

Le suspense fut de courte durée : Gaston Defferre en personne m'informa que François Mitterrand avait tranché en notre faveur, mais du bout des lèvres...

Pour être franc, le fait que le ministre de la Justice fût ce jour-là en déplacement arrangeait plutôt nos affaires ! Craignant sans doute que l'Élysée ne revienne sur sa décision dès le retour de Badinter, ce vieux renard de Defferre me donna son feu vert à condition que je ne puisse être joint par quiconque, en dehors de lui, bien sûr (!). De la sorte, la Chancellerie ne pourrait pas tout annuler au dernier moment...

Le lendemain, à l'aube, le coup de filet était lancé contre neuf dirigeants de la CCN, pour la plupart membres du comité exécutif. Citons notamment Léo Battesti, Jean-Baptiste Rotily-Forcioli, Yves Stella, Jean-Michel Rossi et Pierre Poggioli. Au moins, ils ne s'exprimeraient plus dans la rue mais devant des policiers et des magistrats, avec la possibilité de fournir des éléments sur l'« assassinat politique » ! Comme nous savions pertinemment qu'ils n'avaient aucune preuve à l'appui de leurs accusations, cela nous permettrait de les poursuivre pour « propagation de fausses nouvelles ». Mis à part cet aspect juridique, je voulais transmettre un message à l'opinion publique, lui dire en substance : « Vous voyez, on accuse à longueur de journée, on ne répond pas aux convocations et l'on reste bouche cousue au moment où il faut aider la police à coincer les assassins d'un ami. »

Ces arrestations eurent un double effet : l'affolement dans les rangs nationalistes et un regain de confiance dans la population. Au sein même de la mouvance autonomiste (plus modérée), certains observateurs estimèrent que nous avions manœuvré de manière judicieuse pour neutraliser les chefs de la CCN. Cette organisation publia un communiqué révélateur de son embarras : «Accuser la CCN, mouvement public, de collusion avec le FLNC, mouvement politico-militaire clandestin, est grotesque.» Ainsi donc il n'y avait aucun lien entre la CCN et le FLNC? Mais Guy Orsoni lui-même n'était-il pas membre de la CCN et du FLNC?

Les «neuf» furent placés en garde à vue au commissariat central. Dehors, dans la rue étroite longeant la préfecture, quelques dizaines de militants guettaient la sortie de leurs maîtres à penser. Ils attendirent ainsi toute la journée du mercredi, puis la nuit suivante. À la demande du parquet, il était prévu de déférer les neuf nationalistes au palais de justice dans la matinée de jeudi. Le parquet était formel : ils devaient dormir le soir même en prison!

Ce matin-là, 14 Juillet, le tout-Ajaccio était réuni sur la place du Diamant, proche du commissariat. Sur l'estrade, dans l'attente du défilé, les conversations allaient bon train sur les interpellations. Les élus de tout bord voyaient dans notre opération une reprise en main salutaire. Ces félicitations ne devaient pourtant pas nous faire oublier les risques de représailles.

Peu avant le début des cérémonies, un commissaire vint me glisser une information préoccupante : un «commando» d'une trentaine d'hommes s'était regroupé discrètement à l'intérieur d'un pub situé à trente mètres à peine de la tribune officielle! Il n'y avait pas meilleure base de départ pour provoquer des incidents! Bien sûr, il était envisageable d'effectuer une «descente» dans l'établissement mais avec des risques d'échauffourées, voire d'accrochages plus graves.

Avant d'en arriver à cette solution, sans rien dire à mes voisins, je demandai à mon collaborateur de passer un coup de fil anonyme au pub pour annoncer que la police allait profiter du passage du défilé pour transférer les dirigeants de la CCN au palais. Le coup de bluff fonctionna à merveille. Sortant en douce de sa cachette, le commando se rendit devant le commissariat et aucun incident ne vint perturber les festivités ! Les nationalistes apprirent par la suite qu'ils avaient été bernés sur toute la ligne puisque la « bande des neuf » avait été transférée, avant le début du défilé, à bord d'un fourgon banalisé !

Nous avions gagné la première manche. Nous allions perdre la seconde, en fin de journée.

Alors que j'avais décidé d'aller dîner avec mon équipe, une mauvaise surprise nous attendait à la sortie de la préfecture. Sur le trottoir opposé, les neuf au grand complet ! Battesti, Poggioli, Rossi..., ils étaient tous là, goguenards, une coupe de champagne à la main ! Les instances judiciaires, aux ordres de Paris, avaient décidé de les relâcher ! Même si sept d'entre eux avaient été inculpés et placés sous contrôle judiciaire, c'était une victoire incontestable pour eux. Et, pour nous, une humiliation. La ligne Badinter l'avait emporté...

Ce manque de volonté politique confinait à la lâcheté. Paris avait peur. Peur d'appliquer la Loi. Peur parce que c'était la Corse et que la Corse, vue de « là-haut », c'était un peu le Far West. En voyant les dirigeants de la CCN face à la préfecture, nous éprouvions un sentiment d'abandon. Les libérer revenait à tolérer leurs menaces. Le ministère de la Justice capitulait devant neuf aboyeurs qui représentaient moins de cinq pour cent de la population de l'île ! Dans une région où l'opinion est toujours prête à admettre la force à condition qu'elle soit juste, cette décision fut interprétée comme un aveu de faiblesse, voire de culpabilité. Devant les caméras de FR3, les responsables nationalistes dénoncèrent le caractère « arbitraire » de ces arrestations. À les entendre, cela prouvait non seulement leur innocence mais aussi la justesse de leurs accusations : si la justice renonçait à les envoyer en prison, c'est évidemment qu'ils avaient dit la vérité sur la mort de Guy Orsoni !

Lorsque j'appris la nouvelle à Gaston Defferre, il entra dans une rage folle. Il faut dire que l'exploitation médiatique et politique de l'affaire Orsoni était fort gênante pour un gouvernement divisé sur le sujet. Defferre et Franceschi ne semblaient plus avoir les coudées aussi franches qu'au début. Et pourtant, le ministre de l'Intérieur, courageux dans ses prises de position sur la Corse, exigeait des résultats et ne semblait pas disposé à transiger.

Les véritables difficultés tenaient en fait à la rivalité entre les cabinets Defferre et Franceschi. Le premier voulait que l'on s'adresse directement à lui; le second, estimant que j'avais été «intronisé» à son initiative, demandait à ce que je passe par ses services. Quoi que je fasse, il y avait donc des mécontents. Mais les tensions étaient encore plus flagrantes entre le ministère de l'Intérieur et celui de la Justice...

La Chancellerie percevait trop souvent comme du «folklore» des symptômes qui trahissaient une grave crise de l'institution judiciaire. Le laxisme et les dysfonctionnements de la justice facilitaient la tâche des terroristes et des truands. Ainsi, la fameuse bande de la «Brise de mer», du nom du bistrot de Bastia où les malfrats se réunissaient, échappait à toute poursuite. Afin de contrer ses investissements dans les boîtes de nuit et le tourisme, nous avions pourtant préparé une opération conjointe PJ-fisc. Nos dossiers étaient prêts. Malheureusement, l'ouverture d'une information contre X, promise dans un premier temps, ne fut pas décidée. La Chancellerie? Le pouvoir politique? Le procureur général François Garsi? Chacun se renvoya la balle...

La Corse restait la Corse. Prisonnière de ses ambiguïtés et victime d'une politique incohérente, elle se donnait en spectacle, aggravant son cas aux yeux du continent.

Durant toute la période qui suivit la disparition de Guy Orsoni, certains journalistes n'employèrent jamais le conditionnel. Les allégations des séparatistes étaient présentées comme des faits acquis, sans faire l'objet de la moindre vérification. Le procureur de Bastia, Pierre Cazenave, finit par s'indigner des écrits haineux du journal *U Ribombu* : «Ce n'est pas le journal mais l'organe officiel du FLNC! déclara-t-il à *Libération*... Ces accusations de la CCN sont un tissu de calomnies : tout est truqué, tronqué, falsifié.» Ce n'était pas la première fois que ce magistrat se manifestait de manière responsable et courageuse. Résultat, son appartement fut plastiqué!

Les autres journalistes locaux, en presse écrite et en radio notamment, avaient toutes les peines du monde à rectifier le tir en essayant de faire leur métier en toute honnêteté. Ils se trouvaient dans une situation pénible, qu'ils affrontaient avec courage, en dépit des pressions, voire des menaces. Quant à ceux qui venaient du continent, tout dépendait de leur volonté d'aller ou non au fond des choses. Soit ils prenaient le temps de parler avec des gens fiables, d'un camp et de l'autre. Soit, au contraire, ils choisissaient la solution de facilité : l'interview forcément spectaculaire de tel ou tel encagoulé, prêt à défendre la thèse de l'assassinat politique.

Une rumeur devint ainsi certitude, à force d'être rabâchée : l'affirmation selon laquelle Guy Orsoni avait été torturé au chalumeau. Comme nous l'avons déjà souligné, Paul Andréani avait déclaré : « La voiture ainsi que le corps avaient été débarrassés sur Porto-Vecchio même. » Partant de là, certains en déduisirent que la voiture avait été conduite dans un garage pour être découpée au chalumeau ! Puis, en élargissant un peu le champ de leurs déductions, ils en conclurent que Guy Orsoni avait été torturé au chalumeau... Comme cela ne résultait pas de la procédure officielle, mais d'une rumeur connue des policiers, on accusa Mancini d'avoir écarté une pièce du dossier. Tout cela n'était qu'un écran de fumée, destiné à masquer l'évidence crapuleuse de cette histoire !

Malheureusement, d'autres difficultés nous attendaient. Elles ne provenaient ni des médias ni des nationalistes, mais des services de police et de gendarmerie extérieurs à la Corse ! J'appris ainsi que quatre inspecteurs des Renseignements généraux de Marseille étaient venus sur l'île afin d'enquêter. La direction centrale des RG, à Paris, avait pris cette initiative à l'insu du secrétariat d'État ! Un nouvel épisode de la rivalité avec l'Intérieur ! Même si le rapport remis par les RG concluait, lui aussi, à une affaire de voyous, il n'apportait rien de nouveau, si ce n'est une compilation de rumeurs et d'éléments déjà connus.

Après la cellule de l'Élysée, les RG de Marseille ! Dans ce climat délétère, je décidai d'envoyer une note au directeur général de la police afin que tous ses services transmettent sans délai les informations en leur possession sur le dossier Orsoni. J'espérais ainsi réunir toutes sortes de documents et savoir précisément qui s'intéressait, de près ou de loin, à cette affaire. Une demande similaire fut effectuée auprès des ministères éventuellement concernés, en l'occurrence l'Économie, les Finances (la presse faisait état d'enquêtes fiscales) et la Défense (gendarmerie)... Comme je m'en doutais, les différentes directions répondirent par la négative. D'autres, comme la cellule, firent la sourde oreille.

XII

Vendetta

De tous les mots associés, à tort ou à raison, à la société corse, il en est un qui revient plus souvent que les autres : vendetta. Les Corses n'auraient, paraît-il, que cette idée en tête dès lors que leur honneur, celui de la famille, du clan, voire de l'île tout entière, est en jeu. La vendetta, vengeance inéluctable, froide, préméditée, serait une sorte de tourbillon, un cycle infernal dont nul ne pourrait sortir indemne. Même s'il faut toujours se méfier des clichés, il est indéniable que les habitants de cette région sont tout à la fois capables d'aimer sans limites ceux qu'ils apprécient et de détester avec autant de vigueur ceux qui les agressent ou les déçoivent. Cet amalgame étrange de susceptibilité et de générosité prend toute sa dimension dans un contexte familial ou clanique. Les liens de sang ou d'amitié transcendent les règles de vie en communauté, ils ignorent les barrières sociales et politiques. Le sang appelle souvent le sang et un affront se lave sur la place publique, non devant les tribunaux.

L'affaire Orsoni recelait les signes annonciateurs d'un tel engrenage. Il restait juste à savoir d'où viendrait le signal des représailles.

À l'heure où les porte-parole de la CCN s'agitaient sur la scène médiatique, les « soldats » du FLNC préparaient leur riposte. Les cibles potentielles ne manquaient pas. Mon nom figurait évidemment sur leur liste noire. Une conversation entre deux membres du FLNC, interceptée par nos services en juillet 1983, m'en apporta la confirmation :

– Tu te rappelles ce que je vous avais dit, il y a trois ou quatre mois, à ce sujet ?

– Non, je ne vois pas.

– Le barbu, il fallait le descendre !

– Oui, mais ce n'était pas possible, tu le sais bien. Il est devenu très populaire ici, et on aurait eu une grande partie de la population contre nous...

– Peut-être, mais on n'est pas assez efficaces. Il fallait le tuer. Après lui, l'État français aurait désigné un autre superflic auquel on aurait fait la même chose jusqu'à ce que les promus refusent leur mutation sur l'île...

– Ce n'est peut-être pas trop tard !

Je n'étais pas le seul à apparaître sur la liste noire du FLNC. Il y avait, bien entendu, les truands mis en cause dans l'enquête Orsoni, ainsi que certains de leurs proches et les deux complices toujours en fuite, Jean-Marc Leccia et Henri Rossi. Ajoutons Joseph Franceschi, quelques hommes politiques locaux et mon ami Ange Mancini. Même si je n'entendais pas modifier mes habitudes, nous devions faire preuve de vigilance. Les rondes furent renforcées autour de mon domicile parisien et les CRS continuèrent de monter la garde dans ma villa de fonction, route des Sanguinaires.

Au mois de juillet, ma femme et mes deux fils vinrent me rejoindre à Ajaccio. Malgré les tensions liées à l'affaire, malgré les menaces et les manifestations, la vie suivait son cours. Nous pouvions sortir, sans crainte particulière, dans Ajaccio. L'atmosphère était certes tendue sur le terrain politique mais pas au point de déboucher sur une sorte de « guerre civile » comme l'imaginait l'opinion continentale à la lecture des journaux nationaux. Lorsque je croisais des nationalistes, je devinais dans leurs regards de l'hostilité, du défi, mais rarement de la haine. Quelque part, je crois que les plus modérés respectaient notre équipe et faisaient la part des choses entre le public et le privé. Quant à la population, elle se manifestait par des témoignages de sympathie, voire d'amitié. Je ne pouvais pas m'arrêter dans un village sans repartir avec un fromage ou des figatelli !

Mais ce calme apparent ne devait pas nous faire oublier l'affaire Orsoni et ses prolongements. Le FLNC préparait sa vendetta.

Le déclenchement des hostilités eut lieu le 22 juillet, à Porto-Vecchio, où un commerçant considéré comme proche de Jean-Marc Leccia, l'un des deux truands en fuite, fut attaqué et blessé par au moins quatre hommes. Ceux-ci voulaient, semble-t-il, l'enlever pour lui faire dire où se trouvait le corps de Guy Orsoni. L'opération ayant échoué à la suite d'une fusillade, le FLNC se fendit d'un communiqué expliquant que ses hommes avaient été « contraints de riposter pour assurer leur sécurité ». Cette tentative d'enlèvement allait marquer le début d'une série d'agressions visant l'entourage des truands concernés.

Signalons d'abord, le 5 septembre, la mort d'un proche de Jeannot le Long, abattu à coups de chevrotines dans les vignes du Sartenais. La rumeur publique fit aussitôt le lien entre ce meurtre et l'affaire Orsoni, sans que cela puisse toutefois être avéré...

L'engrenage de la vengeance frappa ensuite Félix Rosso, un restaurateur de San Cipriano, abattu, le 10 septembre, d'une balle dans le dos. Sorti de prison un an plus tôt, après une condamnation pour trafic de drogue, il fréquentait deux personnages du dossier Orsoni : les fugitifs Leccia et Rossi...

Le 12 septembre 1983, un nouveau drame allait frapper la Corse. Je me trouvais à Cargèse quand on m'apprit la mort d'un haut fonctionnaire, le sous-préfet Pierre-Jean Massimi, tué au volant de sa Renault 20, dans les environs de Bastia. Il était tombé dans un guet-apens, en rentrant chez lui pour déjeuner. Il n'y avait pratiquement pas d'indices, aucun témoin, pas de revendication.

Cet énarque de trente-sept ans, considéré comme l'un des plus brillants fonctionnaires de sa génération, était revenu sur son île un an et demi plus tôt, aux côtés du sénateur (MRG) François Giacobbi. Il passait pour un farouche adversaire des thèses nationalistes. Sans apporter de preuves, le FLNC l'accusait d'être impliqué dans l'enlèvement de Guy Orsoni et d'orchestrer des opérations de police parallèle, aussi discrètes que violentes.

C'était la première fois qu'un haut fonctionnaire était exécuté sur l'île; un Corse de surcroît. Trois mois après la disparition de Guy Orsoni, la nouvelle eut un impact considérable. Compte tenu de la personnalité de la victime, l'hypothèse de l'attentat politique fut soulevée d'emblée. De nombreux élus s'empressèrent de conclure en ce sens. Cela paraissait en effet envisageable mais les éléments en notre possession ne permettaient pas de tirer des conclusions si rapides. Le procureur Cazenave dut préciser que rien n'autorisait à privilégier cette piste plutôt qu'une autre.

Dans le contexte de l'époque, avec les risques de dérapage supplémentaires qu'impliquait cet assassinat, j'estimais également nécessaire de calmer les esprits. Le soir même, à l'issue d'une réunion de travail tenue à Bastia, je déclarai : « S'il est exact que des propos parfois extrêmement durs ont été tenus par certains dirigeants de la CCN, propos mettant nommément en cause M. Massimi comme étant l'un des instigateurs de l'affaire Orsoni, en l'état actuel de l'enquête, rien ne permet de dire qu'il y a un lien entre ces propos et l'affaire Massimi. Toutes les hypothèses peuvent être retenues : affaire à caractère sentimental par exemple ou une vengeance quelconque. Tout est possible. Il ne faut surtout pas attribuer, d'ores et déjà, un mobile politique à cet assassinat. »

Malheur à moi d'avoir fait cette mise au point! Une fois encore, j'allais être mêlé à une polémique. Chacun de mes mots fut en effet disséqué par tous ceux qui avaient intérêt à chauffer les passions. Les uns y virent une manière de privilégier une piste « privée »... Les autres, au contraire, m'accusèrent d'avoir désigné sans raison la CCN!

Dans une enquête de ce genre, rien n'est plus néfaste qu'un jugement hâtif car on a tendance, ensuite, à construire tout un échafaudage destiné à conforter l'hypothèse de départ. Il importe au contraire de procéder par étapes, avec minutie et précaution. Dans le cas de Pierre-Jean Massimi, toutes les questions, ou presque, restaient en suspens.

Une affaire passionnelle? *A priori*, aucun élément, dans la vie de cet homme marié et père de deux enfants, ne permettait de le supposer. Dettes de jeu? Certains émirent cette hypothèse, sans avancer le moindre élément probant. Une vengeance liée à ses fonctions au secrétariat général du département? Massimi subissait sans doute des pressions importantes sur certains dossiers financiers. Il occupait un poste-clé, au confluent de tous les intérêts. Les enquêteurs s'attardèrent notamment sur un différend qui l'avait opposé à des investisseurs douteux. Cet homme réputé pour son franc-parler avait-il refusé une combine, au risque de s'attirer la haine d'une bande de malfrats? Cette piste, quoique plus sérieuse que la précédente, ne progressera guère. Restait l'assassinat politique. Après tout, Pierre-Jean Massimi ne figurait-il pas, comme Mancini et moi, sur la liste noire du FLNC? J'avais d'ailleurs eu l'occasion d'en parler de vive voix avec lui, quelques jours avant sa mort.

En fait, nous nous connaissions à peine. Je l'avais aperçu seulement une ou deux fois. Mais dès que j'avais appris les menaces dont il faisait l'objet, je lui avais téléphoné pour savoir s'il souhaitait bénéficier d'une protection particulière. Il m'était apparu peu bavard, plutôt secret, surpris que je lui pose cette question. Pour tout dire, sa réaction m'avait étonné. J'avais eu l'impression qu'il savait quelque chose mais qu'il ne voulait pas m'en parler. De même, je fus surpris d'apprendre, après sa mort, qu'il avait sollicité une mutation sur le continent et demandé, depuis peu, une autorisation de port d'arme auprès d'un commissaire de Bastia. Il avait beaucoup insisté pour que sa démarche ne soit pas connue. Comment expliquer une telle discrétion? Avait-il appris quelque chose depuis notre entretien? Pourquoi ne m'avait-il rien dit?

Le silence du FLNC nous intriguait également. Si les clandestins étaient responsables de cet assassinat, pourquoi refusaient-ils de le «signer»? L'attitude du Front était d'autant plus énigmatique que l'Armée de libération nationale de la Corse (ALNC), nouvelle composante du mouvement séparatiste, se démarquait nettement de cette affaire. Son démenti était même assorti d'une précision pleine de sous-entendus : « Nous, nous sommes des soldats... » Autrement dit, il existait, en marge de l'ALNC, des clandestins développant une conception différente du « combat ».

Alors, qui avait tué Massimi ? Le temps des obsèques, un voile pudique se posa sur cette énigme. Mais sitôt l'hommage terminé, l'affaire rebondit sur la scène politique. Pour masquer sa peur, l'opinion insulaire se prit au jeu des on-dit sur la vie privée de la victime. Elle voulait se persuader que cet assassinat ne constituait pas un palier supplémentaire dans l'escalade de la violence. Les manipulateurs d'opinion s'en donnèrent à cœur joie, en ressortant notamment une fable rocambolesque : celle de Joseph Franceschi et de sa prétendue valise de billets de banque !

Cette histoire mérite un bref retour en arrière. Pour la comprendre, il faut en effet remonter à l'époque du voyage présidentiel, les 13 et 14 juin 1983. On se souvient qu'après la visite de François Mitterrand la rumeur avait couru selon laquelle la trêve des attentats avait été « achetée » par le gouvernement, moyennant le versement d'un million de francs. Il s'était même dit que l'opération avait été négociée par la cellule de l'Élysée, en liaison avec les frères Orsoni. Existait-il un fond de vérité derrière ce scénario ? J'aurais aimé le savoir mais je n'étais pas dans les confidences des éventuels émissaires de l'Élysée, ni dans celles des nationalistes.

Par la suite, André Orsoni, le père, s'était insurgé contre la mise en cause de ses fils : « On a voulu faire croire que c'est eux qui l'avaient touchée, je démens formellement ! » Un bruit s'était alors propagé – un de plus – selon lequel les truands accusés de l'enlèvement de Guy Orsoni avaient en fait voulu s'approprier l'argent en enlevant l'un des deux frères... Puis cette hypothèse avait cédé la place à une version beaucoup plus politique et surtout plus « honorable » pour les nationalistes.

Lorsqu'ils apprirent que Joseph Franceschi s'était rendu en Corse le 18 juin, soit le lendemain de la disparition de Guy

Orsoni, et qu'il avait déjeuné avec Massimi dans les environs de Bastia, les séparatistes affirmèrent détenir la preuve du « complot » ourdi par l'État français ! À leurs yeux, au moins, tout paraissait clair : Franceschi avait apporté une valise pleine de billets, il l'avait remise à Massimi, lequel l'avait transmise aux truands qui s'étaient chargés d'enlever et d'assassiner Guy Orsoni ! Voilà pourquoi l'État français, « commanditaire » du crime, était coupable ! On ne croyait pas Franceschi lorsqu'il affirmait être venu en Corse pour organiser le séjour d'un groupe de personnes âgées d'Alfortville, ses « petits vieux » comme il les appelait affectueusement.

Aujourd'hui, tant d'années après les faits, je me garderai d'affirmer quoi que ce soit à propos de l'« achat » éventuel d'une trêve au moment du voyage de François Mitterrand. Je suis bien placé pour savoir que des tractations échappaient à mon contrôle. Je suis en revanche catégorique sur deux points :

– J'étais au courant de la venue de Joseph Franceschi à Bastia afin de régler les détails du séjour de ses « anciens ». Il m'en avait parlé à plusieurs reprises, au cours du voyage présidentiel. Il voulait même quitter le cortège et se rendre à Vico où ses « protégés » devaient faire étape ! Cette préoccupation pour les problèmes de la vieillesse était connue de tout le monde. Il en faisait une véritable obsession.

– Le deuxième point sur lequel je suis formel est le suivant : lors de la visite de François Mitterrand à Bastia, Franceschi m'avait demandé si j'avais aperçu Massimi car il n'était pas sûr de pouvoir l'identifier dans l'assistance. Selon moi, il ne voulait pas le voir pour une question de « valise » secrète – il le connaissait à peine ! –, mais pour des renseignements sur un hôtel susceptible d'accueillir ses « petits vieux ».

En découvrant l'histoire du prétendu versement d'un million, j'alertai aussitôt l'un des conseillers du ministre. Il éclata de rire :

– Vous savez bien que c'est ridicule, me lança-t-il, Joseph est allé à Bastia pour ses petits vieux et il a déjeuné avec Massimi qui lui a conseillé un hôtel !

– D'accord, je suis au courant, mais voilà ce que l'on dit ici et s'il n'y a pas de démenti immédiat, cette affaire va être montée en épingle !

– Mais il n'y a pas à démentir puisque ce n'est pas vrai !

– Vous verrez bien !

C'était tout vu : les champions de l'intoxication surent exploiter le silence du gouvernement. Dans une région où il faut parler vite et clair, les autorités gouvernementales allaient par la suite s'empêtrer dans des explications filandreuses et tardives. Une erreur de plus, que le FLNC utilisa à bon escient pour dénoncer un « complot » orchestré par le secrétaire d'État et son « agent » Massimi.

Le 21 septembre 1983, en milieu de matinée, le FLNC diffusa le communiqué suivant : « FLNC. 1. Revendiquons exécution Massimi condamné à mort par notre organisation : c'est un des principaux organisateurs de l'assassinat de notre militant Guy Orsoni. C'est à lui que Franceschi a remis cent millions le jour de son passage à Bastia le 18 juin pour payer les hommes de main. 2. Revendiquons exécution Rosso [un restaurateur]. Travaillait pour les services secrets. Impliqué dans l'enlèvement, ami de Leccia et Rossi. Il avait projeté d'enlever ces jours-ci un autre nationaliste puis de l'assassiner. FLNC. »

Le choc fut brutal, un véritable traumatisme. La Corse avait soudain peur d'elle-même. Malade du mensonge, de l'intoxication, de la méfiance, elle se refusait à admettre que certains de ses fils aient pu tirer sur des compatriotes pour des motifs politiques, elle ne voulait pas croire à cette guerre fratricide. L'histoire des années suivantes allait pourtant montrer la capacité des Corses à s'entre-tuer pour le partage du « gâteau » nationaliste...

À Paris, le communiqué du FLNC provoqua des esclandres politiques. L'opposition reprocha au gouvernement socialiste d'avoir sali la mémoire de Massimi en le faisant passer pour un coureur de jupons et un flambeur impénitent. Le mal était fait. Le gouvernement ne savait plus comment sortir de cette affaire[1]. Il s'y était embourbé de manière stupide, par ses silences, son manque de fermeté, et cherchait maintenant à faire porter le chapeau aux responsables de l'enquête sur la mort du sous-préfet! Des cabinets ministériels commencèrent à filtrer des informations sur le thème «les policiers et les magistrats locaux ont eu tort de privilégier la thèse privée au détriment de la piste politique». Alors que nous avions pourtant appelé tout le monde à la prudence, nous étions montrés du doigt!

La situation devenait chaque jour plus délicate à gérer. D'embûches en coups durs, nous avions le sentiment de perdre en partie le bénéfice des premiers mois. Pour ne rien arranger, l'affaire Massimi demeurait une énigme, en dépit de la revendication du FLNC. Certes, il s'agissait d'une piste sérieuse, mais l'organisation clandestine n'apportait aucune preuve matérielle. Communiqué ou pas, nous étions toujours incapables de dire si elle était responsable de cette opération ou si elle en avait clamé la paternité par opportunisme politique...

Pourquoi avoir attendu huit jours avant de diffuser un texte? Pour s'assurer que les enquêteurs n'avaient aucune piste? Pour étudier la réaction de l'opinion publique? Ou pour laisser le gouvernement s'empêtrer? À titre personnel, je retiendrai la dernière hypothèse. Les «penseurs» du FLNC avaient fort bien évalué les faiblesses du pouvoir. En désignant Franceschi, ils défiaient l'État.

1. Gaston Defferre apporta son soutien à Franceschi en parlant de «rumeurs abracadabrantes» et en déclarant : «Vous imaginez un ministre se promenant avec une valise contenant cent millions?»

XIII

Rester à Ajaccio

En parcourant ces pages, on peut se demander pourquoi je n'ai pas claqué la porte. Après tout, j'aurais pu écrire une belle lettre demandant mon retour sur le continent. J'aurais pu mais je ne l'ai pas fait. Même si l'idée d'un départ anticipé m'a effleuré l'esprit en apprenant les « interférences » des apprentis sorciers de l'Élysée ou d'ailleurs, je suis resté et je ne l'ai jamais regretté. En partant, j'aurais eu l'impression de déserter sans pouvoir m'expliquer publiquement sur mes motivations profondes. Devoir de réserve oblige, je n'aurais rien pu dévoiler des manœuvres de la cellule, des incohérences de la justice, des lâchetés politiques...

Il n'y avait rien de masochiste ni de suicidaire dans mon obstination à demeurer à Ajaccio. Je ne cherchais pas non plus à préserver ma carrière ou à réaliser une bonne opération financière. Je percevais certes un traitement de préfet mais, pour répondre à une question souvent posée à ma famille, je ne bénéficiais d'aucun « bonus financier » en compensation des risques encourus !

Alors, pourquoi rester ? Simplement parce que ce n'était ni dans mon tempérament ni dans mes habitudes de reculer devant l'obstacle. En un peu moins d'un an, nous avions mis en place une réelle politique de lutte contre l'insécurité. Policiers et gendarmes obtenaient de bons résultats. Les multiples témoignages de sympathie, adressés par des fonctionnaires de tous grades, m'incitaient aussi à rester. En essayant d'insuffler un esprit d'équipe, j'avais en quelque sorte lié mon sort au leur. Certains d'entre eux avaient consenti à des sacrifices, familiaux et professionnels, pour me suivre dans cette galère. Je n'avais pas non plus le droit de décevoir les très nombreux Corses qui nous accordaient leur confiance.

J'entretenais également d'excellentes relations avec la plupart des élus. Croyant bien faire, et sans m'en parler, ils insistaient d'ailleurs auprès de Gaston Defferre pour que je sois nommé préfet à part entière, alors que j'étais toujours « commissaire de la République ». Déjà, j'avais eu droit aux pressions du syndicat des commissaires qui ne comprenait pas mes réticences à franchir le pas. Finalement, ayant reçu l'assurance de Gaston Defferre d'être nommé, à l'issue de mon séjour à un poste de préfet directeur central au sein de la police nationale, j'acceptai de franchir le pas en novembre 1983. C'est ainsi que je suis devenu préfet, mais toujours avec une carte de policier !

J'avais d'autant moins l'intention de quitter Ajaccio que les dernières informations en provenance de Paris étaient plutôt rassurantes. La présidence semblait enfin prête à contrôler les activités de la cellule. L'omniprésent capitaine Barril n'était plus en odeur de sainteté du côté de l'Élysée et de la gendarmerie. On lui trouvait soudain tous les défauts de la terre : il était mis en cause dans l'affaire des Irlandais ; il avait essayé d'approcher Jean-Marc Rouillan, l'un des fondateurs du groupe Action directe (avec du papier à en-tête de la présidence de la République !) ; il avait noué des contacts controversés avec Alain Orsoni ; enfin, son nom apparaissait en marge de quelques affaires filandreuses... Des soupçons, rien que des soupçons, mais il était grand temps, aux yeux du pouvoir, de prendre ses distances. C'est ce que fit le gouvernement, par la voix de son porte-parole, Max Gallo, le 5 octobre 1983 : « Paul Barril n'appartient pas et n'a jamais appartenu aux services de l'Élysée. » Dans la foulée, Charles Hernu, le ministre de la Défense, annonça que l'inspection générale de la gendarmerie serait chargée d'une enquête sur les éventuelles « initiatives personnelles » du capitaine.

Cette reprise en main me laissait toutefois dubitatif. Pourquoi avoir attendu si longtemps ? De qui se moquait-on en prétendant tout ignorer des activités de Barril ? J'étais bien placé pour savoir que l'affaire de Vincennes avait paru louche dès les premières heures et que la présidence avait été mise garde par Joseph Franceschi. J'étais bien placé, aussi, pour dire que Barril et ses acolytes étaient venus en Corse dans des conditions inadmissibles. Quoi que l'on puisse penser d'eux, il serait malgré tout injuste de reprocher au capitaine et au commissaire Pellegrini toutes les dérives de la cellule. J'ai du mal à imaginer qu'ils aient agi sans en référer à Christian Prouteau et aux conseillers de François Mitterrand.

Paul Barril a cru – et croit sans doute toujours – que ses malheurs provenaient de la rivalité entre la police et la gendarmerie. Il aurait, en quelque sorte, été victime de manœuvres policières destinées à contrôler tout ce qui touchait au terrorisme. Il n'en est rien. Pour ma part, je me suis contenté d'alerter mes supérieurs en temps voulu. D'autres que moi, notamment Charles Barbeau, le directeur général de la gendarmerie, ont tiré la sonnette d'alarme, sans davantage de succès. Si Barril a été évincé [1], il le doit d'abord à lui-même et à sa capacité – quasi surhumaine – à s'embourber dans des histoires tordues. Il le doit aussi aux gens qui ont eu tort d'utiliser ses services : Christian Prouteau, Charles Hernu et François Mitterrand.

1. Paul Barril a quitté la gendarmerie en 1985, avec ses dossiers et ses secrets, pour se lancer dans la sécurité privée... et l'édition.

XIV

Les obsèques d'un « martyr »

Où allait l'île de Beauté ? Les fractures naissantes, au cœur de la société insulaire, n'auguraient rien de bon. Les nationalistes se laissaient entraîner vers l'ultraviolence. Une partie de la population, consciente des résultats obtenus par les forces de l'ordre, ne comprenait pas le laxisme de la justice et l'attitude ambiguë du gouvernement. En fait, du côté de Paris, on ne savait toujours pas comment résoudre le « problème corse ».

Dans leur immense majorité, les Corses voulaient rester français. Malheureusement, tout en proclamant leur attachement à la nation, ils n'arrivaient pas à se démarquer des aspects négatifs des traditions locales : la loi du silence, l'intervention souvent intempestive des élus, la solidarité excessive – dans certains cas – avec les gens d'un même village, d'un même clan... Il était certes facile d'en appeler, comme ils le faisaient fréquemment, aux responsabilités de l'État, mais c'était oublier leurs propres obligations...

Ce malaise à multiples facettes était flagrant dans la réaction face au terrorisme. Ainsi, l'affaire Étienne Cardi, poseur de bombes devenu « martyr », résume à elle seule toute la difficulté de notre action en Corse.

Les faits remontent au matin du 10 janvier 1984, dans le secteur de Capo di Muro, sur la rive sud du golfe d'Ajaccio, l'un des plus beaux sites que je connaisse en Corse. Un paradis au bord de l'eau.

Ce jour-là, un promeneur découvre un homme à demi inanimé, sur un chemin d'accès à la mer. C'est un garagiste ajaccien d'une quarantaine d'années, connu pour son engagement nationaliste. Y a-t-il un lien avec les deux explosions entendues dans la nuit par les habitants des environs ? Les gendarmes suivent les traces de sang et parviennent à une villa partiellement détruite par un attentat. Dans les décombres, ils trouvent le corps déchiqueté d'un individu venu installer une bouteille de gaz, accouplée à un mécanisme de mise à feu. Il s'agit d'Étienne Cardi, quarante-six ans, père de trois enfants, responsable de la formation des personnels au rectorat ! Cet enseignant avait la réputation d'être un nationaliste passionné mais personne ne pouvait imaginer qu'il posait des bombes.

Le propriétaire de la villa est le professeur Paul Aboulker, une sommité du monde médical, qui assure n'avoir aucun ennemi sur l'île. En 1980, il a même sauvé la vie d'un Corse, victime d'un début d'hydrocution. Or ce noyé n'est autre que le garagiste touché dans l'attentat ! Une bien curieuse manière de remercier son « sauveur » !

La mort de Cardi laissa indifférente une grande partie de la population, mais fut ressentie comme une tragédie par les séparatistes. Dans l'un de leurs communiqués, on pouvait lire : « Un militant nationaliste est mort, un autre très grièvement blessé. Nous nous inclinons avec respect et émotion devant ce nouveau martyr de la cause corse, un patriote victime du colonialisme français. »

Le FLNC et tous ceux qui lui emboîtaient plus ou moins le pas voulaient faire des obsèques une manifestation unitaire. Organisant des collectes au profit des familles des « victimes », rameutant leurs troupes jusque dans les lycées, ils misaient sur la solidarité insulaire.

Deux jours avant l'enterrement, le FLNC m'adressa un message écrit : « Durant les obsèques de notre militant Cardi, aucune force de police, aucun fonctionnaire en uniforme ou en civil ne doit apparaître sur les lieux sinon des incidents graves auront lieu et la communauté française ainsi que les forces de l'ordre en assumeront immédiatement les responsabilités. Aujourd'hui, il y a eu un mort; c'est déjà un mort de trop. C'est à vous maintenant d'éviter qu'il y en ait d'autres dans les jours suivants. Pour authentification, le mot martyr a été porté en guise de signature au communiqué transmis par le canal habituel. »

À peine eus-je le temps d'authentifier ce message qu'un appel téléphonique me parvint. Cette fois, il s'agissait d'un avertissement verbal : « Vous êtes prévenu, me dit un correspondant anonyme, si les forces de l'ordre sont présentes, un gendarme ou un policier sera immédiatement abattu sur notre terre. Il s'agira de notre première réponse. Quant à vous, vous savez ce qui vous attend... » En me donnant le numéro de code qui m'avait été attribué en janvier 1983 lors de l'attentat de la préfecture, cet inconnu confirma son appartenance au FLNC.

Le bras de fer paraissait inévitable. En accord avec le préfet de région, Paul Bernard, un communiqué officiel fut diffusé, de manière à placer les organisateurs devant leurs responsabilités : « Malgré les menaces et mises en demeure adressées aux autorités par une organisation dissoute, les responsables de l'ordre public font confiance à l'ensemble des participants pour que la cérémonie des obsèques se déroule normalement. Ces autorités précisent toutefois que : 1. Les services de police et de gendarmerie seront présents aux endroits jugés nécessaires. 2. Ces services n'interféreront pas dans le déroulement des obsèques. 3. Conformément aux lois de la République, il ne sera toléré aucune manifestation armée ou de nature à troubler l'ordre public. 4. Les organisateurs ou participants directs à d'éventuels débordements doivent savoir qu'ils engagent leur responsabilité personnelle. »

Voilà pour la théorie. Il restait à mettre ces bonnes résolutions en pratique.

À l'approche du jour J, le gouvernement avait donné des consignes de fermeté : l'enterrement, d'accord, mais pas de démonstrations armées! Le ministère de l'Intérieur redoutait par-dessus tout la présence des caméras. La moindre image d'un cagoulé tirant en l'air, défiant l'autorité de l'État, serait une catastrophe. Gaston Defferre était si déterminé qu'il m'ordonna d'entrer dans l'église, revolver au poing, dans le cas où un commando serait présent! Je lui répondis qu'il était pour le moins délicat de pénétrer l'arme à la main dans un lieu de culte et qu'une telle intervention serait mal perçue par l'opinion insulaire tout entière. Defferre n'insista pas. Il importait surtout de dédramatiser, d'en appeler aux personnes de bon sens.

Le programme commençait à prendre forme : le cercueil, déposé au funérarium de l'hôpital d'Ajaccio, serait conduit en cortège jusqu'à Serriera, village des environs de Porto-Vecchio, sur la côte occidentale. L'une de nos craintes concernait la partie ajaccienne du trajet. Selon les RG, le « salut aux armes » pourrait avoir lieu à l'hôpital ou bien en plein centre-ville, sur le cours Napoléon!

Le maire de Serriera, lui, s'inquiétait pour sa commune. Mais comme il semblait malgré tout avoir la confiance des nationalistes, il promit de jouer un rôle d'intermédiaire.

Au terme de multiples tractations, un arrangement fut trouvé : les forces de l'ordre ne procéderaient à aucun contrôle préventif et n'interviendraient pas lors de la cérémonie proprement dite, à condition que celle-ci se déroule sans armes. Le maire promit qu'il n'y aurait aucune manifestation violente sur le territoire communal. Pour ma part, je donnai tout de même des instructions aux responsables de la police et de la gendarmerie : « Empêcher et faire cesser immédiatement toute manifestation portant atteinte à l'autorité de l'État et troublant gravement l'ordre public. Arrêter immédiatement, en tous lieux et en toute circonstance, sauf à l'intérieur de l'église, les auteurs d'infractions... »

Samedi 14 janvier 1984. Comme convenu, je dirigeais la partie ajaccienne de l'opération. Pierre Quilici s'était quant à lui installé à la mairie de Serriera car il connaissait personnellement le maire et plusieurs organisateurs.

La première partie de la cérémonie, au funérarium d'Ajaccio, se déroula dans le calme. La présence des policiers, discrète mais réelle, dissuada les plus résolus des séparatistes. Ils renoncèrent à emprunter le cours Napoléon et à passer devant la préfecture, comme ils l'avaient envisagé à l'origine.

Des cars et plus de cent cinquante voitures particulières se dirigèrent ensuite vers Serriera, à une bonne soixantaine de kilomètres d'Ajaccio. Les gendarmes surveillaient la progression du convoi. À chaque ralentissement, ils craignaient l'irruption d'un commando !

Finalement, le cortège parvint sans incident au village. Presque tous les habitants étaient présents. Cinq à six cents personnes, soit la quasi-totalité des « durs » du nationalisme (sur deux cent quarante mille habitants...), étaient également regroupées aux abords de la petite église [1]. Comme le veut la tradition, la plupart des femmes se trouvaient à l'intérieur. Les hommes, eux, se tenaient plutôt sur le parvis, discutant par petits groupes... Un peu à l'écart, les forces de l'ordre étaient sur le qui-vive. La moindre incartade pouvait déclencher des débordements. Il y avait là des hommes de la PJ, dirigés par Mancini, ainsi que deux cent vingt-cinq gendarmes mobiles. À l'intérieur de l'église, deux policiers des RG assistaient à la cérémonie. Ils n'avaient sur eux ni carte professionnelle ni arme de service.

La messe en langue corse et les chants religieux, interprétés par les groupes Canta u populu corsu et I Muvrini, étaient diffusés par haut-parleurs. Dans ce village silencieux, les accents poignants du *Dio ti salvi, Regina* figeaient l'assistance dans une émotion indescriptible. Et pourtant, en l'espace de quelques minutes, tout allait basculer...

Vers 16 h 40, six hommes en treillis, le visage dissimulé sous une cagoule, surgissent dans la nef. Le chef du commando présente à la famille les condoléances du FLNC. Tous les six, un 357 Magnum à la ceinture, s'emparent du cercueil recouvert d'un drapeau à tête de Maure et le posent sur des tréteaux, devant l'église. Le service d'ordre nationaliste se regroupe autour d'eux, en rangs serrés, pour les protéger. Les six clandestins brandissent leurs armes et tirent une dizaine de coups de feu.

---

1. Sans craindre le ridicule, les organisateurs parleront de sept à huit mille personnes !

La foule applaudit, puis se met à crier « FLN, FLN, FLN... ». Hommage au mort, hommage aux vivants.

Mancini et ses inspecteurs, en attente derrière un muret, décident d'intervenir. Courageusement, ils se précipitent vers le commando, convaincus que les gendarmes mobiles vont venir à la rescousse. Hélas ! Ceux-ci ne bougent pas ! Il n'y en pas un seul sur deux cent vingt-cinq pour les aider !

Passé un moment d'hésitation, les nationalistes se ruent sur les policiers, vite submergés par cette meute déchaînée. Les coups pleuvent. On crie, on frappe, on se débat. La foule s'en prend à Mancini : « Enculé ! », « Pédé ! », « Assassin ! », « À mort ! », « Il faut le lyncher ! »... Jeté à terre dans la bagarre, il voit un type qui s'apprête à lâcher sur lui une pierre d'une vingtaine de kilos ! « Je vais te tuer ! » hurle-t-il. Témoin de la scène, un inspecteur surgit à temps pour le renverser.

À trente mètres de là, les gendarmes ne bougent toujours pas. Le visage en sang, le commissaire Taligault se précipite vers eux, leur demande de l'aide. « Qui me dit que vous êtes commissaire ? Prouvez-le », lui lance un officier. On croit rêver : ils restent stoïques, alors que les policiers sont roués de coups, insultés, sur le point d'être lynchés ! Les six clandestins en profitent pour se réfugier dans l'église, ôter leurs treillis, se débarrasser des armes et des cagoules et se fondre dans la foule.

Dehors, c'est toujours la cohue. Mancini et ses hommes, qui ont le sang-froid de ne pas utiliser leurs armes, doivent leur salut à l'intervention de nationalistes moins excités, notamment Pierre Poggioli. Sans eux, il y aurait probablement eu mort d'homme. Trois policiers ont tout de même été blessés.

Il fallut une dizaine de minutes pour que le calme revienne. Dix minutes de tractations entre les organisateurs, le maire et Pierre Quilici. Celui-ci réussit à calmer les esprits alors que certains nationalistes voulaient déclencher une fusillade !

Dans son rapport, Quilici écrira, à propos de la gendarmerie : « L'intervention des pelotons de gendarmerie mobile placés autour de l'église ne s'est pas effectuée alors que la mission était claire : intervention immédiate dès la première infraction grave. La démonstration d'un commando armé et cagoulé constituait à l'évidence une telle infraction. Cette intervention du commissaire Mancini a peut-être surpris les gendarmes. Elle était pourtant prévisible et j'avais signalé personnellement au lieutenant-colonel B. la présence de mon collègue et de son équipe. Enfin, c'est au moins dès les coups de feu que les pelotons auraient dû s'élancer au risque même de bousculer l'équipe de la PJ. »

Pourquoi ne l'avaient-ils pas fait, conformément aux ordres réitérés de vive voix, en présence des officiers, quelques heures plus tôt ? Les gendarmes de la « base » avaient attendu les ordres de leur hiérarchie. De son côté, le capitaine qui commandait l'escadron posté près de l'église avait attendu les instructions de son lieutenant-colonel, lequel se trouvait, avec Quilici, à la mairie. Or le lieutenant-colonel en question avait paraît-il cru que les détonations étaient dues à des pétards ! Je crois surtout qu'il avait refusé d'entrer en action sans assurances de la part des autorités judiciaires ! Et qu'avaient-elles dit, ces autorités judiciaires ? Rien. Tout au long de la matinée, elles avaient tergiversé sur la conduite à tenir... Résultat : à force d'attendre des ordres et des garanties, Mancini avait bien failli y laisser sa peau !

La faute de la gendarmerie, assimilable à de la non-assistance à personnes en danger, provoqua la colère de Gaston Defferre. À ma demande, une mission d'inspection allait venir enquêter sur cette affaire.

En attendant, les médias firent leurs gros titres sur les échauffourées de Serriera, approuvant ou fustigeant l'attitude des gendarmes. Les journalistes étaient d'autant plus enclins à la critique que la diffusion des images avait été interdite par le ministère de l'Intérieur, dans un premier temps, puis sur décision de la justice, qui avait ordonné la saisie de la cassette de FR3.

La mission d'inspection, désignée par le Premier ministre Pierre Mauroy, devait étudier toutes les phases de l'affaire, de la préparation aux incidents. L'intention était louable mais elle déboucha sur quelques moments presque risibles. Les deux soi-disant « spécialistes », un général et un inspecteur général de l'administration, se transformèrent en donneurs de leçon. L'inspecteur, que l'on m'avait demandé d'accueillir à l'aéroport, refusa de monter dans ma voiture, sous prétexte qu'il devait rester « neutre », entre la gendarmerie et la police ! Le soir même, il dînait pourtant chez les « pandores » !

Armés chacun d'un stylo et d'un calepin, nos deux « missionnaires » de choc vinrent jouer les stratèges de salon. Entre autres reproches, l'un d'eux nous fit part de son étonnement sur l'absence de fouilles corporelles à l'entrée de l'église, même sur les membres de la famille Cardi ! De la sorte, évidemment, les hommes du commando n'auraient pas pu enfiler leurs cagoules et leurs treillis à l'intérieur ! Élémentaire, mon cher missionnaire ! Mancini et ses hommes auraient dû perquisitionner dans l'église, faire déshabiller tout le monde (le curé aussi, réputé pour ses idées nationalistes). Nul doute que le FLNC aurait accepté sans réagir ! Soyons sérieux : les véritables raisons de ce fiasco étaient tout autres. Personne n'osa s'en prendre à la gendarmerie (une habitude, à cette époque). Personne n'eut connaissance de la position de la justice. Personne n'évoqua le laxisme du gouvernement et sa politique chaotique, consistant à demander un jour aux policiers de pourchasser les indépendantistes et le lendemain de s'en abstenir, au prétexte, inavoué, qu'une nouvelle trêve bidon était en cours de négociation par je ne sais quel « émissaire » élyséen... Gaston Defferre jugea le rapport des deux « enquêteurs » si ridicule qu'il piqua, une fois de plus, une mémorable colère !

De cette fameuse journée du 14 janvier 1984, je retiendrai aussi un autre événement, révélateur des failles ouvertes au cœur de la société insulaire. Le même jour, par une coïncidence de calendrier hautement symbolique, s'était tenu un rassemblement de l'association Corse française et républicaine (CFR). Trois à quatre mille personnes, de toutes tendances politiques, s'étaient réunies à Calvi pour dénoncer la violence, le racisme et proclamer leur attachement à la République. Leur manifestation, prévue depuis plusieurs semaines, avait eu lieu à l'heure même où, à quelques dizaines de kilomètres de là, Serriera enterrait Cardi.

La CFR était un mouvement jeune, encore un peu désordonné, mais il exprimait une opinion largement partagée. Sa naissance et ses premiers succès populaires résultaient d'une série d'incidents survenus à Cargèse, merveilleuse localité de mille cent habitants, située à une cinquantaine de kilomètres au nord d'Ajaccio. Au cours de l'été 1983, des joueurs de pétanque avaient refusé de céder aux pressions du groupe I Muvrini qui prétendait les déloger de la place de l'Église et se produire sans autorisation de la mairie. En réalité, les boulistes reprochaient aux chanteurs d'avoir un répertoire trop tendancieux. Un mois plus tard, un accrochage similaire avait éclaté, cette fois avec le groupe Canta u populu corsu. Six cents cargésiens avaient alors signé un manifeste dans lequel ils posaient la question : «Le peuple corse est-il constitué par les quatre-vingt-dix-huit pour cent de la population ou par les deux pour cent de séparatistes?» Le 17 septembre, tous les villageois ou presque s'étaient retrouvés dans la rue pour s'opposer à deux cents nationalistes. La présence d'un détachement de CRS avait permis de calmer les esprits. Ensuite, le 10 novembre, s'était tenue à l'Hôtel de France de Cargèse une réunion marquant la création de la CFR. Et le lendemain, devant le monument aux morts du village, le président, Jean Dragacci, avait lancé un appel entendu bien au-delà de la cité.

Les nationalistes avaient beau nier cette réalité, hurler à la «manipulation» et au «fascisme» (nombre d'entre eux étaient pourtant mal placés pour employer ce mot!), la CFR s'était imposée comme une association crédible, dirigée par des hommes sincères et courageux. Çà et là, des comités avaient vu le jour, regroupant aussi bien des jeunes que des anciens pour dire «oui» à la paix civile, «oui» au maintien de la Corse au sein de la République française. Cette réaction citoyenne, marquée par des défilés pacifiques aux côtés de partis ou de syndicats de tous bords, s'expliquait aussi par l'écœurement ressenti devant les magouilles de l'époque. La Corse profonde ne supportait plus de voir certains «héros» du nationalisme profiter des largesses des pouvoirs publics et de la Communauté européenne. Ils percevaient des millions dont l'utilisation n'était jamais vraiment contrôlée. Ainsi des sommes considérables étaient-elles distribuées pour développer les randonnées équestres, la charcuterie de montagne, des stages d'initiation au maniement des explosifs pour déraciner les souches (!) ou encore, idée farfelue mais authentique, l'élevage d'escargots !

Le 14 janvier, jour des obsèques de Cardi et du rassemblement CFR de Calvi, il s'en était fallu d'un rien pour que la rencontre entre les deux Corse ne dégénère. Les files de voitures s'étaient croisées à Cargèse. On s'était insulté, menacé, on avait brandi des armes, mais l'affrontement avait été évité.

Dans sa lutte contre le terrorisme, la CFR avait un handicap majeur : elle ne disposait pas des mêmes faveurs médiatiques. Son rassemblement de Calvi, pourtant plus important que celui de Serriera en termes d'affluence, passa presque inaperçu. Cette injustice dans le traitement de l'information, ajoutée au sentiment que le FLNC bénéficiait d'une relative mansuétude de la part des autorités judiciaires, accentuait la perte de confiance dans les institutions de la République.

XV

Vendetta à la prison

Tout au long de l'hiver et du printemps 1984, les affaires Orsoni et Massimi (le sous-préfet assassiné) continuèrent d'engendrer des remous politiques et toutes sortes de rumeurs. Ainsi, on racontait que le corps du jeune militant serait retrouvé le 17 juin, jour anniversaire de sa disparition ! Quotidiennement, ou presque, un nouvel élément plus ou moins farfelu venait compliquer davantage notre tâche. Avec une indéniable intelligence tactique, les nationalistes avaient tout misé sur cette complexité.

Quand une affaire devient trop embrouillée, certains journalistes et une partie du public ont tendance à aller au plus simple, à tirer une conclusion hâtive, sur le thème « de toute façon, cette histoire n'est pas claire, il doit y avoir une magouille là-dessous... ». C'est exactement ce qui se passait dans le dossier Orsoni : quoi que l'on dise, quoi que l'on fasse, nous étions arrivés à un point de non-retour. Malgré les arrestations, le doute s'était installé dans les esprits. La faute à la justice, qui n'avait pas su sortir de sa réserve. La faute au gouvernement, qui avait sous-estimé la propagande nationaliste. Le bénéficiaire de cette pagaille était évidemment le FLNC. Il pouvait poursuivre son programme de vengeance.

La famille de Jean Alfonsi, alias Jeannot le Long, en fut la première victime. Non pas le « parrain » lui-même, mort d'un cancer généralisé en décembre 1983, mais plutôt son entourage.

Le même mois, l'un de ses fils et un jeune cousin furent attaqués par des tueurs, près de l'aéroport d'Ajaccio. Le fils s'en sortit indemne mais le cousin fut blessé d'une décharge de chevrotines dans le ventre.

La personne la plus recherchée demeurait toutefois Jean-Marc Leccia, soupçonné d'être le principal commanditaire de l'enlèvement. On se souvient que cet homme de Porto-Vecchio, souvent présenté comme un gros bonnet du milieu, avait échappé au coup de filet du 23 juin 1983. Comment retrouver sa trace ? La PJ surveillait les compagnes respectives des Leccia, père et fils. Lassées de subir des attentats contre leurs magasins, les deux femmes s'étaient réfugiées à Six-Fours, dans le Var.

À la mi-décembre, les policiers en planque constatent que la fille de Jean-Marc Leccia, âgée d'une dizaine d'années, est conduite à l'aéroport de Toulon à destination de Paris. À Orly, elle est accueillie par un vieil ami de son père. Le lendemain, l'homme et la fillette prennent le train pour Bruxelles puis un vol vers New York. Quatre policiers du SRPJ d'Ajaccio s'embarquent pour les États-Unis à bord du même appareil. Aussitôt alerté, le FBI est déjà prêt à prendre le relais, de même que le Narcotic Bureau car le nom de Leccia figure sur les listes rouges du trafic de drogue...

L'homme et la petite fille poursuivent leur voyage vers Miami, en Floride.

Au terme de cette filature transatlantique, les policiers français parviennent à retrouver la trace de Jean-Marc Leccia. Mais s'ils sont évidemment pressés de l'interpeller et d'engager une procédure d'extradition, ce n'est pas le cas des Américains. Ceux-ci voudraient surtout savoir ce qu'il fait dans leur pays et connaître ses éventuels contacts. C'est alors qu'un événement extraordinaire va se produire.

Dans un communiqué diffusé le 29 décembre, le FLNC annonce en effet l'arrestation du fugitif « entre l'aéroport de New York et Disneyworld, alors qu'il circulait librement en compagnie de sa fille » ! Selon le Front, cette arrestation aurait eu lieu le 21 décembre ; ce qui est totalement faux, puisque

Leccia n'a pas encore été intercepté en raison des réticences américaines !

Comment expliquer la divulgation d'une telle nouvelle ? J'ai la conviction que le FLNC, grâce à ses réseaux d'informateurs, avait connaissance d'une filature aux États-Unis. En annonçant prématurément l'arrestation, il espérait ni plus ni moins faire capoter l'opération. De la sorte, Leccia resterait en cavale et ne pourrait donner sa version de l'affaire Orsoni. Une manœuvre de plus pour occulter la vérité.

Par un singulier retournement de situation, ce stratagème eut cependant un effet bénéfique. Le FBI et le Narcotic Bureau, conscients de l'urgence, décidèrent d'arrêter Leccia, le 31 décembre, devant une cabine téléphonique des environs de Miami. Son père fut interpellé le même jour, à Paris. Transférés à la maison d'arrêt d'Ajaccio, les deux hommes retrouvèrent les autres inculpés de l'affaire Orsoni.

En ce début d'année 1984, le juge d'instruction avait donc pratiquement toutes les cartes en main pour étayer l'hypothèse d'un crime de droit commun, sans aucun rapport avec un quelconque « complot » politique.

Pour mieux comprendre la suite des événements, il faut s'attarder un instant sur un sujet délicat en Corse : les prisons. Dans ce domaine, comme dans d'autres (les élections, par exemple !), l'histoire locale est riche de mille anecdotes.

Ainsi, depuis mon arrivée j'avais pu constater que les prisons « gruyère » étaient un sujet de plaisanteries. Les évasions étaient fréquentes. En juillet, les auteurs de la prise d'otages de Calvi (mars 1983) s'étaient évadés avant d'être repris au bout d'un mois, à Porticcio, après un braquage au Sofitel. De retour à l'ombre, l'un d'eux s'était de nouveau fait la belle quelques semaines plus tard ! Autre évasion de la maison d'arrêt de Bastia : celle de Charles Pieri, l'un des nationalistes poursuivis dans l'affaire des légionnaires de Sorbo Ocognano. Signalons encore Jean-Baptiste Remitti, un dangereux gangster, qui s'était enfui du palais de justice d'Ajaccio... Ces péripéties prêtaient presque à sourire dans les ministères parisiens. On les mettait sur le compte du « folklore » corse. C'est en effet une attitude solidement ancrée dans les habitudes continentales que d'invoquer le « folklore » pour justifier tous les maux de cette île. Des supporters de l'équipe de football de Bastia, liés au FLNC, menacent de mort des joueurs adverses ? Folklore. On monte une tribune de bric et de broc pour gagner davantage d'argent au stade de Furiani ? Folklore. Des subventions européennes sont détournées à des fins malhonnêtes ? Folklore. Les listes électorales sont gonflées artificiellement, les morts votent ? Folklore. Du côté continental, c'est d'abord une solution de facilité : puisque l'on ne veut pas se donner la peine et les moyens de remédier à ces dysfonctionnements, on se retranche derrière les us et coutumes des insulaires ! La Corse, par ses excès, nourrit l'indifférence de Paris. Et Paris, par sa gestion à courte vue, renforce la Corse dans son sentiment d'impunité.

Dans le style « gruyère », la maison d'arrêt d'Ajaccio était un modèle du genre : vétuste, surpeuplée, difficile à protéger de l'extérieur. C'est là, dans ces bâtiments nichés au cœur d'un quartier populaire, qu'allait se jouer l'épisode le plus spectaculaire de l'affaire Orsoni, le 7 juin 1984 au matin.

À 6 h 10, alors que les surveillants s'apprêtent à sortir les poubelles, trois hommes s'engouffrent à l'intérieur de la prison. L'opération a été préparée de manière quasi militaire : deux d'entre eux sont vêtus de treillis de gendarmes mobiles ; le troisième, en bleu de chauffe[1], porte un sac de sport rempli d'armes.

Le surveillant-chef ouvre le feu dans leur direction, sans les atteindre. Dans le même temps, un « maton » venu prendre son service court donner l'alerte. Des gendarmes et des gardiens de la paix réussissent alors à bloquer l'entrée. Le commando est coincé.

Notre dispositif de crise se met aussitôt en place. Mon nouvel adjoint, Gérard Durand[2], reste à la préfecture pour coordonner

1. Tenue souvent revêtue par les nationalistes.

2. Pierre Quilici avait dû rejoindre Marseille pour raisons familiales. J'avais choisi son remplaçant, Gérard Durand, parmi mes camarades de promotion à l'École des commissaires. Je n'ai jamais regretté ce choix.

les effectifs et assurer la liaison avec les autorités. Quant à moi, j'installe notre poste de commandement au palais de justice, voisin de la prison, et demande qu'une liaison téléphonique directe soit établie avec le commando.

À première vue, il s'agit d'une prise d'otages relativement «classique» : les trois hommes ont probablement voulu libérer des amis mais ils n'ont pu s'échapper à temps. En outre, il nous paraît peu probable qu'ils soient venus seuls, sans complices postés dans le quartier. En relevant tous les numéros des véhicules en stationnement, les policiers débusquent bientôt deux hommes à l'arrière d'une camionnette; deux nationalistes fortement armés (un pistolet-mitrailleur, un lance-grenades...). Leur rôle consistait à «couvrir» le trio. Cette fois, les données du problème sont claires : nous avons affaire au FLNC!

Autre découverte troublante, dans la rue longeant la prison : une Peugeot 104, les roues braquées vers la rue, comme pour se dégager rapidement. Les portières ne sont pas verrouillées, les clés sont dans le vide-poche, un sac contenant un riot-gun est posé sur le siège avant. Sur la banquette arrière, une mitraillette, à peine dissimulée sous un vêtement! L'utilisateur de cette voiture est aussitôt identifié : il s'agit d'un habitant du quartier, maire d'une petite commune de Corse-du-Sud. Pour moi, c'est une vieille connaissance, rencontrée du temps de l'antigang... Quand les policiers se présentent chez lui, il a déjà planqué son pistolet 9 mm dans le cartable de sa fille sur le point de partir à l'école! Après enquête, il apparaîtra qu'il n'avait rien à voir avec les séparatistes. La 104 aurait été «empruntée» à son insu par le commando...

À l'intérieur de la prison, tout semble calme. Il n'y a pas la moindre agitation. Nous ignorons toujours où se trouvent les trois hommes. Pour en savoir davantage, l'adjoint de Mancini, Bernard Trenque, parvient à escalader le mur d'enceinte avec cinq inspecteurs et à atteindre l'appartement du surveillant-chef. Ils entreront en action à notre signal, en cas d'intervention.

Peu après 9 heures, nous établissons un premier contact avec l'un des membres du commando. Il me parle calmement, sans menaces. Son objectif paraît simple : sortir sans violence, en présence d'amis nationalistes. Je refuse cette condition et suggère qu'un avocat (le bâtonnier d'Ajaccio) et le procureur de la République soient à mes côtés au moment de la reddition.

Bien que les discussions traînent quelque peu, ce n'est qu'une question de patience : les trois hommes ne veulent pas s'éterniser dans la maison d'arrêt.

Vers 11 heures, ils me font savoir qu'ils acceptent de quitter les lieux sous le contrôle du bâtonnier et du procureur. Le temps de tout mettre en place, ils se rendent sans opposer de résistance, une trentaine de minutes plus tard. Afin d'éviter tout débordement, ils sont aussitôt enfermés dans un camion banalisé, avec une dizaine de policiers du SRPJ.

La tension est très vive dans le quartier. Des militants se sont rassemblés pour crier « FLN, FLN » et acclamer leurs « héros ».

Ceux-ci n'ont rien de néophytes, ce sont même des « combattants » aguerris. Deux d'entre eux, condamnés à des peines d'emprisonnement pour plusieurs attentats, ont bénéficié de l'amnistie de 1981. C'est le cas de Pantaleon Alessandri, trente et un ans, membre du FLNC depuis sa création. À la suite d'études de droit à l'université de Nice (l'un des creusets historiques des nationalistes), il s'est rendu au Liban, où il a côtoyé des Palestiniens. Son complice, Noël Pantalacci, trente-trois ans, a également fréquenté la faculté de Nice, dont il est sorti avec une licence d'histoire. Puis il est devenu secrétaire de rédaction au journal *Le Provençal.* Quant au troisième, Pierre Albertini, vingt-quatre ans, c'est un ancien parachutiste, fils d'un agriculteur à la retraite.

En les voyant sous bonne garde, nous sommes tous soulagés. Pour nous, l'affaire est terminée. Pas un mort, pas un blessé, pas d'évasion, le commando sous les verrous : le scénario idéal !

Notre soulagement sera de courte durée. En fouillant la prison, les policiers découvrent en effet que le commando a exécuté deux protagonistes de l'affaire Orsoni ! La vendetta dans toute son horreur. Au premier étage, dans la cellule numéro cinq, ils ont trouvé Jean-Marc Leccia, l'un des « commanditaires » présumés, arrêté fin mars aux États-Unis. En pyjama, il dormait, allongé en chien de fusil. Ils l'ont tué de trois balles dans la tête.

Au deuxième étage, dans la cellule numéro dix-sept, dormait Salvatore Contini, le tueur sarde. Son compagnon de cellule, un autre Italien, a dû sortir dans le couloir. Contini a été abattu de six balles de 9 mm.

Dans les deux cas, les expertises permettront de conclure à des exécutions pendant le sommeil.

Continuant sur leur lancée, les trois hommes ont rendu visite à deux autres inculpés : Jean-Simon Alfonsi (fils de Jeannot le Long) et Paul Andréani, le truand dont les « aveux » ont tout déclenché. Devaient-ils être exécutés ou bien seulement interrogés pour connaître le sort de Guy Orsoni ? Nous ne l'avons jamais su. Toujours est-il qu'ils ont été menacés, questionnés, mais épargnés... Nous aurons l'occasion de revenir sur les raisons de cette clémence.

Le commando en a également profité pour libérer deux « frères » nationalistes : Paul Ceccaldi, vingt-quatre ans, arrêté à la suite du plasticage d'un village de vacances et surtout Noël Luciani, trente-cinq ans, archiviste à la direction générale des affaires culturelles, vedette du groupe Canta u populu Corsu, et membre influent du FLNC[1].

Comme toujours, les réactions politiques furent à la mesure de l'événement. À la tribune de l'Assemblée nationale, le garde des Sceaux, Robert Badinter, déclara : « Nous sommes en présence de faits de la plus haute gravité, en présence d'un crime et d'un défi majeur à la justice. Ces hommes sont à présent sous la main de la justice et la fermeté du ministère public sera à la mesure de l'outrage. » Pas de doute : cette fois, on allait voir ce qu'on allait voir !

Sur l'île, l'affaire fut d'abord évaluée à l'aune de la « tradition ». Sur ce plan, le FLNC avait visé juste : il avait vengé dans le sang la mort de l'un des siens. Une partie de la population, notamment chez les plus jeunes, ne pouvait qu'être sensible à

1. Dans le box où il avait été arrêté le 25 avril 1984 et dans son appartement, nous avions trouvé des armes, des explosifs, ainsi qu'une importante documentation et des listes d'objectifs. Noël Luciani avait assumé ses responsabilités et reconnu son appartenance au FLNC. Il faut souligner que, à notre connaissance, il s'agissait d'un « pur », sans aucun lien avec le banditisme.

cette mise en scène dramatique. Tout le monde, en revanche, s'étonnait de l'absence d'Alain Orsoni. Pourquoi n'avait-il pas pris part à l'opération ? Jadis, sur le corps assassiné d'un homme, les femmes prenaient l'engagement de venger la victime. En arrachant leurs vêtements, en se griffant le visage, elles chantaient leur « soif ardente de sang et de mort » et, lorsque l'identité de l'assassin était connue, il appartenait à un homme, parent de la victime, de laver l'affront.

Même si l'opération du 7 juin s'était mal terminée pour eux (ils n'avaient pas prévu de rester coincés à l'intérieur !), les trois hommes passaient pour des « justiciers ». Cette violence reflétait le vrai visage des « durs » du Front, leur conception dictatoriale de la justice. Nous étions loin du « folklore » dont Paris s'amusait tant. La branche du FLNC qui avait souhaité cette opération commençait toutefois à susciter des critiques chez ses amis. Selon nos renseignements, les dissensions se faisaient de plus en plus vives, notamment au sujet des relations nouées avec l'organisation basque ETA.

Des manifestations de soutien au trio d'Ajaccio furent tout de même organisées un peu partout. Les leaders séparatistes remobilisèrent leurs troupes contre la « répression » française. Alain Orsoni salua l'action de ses amis lors d'une conférence de presse : « Je constate avec plaisir que le commando a rendu justice à mon frère en exécutant deux des principaux assassins. » Il souligna aussi le « courage exceptionnel » du commando.

La justice estima que ces déclarations, et quelques autres, constituaient une apologie du crime. Trois dirigeants, parmi lesquels Alain Orsoni, furent inculpés et écroués durant plusieurs semaines[1]. Certains observateurs jugèrent la riposte mesquine de la part d'un gouvernement incapable de masquer ses carences. Mais qu'auraient-ils dit si aucune poursuite n'avait été engagée ?

Le procès du commando eut lieu du 16 au 26 juillet 1985, à Lyon. À l'époque, je n'étais plus en poste en Corse mais je ne

1. Alain Orsoni, inculpé le 9 juin d'apologie de crime, est aussitôt transféré à la maison d'arrêt des Baumettes, à Marseille. Il sera condamné à un mois d'emprisonnement ferme le 19 octobre 1984.

voyais aucune raison de me dérober à partir du moment où j'avais été cité comme témoin. Cette audience présentait un double intérêt : l'examen de l'affaire de la prison et l'analyse du dossier Orsoni. Comme il était à craindre qu'il n'y aurait jamais de procès sur la disparition du jeune nationaliste – la plupart des inculpés étant décédés... –, il faudrait se contenter d'une sorte de « procès dans le procès ». Ni Mancini ni moi ne voulions manquer cette occasion de parler devant la justice. En revanche, Paul Barril, appelé à témoigner sur ses escapades en Corse et ses rencontres avec Alain Orsoni, envoya une lettre d'excuse. Une absence regrettable car de nombreux nationalistes, hostiles aux contacts Barril-Orsoni, auraient aimé avoir des précisions à ce propos[1].

Se présentant comme des « résistants », les accusés confirmèrent avoir agi au nom du FLNC. Revendiquant une responsabilité « collective », ils refusèrent de donner des détails sur le rôle de chacun d'entre eux. Alain Orsoni les présenta de nouveau comme des « justiciers » : « Ils ont débarrassé la société de deux assassins. Si j'avais su ce qui se préparait à la prison d'Ajaccio, j'y aurais été. Cela m'aurait évité la honte. Car j'ai honte de ne pas être avec eux aujourd'hui dans ce box. »

Il restait tout de même à expliquer leur indulgence à l'égard du fils Alfonsi et surtout de Paul Andréani, l'homme des « aveux ». Ce dernier, dont le témoignage était très attendu (ou redouté ?), se contenta d'un bref rappel des faits : « J'ai entendu des coups de feu. Ils ont ouvert la porte de ma cellule et m'ont pris. Je leur ai dit : "Non, non..." Ils m'ont relâché en me disant qu'ils n'allaient pas me tuer. » Lorsque les terroristes lui avaient demandé s'il savait où se trouvait le corps de Guy Orsoni, il aurait répondu : « Je ne sais pas, allez voir Leccia... » Problème : Leccia était déjà mort !

En dehors du récit de la matinée du 7 juin 1984 dans la prison d'Ajaccio, Paul Andréani se montra peu bavard. Étrangement, il ne se souvenait plus d'avoir parlé aux policiers ni au

1. L'ancien commissaire Charles Pellegrini vint en revanche témoigner, sans apporter d'éléments importants.

juge à propos des Orsoni. Il précisa juste, mais c'était tout de même important, que, à l'époque de la disparition de Guy, Leccia et ses amis s'intéressaient surtout à l'oncle Roger. L'un des avocats de la partie civile lui demanda alors :

– Leccia est mort, Contini est mort, Alfonsi est mort, Rossi est en fuite[1], Andréani, dites-nous ce que vous savez !

– Je ne sais rien, répondit l'amnésique.

– De qui avez vous peur ? poursuivit l'avocat.

– On m'a braqué un pistolet et j'ai dit que je ne savais rien... Alors ce n'est pas aujourd'hui que je parlerai[2].

Les avocats de la défense eurent beau jeu d'interpréter ces silences apeurés. De même, ils purent utiliser comme autant d'arguments les déclarations maladroites de quelques ministres, les interférences entre les services de police et de gendarmerie et les décisions, pour le moins surprenantes, de la justice insulaire[3].

C'est ainsi que se dessina un nouveau scénario ! Cette fois, il ne s'agissait plus d'un « complot politique » monté par l'État français mais d'une machination orchestrée, de sa propre initiative, par Joseph Franceschi ! Selon certains avocats, le secrétaire d'État aurait utilisé une mystérieuse filière, impliquant des truands, pour torpiller la tentative de dialogue amorcée par le président de la République. En d'autres termes, le secrétaire d'État aurait tout fait pour saboter une solution politique en Corse ! Une hypothèse stupide : Franceschi n'était pas homme à trahir la volonté de Mitterrand !

Arriva le jour de ma déposition et de celle de Mancini. Notre sentiment n'avait pas varié depuis le début : rien, absolument

1. Henri Rossi sera arrêté en Suisse, en janvier 1986. Transféré à Ajaccio, il décédera quelques mois plus tard, de mort naturelle, sans avoir livré ses secrets.

2. À l'époque, on racontait que le FLNC avait passé une sorte de « contrat » avec Paul Andréani. Celui-ci se serait engagé à retrouver le corps de Guy Orsoni. Cette rumeur n'a jamais pu être confirmée.

3. Andréani a été remis en liberté, dans le cadre de l'affaire Orsoni (trois mois avant le procès !), sur décision de la chambre d'accusation de Bastia. Il restera toutefois en prison mais pour une autre affaire. Quant au père de Jean-Marc Leccia, Grégoire, il a été libéré, suite à une erreur du juge d'instruction, deux mois avant l'ouverture de l'audience.

rien ne permettait de conclure à une affaire politique. La seule explication plausible que nous avions, témoignages à l'appui, concernait une tentative de racket de droit commun. Il était bon de rappeler aux nationalistes qu'il ne suffisait pas de lancer des accusations infamantes, encore fallait-il apporter des preuves; ce qu'ils n'avaient jamais fait.

L'avocat général Pierre Truche, fort discret au cours des débats, prononça un réquisitoire vigoureux. Il écarta l'image d'une Corse traditionnelle, avec ses hommes d'honneur, pour insister sur l'assassinat de deux détenus pendant leur sommeil. Il réclama deux peines de réclusion à perpétuité (Pantalacci et Albertini) et une de vingt ans (Alessandri). Les jurés se montrèrent beaucoup plus indulgents puisqu'ils condamnèrent les trois accusés à huit années de réclusion criminelle[1]. Un verdict de clémence, accueilli comme un signe d'apaisement, presque une victoire, par le camp nationaliste.

Après toutes ces péripéties, on pouvait tout de même s'interroger : à qui avaient profité les assassinats de la prison d'Ajaccio? Certainement pas à la vérité. Je ne peux m'empêcher de voir dans l'exécution de Leccia une manière de réduire au silence un caïd qui avait peut-être beaucoup de choses à révéler sur une frange du FLNC. De plus, compte tenu des méthodes employées, il était évident que les témoins hésiteraient à se manifester ou à maintenir leurs accusations, comme l'avait d'ailleurs démontré l'attitude de Paul Andréani lors du procès[2].

L'affaire Orsoni, dans son ensemble, a marqué un tournant dans l'histoire du nationalisme corse. En torpillant sans cesse l'enquête, en imposant une escalade sanglante, le FLNC s'est engagé dans un processus qu'il n'a pas su interrompre. Il n'est jamais parvenu à se remettre en cause, à reconnaître les tentations mafieuses de certains de ses membres. Les têtes pensantes

---

1. Les deux « guetteurs » interpellés dans la rue de la prison furent condamnés à trois ans et demi d'emprisonnement. Les « évadés », Luciani (le chanteur) et Ceccaldi, furent acquittés. Pierre Albertini, l'un des membres du commando, fut remis en liberté le 22 août 1989. Très proche d'Alain Orsoni, il sera abattu par les tueurs d'un mouvement rival, le 30 août 1995 à Bastia.

2. Signalons qu'Andréani, sorti de prison le 17 août 1985, sera abattu, le 8 janvier 1986, devant son domicile ajaccien.

de l'organisation ont préféré s'embourber dans d'invraisemblables scénarios. Dès 1983, tous les signes annonciateurs d'une évolution sanglante, y compris entre « frères » corses, étaient donc réunis. À l'époque, je l'avais annoncé mais des nationalistes comme Léo Battesti avaient hurlé à la provocation : promis, juré, jamais le sang ne coulerait entre Corses ! On connaît la suite : des dizaines de morts entre les diverses factions.

Combien de fois m'a-t-on accusé de vouloir « criminaliser » le mouvement ? Combien de fois m'a-t-on dit que je faisais fausse route ? Les faits m'ont donné raison. Dans les années 1990, quand les différentes « familles » ont commencé à s'entretuer, j'ai relevé quelques déclarations intéressantes sur la genèse de cette explosion de violence. Citons par exemple l'écrivain Gabriel Xavier Culioli, militant déçu, dans *Le Nouvel Observateur* du 24 août 1995 : « Des gangsters, on en trouve dans les marges de toutes les organisations clandestines, mais ces dernières, tant qu'elles sont portées par une foi politique, font régulièrement le ménage. Il en a été ainsi des années durant dans le FLNC, puis la dérive a commencé au début des années 1980. » Et Culioli d'ajouter : « L'erreur fondamentale des militants, dont je fais partie, a été d'assumer longtemps, en silence, toutes ces compromissions. Ce sont ces renoncements qui nous ont conduits à la situation actuelle. »

Il fut également question du « début des années 1980 » lors d'une conférence de presse organisée dans le maquis, le 11 août 1995, par une vingtaine d'hommes du FLNC « canal historique », l'une des branches du mouvement clandestin. Alors que la guerre faisait rage entre les factions, le « canal historique » allait faire rebondir l'affaire Orsoni avec des accusations (sans preuves), reprises par de nombreux organes de presse. Je me garderai bien de porter les mêmes accusations. J'observerai simplement que, sur plusieurs points importants, elles rejoignaient, avec douze ans de retard, la thèse défendue par la police en 1983. Dans un document de quatre pages, le « canal historique » écrivait notamment : « Comment passer sous silence le fait que plusieurs membres de la proche famille d'Alain Orsoni – dont son oncle et son cousin germain – sont à la tête d'un important réseau de drogue qui sévit en Corse-du-Sud. L'existence de ce réseau remonte aux années 1980. Ses activités ne sont pas étrangères à la disparition de Guy Orsoni, fait divers crapuleux que seule l'autorité, alors incontestée, du leader de l'époque permit de travestir en affaire politique. [...] Ainsi, dès 1983, les germes des dérives les plus graves étaient à l'œuvre au plus haut niveau de l'organisation politico-militaire, et ce avec la bénédiction de son leader de l'époque, véritable autocrate, Pierre Poggioli. C'est du reste à la même époque que cet individu officialisait la pratique de l'impôt révolutionnaire dont la victime la plus connue fut le coiffeur Schoch. Quant à ses meurtriers, démasqués, ils seront abandonnés à leur triste sort par leur chef qui ne s'est jamais embarrassé de scrupules. »

XVI

Le départ

« Corse, tu ne seras jamais heureuse ! », affirmait Pascal Paoli, au XVIIIe siècle. Le père de l'éphémère « nation corse » avait peut-être vu juste. À la lecture de ces pages, on serait en tout cas tenté de croire ses prophéties. L'île des années 1983-1984 n'était pas « heureuse » ; elle n'obéissait à aucune logique. Aux périodes d'accalmie succédaient de brutales secousses ; comme si cette région, emportée par on ne sait quelle fatalité, s'entêtait à sombrer dans le drame.

Les signes encourageants ne manquaient pourtant pas, en ce deuxième semestre 1984. La criminalité reculait, le nombre d'attentats continuait de régresser, les arrestations de plastiqueurs se multipliaient. L'exploitation de la documentation saisie le 25 avril 1984 chez Noël Luciani (le chanteur) nous avait livré des indications sur l'organisation du FLNC, sa stratégie, ses difficultés.

Le mouvement était amputé d'une de ses équipes de choc depuis l'arrestation du commando de la prison. Dans certains secteurs de l'île, il avait du mal à recruter de nouveaux membres. La découverte d'une cache, le 31 juillet, à Bastia, l'avait également affaibli : les enquêteurs avaient trouvé des obus de mortier, des roquettes, des explosifs, des armes, des véhicules volés, du matériel d'imprimerie, des documents... Malgré tout, les extrémistes ne désarmaient pas. En réponse à nos opérations, ils choisirent, une fois encore, la fuite en avant.

Le 25 octobre, le jugement en appel de deux plastiqueurs déclencha la colère de leurs camarades dans les rues de Bastia. Une centaine d'excités affrontèrent les forces de l'ordre durant plus de deux heures. Des voitures furent incendiées, des vitrines brisées. Les émeutiers blessèrent une dizaine de policiers. Plus tard, les appartements de deux magistrats, dont celui du procureur Cazenave, furent plastiqués. D'autres incidents, plus dramatiques, allaient éclater en fin d'année.

Le samedi 1er décembre 1984, les dirigeants nationalistes organisèrent à Ajaccio un défilé de soutien à la cinquantaine de détenus du FLNC. Tout était prévu pour que cette manifestation dégénère. Après avoir remonté le cours Napoléon, le cortège s'arrêta peu avant les grilles de la préfecture, symbole de l'État «colonial». Divers orateurs prirent la parole. La foule, estimée à plus d'un millier de personnes, hurla des slogans anti-français puis les organisateurs l'invitèrent à se disperser. Une invitation plutôt timide, formulée sans véritable conviction. Durant de longues minutes, les manifestants restèrent immobiles face aux CRS, dans un silence impressionnant. Je me trouvais devant la préfecture. Un journaliste local me confia n'avoir jamais ressenti une telle tension.

Il faisait déjà nuit quand les premières violences éclatèrent. Au signal donné, une pluie de pierres, d'objets métalliques et de cocktails Molotov s'abattit sur les forces de l'ordre. Les CRS reçurent même une grenade dégoupillée! Par chance, elle n'explosa pas. Il régnait un climat d'insurrection dans la ville impériale. Les CRS répliquaient aux assauts par des charges et des gaz lacrymogènes. Dans la soirée, les artificiers du Front firent sauter des véhicules de l'EDF, des bâtiments administratifs, des banques...

Cette flambée de violence n'était pas spontanée. Elle avait été préparée de manière quasi militaire, en accord avec les organisateurs. Sur le parcours, les policiers avaient découvert, dissimulés sous un porche, une trentaine d'engins incendiaires. Au cours de la nuit, on dénombra une dizaine d'attentats et trois mitraillages de gendarmeries. L'opération la plus dramatique eut lieu vers 3 heures du matin, à Bastia. La voiture de patrouille de trois CRS fut mitraillée par un commando du FLNC. L'un des policiers, Stéphane Swigon, vingt-trois ans, succombera à ses blessures ; ses deux camarades seront blessés, dont l'un grièvement.

Le dimanche matin, l'île se réveilla en état de choc. La population était écœurée. La Corse avait honte de la Corse.

Les obsèques du jeune CRS eurent lieu le 6 décembre à Troyes. Au même instant se déroulait à Ajaccio un événement exceptionnel. À l'appel du président de l'Assemblée de Corse, Jean-Paul de Rocca Serra, et des autres parlementaires, un immense rassemblement populaire réunissait la majorité dite « silencieuse », hostile au terrorisme et au séparatisme. Selon les observateurs neutres, ils étaient environ trente mille à défiler, sur une population insulaire évaluée à deux cent quarante mille personnes ! Un Corse sur huit ! Imaginons sept millions de manifestants sur les boulevards parisiens ! L'île n'avait pas connu pareil rassemblement depuis ce jour de 1938 où la population était descendue dans la rue pour afficher son attachement à la France et repousser les avances du dictateur italien Mussolini !

Mes fonctions m'interdisaient d'être dans le cortège mais j'aurais aimé défiler à leurs côtés. Je me trouvais tout de même devant la préfecture, avec mes collaborateurs, afin de marquer notre solidarité. Le moment le plus émouvant fut celui du recueillement devant le monument aux morts, en présence d'associations d'anciens combattants. La vraie Corse n'avait pas peur de dire « oui » à la France et de chanter *La Marseillaise* !

En cette fin d'année 1984, l'île se trouvait à un tournant de son histoire. La mouvance séparatiste, discréditée par ses actions meurtrières, était en nette perte de vitesse. La population venait enfin de se réveiller : elle avait adressé aux pouvoirs publics un message fort, dénué de toute complaisance : elle voulait la paix, elle voulait rester française.

Serait-elle entendue ? J'en doutais fortement. Sur le « problème corse », comme sur bien d'autres, la classe politique est ainsi faite qu'elle ne sait pas saisir sa chance au moment opportun. Tout se passe comme si nos gouvernants, coupés des réalités, avaient du mal à évaluer les aspirations profondes de la population. Contrairement à ce que l'on croit généralement, ils ne sentent pas toujours le vent tourner. Or c'est bien ce qui était en train de se produire en Corse ! Malheureusement, Paris sous-estimait l'évolution en cours. Je craignais qu'une fois encore le pouvoir politique ne persiste à négocier avec une poignée de nationalistes.

Dans ces conditions, la question de mon avenir avait une indéniable portée symbolique. En me confortant dans mes fonctions après deux ans de présence, le gouvernement afficherait sa volonté de résister aux séparatistes. Plusieurs parlementaires insulaires, de gauche comme de droite, le souhaitaient ouvertement. À l'inverse, les dirigeants nationalistes firent savoir au ministère de l'Intérieur qu'il fallait nommer quelqu'un de plus « conciliant » afin de progresser dans les « discussions ». Un chantage de plus...

Des indiscrétions filtraient dans la presse sur un départ imminent mais le ministre de l'Intérieur, Pierre Joxe, semblait souhaiter mon maintien. Au lendemain de la manifestation « pro-française » d'Ajaccio, il fit une visite éclair sur l'île et déclara aux journalistes : « La coordination des services de sécurité en Corse, qui a été confiée à M. Broussard, est une bonne chose et elle est bien menée. Bien sûr, un jour viendra où sa mission s'achèvera... Comme il a réussi, je souhaite qu'il reste. Les résultats sont bons. Il faut poursuivre dans cette voie. »

« Poursuivre dans cette voie... » Là encore, il y avait de quoi être sceptique. Au-delà des intentions de façade, je savais que des négociations étaient en cours, à un haut niveau politique, avec des gens pas vraiment « recommandables » du côté insulaire. Des tractations que le ministère se gardait bien de divulguer. Ces démarches me révoltaient mais, dans la mesure où j'étais censé tout ignorer de ce qui se tramait dans mon dos, nous n'avions aucune raison de relâcher la pression sur les terroristes du FLNC !

Eux non plus ne renonçaient pas. Le 31 janvier 1985, ils allaient assassiner un responsable de la CFR, Jean Dupuis, hôtelier-restaurateur à Sagone. Installé en Corse depuis une quinzaine d'années, cet antiséparatiste constituait une cible symbolique.

Trois jours après ce crime, Pierre Joxe effectua une nouvelle visite sur l'île. À l'issue d'un bref entretien avec divers élus, il me demanda officiellement de rester en Corse jusqu'à l'été suivant. J'acceptai sans hésitation. En dépit des coups de force du FLNC et des manœuvres orchestrées en coulisse, je refusais de m'avouer vaincu. Et puis, le sursaut de la Corse profonde dans les rues d'Ajaccio m'avait fortement impressionné... La question de mon avenir immédiat semblait donc réglée. J'avais désormais du temps devant moi pour continuer le travail entrepris en janvier 1983.

Le jour de sa deuxième visite, un lundi, Pierre Joxe nous quitta en cours de déjeuner pour aller rejoindre le Premier ministre, Laurent Fabius, en Allemagne. À la suite d'une série d'attentats et d'assassinats [1], les deux pays avaient en effet décidé de faire front commun contre le terrorisme.

Le mercredi suivant, une journaliste du *Monde* me téléphona dans la matinée, avant la fin du Conseil des ministres. Elle m'annonça ma nomination au poste d'« adjoint opérationnel auprès du directeur général de la police nationale » ! En clair, je devais quitter Ajaccio pour devenir une sorte de « monsieur terrorisme » ! Je tombais des nues : personne ne m'avait prévenu ! À l'issue du Conseil, la porte-parole du gouvernement, Georgina Dufoix, confirma l'information. Elle rendit hommage aux « qualités opérationnelles unanimement reconnues du commissaire Broussard » et précisa que le gouvernement avait « apprécié [mon] travail ».

Malgré ces belles déclarations, je ne savais plus à quoi m'en tenir. Pourquoi Joxe m'avait-il demandé, quarante-huit heures plus tôt, de rester en poste ? Pourquoi avait-il soudain changé d'avis ? J'appelai aussitôt son cabinet, qui me demanda de monter le plus vite possible à Paris. Dès que je mis les pieds dans son bureau, le ministre me parla du terrorisme, de la police,

1. Assassinat, en Allemagne, du patron de l'aérospatiale, Ernst Zimmermann ; assassinat, en France, du général Audran, le 25 janvier...

mais pas du tout de la Corse! Malgré mon insistance, je ne pus obtenir la moindre explication sur les véritables raisons de sa volte-face. «J'ai besoin de vous ici!» répétait-il.

Il me fallut patienter quelques semaines avant de découvrir ce qui s'était réellement passé lors de ces deux journées décisives du début février. J'appris en effet qu'une réunion déterminante s'était tenue, le lundi 4 ou le mardi 5, en présence de François Mitterrand, Laurent Fabius, Pierre Joxe et Charles Hernu, ministre de la Défense. Le Président avait exigé qu'un spécialiste connu soit chargé de la coordination de l'antiterrorisme. Charles Hernu avait aussitôt suggéré la désignation d'un général. Mais François Mitterrand, échaudé par les frasques de la cellule, lui avait sèchement répondu : «Les militaires, j'ai déjà donné!» Finalement, Joxe avait saisi cette opportunité pour proposer mon nom. De la sorte, l'Intérieur marquait un point contre la Défense et Joxe ouvrait habilement la voie d'une approche différente, plus politique, de la question corse. Une manière comme une autre de donner satisfaction aux nationalistes. D'ailleurs, pour me succéder, il désigna un fonctionnaire compétent mais plus «onctueux», moins «flic», Georges Bastelica.

Avais-je le choix? Avec Joxe, tout le monde devait être aux ordres. Au cours de notre entretien du mercredi, il exigea même que je sois immédiatement opérationnel. Je devais en outre participer à ses côtés à une conférence de presse et proposer d'urgence des mesures de lutte contre le terrorisme! Lorsque je lui fis remarquer que je n'avais pas eu le temps de faire mes valises ni de débarrasser mon bureau, il me lança :

– On s'en occupera sur place, j'ai besoin de vous ici!

– Mais je ne peux pas tout laisser tomber comme ça! Les gens vont mal interpréter un départ aussi précipité!

– Il n'est pas question de retourner en Corse, vous avez fait votre temps là-bas! Mettez-vous au travail dès ce soir!

Après une discussion très serrée, il finit par m'autoriser un voyage express à Ajaccio! J'eus tout juste le temps d'avertir ma femme qui vint ensuite me rejoindre pour régler à la va-vite les modalités du retour.

J'en ai beaucoup voulu à Pierre Joxe de m'avoir fait quitter l'île de cette façon. Quel que soit l'intérêt de mes nouvelles fonctions, j'avais imaginé une autre issue à la mission que ses collègues socialistes m'avaient confiée, avec beaucoup d'empressement, en 1983... Mais en tant que fonctionnaire, je devais m'incliner.

Le 8 février 1985, jour du départ, restera l'une des dates-clés de ma vie. Les témoignages de sympathie et d'amitié reçus à cette occasion m'émurent profondément. La CFR souhaitait même m'accompagner à l'aéroport! L'initiative était touchante mais je dus la repousser, par souci d'impartialité. Au moment de monter dans l'avion de Paris avec mon épouse, seuls quelques intimes nous accompagnaient. Depuis ce jour, j'éprouve une profonde nostalgie à parler de la Corse. Lorsque j'y retourne, ma plus grande satisfaction est d'être accueilli en ami et non en ancien préfet. C'est ainsi : j'aime définitivement cette île pour ses qualités et malgré ses défauts.

Après tant d'années, il ne m'appartient pas de dresser le bilan de notre action entre janvier 1983 et février 1985. J'ai cependant la faiblesse de croire qu'il est positif. Disons que nous avons fait de notre mieux, avec les moyens dont nous disposions et les soutiens qui nous étaient accordés. En dépit des obstacles rencontrés, j'ai connu de nombreuses satisfactions et vécu des moments d'une intensité exceptionnelle. Jamais, même dans les périodes de doute sur la volonté du pouvoir politique, je n'ai regretté d'avoir accepté cette mission. Je ne peux oublier l'entente extraordinaire qui régnait au sein de notre équipe, ni les efforts accomplis par les services de police et de gendarmerie. À l'époque, je n'imaginais cependant pas à quel point ces deux ans marqueraient ma carrière. Aujourd'hui encore, on m'interroge à propos de l'île! «Pensez-vous qu'on en finira un jour avec cette histoire?» me demande-t-on. Je n'ai pas de réponse, juste quelques pistes de réflexion, nourries de mon expérience personnelle.

Tout d'abord, une évidence : les Corses étant viscéralement attachés à leur île, l'orgueil d'être corse passe avant la fierté d'être français. La plupart d'entre eux revendiquent cette double appartenance mais l'équilibre est instable et varie sensiblement en fonction des classes d'âge. Chez les anciens, la question ne se pose même pas. Dans leur enfance, la volonté d'être français à part entière était si intense qu'ils renonçaient à leur langue, à leurs coutumes pour aller travailler sur le continent. À leurs yeux, la Corse, avec son identité propre, ses traditions, son patrimoine, est «dans» la nation, non en dehors. Le sang versé sur les champs de bataille, les relations familiales issues des mariages, le rôle joué par les insulaires dans tous les secteurs de la communauté nationale sont autant de facteurs qui plaident en faveur d'une Corse française. Une plaque, posée sur les murs d'un café bastiais, rappelle d'ailleurs le serment du 4 décembre 1938, en réponse à Mussolini : «Face au monde, de toute notre âme, sur nos gloires, sur nos tombes, sur nos berceaux, nous jurons de vivre et de mourir français.»

On ne peut pas tracer une ligne artificielle entre les anciens et les jeunes. Toutefois, les moins de cinquante ans ont, généralement, une perception différente de celle de leurs aînés. Les liens semblent plus fragiles, les ruptures affectives plus fréquentes.

Les nationalistes ont su exploiter le fossé des générations. En s'appuyant sur une logique autoritaire, voire fascisante, ils se sont inventé une légitimité historique dans une société en pleine mutation. L'objectif était clair : imposer par la force ce qu'il était impossible d'obtenir par la voie démocratique. Car il ne faut jamais perdre de vue un élément essentiel, trop méconnu des continentaux : les séparatistes «modérés», ou prétendus tels, représentaient tout au plus dix à douze pour cent de la population dans les années 1980; les «violents» nettement moins!

Si certains thèmes de mobilisation ont pu paraître «nobles» dans les années 1970 (défense de l'environnement, de l'identité corse, du patrimoine...), beaucoup d'autres comportent des incohérences flagrantes. Les partisans de l'indépendance réclament, à juste titre, un développement économique mais refusent les investissements extérieurs et chassent les «intrus» à coups de bombe! De même considèrent-ils le tourisme comme une forme de «colonialisme», en oubliant un peu vite qu'il fait vivre l'économie locale! Dans ces conditions, qui pourrait investir en Corse si l'île devenait indépendante? Comment peut-on prétendre lutter contre le marasme économique en planifiant des attentats et en banalisant le racket?

Outre ces «projets» utopiques des années 1970-1980, le mouvement nationaliste prétendait purifier les mœurs politiques insulaires. Mais il s'est discrédité en se fourvoyant avec des alliés douteux. Au nom de la «cause», certains responsables, connus de tous, ont sombré dans le banditisme et l'affairisme. Le mouvement s'est alors émietté en de multiples tendances, jusqu'à effrayer ses militants les plus sincères.

Tous ces facteurs aggravent aussi le divorce entre la Corse et le continent. À force d'entendre parler de crimes, d'explosions, de règlements de comptes, les continentaux, qui n'ont jamais vraiment compris cette région complexe où ils n'étaient pas toujours bien accueillis, nc font pas la différence entre le FLNC «canal habituel», le FLNC «canal historique», Resistenza et quelques autres groupuscules du même ordre. Lors des flambées de violence, nombreux sont ceux qui pensent, comme l'ancien Premier ministre Raymond Barre : «Si les Corses veulent l'indépendance, qu'ils la prennent!»

Tout le problème est là : dans leur grande majorité, ils ne veulent pas l'indépendance, considérée comme une utopie, une régression inacceptable. Ils refusent d'être dirigés par un quarteron de mercenaires, formés à l'école du plasticage.

Se pose alors la question de l'attitude de l'État face aux terroristes. Depuis le 2 janvier 1983, date de ma nomination à Ajaccio, mon opinion sur ce point n'a pas varié : la seule ligne de conduite envisageable est celle de la fermeté. Le gouvernement n'a pas à s'incliner devant quelques meneurs, comme il l'a trop souvent fait. Il n'a pas non plus à se livrer à des gesticulations médiatiques dont les Corses ne sont pas dupes. Quant aux policiers en poste sur l'île, je suis persuadé qu'ils sont prêts à faire leur métier, à condition que cela serve à quelque chose. À quoi bon arrêter des poseurs de bombe s'ils doivent être relâchés quelques jours plus tard? À quoi bon interpeller des «flingueurs » de façades de gendarmerie si, une fois libérés, ils deviennent des interlocuteurs du pouvoir ? À quoi bon surveiller des leaders nationalistes aux mains tachées de sang s'ils sont attendus à Orly puis conduits dans un ministère pour rencontrer des conseillers techniques ? Cela s'est fait maintes fois au cours des années 1980-1990.

Il faut bien admettre que l'État a commis de graves erreurs ces trente dernières années. Qu'il soit de droite ou de gauche, le pouvoir s'est souvent « planté » en Corse, sans jamais parvenir à conjuguer les impératifs de l'unité nationale avec les particularismes régionaux. Le séparatisme a su exploiter ces maladresses et ce laxisme pour s'enraciner dans la population. Il y est parvenu d'autant plus facilement que la majorité silencieuse, redoutant avant tout des affrontements fratricides, s'était réfugiée dans un attentisme prudent. De même, l'administration n'a pas toujours tenu son rôle : certains fonctionnaires, venus paraît-il pour « redresser la situation », songeaient surtout à leur carrière au soleil. Tout cela n'a pas contribué à redorer l'image du continent auprès des insulaires.

En 1995, le gouvernement Juppé et son ministre de l'Intérieur, Jean-Louis Debré, se sont montrés un peu hésitants sur la conduite à tenir. Étrangement, ils ont commis la même erreur que les socialistes quelques années plus tôt : chercher à négocier avec les extrémistes. Ils se sont vite repris en choisissant la fermeté. La population (notamment les femmes) n'en attendait pas moins. Traumatisée par les luttes fratricides, écœurée par le côté mafieux de certains leaders, elle réclamait la paix. À la demande de Jean-Louis Debré, Claude Guéant, le directeur général de la police de l'époque, a pris en charge le volet « sécurité » du dossier corse. Avec beaucoup d'habileté et de ténacité, il a distribué les rôles et fixé des objectifs aux différents services [1]. De son côté, la justice s'est mise au diapason : des juges parisiens, spécialisés dans les affaires de terrorisme, ont récupéré les dossiers sensibles. Le Raid, l'unité d'élite de la police nationale,

1. Claude Guéant est l'actuel directeur de cabinet de Nicolas Sarkozy depuis son retour au ministère de l'Intérieur avec, sans aucun doute, la même vision de la situation en Corse.

a été sollicité pour des opérations délicates. Des résultats ont été obtenus, démontrant, une fois encore, les liens entre nationalisme et banditisme.

Certains nationalistes ont malgré tout persévéré dans l'ultraviolence. Cette escalade a abouti, dans la soirée du 6 février 1998, à l'assassinat du préfet Claude Érignac, tué de trois balles dans la nuque, en plein Ajaccio, alors qu'il se rendait à pied à un concert[1].

Cet assassinat, survenu peu de temps après la parution de la première édition de ce livre, m'a profondément choqué. Sans être pour autant un intime de Claude Érignac, j'avais eu l'occasion de le rencontrer à diverses reprises dans le cadre de nos fonctions respectives. Le contact passait bien entre nous, j'avais beaucoup d'estime pour lui. Quelques jours avant de rejoindre son nouveau poste en Corse, il m'avait invité à déjeuner à la préfecture des Yvelines où il était encore en fonction. Nous étions quatre à table, dont son épouse. Évidemment, l'essentiel de la conversation avait porté sur la Corse. Nous avions évoqué aussi bien les difficultés que les satisfactions professionnelles et humaines liées à ce poste si particulier. Contrairement à ce que l'on a parfois pu lire ou entendre après sa mort, je n'avais ressenti, au cours de ce déjeuner, aucune appréhension particulière chez Claude Érignac. Tout en mesurant l'étendue de sa tâche, il l'abordait avec sérénité, en grand professionnel de la vie administrative. Par la suite, je l'avais revu à Ajaccio ; il se plaisait sur cette île, où il avait démontré ses talents de juriste, de négociateur et de meneur d'hommes.

Sa mort, perçue dans un premier temps comme un électrochoc par l'ensemble du pays, n'a pas empêché la Corse de pour-

1. À l'heure où nous écrivons ces lignes, huit hommes accusés d'avoir participé à cet assassinat attendent leur procès en appel. En première instance, devant la cour d'assises spéciale de Paris, deux d'entre eux (Alain Ferrandi et Pierre Alessandri) ont été condamnés à la réclusion criminelle à perpétuité ; deux autres à trente ans de prison (Jean Castela et Vincent Andriuzi). Les autres condamnations étaient de vingt-cinq ans (Didier Maranelli), vingt ans (Martin Ottaviani et Marcel Istria) et quinze ans (Joseph Versini). Un neuvième homme, Yvan Colonna, suspecté d'être le tireur, a été arrêté par le Raid, le 4 juillet 2003, au terme de quatre années de cavale. Dans l'attente de son procès, il se dit innocent.

suivre sa dérive. Toute une frange de la famille nationaliste, soucieuse de préserver ses affaires, a persévéré dans la lutte armée. Pour certains jeunes, Yvan Colonna (le principal suspect dans l'affaire Érignac) est même devenu un « héros »... Cette affaire a une nouvelle fois prouvé – et de la plus tragique des manières – que l'avenir de cette île dépend avant tout des Corses eux-mêmes, de leur capacité à reconnaître leurs fautes, à rejeter les terroristes qu'ils connaissent parfaitement. Il doivent cesser de rendre l'« extérieur » responsable de toutes leurs dérives, assumer leurs responsabilités en choisissant la voie du courage. Ils ont prouvé, dans le passé, qu'ils en étaient capables.

XVII

La création du Raid

Après un peu plus de deux années passées en Corse, je retrouvais Paris. Nommé « adjoint opérationnel » du directeur général, je devais, entre autres, étudier la manière d'améliorer l'efficacité de nos services face aux menaces terroristes extérieures (Proche-Orient, mouvements pro-iraniens...) et intérieures (Action directe, FLNC...) [1]. Parmi les premières propositions qui furent soumises à Pierre Joxe figurait la création d'un service spécialisé, prêt à intervenir à tout moment sur l'ensemble du territoire dans des affaires de terrorisme mais aussi dans le domaine du grand banditisme, des prises d'otages ou autres événements exceptionnels sur le plan de la sécurité...

J'y avais déjà pensé en Corse, lors de discussions avec Mancini. À la suite de divers incidents – ceux de Serriera, par exemple –, nous avions regretté l'absence d'une telle unité, capable d'agir dans les situations périlleuses. Certes, la police disposait de sept groupes d'intervention (GIPN), mais ils n'étaient opérationnels que dans un secteur géographique donné et avec des moyens relativement restreints. Il y avait aussi la Brigade anti-commando (BAC) du Quai des Orfèvres, que j'avais moi-même contribué à créer, en 1972. Problème : cette filiale de l'antigang n'existait vraiment que le temps des interventions et des entraî-

1. La coordination de la lutte antiterroriste (UCLAT) était alors assurée par François Le Mouël. Ce grand flic avait joué un rôle déterminant dans ma carrière au Quai des Orfèvres.

nements. Composée en majorité de policiers issus de la « brigade mère » (l'antigang), elle n'avait pas d'identité propre. L'évolution du terrorisme dans les années 1980 nécessitait la mise en place d'une structure permanente et spécialisée, apte à se voire confier, en toute circonstance, en tous lieux sur le territoire national, des missions de surveillance, de filature et d'intervention.

Quitte à bousculer des règles administratives, je préconisais que toutes les directions de la police nationale, tous les corps de la hiérarchie policière devaient être concernés par la création de ce nouveau service. Pour la première fois, les psychologues participeraient activement au recrutement de tous les personnels. La formation et l'entraînement seraient assurés en interne par les membres les plus compétents dans une discipline donnée, quels que soient leur grade et leur ancienneté. Enfin, le service relèverait directement de l'autorité du directeur général...

Ces quelques idées novatrices semblaient séduire Pierre Joxe. Il voulait que cette « vitrine de la police » soit rapidement mise en place. Aussi m'avait-il chargé d'approfondir la question avec mon ami Christian Lambert, ancien inspecteur de l'antigang.

De nombreuses réunions et entretiens furent nécessaires pour passer des intentions aux actes. L'administration est ainsi faite qu'il existe toujours un décalage entre la décision d'un ministre et sa mise en application. Entre-temps, aux échelons inférieurs, se nouent toutes sortes d'intrigues, de querelles de chapelle, de jeux d'influence. Nous devions lutter contre les réticences, les pesanteurs du « système », ménager les susceptibilités, négocier et négocier encore.

Le problème principal concernait la composition du service. Il était surtout difficile de faire admettre que nous voulions à la fois des policiers en tenue et en civil, autrement dit, des gardiens de la paix et des inspecteurs. Dans notre esprit, en effet, cette unité ne pouvait pas se limiter aux prises d'otages comme c'était le cas, à l'époque, des gendarmes du GIGN. En marge de ces opérations ponctuelles, le service devrait rester constamment actif, avec des missions de surveillance, de filature, voire de protection de personnalités.

Il nous fallait donc une vingtaine de policiers en civil,habitués à ce genre d'opération, sur un effectif global, dans un premier temps, de quatre-vingts personnes environ. Nous pensions évidemment en recruter au sein de l'antigang mais la Préfecture de police de Paris n'avait guère envie de laisser partir quelques-uns de ses meilleurs éléments... Même réaction du côté des directions spécialisées (PJ, RG, DST) : les directeurs centraux refusaient de «déléguer» des missions de filature ou de surveillance à un service extérieur! Bref, tout le monde s'affirmait favorable au projet – puisque le ministre en avait décidé ainsi... – mais à condition que la nouvelle unité soit composée de policiers recrutés chez le voisin et, surtout, qu'elle n'empiète pas sur son «territoire» de compétence! La question des moyens matériels soulevait également de fortes interrogations : on nous suspectait de vouloir engloutir les crédits d'équipement!

De son côté, la Direction centrale des polices urbaines s'inquiétait pour l'avenir de ses GIPN. En accord avec sa hiérarchie, le chef du GIPN de Marseille, le commissaire Georges N'Guyen Van Loc, alias le «Chinois», s'empressa de concocter un projet dans le seul but de devancer tout le monde. Fidèle à son personnage, il ne faisait pas dans la dentelle. Ses propositions relevaient davantage de la défense nationale que de la police! Ainsi prévoyait-il une flottille de six hélicoptères et une dizaine de blindés répartis sur l'ensemble du territoire!

L'entourage de Pierre Joxe, auquel j'avais transmis le dossier de Van Loc, défendait une approche plus réaliste. Il était hors de question de céder à la tentation du spectaculaire, de constituer une force quasi militaire. Nous voulions une unité de police souple, homogène et polyvalente. Pour concrétiser ce projet, nous allions bénéficier du soutien actif de Pierre Joxe lui-même. Il faut dire que personne n'osait s'opposer à ses idées! À partir du moment où il avait pris une décision, il ne devenait guère possible de faire marche arrière. Par sa froideur, sa dureté de ton, la rareté de ses sourires, il avait le don de dissuader toute contestation.

Trois projets furent successivement élaborés, rejetés, remodelés, rejetés de nouveau. Ce marathon nous permit de peaufiner notre travail et de rechercher un consensus auprès des autres directions. Une priorité se dégageait de ces discussions : la notion d'assistance. Nous devions faire comprendre à nos interlocuteurs qu'ils pourraient solliciter nos hommes en soutien de leurs propres équipes. Admettons par exemple que la DST identifie des terroristes mais qu'elle se sente un peu « juste » pour les arrêter : il lui suffira d'alerter ce service, placé sous l'autorité du directeur général. Idem pour des filatures ou des interpellations en Corse...

Cette notion d'assistance séduisait Pierre Joxe. Comme nous, il voulait une unité représentative de l'ensemble de la police française, composée de fonctionnaires de tous horizons, de tous grades. À vrai dire, ce message passait mal en raison du comportement parfois sectaire des différents corps, soutenus par leurs organisations syndicales. Plusieurs membres du cabinet ministériel nous apportèrent une aide précieuse, en usant de toute leur influence dans les moments de crispation. Au bout du compte, notre quatrième mouture finit par être adoptée.

Il fallait maintenant trouver un toit et un lieu répondant aux spécificités d'un tel service. Après de multiples visites en Région parisienne, notre choix se porta sur des installations occupées partiellement par une compagnie de CRS, à Bièvres (Yvelines). Cette vaste demeure[1], située au milieu d'un parc, présentait plusieurs avantages : elle n'était pas loin de Paris, les possibilités d'aménagement étaient multiples; l'aérodrome militaire de Villacoublay à deux pas.

Avant de passer à l'étape du recrutement, il convenait de désigner un chef. L'intéressé devait avoir l'expérience du terrain, une excellente connaissance du banditisme et du terrorisme, être apprécié pour son esprit d'équipe, son courage, ses facultés d'adaptation.

Pierre Joxe me demanda des fiches de carrière sur les patrons potentiels. Son projet n'ayant pas été retenu, le Chinois se disait prêt à se joindre au nôtre mais sous certaines conditions, pour

1. Le Raid et une compagnie de CRS sont installés à Bièvres (Yvelines) dans des bâtiments du domaine de Bel Air (trente-huit hectares), anciennement occupés par la Congrégation des missions étrangères.

le moins irréalistes, voire extravagantes. Il fut convoqué à Paris. À l'issue d'un entretien en tête à tête, Joxe me fit part de ses impressions – je les garderai pour moi – et ne donna pas suite à sa candidature. Van Loc en garda une profonde amertume, estimant même que nous lui avions «volé» son projet!

Pour le choix du patron, le suspense fut de courte durée. En effet, j'avais proposé le nom d'Ange Mancini, toujours en poste en Corse. À mes yeux, c'était le meilleur candidat. En compagnie de Pierre Joxe, je fis un aller-retour à Corte pour le voir. Après un long entretien, le ministre n'hésita pas : Mancini était bien l'homme de la situation. Quelques semaines plus tard, il vint nous rejoindre à Paris pour participer à la suite des opérations.

Le moment était venu de baptiser notre «bébé». Nous ne voulions pas d'un nom trop compliqué, difficile à mémoriser. Plutôt quelque chose de court, de tranchant sans être agressif. Finalement, sur la suggestion de l'attaché de presse du cabinet, Jean-Loup Reverrier, quatre mots-clés furent retenus : Recherche, Assistance, Intervention, Dissuasion. Le Raid était né. Son logo représenterait une panthère détendue mais prête à bondir.

Nous devions procéder sans tarder au recrutement. Pour la première fois dans l'histoire récente de la police nationale, nous allions lancer un appel à candidature, offrant à tous les fonctionnaires la possibilité de postuler.

Le 16 avril 1985, un télex fut envoyé aux directeurs et chefs de service, en métropole et outre-mer; charge à eux de diffuser l'information. Le texte était le suivant :

«La Direction générale de la police nationale vous informe que la création d'une unité spécifique compétente sur l'ensemble du territoire, destinée à combattre les actes de terrorisme et de grand banditisme (prises d'otages, arrestations difficiles...) et employée à des missions d'assistance aux services spécialisés dans le domaine de la lutte antiterroriste, nécessitera le recrutement de : un commissaire divisionnaire, un commissaire principal, deux commissaires de police, un officier de paix, vingt inspecteurs de police ou enquêteurs, quarante-huit gradés et gardiens, un secrétaire administratif, un commis, un dactylographe. Les candidats devront faire parvenir leur demande par voie télégraphique avant le 1er mai 1985, à la Direction générale de la police nationale, direction du personnel. Ils devront préciser dans leur curriculum vitae leurs spécialités sportives (sports de combat, tir...), ainsi que leurs connaissances techniques (audiovisuel, photo, radio, armement, gaz et explosif, etc.). Possibilité d'hébergement pour les fonctionnaires célibataires, au siège même du service, à savoir cantonnement de Bièvres, près de Paris. »

La direction reçut plus de mille deux cents candidatures ! Du jamais vu !

Comme il était impossible de recevoir les mille deux cents candidats, une sélection sur dossier permit d'en retenir trois cents. Une deuxième sélection, effectuée à la suite d'enquêtes plus pointues, nous amena à en écarter la moitié. Cela ne signifiait pas pour autant que les recalés étaient de mauvais policiers – certains disposaient même de solides CV –, mais ils ne correspondaient pas exactement à nos critères, à savoir : être assez jeune (entre vingt-cinq et trente-cinq ans) ; avoir au moins cinq ans d'ancienneté professionnelle ; présenter un bon dossier administratif ; répondre à des conditions médicales très strictes ; avoir des aptitudes physiques et un profil psychologique sans faille. La plupart des personnes non retenues, auxquelles j'adressais une lettre d'explication, avaient sans doute du mal à comprendre que les qualités athlétiques ne permettaient pas, à elles seules, d'intégrer le Raid. Nombre de postulants, sportifs émérites, ne voyaient en effet que le côté « intervention ». Or il s'agissait avant tout d'un service de police, aux missions variées. Même si tous devaient afficher une forme physique parfaite et pratiquer plusieurs disciplines sportives, la priorité demeurait le travail de police. Nous cherchions à constituer un groupe équilibré, composé aussi bien de tireurs d'élite que de champions d'arts martiaux, de spécialistes du terrorisme, d'artificiers ou de maîtres-chiens. D'autres devaient avoir l'expérience des prises d'otages de façon à être immédiatement opérationnels. Les candidats issus des GIPN ou de la Brigade antigang avaient donc plus de chances d'être retenus, même si ce n'était pas une garantie.

J'étais toujours décidé à recruter quelques-uns de mes anciens collaborateurs. Leur présence – à condition qu'ils franchissent les étapes de la sélection – me paraissait indispensable. Au-delà de l'expérience professionnelle, c'était une question d'état d'esprit, d'ambiance au sein du service. Pour avoir connu la brigade de la grande époque, ils avaient le sens de la vie en commun, de la solidarité, de l'amitié. Autant d'éléments essentiels à mes yeux.

Au terme d'âpres négociations, je finis par obtenir l'inscription aux épreuves d'une dizaine de volontaires de l'antigang, parmi lesquels Fanfan Santini, Loïc Janot, Christian Caron, Jean-Yves Toumit, Jojo Thalmann...

Plusieurs stages furent ensuite organisés à l'école de police de Cannes-Écluses pour désigner les candidats retenus sur les cent cinquante encore en lice. À ce stade, toutes sortes de critères entraient en ligne de compte : des épreuves physiques (tir, endurance, natation, parcours d'obstacles, escalade...), la faculté à dialoguer, à respecter certaines règles. Lors de réunions d'information dans un amphithéâtre, les postulants eurent la possibilité de poser des questions sur le Raid, son champ d'action, son mode de fonctionnement mais aussi sur les contraintes et les risques. Ces discussions à bâtons rompus vinrent compléter nos études de personnalité.

Les épreuves physiques étaient également très instructives. Le test dit de « cran », par exemple, permettait de détecter les candidats claustrophobes ou sujets au vertige. Une autre épreuve consistait à descendre dans une cheminée étroite qui s'enfonçait dans le sol. À l'entrée de ce trou noir, nous leur donnions simplement l'assurance qu'ils pourraient sortir une fois parvenus au fond, sans préciser toutefois la profondeur (une quinzaine de mètres) ni le fait qu'une cavité débouchait à l'air libre par un minitunnel. Quelques-uns renoncèrent... Tous les autres étaient examinés avant et après l'épreuve, afin d'étudier la manière dont ils avaient vécu cette expérience.

Nos analyses furent affinées lors de divers tests psychologiques, tel celui mis au point par une université californienne. Chaque candidat se vit soumettre une série de quatre cent quatre-vingts affirmations, avec l'obligation d'écrire « vrai » ou « faux » en face de chacune d'elles. Les exemples suivants peuvent sembler déroutants mais les psys savaient, paraît-il, les interpréter :

– Quand j'allais en classe, je faisais souvent l'école buissonnière.

– Les gens spirituels et mordants me mettent mal à l'aise.

– Je considérais mon père comme l'homme idéal.

– Je me sens rarement agité ou ému.

– Je tombe amoureux facilement mais pas pour longtemps.

– J'adore aller danser.

– Certains animaux m'impressionnent.

Etc.

Ce test s'accompagnait d'exercices de logique et d'entretiens individuels avec des psychologues. Les postulants ne voyaient pas toujours en quoi l'avis d'un psy pouvait être nécessaire, pas plus que les questions sur les animaux ou leur goût pour la danse ! Il m'arrivait également d'en douter, comme ce jour où une jeune femme appelée à « ausculter » nos candidats eut toutes les peines du monde à admettre que des hommes normalement constitués veuillent aller au-devant du danger ! Elle voyait dans leur attitude un évident problème psychologique ! Nous avions néanmoins admis le principe d'une telle sélection. Là aussi, c'était une première dans la police. Les dix psychologues prouvèrent leur compétence, par exemple en rejetant catégoriquement un candidat dont le dossier était pourtant excellent. À l'annonce du résultat, le recalé accepta d'abord sportivement le verdict puis, les minutes passant, il entra dans une colère folle. Son amour-propre avait été piqué au vif. Il n'admettait pas que ses qualités soient remises en cause. Or c'était précisément le point négatif souligné par les psychologues !

Tir, escalade, résistance, réflexes, fronton, piscine... Tous les résultats étaient notés sur des fiches. Dans la colonne « psycho », apparaissaient diverses appréciations :

Pour un homme de quarante ans, spécialiste du tir : « Fade, pas d'ambition, indécis, évite les situations difficiles. »

Pour un inspecteur de vingt-huit ans, ancien de la DST : « Confiant, stable, s'adapte bien aux gens. »

Pour un autre inspecteur de la DST, du même âge : « Rôle de leader, organisateur, motivé, très précieux, à recruter au Raid pendant qu'il est jeune. »

Pour un spécialiste du tir : « Peu sûr, gauche, maladroit, bavard, supporte mal la contradiction, mental cow-boy agressif. »

Pour un CRS d'une trentaine d'années : « Personnalité immature, recherche esprit para, besoin de trouver un chef, un père idéal. »

Pour un gardien de la paix de trente-trois ans : « Pas futé, brouillon, distrait, conflit interne. »

Pour un autre gardien, de trente-trois ans : « Personnalité équilibrée, sûr de lui, bonne adaptation sociale, bon comportement. »

Par curiosité, je décidai à mon tour de tester les psychologues afin d'éprouver la justesse de leurs analyses. Leur responsable, M. Sciamma, me lut les fiches des postulants issus de l'antigang sans m'indiquer leurs noms. Résultat : un sans-faute ! Je les identifiai tous, à la simple lecture des fiches. Les psys ne s'étaient pas trompés dans les portraits ainsi brossés. Et je connaissais bien mes anciens collaborateurs !

Malgré leur motivation, les candidats paraissaient un peu déroutés. On ressentait chez eux une forme d'inquiétude, comme en période de concours. Ils ne savaient pas quelle image donner d'eux-mêmes pour être retenus. Certains restaient naturels, ou tout au moins essayaient. D'autres avaient tendance à s'isoler. Quelques-uns en faisaient un peu trop dans la décontraction. Et puis il y avait ceux que l'on devinait complexés par rapport aux sportifs. Persuadés que les qualités athlétiques primaient, ils partaient battus d'avance. Il avaient tort : il fallait aussi du courage, du sang-froid, de la ténacité, bref, des qualités de policier.

En définitive, une soixantaine de personnes furent recrutées dans un premier temps. Tous des hommes. Nous aurions pu sélectionner quelques femmes, parfaitement capables d'intégrer le groupe, mais cela n'était pas envisageable, du moins dans l'immédiat, pour des raisons de vie commune dans des locaux qui nécessitaient encore des aménagements [1]. En revanche, le célibat n'était pas une condition *sine qua non*. Nous avions simplement demandé aux postulants si leurs compagnes étaient d'accord pour qu'ils rejoignent une unité si exposée. Pour reprendre une formule éculée, nous voulions des « esprits sains dans des corps sains », libérés de tout souci. Et tant pis si les psys avaient parfois été surpris par le côté « baroudeur » de certains anciens, que nous savions aptes à nous rejoindre !

La prochaine étape devait être celle du matériel. Le 9 août 1985, Mancini envoya au directeur de la formation et de l'équipement une liste complète de nos besoins. Tout y était : revolvers et pistolets de différents calibres, fusils à visée laser et carabines de précision, lunettes infrarouges, gilets pare-balles, explosifs, grenades à effet fulgurant, moyens sophistiqués de transmission, d'enregistrement, de photographie à distance...

Nos soixante sélectionnés participèrent ensuite à un stage de trois mois. Comme prévu lors de nos premières réflexions, il avait été décidé, afin de favoriser la cohésion du groupe, de ne pas faire appel à des moniteurs extérieurs mais de proposer aux stagiaires d'être tour à tour élèves et profs, en fonction de leurs spécialités respectives. Ainsi, les champions de sports de combat donnaient des cours à leurs camarades. Les ex-antigangs prenaient en charge l'entraînement aux filatures et aux interventions. Les spécialistes de la varappe initiaient les autres à l'escalade... Cette autoformation, idéale pour resserrer les liens et valoriser les individualités, est toujours en vigueur de nos

1. À l'automne 2005, le Raid a fêté ses vingt ans d'existence. Depuis sa création, ses effectifs, ses équipements sur le site de Bièvres, ses moyens matériels et techniques ont évolué progressivement. Actuellement, le service compte cent soixante membres, dont cinq femmes. Il est dirigé par Jean-Louis Fiaminghi. Il a remplacé Christian Lambert. Tous les deux sont des anciens de l'antigang.

jours, même si des intervenants extérieurs sont parfois sollicités dans certaines disciplines.

La formation porta également sur la psychologie des preneurs d'otages, les négociations, la connaissance des armes, la conduite rapide... Des exercices pratiques furent organisés, et inlassablement répétés, dans des immeubles, des trains, des avions, de nuit comme de jour, dans toutes les conditions climatiques. Sans oublier la plongée, le parachutisme, le maniement des explosifs et le travail avec des chiens[1].

Du matériel performant, un groupe équilibré et bien formé, des locaux spacieux dans un site idéal... Le Raid était pratiquement sur les rails. Il attendait juste la fin des travaux d'aménagement de son siège, à Bièvres. La Brigade anticommando, que j'avais dirigée dans les années 1970, n'avait pas bénéficié d'aussi bonnes conditions de travail. Elle était toujours restée dépendante de l'antigang, ce qui avait limité sa capacité de réaction. Avec le Raid, c'était différent : les policiers réunis autour de Mancini avaient tout pour réussir.

1. Le Raid a ses propres chiens (six), des malinois, dressés pour l'attaque, le pistage et la détection d'explosifs. Ils sont habitués aux coups de feu et ne craignent pas d'être hélitreuillés !

XVIII

La justice en otage

La police française disposait enfin d'une véritable unité d'élite. Il restait à voir le Raid à l'œuvre sur le terrain... Le baptême du feu allait intervenir plus tôt que prévu, avec l'une des affaires les plus spectaculaires de l'histoire du grand banditisme français : la prise d'otages du palais de justice de Nantes, le jeudi 19 décembre 1985.

La cour d'assises de Loire-Atlantique jugeait quatre truands pour vol avec violences, association de malfaiteurs, complicité, recel, falsification de chèques et usage : Georges Courtois, trente-huit ans, figure du milieu nantais, déjà condamné à onze reprises; Patrick Thiolet, vingt-quatre ans, moins expérimenté mais tout de même dangereux; Yannick B. et Christelle M., deux complices.

Si la relative notoriété de Courtois avait attiré quelques journalistes et un groupe d'étudiants, ce procès n'avait rien d'exceptionnel. Le vieux palais de justice, niché dans le centre-ville, s'apprêtait à vivre une journée somme toute ordinaire, juste avant les fêtes de fin d'année.

Vers 10 h 30 arriva un visiteur auquel personne ne prêta vraiment attention. De petite taille, plutôt athlétique, visage carré et cheveux courts, Abdelkarim Khalki était vêtu d'un imperméable beige et portait des lunettes noires. Ce Marocain de trente-quatre ans allait faire d'un procès régional un événement international.

S'approchant des deux gardiens de la paix chargés des fouilles, Khalki sortit une grenade et un revolver. Le canon plaqué contre le cou du sous-brigadier Sierra, il exigea d'être conduit vers la salle d'audience pour voir le président de la cour d'assises, Dominique Bailhache. Un peu plus loin, au bout du couloir, il aperçut un policier. Il eut un moment d'hésitation. Le sous-brigadier en profita pour s'échapper. Abrité derrière un autre gardien, le Marocain poussa alors la porte de la salle. Il tira deux coups de feu en l'air et distribua des armes à ses amis. Les truands désarmèrent aussitôt les gardiens de la paix encore présents puis Georges Courtois leur demanda de sortir, pour écarter tout risque d'intervention : « Bande de fumiers, vous allez me le payer ! » hurla-t-il.

Yannick B. et Christelle M., les deux autres accusés, furent évacués au même moment. Ils n'étaient visiblement pas associés à l'opération.

Pour libérer ses amis, le Marocain avait tout prévu : des armes, des grenades, des chaînes, des paires de menottes et même un poste radio ! Les trois hommes réclamaient un car, conduit par un copain de Georges Courtois, un certain Christian. Au total, ils détenaient trente-trois otages : quatre magistrats, la greffière, onze jurés, deux journalistes, quatorze étudiants en droit et un témoin.

D'emblée, il apparut que le chef du trio était Courtois, un type mince au visage osseux. Une moustache brune lui donnait des allures de Charles Bronson amaigri. Il portait un costume sombre, une chemise bleu ciel. Ses yeux noirs fixaient tour à tour le président, les jurés, les étudiants. Il gesticulait sans cesse, menaçait tout le monde. Chacun de ses propos résonnait dans la salle comme dans un théâtre.

« Alors, demanda-t-il au président Bailhache, vous n'imaginiez pas vivre une aventure pareille, hein ? Vous croyez vraiment que je suis coupable, vous qui meniez les débats à charge ? » S'adressant aux jurés, il lança : « Vous êtes coupables ! Coupables d'avoir participé à la juridiction répressive, d'en avoir été les instruments, dans l'ignorance la plus totale. Vous pouviez ne pas répondre à la convocation, quitte à payer des amendes ! »

Courtois exigea et obtint la venue d'une équipe de FR3 régionale. À partir de 11 h 15, il put ainsi se livrer à un show ahurissant. Il se mit à parler, voire à « philosopher », sur lui, sur ses amis, contre la société. Après de nombreuses années passées derrière les barreaux, cet « homme libre » se comportait en star. On le vit même dédicacer un Code pénal à une étudiante !

« Quel effet ça vous fait d'être venus pour me juger alors que maintenant c'est moi qui vais vous juger ? » demanda-t-il aux jurés. La caméra tournait.

Il invoqua ensuite de nébuleuses motivations politiques : « J'ai connu M. Khalki en prison, c'est un intégriste musulman qui fait partie du mouvement de libération de la Palestine. Nous avons décidé, avec mon ami, d'épouser la cause qu'il défend et de l'aider dans son combat. Je suis fier d'être libéré par un Arabe. » La caméra tournait.

Cigare aux lèvres, Courtois brandissait son 357 Magnum : « Avec cette arme, lorsqu'on tire une balle dans la tête de quelqu'un, la tête s'en va, il ne reste plus que les épaules. La sortie va être chaude ! Nous partons ou nous mourons. Si une, deux, trois, quatre personnes doivent être exécutées, ce sera à cause des forces de police. Je vous le répète, c'est clair, la sortie va être très chaude ! » La caméra tournait.

La présence de la télévision décuplait l'intensité dramatique de l'événement. Ces images étaient si fortes qu'elles allaient littéralement « doper » cette affaire. Diffusées à la mi-journée, reprises à l'étranger, elles allaient attirer à Nantes plus d'une centaine de journalistes français mais aussi des équipes de télévision britanniques (BBC), américaines (NBC, CBS, ABC) ou japonaises. L'image est redoutable lorsqu'elle transforme ainsi un fait divers en spectacle. Le public, forcément choqué par ce qu'il voit à l'écran, exige une réaction immédiate, surtout pas une longue négociation. Il conçoit difficilement que la police veuille laisser du temps au temps.

Khalki prétendait appartenir au groupe palestinien Abou Nidal. Montrant des photos du Liban, il demanda s'il y avait des Juifs dans la salle. D'après lui, cette opération avait pour but de délivrer ses « frères musulmans » et de « gifler » l'État français.

Fanatisme authentique ou simple manœuvre ? Personne ne pouvait le dire mais Abdelkarim Khalki, né à Fez (Maroc) en 1951, venait de passer cinq ans en prison pour un braquage qui n'avait, *a priori*, rien de politique... Quant à Courtois, toujours transcendé par la caméra, il poursuivait son numéro de rebelle mégalomane, mi-Mesrine, mi-Ravachol, allant jusqu'à menacer de loger une balle dans le genou du témoin otage pour que, « la prochaine fois », il vienne déposer « en chaise roulante » !

Plus pédagogue, il s'adressa ensuite aux jeunes : « Vous étudiez le droit, vous pouvez vous faire une idée de la justice. Quand j'ai eu ma petite fille, j'ai essayé de m'en sortir. Je me suis inscrit à un stage. On m'a condamné et je n'ai pas pu suivre les cours. Si on m'avait donné une chance, je ne serais pas là. Vous connaissez Mandela, en prison depuis plus de vingt ans parce qu'il a la peau trop bronzée. Vous savez combien de gens meurent de faim chaque année dans le monde ? »

Khalki se montrait moins sensible, surtout avec la greffière : « Elle m'énerve celle-là, je ne peux pas la sentir, j'ai envie de la buter ! » Thiolet, le benjamin du trio, vêtu d'un sweat-shirt orné de l'inscription « Action », ne parlait pas beaucoup. Il se contentait de ricaner.

À l'extérieur, l'alerte avait été donnée. Le GIPN de Rennes avait pris position dans le quartier. Les rues adjacentes étaient bouclées, la foule maintenue à distance. L'accès frontal au palais était rendu difficile par la présence d'un important chantier.

L'avocat de Courtois, Me Michel Taupier, parlementait avec les autorités locales. Selon lui, son client était furieux que le préfet n'ait pas encore fait venir le car. Le truand se calma un peu en apprenant que le Raid avait quitté Paris pour Nantes. Cette nouvelle devait flatter son ego de braqueur. Les malfaiteurs d'envergure, ou qui s'estiment comme tels, aiment mobiliser des policiers soi-disant dignes de leur « rang ». Rien n'est plus dégradant, à leurs yeux, que de tomber face à des « képis ». Le courage et le professionnalisme ne sont pourtant pas affaire de grade ou d'appartenance à telle ou telle brigade.

Pour le Raid, l'heure des grands débuts avait sonné. Dans l'avion du GLAM qui avait décollé de Villacoublay, les hommes étaient silencieux, chacun respectant la concentration de l'autre. En théorie, je n'avais pas à participer à cette intervention. Après tout, le Raid était pratiquement opérationnel sous la direction d'Ange Mancini. Mais comme le ministre m'avait lui-même demandé de suivre le groupe, je ne m'étais pas fait prier. Autant l'avouer : j'aurais mal supporté de rester à Paris ce jour-là ! Ange, lui aussi, souhaitait ma présence.

En raison du brouillard, notre appareil se posa à Saint-Nazaire, et non à Nantes. Nous étions une vingtaine à bord. Huit autres policiers, dont Christian Lambert et Loïc Janot, étaient partis par la route avec du matériel lourd.

À Nantes, notre dispositif se mit en place sans précipitation, comme si tous les anciens de l'antigang retrouvaient, d'instinct, les gestes du passé. Nous n'avions aucune crainte mais il s'agissait tout de même d'une première, avec tout ce que cela sous-entendait de pression supplémentaire.

Personne, y compris dans la police, ne savait au juste ce qu'était le Raid. En débutant par une affaire de cette ampleur, avec tous ces otages et dans un lieu aussi symbolique qu'un palais de justice, la barre était placée très haut. N'était-il pas un peu présomptueux de se lancer dans une telle aventure alors que le service n'était pas encore complètement installé à Bièvres ? Certes, les jeunes manquaient d'expérience, mais je pouvais compter sur le noyau « historique » pour les encadrer. J'avais vécu tant d'interventions avec Santini, Janot, Toumit, Paturel, Vervoort et quelques autres que je ne ressentais aucune inquiétude. En dix années de vie commune, des liens d'une solidité à toute épreuve s'étaient tissés entre nous. Sans ces « grognards », j'aurais refusé cette mission nantaise, car il me semblait effectivement prématuré de lancer les autres dans le grand bain. Mais là, je savais où nous allions. J'avais même l'impression de me « ressourcer » ! Au fond de moi, je devais encore regretter d'avoir quitté l'antigang en 1982. J'étais, je suis toujours commissaire avant d'être préfet.

Les différents bureaux du parquet de Nantes avaient été mis à la disposition des équipes de secours et des négociateurs. Le Raid, lui, occupait une salle du secrétariat. Pour ma part, je faisais la navette entre le bureau du procureur, où se trouvaient de nombreux magistrats sans fonction précise dans la négociation, et celui d'un substitut où une ligne téléphonique spéciale nous reliait à la salle des assises. Ce deuxième bureau faisait office de poste de commandement. C'est de cet endroit que j'allais mener les tractations en compagnie du préfet, Jean Chevance.

Le moment était venu d'entrer en contact avec Courtois. Dans un premier temps, il s'agissait d'une simple phase d'approche, destinée à évaluer son influence sur les deux autres. Toutes ces conversations téléphoniques devaient être enregistrées et disséquées afin de mieux cerner le profil psychologique des trois hommes[1].

– Allô, Courtois, ici Broussard, où est-ce que vous en êtes ?

– Nous gardons les magistrats, leur présence ici limite les possibilités d'intervention. Lorsque l'exigence formulée aura été satisfaite, nous n'aurons plus besoin de ces gens-là.

– Ça dépend de l'exigence !

– C'est simple. Nous voulons un moyen de partir d'ici avec les gens que nous détenons, en l'occurrence les magistrats et les jurés.

– Autrement dit, vous voulez des véhicules ?

– Voilà, c'est ça... Ce sera tout.

– Ce n'est pas une exigence que l'on peut satisfaire en un quart d'heure !

– Eh bien, on te donnera une demi-heure, mon vieux !

– Ce n'est pas possible, fais un premier geste avec les étudiants, ensuite on verra.

– Alors, écoute-moi bien, Robert... Tiens, je vais t'appeler Robert, je...

– Oui, vas-y... Comment c'est, toi ?

– T'inquiète pas, c'est marqué sur mes fiches ! Alors, écoute, il faut être sérieux : tu te présentes avec le préfet, on se met

1. Les propos rapportés ici ont été tenus par les différents protagonistes. Par souci de clarté, certaines phrases ont été quelque peu remodelées, tout en respectant strictement le fond du dialogue. Il était impossible de publier l'intégralité des négociations dans un langage parlé parfois peu compréhensible.

d'accord sur un certain nombre de points essentiels et, dès que les exigences auront été satisfaites dans les délais, nous libérerons les quatorze étudiants, les deux journalistes, et nous quitterons les lieux.

– Il n'est pas question de laisser partir qui que ce soit. Je ne vais pas tricher, je ne vais pas te dire « on peut voir ». Il faut jouer cartes sur table, c'est une question de confiance entre nous.

– Alors, mon vieux, je vais te dire : ton raisonnement m'inquiète un peu. Mon ami vient de dégoupiller une autre grenade !

– Je ne vais pas te dire « oui, tu peux partir » et ensuite te tirer dessus au coin du palais de justice. Libère les quatorze premiers otages, après on discutera des modalités.

Le duel commençait : un pas en avant, deux pas en arrière. Je devais le rassurer puis l'inquiéter, surtout ne pas apparaître catégorique, du moins dans l'immédiat. Refuser le chantage, bien sûr, mais jamais de manière définitive. En quelque sorte, il fallait laisser des portes ouvertes...

– Bon, écoute, Broussard, arrête ton numéro ! Je t'avertis que ça va mal tourner. Les gens ici commencent à trouver que tu es un individu relativement dangereux. Je te passe le substitut parce que j'en ai marre.

– Écoutez-moi, Broussard, dit le magistrat, il faut faire quelque chose, ça ne peut plus durer ! On parle de l'exécution d'un otage. Je ne pense pas qu'il y ait un risque quelconque à dialoguer avec M. Courtois.

– Mais bien entendu ! Je veux qu'il fasse un geste avant, c'est tout !

– Il ne cédera pas, c'est évident. Si vous ne cédez pas immédiatement, ils vont abattre un otage.

– Je leur ai proposé de libérer les jeunes. Après, on verra.

– Non, ils ne veulent pas. Vous savez, jusqu'à maintenant, ils se sont bien comportés avec nous, ils ont tenu parole.

– C'est quand même lui qui s'est mis dans cette situation !

– Votre histoire ne marchera jamais, insista le substitut Philippe Varin. C'est quand même notre peau qui est en jeu !

– Je sais bien, mais...

– Si vous ne cédez pas, il y en a qui vont y rester. M. Courtois et M. Khalki ont déjà tiré, ils sont prêts à tout, ça va très mal se terminer !

– Je comprends la situation, mais on ne peut pas accepter leurs exigences !

– Vous acceptez en quelque sorte que l'on commence à exécuter les otages ! Ils ont en permanence une grenade dégoupillée dans la main !

– Nous sommes parfaitement conscients de la situation. Ce n'est pas la première prise d'otages, malheureusement.

– Je sais bien que ce n'est pas votre première intervention mais, en attendant, lorsqu'un otage aura été descendu... La tension monte, ils ont des horaires à respecter. Cette affaire n'a pas été improvisée, il y a tout un dispositif. Vis-à-vis de nous, ils ont été tout à fait corrects. Il a promis de nous libérer dès que nous serons parvenus dans un endroit sûr. Ça peut se faire rapidement. Si vous ne cédez pas, il est évident que cela va mal se terminer. Je parle librement, je n'ai pas un revolver dans le dos.

Il n'était pas envisageable de lâcher du lest sans contrepartie. Aucune concession ne pouvait être faite si elle était de nature à aggraver ou à déplacer le problème. Une fois dehors, les otages seraient entraînés dans une cavale dangereuse. Il ne faisait aucun doute qu'il y avait des complices à l'extérieur. D'ailleurs, le magistrat lui-même avait parlé d'« horaires à respecter ». En outre, on pouvait craindre que la réussite du trio n'incite d'autres malfaiteurs à les imiter. Je refusais de créer un précédent. Si la France n'avait pas connu, à cette époque, comme d'autres pays, un fort accroissement du nombre de prises d'otages et de rapts, c'est justement parce que la police s'en était toujours tenue à une fermeté bien contrôlée. En marge de ces négociations, nous devions essayer de rassurer les otages, les soustraire à l'emprise psychologique de leurs geôliers, leur montrer que l'on se préoccupait de leur sort.

Courtois savait qu'il retenait beaucoup trop de monde, que la moindre crise de larmes pouvait déclencher une panique collective. Nous cherchions donc à négocier groupe par groupe, priorité étant donnée aux étudiants, treize filles et un garçon. Il accepta enfin le principe d'une libération.

– Il faut que le préfet Chevance fasse son apparition dans cette salle, me lança-t-il, tu as ma parole que je lâcherai les étudiants.

– Et moi, qu'est-ce que je fais?

– Eh bien, euh, tu n'es pas indispensable, Robert.

– Non, non, c'est comme tu veux, si tu es content de me voir, je viens!

– Bon, alors, écoute-moi bien, Robert, si tu veux, tu viens, mais évite de te livrer à un petit numéro et ne viens pas avec tes sbires!

– Ne t'inquiète pas, Georges, c'est une question de confiance. Je te donne ma parole que nous ne serons que tous les deux.

– On fait un peu le même boulot, non? demanda Courtois.

– Voilà, oui, on a les mêmes risques!

– Bon. O.K. Je t'attends, dépêche-toi. Et pas de conneries, hein?

À 17 h 05, je me présentai avec le préfet à l'entrée droite. Les étudiants, les deux journalistes et le témoin se tenaient prêts à partir. Comme convenu, Jean Chevance sortit avec eux par la porte de gauche. Ils étaient libres!

Je me trouvais dans la salle, une pièce froide et austère, comme il en existe des dizaines en France. Des bancs de bois, le box des accusés... Les otages étaient immobiles; les truands s'agitaient. Courtois s'approcha, théâtral.

– Robert, tu restes là, il va falloir que l'on discute un peu.

– Ce n'est pas ce qui avait été prévu, mais profitons-en!

– Messieurs les magistrats, mesdames et messieurs les jurés, je vous présente le dénommé Broussard, le chef des tueurs, ceux qui ont abattu Mesrine. Regardez bien cette arme redoutable, elle est entre les mains de ces gens-là. Monsieur le commissaire, veuillez expliquer à ces messieurs-dames comment vous opérez avec des gens comme nous.

– Je ne suis pas là pour ça!

– Les mains en l'air et vite! Je compte jusqu'à...

– Courtois, je ne lèverai pas les bras devant un type comme toi.

– Monsieur Courtois, on m'appelle monsieur Courtois s'il vous plaît.

– Oui, Courtois.

– Robert, ne joue pas les héros!

– Oui, Georges.

– Oh, Bob, tu ne trouves pas que tu pousses un peu?

– Non, Jojo.

– Bon, écoute-moi... Euh, tiens, tu es un drôle d'individu...

– Tu n'es pas mal non plus!

– Nous avons tenu parole, nous avons libéré les jeunes. Vous nous amenez vite fait le car et vous demandez à mon ami Christian de le conduire! D'autre part, Robert, on voudrait un peu de ravitaillement. De quoi manger, de la bière, des cigarettes!

Courtois aurait pu me garder en otage ou s'en prendre au préfet Chevance. Il ne l'avait pas fait. Peut-être parce que c'était trop risqué. Peut-être, aussi, parce qu'il avait voulu tenir parole, à la manière des «beaux» truands. Un classique rapport de force flic-voyou était en train de s'instaurer entre nous. Nous devions, l'un et l'autre, être «réglos».

Ange Mancini se chargea d'apporter des sandwiches et des boissons. Reprenant une tactique aussi vieille que la police, nous nous étions réparti les rôles, comme lors des interrogatoires : il jouait le flic plutôt conciliant et décontracté, et moi le négociateur têtu. Courtois se sentait donc plus proche de Mancini, qu'il estimait moins intransigeant.

Nos premières discussions avec Courtois avaient confirmé son statut de leader du groupe. Ayant une très haute idée de sa personne, il détenait le «pouvoir». Il vivait son rôle avec beaucoup d'intensité, de conviction. Sans le savoir, il nous facilitait la tâche. C'était lui et lui seul qu'il fallait «travailler» au mental. Les autres suivraient. Pour nous, l'essentiel était donc de procéder par étapes : entrer dans son jeu, lui faire admettre que j'étais un adversaire à sa mesure, dédramatiser en discutant de manière détendue. Cette décontraction, qui se traduisait par des boutades ou des répliques ironiques, pouvait choquer les otages, qui n'avaient évidemment pas le cœur à la plaisanterie. Je comprenais leur indignation mais c'était une phase cruciale du duel psychologique. Un flegme bien dosé impressionne davantage un preneur d'otage qu'une détermination mal contenue. Nos conversations donnaient parfois lieu à des échanges dignes de Michel Audiard.

– Dis donc, on ne trouve pas ton copain Christian...

– Il faut amener un chauffeur! Évite quand même de mettre un mec de chez toi, ce serait con!

– (Rires.) Tu voudrais que j'y aille, moi?

– À la limite, je pense que tu serais capable de venir! Enfin, je ne veux pas de toi... Bon, il faut aller au machin, là, à la gare routière, il y a des mecs. Évite le gag, ça ne marchera pas!

– On fait le maximum... Dis-moi, en attendant, on vient de recevoir un coup de fil d'un médecin. Deux personnes que vous détenez sont malades, une diabétique et une cardiaque.

– Je suis au courant. La dame a ses médicaments sur elle. Apparemment, ça va très bien. En cas de malaise, je ne suis pas un salopard, il n'y aura pas de problème...

– Allez, laisse-la partir maintenant!

– Robert, je te demande d'être sérieux, hein? Occupe-toi du car, ça commence à traîner!

– Je te dis encore une fois : si vous, de votre côté, vous ne bronchez pas, je te donne ma parole qu'il n'y aura pas d'intervention, mais si on s'aperçoit qu'il y a quelque chose qui ne va pas, alors... Pour le car, les candidats au voyage ne sont pas nombreux! Et la police nationale n'est pas le Touring Club de France!...

– Cette prise d'otages n'est pas un accident, on n'est pas là par hasard, nous nous sommes carrément installés!

– Je croyais que vous aviez prévu de vous arracher aussitôt avec des otages, un peu comme Jubin[1] à une certaine époque...

1. S'« arracher » signifie s'enfuir en argot. Christian Jubin, considéré un temps comme l'« ennemi public numéro un », avait été arrêté, en avril 1972, quelques jours après s'être évadé du Palais de justice de Paris en prenant des otages. Jean-Charles Willoquet avait été arrêté par l'antigang le 1er décembre 1975. Il était en cavale depuis son évasion du Palais de justice de Paris, en juillet de la même année.

– C'est un ami.

– Willoquet l'avait fait aussi...

– J'étais avec lui au château[1].

– Ah bon? Il t'a peut-être parlé de moi? À l'occasion, si tu le vois...

– Ça veut dire que je vais retourner en prison ce que tu me dis là?

– Vous n'avez pas fait les cons et il n'y a pas de sang. Je suis même prêt à témoigner, comme ça m'est arrivé par le passé, qu'il n'y a pas eu de menaces caractérisées lorsque je suis allé te voir avec le préfet, même si tu parles avec un flingue et une grenade à la main!

– Témoigner où? s'étonna Courtois. Devant la cour d'assises où je vais comparaître prochainement?

– Ah, c'est possible, éventuellement!

– T'as pas d'humour, merde, t'es dur!

Le début de soirée s'écoula ainsi, de concessions en reculades. Le travail de sape entamé dans l'après-midi avait déjà abouti à la libération des étudiants, des journalistes et du témoin. Nous devions persévérer, sans pour autant chercher à progresser trop vite.

Dans ce genre d'affaire, l'aide des proches du malfaiteur peut s'avérer déterminante. Confronté aux gens qui lui sont chers, celui-ci prend conscience de la gravité de son geste. Il suffit parfois d'une voix, celle d'une épouse, d'un frère ou d'un père, pour qu'il change d'attitude. Tout se passe comme si, le temps d'un dialogue, il avait la possibilité de descendre de l'estrade, de s'installer dans la salle et d'assister au spectacle qu'il impose aux siens. Bien sûr, quand il faut de nouveau impressionner les otages et reprendre les négociations, il se comporte comme si cette intrusion dans sa vie privée n'avait eu aucune influence sur son comportement «professionnel». Mais en est-il vraiment persuadé?

Courtois voulait parler à sa femme. Nous espérions qu'elle saurait l'infléchir.

1. En prison.

– Écoute, Jojo, ne t'inquiète pas pour nous, ils ne nous font pas de mal, ils m'ont demandé d'essayer de te raisonner. Ne fais pas de mal aux gens...

– Aucun mal ne sera fait s'il n'y a pas d'intervention. Bon, Pupuce, nous avons été cool jusqu'ici : on a libéré des malades et les étudiants, il faut qu'ils amènent le car à toute volée parce que ça commence à traîner! Après il arrivera un moment où nous nous retrouverons, Karim, Patrick et moi, face à ces messieurs, Broussard and Co, et nous en découdrons!

– Laisse partir les gens malades!

– Pupuce, je suis étonné que tu te prêtes aux suggestions de la police, ce n'est pas ton rôle. Tu comprends?

– Bon, nous on t'aime, il faut que tu penses à tout ça...

L'une des belles-sœurs de Courtois tenta aussi sa chance au téléphone, mais le truand restait inflexible.

– Bon, ma grande, tu m'excuses pour cette opération... Tu comprends, il était hors de question que je prenne vingt piges sur cette affaire. Ou on part de là, ou on reste, mais la prison c'est terminé!

– Réfléchis, ne fais pas de mal aux gens...

– Que la police se tienne peinarde!

Avant notre arrivée, le défenseur de Courtois, Me Taupier, assurait le lien entre les truands et les autorités. Je croyais qu'il nous aiderait à raisonner son client, comme c'est généralement le cas. Malheureusement, même s'il souhaitait la libération des otages, il ne nous était pas d'un grand secours pour obtenir la reddition des malfaiteurs. Notre présence dans l'enceinte du palais le choquait. Selon lui, cette affaire devait être gérée par la justice, non par la police, et il fallait laisser filer Courtois, ses complices et les otages. Comme je m'étonnais de son attitude, il me lança cette apostrophe : « Monsieur le préfet, vous êtes flic, je suis avocat, nous ne pouvons donc avoir la même éthique, je ne peux avoir la même stratégie que vous. Est-ce que vous me prenez pour un naïf? »

Il m'était déjà arrivé, en quelques rares occasions, de m'accrocher avec des avocats, mais jamais à ce point. Par son intransigeance, Me Taupier ne nous facilitait pas la tâche; tout comme les dizaines de personnes qui grenouillaient dans les couloirs du palais. Les (trop) nombreux magistrats et avocats présents pouvaient suivre et commenter les négociations alors qu'ils n'avaient aucune responsabilité particulière ! Mais comme ils étaient « chez eux », dans « leur » palais, il fallait ménager les susceptibilités...

Nos faits et gestes faisaient l'objet d'une attention constante. Il suffisait que la police exige un peu de tranquillité pour être suspectée de préparer un assaut à l'abri des regards indiscrets ! Heureusement, cette attitude critique était compensée par le soutien d'autres personnes présentes. Ainsi, nos relations avec le procureur général Galmiche et le procureur de la République Christian Janvier étaient excellentes. L'un et l'autre avaient compris que les magistrats devaient se tenir en retrait, garder une sorte de neutralité dans les échanges entre policiers et malfaiteurs. Constamment informés, associés à toutes les décisions, ils nous faisaient confiance.

Courtois ayant demandé à voir Me Michel Taupier, celui-ci pénétra dans la salle des assises à 20 h 25. À l'évidence, les truands étaient déterminés à poursuivre le bras de fer.

Dès la sortie de l'avocat, Courtois devint plus virulent. À 20 h 32, il ouvrit le feu contre la porte principale. Barricadés depuis une dizaine d'heures, les trois hommes sombraient dans la psychose. Ils croyaient entendre des bruits suspects, ils voyaient des ombres partout. Khalki se coucha même sous un bureau, avec sa grenade et son revolver !

Cet incident nous rappela que si le dialogue établi était assez encourageant, il ne constituait pas une garantie de succès. Aussi, afin de mieux définir le profil psychologique des preneurs d'otages, nous avions fait appel au professeur Guy Besançon, chef du service psychiatrique de l'hôpital Saint-Jacques, à Nantes. En situation de crise, le négociateur policier n'a pas la science infuse. Des éléments peuvent lui échapper qu'un spécialiste ne manquera pas de relever. M. Besançon fut donc chargé de recueillir des témoignages et de décrypter les enregistrements.

À 21 h 38, une autre personne se présenta : sœur Thérèse, une religieuse dévouée à la cause des détenus. Cette vieille dame, d'une abnégation admirable, souhaitait parler à Khalki, qu'elle avait connu en prison.

– Allô... Karim ? C'est sœur Thérèse, tu reconnais ma voix ? Alors, qu'est-ce qui se passe ?

– Rien, on est dans un endroit très agréable, répondit le Marocain.

– Ne dis pas de bêtises... Tu m'as toujours dit que tu m'aimais comme ta mère. Tu vas terminer ce que tu as commencé. Tu vas ramasser les armes, les mettre dans un coin et je vais aller les chercher.

– Oui c'est ça... d'accord. Oui, oui, c'est ça... Bon, c'est mon problème. Je vous jure que ça va se terminer dans une heure maximum parce qu'on commence à jouer avec nous, je n'aime pas ça du tout.

Sœur Thérèse, recroquevillée sur sa chaise, redoutait le pire.

La nuit et le froid étaient tombés sur Nantes. Autour du palais, les badauds se faisaient rares ; seuls restaient les journalistes, qui campaient où ils pouvaient, dans les cafés, dans les voitures, sous les portes cochères. Photographes et cameramen avaient disposé leur matériel de manière à ne rien manquer d'un éventuel dénouement.

Pour les hommes du Raid, la nuit s'annonçait éprouvante. Les anciens avaient l'habitude de veiller, sans recourir à des cachets « antisommeil ». Les jeunes, en revanche, se demandaient comment ils allaient tenir !

De mon côté, entre deux pauses casse-croûte, je continuais à parlementer au téléphone. Certains otages me poussaient à céder.

– Allô... commissaire ? Ici le président Bailhache. Ils me disent qu'ils veulent en terminer d'une manière ou d'une autre.

– On ne peut pas les laisser partir dans la nature avec seize otages... Il n'y a encore rien de dramatique pour l'instant, il n'y a pas eu la moindre goutte de sang. Une issue acceptable doit être recherchée. Ils sont dans une impasse. Il faut poursuivre les négociations !

– Mais nous, on n'est pas en position de négocier !

– Nous, si. Il faut qu'ils réfléchissent. Pour ce qui est de Khalki, c'était très généreux de sa part vis-à-vis de ses copains, mais il va se retrouver compromis dans des affaires plus graves qu'il n'a voulu au départ. Je vous donne ma parole qu'il n'y aura pas d'intervention.

– Oui, je crois que M. Courtois est convaincu que vous n'allez pas tenter une action en force...

Une femme, membre du jury, s'empara alors du combiné. Elle souhaitait me parler.

– On a les nerfs qui craquent. Est-ce que vous vous rendez compte de la situation ? Qu'est-ce qu'on est pour vous ? Des numéros ? La police est belle ! Je voudrais que les journalistes entrent, qu'on leur dise ce qu'on en pense, hein ! Qu'est-ce que vous voulez gagner ? Une médaille ? Pour arrêter trois héros, on en a rien à foutre ! Nos vies sont en danger, on a des enfants à élever. Alors, merde, qu'est-ce que vous faites ? Il vous faut quatre heures pour faire venir un car ? Vous vous bougez, oui ou merde ?

– Ce n'est pas le moment de craquer ! On ne peut pas laisser partir seize personnes avec ces types-là. Ils vont déplacer la prise d'otages ailleurs. S'ils vous emmènent en pleine nature à 3 heures du matin, au milieu d'une forêt, ils pourront faire de vous ce qu'ils voudront !

– Jamais je n'ai vu un préfet de police aussi con ! Je veux que les journalistes viennent ici, que la France entière sache ce qui se passe dans cette salle, que tout le monde a les nerfs à vif, que ces gens-là vont nous faire sauter avec leurs grenades ! Vous n'en avez rien à foutre que nos enfants soient orphelins pour Noël ! Vous, vous serez tranquillement à bouffer votre dinde ! C'que vous êtes trouillard ! Ces gens-là nous ont assuré qu'ils allaient nous relâcher, j'ai confiance. Et s'ils ne nous relâchent pas, c'est notre problème ! On a les nerfs qui craquent, comme les agresseurs ! Je vous passe le président, euh, je ne sais plus, le procureur...

Le substitut Philippe Varin prit le relais.

– La dame a raison, la situation est extrêmement tendue. Il n'y a pas lieu de mettre en doute les paroles de M. Courtois.

Il est tout à fait correct avec nous. Je ne vois pas pourquoi il ne le serait pas jusqu'au bout.

– Passez-moi Khalki.

– Je vous passerai M. Khalki s'il souhaite vous répondre. Vous cherchez à gagner du temps mais il n'y a pas à gagner du temps. Ils sont parfaitement décidés. Chaque fois qu'il y a un bruit, les grenades dégoupillent, les revolvers sortent, tout le monde est couché par terre. Ça ne va pas durer des siècles, cette histoire ! C'est à vous de céder à leurs exigences. M Courtois me fait savoir qu'une fois les otages libérés ils ne reculeront pas devant la police. Enfin, ils essaieront de s'enfuir, c'est normal. Vous réglerez vos comptes entre vous après, je crois qu'il faut en passer par là !

J'avais l'impression d'entendre un cow-boy et non plus un magistrat ! Qu'un juré otage m'insulte, soit, j'étais prêt à le comprendre, car cette femme subissait une terrible épreuve, mais qu'un substitut nous invite à « régler nos comptes » à coups de revolver, comme des bandes rivales, c'était plutôt surprenant !

La conversation tournait à l'aigre.

– Les premiers seront peut-être contents d'avoir été libérés mais les trois ou quatre malheureux qui resteront jusqu'au dernier moment ? demandai-je au substitut. Si ça se passe mal, les familles seront en droit de nous dire qu'il ne fallait pas les laisser partir !

– Ça ne se passera pas mal si vous n'intervenez pas !

– Autrement dit, il faut les laisser partir comme ils veulent ?

– Exactement.

– On ouvre les portes !

– Exactement. Dans votre situation, il n'y a pas lieu de discuter. Ils prennent des cachets pour tenir le coup. Vous êtes à l'extérieur. Nous, ça fait onze heures qu'on est là et je vois bien qu'aucun d'eux ne cédera ! M. Courtois a tenu ses engagements, nous pouvons lui faire confiance. Ils tiennent les manettes, hein ?

– Quand on connaît certaines des relations de notre ami Courtois, on peut se demander où il veut en venir.

– Jusqu'ici, il a tenu ses engagements.

– Et l'on se retrouvera avec une deuxième prise d'otages, avec les amis de M. Courtois, dont certains que je connais fort bien et que les magistrats connaissent aussi!

– Oui, d'accord, alors en attendant, on y passe!

– Qu'il fasse un geste en relâchant, par exemple, les deux malades.

On l'aura compris à la lecture de ces échanges : certains otages paraissaient solidaires des truands, au point de rejeter tous les torts sur la police. Était-ce une nouvelle manifestation du fameux syndrome de Stockholm, qui conduit le prisonnier sous influence à prendre parti pour son geôlier? Quelques-uns d'entre eux exprimaient une relative sympathie à l'égard des trois hommes : ils étaient «corrects», ils inspiraient «confiance», ils tenaient «parole», ils n'étaient pas «dangereux», que demander de plus? Les magistrats eux-mêmes semblaient soumis. Ils donnaient volontiers du «M. Courtois» ou du «M. Khalki» mais se contentaient de dire, plus familièrement, «allô, Broussard»...

C'est alors que le substitut m'informa d'une proposition de Courtois.

– Il demande que des journalistes viennent dans la salle, une équipe de FR3 et un reporter de France Inter, pour que les personnes fassent des déclarations. D'ailleurs, elles veulent s'adresser à leurs familles pour les rassurer.

– Des journalistes? Pourquoi pas? En échange, ils laissent partir les deux malades, O.K.?

– Bon... d'accord, on fait comme cet après-midi avec les étudiants. M. Courtois indique que ce doit être de vrais journalistes, pas des policiers!

La proposition était tentante mais à manier avec prudence. Depuis le début, Georges Courtois cherchait à utiliser les médias, autant par soif de publicité personnelle que par souci de coincer les autorités. Je ne voulais pas qu'il puisse accroître sa pression sur nous, via l'opinion publique. En outre, il pouvait s'agir d'une manœuvre pour forcer la sortie.

Quelques minutes de réflexion nous suffirent pour comprendre qu'ils comptaient effectivement en profiter pour sortir en force ! Persuadés que le Raid n'oserait pas intervenir devant les caméras, ils voulaient que FR3 filme la scène et que le reporter de France Inter raconte l'opération en direct. Jamais, dans une telle affaire, les médias n'avaient été manipulés à ce point ! Courtois savait utiliser cet atout fantastique pour faire passer son message et prendre le pays à témoin de l'« intransigeance » des forces de police.

Comme il n'était pas question de compromettre la libération de deux personnes, nous allions faire mine d'entrer dans leur jeu. Il convenait d'agir avec précaution, en les inquiétant sans les affoler. Il suffirait, pensions-nous, d'un bruit, tout juste perceptible, à proximité de l'une des portes, d'une ombre furtive au-dessus de la verrière, pour les contraindre à renoncer.

Par téléphone, je précisai au substitut les modalités de l'« échange ».

– Nous sommes d'accord : les journalistes pénètrent dans la salle et les deux malades sortent. Nous avons votre parole que les journalistes ressortiront immédiatement après l'enregistrement des déclarations ?

– Ils n'ont rien à craindre, je m'en porte garant.

À 22 h 33, les journalistes de FR3 Nantes pénétrèrent dans la salle d'audience (leur confrère de la radio n'avait pu être joint). Un homme, malade du cœur, sortit par l'autre porte. Une femme, diabétique, l'imita une trentaine de minutes plus tard, après que l'équipe de télé eut interviewé quelques otages. Ceux-ci critiquaient l'« entêtement » de la police et louaient la « correction » des truands. Le monde à l'envers !

Nous ne pouvions reprocher aux journalistes d'avoir enregistré ces déclarations. Ils n'avaient fait que leur métier. Tout au long de cette affaire, ils firent d'ailleurs preuve d'un professionnalisme et d'une lucidité exemplaires. Sans jamais renier les principes déontologiques de la profession, ils nous aidèrent de leur mieux.

En fait, Courtois avait renoncé à sortir en force. D'une part, il n'avait aucune certitude quant à la présence du car devant le palais. D'autre part, je crois qu'il redoutait les hommes du Raid...

Quatorze personnes restaient entre les mains des truands. La plupart d'entre elles exigeaient que les négociations soient confiées aux autorités judiciaires. Cette revendication, soutenue avec virulence par le défenseur de Courtois, Me Taupier, était encouragée par des magistrats et des avocats qui s'agitaient dans les coulisses du palais. L'affaire ayant pour cadre une cour d'assises, ils répétaient que c'était aux magistrats de la régler, non à la police. Sollicitant l'arbitrage du garde des Sceaux, Robert Badinter, ils publièrent un communiqué consternant : «Le palais de justice est sous le régime de l'état de siège, l'autorité ayant été conférée du pouvoir judiciaire au pouvoir policier pour ne pas dire plus lorsque l'on connaît l'organisation quasi militaire du Raid.» L'omniprésent Me Taupier, fidèle à sa stratégie, ne ménageait pas ses efforts pour obtenir un départ groupé, otages-malfaiteurs. Il se targuait d'être «très influent à Paris» et s'empressa d'alerter ses «relations» élyséennes.

Élysée ou pas, il en fallait davantage pour me déstabiliser. D'expérience, je savais qu'il était essentiel de résister aux pressions. J'avais toujours agi ainsi lors des quarante ou cinquante affaires de prises d'otages que nous avions eu à traiter avec la Brigade anticommando. Les gesticulations de deux ou trois avocats ne changeraient rien à ma méthode! Après tout, c'était à moi et à moi seul que l'on demanderait des comptes si l'affaire tournait mal! En attendant, les truands avaient de quoi être satisfaits : ils disposaient d'alliés à l'intérieur et à l'extérieur de la salle d'audience!

Cet interventionnisme, stressant pour tout le monde, empoisonnait le climat et gênait les tractations. Ces fiers-à-bras oubliaient-ils que nous avions obtenu la libération de dix-neuf personnes sans la moindre concession?

À la tension régnant sur place vinrent bientôt s'ajouter des complications ministérielles. Pierre Joxe enrageait dès qu'il apprenait quelque chose autrement que par le canal policier. D'un ton sec, il me reprocha ainsi d'avoir reçu directement un appel téléphonique de son homologue de la justice, Robert Badinter! Cette réprimande me sidéra. Aussi lui fis-je remarquer avec fermeté que j'avais apprécié les encouragements du garde des Sceaux et du cabinet de l'Élysée.

En Corse, puis dans la phase de création du Raid, j'avais connu la « méthode Joxe ». À mes yeux, il avait les qualités techniques d'un remarquable ministre de l'Intérieur. Sa volonté de moderniser la police, son analyse très fine des problèmes de l'institution démontraient qu'il n'était pas seulement un notable de passage place Beauvau. Cet homme brillant, travailleur inlassable, entendait marquer la police de son empreinte, par des réformes ambitieuses, il en avait la volonté et s'en donnait les moyens. Les policiers de tous grades étaient d'ailleurs unanimes sur ce point. Mais ni son intelligence ni sa parfaite connaissance des dossiers ne devaient faire oublier le reste : l'aspect humain. Dans certaines circonstances, il pouvait se montrer franchement désagréable avec ses collaborateurs et interlocuteurs.

À Nantes, ses frictions avec Badinter et la Chancellerie n'eurent heureusement pas d'incidence sur nos relations avec le procureur Janvier, le procureur général Galmiche et les deux envoyés spéciaux du ministère de la Justice. Entre nous, au moins, la confiance régnait.

L'attitude de Khalki nous préoccupait de plus en plus. Effrayant dans ses propos, imprévisible dans ses réactions, le Marocain prétendait toujours appartenir au groupe palestinien Abou Nidal, ce dont nos collègues de la DST doutaient fortement. Courtois lui-même semblait perdre toute emprise sur lui. Une lettre rédigée par sœur Thérèse n'y changea rien : à 1 h 30, Khalki désigna les otages à exécuter en premier lieu et s'enchaîna à trois magistrats !

Pouvions-nous continuer à refuser toute sortie, à gagner du temps ?

Voilà près de onze heures que je me démenais. Les coups de bluff, la fausse décontraction, les tractations téléphoniques, les interventions ministérielles, l'hostilité des quatorze derniers otages, l'angoisse de leurs familles, la fatigue, la furie de Khalki... Pour toutes ces raisons, ma position de négociateur impliquait, plus que jamais, un double comportement : déterminé face aux truands, rassurant auprès des otages et de leurs proches. Le moindre signe de défaillance pouvait déclencher un processus dont Courtois saurait à coup sûr profiter. Il s'était habilement constitué une zone d'influence au-delà de la salle des assises. À sa manière, il avait su séduire et c'était moi, responsable policier, qui devenais le « méchant » ! Le professeur Besançon, témoin de ce phénomène, écrira par la suite, dans une revue spécialisée : « L'hostilité s'était déplacée de Courtois sur Broussard qui incarnait le mauvais objet, celui qui empêchait l'avènement d'une solution raisonnable. »

Dire que l'on se sent seul en pareil cas est une évidence. L'expérience n'y change pas grand-chose. Miné par un débat intérieur entre le « pour » et le « contre », on essaie simplement de se raccrocher au passé, d'évacuer les mauvais souvenirs, de ne retenir que les meilleurs, histoire de trouver des arguments pour tenir bon.

De tous les reproches entendus dans les couloirs de palais, le plus blessant concernait ma prétendue « indifférence » à l'égard du sort des otages. Non, je n'étais pas « indifférent » ! Leur libération restait la première des priorités. Dès que l'un d'eux sortait libre, j'éprouvais un bref soulagement puis je m'inquiétais pour les autres, tous les autres, même les plus critiques à mon encontre. C'était ainsi : tout négociateur est tenu par son « rôle ». Il est condamné à l'incompréhension.

Dans une telle affaire, un dialogue permanent avec les autres policiers est indispensable. La « base » doit être tenue informée si l'on veut maintenir la cohésion du groupe. Inversement, elle doit renseigner le négociateur sur les éléments susceptibles de l'aider. Ainsi, les tireurs d'élite placés sur les toits, en surplomb de la salle, nous rendaient compte des faits et gestes des truands et de leurs otages. Nous avions de la sorte une idée plus précise de la situation à l'intérieur et de l'évolution psychologique des « acteurs » du drame.

Même si Khalki n'avait pas mis ses menaces à exécution, je mesurais les risques de ma fermeté. J'avais également conscience des pressions exercées sur Mancini pour me faire fléchir... Pour autant, il n'était pas question de renoncer. Toute concession de notre part devait entraîner un « geste » des malfaiteurs. S'ils voulaient vraiment un car, ils devaient d'abord libérer les femmes. Donnant, donnant !

Ce troc nous permit d'obtenir la libération de la greffière, à 3 h 28. Mais si Courtois parut un moment disposé à relâcher les autres femmes en échange du car, il se ravisa, estimant probablement que leur « valeur marchande » était plus importante que celle des magistrats, exposés aux « risques du métier ».

Vers 4 h 30 se produisit un incident inattendu : les truands essayèrent de quitter la salle d'audience, enchaînés à leurs otages ! Chacun d'eux était armé d'un revolver et d'une grenade. Pas de doute, cette fois, ils tentaient une sortie en force !

Comme il était toujours hors de question de les laisser partir, la salle des pas perdus fut aussitôt plongée dans la pénombre. Le groupe devait avancer lentement, à pas craintifs. Les hommes du Raid, en combinaisons et cagoules noires, se déplaçaient entre les piliers, ombres furtives et inquiétantes, sans mot dire.

Courtois hurlait, nous traitait de tous les noms, exigeait que la lumière soit rallumée et la porte du palais grande ouverte. Ses cris et ceux de Khalki résonnaient dans le bâtiment. Leurs insultes demeuraient sans réponse. Il y avait une large part d'intox dans leur attitude, mais il y avait aussi, j'en suis persuadé, de la peur. Après quelques minutes de ce jeu d'ombres, ils regagnèrent la salle d'audience.

Nous venions de marquer un point décisif. Courtois le savait. Comme promis, nous n'étions pas intervenus. Les membres du Raid s'étaient contentés d'impressionner les truands, de leur faire comprendre que toute initiative de ce genre serait vouée à l'échec. Manière d'accentuer encore cette sensation d'isolement, je décidai d'imposer le silence absolu. Pas un mot, plus une conversation téléphonique !

Une dizaine de minutes plus tard, Courtois s'adressa au préfet Chevance, comme s'il éprouvait le besoin de parler.

– Écoutez, monsieur le préfet, vous êtes un drôle d'individu...

– Vous nous préparez un coup fourré! répliqua énergiquement Jean Chevance. Vous voulez sortir avec un paquet d'otages et ce n'est pas ce qui a été prévu!

– Comment se fait-il que la porte soit fermée?

– Le car est là, répondit le préfet, mais nous n'avons pas les clés et le chauffeur est parti. Il n'est pas loin. Il reviendra lorsque vous aurez relâché les femmes. Soyons raisonnables. Nous avons déjà passé beaucoup de temps ensemble.

– Oui, un peu trop, d'ailleurs. Il faut que ça se termine dans les minutes qui suivent. Vous allez ouvrir la porte sinon je balance une grenade et nous sortons en courant avec tous les gens qui sont ici. Alors... Vous venez, je libère les femmes, nous procédons à la reconnaissance du car et à l'embarquement, sans problème.

– Mais dans quelles conditions la reconnaissance du car? s'inquiéta le préfet.

– Votre prudence, cher monsieur, devient de la paranoïa! Vous êtes, à mon avis et de l'avis des gens que nous retenons, un homme irresponsable, je vous le dis!

– Je suis un irresponsable, d'accord.

– Je dis que vous êtes un assassin! hurla une femme otage.

– Je suis un assassin en plus, d'accord...

Le préfet Chevance, remarquable négociateur, me transmit le combiné.

– C'est Broussard, qu'est-ce qui se passe, Courtois?

– Encore! C'est vraiment du jamais vu! Tu as une patience d'ange, mon ami, je te félicite!

– Ah, tu vois, on garde son calme...

– Bon, j'espère. Écoute-moi bien, Robert, nous avons des médicaments qui nous permettent de tenir, nous avons prévu ce genre de gag. Mais, mon petit ami, il va quand même falloir penser à ouvrir la porte...

– Vous voulez vous rendre?

– Tu es un humoriste, toi!

– Mais tu me dis d'ouvrir la porte!

– Je suis disposé à libérer les femmes, à condition que la porte d'entrée soit ouverte.

– Vous êtes sortis en groupe, ce n'était pas prévu comme ça… Au passage, je te ferai remarquer qu'à aucun moment nous n'avons cherché à intervenir. Priorité à la vie des otages.

– Ah, tout le monde rigole, Robert! Tout le monde vient de rire quand j'ai dit ça! Ton objectif, Robert, c'est de nous filer le compte à tous les trois! À moi en premier.

– Si on avait voulu le faire, on l'aurait fait.

– Mon petit bonhomme, je t'avertis d'une chose, ce n'est même pas la peine d'essayer! À aucun moment tu n'auras les trois cibles en même temps!

– Tu me respectes, je te respecte.

– Apparemment… oui. Enfin, moi, je ne m'appelle pas Mesrine, j'en ai rien à foutre de Mesrine! Tu ne vas pas faire les seigneurs avec moi, hein? Tu comprends, moi, je ne vais pas te faire péter le bouchon de champagne en pleine bouche, hein? Ni te demander ta carte d'identité. Tu as vu, d'ailleurs, je ne te l'ai pas demandée…

– Parce que tu me connais!

– Bon, il va falloir penser à ouvrir la porte. Tu vois, on est encore des gens très patients, on est commodément installés, ça pose pas vraiment de problème. Où est passé Me Taupier? À moins qu'il ne soit entre les mains de tes sbires, à se faire interroger…

– Ah, ça y est, on torture les avocats maintenant!

– Il semble que vous ayez torturé la greffière…

– On a torturé la greffière?

– Non, mais vous l'avez un peu bousculée…

– Bousculée la greffière? Tu vois, elle fait quarante-cinq kilos, je ne vais pas bousculer la greffière, moi!

– Je veux dire, verbalement. Hein, Robert, on est d'accord?

– Je ne bouscule jamais les femmes.

– Tu vas pas me dire que t'es un gentleman, en plus?

Je n'étais pas dupe : il cherchait toujours à monter les otages contre nous en prétendant que nous avions « bousculé » la greffière.

Il était un peu plus de 5 heures du matin, la tension de la nuit commençait à retomber. Le ton décontracté de la conversation confirmait que Courtois maîtrisait encore la situation à l'intérieur de la salle. Ni les incidents des heures précédentes ni la lenteur des négociations n'avaient entamé son influence auprès de Khalki et de Thiolet. À nos yeux, cet aspect était déterminant : il fallait à tout prix le conforter dans sa position de chef car il paraissait beaucoup plus réfléchi que ses complices.

– Robert, j'ai l'impression que tu nous as drôlement menés en bateau avec ton car ! Quatre heures pour faire douze kilomètres, c'est quand même dur, hein ? J'ai l'impression que tu nous prends vraiment pour des cons.

– Mais non, je ne te prends pas pour un con. Ce n'est pas ma faute s'il y a du brouillard. On n'y voit pas à trois mètres !... Bon, dis-moi, il y a ta femme qui veut à nouveau te parler.

Épuisée par cette nuit de veille, la jeune femme prit le combiné. Son mari tenta de la rassurer.

– Pupuce, juste une chose : on a tenté de sortir, ils ont fermé les portes. Fais-moi confiancc, nous allons sortir en force, qu'il y ait un car ou qu'il y ait pas de car. Sur les marches du palais ou dans le hall, nous allons nous faire autoexploser. La police s'est fixé pour tâche de nous exécuter. Nous avons décidé, Karim, Patrick et moi, de prendre tous les risques. Tu expliqueras plus tard à Christelle que son papa n'a pas voulu retourner en prison. Il a préféré se la glisser plutôt que de pourrir dans une centrale quelconque. L'important, c'est que tu saches que nous n'aurons pas trop mal vécu ensemble. Tu me pardonneras auprès de nos enfants, auprès de ceux qui nous ont entourés, voilà ce que je voulais te dire.

– Oui... j'entends. Mais Jo, réfléchis quand même... Christelle veut te parler.

– Ça va, papa ?

– Très bien, ma chérie. Ton père n'est pas un fantoche. Il s'est lancé dans cette opération en connaissance de cause. Il la mènera à son terme. Tu seras informée de la suite qui sera donnée à cette affaire. Est-ce que la police vous a emmerdées ?

– Pas du tout. Mais fais pas le con !

Au fil des négociations, des relations particulières s'étaient établies entre Courtois et moi. Un contact fort, fait de défis et de concessions mutuelles. Ce n'était ni de l'estime ni du respect – dans mon esprit, il restait un truand –, mais je n'avais aucune envie d'en finir violemment.

En ce vendredi brumeux de décembre 1985, le quartier se réveillait doucement. Les journalistes, qui ignoraient tout des négociations en cours, avaient passé la nuit à guetter les allées et venues. D'autres équipes de télévision étaient arrivées. On signalait la présence de l'Américain Pierre Salinger, que ses confrères surprendront, cigare aux lèvres, en train de taper son article sur une machine à écrire posée sur un container de chantier !

Il ne restait plus que treize otages sur trente-trois ; ce qui n'était pas si mal pour un service organisé de manière « quasi militaire », un préfet traité d'« assassin » et un responsable policier jugé « con et borné »... En outre, nous avions le sentiment que Courtois piétinait.

Après une nouvelle période de silence total destinée à renforcer son sentiment d'isolement, les négociations reprirent.

– Bob, il va falloir apporter, par l'intermédiaire de mon avocat, quinze cafés, grand format bien entendu, pas des cafés de papa où il y a rien dedans. Grand modèle, quoi ! On voudrait aussi les journaux, *Presse Océan* et *Ouest France*, de façon à ce que nous puissions voir les considérations qui sont émises par rapport à la réalité. Et la presse nationale, pour rigoler un peu... Un petit *France-Soir*, un petit *Parisien*... C'est gentillet, hein ?

– On va certainement mettre le café dans une Thermos. D'accord ?

– Vous avez des Thermos ? s'étonna-t-il.

– On va se débrouiller. On est équipés, tu sais, quand on part pour un siège, ça dure...

– T'es venu pour le siège, en fait ?

– Ben, on est organisés...

– J'aime beaucoup ton humour, ça me fait beaucoup rire. Tu sais bien que je suis aussi un humoriste !

– Bon, j'aimerais bien que Me Taupier se charge de cette opération.

– Tu sais, Me Taupier, il commence à se faire tirer l'oreille. On va voir. Il est très fatigué. Si on ne le trouve pas, on déposera ça devant la porte et t'enverras quelqu'un le chercher.

– Je t'apprécie quand même un peu, Robert. Je t'aime bien.

– Mais tu m'as dit des vacheries tout à l'heure !

– Oui, j'ai été dur, c'est vrai... Mais des fois tu n'es pas très sérieux !

– Dis-moi, la religieuse est toujours là, elle voudrait parler à Khalki. Je te dis franchement, elle me fait de la peine !

– Le problème, mon pauvre, c'est que lui ne veut pas la voir !

– Il y a également le consul du Maroc à Rennes qui vient d'arriver.

– M. Khalki me dit que, pour l'instant, il n'a rien à lui demander. Qu'il reste sur place à sa disposition, il conversera avec lui lorsqu'il l'estimera utile.

– C'est quand même un peu délicat de...

– En sa qualité d'attaché diplomatique, il doit se tenir à disposition ! Pour l'instant, occupe-toi le plus vite possible du café et du reste. Attends une seconde, y a Khalki qui s'énerve. Je ne sais pas ce qu'il veut. Bon, écoute, je te le passe.

Khalki prit l'appareil.

– Monsieur Broussard, ils vont boire leur café, moi j'en bois pas, ni café, ni lait, rien du tout ! Après le café, c'est moi qui vais prendre cette affaire en main. Nous sommes vendredi, une grande journée pour la prière des musulmans. Nous allons tous faire une prière. Je vous assure que moi je ne vais pas traîner longtemps ! Je vais vous fixer un ultimatum. Si vous ne l'acceptez pas, ce sera le carnage. Je vous le jure !

– Robert, reprit Courtois, je pense que tu as écouté ce que t'a dit ce monsieur ?

– Bon, les gars, il faut savoir : on ne peut pas discuter tous les deux en hommes responsables et entendre le Marocain proférer des menaces. Mettez-vous d'accord ! Il faut qu'il se calme ! Ou bien alors, je me suis trompé et tu ne diriges plus rien ! J'ai l'impression qu'il commence à t'échauffer les oreilles ce gars-là, non ?

– Ne t'énerve pas, Robert, ce monsieur s'est exprimé. Pas de problème, j'ai la situation en main. Apporte le café.

– Du café, du lait, du sucre, des journaux, des cigarettes, comme tu veux... Mais que l'autre ne m'emmerde pas! Compris? Le vendredi, le vendredi, le grand jour, oh! qu'il arrête...

– Bon, allez, d'accord, Robert, nous sommes d'accord.

Courtois maîtrisait-il encore la situation? Les coups de feu qui claquèrent alors dans la salle d'audience confirmèrent l'extrême nervosité des trois hommes. L'un d'eux avait cru apercevoir un membre du Raid, sur les toits, au bord de la verrière! Nos six tireurs d'élite s'y trouvaient, effectivement. Depuis la veille, ils n'avaient pratiquement pas cessé de tenir les truands dans leur ligne de mire! Dix fois, vingt fois, ils auraient pu les abattre simultanément, lorsque les grenades n'étaient pas dégoupillées. Mais je ne voulais pas d'une telle issue. Leur mission consistait aussi à observer ce qui se passait dans la salle, à préciser l'emplacement de chaque personne, à noter la moindre évolution de comportement. Tout indiquait que les otages étaient exténués. Le préfet Jean Chevance eut d'ailleurs plusieurs conversations avec des magistrats retenus dans la salle.

– Ici le président Bailhache. Les gens ici ont tiré trois coups de feu. Il faut évacuer tout le monde là-haut [les tireurs d'élite]. Ce n'est pas raisonnable. Faites évacuer, j'ai tous les jurés allongés par terre!

Le substitut Varin prit le relais, plus directif encore.

– Les gars qui se promènent sur les toits, ça met les otages en danger! Il y en a un qui va prendre peur et une grenade va partir! La panique est chez les otages mais elle peut aussi se produire chez M. Courtois et ses amis!

Je pris le combiné. Le substitut Varin m'apparut très nerveux.

– Dites-moi, vos gars, il faut les débarquer de là-haut! Ici, ils ont toujours une grenade dégoupillée, en tombant elle peut foutre le camp et paf, ça pète! J'espère que ça va plus bouger, hein?

– Oui, oui, d'accord.

Mes discussions avec Courtois étaient interminables. J'avais rarement autant parlé avec un truand ! Les cafés et les journaux étant prêts, je lui annonçai que nous allions les déposer devant l'entrée de la salle...

– On met les trucs devant la porte, vous venez les chercher, ça se passera bien. Et on allume, on allume...

– Robert !

– Je veux dire : on allume l'éclairage !

– (Rires.) Ouais, ouais, tu allumeras après le reste ! Bon, écoute-moi, Robert, je suis mécontent de ce qui est annoncé à la radio. D'une part, il y a une relation des faits qui me déplaît fortement et, d'autre part, il paraît que tu aurais mis à notre disposition un minicar, une 504, alors qu'on a pas besoin de ce genre de véhicule...

– Mais je ne suis pas intervenu à la radio, je n'ai eu aucun contact avec les journalistes...

Malgré ces quelques reproches de Courtois, la « livraison » des cafés eut lieu sans incident.

Le substitut Varin intervenait de plus en plus souvent pour me faire toutes sortes de remarques.

– Il y a du monde dans les couloirs ! Tout à l'heure c'était sur les toits, maintenant c'est derrière la porte ! Que tous ces types-là dégagent ! Tous, ici, sont crispés, les otages comme les autres. Il y en a toujours un sous une table avec une grenade. Si vous tirez sur les deux autres, il fait sauter la grenade. Je ne vous dis pas d'enlever tous les policiers du palais de justice mais d'enlever les gens dont la présence met en cause notre sécurité.

– Mais ce sont d'abord les trois voyous qui mettent en cause votre sécurité !

– Je suis d'accord, monsieur... Attendez... M. Courtois vous fait dire que vous ne l'aurez pas à l'usure. Il propose à nouveau de libérer les femmes à condition que la porte du tribunal soit ouverte. De toute façon, ils sortiront enchaînés aux otages. Chacun d'entre eux maintiendra dans sa poche une grenade dégoupillée qui explosera si l'un d'eux est abattu.

Il arrivait que Courtois refuse de me parler et qu'il snobe également le préfet Chevance, qualifié de « triste individu ». À un moment, il en vint même à dire qu'il accepterait « à la limite » d'entrer en « contact » avec la Chancellerie, autrement dit, avec Robert Badinter en personne ! Comme je redoutais que des négociations ne soient menées dans notre dos par l'intermédiaire des avocats, je le rappelai une trentaine de minutes plus tard. Un dialogue toujours aussi décontracté :

– Allô, Jojo ? Nous avons également des lits de camp et des couvertures si tu veux. Tu vois que nous avons tenu parole et que tout s'est passé comme prévu !

– C'est vrai, admit-il. Tu es remonté un peu, un tout petit peu, dans mon estime. Pour les lits de camp, tu les gardes. Il n'est pas question de s'endormir. Faut quand même pas rêver ! Garde-les de côté, ça pourra servir à transporter les corps ! Il y a une femme qui voudrait appeler ses enfants. Est-ce que c'est possible ? Est-ce que nous sommes d'accord sur cette suggestion humanitaire de ma part ?

– C'est d'accord mais le plus simple serait de la laisser sortir et elle appellerait directement de mon bureau !

– Soyons sérieux. Je me préoccupe de la situation des gens qui sont ici, beaucoup plus que vous et notamment que ce préfet marchand de cinéma ! Nous voulons également de l'eau et puis un balai et une poubelle. Nous ne sommes pas des cochons et ça commence à m'énerver de voir l'état de saleté de cette cour d'assises ! Par conséquent, nous procéderons au ménage. C'est moi-même qui vais le faire, tu vois, parce que je suis également un homme de ménage.

Les demandes de Courtois furent exaucées. On leur apporta de l'eau et des balais. L'une des femmes put téléphoner à un membre de sa famille. D'après elle, les otages ne craignaient rien du côté des gangsters ou « soi-disant gangsters » : « C'est pas les gangsters qui sont dangereux pour nous, c'est la police ! » Sans doute s'agissait-il de la personne qui m'avait traité de con !

Le substitut Varin souhaitait parler au préfet Chevance.

– Ici Varin... Monsieur le préfet, j'ai des propositions à vous faire au nom de tous les otages.

– D'accord, je vais noter, répondit Chevance.

– M. Courtois s'engage à libérer une femme qui vient d'avoir un petit malaise. En échange, il faudrait nous envoyer un journaliste de la presse parlée afin que les otages fassent leurs déclarations. Il sera éventuellement accompagné de Broussard. Le journaliste sortira immédiatement après. J'insiste bien : il s'agit d'une proposition des otages.

– Nous allons réfléchir à cette proposition.

En fait, l'étau se resserrait sur Courtois. Il fallait le laisser venir sans chercher à le déstabiliser définitivement. La libération des quatre femmes, notre objectif suivant, était à ce prix. Lors d'une autre conversation, Courtois me lança :

– Robert, mon petit gars, écoute-moi bien. Je te fais une dernière proposition et il n'y aura par la suite plus aucune autre concession. Est-ce que nous sommes d'accord?

– Hum...

– Tu viens ici avec un journaliste de la presse parlée et les quatre femmes seront libérées. Il ressortira après les déclarations des gens. Nous détenons actuellement douze personnes. Dès que le journaliste aura fait son travail, nous procéderons à la libération de cinq autres personnes. Dans les minutes qui suivent, nous procéderons à une sortie en force au moment et dans les conditions que nous jugerons utiles, que le car soit là ou pas. S'il n'y a pas de voiture, s'il n'y a pas de car, ce sera ta faute et nous procéderons à une autodestruction dans le hall du palais de justice!

– Écoute-moi, Georges...

– Ne m'appelle pas Georges!

– Tu m'appelles bien Robert et je m'en fiche!

– Ouais, t'es plus célèbre que moi!

– (Rires.) Ah, mais tu vas le devenir, tu sais, on parle davantage de toi que de moi aujourd'hui! Enfin, depuis qu'on discute, je crois qu'on a tenu parole l'un et l'autre.

– Ouais... Simplement, je te dis ceci : nous effectuerons une sortie, que tu le veuilles ou non. Il est hors de question pour nous de retourner en prison. Est-ce que nous sommes d'accord là-dessus?

Courtois transmit l'appareil au président Bailhache.

– Est-ce que vous êtes d'accord avec la dernière proposition de M. Courtois ? En résumé, il laisse partir les jurés contre la venue du journaliste et ensuite les magistrats restent avec eux. À ce moment là, ils veulent organiser la sortie comme ils vous l'ont dit. Nous sommes obligés, vous comprenez, de voir la suite différemment... Je suis l'interprète de leurs desiderata en vous indiquant qu'ils sont arrivés au chiffre minimum pour la sécurité de leur fuite. Envoyez un véhicule pour sept, pas trop grand.

– Oui, je comprends les nouvelles données de la situation...

– Nous acceptons les risques, puisqu'on ne peut pas faire autrement. Les otages ne seront plus que des magistrats professionnels. Nous en avons beaucoup parlé avec M. Courtois. Il a fait preuve, jusqu'ici, de beaucoup de compréhension.

En réalité, j'avais prévu cette hypothèse, à savoir une sortie des truands avec les seuls magistrats professionnels, si la situation devenait intenable. Mais il m'était impossible de la suggérer à mes interlocuteurs. Un otage est un otage. Mon rôle consistait à négocier la libération de tout le monde, certainement pas de désigner ceux qui partiraient avec les malfaiteurs. Comme les quatre magistrats avaient eux-mêmes proposé cette solution, c'était parfait ainsi. Le président Bailhache, toujours aussi serein et digne dans ses propos, se faisait leur porte-parole.

– M. Courtois est très calme. Il m'a néanmoins bien fait comprendre qu'il ne peut aller au-delà, pour leur propre sécurité. Nous sommes volontaires pour cette solution. Enfin... des volontaires pieds et mains liés. Jusqu'ici vous avez fait votre travail. Ils ne veulent pas retourner en prison. M. Courtois précise que si jamais il n'y avait pas de véhicule ou que les portes étaient fermées, il procéderait à l'autodestruction. Vous avez vu les grenades ? Je peux vous confirmer qu'il y en a...

– Je comprends. Dès l'instant où tous les otages, à l'exception des magistrats professionnels, auront été libérés, je suis d'accord pour négocier le processus de sortie.

Vers 11 h 30, un journaliste de Radio France Loire-Océan, Joël Bitoun, pénétra dans la salle. Courtois, plus théâtral que jamais, en profita pour réitérer ses menaces au micro : « Nous ne sommes ni des pantins ni des fumistes, mais des gens de parole! Nous affronterons les forces de police sans reculer, le moment voulu, c'est-à-dire quarante-cinq à soixante minutes après notre départ et la libération de tous les otages. Par conséquent, nous nous retrouverons à trois dans le seul espoir d'échapper aux forces de l'ordre. En aucun cas nous ne refuserons l'affrontement, que cela réjouisse ou pas Broussard et ses tueurs patentés.»

En l'espace d'une demi-heure, de 11 h 30 à midi, neuf otages allaient être libérés, comme convenu. Il en restait donc quatre sur plus d'une trentaine. Tous des magistrats. Il était désormais trop risqué d'aller plus loin dans les tractations. Cela ne signifiait pas que nous devions renoncer à obtenir la libération des derniers otages et la reddition des truands. Simplement, il fallait imaginer un autre contexte, un autre décor, des conditions psychologiques différentes. Les discussions suivantes allaient porter uniquement sur les modalités du départ.

Vers 14 heures, Khalki demanda à s'entretenir par téléphone avec le consul du Maroc. Cette conversation, en arabe, allait marquer le début d'une «affaire dans l'affaire». Le diplomate indiqua en effet à son compatriote qu'en cas de reddition pure et simple il serait aussitôt expulsé vers son pays sans être jugé en France. Le ministère de l'Intérieur avait donné des assurances en ce sens. Intrigué par cette promesse dont je n'avais pas été informé, je demandai des précisions au préfet Chevance. Plutôt embarrassé, ce dernier reconnut avoir reçu des instructions et même une télécopie de l'arrêté de Pierre Joxe! Personne n'avait non plus sollicité l'avis du procureur Janvier, magistrat qui avait toujours fait preuve d'une loyauté sans faille à notre égard.

Même si elle pouvait éventuellement aider à débloquer la situation, la décision du ministère était choquante à plus d'un titre. D'abord parce qu'un preneur d'otages qui avait ridiculisé l'autorité de l'État allait être seulement expulsé. Ensuite parce que je n'avais pas eu connaissance de cet arrêté et que j'étais mis en porte à faux vis-à-vis des truands. Personne, au cabinet du ministre, ne m'avait informé de cette décision prise en catimini!

Mais l'heure n'était pas aux polémiques. Aussi décidai-je d'informer moi-même Courtois de la mesure concernant Khalki. Si contestable fût-il, l'arrêté de Pierre Joxe était un élément nouveau dont je devais tenir compte dans les discussions. Courtois et Thiolet accepteraient peut-être de se rendre à condition que leur ami Khalki ait l'assurance d'être expulsé.

En début d'après-midi, les truands unanimes rejetèrent la proposition d'expulsion. Courtois menaçait de se suicider dans la salle des pas perdus, enchaîné aux magistrats ! Nous n'avions plus vraiment le choix : il fallait préparer la sortie.

Dehors, au bas des marches, nous avions placé une Renault Espace. Un véhicule de sept places, beige métallisé.

Vers 14 h 15, Courtois quitta la salle d'audience. Une paire de menottes le reliait au président Bailhache. Il brandissait un revolver et une grenade ; le magistrat tenait la goupille. Les deux hommes s'avancèrent jusqu'au perron, entre les colonnes. Sur les marches du palais commença alors un autre show du truand...

Pointant son arme vers le président, Courtois regarde autour de lui. Au premier plan, il découvre le chantier d'un futur parking. À une soixantaine de mètres, sur la droite, des gardiens de la paix contiennent la foule. Cette agitation surprend tellement le truand qu'il croit voir des flics partout : entre les baraques d'ouvriers, sur les toits, derrière les voitures !

Il tire une première fois, puis une deuxième...

Installés aux premières loges depuis vingt-sept heures, les journalistes avaient fini par se croire au spectacle. Ces coups de feu les ramènent à la réalité : la prise d'otages n'a pas encore fait une seule victime mais elle peut tourner au drame à tout moment. Beau parleur ou pas, Courtois reste un malfaiteur, violent et impulsif.

Sa sortie déclenche un mouvement de panique dans les rangs du public. Près du chantier, tout le monde se couche, sur un mélange humide de ciment et de boue. On cherche un abri où l'on peut, jusque dans les traces crénelées laissées par les roues des bulldozers. Un cameraman anglais regarde l'objectif de sa caméra, percée d'un trou de la grosseur d'une balle : à quelques centimètres près, il la recevait en pleine tête!

Courtois se déchaîne. Il braque son arme dans toutes les directions. Son show va durer quarante minutes!

Un homme, un seul, ne s'allonge pas : Ulysse, un clochard d'une soixantaine d'années. Coiffé d'un grand chapeau noir, accompagné de son chien Sac-à-puces, il marche vers le palais en criant : « T'as pas fait la guerre, toi! Sois courageux, affronte Ulysse! » Courtois ne comprend pas ces beuglements. Il s'affole, tire de nouveau, croit à une manœuvre policière, tire encore, hurle sa haine des policiers. La scène est si surréaliste qu'elle prêterait presque à sourire : Ulysse gueule, Sac-à-Puces aboie et Courtois, « lié » au magistrat, joue les Lucky Luke sur les marches du palais! « Barrez-vous tous, crie-t-il, même ceux qui sont cachés là-bas. J'ai une grenade, vous allez arrêter votre numéro? »

Vers 15 heures, il retourne dans le palais. Il en ressort une minute plus tard, avec son otage et... Mancini! Ange tente de le calmer, il fait signe à la foule de reculer.

À l'intérieur, c'est au tour de Khalki de quitter la salle, enchaîné à deux otages. Il a une grenade dans la main gauche, un revolver dans la droite, un exemplaire du Coran à la ceinture. Au milieu de la salle des pas perdus, il s'arrête un instant pour s'adresser à un interlocuteur invisible, lui hurler sa haine de la société, de la justice, de l'État français. Son visage livide traduit la sincérité de ses propos et sa détermination.

Je me tiens à trois ou quatre mètres de lui. Jurant sur le Coran qu'il se fera exploser sur place si je ne cède pas, il m'ordonne de me plaquer face au mur, les mains en l'air. Je n'ai évidemment pas l'intention de lui obéir. Sans répondre, je me rends sur le perron du palais, où Mancini essaie de raisonner Courtois.

Lorsqu'il me voit, le truand s'excite encore plus! Ange me fait alors signe de retourner dans le hall où je découvre un Thiolet survolté. Enchaîné au quatrième magistrat, il flingue à l'aveuglette!

Dehors, Courtois descend enfin les marches du palais. L'arme au poing, il s'engouffre avec son otage dans la Renault Espace. Il sera bientôt suivi par Khalki puis par Thiolet, toujours avec les magistrats.

À 15 h 17, le véhicule démarre lentement, conduit par le président Bailhache. Les voitures du Raid, des polices urbaines et du SRPJ de Rennes commencent à le suivre dans les rues de la ville. Les truands n'apprécient pas notre insistance à les filer : ils nous montrent leurs grenades, leurs revolvers.

Après un périple tortueux, ponctué de brefs arrêts et d'accélérations soudaines, le cortège parvient devant la gare de Nantes.

Il est 16 heures. Courtois descend de l'Espace avec le président, se dirige vers les consignes, sur la gauche du bâtiment principal. Malgré ses menaces, nous les encadrons, sans pouvoir intervenir puisque le magistrat sert de «bouclier». Courtois ordonne au président d'ouvrir une consigne et d'en sortir un sac de sport rempli d'armes d'où dépasse le canon d'une mitraillette!

Dans la gare, ce remue-ménage suscite les réactions les plus diverses. Certaines personnes partent en courant ou se jettent au sol. D'autres sont incrédules, voire sceptiques. Il y a aussi les plaisantins, les curieux, ceux qui croient à un gag de «La Caméra invisible», au tournage d'un film. Cette halte en gare de Nantes ne dure que quelques minutes. L'Espace repart en direction de l'aéroport de Château-Bougon, en périphérie de la ville. Nous prévenons nos collègues de la police de l'air et des frontières, lesquels font aussitôt évacuer les lieux et interrompre le trafic aérien.

À 16 h 30, l'Espace s'arrête devant les grilles d'accès aux pistes. Soixante-quinze minutes se sont écoulées depuis le départ du palais. Le décor change mais pas les hommes. Les membres du Raid, en combinaisons et cagoules noires, se positionnent aux abords du véhicule et sur les toits environnants. Les CRS montent la garde devant les avions. Les pilotes ont été regroupés en lieu sûr afin d'éviter d'être pris en otages. Les journalistes s'agglutinent devant l'entrée principale.

Un étrange silence règne sur Château-Bougon, comme si chacun souhaitait s'accorder un moment de répit. Nous avançons, Mancini et moi, vers l'Espace. Courtois baisse sa vitre.

– Robert, me dit-il, je demande instamment l'ouverture de cette grille !

– D'accord... Mais tu laisses descendre au moins deux otages.

Il refuse. J'insiste. Je sens qu'il est sur le point de fléchir.

Il accepte finalement de relâcher le substitut Varin et son collègue Dior. Il ne lui reste plus que deux otages. Par orgueil, Courtois s'interdit encore d'admettre sa défaite mais le temps joue en notre faveur.

À l'ouverture des grilles, l'Espace se dirige en bout de piste, jusqu'à un rond-point. Cinq voitures du Raid l'encerclent, à une trentaine de mètres de distance. De chaque véhicule descend un policier, en position de tir.

La nuit et le brouillard vont bientôt tomber sur cette zone déserte. Dans un tel décor, Courtois et ses complices, soudain silencieux, sont privés de leur « public ». Ils se retrouvent seuls avec deux otages épuisés. Exténués, à bout de nerfs, entourés de policiers qu'ils savent spécialisés dans ce type d'intervention, ils n'ont aucune chance de s'en sortir. Courtois aura-t-il la force de lutter contre la fatigue, la lassitude, le doute ? Consciemment ou non, il s'est laissé mener vers une voie sans issue.

Je m'approche pour leur expliquer qu'aucun appareil ne décollera ce soir, en raison des conditions météo. Je leur rappelle également (je suis bien obligé de le faire !) les propositions du ministère concernant Khalki. Mais le Marocain, imperturbable, répète qu'il n'attend aucune mansuétude de notre part. Je ne sais pas s'il bluffe ou s'il croit encore à une issue favorable, mais son attitude est impressionnante de fermeté. Il reste solidaire de ses amis.

Courtois, lui, cherche une issue honorable. Il doit penser qu'après tout il n'y aurait pas de honte à capituler pour éviter la prison à Khalki.

On vient alors me prévenir qu'il faut que je retourne immédiatement à l'aérogare. Le préfet Chevance me confirme la décision de Pierre Joxe concernant l'expulsion du Marocain. Mais il y a un problème, et de taille : le consul a appris, par son ambassade, que son pays refuse d'accueillir Khalki ! Autrement dit, il faut l'expulser, mais sans savoir où ! Je proteste une nouvelle fois contre cette manière de procéder, tant sur le fond que sur la forme. Je reste persuadé que nous n'avons pas besoin de cet arrêté pour trouver une solution. Quelques instants plus tard, Mancini m'indique d'ailleurs par radio que les truands sont sur le point de se rendre et que le Marocain souhaite voir le consul. Celui-ci monte alors dans ma voiture et nous repartons ensemble vers l'Espace.

En route, le diplomate me montre la copie de l'arrêté et insiste sur le fait qu'aucun pays de destination n'est mentionné dans le texte. Dans ces quelques lignes, pour le moins floues, on peut lire que « la présence de l'intéressé représentant une menace particulièrement grave pour la sécurité publique, son éloignement du territoire constitue une nécessité impérieuse et urgente ». Le consul me confirme que le Maroc n'a pas donné son accord pour accueillir Khalki. On ne peut pas dire qu'il soit vraiment à l'aise. Il se sent piégé. Cette histoire d'arrêté ne lui paraît pas très honorable. Mais à partir du moment où le gouvernement français s'est engagé par écrit, il n'a rien à dire, juste à « transmettre » la décision à Khalki.

Celui-ci s'entretient un moment avec le diplomate, à voix basse et en arabe. S'il est d'accord pour se rendre, il refuse de toute façon l'expulsion vers le Maroc, de peur d'être aussitôt emprisonné. Sans grande conviction, il envisage diverses solutions : le Liban, l'Iran... Je lui indique alors qu'il faudra attendre plusieurs jours avant d'obtenir l'accord de l'un ou l'autre de ces pays. Méfiant, il sollicite l'avis des deux magistrats otages sur la valeur juridique du document.

À force de discussion, Khalki finit par accepter de se rendre. Même si cela me révolte, je suis persuadé qu'il sera effectivement expulsé, que ce soit vers le Maroc ou vers un autre pays. En m'appuyant sur la décision de Pierre Joxe, je donne ma parole qu'il en sera ainsi. Courtois s'engage alors à relâcher les deux derniers otages. Il pose simplement une dernière condition, aussitôt accordée : expliquer aux journalistes la manière dont l'affaire s'est conclue.

C'est ainsi que Georges Courtois, conduit vers l'aérogare à l'arrière d'une voiture du Raid, fera sa dernière déclaration aux médias : « Compte tenu de l'intervention d'Abdelkarim Khalki dans l'enceinte de la cour d'assises, la mise en jeu de sa vie et de sa liberté, nous estimons aujourd'hui échanger sa vie contre la nôtre, comme l'a garanti le ministère de l'Intérieur. C'est un demi-succès, et par conséquent un demi-échec, mais nous avons conscience d'avoir choisi la bonne solution pour tous et pour chacun. Quant à vous, messieurs les journalistes, vous êtes une bande de requins qui me déplaisez particulièrement. »

Pour les otages, pour le Raid, l'affaire de Nantes était terminée dans sa phase active.

Ce soir-là, en quittant l'aéroport, je fis un détour par le commissariat central de la ville afin de saluer et remercier une dernière fois nos collègues nantais. Dans un bureau, j'aperçus Georges Courtois, un sandwich à la main. Un inspecteur procédait à un premier interrogatoire :

– Alors, Robert, je t'ai quand même pas mal emmerdé! me lança Courtois.

– Pas tant que ça, Jojo, pas tant que ça! répondis-je en souriant.

Notre confrontation s'acheva ainsi, par ce classique échange flic-truand, sans aucune agressivité. Il était temps d'aller retrouver l'équipe du Raid, réunie dans une pizzeria. Dans une ambiance de banquet, nous occupions toute la salle. Après deux jours sans sommeil, les plus résistants étaient encore les anciens de l'antigang, soulagés d'avoir réussi ce premier examen de passage, décisif pour le lancement du nouveau service. Les autres, les jeunes recrues, commençaient à piquer du nez! En pleine nuit, lorsqu'il fallut reprendre la route de Paris, les « vieux » durent conduire!

Cette affaire fut saluée par les médias comme un succès total. Les malfaiteurs avaient échoué, les otages étaient sains et saufs, pas une goutte de sang n'avait été versée. On en oubliait presque les coups de feu, les menaces, les moments d'angoisse, pour ne retenir que l'humour bravache de Georges Courtois !

Plusieurs polices étrangères voulaient tirer profit de notre expérience. Au-delà du sans-faute, cette prise d'otages suscitait la curiosité des spécialistes parce qu'elle constituait une sorte de « classique », mêlant tous les ingrédients de ce genre d'affaire : la préméditation des malfaiteurs, les relations nouées entre les otages et les truands, le rôle des médias...

Mais il était dit que ce fait divers exceptionnel resterait celui de la démesure et de l'outrance bien après la libération des deux derniers magistrats...

La première salve vint de l'avocat de Courtois, Me Michel Taupier. Dès le 23 décembre, en présence du bâtonnier du barreau de Nantes, il déclara à la presse : « Les méthodes du commissaire Broussard sont dangereuses. Elles ont été catastrophiques pour les otages... J'ai l'intime conviction que cette reddition aurait dû être négociée beaucoup plus tôt, dès le jeudi. La stratégie d'allongement de la prise d'otages a accru considérablement les risques de perte de contrôle chez les preneurs d'otages, en particulier vis-à-vis d'Abdelkarim Khalki. Broussard a beau être très compétent, il peut faire des erreurs d'appréciation, aussi grand psychologue soit-il. La préoccupation de M. Broussard était l'arrestation de Courtois et de ses complices. Il a joué avec l'angoisse des otages en prolongeant leur calvaire de quinze heures avec des montées en flèche de la tension chez les trois hommes. C'était un risque énorme... on a dérapé dans l'état de siège. »

D'autres attaques allaient me toucher davantage : celles concernant l'« affaire Khalki ». Car il y eut une « affaire Khalki », fruit de la hargne de certains avocats et de la lâcheté du ministère de l'Intérieur.

On se souvient que le Marocain croyait être expulsé vers le pays de son choix. Le vendredi 20 décembre au soir, à l'aéroport, j'avais donné ma parole sur ce point, en m'appuyant sur l'arrêté. Je pensais que la France tiendrait ses engagements. Je me trompais, tout comme Khalki et Courtois. Chacun à notre manière, nous allions être bernés.

Sous prétexte que le Maroc avait finalement refusé d'accueillir son ressortissant, le ministère de l'Intérieur et la Chancellerie laissèrent pourrir la situation, sans chercher d'autres solutions. Arrivé au terme de sa garde à vue, le 22 décembre 1985 à 20 h 40, Khalki ne fut plus expulsable, en raison des poursuites engagées à son encontre par la justice française. Quoi que l'on puisse penser de lui, le Marocain avait été victime d'un coup fourré, d'une promesse non tenue.

Il fallait bien un responsable; il en faut toujours un. Le 23 décembre, j'appris que c'était moi! Selon mes accusateurs, en particulier des avocats, je n'avais pas tenu parole! Ils savaient pourtant que j'étais personnellement opposé au principe même de l'expulsion. Ils savaient aussi que j'avais agi sur ordre, en m'appuyant sur une décision du ministre. De même, ils avaient tous connaissance de la décision du procureur de la République de s'opposer «à toute notification et à toute exécution de l'arrêté d'expulsion si ce jour, 22 décembre 1985, avant 20 h 40, heure de fin de garde à vue du nommé Khalki, il n'avait pas reçu l'ordre écrit de la Chancellerie de le remettre à l'autorité administrative.» Ces mêmes accusateurs savaient enfin que le refus du Maroc était intervenu dès le vendredi après-midi, lorsque le consul avait reçu des consignes de son ambassade. Malgré tout, ils continuaient de m'attribuer le rôle du «traître» ayant agi de sa propre initiative. Je n'étais pas dupe : le ministère de l'Intérieur, redoutant d'être mis en cause, s'était arrangé pour que je porte le chapeau!

Profondément meurtri par ces attaques dont la presse faisait ses gros titres, je finis par exiger une mise au point. Mon honneur d'homme était mis en cause. Je crois n'avoir jamais été aussi incisif envers un ministre et son entourage. Il était temps de dire la vérité sur ce tour de passe-passe.

Après bien des tergiversations, signe du malaise régnant place Beauvau, le ministère se fendit d'un communiqué dénonçant les «interprétations erronées» et «certaines mises en cause». Dans ce texte, soupesé au mot près, il était écrit : «Un arrêté d'expulsion selon la procédure d'urgence absolue visant Abdelkarim Khalki a été signé, à toutes fins utiles, dès jeudi après-midi au ministère de l'Intérieur, une convention judiciaire franco-marocaine permettant qu'un ressortissant marocain soit poursuivi dans son pays pour des infractions commises en France. Dans la phase finale des négociations, conformément aux instructions reçues, le préfet Broussard, en compagnie du consul du Maroc porteur de cet arrêté, a pu, en présentant ce document, amener les trois repris de justice à libérer les magistrats encore retenus en otage et à se rendre. Cet arrêté d'expulsion n'a pas pu, par la suite, être mis à exécution en raison du refus des autorités marocaines. Dès lors, la garde à vue touchant à son terme, une information judiciaire a été ouverte et les malfaiteurs ont été inculpés. »

Le ministère omettait de préciser que le Maroc avait fait connaître son refus avant la « phase finale » des négociations et non après : la preuve, il n'y avait aucun pays mentionné sur l'arrêté ! Autrement dit, l'argument avancé pour renoncer à l'expulsion de Khalki – le « refus des autorités marocaines » – n'était pas convaincant. Pour ma part, il était clairement spécifié que j'avais agi « conformément aux instructions reçues » !

L'affaire nantaise allait cependant connaître d'autres rebondissements en 1986. Khalki fit soixante-treize jours de grève de la faim pour essayer d'obtenir gain de cause. Certains otages voulurent aussi déposer plainte contre moi, m'accusant de leur avoir fait courir des risques inutiles ! Enfin, une association de soutien aux trois truands se créa et une organisation pseudoterroriste se livra à quelques menaces puis revendiqua une série d'actes de sabotage commis dans le métro parisien et sur le réseau SNCF.

Dans l'immédiat, j'étais réduit au silence. Je devais attendre le procès pour m'exprimer à mon tour. Parler des négociations, du comportement des uns et des autres, des promesses non tenues. J'avais bien l'intention de mettre un terme aux accusations de toutes sortes...

Les débats eurent lieu du 23 au 27 février 1988, dans la salle où Courtois et ses complices avaient retenu leurs otages. Je débutai ma déposition dans une ambiance surchauffée. L'association de soutien aux truands avait distribué des tracts dans les boîtes aux lettres et de nombreux supporters se trouvaient dans le public. Je crus entendre que j'en avais également!

Dans un premier temps, la cour me demanda mon sentiment sur le profil des trois hommes. Il n'était pas question de les réduire à des rebelles sympathiques. L'humour et la ruse de Courtois ne devaient pas faire oublier sa violence. Interrogé au sujet des négociations, je revins un instant sur l'attitude de l'avocat de Courtois : «Me Taupier n'a pas toujours tenu le rôle qu'on peut attendre d'un avocat dans ce cas-là. Sa préoccupation essentielle était d'obtenir au plus vite la libération des otages sans contrepartie...» Le défenseur de Courtois se trouvant derrière moi, la réaction ne se fit pas attendre : les avocats s'insurgèrent contre mes propos. Après quelques esclandres, le président Thierry Roy finit par obtenir le silence. Je poursuivis en déclarant notamment : «J'ai constaté qu'à plusieurs reprises Me Taupier était intervenu pour que la police soit dessaisie et que la direction des opérations soit confiée aux magistrats.»

Que n'avais-je pas dit là! Ces messieurs du barreau s'estimèrent outragés à travers leur confrère. Me Henri Juramy, défenseur de Khalki, en profita pour m'injurier : «Vous ne pouvez procéder avec nous comme avec les gens qu'on a l'habitude d'abattre.» Quittant la salle, ils exigèrent des «excuses publiques»! En ma qualité de témoin, je n'avais pas à m'excuser d'avoir exposé des faits tels que je les avais vus et perçus.

L'audience fut suspendue pendant une heure. Le président Roy avait le choix : renoncer à mon audition – donc céder au «chantage» – ou prendre le risque d'un report du procès, faute de défenseurs. Il opta pour la première solution et dit, non sans gêne, que ma déposition était terminée. Même si elle pouvait s'apparenter à une capitulation devant les avocats, sa décision était compréhensible : il voulait mener les débats à leur terme, dans la sérénité. Malgré tout, le comportement de la défense avait de quoi surprendre : pourquoi m'avoir ainsi poussé dehors alors que j'étais disposé à dévoiler tous les aspects du dossier, y compris les promesses non tenues? J'ai toujours eu le sentiment, mais je peux me tromper, que l'on n'a pas voulu connaître le fond de ma pensée sur le volet politique, à savoir l'« expulsion » de Khalki !

Le procès continua donc sans moi. Les avocats purent s'en donner à cœur joie, sombrant parfois dans l'insulte et l'outrance. Ainsi ces propos de Me Juramy : « Ce procès concerne l'autorité, car seule l'autorité a été touchée. Il n'y a pas eu de préjudice corporel, il y a eu peu de préjudice moral, ce peu étant dû, ne vous en déplaise, monsieur le président, à cause de M. Broussard... Je reproche au commissaire Broussard d'avoir empêché Khalki de mener à bien son projet (!)... Khalki a été abusé comme le dernier des hommes... Broussard a failli à sa parole d'honneur en refusant le départ de Khalki... il fait honte à la médaille qu'il a reçue à la suite de cette affaire... L'attitude de Broussard a été dangereuse pour la vie des otages... Si un jour il y a des preneurs d'otages, il ne faut pas que Broussard y aille, ce serait un carnage... L'arrêté d'expulsion a été signé, Khalki devrait être ailleurs... Un homme qui a failli à sa parole une fois peut faillir toujours... »

Le droit de la défense est sacré. Toute personne poursuivie en justice doit pouvoir bénéficier du soutien d'un avocat. Et tout avocat doit pouvoir défendre son client comme il l'entend. Mais cette liberté de parole autorise-t-elle à dire n'importe quoi ? Ce jour-là, Me Juramy a dépassé les limites de l'acceptable, il s'est ridiculisé par ses excès.

Pour des raisons sans doute tactiques, tout au long des débats, le président et l'avocat général se montrèrent « timides », laissant les accusés et leurs conseils insulter la police et brocarder certains de leurs collègues magistrats. Dans son compte rendu d'audience du 28 février, *Le Monde* s'étonna de cette passivité, « comme si une consigne avait été donnée de ne surtout pas réagir, pas même pour défendre l'honneur d'une justice égratignée ». Il fallut attendre la déposition d'un ancien otage, en l'occurrence le juge Bureau, pour rappeler une évidence : « Il ne faut pas inverser les rôles : ce n'est pas Broussard qui nous détenait en otages, ce n'est pas lui qui nous empêchait de sortir, ce n'est pas lui qui tenait les armes nous menaçant... »

Lors de son réquisitoire, l'avocat général dénonça « certains propos déraisonnables » et prit enfin notre défense : « Les policiers sont vus comme des assassins. La police a été outrageusement traitée, bafouée pendant trois jours de débats... Quelle autre méthode aurait eu un aboutissement heureux ? La fuite en avant qui aurait abouti à une surenchère, le risque d'avoir dehors des hors-la-loi ? Ce n'est pas la police mais les accusés qui portent la responsabilité de l'événement. Il faut un esprit pernicieux pour inverser les rôles. Je suis indigné d'avoir entendu les serviteurs de la nation et leurs chefs traités de tueurs. C'est inadmissible. »

Georges Courtois et son ami Abdelkarim Khalki furent condamnés à vingt ans de réclusion criminelle, Patrick Thiolet à quatorze ans. L'histoire ne dit pas s'ils furent satisfaits du système de défense de leurs avocats.

Courtois fut en fait libéré à la fin de l'année 1997. Et ne tarda pas à faire à nouveau parler de lui...

Le 13 janvier 1999, un nouveau chroniqueur judiciaire prend place sur les bancs réservés à la presse dans la salle des assises du palais de justice : Jojo Courtois ! Il affirme travailler pour *La Lettre à Lulu*, un journal satirique de la région. Et le voici de retour à l'endroit même où il se tenait, un peu plus de treize ans plus tôt, avec des otages !

Les magistrats, évidemment surpris par cette entrée en scène, ne peuvent s'y opposer. Courtois, désormais âgé de cinquante-deux ans, est un homme libre. Fidèle à lui-même, il savoure la situation devant ses jeunes confrères : « La justice est un spectacle et je suis un homme de spectacle. Je connais cet univers côté jardin et côté cour alors que la plupart des gens qui en parlent n'ont jamais mis les pieds dans un box. Je ne suis pas journaliste et ne tiens pas à l'être, mais la seule façon de faire connaître mes idées, c'est les médias. »

À l'époque, j'ignorais tout de cette reconversion. Pour tout dire, je ne savais même pas qu'il était sorti de prison. Et voilà qu'un jour, par un circuit trop long à expliquer, je reçois un appel téléphonique pour le moins inattendu : Courtois souhaite me parler ! Après avoir évoqué nos souvenirs communs, il me parle de sa nouvelle vie, et, sans se démonter, me propose même de signer le prochain éditorial de *La Lettre à Lulu*! Malgré mon refus – qu'il comprend fort bien –, il se dit heureux d'avoir pu discuter un moment avec moi.

Sa reconversion en chroniqueur judiciaire fut malheureusement de courte durée : il est ensuite retourné derrière les barreaux pour association de malfaiteurs...

XIX

Les généralistes de la police

Février 1985-février 1986. Voilà un an que j'étais « adjoint opérationnel du directeur général ». Une année bien remplie, marquée par la création du Raid, l'affaire de Nantes et diverses études sur le terrorisme. Les principaux objectifs fixés par Pierre Joxe ayant été atteints, une nouvelle évolution de carrière devenait désormais prévisible. D'autant que l'on m'avait promis un poste de préfet directeur central lors de mon séjour en Corse...

Le succès de la droite aux élections législatives de mars 1986 entraîna un nouveau changement. Comme à chaque fois, l'organigramme de la grande maison s'en trouva chamboulé. En dépit des belles déclarations de principe, sur le thème « nous ne mènerons pas de chasse aux sorcières », tout nouveau gouvernement intronise des gens de confiance aux postes qu'il juge stratégiques. Malgré leur propension naturelle à animer ce jeu de chaises musicales, les ministres n'ont pas tous les torts. Certains policiers jouent eux-mêmes la carte idéologique : ils affichent leurs couleurs quand le vent souffle dans un sens favorable, puis font le dos rond – ou tournent casaque – lorsqu'il change de direction !

En 1986, c'est le tandem Pasqua-Pandraud qui emménagea place Beauvau. À cette époque, je connaissais assez peu Charles Pasqua. En revanche, j'avais pu apprécier les connaissances professionnelles et la simplicité de Robert Pandraud, du temps où il dirigeait la police nationale.

À l'heure de la cohabitation Mitterrand-Chirac, ce nouveau changement de majorité ne m'inquiétait pas outre mesure. Je m'étais toujours tenu à l'écart des querelles partisanes.

Du reste, je n'eus pas à attendre longtemps pour être fixé sur mon sort. Le 7 mai, ma nomination au poste de directeur central des polices urbaines fut annoncée en Conseil des ministres. J'allais chapeauter tous les commissariats de France, sauf ceux de Paris intra muros. Les « PU », comme on disait alors dans notre jargon[1], constituaient la plus grosse direction en terme d'effectifs : soixante-cinq mille personnes, dont une forte majorité de policiers en tenue, réparties sur l'ensemble du territoire (DOM-TOM inclus). Ayant moi-même travaillé au commissariat d'Argenteuil, vingt-cinq ans plus tôt, je mesurais le rôle fondamental de ces généralistes de la police, notamment dans la lutte contre la délinquance de tous les jours...

Chaque matin parvenaient sur mon bureau les télex de la nuit, tout ce que les chefs de service jugeaient utile de signaler. Ces nouvelles, rédigées dans un style télégraphique, constituaient autant de traces écrites – je dirai presque de « bulletins de santé » – de l'état du pays : un accident mortel à Bordeaux, une patrouille agressée à Mulhouse, des cambrioleurs arrêtés en flagrant délit à Lille, des voitures incendiées aux Minguettes...

Dans certaines cités « chaudes », tout était prétexte à incidents : un contrôle d'identité, une course-poursuite, une bagarre entre bandes rivales... Confrontés au problème des banlieues, les policiers se sentaient délaissés et ils l'étaient réellement. Les autres administrations voyaient dans ces violences une question d'ordre public, autrement dit, un « boulot de flic » ! La police était en quelque sorte la voiture-balai d'une société impuissante. Faute d'un traitement social et judiciaire approprié, le malaise était appelé à s'amplifier. En se voilant la face, les responsables politiques, de droite comme de gauche, occultaient leurs propres erreurs ou manquements. Ils ne voyaient pas non plus, ou refusaient de voir, qu'une partie de la population, victime de la délinquance et des actes d'incivilité, se laissait séduire par

1. Les polices urbaines sont devenues depuis la sécurité publique.

le Front national. Quant aux médias, ils n'étaient pas exempts de reproches. En accordant davantage d'importance aux incidents qu'aux initiatives positives – et il y en avait! –, ils suscitaient des vocations de casseurs. Il suffisait de quelques images d'émeute pour que les pouvoirs publics débloquent des crédits!

Les relations conflictuelles entre les jeunes et les policiers n'avaient rien d'inédit. Mais le mal-vivre des banlieues était plus profond. La plupart de ces adolescents se comportaient en écorchés vifs. Ils refusaient toute discussion, comme s'ils n'avaient plus aucune limite, aucun respect. Le moindre propos, le moindre geste, était perçu comme du racisme antijeune, voire du racisme tout court. Les éducateurs, les enseignants faisaient ce qu'ils pouvaient, avec des moyens limités. Sans atteindre la même ampleur qu'aux États-Unis, le phénomène des bandes connaissait un essor fulgurant. Certaines cités «sensibles», parmi les quatre cents recensées en France, se transformaient en ghettos. Les pouvoirs publics se contentaient de réagir ponctuellement, en annonçant des mesurettes et en saupoudrant des aides financières.

Accusés de laxisme par les uns, de racisme par les autres, les fonctionnaires des polices urbaines étaient pris entre deux feux. Au jour le jour, ils faisaient leur métier avec courage, dans des conditions pénibles. En tant que directeur, je me trouvais à mi-chemin entre ces «simples flics» et le «sommet». Je pouvais tout à la fois prendre le pouls des services, par de fréquentes visites dans les commissariats, et connaître la stratégie gouvernementale, lors des réunions ministérielles. C'est donc en témoin privilégié que j'allais suivre l'approche politique du dossier «banlieues», à droite puis à gauche.

Charles Pasqua et Robert Pandraud restèrent deux ans place Beauvau, du printemps 1986 au printemps 1988. La réélection de François Mitterrand, le 8 mai 1988, permit aux socialistes de revenir aux affaires. Joxe retrouva son bureau avec l'intention de poursuivre la modernisation engagée en 1985[1]. À la tête des

1. Le 8 août 1985, Pierre Joxe a fait adopter la loi de modernisation de la police nationale, un texte de programmation qui prévoyait de changer la police sur cinq ans, avec quatre objectifs : la rendre plus opérationnelle face à la petite et moyenne

polices urbaines, je ne pouvais qu'approuver un tel projet. Joxe affichait des objectifs ambitieux et, malgré ses « excès » d'homme d'autorité, il avait toutes les qualités pour les atteindre.

Sur le front des banlieues, le plus difficile restait tout de même à faire : convaincre les pouvoirs publics – au-delà du seul ministre de l'Intérieur – qu'il s'agissait d'une urgence absolue. Au moins pouvait-on espérer de la gauche quelques initiatives sociales ! En fait, elle n'avait pas plus d'idées que la droite. Les gouvernements successifs (Rocard, Cresson, Bérégovoy) allaient échouer, faute d'une réelle volonté politique, inscrite dans la durée.

Il ne m'appartient pas de donner ici des leçons d'urbanisme, encore moins d'économie ou de stratégie sociale. Mais il suffit d'un peu de bon sens pour admettre que de graves erreurs, commises au tournant des années 1990, ont provoqué des fractures graves, peut-être irréversibles.

À cette époque, il fallait tout sacrifier, ou presque, aux apparences, jouer sur les « effets d'annonce ». Les fonctionnaires de police étaient aux premières loges du grand spectacle de l'esbroufe. Sous prétexte de prévention, combien de fois ont-ils vu des ministres débarquer dans les cités de Mantes-la-Jolie, Montfermeil ou Villeurbanne, pour donner le coup d'envoi d'un match de foot, écouter du rap ou dessiner quelques tags sur des murs d'usine ? Des « communicateurs » comme Jack Lang et Bernard Tapie s'en sont faits les champions. Escortés par des équipes de télévision, ils arpentaient les terrains de sport, visitaient les MJC, inspectaient les cages d'escalier puis repartaient vers les beaux quartiers de la capitale. Par la suite, d'autres ont usé des mêmes ficelles, sans lésiner sur les promesses démagogiques. L'essentiel étant d'être aperçu à l'écran, les conseillers des ministres aimaient organiser des visites surprises dans les commissariats. En fait de « surprise », tout était programmé à la minute près et les médias alertés à l'avance[1] !

---

délinquance ; accroître l'efficacité des investigations ; améliorer la prévention ; améliorer les conditions d'emploi de la police dans la Région parisienne.

1. Un ministre échappe aux reproches sur ces « coups » médiatiques : Pierre Joxe. À l'époque où j'étais adjoint opérationnel chargé d'étudier de nouvelles mesures antiterroristes, il m'appela une nuit pour faire une tournée dans Paris : rencontre

Opérations bidons, argent gaspillé, chiffres manipulés pour rassurer l'opinion... L'énumération des griefs est affligeante. Venir devant les HLM distribuer des équipements de sport (facturés à la police!) comme l'a fait le ministre de la Ville, Bernard Tapie. Envoyer deux ou trois adolescents à Madagascar pour qu'ils côtoient plus malheureux qu'eux. Organiser un stage d'escalade ou de tir à l'attention des jeunes délinquants (!)... Que de poudre aux yeux! Que d'initiatives farfelues, voire dangereuses, aux retombées catastrophiques! À l'heure où nos gouvernants venaient parader entre les barres d'immeubles, les éducateurs sérieux avaient toutes les peines du monde à boucler leurs budgets. J'avais moi-même créé la sous-direction de l'action préventive au sein des polices urbaines, mais nous rencontrions les pires difficultés à financer les projets mis au point avec des jeunes désireux de s'en sortir.

Au fil des années, les adolescents ont fini par ne plus tomber dans le panneau des promesses non tenues. Ou bien, ce qui est peut-être pire, par considérer toutes les aides comme un « dû »... Méfiants, ils n'ont plus fait confiance aux élus, ni à aucune personne symbolisant l'autorité. Or, quelle est l'« autorité » accessible quand on habite une cité? Le « flic », cible de toutes les rancœurs, de toutes les haines.

À mon sens, les gouvernements de l'époque ont donc fait fausse route et contribué, par manque de volonté ou maladresse, à accentuer les tensions déjà existantes.

Ces erreurs ont eu de graves conséquences en matière de lutte contre le racisme. Bien sûr, la haine raciale nécessitait – et nécessite toujours – un combat sans faiblesse. À condition, néanmoins, de ne pas tomber dans l'excès. Une association telle que SOS Racisme a eu le mérite d'éveiller les consciences, en particulier chez les jeunes. Seulement, ni les responsables de ce mouvement ni ceux qui les soutenaient n'ont su imposer de limites à leur engagement. En intervenant tous azimuts, sans connaître

avec des motards, discussion avec des CRS, visite d'un commissariat, entretien avec des plantons en garde statique... Cette fois, rien n'était prévu. Nous n'étions que tous les deux. Cette tournée d'inspection s'avéra si inquiétante à ses yeux qu'il convoqua tous les directeurs et le préfet de police... un dimanche matin!

les tenants et les aboutissants des affaires, ils ont obtenu, bien souvent, un résultat inverse de celui escompté : par effet de « ras-le-bol » contre ce militantisme aveugle, le racisme a progressé en France.

La police a subi de plein fouet ce phénomène. Les fonctionnaires ont fini par ressentir la dénonciation systématique de soi-disant « bavures racistes » comme une pression insupportable, un soupçon permanent, un frein à leurs activités normales de représentants de l'ordre. Certains délinquants savaient qu'en hurlant à la haine raciale ils bénéficieraient du soutien quasi automatique de quelques associations. Du coup, les policiers cédaient au découragement, sur le thème « de toute manière, si on les arrête, on nous traitera de fascistes ».

Je ne prétends pas que le racisme n'a jamais existé dans nos rangs. Plusieurs drames, dénoncés en leur temps par ces mêmes associations, sont là pour rappeler à la vigilance contre la xénophobie, sous toutes ses formes. Mais je reste convaincu que ces mouvements ont parfois péché par excès d'interventionnisme. En abusant des médias, en s'exprimant à tort et à travers, ils ont dilapidé leur crédibilité, nourri la psychose ambiante et pénalisé le travail d'autres associations, plus discrètes.

Au sein du ministère de l'Intérieur, le racisme était devenu une sorte d'obsession. Sans doute moins par souci moral que pour des raisons d'« image ». En tant que directeur des polices urbaines, je ne recevais aucune consigne précise dans ce domaine; mais sur le terrain, dans les quartiers « chauds », chaque policier savait à quoi s'en tenir : il ne fallait rien entreprendre qui puisse être « mal interprété ». Au moindre dérapage imputé à la police, le cabinet du ministre me demandait des explications. Une manière de dire qu'il aurait été préférable de ne rien faire. Surtout pas de vagues...

On en vient à se demander si le racisme ne commençait pas là, dans ce renoncement à l'ordre républicain, dans cette peur de l'« autre », comme s'il fallait traiter différemment des citoyens en raison de leur origine, de leur âge, de l'endroit où ils habitaient, de la couleur de leur peau...

La Direction des polices urbaines n'en restait pas moins une tâche passionnante. Après avoir connu les enquêtes avec la Criminelle, l'action avec l'antigang, la négociation avec la Brigade anticommando et le Raid, je découvrais la «gestion» aux PU. La gestion au sens large, humaine et matérielle, puisque je devais non seulement animer l'activité des services mais aussi jongler avec les budgets, les affectations de personnel, les demandes de mutation, les revendications syndicales...

Dans le cadre des commissions paritaires – instances collégiales chargées de donner un avis sur les nominations, les avancements et les réformes –, les relations entre l'administration et les organisations syndicales étaient parfois tendues, surtout avec deux ou trois dirigeants de la Fédération autonome des syndicats de police (FASP), très proches du parti socialiste, en particulier le secrétaire général, Bernard Deleplace.

La FASP cherchait en effet à contrôler l'appareil policier, jusque dans le domaine social et le milieu sportif. Joxe et son entourage voyaient en elle une alliée zélée, y compris lorsqu'il s'agissait de surveiller une hiérarchie suspectée de pencher à droite. Sous l'impulsion de Deleplace, la fédération se comportait effectivement comme un «syndicat officiel». En matière de réformes, ses désirs étaient souvent exaucés, sans que l'on tienne compte de l'avis des commissaires. Elle avait ses réseaux d'influence, ses informateurs, ses contacts dans les cabinets ministériels. Lorsqu'il fallait évincer un chef de service jugé gênant, elle était capable d'user de tous les artifices possibles, de la simple critique «technique» à la mise en cause personnelle. De ce point de vue, le successeur de Deleplace, Richard Gerbaudi, se montra encore plus virulent. Son sectarisme et ses excès lui valurent d'être écarté par ses propres membres.

Je disposais pour ma part d'un atout que personne ne pouvait contrer : ma connaissance des différentes catégories de personnel. Je me sentais à l'aise partout, dans les commissariats du Nord ou du Sud comme dans ceux de Guyane ou de Nouvelle-Calédonie. J'y étais toujours accueilli de manière chaleureuse, voire amicale. Les policiers me considéraient comme l'un des leurs; un «flic», non un préfet. Aussi ai-je pu, tout au long de ma carrière de « chef », entretenir des relations de confiance avec les syndicalistes les plus ouverts, à la FASP ou ailleurs.

Au total, j'ai passé une demi-douzaine d'années à la tête des polices urbaines, de mai 1986 à mars 1992, battant ainsi le record de longévité à ce poste. Jamais je n'ai ressenti la moindre lassitude, la moindre envie de changer d'horizon, au prétexte que la tâche paraissait insurmontable et les embûches trop nombreuses. Les moments les plus pénibles, les seuls qui m'étaient vraiment insupportables, resteront les enterrements de collègues morts en service. J'ai participé à la quasi-totalité des cérémonies, cinquante-six exactement ! Ces drames, qui passaient souvent inaperçus de l'opinion publique, symbolisaient les difficultés et le dévouement de ces « généralistes » de la police, confrontés à l'engrenage de la violence.

XX

Un après-midi de chien

Tout en dirigeant les polices urbaines, je maintenais des relations étroites avec le Raid. À Bièvres, je retrouvais fréquemment Mancini et ses collaborateurs, en particulier les anciens de l'antigang, Fanfan Santini, Christian Caron, Loïc Janot, Daniel Boulanger, Jean-Yves Toumit... Ces rencontres constituaient pour moi des moments de détente inestimables, loin de la violence des banlieues et des tensions syndicales. Après un an d'existence effective, le Raid commençait à trouver son rythme de croisière; il avait gagné la confiance des autres services. Robert Pandraud, le secrétaire d'État à la Sécurité publique, m'avait toutefois demandé de rester disponible quelque temps encore. Je devais m'attendre, un jour ou l'autre, à donner un nouveau « coup de main »...

C'est ainsi que le directeur général me sollicita, le 2 décembre 1986, pour aller à Perpignan avec Mancini et une vingtaine d'hommes.

En milieu de matinée, trois jeunes braqueurs armés de fusils à pompe s'étaient retranchés dans une agence bancaire avec une quarantaine d'otages. Une demi-heure plus tard, ils étaient sortis, en s'abritant derrière deux employés et une cliente, désignée au hasard. Après avoir tiré quelques coups de feu en l'air, ils s'étaient enfuis à bord d'un fourgon Renault de type Trafic. Réfugiés à l'aéroport de Perpignan-Rivesaltes, ils réclamaient un million de francs, un avion, deux pilotes et le plein de carburant.

Tandis que le Raid faisait route vers les Pyrénées-Orientales, le procureur de la République, Paul-Louis Auméras, menait les négociations. Avec courage, il se dirigea seul vers le fourgon en stationnement entre deux avions de tourisme, près de la tour de contrôle. Il discuta un moment avec les truands, à l'aide d'un mégaphone. Selon lui, les otages faisaient preuve d'un grand sang-froid et les malfaiteurs paraissaient plutôt calmes, malgré leur manque d'expérience. Les policiers locaux les avaient déjà identifiés. Deux d'entre eux, Marc M. et Pierre S., avaient à peine dix-neuf ans. Le troisième, José D.S., d'origine portugaise, avait vingt-neuf ans. Il comptait quelques braquages à son palmarès mais bénéficiait de la liberté conditionnelle.

Vers 13 heures, un coup de feu retentit. Une fois encore, le procureur Auméras marcha en direction du fourgon.

– Nous avons demandé de l'argent et un avion, nous n'avons aucune réponse! lui lança l'un des preneurs d'otages.

– L'avion est en vol, répondit le magistrat, il doit se poser dans quelques minutes. Que l'un d'entre vous descende, sans arme, pour discuter avec moi.

– Vous rigolez? On n'est pas là pour discuter! Donnez-nous les cent briques!

Les trois braqueurs se montraient de plus en plus nerveux et imprévisibles dans leurs réactions. De temps en temps, sans raison particulière, ils tiraient des coups de fusil d'intimidation. Cette histoire commençait à les dépasser, un peu comme les personnages du fameux film américain *Un après-midi de chien*. Conscients de cette fragilité psychologique, les otages s'efforçaient de les calmer. La jeune femme, remarquable de lucidité, servait d'intermédiaire dans les négociations.

– Est-ce que quelqu'un fait quelque chose pour nous? demanda-t-elle au procureur. Ils veulent un pilote, un copilote et un avion avec un gros réservoir de carburant. Dépêchez-vous! Ça risque de mal se passer pour nous... Ils sont prêts à tuer, ils sont prêts à mourir!

Vers 13 h 30, alors que le magistrat cherchait à gagner du temps en attendant l'arrivée du Raid, elle prit de nouveau la parole.

– Ils vous donnent 14 heures comme dernier délai, sinon, il y aura du grabuge !

Vers 14 h 20, deux autres coups de feu retentirent.

– Alors, t'as compris ? hurla l'un des types au procureur.

Ce nouvel avertissement laissait craindre le pire. Personne ne savait exactement ce qui se passait dans le fourgon. Les policiers et les magistrats, regroupés dans un local de l'aéroport, n'apercevaient que des silhouettes sombres et, de temps à autre, les canons des fusils.

L'avion du Raid se posa. Un bureau de l'aérogare nous servit aussitôt de poste de commandement. Il restait juste à tirer une ligne téléphonique jusqu'au véhicule des truands, de manière à négocier plus discrètement qu'avec le mégaphone. À 15 heures, j'essayai de prendre contact avec eux. Pour toute réponse, ils balancèrent le téléphone par la portière et ordonnèrent à la femme de prendre le volant ! Une arme contre la nuque, elle démarra lentement sur la piste, apparemment sans destination précise.

Trois ou quatre voitures du Raid suivaient le fourgon. Ni trop près, pour éviter tout mouvement de panique, ni trop loin, pour leur montrer qu'ils ne pouvaient pas nous échapper. Ce manège dura quelques minutes avant qu'ils ne reviennent entre les deux avions. Alors les négociations reprirent, toujours par l'entremise de la jeune femme qui avait, semble-t-il, leur confiance. Selon elle, les trois hommes réclamaient le poste téléphonique éjecté par la portière, ainsi que des cigarettes. En s'approchant, Mancini constata que deux d'entre eux portaient des cagoules, le troisième un bonnet bleu et des lunettes noires. L'un des employés de banque était allongé, menottes aux poignets.

Nous disposions également de renseignements grâce à nos tireurs postés en différents endroits de l'aéroport. L'un d'eux, muni de jumelles, signala soudain des mouvements suspects à l'intérieur du fourgon. Un truand, armé d'un fusil à pompe, avait ouvert la porte arrière. Un autre, vraisemblablement le Portugais, me fit alors savoir par téléphone qu'un coup de feu serait tiré dans dix minutes si nous ne cédions pas à leurs exigences. Il se calma quelque peu en apprenant que sa compagne souhaitait lui parler. Mais cette intervention n'eut pas l'effet escompté. Les braqueurs restaient inflexibles. Pour bien nous prouver leur détermination, ils ouvraient le feu à intervalles réguliers.

Un homme allait alors jouer un rôle décisif dans la suite des opérations : Me Etienne Nicolau, l'avocat du Portugais. De manière très habile, il allait s'entretenir à plusieurs reprises avec son client. Au fil des discussions, celui-ci finit par fléchir. Un fléchissement si net que ses complices commencèrent à douter de sa fiabilité. La tension paraissait telle entre les trois hommes qu'on entendit bientôt de nouveaux coups de feu, comme si les deux autres voulaient montrer qu'ils n'étaient pas dupes de nos manœuvres.

Me Nicolau restait en permanence à nos côtés, sans gêner notre action ni mettre en doute notre savoir-faire. Le procureur de la République, Paul-Louis Auméras, faisait également preuve d'un esprit de collaboration remarquable. Cette affaire était en tous points exemplaire : chacun tenait son rôle, rien que son rôle.

Malgré quelques signes encourageants du côté du Portugais, les tractations n'aboutissaient toujours pas. Les truands semblaient prêts à poursuivre le bras de fer et jetèrent une nouvelle fois le téléphone par la portière!

Vers 17 h 45, alors que le fourgon recommençait à se déplacer, Mancini donna l'ordre aux tireurs de crever les pneus. Le véhicule, conduit par la femme, réussit à parcourir environ cinq cents mètres, jusqu'à une route étroite, en lisière de l'aéroport. Là, il fut bloqué par nos voitures, tous phares allumés dans l'obscurité.

Parvenu sur place avec Mancini, je m'approchai, entouré d'hommes du Raid. Les truands étaient allongés à l'intérieur du

Trafic, liés à leurs otages par des paires de menottes. Toutes les portières avaient été verrouillées, les vitres brisées.

Après dix minutes de discussion, ils acceptèrent de sortir, abrités derrière leurs otages. La tension était à son comble. Les braqueurs étaient à bout de nerfs, sur le point de craquer. Le Portugais, l'aîné du trio, réclamait une voiture pour s'enfuir avec la femme.

Le procureur Auméras et Me Nicolau vinrent bientôt nous rejoindre. Chacun essayait de parlementer, de calmer les esprits. Finalement, l'un des deux plus jeunes, Marc M., jeta son fusil dans le fossé et libéra un employé de l'agence. Puis, José D.S. accepta à son tour de se rendre et de relâcher la femme.

Face au troisième, Pierre S., j'allais vivre l'une des scènes les plus poignantes de ma carrière.

Le Portugais l'avait convaincu de libérer le deuxième employé de banque mais il menaçait maintenant de se suicider. Je me souviendrai toute ma vie de cette vision. C'était un adolescent au visage déformé par la peur, l'angoisse, le désespoir. J'étais seul, sans arme, à un mètre cinquante de lui. Le canon sous le menton, il interdisait à quiconque d'approcher. Il pleurait, il suait, il tremblait de tout son corps, comme un môme terrorisé. Je n'avais jamais été confronté à un preneur d'otage aussi jeune. Les arguments habituels du duel flic-truand n'avaient aucune influence sur lui. Je ne savais pas comment m'y prendre pour le raisonner. Ce gamin en bleu de travail avait l'âge de mon fils et moi j'étais là, à essayer de trouver le mot juste, pour ne pas entendre la terrible détonation. Son copain portugais essayait aussi de lui faire entendre raison.

Nous sommes restés ainsi pendant cinq minutes. Une éternité. À 19 h 25, il rendit enfin son arme et éclata en sanglots.

Un an après la prise d'otages de Nantes, cette affaire de Perpignan se terminait donc bien. Elle restera, pour le Raid, un modèle de coopération police-justice, en particulier dans nos relations avec le procureur Auméras. L'attitude de Me Étienne Nicolau mérite également d'être saluée. Sans jamais trahir la défense de son client[1], il nous avait apporté une aide précieuse pour obtenir la libération des otages et la reddition des trois hommes. Une leçon que ses confrères nantais devraient méditer...

1. Le Portugais José D.S. fut par la suite condamné à vingt ans de réclusion criminelle. Pierre S., celui qui voulait se suicider, fut condamné à douze années de réclusion criminelle et Marc M. à quatorze ans.

XXI

Le Chinois et les « égoutiers » de Marseille

Au sein de la police, plus personne ne songeait à contester l'existence du Raid. Au contraire, la réussite aidant, les reconnaissances de paternité ne manquaient pas ! Plusieurs opportunistes affirmaient avoir joué un rôle décisif dans sa création. Oubliées les réticences, voire l'hostilité des premiers temps...

Çà et là, il restait cependant quelques îlots de frustration. Il faut dire que ce service, de par sa compétence nationale, intervenait automatiquement sur le secteur géographique de l'un des sept GIPN. Dans la quasi-totalité des cas, cette cohabitation ne posait aucun problème. Mais il arrivait que certains collègues locaux se sentent désavoués et laissent libre cours à leur rancœur. C'est précisément ce qui se produisit à Marseille, en février 1987, avec le commissaire Georges N'Guyen Van Loc, alias le Chinois. Cette affaire hors du commun, si extraordinaire qu'elle semble extraite d'un scénario, restera un échec personnel.

Le 9 février 1987, peu après 8 heures du matin, le vigile posté devant la Caisse d'épargne des Cinq-Avenues, à Marseille, est agressé par deux hommes qui l'entraînent à l'intérieur de l'agence. Alertés par un témoin, des gardiens de la paix en patrouille dans le quartier parviennent à bloquer les issues du bâtiment où les truands retiennent treize clients et neuf employés. Deux véhicules volés ayant été retrouvés à proximité de l'agence, les premiers enquêteurs en déduisent que les braqueurs ont manqué leur sortie après avoir réussi leur hold-up.

Van Loc, le chef du GIPN de Marseille, entre alors en contact avec eux. Ils exigent trente millions de francs et deux Renault Espace. Pour prouver leur détermination, ils tirent plusieurs coups de feu en direction de l'extérieur. Les hommes du GIPN ripostent contre la façade.

Le Chinois est prêt à accorder aux truands ce qu'ils réclament, espérant les coincer par la suite. Son plan paraît particulièrement spectaculaire : il a prévu de piéger le sac contenant l'argent, puis de déployer onze voitures relais, deux hélicoptères et deux véhicules blindés ! Le préfet délégué pour la police, François Bonnelle, s'oppose à cette solution trop « guerrière », selon ses propres termes. Idem pour Pierre Quilici, le directeur départemental des polices urbaines dont dépend le GIPN. Tous deux se méfient de la méthode Van Loc et préfèrent solliciter le Raid. Le Chinois fulmine : il s'estime capable de résoudre seul cette affaire et le fait savoir à l'un de ses amis, conseiller de Charles Pasqua. Après réflexion, la direction générale pense avoir trouver la solution : elle me demande d'accompagner le Raid, comme à Nantes et à Perpignan. En tant que directeur central des polices urbaines, supérieur hiérarchique de Van Loc et de Quilici, je devrais pouvoir ménager les susceptibilités. Malheur à moi ! Je vais tomber dans un véritable traquenard ! Pour en prendre la mesure, il faut revenir un instant sur le contexte de l'époque et sur mes relations avec Georges N'Guyen Van Loc.

Bien sûr, je le connaissais depuis de nombreuses années. C'était un policier courageux, doté d'une forte personnalité. Nos relations s'étaient toutefois détériorées lors de la création du Raid. Il ne cachait pas son hostilité envers cette unité perçue comme une « concurrente ». Je crois surtout qu'il n'avait pas digéré le rejet par Pierre Joxe de son projet puis l'échec de sa candidature au profit de Mancini. Van Loc était un personnage déroutant. Plutôt fier de son image et de son physique, il prenait soin d'entretenir sa légende de « flic de Marseille » et parlait souvent de lui à la troisième personne, en disant le Chinois !

Ce 9 février 1987, Pierre Quilici vint nous chercher à l'aéroport de Marignane. En cours de route, il nous fit part des premiers éléments connus (des braqueurs bloqués à l'intérieur de la banque au moment de leur sortie...) et nous informa aussi des « humeurs » de Van Loc, vexé d'avoir été rabroué.

Le poste de commandement avait été établi dans les Galeries universelles, un modeste magasin de jouets situé près de l'agence. L'endroit était bien trop exigu pour travailler au calme. Les gens entraient, sortaient, faisaient des commentaires sans intérêt... À cette confusion venait s'ajouter un malaise flagrant entre les responsables locaux. Le préfet François Bonnelle, pour lequel j'ai toujours éprouvé une sincère sympathie, parut soulagé de nous voir. Le Chinois, lui, n'était pas dans les mêmes dispositions ! Il se tenait à l'écart, dans son coin. En un mot, il boudait.

Je pris les devants pour lui expliquer calmement ma position. Après tout, j'étais son supérieur, en tant que responsable national des polices urbaines, direction de tutelle des GIPN ! De mon point de vue, il avait tout à fait sa place dans le dispositif et sa connaissance de Marseille pouvait nous aider. Sans grand entrain, il accepta finalement de constituer des équipes mixtes GIPN-Raid. Conformément aux ordres de Paris, je gardais toutefois la complète maîtrise des opérations.

À l'inverse de Van Loc, je n'avais pas l'intention de céder au chantage des malfaiteurs, encore moins de mobiliser des hélicoptères et des blindés ! Il convenait d'abord d'obtenir les plans de l'agence, de connaître le nombre exact de braqueurs. Lors d'un premier contact téléphonique avec celui qui semblait être le chef, je cherchai à gagner du temps, à évaluer sa détermination et surtout ses objectifs. On nous signalait toutes sortes de bruits du côté de l'agence : des claquements métalliques, des coups plus sourds, comme si les braqueurs continuaient leur casse !

Je demandai aussitôt aux policiers locaux s'ils avaient bien inspecté les sous-sols des immeubles du quartier et récupéré les plans des lieux. Mon insistance finit par agacer le Chinois. D'un ton sec, il m'assura qu'il avait « évidemment » fait inspecter les égouts et les sous-sols. J'ordonnai malgré tout à des équipes mixtes Raid-GIPN de procéder à une nouvelle visite, en particulier du côté des magasins et du bureau de poste voisins. Au sujet des égouts, tout le monde se montrait catégorique : il n'y en avait pas d'importants à proximité de la Caisse d'épargne. Mais les vieux documents que l'on me présentait étaient si imprécis que j'exigeai la venue d'un ingénieur de la voirie muni de plans détaillés.

Notre dispositif commençait à prendre forme. Nous avions transféré le PC vers un appartement mis à notre disposition par un dentiste. La cellule de commandement pouvait enfin travailler dans de bonnes conditions. Van Loc restait en permanence avec nous. À aucun moment, tout au long de cette journée, il ne fera la moindre remarque, la moindre critique, la moindre suggestion.

Les truands réclamaient toujours trente millions de francs et deux véhicules. Nous étions entrés dans le jeu classique du bluff. Ils tiraient des coups de feu d'intimidation, se regroupaient devant la porte ou menaçaient de sortir avec leurs otages. Dehors, les hommes du Raid et du GIPN se tenaient prêts à intervenir en cas de sortie en force.

Parallèlement, nous voulions rassembler le maximum d'informations. Des enregistrements, effectués grâce au système de surveillance de la banque, nous permettaient de noter quelques prénoms : René, Ahmed, Ali, Thomas... Des dénonciations anonymes, parvenues au PC, semblaient confirmer certains de ces indices. Tout laissait supposer qu'il y avait au total une demi-douzaine d'hommes. Un autre correspondant anonyme assura aux gendarmes qu'ils partiraient par les égouts, sans autre précision.

En dépit des réponses rassurantes obtenues sur cette possibilité de fuite, j'insistai à nouveau pour que tout soit vérifié, plutôt deux fois qu'une. À ma demande, l'adjoint au maire chargé de la voirie vint nous rejoindre, dans le milieu de l'après-midi, avec son chef de secteur et des égoutiers. Plans à l'appui, ces spécialistes furent catégoriques : il existait bien un conduit, qui passait à huit ou dix mètres de l'agence, mais son diamètre était trop étroit pour s'y faufiler. La voie la plus large, où un homme pouvait se déplacer relativement facilement, était située à une trentaine de mètres. Comme je m'inquiétais malgré tout d'une fuite éventuelle par les sous-sols, on me répondit qu'il était impossible, compte tenu des fondations du bâtiment, de perforer le sol et le mur en béton puis de creuser un tunnel de trente mètres en quelques heures. D'autre part, on me certifia que ces égouts étaient inspectés une ou deux fois par mois et qu'aucun incident particulier n'avait été rapporté aux services de police dans les jours précédents. J'ordonnai néanmoins une nouvelle visite détaillée, en présence de policiers. Ainsi, de 17 h 15 à 18 h 06 très exactement, toutes les voies souterraines des environs furent inspectées! J'exigeai également que les plaques d'égout s'ouvrant sur la voie publique soient soulevées. La police et les services de la voirie étaient formels : il n'y avait absolument rien de suspect à signaler!

Vers 19 heures, les truands menacèrent à nouveau de «faire de la charpie» de leurs otages. Ils avaient occulté les portes vitrées de l'agence à l'aide de feuilles de papier et rassemblé plusieurs personnes devant l'entrée. Quelques instants plus tard, un homme sortit. Levant les bras en l'air, il cria : «Ne tirez pas, les malfaiteurs sont partis!»

Ils étaient partis, en effet! Comment? Sous nos pieds, par les égouts! Certes, les otages étaient sains et saufs – c'était bien l'essentiel! –, mais on ne pouvait imaginer pire camouflet pour la police. Un trou vertical, percé dans la chape de béton de la chaufferie de l'agence, débouchait sur une galerie très étroite, creusée sur trente-deux mètres de long dans une terre argileuse! Cette galerie menait à un égout, en l'occurrence celui situé à une trentaine de mètres de la Caisse d'épargne. Une petite porte métallique avait été installée et maquillée avec de la terre glaise. Ainsi, cette ouverture de soixante-cinq centimètres sur quarante-cinq se confondait parfaitement avec les parois. Résultat : en marchant du côté égout, on ne pouvait rien voir! C'est donc par là que les braqueurs avaient filé avec le contenu de deux cent soixante-dix-huit coffres : douze millions de francs, en bijoux, lingots, pièces d'or et argent liquide!

En tant que chef du dispositif, sous le contrôle du préfet, j'assumai l'entière responsabilité de cet échec cinglant. Je l'admis d'ailleurs publiquement, sans chercher d'excuses. J'estime qu'un policier doit savoir perdre, reconnaître ses défaites. Dans le cas présent, il n'y avait rien à dire : les truands s'étaient montrés beaucoup plus forts que moi. Ils avaient utilisé du matériel de professionnel, retrouvé sur place : un scanner branché sur la fréquence des services de police, un pistolet-mitrailleur, des grenades, des armes de poing, un pic métallique, cinq pieds-de-biche, des chalumeaux, un burin, des tournevis, des massettes, des vêtements imperméables, des perceuses, des tronçonneuses, des masques antipoussière, des bouteilles d'oxygène et d'acétylène... Pour creuser leur galerie jusqu'à la chaufferie de l'agence, ils étaient partis de l'égout. Pendant plusieurs mois, derrière la porte maquillée de terre glaise, ils avaient progressé mètre après mètre, par des passages plus ou moins larges, et retiré une partie de la terre à l'aide d'une luge tirée par une corde ! Ils s'étaient enfuis par le même chemin, avant de grimper dans des canots pneumatiques ! Comme dans les films ! Du travail d'artiste. Rien à dire.

Peu importaient les manquements et les fautes des uns ou des autres, les « certitudes » de nos collègues marseillais sur l'impossibilité d'une fuite par les sous-sols, régulièrement visités par les employés de la voirie ; j'étais *le* responsable. Je n'avais aucun reproche à faire à qui que ce fût. Comme tout le monde, j'avais cru à un banal braquage, interrompu par l'arrivée rapide des policiers.

La presse, bien renseignée par ses sources marseillaises, s'en donna à cœur joie, sans connaître tous les dessous de cette histoire. « Coup de bluff en sous-sol », « Les taupes chez l'Écureuil », « Journée de dupe pour Broussard »... Quant au Chinois, il cessa soudain de bouder pour se répandre en commentaires vengeurs, du style : « Moi, je voulais mettre un policier avec un calibre au-dessus de chaque plaque d'égout. » C'est pourtant lui qui, le premier, m'avait sèchement répondu que toutes les voies souterraines avaient « évidemment » été inspectées... Lui, encore, qui était resté avec nous toute la journée, sans émettre la moindre suggestion.

En dehors du renseignement anonyme obtenu par les gendarmes à propos d'une fuite par les égouts, aucun indice n'avait pu nous laisser supposer une telle issue. De plus, la police marseillaise n'avait rien remarqué d'anormal, aucun signe de travaux en sous-sol dans les jours précédents. C'est en tout cas ce que je croyais, puisqu'on me l'avait affirmé à plusieurs reprises...

Quelques jours plus tard, j'appris en effet que nos collègues nous avaient caché divers éléments extrêmement importants. Au cours du week-end précédant le braquage, le système d'alarme de l'agence s'était déclenché plusieurs fois, ainsi que l'alarme sismique ! Des policiers s'étaient rendus sur place mais n'avaient rien noté d'anormal. Plus troublant : quelques semaines plus tôt, un dimanche, deux hommes en tenue de travail, les habits souillés de boue, avaient été contrôlés à bord d'un fourgon en stationnement non loin de la Caisse d'épargne ! Là encore, on s'était contenté des explications de ces travailleurs du dimanche ! Et lors de la fameuse journée du 9 février, personne n'avait jugé bon de nous signaler tous ces incidents !

Par la suite, les enquêteurs de la PJ eurent beaucoup de difficultés à établir qui savait quoi parmi les responsables locaux. Au terme d'une remarquable enquête, ils parvinrent cependant à interpeller douze personnes, soupçonnées d'avoir participé à ce casse digne d'Albert Spaggiari.

Leur procès eut lieu sept ans plus tard, en février 1994, au palais de justice d'Aix-en-Provence. La presse attendait ma déposition et celle du Chinois puisque nous étions tous les deux cités comme témoins. Nous étions, l'un et l'autre, dans des situations administratives totalement différentes. Pour ma part, j'étais toujours à la tête d'une Direction centrale de la police nationale. Il n'était donc pas question d'engager une « guerre » quelconque mais d'assumer mes responsabilités, comme je l'avais fait dès le début de cette affaire. Van Loc, de son côté, avait quitté prématurément la police pour diriger d'abord la police municipale de Cannes puis jouer son propre rôle à la télévision. Dès son départ de l'administration, cette affaire lui avait offert l'occasion de régler ses comptes. J'étais devenu sa cible préférée, voire l'argument de vente de son premier livre. Soumis au devoir de réserve, j'avais dû encaisser toutes ses attaques sans pouvoir réagir. J'attendais ce procès depuis longtemps afin de rétablir quelques vérités.

Arrive le jour « J ». Van Loc a bien préparé son coup. C'est en star du petit écran qu'il débarque au palais, un exemplaire de son livre à la main. En vue d'un prochain film, il a même obtenu du président – on se demande bien pourquoi ! – l'autorisation d'être filmé par une caméra au moment de sa prestation de serment ! La salle s'attend à des critiques contre moi. Elle ne sera pas déçue. Extraits :

« Les conséquences de cette affaire sont terribles pour la police. J'ai été témoin d'un échec. Je ne crois pas aux superflics, ça n'existe pas. L'échec de Broussard le prouve. »

« Dans ces conditions, j'ai dit au préfet de police que, étant dessaisi de l'affaire, je ne me sentais plus concerné. »

« Les structures du Raid, c'est moi qui les ai montées. J'en suis le père. Nous sommes dans une situation de drame antique : le Raid allait venir, alors que c'est moi qui l'ai formé. »

« Cette affaire a eu un départ ubuesque. Il n'y a eu aucune initiative, aucun plan d'action. Broussard aurait dû laisser le Chinois se démerder tout seul. »

« Une voix anonyme nous a prévenus que les voyous partiraient par les égouts. J'ai pris ce message en considération. Moi, je voulais ouvrir toutes les bouches d'égout et mettre un policier armé devant chacune. Broussard n'a pas pris ça au sérieux. C'est là, la faille... Moi j'aurais pris tous les risques, j'aurais tenté de descendre dans la salle de la Caisse d'épargne. Mais on m'a refusé les silencieux que je demandais. »

Etc.

La salle est aux anges. Son culot est sans limites, par exemple au sujet de son prétendu statut de « père » et de « fondateur » du Raid alors qu'il n'a pas mis les pieds une seule fois à Bièvres ! Pour l'heure, la vérité n'a aucune espèce d'importance aux yeux du public, des jurés, des avocats, des journalistes. Seul compte le one-man-show de Van Loc. Tout le monde en rit, jusque sur le banc des accusés.

C'est à mon tour de témoigner. Il n'est pas question d'entrer dans le jeu du Chinois. Nous sommes dans une enceinte de justice, seuls les faits sont importants. Une fois de plus, je reconnais ma responsabilité. À aucun moment, durant les deux heures que va durer ma déposition, je ne prononcerai le nom de Georges N'Guyen Van Loc. Avant mon retour vers Paris, plusieurs de ses anciens collègues marseillais, choqués par la virulence et l'outrance de ses attaques, me présenteront leurs excuses, au nom du GIPN de Marseille.

Le procès ne permit pas de faire toute la lumière sur ce dossier. La cour d'assises des Bouches-du-Rhône jugea en effet insuffisants les éléments recueillis par la PJ. Le jury relaxa tous les accusés. Deux d'entre eux, arrêtés en Espagne en possession de bijoux provenant de ce casse, furent néanmoins condamnés à huit ans de prison pour recel.

Aujourd'hui, avec le recul, je ne sais même pas si je déteste réellement Van Loc. À la limite, j'éprouverais presque de la pitié. Ce jour de février 1994, il a dévoilé sa vraie nature. Un homme aigri, sans envergure, mauvais perdant. Ses propos étaient puérils, teintés de mégalomanie. Et puis, il n'est jamais agréable de savoir qu'un ancien collègue a sombré en public. Affligeant de suffisance, le Chinois est apparu fébrile, nerveux, dans un état second. Son livre à la main, il ressemblait à un vendeur de savonnettes. Ou plutôt à un acteur raté, à un has been au soir de sa dernière représentation.

Cette affaire restera mon échec, pas celui du Raid. Ce service n'avait rien à se reprocher et je ne voulais surtout pas que ce camouflet ternisse sa réputation. Redoutant des difficultés avec le Chinois, j'étais venu à Marseille pour ménager les susceptibilités, arrondir les angles... Ce ne fut pas le cas. En dehors de la «défaite» proprement dite, une chose me blessait : le fait d'être sur le point d'arrêter ma carrière d'homme de terrain sur une fausse note. Pourquoi arrêter? Il s'agissait d'une décision personnelle, non d'une sanction quelconque. À mes yeux, le service était désormais « majeur », apte à vivre sa vie. Parallèlement à mes fonctions de directeur central des polices urbaines, j'avais commis une erreur en acceptant de diriger l'opération de Marseille. C'était l'« affaire de trop ». Après coup, j'ai réalisé que tous les ingrédients du traquenard étaient réunis : la ruse des malfaiteurs, l'hostilité du Chinois, le silence de nos collègues marseillais sur les alertes précédentes...

J'avais au moins la satisfaction d'avoir lancé le Raid, quoi qu'en dise Van Loc. Le service avait acquis une incontestable notoriété, grâce aux affaires de Nantes, de Perpignan, de Pontoise[1]... Et puis l'épisode marseillais fut largement occulté, quelques jours plus tard, par une réussite retentissante : l'arrestation de quatre membres d'Action directe[2], le 21 février 1987, dans une fermette de Vitry-aux-Loges. Sous les ordres de Mancini, l'opération fut une réussite totale : un assaut parfait, mené selon des techniques « commando », sans que les terroristes aient le temps de réagir. La presse en fit ses gros titres, parlant des « ninjas » ou des « Panthères noires », en référence aux tenues sombres des équipes du Raid !

Je n'aimais pas cette image guerrière. Les membres de ce service n'étaient ni des Rambo ni des superflics robotisés. C'était oublier un peu vite la spécificité policière de l'unité et la variété de ses missions. Dans son genre, le Raid était unique en Europe. Nous avions pu le vérifier grâce aux relations établies avec d'autres groupes.

Nous étions par exemple en très bons termes avec le commandant Legorjus et les gendarmes du GIGN. Nous avions aussi assisté à des démonstrations et participé à des stages organisés par des services comparables en Grande-Bretagne (SAS), en Allemagne (GS G9), en Italie (CNOCS), en Belgique (Diane)... Ces groupes entraient en action lors de prises d'otages, avec du matériel haut de gamme. L'originalité du Raid, notamment par rapport aux unités militaires (SAS,

1. Le 17 janvier 1987, à Pontoise, des employés de banque et quelques clients sont pris en otages. Le braqueur est un garagiste criblé de dettes. Après quatre heures de négociations, nous obtenons sa reddition.

2. Jean-Marc Rouillan, Georges Cipriani, Joëlle Aubron et Nathalie Ménigon.

GIGN), résidait dans sa capacité à gérer l'ensemble d'une affaire et pas seulement l'intervention finale. Sur ordre de la direction générale, nos équipes pouvaient effectuer des planques, des filatures, des arrestations, aussi bien en Corse qu'au Pays basque ou contre les réseaux islamistes. Il leur arrivait également de renforcer des services confrontés à des situations inhabituelles, comme la protection de personnalités (un chef d'État étranger, le pape, l'écrivain Salman Rushdie...). Enfin, le Raid fonctionnait comme une sorte de laboratoire, assurant la formation technique des personnels et la mise au point de certains équipements. Les pays étrangers commençaient à faire appel à lui afin de constituer leurs propres unités. Ainsi, je me suis rendu avec des amis du Raid au Mexique pour former un groupe en prévision du Mundial de football (1986), en Colombie pour lutter contre les cartels de la drogue, au Canada, à Chypre, au Maroc, en Russie, en Tunisie, au Mozambique... La «vitrine» voulue par Pierre Joxe en 1985 ne craignait pas la comparaison avec ses plus prestigieuses homologues étrangères.

Nous avions réussi notre pari.

XXII

Changement de cap

En mars 1992, un vent de réforme – un de plus! – souffla sur la police nationale. Il fut si violent qu'il emporta la Direction centrale des polices urbaines. Dans son plan de modernisation et de «départementalisation», Pierre Joxe avait en effet prévu de regrouper les PU, les RG et la police de l'air et des frontières (PAF) sous une seule et même bannière : la «Direction centrale de la police territoriale». Le dynamique directeur général de l'époque, François Roussely, croyait énormément en cette recomposition du paysage policier. Il en avait fait son cheval de bataille, malgré les réticences et le scepticisme des directeurs centraux placés sous ses ordres. La nouvelle structure connaîtra une existence éphémère. Charles Pasqua s'empressera de la faire disparaître en juin 1993!

Le premier semestre de l'année fut assez chaotique pour moi. Dans la foulée des changements consécutifs à leur réforme, Pierre Joxe et son entourage avaient envisagé de me confier un poste de préfet, à la tête d'un département ou d'une région. J'avais refusé pour deux raisons. D'abord, cette proposition était contraire aux promesses faites à l'époque de la Corse. Ensuite, si j'estimais avoir quelques compétences policières, je m'imaginais mal dans les fonctions d'un préfet territorial, un tout autre métier. Et puis, qu'on le veuille ou non, j'avais une pancarte dans le dos! Au cours d'une discussion avec des paysans ou des routiers en colère on ne manquerait pas, à un moment ou à un autre, de me lancer : « Eh, Broussard, on n'est pas des truands ni des terroristes... ! »

Joxe ne partageait pas cet avis. Un jour, il me demanda de venir le voir aux aurores. Alors que nous marchions dans la rue, il me proposa de nouveau une affectation en province. Je lui fis part de mes réticences, en précisant notamment que trois personnes sur cinq m'appelaient encore « commissaire ». Bref, je voulais rester « flic », comme on me l'avait assuré. Il avait visiblement du mal à le comprendre. Un couple de passants arriva alors à point nommé. Parvenu à notre hauteur, l'homme m'interpella : « Bonjour, commissaire ! Bravo, on a besoin d'hommes comme vous ! » L'entretien avec Pierre Joxe s'arrêta presque aussitôt mais il ne renonça pas à ses projets de mutation. Ses conseillers allèrent même jusqu'à me proposer un poste d'ambassadeur !

Son successeur, Philippe Marchand, semblait moins pressé de me voir partir. En attendant une éventuelle « ouverture », il me confia une mission sur les polices européennes dans la perspective d'Europol, futur organisme de coopération communautaire. Puis, au début du mois d'avril 1992, un énième remaniement ministériel vint, une fois de plus, modifier la donne policière. Un autre socialiste, Paul Quilès, s'installa place Beauvau. Il n'avait pas de projets immédiats me concernant, en dehors de ma mission européenne. Et puis, un jour d'octobre, il me convoqua afin de me demander de lui préparer, avant le 15 décembre, un « plan de renforcement de la stratégie et des moyens à mettre en œuvre pour mener une véritable guerre à la drogue ». En d'autres termes, il attendait des propositions de dispositif « antidrogue ».

Je n'avais jamais travaillé sur ce sujet auparavant mais cette mission me séduisait. Depuis mon passage aux PU, j'avais conscience de la gravité de la situation. Je lui fis toutefois remarquer qu'il était hors de question de laisser un conseiller de son cabinet ou d'ailleurs m'imposer une orientation particulière. Ce préalable me paraissait nécessaire, à l'heure où un débat houleux secouait la majorité socialiste à propos de la législation. Autrement dit, je refusais d'être l'instrument d'un camp ou d'un autre. Paul Quilès comprit ma position : j'avais carte blanche. Toutefois, craignant peut-être un côté trop « musclé » du rapport, il me demanda de lui soumettre mes conclusions avant de les montrer à qui que ce soit. Dans les semaines suivantes, je menai l'enquête auprès de toutes les personnes concernées par ce fléau : policiers, gendarmes, douaniers, médecins, éducateurs, enseignants, élus locaux... Je me rendis dans plusieurs pays qui avaient adopté des stratégies différentes de la nôtre : Pays-Bas, Suisse, Espagne...

À la date prévue, mon rapport fut fin prêt, avec une argumentation centrale catégorique : il ne fallait surtout pas parler de dépénalisation, ni même distinguer les drogues « douces » (présumées inoffensives) des « dures » (présumées dangereuses). Ces conclusions n'allaient peut-être pas dans le sens de la libéralisation réclamée par une minorité de démagogues, mais elles avaient, je crois, le double mérite de la fermeté et du bon sens.

Avant de les présenter à Paul Quilès, je fis néanmoins un détour par le bureau du nouveau directeur général, Bernard Grasset, mon supérieur direct. À la lecture du premier paragraphe, il éclata de rire : « Oh, la, la... Je ne veux pas voir la suite !... Est-ce que tu es au courant que Pasqua a été remplacé par un ministre socialiste ? »

En fait, ce paragraphe donnait le ton du rapport : « Les mesures qui seront retenues ne pourront être crédibles, et surtout efficaces, que si elles sont précédées d'un certain nombre de prises de position fondamentales : NON à la distinction drogues douces/drogues dures ; NON à la dépénalisation et à la légalisation ; NON à la distribution systématique de produits de substitution. OUI a une véritable politique de prévention, OUI à une prise en charge des toxicomanes sur le plan médical et psychologique », etc.

Durant toute mon intervention, Quilès resta silencieux. À mesure que je développais mes arguments, ses conseillers se tassaient sur leurs chaises. Pour conclure, le ministre me lança simplement : « Je ne retire pas une seule virgule de ce rapport. Je vous félicite pour votre travail et votre franchise... » Les conseillers, sourires retrouvés, semblèrent soudain du même avis!

Évidemment, ce ne fut pas le cas de tout le monde. Une controverse éclata avec les partisans de la libéralisation. Il faut préciser que la dépénalisation des drogues «douces» (autrement dit, l'autorisation tacite de les consommer) avait été envisagée, voire promise, par certains candidats de gauche lors des élections législatives! Le ministre m'apporta un soutien énergique, répétant à ses interlocuteurs qu'il fallait prendre des mesures fermes et en finir avec la démagogie. Son collègue Bernard Kouchner ne partageait pas cette analyse. Des divergences s'exprimaient jusqu'au sein du comité exécutif du PS. L'effervescence retomba après les résultats d'un sondage sur le contenu du plan : soixante-dix-huit pour cent d'opinions favorables!

Ce rapport prévoyait la création d'une «Mission de lutte antidrogue» (Milad) auprès du directeur général de la police; la mise en place de structures spécifiques au niveau départemental et local; toute une série de mesures concernant la formation des personnels, la prévention, la coordination des services police-gendarmerie-douanes, l'évolution de la législation...

Malgré tout, des partisans de la dépénalisation, totale ou partielle, continuaient de vanter les bienfaits du cannabis! On pouvait peut-être contester les lois en vigueur mais j'estimais scandaleux d'aller ainsi à contre-courant du message adressé à la jeunesse. Des éducateurs, des parents, des médecins se mobilisaient sur le front de la prévention, on dépensait des millions dans des campagnes publicitaires sur le thème «la drogue, c'est de la m...», et un quarteron de démagogues, au nom de je ne sais quel snobisme, usait de son influence pour prétendre le contraire!

N'entendit-on pas Dominique Voynet, ministre de son état, se prononcer en faveur de la dépénalisation du cannabis? Et le garde des Sceaux, Élisabeth Guigou, dire que ce n'était finalement pas un «drame» d'en fumer? Dès lors, que reprocher à un adolescent arrêté en possession d'une barrette de shit? Que lui répondre quand il lance aux policiers : «Si un ministre fume, pourquoi pas moi?» Qu'on le veuille ou non, l'interdit demeure un frein. C'est un point de repère, une borne pour les consommateurs potentiels.

Sa levée, même partielle, constituerait un signal d'encouragement. Les tenants de la dépénalisation m'ont reproché de considérer les toxicos comme des délinquants, de vouloir les mettre derrière les barreaux. Un reproche aussi stupide qu'infondé. Je ne suis évidemment pas favorable à l'incarcération systématique du simple usager. Au contraire – et le rapport le prévoyait clairement –, tout doit être entrepris pour le soustraire à l'emprise de la drogue, avec l'appui de médecins et d'éducateurs spécialisés : soins, postcure, réinsertion... Mais je demeure convaincu qu'une répression impitoyable doit s'exercer contre tous les intermédiaires, sans exception. Dès lors qu'il y a trafic et profit, même si le coupable est toxicomane, la loi doit être appliquée avec fermeté. Le fait d'être lui-même consommateur ne doit pas constituer une excuse pour le dealer.

La dépénalisation ne réglerait aucun de ces problèmes. Pis, elle les aggraverait en favorisant la commercialisation des produits, la recherche de nouvelles substances, la concurrence, les ententes, les rivalités... La criminalité resterait aux commandes, les gros bonnets traiteraient avec les États chargés d'écouler leur marchandise. À moins que ces mêmes États ne décident de tout organiser, de la production à la vente !

La théorie selon laquelle la libéralisation provoquerait également une baisse de la délinquance me semble tout aussi utopique. Qu'elle soit en vente libre ou pas, il faut beaucoup d'argent pour acheter la drogue. Qui dit besoin d'argent dit délinquance pour toute une frange de la population. Plusieurs pays européens en ont fait l'expérience. Demandons aux policiers de Liverpool, de Zurich ou d'Amsterdam ce qu'ils en pensent !

Au train où vont les choses, la situation ne peut qu'empirer. Ce business implique tant de pays, il dégage tant de profits aussitôt blanchis que tout espoir d'y mettre fin à moyen terme me paraît illusoire. Tout comme il existe des États terroristes, nous connaissons tous des pays dont l'économie repose en grande partie sur la drogue. Les enjeux sont tels qu'ils entraînent toutes sortes de complicités, de faux-semblants, de lâchetés... De plus, le «front uni» vanté par les chefs d'État européens comporte trop de failles. Le cas le plus inadmissible concerne les Pays-Bas, dont la politique ultralibérale est un échec cinglant et gangrène le reste de la Communauté. Il faut avoir vu fonctionner l'«autoroute de la dope», entre le Nord de la France et les grandes villes néerlandaises, pour mesurer l'ampleur du désastre. De Paris à Lille, tout le monde va se fournir aux Pays-Bas! Il est tout aussi flagrant que les réseaux du deal sont de mieux en mieux structurés dans les cités de banlieue. À partir du moment où le trafic devient une véritable économie souterraine, un modèle d'insertion sociale pour une partie de la jeunesse, une marche arrière apparaît improbable.

Quand il succéda à Paul Quilès, en 1993, Charles Pasqua adopta la même ligne de conduite que son prédécesseur. Il me demanda de poursuivre ce travail, en liaison avec l'un de ses proches conseillers, le professeur Jean-Paul Séguéla, doyen de la faculté de médecine de Toulouse. Ensemble, nous allions sillonner le pays, organiser des rencontres, des séminaires, rédiger des plaquettes d'information, avancer diverses propositions afin d'améliorer l'efficacité de la lutte mais aussi de la prévention. Séguéla devint un ami, dont je tiens à saluer ici la compétence et la simplicité. À l'occasion des multiples contacts noués avec des parlementaires de tous bords, nous avons constaté qu'un consensus pouvait se dégager. Mais les bonnes intentions restaient sans lendemain. Les décisions concrètes ne suivaient pas ou s'enlisaient dans les marais administratifs.

Je suis resté deux ans à la Milad[1], la mission antidrogue. Deux années de plongée dans un monde qui m'a souvent effrayé, notamment en constatant la détresse des parents de toxicomanes. Je ne prétends pas avoir toujours eu raison, mais mon «coup de gueule» du début a au moins eu le mérite de provoquer une réaction. Que l'on soit favorable ou hostile à ce plan, la toxicomanie et ses ravages nécessitent un vrai débat

1. En 2005, cette structure existe toujours.

national. Ce débat, notre société est hélas incapable de l'assumer. Comme si la bataille était déjà perdue...

En janvier 1994, Charles Pasqua me confia une mission sur un autre problème majeur de notre temps : l'immigration clandestine. Le ministre avait d'importants projets dans ce domaine. Il souhaitait notamment créer, au sein de la police nationale, une direction centrale chargée à la fois du contrôle aux frontières et de la répression de l'emploi des clandestins. Cette nouvelle structure, baptisée « Direction centrale du contrôle de l'immigration et de la lutte contre l'emploi des clandestins » (Diccilec), devait succéder à la police de l'air et des frontières (PAF) en élargissant très sensiblement ses compétences.

Ce nouveau virage dans ma carrière n'en demeurait pas moins périlleux, compte tenu du contexte politique de l'époque. J'allais évoluer dans un secteur sensible, objet de polémiques incessantes. L'usage même du mot « immigration » dans l'intitulé de la future direction risquait d'être mal interprété. Certains ne manqueraient pas de nous reprocher de traiter globalement les étrangers en indésirables, de les « chasser » comme des délinquants.

Entre l'angélisme béat d'une partie de la gauche et la xénophobie de l'extrême droite, il n'y a guère de place, en France, pour un débat serein sur le sujet. Et, pourtant, qu'y a-t-il de honteux, pour une nation démocratique, à s'interroger sur la présence massive et clandestine d'étrangers sur son territoire ? À réclamer des lois et les moyens de les appliquer ? D'autres pays, tout aussi respectueux des droits de l'homme, le font de manière ouverte, sans tomber dans la psychose. La France, elle, semble tétanisée.

Charles Pasqua avait défini quatre priorités pour la Diccilec : l'adaptation aux normes européennes, l'organisation des départs d'étrangers en situation irrégulière, le démantèlement des filières, la lutte contre l'emploi des clandestins. Pour m'aider dans cette mission, je bénéficiais des conseils de mes collègues Chaze, Hermitte, Giraud et de quelques autres spécialistes de la réglementation. Ensemble, nous allions bâtir la nouvelle direction, à partir des structures et des sept mille six cents fonctionnaires de l'ex-police de l'air et des frontières.

Le contrôle des flux migratoires se heurte à des obstacles que l'opinion ne soupçonne pas. La France compte 4 720 kilomètres de frontières maritimes, 2 940 kilomètres de frontières terrestres, une centaine de ports et aéroports, plus de neuf cents points de passage carrossables, dont trois cent vingt-cinq avec la seule Belgique ! La surveillance de ces voies d'accès est quasi impossible en raison des accords de Schengen sur la libre circulation des citoyens de certains pays européens. Les frontières communes avec nos partenaires étant pour ainsi dire supprimées, on peut aller d'Amsterdam à Madrid sans être contrôlé une seule fois ! Voilà pourquoi les policiers réclament sans cesse des moyens juridiques et matériels supplémentaires. Par exemple, jusqu'en 1996, les policiers chargés des contrôles aux frontières n'avaient pas le droit de soulever les bâches des camions pour vérifier s'ils ne transportaient pas des passagers clandestins !

La complexité juridico-administrative atteint son paroxysme lors des reconduites à la frontière ou des procédures dites d'« éloignement » des étrangers en situation irrégulière. Un véritable parcours du combattant pour nos services ! Je passe sur les difficultés pour identifier les clandestins démunis de papiers, sur les multiples autorisations, les présentations au juge, les possibilités de recours, la recherche d'un moyen de transport...

Personnellement, j'étais favorable aux « charters ». Dans les premiers temps, à l'époque de Charles Pasqua, le procédé avait choqué, certains osant même assimiler ces avions aux « trains de la mort » de la Seconde Guerre mondiale ! Puis le sujet s'est quelque peu banalisé, malgré l'activisme d'une poignée d'associations. Entre mai 1995 et décembre 1997, nous avons organisé une soixantaine de départs, vers l'Afrique noire, la Roumanie, le Maghreb... Ces vols groupés permettaient de faire partir en priorité des « récalcitrants » et des repris de justice à leur sortie de prison. Le coût financier était moins élevé que celui des avions de ligne et les conditions de sécurité bien meilleures pour les autres passagers et pour les policiers chargés de les escorter. Une équipe médicale prenait place dans chaque appareil, ainsi que du personnel féminin lorsqu'il y avait des femmes parmi les passagers. Personne ne prenait plaisir à renvoyer ces gens dans leurs pays, mais la France n'avait pas d'autre choix. Sans pour autant renier sa tradition d'accueil et de générosité, ni les valeurs de la République, elle ne pouvait « accueillir toute la misère du monde », selon l'expression du socialiste Michel Rocard.

Cette politique d'éloignement s'accompagna d'une lutte accrue contre les filières. Il est vrai que la clandestinité devenait un vrai business. Des organisations parfaitement structurées brassaient d'énormes sommes d'argent. En bout de chaîne, des employeurs véreux exploitaient cette main-d'œuvre sous-payée. Quatre grands secteurs d'activité étaient principalement concernés : le bâtiment et les travaux publics, l'agriculture, l'hôtellerie et la restauration, la confection et la maroquinerie. Les donneurs d'ordres étant dissimulés derrière des cascades de sous-traitants, il était difficile d'établir les responsabilités. Cette forme de délinquance nécessitait donc une approche plus pointue. Aussi, après des mois de bagarres administratives, j'obtins la création d'un office central, fort d'une soixantaine d'enquêteurs spécialisés. Ce service, dirigé par le commissaire principal Armand Huby, constituait en quelque sorte le « fer de lance » de la Diccilec[1].

D'affaire en affaire, nos enquêteurs découvraient un monde sordide. On peut même parler d'esclavage en ce qui concerne certaines filières. Un seul exemple parmi bien d'autres : lors d'une descente dans un atelier de l'ouest de la France, nos services tombèrent sur une trentaine de personnes logées dans des conditions inhumaines, dormant à tour de rôle sur des paillasses. Elles avaient fabriqué vingt mille paires de chaussures destinées à des grandes surfaces ! Leurs salaires de misère étaient amputés du prix de l'hébergement (!), de la nourriture et du remboursement des frais de voyage. Les responsables de ce trafic – des Chinois – avaient crée une société d'import-export parfaitement légale en apparence.

1. Cet office spécialisé dans la lutte contre les filières existe toujours. Ses effectifs et ses moyens matériels ont même été sensiblement augmentés depuis sa création.

Les résultats obtenus par la Diccilec démontraient chaque jour la nécessité de renforcer ce dispositif[1]. Nous savions cependant que les problèmes de l'immigration clandestine ne seraient pas résolus uniquement par des mesures coercitives. Le débat était bien plus vaste; il nécessitait du courage, du réalisme et une volonté politique clairement affichée.

En dehors d'une poignée de démagogues, personne ne conteste à l'État la maîtrise des flux migratoires. Sans être pour autant de dangereux racistes, la plupart des Français sont favorables à un contrôle à la fois rigoureux et respectueux des droits de la personne. C'est également l'avis de nombreux étrangers installés dans notre pays, qui souffrent de l'amalgame fait avec les clandestins. Mais ce fragile consensus résiste mal aux groupes de pression. Dès qu'un élu propose des mesures visant à dissuader les clandestins de venir en France, c'est la levée de boucliers! Tout y passe : «atteintes aux libertés», «racisme», «racolage» de l'électorat du FN...

Les spécialistes de la contestation forment un lobby d'une redoutable efficacité. On a pu les voir à l'œuvre à l'occasion d'appels à la régularisation de tous les sans-papiers... Artistes, intellectuels, militants de l'ultragauche, dirigeants d'associations, ils sont passés maîtres dans l'art d'utiliser les médias. Pour eux, il est plus valorisant de s'exhiber devant les caméras que d'avancer des propositions réalistes. Leur attitude comporte un risque, moralement scandaleux : ils font croire à tous les sans-papiers que leur situation va s'améliorer. En agissant ainsi, ils suscitent un espoir immense, évidemment impossible à satisfaire.

La politique du cœur, si généreuse soit-elle, devrait se méfier de ses élans. À trop vouloir combattre les injustices, elle en fait naître d'autres, parfois plus douloureuses. Les vagues de régularisation, difficiles à maîtriser, entraînent inévitablement un «appel d'air» et beaucoup de déception.

Les défenseurs des sans-papiers, qui vivent dans un monde de clichés, peuplé de méchants flics, «chasseurs» d'immigrés,

1. En janvier 1999, la Diccilec est redevenue la PAF. Les missions restent toutefois inchangées.

devraient descendre de leur nuage, venir dans les ateliers, constater les conditions de vie de ces hommes et de ces femmes parfois réduits à l'état d'esclaves par leurs compatriotes. Les policiers, eux, côtoient chaque jour des situations pénibles, souvent émouvantes. Ils savent à quel point la lutte contre l'immigration clandestine mêle les misères humaines les plus poignantes et les casse-tête juridiques les plus inextricables. Face à une telle complexité, aucune réglementation ne saurait être parfaite. Quel que soit le dispositif adopté, la question de fond restera posée : que faire vis-à-vis des millions de gens qui rêvent de venir chez nous ? Que leur dire, sinon les dissuader ? Une politique responsable doit avoir pour limites les capacités d'accueil et d'intégration. La France et les autres pays de la Communauté ne peuvent faire l'économie d'une réflexion globale sur ce thème.

XXIII

Pour une police à la française

« La police est malade. » En trente-six ans de carrière, j'ai entendu ce diagnostic des dizaines de fois. Malade des pressions politiques, de l'incompréhension du public. Malade des réformes inutiles, du manque de moyens, de l'archaïsme de ses structures. Malade de tout et de rien. Malade imaginaire ? Sans être pour autant en parfaite santé, la police française se porte mieux qu'on ne le croit généralement...

Je crois d'abord que le public a une vision déformée de notre métier. Une vision qui s'abreuve aux sources de l'époque : la télévision et le cinéma. Il puise dans ces images de pleines cargaisons de clichés ; un peu de vrai, beaucoup de faux. Dans bien des cas, il finit par s'égarer entre fiction et réalité, ne discerne plus la loi de l'audimat de celle du Code pénal. La police n'est pas ce monde à part, peuplé de surhommes ou de « ripoux » qui plastronnent sur les écrans. Les vrais flics ne sont ni des *Commissaire Moulin* ni des inspecteurs de la série *PJ* ou les personnages du film *36, Quai des Orfèvres.*

Ainsi, les Français mesurent-ils le stress d'une patrouille de nuit appelée dans une cité ? Dans le feu de l'action, en quelques instants, ces policiers doivent prendre de graves décisions. Faut-il intervenir, au risque de déclencher des incidents ? S'ils sont menacés, doivent-ils utiliser leurs armes ? Quoi qu'ils fassent, ils seront critiqués car la police fait figure d'éternelle suspecte. Il ne s'agit certes pas d'une spécificité nationale, mais elle détient la palme en la matière, avec une relation d'amour-hostilité bien française.

Qu'une arrestation donne lieu à une bagarre et l'on parlera de « brutalités policières ».

Qu'un toxicomane décède d'une overdose à l'hôpital et personne ne mettra en cause la parole du médecin. Qu'il meure au commissariat et le doute s'installera.

Qu'un agresseur soit abattu lors d'une fusillade, et l'on ne se souciera guère des circonstances pour ne retenir qu'une conclusion : « Les flics ont la gâchette facile. » En revanche, il est généralement admis qu'être tué dans « l'exercice de ses fonctions » (selon la formule consacrée) fait partie des risques du métier...

Sans doute payons-nous au prix fort les errements d'une minorité, responsable des « bavures ». Si certains fonctionnaires commettent des fautes, c'est à l'administration de les écarter, à la justice de les condamner. Mais l'ensemble de l'institution doit-elle en subir les conséquences ?

Les Français devraient se tourner vers l'étranger. Ils s'apercevraient que leur police, malgré ses défauts, est l'une des meilleures du monde, citée comme modèle de professionnalisme et d'intégrité. Bien que tout ne soit pas parfait, nous n'avons rien à envier à nos homologues. Ce n'est pas un hasard si de nombreux pays nous sollicitent pour structurer certains de leurs services et former leurs personnels [1].

Les policiers français ont la sensation désagréable d'être coincés entre des reproches antinomiques. Trop visible, leur présence est perçue comme une provocation, une atteinte aux libertés ; trop discrète, elle est interprétée comme de l'indifférence, et l'on pose l'éternelle question : « Que fait la police ? » La police fait ce qu'elle peut dans une société qui lui demande beaucoup trop.

En fait, les Français rechignent toujours à défendre une police qu'ils ne détestent pas vraiment. Ils se complaisent volontiers dans une attitude de défiance teintée d'ironie. Sans doute s'agit-

1. La France est présente dans plus de soixante-dix pays au titre de la coopération.

il d'une réminiscence de notre vieux fonds libertaire : le flic reste le flic, et il mérite bien quelques coups de bâton!

Le remède, s'il existe, réside peut-être dans une plus large information du public. Au même titre que la justice, critiquée car méconnue, la police devrait davantage aller au-devant des citoyens. Quels sont les « pouvoirs » et les fonctions des gardiens de la paix? Comment sont-ils recrutés et formés? Quelles obligations ont-ils vis-à-vis de l'autorité judiciaire? Le policier ne doit plus être perçu comme un ennemi mais apprécié pour ce qu'il est : un auxiliaire de justice, garant des libertés.

Dans le domaine de l'information, la priorité devrait être accordée aux services les plus proches des gens, à savoir la sécurité publique (ex-polices urbaines). En dirigeant ce secteur, j'ai pu constater une évidence : là, plus qu'ailleurs, la police a un devoir d'explication, de transparence. La population n'a qu'une vague idée du travail quotidien du commissariat voisin. Elle en vient à se convaincre que les flics ne s'occupent pas de la petite délinquance, qu'ils sont « payés à rien foutre » ou juste bons à « emmerder les automobilistes... ».

La police et la justice devraient afficher encore plus clairement leurs résultats, faire part de leurs actions. Certains policiers devraient également réapprendre à « servir », au sens premier du terme. En août 1988, lorsque j'avais essayé de lancer un prix de la courtoisie, quelques grincheux avaient jugé l'initiative puérile. Je demeure persuadé du contraire. Qu'un plaignant soit mal reçu, mal renseigné, qu'il ait le sentiment d'être incompris ou que l'on ne s'occupe pas de son affaire et c'est l'ensemble de la police qui en pâtira.

Un autre aspect essentiel du malaise concerne les relations avec la justice, encore trop souvent marquées par la défiance. Le mal est profond : il prend racine dans l'ambiguïté fondamentale du rapport de forces entre les deux institutions.

Certes, il appartient à la justice de superviser l'action judiciaire de la police. Ce contrôle n'est absolument pas critiquable en soi; c'est même l'un des commandements de notre démocratie. On ne saurait avoir de bonne police sans une justice forte, indépendante du pouvoir. Sur la forme, en revanche, il y a parfois matière à débat. La justice de France, malgré des efforts récents, paraît trop souvent incapable d'admettre ses erreurs, de reconnaître ses fautes. Elle évite toute remise en cause, toute autocritique, comme s'il ne pouvait y avoir de ratés dans son honorable mécanique. Pareil péché d'orgueil finit par être nuisible : quand la suffisance confine à l'aveuglement, elle mène à la partialité. En agissant ainsi, le système judiciaire français, déjà pénalisé par le manque de moyens, tend à s'éloigner des citoyens qu'il s'imagine servir. Perdu dans la jungle des lois et des procédures, s'exprimant dans un langage d'un autre âge, il nourrit lui-même sa relative impopularité.

La police a des défauts. Elle peut se tromper, donc être injuste. Mais il lui arrive aussi d'avoir raison. À la différence de la justice (et du monde judiciaire en général, avocats compris), elle restera pourtant suspecte. Qu'elle ose regretter la légèreté d'une peine et elle sera taxée de « répressionnite » aiguë, voire d'extrémisme politique ! Qu'elle s'indigne d'une permission accordée à un braqueur et elle sera accusée d'entraver la réinsertion ! Qu'elle dénonce les mauvais choix d'un magistrat instructeur et elle sera soupçonnée de vouloir exercer des pressions inadmissibles !

Cet éternel débat, bouillonnant de mille reproches mutuels, trouve aussi ses origines à la base même du délit ou du crime. Les policiers, confrontés aux réalités, connaissent le prix du danger. Ils souhaiteraient que la justice (et les avocats !) en ait conscience. Malheureusement, bien des magistrats sont coupés du terrain, ils n'interviennent que dans un deuxième temps, en phase d'instruction ou de procès. En définitive, le problème est aussi simple que cela : les flics doivent agir, ils n'ont peut-être pas assez de recul ; et les juges doivent analyser, ils en ont peut-être trop. D'autant que certains magistrats, certes de plus en plus minoritaires mais influents, conçoivent leur fonction comme une sorte de mission divine, un sacerdoce républicain. Ils se sentent investis d'une tâche si noble – appliquer la loi, rendre la justice – qu'elle leur monte à la tête !

Les policiers ne peuvent oublier l'ahurissante tirade d'un membre du Syndicat de la magistrature, s'adressant aux recrues de l'École nationale de la magistrature : « Soyez partiaux, ayez un préjugé favorable pour la femme contre le mari, pour l'enfant contre l'adulte, pour l'écrasé contre la compagnie d'assurances de l'écraseur, pour le voleur contre la police... »

La PJ souffre quant à elle d'être tiraillée entre sa hiérarchie administrative (le ministère de l'Intérieur) et sa hiérarchie judiciaire (le ministère de la Justice). Autrement dit, elle obéit aux ordres de l'Intérieur mais doit répondre de ses actes devant les magistrats. Cette position instable est source de divergences, voire de conflits. Faut-il pour autant la remettre en cause, en rattachant la PJ à la Chancellerie, comme on le suggère régulièrement ? En clair, la PJ doit-elle quitter le giron du ministère de l'Intérieur ? Je ne le crois pas. Ce serait même une erreur, pour des raisons d'efficacité, en particulier dans les affaires de flagrant délit. La police, privée de tout pouvoir d'initiative, devrait sans arrêt attendre les directives des magistrats. Cela ralentirait le cours des interventions. En outre, une telle mesure serait perçue, du côté policier, comme une suspicion intolérable.

L'un des problèmes posés par le mode de fonctionnement actuel n'est pas tant celui du ministre de l'Intérieur en lui-même et de son pouvoir régalien sur les services : il est évident que quelqu'un doit être responsable du maintien de l'ordre public en France. Non, le problème le plus aigu concerne les personnes appelées à gérer les dossiers policiers au sein du ministère. Qu'ils soient de droite ou de gauche, certains locataires de la place Beauvau ou de la direction générale ont eu une fâcheuse tendance à s'entourer de conseillers ignorant tout de notre métier. J'en ai connu de nombreux qui étaient assez intelligents pour compenser ce handicap par une grande ouverture d'esprit. Mais quelques technocrates de passage ont porté un tort considérable à la police. Persuadés d'avoir fait le tour du sujet en deux réunions, fascinés par le pouvoir et désireux de laisser un nom dans l'histoire de l'administration, ils prenaient plaisir à lancer des idées sur tout et sur rien, à modifier les rouages prétendument défectueux. Au bout du compte, ils finissaient par tout laisser en plan, comme un jouet démodé qui n'amuse plus.

Nous ne devons pas pour autant rester entre nous, isolés du reste de la société, à ruminer nos reproches en vase clos. Cela serait malsain et peu constructif. Au contraire, la police doit s'ouvrir au monde, répondre aux attentes des citoyens. Simplement, pour tenir ce rôle, il faudrait qu'elle cesse d'être un laboratoire à réformes, exploité par quelques apprentis sorciers de la haute administration.

De ce point de vue, ma fin de carrière s'est avérée plutôt rassurante. Le dernier directeur général que j'aie côtoyé, Claude Guéant[1], avait le souci d'écouter la «base», d'établir un vrai dialogue avec ses collaborateurs, d'engager les réformes nécessaires avec des syndicats ouverts à la concertation. À ses côtés, en compagnie des autres directeurs centraux, j'ai participé à une vingtaine de déplacements en province, au-devant des policiers de tous grades, de tous services. En dépit de leurs difficultés, la plupart de ces hommes et de ces femmes aimaient encore ce métier. Je les quittais toujours avec le même sentiment : en définitive, la police française ne se portait pas si mal...

Et j'ai gardé suffisamment de contacts avec la grande maison pour témoigner que c'est encore le cas en 2005!

1. Directeur de cabinet de Nicolas Sarkozy à l'automne 2005.

XXIV

La bonne carte

Je suis un privilégié : j'ai exercé un métier qui rend nostalgique. Au Quai des Orfèvres ou ailleurs, j'ai connu des moments à nul autre comparables et des situations qui font date dans une existence. Loin de subir ces années, je les ai dévorées, du premier jour jusqu'au dernier, sans jamais regarder ma montre. J'ai engrangé plus de souvenirs, plus d'émotions qu'il n'en faut pour contenter une mémoire exigeante.

Comme tous les autres, comme tous ces collègues devenus pour la plupart des amis, je l'ai fait quelquefois au détriment de ma vie privée, en sacrifiant à ce métier des nuits de sommeil, des semaines de vacances, des plaisirs familiaux. Je lui ai tout donné. Trop, probablement. Je l'ai vécu comme une passion, sans pouvoir m'en défaire, toujours à écouter la radio, à sursauter à la moindre sonnerie de téléphone.

J'ai parfois été d'une humeur exécrable : il a fallu que ma femme soit d'une tolérance infinie pour accepter mes excès, partager mes peines.

J'ai souvent été en danger : il a fallu qu'elle soit courageuse pour préserver nos enfants des angoisses qu'elle pouvait ressentir.

Mes dix années d'antigang ne m'ont pas apporté la richesse. Ceux qui croient que certains policiers sont rémunérés en fonction des risques encourus et au nombre d'arrestations figurant à leur «palmarès» se trompent. Les antigangs, comme leurs collègues des autres brigades, sont des fonctionnaires payés comme des fonctionnaires.

Aujourd'hui, je mesure combien cette expérience m'a apporté. Mon trésor de flic ne se résume pas à un quelconque « tableau de chasse », au décompte des malfaiteurs arrêtés et des otages libérés. Il ne tient pas non plus à quelques célébrités du crime, à Willoquet, à Mesrine... Non, il est constitué des relations, durables ou ponctuelles, complices ou conflictuelles, que j'ai pu avoir avec des policiers, des voyous, des magistrats, des ministres, des terroristes, des crapules et des honnêtes gens. J'ai été, comme mes collègues, un témoin de mon temps. J'ai vécu au cœur de l'époque, au plus près de ses pulsions.

Alors oui, c'est vrai, je suis nostalgique, comme tous les inspecteurs et commissaires qui ont eu la chance de travailler au quatrième étage du Quai des Orfèvres.

Aujourd'hui encore, lors de nos rencontres, nous évoquons souvent les mêmes anecdotes, les mêmes affaires. Le temps a fait son œuvre d'usure et le danger, que nous avons côtoyé de si près, n'est plus qu'une lointaine sensation ; il s'incline devant les mille souvenirs de ces années de vie commune.

À l'heure de la retraite, le 31 décembre 1996, j'ai dû rendre ma carte de police. C'est trois fois rien, une carte – un bout de papier plastifié, une photo d'identité, un sigle tricolore –, mais celle-là représentait une partie de moi-même, plus de la moitié de ma vie, un peu plus de trente-six années de grande maison.

J'aurais pu la rendre et prolonger ma carrière de préfet jusqu'à l'âge de soixante-cinq ans. À défaut de police nationale, le ministère m'aurait proposé un poste dans une préfecture de province. J'aurais rencontré des routiers en grève, des paysans en colère, des élus mécontents... J'aurais ensuite quitté la vie active par la haute administration, avec cette fameuse casquette que Joseph Franceschi voulait tant me voir porter en 1983 ! Mais j'ai préféré rester policier, du premier au dernier jour.

À soixante ans, l'âge limite pour un directeur central, j'ai donc tourné la page. Après tout, j'avais fait mon temps. Entré par la petite porte, je sortais par la grande...

Un journaliste a alors titré son article « Broussard range son flingue et ses souvenirs ». Cette formule m'a paru injuste, pleine de sous-entendus sur ma vieille image de « cow-boy ». Oui, c'est vrai, j'ai rangé mon « flingue », un 357 Magnum ; plus exactement, je l'ai restitué en même temps que ma carte tricolore. Mais, si j'ai ressenti une vive émotion, ce n'était pas pour l'objet en soi. Ma réaction tenait davantage aux images que cette arme me renvoyait. Je repensais aux agents des polices urbaines tués, comme l'on dit, « dans l'exercice de leurs fonctions ». Je repensais aussi aux hommes de l'antigang et du Raid, tués ou blessés en opération : à Roland Linck, mort en 1980 ; à Gérard Marlet, mort en 1986 ; à Kiki Caron décédé lors d'une intervention du Raid chez un forcené, le 31 août 1989 ; à Fernand Seiter ; à Patrick Lespagnol et Alain Mahé, grièvement blessés à Roubaix en mars 1996 ; à René Canto, tué en Corse trois semaines plus tard...

Je dirigeais la Diccilec quand René est tombé sous les balles des tueurs nationalistes. Je n'avais donc plus de liens hiérarchiques avec le Raid. Onze ans après la création de cette unité d'élite, j'éprouvais même la sensation d'appartenir déjà à une autre époque. Ce drame, comme les précédents, m'a beaucoup marqué. Lorsque les « anciens » m'ont demandé de descendre à Ajaccio pour aller chercher le corps de notre ami, j'ai compris qu'on ne quitte jamais vraiment un tel groupe. On y reste attaché à vie, comme je le suis à l'égard de mes vieux complices de la BRI.

Certains, comme Roger Stella ou Jean-Yves Toumit, sont désormais à la retraite. D'autres, toujours en fonction, ont fait les brillantes carrières auxquelles ils étaient destinés. À la parution de ce livre, fin 2005, Jean-Louis Fiamenghi dirige le Raid, vingt ans après la fameuse prise d'otages de Nantes. Son prédécesseur à ce poste est un autre ancien de l'antigang, un fidèle parmi les fidèles : Christian Lambert. Après avoir été le patron du Raid, et contribué notamment, en juillet 2003, à l'arrestation d'Yvan Colonna (le principal suspect dans l'assassinat du préfet Érignac), Christian a été nommé préfet délégué à la sécurité en Corse. Une promotion parfaitement justifiée pour ce policier hors pair entré dans la carrière à l'âge de vingt et un ans, comme gardien de la paix. Le fait qu'il se retrouve ainsi à la place que j'occupais voilà près de vingt-cinq ans est, pour moi, une immense source de fierté.

C'est à ces amis, et à tous ceux aujourd'hui disparus, que j'ai songé en arrivant au bout du chemin, fin 1996. En quittant le commissariat d'Argenteuil en 1961, jamais je n'aurais imaginé qu'il serait si long, si imprévisible. À l'époque, je n'avais ni « plan de carrière » ni ambitions précises, juste un rêve : la police. Les trente-six années suivantes ont dépassé toutes mes espérances. Je les ai traversées sans regretter un seul choix, une seule orientation professionnelle.

On me reprochera ce que l'on voudra. D'avoir été un patron trop exigeant, un flic trop médiatique, un préfet sans casquette. Peut-être même d'avoir eu un parcours de « touche-à-tout »... Mais personne ne pourra m'accuser d'opportunisme. Je me suis toujours tenu à l'écart des manœuvres, des promotions « négociées ». En cours de route, certains s'en sont d'ailleurs étonnés. Ils ne comprenaient pas que l'on puisse avoir tour à tour la confiance d'un Defferre et d'un Pasqua, d'un Quilès et d'un Debré. Je ne vois qu'une réponse : en restant policier, avec une seule carte en poche.

Table

SECONDE PARTIE

Ce volume a été composé
par Nord Compo

Impression réalisée sur CAMERON par
BRODARD ET TAUPIN
La Flèche

pour le compte des Éditions Stock
31, rue de Fleurus, 75006 Paris
en décembre 2005

Imprimé en France
Dépôt légal : décembre 2005
N° d'édition : 65866 – N° d'impression : 33232
ISBN : 2-234-05834-1
54-07-5834-02/4